Altersklassen und Männerbünde.

Eine Darstellung der Grundformen der Gesellschaft

von

Heinrich Schurtz.

Mit einer Verbreitungskarte.

Berlin.
Druck und Verlag von Georg Reimer.
1902.

Vorwort.

Der Verfasser eines Buches, das zum guten Teil aus fachwissenschaftlichen Erörterungen besteht, darf nicht erwarten, dass die Ergebnisse seiner Arbeit sofort mit grossem Eifer gelesen und in ihren Hauptzügen verstanden werden; er thut also wohl daran, einige zusammenfassende Bemerkungen vorauszuschicken. Nun ist zwar das vorliegende Buch in der Hauptsache so abgefasst, dass es für jeden, der über etwas allgemeine Bildung verfügt, ohne Mühe lesbar sein wird: der erste Teil und die einleitenden Kapitel der übrigen grösseren Abschnitte sind wenig von trockener Fachgelehrsamkeit beschwert, und selbst die Kapitel, in denen der wissenschaftliche Stoff aufgehäuft und geordnet ist, sind für den, der völkerkundlichen Fragen Teilnahme entgegenbringt, vielleicht weniger langweilig, als es auf den ersten Blick scheint. Aber der Kulturmensch der Gegenwart sieht sich einer solchen Fülle von neuen Schriften und Ideen gegenüber, dass man ihm nicht immer zumuten kann, sich mühsam selbst einen Begriff vom Wesen eines Buches zu machen, dessen Wert oder Unwert ihm nicht ohne weiteres bekannt sein kann. So mag es gestattet sein, über den Ursprung und den Inhalt des Buches einige Worte vorauszuschicken.

Es lag mir ursprünglich ganz fern, eine neue Theorie der Gesellschaftsentstehung aufzustellen. Was mich zunächst beschäftigte, waren die Erscheinungsformen des Junggesellen- oder Männerhauses, deren Eigenart und Verbreitung mir einer genaueren Prüfung wert schienen, ohne dass ich indessen ahnte, welche Ausblicke sich hierbei eröffnen würden. Im Verlaufe mehrerer

Jahre gelang es mir denn auch, einen genügenden Überblick über das auffallend reiche Thatsachenmaterial zu gewinnen. Es stellte sich dabei bald heraus, dass das Männerhaus überall nur der sichtbare Ausdruck einer besonderen Art der Männergesellschaft ist, der eigentümlicherweise Gesellschaftsformen des weiblichen Geschlechts gar nicht oder doch nur in schwachen Nachbildungen entsprechen. Bei näherer Untersuchung erschien dieser Gegensatz zwischen der Teilnahme der Geschlechter am Gesellschaftsleben so verbreitet und so tiefgehend, dass schon hieraus die Notwendigkeit hervorging, das Wesen und die Ursachen dieses Gegensatzes zu prüfen, um auf diesem Wege vielleicht den Grundkräften näher zu kommen, die den Aufbau der sozialen Gruppen bestimmen. Das Ergebnis dieser weiteren Forschung lässt sich kurz zusammenfassen: das Weib steht vorherrschend unter dem Einfluss der Geschlechtsliebe und der aus ihr entspringenden Familiengefühle, der Mann dagegen wird mehr durch einen reinen Geselligkeitstrieb, der ihn mit seinesgleichen verbindet, in seinem Verhalten bestimmt. Darum ist das Weib der Hort aller Gesellschaftsformen, die aus der Vereinigung zweier Personen verschiedenen Geschlechts hervorgehen, der Mann dagegen der Vertreter aller Arten des rein geselligen Zusammenschlusses und damit der höheren sozialen Verbände. Die bei zahlreichen Naturvölkern vorhandene Trennung zwischen den Männerhäusern, in denen die Männer gemeinsam hausen, und den Familienhäusern der Frauen ist der klarste und primitivste Ausdruck dieses tiefen, schon in den Anfängen alles Gesellschaftslebens vorhandenen Gegensatzes. Die männliche Kampflust widerspricht dem Dasein des Geselligkeitstriebes durchaus nicht, sondern ist seine notwendige Ergänzung, indem der Kampf regelmässig das Vorspiel dauernder, auf gegenseitiger Erkenntnis des Wertes und der Tüchtigkeit beruhender Vereinigung ist.

Bei der Untersuchung der primitiven Männerverbände kam mir immer klarer zum Bewusstsein, wie bedeutsam sie für die Deutung zahlreicher anderer sozialer Formen und Bräuche sind, die vorher nicht immer leicht in ihrem wahren Sinne zu erfassen waren. Die Einteilung nach Altersklassen, die schon früher von Sachkennern als die älteste Art der Gesellschaftsordnung aufgefasst worden war, hängt mit ihnen ebenso zusammen, wie die Knabenweihen, die klubartigen Vereinigungen und die weit verbreiteten Geheimbünde. Die bislang ganz vernachlässigten und in ihrem wirklichen Umfang meist gar nicht bekannten Männerverbände erweisen sich als die eigentlichen Träger fast aller höheren gesellschaftlichen Entwicklung. Und damit öffnet sich denn auch ein Weg, der zu sehr erfreulichen Ergebnissen führt: Es ist mit Hilfe der in diesem Buche zusammengestellten Thatsachen möglich, den seit Jahren tobenden Streit über die Urformen der Gesellschaft in der Hauptsache beizulegen, ohne durch künstliche Theorien der Wirklichkeit nachzuhelfen. Die Lehre von der Geschlechtsgenossenschaft der Urzeit und der mit ihr eng verbundenen Weibergemeinschaft muss aufgegeben werden, nachdem sie in letzter Zeit ohnehin schwer erschüttert worden ist, aber die als Beweise für sie angeführten Thatsachen behalten doch ihren Wert und brauchen nicht gewaltsam umgedeutet oder beiseite geschoben zu werden. Die angeblichen Reste und Spuren der Promiskuität sind nichts weiter als Zeugnisse für die freie Liebe der geschlechtsreifen, aber noch unverheirateten Jugend, wie sie unter dem Einfluss der organisierten Männergesellschaft neben der festen Ehe der älteren Generationen zu bestehen pflegt. Die Ehe aber geht in ihren Anfängen so weit zurück, wie die Gesellschaft der Menschen überhaupt zu verfolgen ist. Die mutterrechtliche Sippe dagegen ist als ein Kompromiss zwischen Familienleben und Gesellschaftstrieb aufzufassen und zugleich als ein Mittel, die Inzucht sowohl wie die schrankenlose Bastardierung zu hindern, ja man kann sagen, dass sie in diesem Sinne die in der Geschlechtertrennung angedeuteten Entwicklungsgesetze mit Bewusstsein fortsetzt.

Der Zufall hat es gewollt, dass ich schon Ende 1900 in meiner „Urgeschichte der Kultur“ einen Teil meiner Ergebnisse in kurzen Umrissen veröffentlichen konnte, allerdings, wie das der Charakter des Werkes mit sich brachte, ohne genauere Angabe der Quellen. Das war schon deshalb bedenklich, weil die Ideen eines solchen Buches leicht als vogelfrei gelten, da man gern annimmt oder wenigstens zu glauben vorgiebt, dass sie gar nicht geistiges Eigentum des Verfassers seien, sondern irgendwelchen anderen Werken entstammten; das Neue wird einfach als alt und längst bekannt betrachtet. Ein Kuriosum dieser Art habe ich S. 82 erwähnt. Schon aus diesem Grunde also schien es mir nötig, meine inzwischen bedeutend erweiterten und vertieften Studien mit allem wissenschaftlichen Rüstzeug als besonderes Buch herauszugeben. Da ich in der „Urgeschichte" über viele Seiten des Gesellschaftslebens, wie Sitten und Bräuche, Eigentumsbegriffe, Sprache, Religion u. s. w. ausführlich gehandelt habe, konnte ich mich diesmal auf die eigentlichen Fragen der Gesellschaftsentstehung beschränken, sodass das Buch nicht allzu unhandlich und unübersichtlich geworden ist. Auch die anthropogeographischen Probleme sind absichtlich wenig hervorgehoben; um sie nicht ganz zu vernachlässigen, ist ein Schlussabschnitt „Sprachliches" hinzugefügt, sowie eine Karte, die die Verhältnisse der Gegenwart oder doch der jüngsten Vergangenheit zeigt.

Die Folgerungen, die sich aus dem Inhalt des Buches über das Wesen und die Zukunft der Kulturgesellschaft ziehen lassen, habe ich für diesmal ebenfalls kaum berührt, so bedeutend sie sind. Ich möchte an dieser Stelle wenigstens darauf hinweisen, dass die altruistische Sittenlehre nunmehr einer gründlichen Revision bedarf, da offenbar aus den Geschlechts- und Familientrieben einerseits, den reinen Gesellschaftstrieben andererseits zwei sehr verschiedene und oft völlig entgegengesetzte Arten von Moralgesetzen hervorgehen müssen. Der Kampf zwischen diesen Sittengesetzen ist oft bemerkt und dichterisch behandelt worden, aber die Erkenntnis seiner wahren Bedeutung wird erst auf Grund der von mir beleuchteten Thatsachen möglich. Und nicht nur im Reiche der Sitte, sondern auf allen Gebieten menschlicher Bethätigung tritt das Gegenspiel der beiden Triebe hervor und baut Gesellschaftsformen auf, um sie dann abermals zu verwirren und zu zerstören.

Bremen, im Februar 1902.

H. Schurtz.

Inhalts-Verzeichnis.

IV. Klubs und Geheimbünde.

I. Die Urbestandteile der Gesellschaft.

1. Allgemeine Übersicht.

Die Gesellschaftslehre scheint eben wieder eine jener grossen Schwingungen vollendet zu haben, die allen Ergebnissen menschlicher Geistesarbeit eigen sind: Von einem Äussersten zum andern fortschreitend hat sie, soweit es die vorhandene Erkenntnis der Thatsachen gestattete, alle Möglichkeiten geprüft und System auf System errichtet, von denen doch keines auf die Dauer genügen wollte. Auch die letzte grosse Gesellschaftstheorie, als deren Vertreter Morgan gelten kann, ist in ihren Grundfesten erschüttert. Inzwischen hat die Völkerkunde gewaltige Mengen neuer Thatsachen gesammelt und die bereits bekannten nochmals geprüft und gesichtet. So mag nun ein neuer Lauf beginnen, der wohl abermals zwischen denselben Endpunkten der Vorstellung schwanken wird, aber sich in einer höheren Ebene des Denkens bewegt.

Diese Endpunkte der Vorstellung sind von selbst gegeben. Wer philosophisch die Welt zu erfassen strebt, sieht sich zuletzt auf das eigene Ich zurückgeworfen, auf das einzige wahrhaft Sichere und Gewisse, das ihm von allem bunten Schimmer der Welt bleibt. Cartesius' „cogito, ergo sum“ ist das Leitwort dieser Erkenntnis. Vom Ich ausgehend reihen wir an diesen festen Halt die schwankenden Gestalten der Erscheinungswelt, bis ein Bau entsteht, dessen einzelne Teile unter einander verbunden und im Grunde fest an unsere eigene Persönlichkeit verankert sind. Jeder einzelne Mensch ist ein Mikrokosmos. So scheint denn auch die Gesellschaft der Menschen nichts anderes zu sein als eine Ansammlung von selbständigen, bewussten Wesen, die sich etwa wie eine Masse von Getreidekörnern trennen und zusammenhäufen lassen, mag diese Vorgänge nun der Wille eines Einzelnen oder der freie Wunsch aller Individuen bewirken. Die Gesellschaft ist in diesem Sinne erst ein Ergebnis, eine Funktion der einzelnen Menschen. Von solchem Standpunkte aus baut sich Rousseaus Anschauung vom Contrat social auf, die den einen Endpunkt in der Geschichte der Gesellschaftslehre deutlich bezeichnet [1]).

Aber von diesem äussersten Punkte musste mit Naturnotwendigkeit das Pendel zurückschwingen, bis es den anderen, entgegengesetzten erreichte. Neben dem Ich ist noch etwas vorhanden, etwas Objektives, das sich nicht beseitigen lässt; der Versuch Fichtes, auch diesen Rest, das Kantsche „Ding an sich", als einen Teil des Ichs zu deuten, ist an seinem eignen Widersinn gescheitert. Wer nun gar aus der Welt abstrakten Denkens in das Treiben des Lebens hinabsteigt, sieht wohl ein, dass er mit jener subjektiven Weltanschauung nichts bewegen kann. Das Individuum, das scheinbar aus sich heraus die Welt erst schafft, zeigt sich bei näherer Betrachtung dennoch als von allen Seiten bedingt. Sein Ichbewusstsein mag immerhin der einzige feste Punkt in der Flucht der Erscheinungen sein; was diesem Bewusstsein aber erst Inhalt, Farbe und Leben giebt, das sind eben jene äusseren Erscheinungen, zu denen der menschliche Körper ebenfalls gehört, das ist jenes Objektive, das in tausend einzelne Bilder zersplittert auf das Ich von aussen einwirkt und sich in ihm widerspiegelt. Dem naiven Menschen liegt diese Auffassung trotz des allen Wesen innewohnenden natürlichen Egoismus viel näher als jene, die das Ich als Mittelpunkt betrachtet, und zu der sich selbst Cartesius erst in langer selbstgewählter Einsamkeit durchkämpfte; der Mensch ist zunächst so ganz erfüllt von der Aussenwelt, dass er kaum einmal über das eigene Wesen nachdenkt, geschweige es tiefer zu erfassen strebt, ja dass er sogar rein innerliche Vorgänge nach aussen verlegt und nun mit nach aussen gerichteten Handlungen beantwortet, ähnlich wie etwa der Geisteskranke im Verfolgungswahn die Störungen seiner Gehirnthätigkeit als von anderen Menschen drohende Feindseligkeiten empfindet. Viele Naturvölker, wie die Indianer Nordamerikas, betrachten selbst die Träume noch als Wirklichkeiten derselben Art wie die Handlungen und Erlebnisse im Zustande des Wachens. Auch diese Anschauungsweise, die das Ich gewissermassen ganz in der Umgebung auflöst, hat ihre Berechtigung und lässt sich philosophisch vertiefen.

Wie anders erscheint, wenn wir uns auf diesen Standpunkt stellen, nun auch die Gesellschaft der Menschen! Der Einzelne ist dann nur ein Produkt seiner Umgebung, vor allem aber das Ergebnis der Gesellschaft, die ihn erzeugt, in der er emporwächst und die ihn und sein ganzes Thun und Denken von allen Seiten umschliesst und bestimmt; er ist ein Teilchen dieser menschlichen Gesellschaft, das in seinem Emporspriessen die Stelle Dahinscheidender einnimmt und das sich allmählich selbst abnutzt und ersetzt wird, als solches aber nur von bescheidenstem Wert und kaum von Einfluss auf die grossen Bewegungen und Umsetzungen des gesellschaftlichen Körpers ist. Und so muss denn endlich das andere Extrem des Denkens erreicht werden: das Ich des Menschen ist nur eine Funktion der Gesellschaft; nicht der Einzelne denkt und handelt, sondern es ist die Gesellschaft, das grosse dauernde Lebewesen, die durch ihn ihr Denken und Wollen äussert. Einige Soziologen der Gegenwart haben sich in der That mit Entschiedenheit auf diesen Standpunkt gestellt. Auch in der Auffassung der Menschheitsgeschichte beginnen sich ähnliche Ansichten Bahn zu brechen: Erschienen früher die politische und die Kulturgeschichte im wesentlichen als Ergebnisse der Thaten grosser Männer, so möchte man jetzt die grossen Geister und Charaktere als blosse Sprecher des geheimnisvollen Denkens und Strebens der Gesellschaftsseele hinstellen. Damit ist denn die Bahn durchlaufen, die äussersten Möglichkeiten des Denkens sind verwirklicht. Mit freierem Blick und neuen Mitteln der Forschung lässt sich nun weiter der Wahrheit zustreben, die wohl nicht in einem der beiden Extreme liegen wird.

Dieser Arbeit aber muss eine neue Prüfung der Grundbegriffe voraufgehen, die jetzt leichter ist als in früherer Zeit, weil inzwischen die Völkerkunde einen überreichen Schatz von

Thatsachen gesammelt hat, die es nur zu ordnen und zusammenzufassen gilt, um die Richtungslinien und Grundzüge der gesellschaftlichen Entwicklung in ihrem bisherigen und also wohl auch zukünftigen Verlaufe zu erkennen. Auf die Ergebnisse der Völkerkunde aber ist ja die Gesellschaftslehre in der Hauptsache angewiesen, da sie am lebenden Organismus studiert sein will und aus vorgeschichtlichen Funden oder sonstigen Hülfsmitteln der Kulturforschung geringen Vorteil, und auch diesen meist nur auf Umwegen, zu ziehen vermag.

Über die Art, wie die völkerkundlichen Thatsachen zu benutzen sind, herrscht nicht allgemein die gleiche Ansicht. Auf allen Wissensgebieten wiederholt sich die Thatsache, dass man zunächst auf Grund eines noch ganz ungenügenden Vorrats von gesicherter Erkenntnis mit allgemeinen Gesichtspunkten und grossen Ideen wirtschaftet, bis dann die bescheidenere, aber zuverlässigere Einzelforschung die meisten dieser hohlen Gebilde zerstört und eine gesunde Grundlage zum Weiterbau der Wissenschaft legt. Leider bleibt die Bescheidenheit dann selten erhalten, und es fehlt angesichts der Triumphe der Kleinarbeit, die besonders auf allen Gebieten der Naturwissenschaft hervortreten, niemals an beschränkten Seelen, die nun ganz aufrichtig meinen, im Herauswühlen immer neuer Einzelheiten, im Zerlegen in immer winzigere Bruchstücke sei wirklich das A und O aller Wissenschaft enthalten. In der Völkerkunde würde das Ideal dieser Art von Forschung sein, dass man von irgend einem Indianer- oder Negerstamm alles, aber auch alles wüsste, was er thut, treibt, denkt, empfindet, wie sein Hausrat, seine Waffen, seine Hütte bis ins kleinste beschaffen sind, wie er arbeitet oder schläft, nicht zu vergessen natürlich auch, wie er sich räuspert und spuckt. Die echtesten Vertreter dieses Standpunkts möchten am liebsten alle grösseren vergleichenden Untersuchungen ganz verbieten, ehe diese Arbeit nicht bis auf den letzten Rest vollendet ist. Aber das schöne Ideal ist unerreichbar. Jedes Völkchen besteht ja wieder aus einzelnen Menschen, von denen keiner völlig dem andern gleicht, Menschen überdies mit wechselnden Stimmungen und Schicksalen; jede Menschengruppe unterliegt beständigen leisen Umsetzungen von innen und ebenso beständigen

Anregungen von aussen her, und selbst in Afrika oder Südamerika hat jeder Tag sein eigenes Gesicht. Und wenn selbst das Ziel erreichbar wäre, würde der Gewinn wohl der unendlichen Mühe entsprechen? Gerade auf dem Felde der Völkerkunde tritt am deutlichsten die Wahrheit hervor, dass alle Kleinarbeit nur die Vorbereitung zu höherer Thätigkeit ist; das Feststellen der Thatsachen ist immer nur Mittel zum Zweck, freilich das kostbarste und unentbehrlichste Mittel, das nur ein Thor geringschätzen kann. Wer heutzutage im grossen, zusammenfassenden Sinne arbeiten und lehren will, muss die Arbeit im kleinen verstehen und kennen, er muss selbst einmal Hand angelegt und sich mit der Unzahl der Möglichkeiten vertraut gemacht haben; dann aber muss er auch weit zurücktreten können, bis sich aus dem Gewirr der kleinlichen Einzelheiten die grossen Züge offenbaren und das scheinbare Chaos sich zum ruhigen Bilde geordnet waltender Kräfte gestaltet. Er wird dann auch erkennen, dass die eigne Arbeit an einzelnen kleinen Problemen, die ihm sonst in der Freude des Schaffens so wichtig und bedeutsam erschien, in diesem grossen Bilde fast verschwindet, dass vielleicht nur ein einzelner, kaum hervortretender Zug des gewaltigen Ganzen durch sie beeinflusst wird. Und doch wäre wieder das Grosse nicht deutlich sichtbar ohne die Arbeit im kleinen.

Die Völkerkunde und die Kulturforschung können der grossen zusammenfassenden Betrachtung weniger entbehren als irgend ein anderer Wissenszweig; wäre sie nicht möglich, dann möchte man wohl an allem wahren Wert der Arbeiten auf diesen Gebieten verzweifeln. Überall mischt sich das Launenhafte, Subjektive in die gesetzliche Entwicklung ein, alles schwankt und schillert in tausend Farben, alle Regeln werden durch Ausnahmen zersetzt, bis endlich das niederschmetternde Bewusstsein, nie auch nur die kleinste feste Wahrheit erreichen zn können, die einzige Frucht unermüdlicher Arbeit zu sein scheint, bis das bittere Gefühl aufsteigt, dass es hundertmal besser sein würde, irgend ein schlichtes Handwerk zu treiben, als mit diesen täuschenden, unfassbar unter den Händen zerfliessenden Problemen zu ringen. Da ist es denn ein erhebender Trost, von der Höhe eines weiten Umblicks endlich doch das trügerische Schimmern und Fliessen zu festen Linien, zu bedeutsamen Zügen gerinnen zu sehen, die zu überdenken und zu deuten wohl die Aufgabe eines vollen Menschenlebens sein kann.

Die Gesellschaften der Menschen, diese ewig sich erneuernden, in Einzelheiten immer wechselnden Gebilde, sind nur auf diese Weise in ihrem Wesen zu erfassen. Die erste Aufgabe wird es dabei stets sein, die Verhältnisse der Gegenwart klar zu erkennen, mögen wir nun einen kleinen Wildstamm betrachten oder den Blick auf eines der grossen, thatenreichen Kulturvölker richten. Aber diese Gegenwart ist immer nur ein Augenblick, und was wir noch so nennen, ist im Grunde schon Vergangenheit. Jeder Überblick über eine Gesellschaftsgruppe hat also schon einen geschichtlichen Zug. Sowie wir ferner bewusst den Blick auf die zeitliche Ausdehnung des gesellschaftlichen Lebens wenden, erkennen wir auch, dass es sich nur durch unaufhörliche Umsetzung erhält, dass die Einzelwesen, die eine Gesellschaft zusammensetzen, kommen und gehen, während das Dauerwesen, dem sie vorübergehend angehören, unverändert zu bestehen scheint. In Wahrheit ändert es sich doch mit den wechselnden Geschlechtern, es macht eine Entwicklung durch, oder es zersetzt sich wohl auch und zerfällt. Was wir aus einer Betrachtung des Lebens der Völker und anderer Menschengruppen erkennen wollen, sind eben die einzelnen Formen und Abschnitte dieser Entwicklung, wobei es denn wohl möglich sein muss, die grossen, allgemeinen Grundzüge von den durch besondere Verhältnisse herbeigeführten Eigentümlichkeiten zu unterscheiden. Die Wissenschaft der neueren Zeit hat ja gerade der Entwicklung des Lebens ihre Hauptaufmerksamkeit zugewendet, und die Gesellschaftslehre kann sich weniger als ein anderer Wissenszweig der Forderung einer auf dieses Ziel gerichteten Arbeit entziehen.

Dennoch müsste bei aller Freude über den Fortschritt der Erkenntnis, der auf diesem Wege möglich ist, die blinde Hingabe an die entwicklungsgeschichtliche Forschungsweise und die unkritische Überschätzung ihre Ergebnisse als eine bedenkliche Einseitigkeit gelten. Das Erkennen der Entwicklung giebt uns immer nur einen Teil der Wahrheit, jener ganzen und reinen Wahrheit, der wir zuzustreben haben, mögen wir auch noch so sicher wissen, dass sie uns immer wieder von einer Wendung des steil aufwärts führenden Pfades zur anderen entschweben wird, ewig unerreichbar und doch das Herz mit heisser Sehnsucht erfüllend. Alle Rätsel kann eine noch so tiefe Erkenntnis des zeitlichen und kausalen Nacheinanders niemals lösen. Es giebt Fragen, und darunter die tiefsten und gewaltigsten, die am Eingang der irdischen Lebewelt uns ebenso unbezwingbar entgegenblicken, wie auf der Höhe unseres heutigen Daseins.

Noch in anderem Sinne kann das Streben, überall Entwicklung zu suchen, immer also auch die einzelnen Thatsachen des gesellschaftlichen Lebens zu logischen Ketten aneinanderzureihen, verhängnisvoll wirken und selbst die Zweige der Forschung, die mit philosophischen Grundfragen nichts zu thun haben, ungünstig beeinflussen. Man hält leicht etwas für Entwicklung, was diesen Namen in Wahrheit nicht verdient. Neben allen Umbildungen bestehen Grundkräfte, tiefe Wesenszüge, die sich in ihrer inneren Beschaffenheit im Laufe der Jahrtausende kaum verändern, sondern von Geschlecht auf Geschlecht vererbt werden. Was sich ändert, das ist ihre äussere Erscheinungsform, indem sie bald scheinbar zurücktreten oder in neuer Gestalt ihr Dasein bethätigen, bald alte Formen plötzlich wieder beleben, bis auf diese Weise zuweilen zeitlich oder räumlich weit von einander entlegene, im übrigen vielleicht ganz ungleichartige Gesellschaftstypen eine solche Ähnlichkeit erlangen, dass man sie entwicklungsgeschichtlich eng mit einander verbunden glauben könnte. Beispiele solcher Grundzüge drängen sich fast von selbst auf, und manche werden weiterhin noch ausführlich zu erwähnen sein[2]). Sobald ein in allen Menschen schlummernder Trieb gelegentlich stark in den Vordergrund tritt, giebt er der Menschheitsgruppe, die er beherrscht, einen eigenen Zug, der sie anderen, von demselben Triebe stark beeinflussten Gruppen ähnlich macht. So können sich die zerstörungslustigen Instinkte, die zur Raubwirtschaft führen, auf allen Daseinsstufen einstellen und überall, trotz sonstiger Verschiedenheiten, ähnliche Einrichtungen und Sitten entstehen lassen. Sehr schön lässt sich auch verfolgen, wie der Sammeltrieb, der als Ergebnis primitiver Nahrungssuche bei allen Menschen im Keime vorhanden ist, sich hier und da mächtiger entfaltet und dann ganz bestimmte Arten der Bethätigung hervorruft[3]). Von fortlaufenden Entwicklungsreihen ist dabei keine Rede.

Diese Anschauung findet auch in anderen Thatsachen ihre Stütze. Wer die Zustände der menschlichen Gesellschaft mit den Lebensverhältnissen der Tier- und Pflanzenwelt aufmerksam vergleicht, wird immer wieder finden, dass beide sich parallel verhalten, oder besser, dass die Gesellschaftsgeschichte wie eine Fortsetzung der allgemeinen Geschichte des irdischen Lebens erscheint. Es ist deshalb nicht wunderbar, dass auch die Probleme oft von grösster Ähnlichkeit sind. Wie man sich gegen eine masslose Anwendung des Entwicklungsgedankens auf die Gesellschaftslehre verwahren muss, so hat sich neuerdings W. Haacke in demselben Sinne gegen die Anschauung gewendet, dass ähnliche Tier- und Pflanzenformen auch notwendig nahe miteinander verwandt sein oder gar unmittelbar von einander abstammen müssten[4]). Notwendigkeiten, die als innere oder äussere Gesetze wirken, können zu gleichen Ergebnissen aus ganz verschiedener Wurzel heraus führen.

Diese Erkenntnis aber, die anscheinend den Weg der Forschung verengert, macht es in Wirklichkeit erst zu einer aussichtsvollen Aufgabe, die Kulturen und Gesellschaftsformen der Naturvölker eingehend zu untersuchen und für weitere Zwecke der Wissenschaft zu verwerten. Wer immer und überall nach Entwicklung, nach historischen Reihen sucht, muss bei gründlicher Erwägung der Verhältnisse am Erfolg seiner Mühen verzweifeln. Es ist ja ganz unmöglich, die verschiedenen Stufen der Gesittung, die wir bei den Völkern der Erde finden, nun einfach auf einander zu setzen und so ein klares Bild der ganzen Menschheitsgeschichte zu gewinnen. Jedes Volk, ja jeder einzelne Mensch ist das Ergebnis einer eignen Reihe der Entwicklung, die sich wohl vielfach mit anderen Reihen kreuzt, gelegentlich mit ihnen zusammenläuft oder durch sie von ihrer Bahn abgelenkt wird, aber doch in ihrer Art einzig ist. Erst wer alle diese Reihen kennt, hat die Menschheitsgeschichte wahrhaft begriffen, — mit anderen Worten, das Ziel der Forschung liegt hier in ebenso unerreichbarer Ferne wie bei dem Versuche, den Zustand eines Volkes in allen seinen Einzelheiten zu erfassen und als Grundlage weiterer Untersuchung festzuhalten. Auch in diesem Falle mag die Wissenschaft Thatsachen auf Thatsachen sammeln, sie sind dem ungeheuren Stoff gegenüber, der zur vollen Erreichung des Zieles nötig ist, stets nur ein ungenügendes, unbrauchbares Häuflein, und alle Versuche, sie nun einfach in Reihen zu ordnen, führen zu immer neuer Verworrenheit. Dennoch treten immer wieder genial angelegte, aber vorschnell urteilende Forscher auf, die am Aufbau solcher Reihen ihre Freude finden, bis dann irgend eine brutale Thatsache die nette Spielerei in Trümmer schlägt. Vielleicht muss jeder, der auf dem Gebiete der Völkerkunde arbeitet und über die trockene Sammelweisheit des Polyhistors hinausstrebt, in dieser Art bittere Erfahrungen machen, bis er sich bescheiden lernt und aus dem verhängnisvollen Irrtum heraus den Weg zu weniger unsicherer Erkenntnis findet. Manche ältere Theorien, die auf solche Weise entstanden sind, wie die Behauptung, dass Jagd, Viehzucht und Ackerbau die drei streng aufeinanderfolgenden Wirtschaftsweisen der fortschreitenden Menschheit wären, haben sich lange mit wunderbarer Zähigkeit behauptet und sind die Ursache zahlloser daran anknüpfender Irrlehren gewesen. Derartigen Übeln gegenüber scheint es dann manchen die einzige Rettung zu sein, ausschliesslich das Thatsachenmaterial beständig zu vermehren, es immer wieder auf seine Zuverlässigkeit zu prüfen, es zu sieben und zu sichten, und es im übrigen der Zukunft oder den Vertretern anderer Wissenschaften zu überlassen, ob einmal etwas mit diesen Dingen anzufangen ist oder nicht.

Das wirkliche Heil gegenüber jener Verwirrung und dieser traurigen Selbstbeschränkung ist ganz anderer Art: Man muss vor allem nach den grossen, dauernden Kräften und Bedingungen suchen, die der Geschichte der Menschheit zu Grunde liegen und immer wieder bestimmend hervortreten; dann erst wird es möglich sein, auch die Geschichte jedes einzelnen Bruchteils der Menschheit in ihrem tiefsten Wesen zu erfassen und in ihrer wahren Bedeutung für das Ganze zu würdigen. Die wirkliche Entwicklung auch nur der kleinsten Menschengruppe werden wir niemals ganz überblicken, denn trotz aller Theorien von der

Gesellschaftsseele setzt sich das Schicksal einer Gruppe doch wieder aus den Schicksalen der einzelnen Mitglieder zusammen, von denen keines völlig den andern gleicht[5]), und wer vermöchte diese alle genau zu erkennen und zu schildern, da ja seinerseits wieder der Einzelne eng verbunden ist mit anderen Gruppen und mit vergangenen Geschlechtern, die sein Wesen bestimmen? Auch in eine abgekürzte Formel lässt sich dergleichen kaum bannen. Wohl aber darf man versuchen, die verschiedenen Daseinsmöglichkeiten, die aus den Grundbedingungen hervorgehen, zu prüfen und in ihrem Wesen, teilweise auch in ihren Ursachen zu begreifen; nur auf diesem Wege werden wir die Verhältnisse primitiver Stämme, die nicht wie die Kulturvölker eine weite geschichtliche Perspektive haben, für die Gesellschaftslehre nutzbar machen. Es gelingt dann, die Flut der einzelnen Thatsachen einzudämmen, ohne auch nur eine von ihnen zu missachten, und endlich tritt so das grosse Bild der Menschheit, wie es sich in Zeit und Raum entfaltet, klar und leuchtend vor die Seele des Beschauers, der sich selbst als Teil dieser Kräfte und Erscheinungen fühlt.

[1]) Als einen grossartigen, aber gänzlich misslungenen Versuch, die Theorien Rousseaus auf das wirkliche Leben anzuwenden, charakterisiert Carlyle die französische Revolution (in The French Revolution und On heroes, heroe-worship etc.).

[2]) Möglicherweise sollen Adolf Bastians „Elementargedanken" diese Grundkräfte bedeuten. Mit Bestimmtheit wage ich über dergleichen nicht mehr zu sprechen, nachdem mein nach redlichem Mühen unternommener Versuch, die Bastianschen Lehren verständlich wiederzugeben (Urgeschichte der Kultur S. 52f.) von Bastian selbst mit Entrüstung als verfehlt zurückgewiesen worden ist. Wer also Klarheit über diese Frage erlangen will, wird nicht umhin können, sämtliche Schriften des unermüdlichen Gelehrten aufmerksam und wiederholt durchzulesen.

[3]) Vgl. darüber meine Studie „Schädelkult und Sammeltrieb" in den Deutschen Geographischen Blättern B. 19, H. 3.

[4]) W. Haacke, Grundriss der Entwickelungsmechanik (Leipzig 1897).

[5]) Selbst in den Gesellschaften der Ameisen unterscheiden sich die Individuen, was schon daraus hervorgeht, dass persönliche Zu- und Abneigungen zu beobachten sind, die offenbar auf vorhandenen Unterschieden beruhen müssen (vgl. Forel, Die psychischen Fähigkeiten der Ameisen S. 36 u. 38.)

2. Natürliche und künstliche Gesellschaftsteilung.

Es sind sehr einfache Thatsachen und Verhältnisse, auf die zurückzugehen ist, wenn die Gesellschaftslehre auf einem zuverlässigen Grunde errichtet werden soll. Vielleicht ist es gerade das Einfache, scheinbar Selbstverständliche dieser Thatsachen, das der Erkenntnis ihrer eingreifenden Wichtigkeit im Wege steht. Man nimmt leicht an, dass man das Alltägliche auch wirklich kennt und in seiner Bedeutung mühelos durchschaut; und doch gleitet der Blick über nichts achtloser hin, als über das Gewöhnliche, das uns wirklich geringfügig zu sein scheint, weil es unsere Aufmerksamkeit nicht mehr zu fesseln vermag, während es doch lebensvoller und stärker ist als das Seltsame und Unerwartete. Die alltäglichen Begriffe werden denn auch selten näher geprüft; thut man es doch, dann ist oft das Erstaunen nicht gering, das anscheinend so Einfache als eine sehr verwickelte Erscheinung zu finden, deren wahres Wesen sich durchaus nicht mit einigen Schlagworten erläutern lässt. Begriffe, die wir täglich wie Scheidemünzen gebrauchen, erweisen sich als aus mancherlei Stoff zusammengesetzt, und Dinge, die als gleichwertig gelten und mit demselben Worte bezeichnet werden, lassen bei näherer Prüfung ein sehr verschiedenes Gesicht erkennen.

Der Begriff Gesellschaft, mit dem die Sociologie arbeitet, gehört in diese Gruppe. Manche übertriebene Einseitigkeit, die von Vertretern der Gesellschaftslehre verteidigt worden ist, erscheint nur dann verständlich, obwohl nicht verzeihlich, wenn wir annehmen, dass die Erfinder der einseitigen Hypothesen von dem Begriff der Gesellschaft ausgegangen sind, ohne ihn überhaupt näher zu untersuchen. Rousseau und seine Nachfolger sind sich keineswegs klar über ihn gewesen, was denn auch den Zusammenbruch des ganzen einst hochgepriesenen Systems, dem die französische Revolution einen guten Teil ihres geistigen Inhalts dankt, veranlasst hat; aber die neuerdings mit der Miene strengster Wissenschaftlichkeit auftretende Ansicht, dass der einzelne Mensch mit seinem Denken und Fühlen nichts als eine Funktion der

Gesellschaftsseele sei, beruht ebenso wenig auf einer genauen Prüfung der Grundbegriffe und ist nur die blinde Übertreibung einer Wahrheit, deren wirklicher Sinn und Umfang niemals deutlich werden kann, solange das Wesen der gesellschaftlichen Formen nicht genauer bestimmt ist. Zu vielen Bestimmungen dieser Art, und gerade zu den wichtigsten, bedarf es keiner grossen Gelehrsamkeit, sondern nur eines unbefangenen Blickes auf die Wirklichkeit der Verhältnisse, die jeden Menschen umgeben.

Wer inmitten der Kulturwelt steht, gehört stets einer ganzen Anzahl gesellschaftlicher Gruppen an: Er ist Mitglied einer Familie, die wieder mit anderen Familien verknüpft ist, einer Ortsgemeinde, eines Volkes, einer kirchlichen Genossenschaft; er kann vorübergehend oder dauernd zum Militär gehören, und wieder zu irgend einer Untergruppe dieses socialen Organismus, er kann als Beamter in einer bestehenden Hierarchie von Rangstufe zu Rangstufe steigen, er kann Mitglied der verschiedensten Vereine werden, die alle möglichen Zwecke verfolgen oder auch einfach der Freude des geselligen Zusammenseins dienen, er kann sich an einer Aktiengesellschaft beteiligen, in ein Kloster eintreten oder an einer Ringbildung teilnehmen. Selbst wenn er auf Abwege gerät, kann er noch in einer Gaunerbande oder einer Bettlergenossenschaft Aufnahme finden, bis ihn der Staat zwangsweise der Gesellschaft der Zuchthäusler zugesellt. Wer heiratet, verbindet sich in der Regel nicht allein mit einer Person des anderen Geschlechts, sondern hat eine ganze Verwandtengruppe mit in den Kauf zu nehmen, die ihn als den ihrigen begrüsst[1]). Immer und überall sieht er sich von geselligen Gruppen herangezogen und beeinflusst, mag er nun einige Groschen für die Hottentottenmission, für die Kasse seiner Partei oder für den Kunstverein opfern, mag er einer öffentlichen Feier als Teilnehmer beiwohnen oder einem Familienfeste. Wenn der Kulturmensch wirklich sein ganzes Wesen erst aus dem gesellschaftlichen Milieu schöpfte, dann müsste er ein wahrer „geflickter Lumpenkönig" sein, ausgestopft mit Lappen und Fetzen von allen Farben und Arten. Ein wenig ist er das in der That; aber das innere Ich, das so stark und unbefangen wie etwas Gleichwertiges dem ganzen unendlichen, übermächtigen Naturleben und der Unzahl seiner Lebensgenossen entgegentritt, würde schwerlich kleiner werden, wenn von diesem Lappen- und Lumpenwerk der grösste Teil in alle Winde verflöge. Etwas freilich kann niemand ablegen und entbehren, das ist sein ererbtes Wesen, das auf den Kräften und Thaten vergangener Geschlechter beruht. Kaum weniger fest haftet, was in früher Jugend aus der Umgebung in die Seele übergegangen und ein Teil von ihr geworden ist. Zu dieser Umgebung aber gehören nicht nur die Menschen der Gegenwart; Bücher, deren Verfasser längst verstorben sind, können tiefere Eindrücke hinterlassen als die längsten Reden unsympathischer Lehrer und Erzieher, Denkmäler der Vergangenheit, die an Grosses erinnern, können das Innenleben unmerklich beeinflussen, bis gelegentlich einmal die verborgenen Stimmungen in Thaten umgesetzt werden und überraschend in den Lichtkreis des Bewusstseins treten. Auch Einwirkungen dieser Art kann man noch als gesellschaftliche bezeichnen. Aber welcher Unterschied zwischen den tiefen und nachhaltigen Einflüssen, die mit den Menschen untrennbar verwachsen sind, und den anderen, die eine Genossenschaft oberflächlicher Art auf ihre Mitglieder übt! Es liegt etwas anderes darin, wenn jemand erklärt, dass er ein Angehöriger des deutschen Volkes ist, als wenn er uns mitteilt, dass er jeden Mittwoch Abend als Mitglied des Gesangvereins „Veilchen“ seine Weisen singt. Der Unterschied beruht wahrlich nicht nur auf dem Verhältnis der Grösse dieser beiden Gemeinschaften: Dort liegt etwas Tiefes zu Grunde, das weitaus mächtiger ist als die einzelne Persönlichkeit, hier etwas halb Zufälliges, der Willkür Unterworfenes. Und doch giebt es Menschen, die selbst ihr Volkstum abwerfen, als ob es nur eine äussere Hülle wäre, und die sich mit dem Geiste und Wesen eines anderen Volkes gewissermassen imprägnieren, wie wir Deutschen leider an vielen unserer ausgewanderten Stammesgenossen zur Genüge erfahren haben; und es giebt andererseits Menschen, die im Vereins- und Klubleben vollständig aufgehen und von ihm stärker beeinflusst und beherrscht werden, als von allen andern gesellschaftlichen Beziehungen. Wir haben Gesellschaftsgruppen, wie den Adel, die unter dem Banne vergangener Geschlechter stehen und in ihrem Thun und Treiben von ihnen bestimmt werden, und wir haben ein städtisches Proletariat, das ganz in jungen, der historischen Tiefe entbehrenden socialen Verbänden lebt und webt. Dass dennoch auch Arbeitergruppen sich solche historische Tiefe schaffen können, zeigen die Bergleute der alten Silbergruben des Harzes oder des Erzgebirges mit ihren herkömmlichen Trachten und Sitten, die dem ganzen Stand einen so eigenartigen und anziehenden Charakter verleihen. So muss man denn wohl gestehen, dass es grundverschiedene, in ihrem ursprünglichen Wesen und ihrer Entstehung höchst ungleiche Gesellschaftsgruppen giebt, dass aber andrerseits dieser anfängliche Wert oder Unwert nicht entscheidet, ob eine gesellschaftliche Beziehung für den Menschen auf die Dauer bedeutungsvoll sein wird. Nachträglich erworbene Verhältnisse übertreffen an Stärke oft die natürlichen und gegebenen, ja können sie wenigstens äusserlich völlig verdrängen und ersetzen.

Aber wenn die Gesellschaftsverbände der verschiedensten Art gelegentlich in ihrer Wirkung gleich mächtig sein können, so ist doch eine nähere Prüfung der einzelnen Formen unerlässlich. Zwei Hauptarten der menschlichen Gesellschaft lassen sich ohne weiteres unterscheiden, solche, die auf Blutsverwandtschaft, also im Grunde auf die geschlechtliche Fortpflanzung zurückgehen und der bewussten Wahl des Einzelnen nicht unterliegen, und solche, denen sich der einzelne Mensch mehr oder minder freiwillig beigesellt. Man kann diese Arten der Kürze halber als natürliche und künstliche unterscheiden, obwohl der zweite Ausdruck nicht eben glücklich ist; besser wären vielleicht die Bezeichnungen Geschlechtsverband und Geselligkeitsverband. Die durch Heirat neu entstehenden Verbindungen von Familien nehmen eine Art Zwischenstellung ein, aber auch sonst ist die Grenze zwischen den beiden Arten nicht scharf. Wie so oft auf dem Gebiete der Völkerkunde sind wohl die extremen Formen klar bestimmbar, aber die Mischzustände überwiegen, und die Grenzlinie, die man so gern mit aller Genauigkeit ziehen möchte, wird eher zu einer verwaschenen Übergangszone. Als ein solches Extrem lässt sich eine kleine Familie eines unsteten Völkchens, etwa der Buschmänner, betrachten, die ganz aus Blutsverwandten besteht und zu anderen Menschengruppen nur äusserst oberflächliche Beziehungen unterhält. Hier ist von einer Wahl keine Rede, das Verbleiben in dem gegebenen Verwandtschaftsverbande fast selbstverständlich. Auf der anderen Seite kann man sich eine kaufmännische Gesellschaft vorstellen, die irgend einen Zweig des überseeischen Handels betreibt und zu der Angehörige verschiedener Völker und Rassen gehören, Engländer, Russen, Chinesen, Perser u. dergl. Hier scheint das denkbar loseste Verhältnis zu herrschen, wie bei der Buschmannfamilie das denkbar engste. Aber eine solche Handelsgesellschaft kann sich sehr eng zusammenschliessen, die einzelnen Mitglieder können ihr ganzes Sinnen und Denken den gemeinsamen Unternehmungen zuwenden und andere, ursprünglich stärkere Gesellschaftspflichten darüber vernachlässigen, oder selbst ihnen entgegen handeln; ein englischer Kaufmann, der als Mitglied dieser Handelsverbindung einem Volke Gewehre verkaufte, mit dem sein eigenes Volk im Kriege läge, würde ein Muster dieser Art sein, und durchaus kein unglaubliches. Und andererseits wieder darf der Verband jener Buschmännerfamilie, so eng er scheint und unter gewöhnlichen Verhältnissen in der That auch ist, keineswegs als unzerreissbar betrachtet werden: Einzelne Mitglieder können in die Kriegsgefangenschaft eines anderen Volkes geraten und leben dort in der neuen Umgebung, getrennt von ihren bisherigen Genossen, ruhig weiter, indem sie sich mehr oder weniger ihren nunmehrigen Gesellschaftszuständen anpassen; es kann auch einer in die Golddistrikte wandern, als Gefährte von Angehörigen ganz anderer Stämme dort seine Arbeit thun, sich vielleicht mit einem Weibe fremder Rasse verheiraten und sich endlich dauernd in der neuen Heimat niederlassen, ohne mehr viel an die Zurückgebliebenen zu denken, deren Sprache und Sitte er allmählich vergisst. Wem das Beispiel deshalb nicht gefällt, weil ein Buschmann sich schwerlich zur Arbeit entschliessen wird, mag dafür einen Bergdamara oder Hottentotten setzen; das Gewicht der Thatsachen wird dadurch nicht verändert. Es kommen ferner allenthalben gesellschaftsfeindliche Naturen vor, die allmählich die Freude am Umgang mit Menschen verlieren und sich völlig absondern, was denn wohl, wie bei den indischen Büssern oder den christlichen Anachoreten, noch als besonders löbliches und gottgefälliges Verhalten betrachtet wird. Wo bleibt da freilich die geheimnisvolle Gesellschaftsseele, die durch die Einzelnen und in den Einzelnen denkt und handelt? In den Gruppen der Blutsverwandten scheint sie noch am ersten vorhanden zu sein, und doch kann sie das Zerreissen alter und die Vereinigung neuer Verbände nicht hindern; bei den willkürlich zusammentretenden Gruppen müsste sie sich erst nachträglich bilden, aber woraus? Doch nur aus den Seelen der einzelnen Mitglieder, die meist irgend eine Ähnlichkeit des Wollens oder Empfindens zusammengeführt hat, und die sich nun gegenseitig beeinflussen und schliesslich eine gemeinsame Gefühlssphäre schaffen.

Häufig werden die beiden Hauptarten der Gesellschaft, die natürliche und künstliche oder die primäre und sekundäre, wie man wohl auch sagen könnte, mehr oder weniger zusammenfallen. Die Mitglieder eines Vereins z. B., der sich in einer kleinen deutschen Stadt bildet, werden in der Regel Bewohner dieser Stadt oder der nächsten Umgebung, im weitern Sinne Angehörige einer und derselben Provinz und endlich Deutsche ihrer Abstammung nach sein, sodass also gewisse entferntere blutsverwandtschaftliche Beziehungen zwischen ihnen mit Sicherheit anzunehmen sind. Aber diese Verwandtschaft ist keinesfalls die unmittelbare Ursache der Vereinsbildung, oder doch nur ganz ausnahmsweise; was die Mitglieder zu einander geführt hat, ist vielmehr die gemeinsame Kulturhöhe und eine gewisse Gleichheit des Berufes oder der Ansichten und Neigungen, wobei freilich die Frage nach dem Einfluss der Rassenverwandtschaft bei Seite gelassen werden muss. Ein konservativ gesinnter Millionär wird sich nicht einem sozialistischen Arbeitervereine anschliessen, auch wenn einer seiner verarmten Vettern dort den Vorsitz führen sollte, und ein ländlicher Tagelöhner wird sich hüten, sich an den Stammtisch der reichen Bauern zu setzen, mag er auch mit einigen von diesen verwandt sein. Selbst Brüder können gesellschaftlich ganz verschiedene Wege gehen, wenn sie sich innerlich fremd werden oder in ihrem Schicksal sich stark unterscheiden. Rein auf naher Verwandtschaft — wenigstens scheinbar — beruhende, über den Kreis der eigentlichen Familie hinausgreifende Gesellschaftsgruppen sind die Sippen, auf die noch zurückzukommen ist; es ist bemerkenswert, dass sie mit steigender Kultur mehr und mehr in Verfall geraten sind und den freieren Verbänden Platz gemacht haben. Wo sippenartige Organisationen bei uns noch bestehen, wie teilweise beim Adel, da sind es im Grunde nicht die verwandtschaftlichen Gefühle, die den Zusammenhalt bewirken, sondern die materiellen Interessen des Standes und des Familienbesitzes. Dass auch die Sippe schwerlich nur als eine erweiterte Familie betrachtet werden darf, wird sich noch zeigen. Im übrigen beweist das Verhalten oft sogar der nächsten Verwandten zu einander nur zu häufig den Satz, dass Bande des Blutes und gesellschaftliche Zuneigung unmittelbar sehr wenig mit einander zu thun haben.

Für diese Ansicht spricht auch eine andere sehr merkwürdige Erscheinung, die noch den Ausgangspunkt späterer Erörterungen bilden soll, nämlich die Schwäche der rein gesellschaftlichen Neigungen des weiblichen Geschlechts. Die Ansicht, dass das Weib im Durchschnitt ungeselliger ist als der Mann, klingt zunächst parodox und bedarf einer genaueren Festlegung. Es ist eben scharf unterschieden worden zwischen natürlichen und künstlichen Verbänden, mit anderen Worten zwischen Gesellschaften, die aus Geschlechtsverkehr und Fortpflanzung entstehen, und zwischen solchen, die durch willkürliche Verbindung ähnlicher Individuen zu stande kommen. Nur die der zweiten Art kann man als Erzeugnisse des Gesellschaftstriebes bezeichnen*), und nur von diesen gilt es, dass das Weib weniger Sinn und Neigung für sie hat als der Mann. Gewisse weibliche Züge können bei oberflächlicher Beobachtung freilich über diese Thatsache hinwegtäuschen: die Mutterliebe in ihrer selbstlosen Hingabe für andere, und dann wieder manche Untugenden, wie Schwatzhaftigkeit, Putzsucht und jene platte Neugierde, die sich mehr als nötig um die Angelegenheiten anderer kümmert und oft genug zur würdelosen Klatschsucht entartet, können leicht als Ausflüsse eines starken Gesellschaftstriebes aufgefasst werden. Aber schon die bekannte Thatsache, dass sich Frauen nur selten unbefangen mit einander befreunden, dass sie im Gegenteil ein gewisses Misstrauen und selbst Übelwollen gegen ihresgleichen nicht leicht überwinden[3]), ist ein bedenkliches Zeichen, denn der Gesellschaftstrieb müsste ja grade Gleiches zu Gleichem gesellen, wie das bei den Männern in der That der Fall ist. Ein Blick auf die Zustände des wirklichen Lebens lässt denn auch die geringe gesellschaftsbildende Kraft des weiblichen Geschlechtes in überzeugender Weise erkennen. Von den gesellschaftlichen Verbänden sekundärer Art, die sich in unendlicher Menge finden, ist die erdrückende Mehrzahl von Männern gebildet: die wenigen Verbände, zu denen Angehörige des weiblichen Geschlechtes zusammengetreten sind, oder an denen sie auch nur neben den Männern als gleichberechtigte Mitglieder teilnehmen, können nur als schwache Nachahmungen der reinen Männergesellschaften gelten; fast niemals sind es ganz selbständige Schöpfungen der Frauen. Auf der anderen Seite sind im Weibe die Gefühle der Geschlechts- und vor allem der Elternliebe, die als Wurzeln der natürlichen Gesellschaftsgruppen zu betrachten sind, stärker und vielseitiger entwickelt als im Manne, und das Geselligkeitsbedürfnis des weiblichen Geschlechtes, das zweifellos vorhanden ist, hat sich vorwiegend in dieser Richtung entfaltet. Man muss aber zwischen Familien- und Gesellschaftssinn scharf unterscheiden; wie im Körper eines Lebewesens die stärkere Entwicklung eines Organs andere verkümmern lässt, so wird auch die Kraft der einen seelischen Neigung durch die Schwäche der andern erkauft[4]).

Diese Thatsachen müssen uns auch vor dem naheliegenden Versuche warnen, die loseren und beständig neu entstehenden und vergehenden sekundären Gesellschaftsverbände einfach auf die Anregungen des Geschlechts- und Familienlebens zurückzuführen, die auf den ersten Blick in ihnen, nur in freierer und erweiterter Form, zu Tage zu treten scheinen. Es hat gewiss etwas Verlockendes, anzunehmen, dass zunächst durch die Geschlechts- und Mutterliebe kleine Gruppen entstanden und beisammen geblieben wären, dass sich der Mensch auf diesem Wege einen Geselligkeitstrieb angezüchtet hätte, der dann selbständig weiter wirkte, und dass auf diese Weise eine Entwicklungslinie der klarsten und erfreulichsten Art vom ersten Keime der Familie bis zu den riesenhaften Gruppenverbänden der Kulturvölker, wie etwa zum Dreibund oder zum Konzert der Mächte in China hinaufführte. Aber die Wirklichkeit lässt sich mit diesem schönen Bilde nicht in Übereinstimmung bringen; im Gegenteil ist es notwendig, sich klar zu machen, dass gerade auf diesem Wege jene unfruchtbare Ansicht entstanden ist, die den Einzelnen als eine blosse Funktion der „Gesellschaft“ betrachtet. Man wirft dabei einfach die Gesellschaft der nächsten Blutsverwandten und Vorfahren, aus der das Individuum entspringt, mit den zahllosen andern auf ganz verschiedenem Wege entstehenden Gruppenbildungen zusammen und behandelt beides kritiklos als gleichwertig.

Die Überschätzung der Gesellschaft in dem Sinne, dass man sie immer und überall als das Stärkere, Ursprünglichere gegenüber den einzelnen Menschen betrachtet, schwindet sofort, wenn wir den Blick auf die Tierwelt richten und da erkennen, dass die Geselligkeit eine von vielen Tierarten erworbene und erfolgreich angewandte Waffe im Kampfe ums Dasein ist, dass aber keineswegs alle Tiere von ihr Gebrauch machen. Nur gewisse, allerdings recht zahlreiche Tiergattungen haben sich jenen Gesellschaftstrieb angezüchtet, der oft zu einer unwiderstehlichen Macht geworden ist und sogar, wie bei unseren zahmen Schafen, die noch vollends durch die Züchtung verdummt sind, zur völligen Verkümmerung der individuellen Selbständigkeit führen kann. Unter den höchst- wie unter den niedrigstentwickelten Tieren giebt es gesellige und ungesellige Arten. Die ungeselligen werden vorübergehend durch den Geschlechtstrieb, teilweise auch durch das Aufziehen der Jungen zu kleinen Gruppen vereinigt, aber ein Zusammenbleiben grösserer Gesellschaften folgt aus diesen schwachen Anfängen überall dort nicht, wo die Ernährungsweise oder sonstige Verhältnisse das massenhafte Auftreten einer Tiergattung verbieten. Grössere Raubtiere leben meist vereinzelt, kleinere oft gesellig; die Pflanzenfresser treten in der Regel in grösseren oder kleineren Gruppen auf, aber es giebt auch unter ihnen Ausnahmen, wie bei uns die Feldhasen, die Hamster und die Dachse, die sämtlich wenig Neigung zeigen, sich zusammenzuscharen. Unter den Insekten finden wir die grossartig organisierten Gesellschaften der Bienen und Ameisen, daneben aber zahllose ungesellige Arten. Wie wenig im Grunde die geschlechtlichen Verbindungen mit dem eigentlichen Gesellschaftswesen zu thun haben, beweisen zahlreiche Vertreter jener niedersten Tiergattungen, die sich, wie manche Polypen, überhaupt nicht geschlechtlich fortpflanzen, sondern sich durch Spaltung oder Knospung vermehren, die aber in ihrer Art dennoch sehr entwickelte gesellschaftliche Gruppen bilden. Andrerseits neigen gerade die monogamisch lebenden, also in ihrem Geschlechtsleben verfeinerten Tiere nicht zur Gesellschaftsbildung, oder es sind nur die jungen, noch nicht geschlechtsreifen Tiere, die sich zu grösseren Verbänden zusammenschliessen[5]). Der Gesellschaftstrieb ist also eine im Daseinskampfe erworbene Eigenschaft, die bereits auf den niedersten Stufen des Lebens auftreten kann, ja selbst ohne das Licht des Bewusstseins möglich ist, wie die gesellig wuchernden und noch mehr die symbiotischen Pflanzen beweisen.

Dass in der That die Selbständigkeit des Gesellschaftstriebes unleugbar ist, zeigt sich besonders in den Fällen, wo er mit den Forderungen des Geschlechtslebens geradezu in Widerspruch gerät. Die menschliche Gesellschaft erhält eben durch diesen Zwiespalt eins ihrer wichtigsten Fermente: In ihr ist der Kampf gegen die unverhüllten Äusserungen des Geschlechtstriebes, die als Störungen des socialen Gleichgewichts erkannt werden[6]), eine immer wiederkehrende Erscheinung, die schon auf den niedersten Stufen der Kultur kenntlich genug hervortritt. Die geringe sociale Kraft des Weibes beruht gerade darauf, dass es innerlich stets (von unnormalen oder pathologischen Frauen abgesehen) für die Rechte des Geschlechtslebens eintritt, dass sein Thun und Denken sich mit Vorliebe um diesen Mittelpunkt bewegt. Man darf also wohl annehmen, dass der Mann zuerst die antisocialen Folgen der Brunstkämpfe erkannt und mit dem Versuch, die Geschlechtsrivalität aus dem Gesellschaftsleben möglichst fern zu halten, begonnen hat. Das Weib hat sich dann allerdings diesem Bestreben in seiner Weise angeschlossen, indem es das geschlechtliche Schamgefühl weiter fortbildete und pflegte; das Schutzbedürfnis und Schwächebewusstsein musste in diesem Sinne ebenso wirken wie die Gewohnheit, um sich werben zu lassen, also durch Versteckenspielen und scheinbare Gleichgiltigkeit zu reizen. Es ist so ein Widerspruch im weiblichen Innenleben entstanden, der oft etwas Rätselhaftes hat und für die Dichter aller Völker ein Lieblingsthema geworden ist. In Wahrheit ist die Frau immer die Vertreterin des Geschlechtslebens und der auf ihm beruhenden Verbände, während der Mann dem rein geselligen Dasein, das Gleiches mit Gleichem zu erhöhter Kraftentfaltung und gesteigertem Lebensbewusstsein vereinigt, aus seinem innersten Wesen heraus huldigt und die Liebe zum Weibe als Episode betrachtet. Hier liegt ein tiefer, kaum überbrückbarer Gegensatz zwischen Mann und Weib, der sich in tragischen Konflikten äussern kann, aber auch das Treiben des Alltags durchzieht und in Deutschland vorwiegend in dem ewigen Zwiespalt zwischen Stammtisch und Familienleben auftritt, um im Kampf um den Hausschlüssel den Gipfel kleinlicher Komik zu erreichen.

Natürlich handelt es sich hier nicht um schematische Formeln, wie immer wieder hervorgehoben werden muss. Auch bei den Männern ist der Gesellschaftstrieb verschieden stark entwickelt, und daraus entstehen Widersprüche, die für den Kulturfortschritt von mächtiger Bedeutung sind. Neben dem Streben nach Geselligkeit, das immer zum Unterordnen der Persönlichkeit unter die Majorität der Gesellschaft führt, entwickeln sich Herrscherinstinkte und der Wunsch nach individueller Freiheit. Gerade die Neigung zur sekundären, mehr oder weniger auf freiem Entschluss beruhenden Gesellschaftsbildung begünstigt im Manne den Freiheitsdrang, da er zwischen den Möglichkeiten der Geselligkeit wählen kann, während das Weib als Vertreterin der natürlichen Gruppen, die es als gegeben hinzunehmen gewöhnt ist, eine innere Ehrfurcht vor allem gesellschaftlichen Zwange besitzt und sich selten, dann freilich meist in übertriebener, verzerrter Weise, dagegen auflehnt. Diese Wesenszüge nun gehen auf die Zustände tieferer Entwicklungsstufen zurück; sie sind nicht verständlich, wenn wir nicht einen Blick auf die Entstehung der geschlechtlichen Unterschiede und die tiefgreifenden Einflüsse werfen, die sie auf den weiteren Fortgang der Entwicklung üben.

[1]) „Kann man das europäische Weib nie, sozusagen, an und für sich aus dem Boden heben? Kann man die Blüte nie ans Herz drücken, ohne sämtliche Wurzeln und mehrere Pfund Erdreich mit emporzuziehen?“
(Wilhelm Raabe, Abu Telfan K. 16.)

[2]) Diese Bemerkungen waren bereits niedergeschrieben, als eine Abhandlung Otto Ammons in der „Zeitschrift für Socialwissenschaft" (IV. H. 2) erschien, worin Ammon von einem anderen Ausgangspunkte aus zu der gleichen Unterscheidung zwischen Familien- und Gesellschaftstrieb kommt. Er spricht mit Entschiedenheit aus, „dass die geselligen Triebe mit den Familientrieben nichts gemein haben, sondern von ihnen ganz unabhängig sind. Die geselligen Triebe können ohne die Familienbildung, die Familientriebe ohne Gesellschaftsbildung bestehen." Eine solche Übereinstimmung der Ergebnisse ist ein erfreulicher Beweis für die Richtigkeit der Rechnung.

[3]) „Die Welt glaubt nicht an die Gerechtigkeit des Weibes, sobald ein Weib das Opfer wird." (Schiller, Maria Stuart 1. A. 8. Sc.). Ähnlich Jean Paul: „Sie sind noch zehnmal listiger nnd falscher gegen einander, als gegen uns." (Hesperus). Ich entnahm diesen Ausspruch wie weiterhin noch einige andere dem Büchlein von Sodor „Des Frauenvolkes Schattenseiten" (Gera 1897).

[4]) Ammon hat diesen Gegensatz der Geschlechter nicht hervorgehoben, erwähnt aber, dass die Familientriebe häufig die Widersacher der socialen Triebe sind.

[5]) Genaueres darüber bei Espinas, Die thierischen Gesellschaften (Übers. Schloesser), S. 423, 427, 452. Schäffle hat sich dieser Anschauung angeschlossen (Bau und Leben des sozialen Körpers I, S. 34).

[6]) Das Französische „Où est la femme?" entspricht ganz dem Englischen „where there is a quarrel, there is always a lady in the case".

---

3. Die Bedeutung der Geschlechtsunterschiede.

Alle gesellschaftlichen Gegensätze führen im Grunde auf die Verschiedenheiten der Individuen zurück. Die menschliche Gesellschaft ist niemals aus gleichartigen und gleichwertigen Personen aufgebaut; selbst jene künstlichen Gruppen, in denen sich Ähnliche zu Ähnlichen gesellen, bestehen doch nie aus Menschen, die in ihrem Wesen äusserlich und innerlich einander völlig gleich wären. Die fortschreitende Kultur verstärkt diese Unterschiede mehr und mehr, wie Jeder ohne weiteres erkennt, dem nicht der Blick durch die Theorien gewisser Weltbeglücker getrübt ist; damit aber setzt sie, wie in so vielen Fällen, nur eine Entwicklung fort, die alles Lebendige beherrscht. Den tiefsten, unzerstörbarsten Unterschied zwischen den Menschen, den der Geschlechter, hat nicht erst die Kultur geschaffen, sondern sie hat ihn nur benutzt und fortgebildet, indem sie die Arbeitsteilung, die durch die Geschlechtsunterschiede bedingt wird, auf andere Gebiete übertragen hat. Vor allem ist das Entstehen der menschlichen Gesellschaft ohne beständige Rücksicht auf die Geschlechtertrennung und ihre Folgen weder zu schildern noch zu begreifen. Ist aber diese Trennung schon auf frühen Stufen der Lebensentwicklung angedeutet, ist sie bei Tieren und Pflanzen in ihren Anfängen und ihrem Weiterbau zu beobachten, dann dürfen wir vielleicht hoffen, von den Botanikern und Zoologen auch etwas über den Sinn dieser wunderbaren Einrichtung zu erfahren und diese Erkenntnis für die Gesellschaftslehre nutzbar zu machen. Es muss sich dabei herausstellen, ob manche Eigenschaften der Geschlechter, die wir beim Menschen in ihrem Einfluss auf die Gesellschaftsbildung beobachten, tiefer begründet sind, oder ob sie sich erst unter dem Zwange späterer Vorgänge entwickelt haben; beides ist ja an und für sich möglich, denn wie die Eigenschaften des Menschen das Wesen der Gesellschaft bestimmen, so wirkt auch wieder die Gesellschaft auf den Charakter des Einzelnen entschieden ein. Leider kann von einer klaren Erkenntnis des Sinnes, der den Geschlechtsunterschieden zu Grunde liegt, noch nicht die Rede sein; so eingehend die physiologischen Vorgänge der Zeugung untersucht sind, so wenig herrscht Einigkeit darüber, warum die geschlechtliche Fortpflanzung an die Stelle der ungeschlechtlichen tritt und welche Vorzüge es sind, die ihr Bestehen und ihre weitere Fortbildung rechtfertigen. Es handelt sich da um Fragen, die mit dem Seziermesser und Mikroskop nicht zu lösen und deshalb von den Vertretern der rein mechanischen Weltanschauung, die seit Jahrzehnten die Bahn der Naturforschung bestimmen, vernachlässigt worden sind. So mag denn ein Versuch gestattet sein, auf diese Fragen wenigstens eine leidliche Antwort zu finden, die als Grundlage weiterer Erörterungen dienen kann.

Beginnen wir mit einigen philosophischen Darlegungen, die nur scheinbar vom Ziele abführen. Was bei der Zeugung fortgepflanzt wird, sind zweifellos Kräfte einer ganz eigenen Art, Kräfte, die imstande sind, aus winzigen Keimen neue lebendige Körper zu bilden und dann sich abermals mit Hilfe dieser Körper wieder fortzupflanzen. Die einzelnen Wesen, die von diesen Kräften geschaffen werden, sind sterblich und zerfallen mit der Zeit wieder, aber die schöpferischen Kräfte selbst sind unsterblich, so lange sie noch die Möglichkeit finden, sich zu verkörpern. Bei den niedrigsten Tieren und Pflanzen ist noch der ganze Leib mit der Fähigkeit der Fortpflanzung begabt: Man kann ihn in Stücke schneiden, und jedes Stück ergänzt sich wieder zu einem neuen vollkommenen Wesen. Weismann hat es denn auch ausgesprochen, dass in diesem Sinne die Tiere und Pflanzen, die nur aus einer einzigen Zelle bestehen und sich durch Teilung vermehren, unsterblich sind, während die höher entwickelten Wesen aus einem sterblichen und einem unsterblichen Teile bestehen. Aber welcher Art sind diese dauernden Kräfte und wodurch unterscheiden sie sich von anderen?

Im Grunde kann man Alles, was wir überhaupt mit unsern Sinnen erkennen, als Kraft bezeichnen. Unter Kräften im engeren Sinne verstehen wir die freien, in der Zeit wirkenden; sind die Kräfte räumlich gebunden, so heissen sie Stoff oder Materie. So weit unsere Erkenntnis reicht, sind stets freie und gebundene Kräfte mit einander vereinigt: Jedes Stoffteilchen der Erde nimmt teil an den Bewegungen unseres Weltkörpers, auch wenn es sonst durch keine freie Kraft bewegt scheint. Wir können uns wohl eine völlig freie Kraft denken, aber diese würde rein zeitlich sein und keinerlei raumerfüllende Eigenschaft haben, also für unseren aus Stoffen aufgebauten, raumerfüllenden Körper mit seinen entsprechend eingerichteten Sinnesorganen unbemerklich bleiben. Andererseits bemerken wir auch die gebundenen Kraftmassen, die sich räumlich als Materie darstellen, nur dann, wenn sie von freien Kräften beeinflusst werden, d. h. wenn entweder sie selbst, durch Kräfte bewegt, auf uns stossen, oder wenn die uns erfüllende Kraft unsern Körper auf sie treffen lässt. Auch das Sehen und Hören kommt ja im Grunde auf diese Art zustande. Je weniger von freier Kraft erfüllt oder beeinflusst eine beliebig geformte Stoffmasse ist, desto dauernder bleibt sie in ihrer Form; bliebe sie ganz unbeeinflusst, so würde die Form ewig dieselbe sein. Völlig freie Kraft wäre dagegen ohne jede räumliche Beschränkung, also unendlich ausgedehnt. In beiden Fällen würden die Kräfte von unseren Sinnen nicht wahrgenommen werden. Obwohl somit in der Erscheinungswelt freie und gebundene Kräfte stets vereinigt erscheinen und einander bedingen, wenn sie uns bemerkbar werden sollen, so sind sie doch in Wahrheit nicht grundsätzlich verschieden, sondern dasselbe; jede freie Kraft kann zu einer gebundenen werden, jede gebundene lässt sich befreien, obwohl sie sich nie völlig von den latenten Kräften löst, so wenig eine latente Kraft völlig der freien Kräfte beraubt werden kann. Ein wirklicher Gegensatz zwischen Kraft und Stoff ist nicht vorhanden.

Auch ein lebendes Wesen, sei es eine Pflanze oder Tier, ist ein System von freien und gebundenen Kräften[1]). Nehmen wir das denkbar einfachste einzellige Urtier, ein Amöbe etwa, so finden wir einen stofflichen Körper und eine freie Kraft, die diesen Körper bewegt, indem sie unregelmässige Fortsätze bald ausstreckt, bald an sich zieht. Aber hier stossen wir auf eine neue Eigenart dieser lebendigen Energie! In der unorganischen Natur wird jede freie Kraft baldmöglichst wieder gebunden oder in andersgeartete Kräfte umgesetzt, sie ist als solche niemals von unbegrenzter Dauer: Licht und Wärme der Sonne, die auf die Erde treffen, bleiben, soweit sie nicht in den Weltraum sofort wieder ausgestrahlt werden, in gebundenem Zustande zurück, um vielleicht erst nach Jahrtausenden beim Verbrennen von Steinkohlen wieder als Licht und Wärme zu erscheinen; die Asche, die ein Vulkan auswirft, sinkt endlich zur Erde, die Stürme, die über Meer und Land dahinbrausen, erschöpfen sich. Die Kraft aber, die in der winzigen Amöbe lebt, erschöpft sich nicht. Sie hat die wunderbare Eigenschaft, sich zu nähren, d. h. latente Kräfte an sich zu ziehen, sie teilweise frei zu machen und sich durch sie zu ergänzen und zu ersetzen. Diese Fähigkeit der Krafterneuerung lässt freilich im einzelnen Individuum mit der Zeit nach und verschwindet endlich ganz, — das Tier stirbt. Aber längst vorher hat es Gelegenheit gehabt, sich zu teilen und neue Individuen entstehen zu lassen, in denen die Kraft fortlebt, die also in der That, wie Weismann sagt, unsterblich ist[2]). Könnten wir erkennen, worin die Fähigkeit der Krafterneuerung durch Aufnahme von Nahrung, Luft, Wasser u. s. w. besteht, so wüssten wir das Grundgeheimnis alles Lebens. Die Fortpflanzung aber ist nur eine besondere Abart dieser Krafterneuerung.

Man hat sich gefragt, warum denn überhaupt eine Fortpflanzung stattfindet, warum nicht die unsterbliche Kraft, die einen Tierkörper belebt, sich dauernd mit diesem Körper begnügt. Es scheint, dass jeder Körper nach und nach unbrauchbar wird, dass sich gewissermassen Schlacken in ihm aufhäufen, die der Lebenswille — wenn wir die in jedem lebenden Wesen wirkende eigentümliche Kraft der Kürze halber so bezeichnen dürfen — nicht mehr beseitigen kann, sodass dann der Aufbau eines neuen Körpers vortheilhaft erscheint. Wenn Weismann, der ebenfalls von einem solchen „Verkrüppeln“ als Ursache des Sterbens spricht, ausserdem annimmt, dass die Erde schliesslich keinen Raum mehr für die wachsende Zahl der Lebewesen bieten würde, wenn der Tod nicht der Lebensdauer Schranken setzte, so setzt er damit voraus, dass die unsterblichen Wesen sich dennoch unausgesetzt vermehren würden. In Wahrheit sind Tod und Fortpflanzung Erscheinungen, die sich mit Notwendigkeit ergänzen; gäbe es keinen Tod, so hätte auch die unbegrenzte Vermehrung keinen Sinn und würde, wie alles Unzweckmässige, nicht bestehen bleiben. In Wahrheit ist nicht nur der Tod aus Altersschwäche jedem Lebewesen als notwendiges Ende seines Daseins gesetzt; zahllose Wesen sind geradezu auf den Untergang anderer angewiesen, indem sie deren Körper als Nahrung verbrauchen müssen. Die Erhaltung dieses Zustandes wäre nun wieder gar nicht möglich, wenn nicht die Fortpflanzung beständig für Ersatz des Zerstörten sorgte. Wer die Frage nach den Ursachen oder dem Sinn der Fortpflanzung beantworten will, steht also abermals den tiefsten Rätselfragen des Daseins gegenüber, die nicht einzeln gelöst werden können, sondern ein unteilbares Ganze bilden.

Dürfen wir somit die beständige Erneuerung des unsterblichen Willens durch Erzeugen neuer Lebewesen als etwas Gegebenes, durch alle anderen Verhältnisse des Daseins Bedingtes hinnehmen, so gilt das doch nicht von der geschlechtlichen Zeugung. Ursprünglich vermehrten sich die Lebewesen der Erde nur durch Zellenteilung; diese Art der Vermehrung ist bei höheren Tieren und Pflanzen nicht verschwunden, sondern als Wachstum erhalten. In derselben Weise ist die Fortpflanzung durch Sprossenbildung bei höheren Formen noch zu beobachten, nur dass sich die Sprossen nicht als selbständige Wesen loslösen, sondern Organe bilden. Die Möglichkeit, sich durch Teilung fortzupflanzen, ist bei vielen Pflanzen und niederen Tieren neben der geschlechtlichen Zeugung erhalten; je höher entwickelt ein Tier ist, desto mehr verliert es die Fähigkeit, durch blosses Teilen des Körpers neue Individuen zu bilden oder auch nur durch Wachstum verlorene Organe zu ergänzen, und die Zeugung bietet somit die einzige Möglichkeit, die Gattung dauernd zu erhalten.

Werfen wir einen Blick auf die Art, wie sich die Zeugung bei den niederen Lebewesen allmählich entwickelt, so erkennen wir, dass sie nichts weiter ist als eine Fortbildung der einfachen Teilung der Körper. Bei der Wasserpflanze Ulothrix entlassen die einzelnen Zellen, aus denen die grünen Fäden dieses Gewächses bestehen, kugelige, mit Wimpern versehene Protoplasmateile, die im Wasser umherschwimmen. Begegnen sich zwei dieser Körper, die aus derselben Zelle stammen, so stossen sie sich ab, stammen sie dagegen aus verschiedenen Zellen, so vereinigen sie sich und entwickeln sich dann wieder zu einer neuen Pflanze. Bei den Schimmelpilzen entstehen an zwei benachbarten Schläuchen knospenartige Auswüchse, die sich vereinigen und innerhalb deren dann die Verbindung der Zellen stattfindet, die man als Befruchtung bezeichnen kann. Von zwei Geschlechtern ist aber in diesen Fällen keine Rede; Bedingung scheint nur zu sein, dass die zur Zeugung bestimmten Protoplasmateile verschiedenen Zellen entstammen. Am Anfange der Entwicklung finden wir also eine Zeugung ohne geschlechtliche Verschiedenheit. Diese Verschiedenheit stellt sich allerdings bei Pflanzen und Tieren früh ein und hat bedeutsame Folgen, aber bei der Frage nach den ersten Ursachen kommt sie nicht in Betracht; der charakteristische Anfang der ganzen Entwicklung ist das Entstehen neuer Individuen durch Vereinigung von Zellen oder

Zellenteilen, die verschiedenen Individuen entstammen. Die Frage nach dem Grunde oder der Nützlichkeit dieser Art der Vermehrung ist also die erste und wichtigste.

Mit der Ansicht, dass es sich hier einfach um eine Abart jener Arbeitsteilung handelt, die bei den höheren Tier- und Pflanzenformen immer neue Organe entstehen lässt, von denen jedes seine besondere Aufgabe zu erfüllen hat und dieser dann auch vorzüglich angepasst ist, kommt man nicht durch. Die Arbeitsteilung tritt allerdings darin zu Tage, dass nicht mehr der ganze Körper die Fähigkeit behält, sich zu ergänzen und fortzupflanzen, sondern dass bestimmte Organe auch diese Aufgabe übernehmen; aber damit ist durchaus noch nicht erklärt, warum immer zwei Individuen zur Bildung eines neuen nötig sind und warum nicht vielmehr jedes einzelne Wesen die Fähigkeit hat, sich selbständig fortzupflanzen. Die Erhaltung der Gattung wäre jedenfalls besser gesichert, wenn sich die Individuen ohne den umständlichen Vorgang des Begattens ersetzten, der doch nur möglich ist, wenn zwei geeignete Wesen zusammentreffen; eine Gattung, die nur noch durch ein Individuum vertreten ist, oder nur durch eine noch so grosse Zahl eines einzigen Geschlechts, stirbt rettungslos aus. Trotz dieses Nachteils muss die Zeugung sich in nützlicher Weise irgendwie den grossen Gesetzen des Daseins und der Entwicklung einfügen, da sie sonst schwerlich entstanden und bei den höheren Tierformen als einziges Mittel der Fortpflanzung erhalten geblieben wäre.

Überblicken wir das Ganze der natürlichen Entwicklung der Organismen, so treten zwei Richtungslinien hervor, in denen sich die Kräfte vorwiegend bewegen: Es wird einmal angestrebt, die Gattung in ihrer Eigenart zu erhalten, und es zeigt sich andererseits ein beständiges Bemühen, den Körper weiter zu differenzieren, ihn neuen Aufgaben anzupassen, durch Variieren gewissermassen immer besser die Daseinsmöglichkeiten zu erproben, mit anderen Worten also neue Gattungen vollkommenerer Art zu schaffen. Das Wechselspiel dieser einander entgegenwirkenden Bestrebungen bestimmt die Entwicklung des Lebens auf der Erde und findet im Kulturdasein der Menschen seine Fortsetzung im Gegensatz zwischen den beharrenden und den fortschreitenden,

den konservativen und liberalen Kräften. Welcher dieser Bestrebungen aber dient die Zeugung? Soll sie das Bestehen der Gattung sichern oder soll sie das Variieren begünstigen? Oder wäre es gar möglich, dass sie beiden Zielen in gewisser Weise Vorschub leistete?

Es ist gewiss sehr auffallend, dass sich in der That die von Zoologen oder Botanikern geäusserten Ansichten über den Nutzen der Zeugung sämtlich, soweit sie überhaupt ernst zu nehmen sind[3]), auf eine dieser beiden Möglichkeiten beziehen, sich also scheinbar schroff gegenüberstehen. Als Vertreter der Anschauung, dass durch die Zeugung, also durch das Vereinigen der keimfäigen Produkte zweier verschiedenen Individuen, schädliche Abweichungen von der Norm beseitigt werden und somit die Eigenart der Gattung erhalten bleibt, mag Wilhelm Haacke[4]) das Wort haben. „Dadurch das sich zwei Keimzellen miteinander zu einer Stammzelle, aus der sich ein neuer Organismus entwickelt, vereinigen, werden die Schädigungen, die jede von ihnen erlitten hat, wieder kompensiert, weil die Schädigungen bei beiden Theilen verschieden sind. Es könnte zwar auch, nämlich dann, wenn beide Keimzellen nahezu ein und dieselbe Schädigung erlitten haben, eine Steigerung dieser Schädigung bei den Nachkommen eintreten. Indessen gelangen meistens Keimzellen miteinander zur Verschmelzung, die aus verschiedenen und nicht mehr miteinander verwandten Individuen stammen.“ Die geschlechtliche Fortpflanzung hat also, wie es Haacke an anderer Stelle ausspricht, den Zweck, individuelle Unterschiede zu verwischen und die Anpassung an einseitige Existenzbedingungen zu verhindern. Viele Thatsachen sprechen für die Richtigkeit dieser Annahme, so vor allem die Schädlichkeit der Inzucht. Das von Anfang an vorhandene Streben, die Keimzellen verschiedener Individuen zu vereinigen, ist wohl nur in diesem Sinne zu deuten. Selbst bei den Pflanzen, die in einer Blüte männliche und weibliche Befruchtungsorgane vereinigen, ist vielfach dafür gesorgt, dass nicht die weiblichen Organe von den männlichen derselben Blüte befruchtet werden, sondern dass Insekten den Pollenstaub von andern Blüten der Narbe zuführen. Die Pflanzen zeigen auch in besonders deutlicher Weise das Bestreben, Abweichungen vom ursprünglichen Gattungscharakter, die ihnen angezüchtet worden sind, bei der Fortpflanzung durch Zeugung wieder abzustossen; unsere veredelten Obstarten lassen sich nur durch Okulieren dauernd erhalten, während aus den Samenkeimen der Früchte immer wieder Wildlinge emporwachsen.

Aber grade ein Pflanzenkundiger, Anton Kerner von Marilaun, ist durch die Beobachtung der Bastardierung zu einer ganz abweichenden Ansicht gekommen. Wenn es nämlich auch zweifellos ist, dass die durch Züchtung veränderten, also krankhaft einseitig umgebildeten Kulturpflanzen bei der Vermehrung durch Samen meist in die Urform zurückschlagen, so gilt das doch nicht von der Kreuzung gesunder wildwachsender Pflanzen; es entstehen auf diesem Wege neue lebensfähige Arten, die Eigenschaften beider Elternpflanzen in sich vereinigen, natürlich nur dann, wenn die Elternpflanzen nicht so verschiedenen Gattungen angehören, dass eine Befruchtung überhaupt ausgeschlosssen ist. Auch in der Tierwelt ist ja die Kreuzung nur innerhalb gewisser Grenzen überhaupt möglich, und die Bastarde von Tierarten, die nicht mehr nahe genug mit einander verwandt sind, um kräftige Nachkommenschaft zu erzielen, bleiben lebens- oder doch zeugungsunfähig. Innerhalb dieser gegebenen Grenzen aber führt die Kreuzung zweifellos dazu, dass neue Arten entstehen und jenes Variiren der Typen hervorgerufen wird, das die Vorbedingung aller Auslese und Anpassung im Darwin'schen Sinne ist; es liegt nahe, diesen Erfolg als den eigentlichen Sinn der geschlechtlichen Zeugung zu betrachten. „Das Blühen und die Befruchtung", sagt Kerner von Marilaun, „ermöglichen das Entstehen neuer Arten. Fortpflanzung, Vermehrung und Verbreitung der Pflanzen können auch mittels Ableger erfolgen, und es vollziehen sich diese Vorgänge thatsächlich fort und fort im grossartigsten Maasstabe. Aber die Pflanzen, deren Verjüngung durch Ablegerbildung vor sich geht, erhalten sich in unveränderter Form, und es entstehen auf diesem Wege keine neuen Gestalten." Wie die Kreuzungsprodukte dann der Anpassung dienen, spricht er in folgenden Worten aus: „Es wird ein unermesslicher Vorrat von Formen gebildet, welche den mannigfaltigsten Zuständen des Bodens und Klimas angepasst sind.

Solange keine Veränderung der klimatischen Verhältnisse stattfindet, hat die Mehrzahl dieser Formen geringe Aussicht, sich zu erhalten und sich zwischen den Pflanzenformen, welche an Ort und Stelle schon sesshaft sind, als Arten einzubürgern. Wenn aber Veränderungen des Klimas eintreten und infolgedesssen die bisherige Besetzung an Pflanzenarten gelichtet wird, wenn jene Arten, deren Gestalt mit den bisherigen Lebensbedingungen im besten Einklange stand, infolge der Veränderungen der Lebensbedingungen die Plätze räumen, dann erlangen die auf geschlechtlichem Wege entstandenen neuen Gestalten ihre wahre Bedeutung; diejenigen, welche den neuen Lebensbedingungen am besten angepasst sind, nehmen die leer gewordenen Plätze ein und werden dort zu neuen Arten."

Es ist nicht nur die Wissenschaft der Botanik, die zu dieser Anschauung führt. Auch ein Anthropolog, R. Martin, hat es neuerdings ausgesprochen, dass die geschlechtliche Fortpflanzung „der Variabilität der Formen einen enormen Spielraum giebt". Indem jedes Individuum eine Mischung aus den Eigenschaften der Eltern darstellt, die ihrerseits wieder Ergebnisse von Mischungen sind, bildet es ein neues, durchaus einzigartiges Wesen, das mit keinem andern völlig identisch ist. Auf niederer Stufe mögen diese Unterschiede kaum merklich sein, auf der höheren aber und vor allem beim Menschen treten sie unverkennbar hervor. Durch die Unterschiede zwischen den einzelnen Individuen einer Gatttung wird aber in der That allein ein Fortschritt zu höheren Formen möglich, mögen auch im übrigen über die Art des Fortschritts verschiedene Ansichten herrschen; der durch Weismann angefachte Streit über die Erblichkeit erworbener Eigenschaften, der wohl nur durch den Einfluss dieses Vorkämpfers der Nichterblichkeit grössere Bedeutung gewonnen hat, mag hier unberührt bleiben. Die Thatsache, dass Eigenschaften an sich vererbt werden und dass die Kreuzung eine Mischung verschiedener Arteigenschaften in jedem einzelnen Individuum erzeugt, worauf dann eine natürliche Auslese erfolgt, genügt für diesmal. Damit aber ist die geschlechtliche Fortpflanzung nicht, wie Haacke will, ein Mittel, die Gattungen in ihrer einmal gegebenen Eigenart zu erhalten, sondern sie dient im Gegenteil dazu, immer neue

Verschiedenheiten zu schaffen, die dann gewissermassen im Daseinskampf durchgeprobt werden und den Anlass zur Entstehung neuer Arten geben. Diese Ansichten stehen scheinbar im grellsten Widerspruch; aber sollte es nicht dennoch eine Möglichkeit geben sie zu versöhnen? Stützen sich doch beide auf gewichtige, schwer zu erschütternde Gründe.

Der Weg zur Vereinigung beider Theorien ist wohl in dem Umstande angedeutet, dass erfolgreiche Kreuzungen nur innerhalb einer gewissen Verwandschaftssphäre möglich und vorteilhaft sind. Ist die Verwandschaft zu eng, wirkliche nahe Blutsverwandtschaft, dann werden krankhafte Neigungen nicht kompensiert, sondern gesteigert; ist sie zu weit, dann ist keine günstige Mischung der Eigenschaften mehr möglich und die Begattung bleibt erfolglos oder die Sprösslinge sind wenigstens minderwertig und zu dauerndem Bestehen unfähig. Auf diese Weise würden durch die Zeugung, zu der sich zwei in der richtigen Weise verwandte Individuen vereinigen, beständig neue, in Einzelheiten eigenartige Wesen hervorgebracht, ohne dass doch krankhaft einseitige oder groteske Mischgeschöpfe entstehen. Die ungünstigen Eigenschaften werden beseitigt, günstige eigentümlich gemischt. Da man nun die Fortpflanzung auch als ein Mittel zur Erhaltung der lebendigen Kraft auffassen kann, so lässt sich die Erkenntnis noch in andrer Form aussprechen: Das Dauerwesen einer Gattung bewahrt mit Hülfe der Zeugung bestimmte erprobte Wesenszüge, indem es unwillkommene Anpassungen durch sie beseitigt, erscheint aber andrerseits in den einzelnen Individuen in immer wechselnden Typen, aus denen die tauglichsten sich zu neuen, für den Daseinskampf unter besonderen Bedingungen besser geeigneten Gattungen fortbilden. So vereinigt die Fortpflanzung durch Mischung zweier getrennter Wesen in sich die beharrenden wie die fortschreitenden Mächte. Diese wunderbare Doppeleigenschaft besitzt die ursprünglichere Art der Vermehrung durch Teilung in weit geringerem Grade, und deshalb ist die Zeugung in der höheren Tierwelt allein siegreich geblieben.

Wir haben oben ein Beispiel von Zeugung kennen gelernt, das einfach als Vereinigen von Protoplasmaklümpchen bezeichnet werden kann, die verschiedenen Zellen entstammen, ohne dass von geschlechtlichen Unterschieden die Rede wäre. Aber schon sehr früh bildet sich ein Gegensatz heraus, der immer entschiedener betont wird, je höher die Wesen sich entwickeln: Die Fortpflanzungskörperchen differenzieren sich zu zwei Arten, von denen die eine beweglicher ist als die andere. Diese trennende Grundeigenschaft bleibt auch auf weiteren Entwicklungsstufen erhalten, sodass man, spätere Fortbildungen vorausnehmend, schon die ursprüglichsten differenzierten Keimzellen als männliche und weibliche unterscheiden kann. Immer sind die männlichen Zellen beweglicher und mit der Fähigkeit ausgestattet, die weiblichen aufzusuchen, die ihrerseits ruhig der Vereinigung harren. Das ist zugleich ein Beweis, auf wie tiefem Grunde die charakteristischen Eigenheiten der Geschlechter ruhen: die thatkräftige unruhige Art des Mannes geht ebenso auf die ersten Anfänge geschlechtlicher Unterschiede zurück, wie der konservative, am Bestehenden hangende Sinn des Weibes. Beide Eigenschaften aber treten in der Gesellschaftsbildung bedeutsam hervor.

Im Entstehen der individuell getrennten Geschlechter dürfen wir wohl ungezwungen ein Kapitel der allgemeinen, immer weiter fortschreitenden Arbeitsteilung sehen, zugleich aber ein Mittel, die Selbstbefruchtung eines Individuums völlig unmöglich zu machen. Es ist sehr merkwürdig, dass bei den Pflanzen die geschlechtliche Differenzierung nur ausnahmsweise auch zur Herausbildung von Individuen verschiedenen Geschlechtes geführt hat; die meisten Pflanzen besitzen männliche und weibliche Befruchtungsorgane zugleich, sodass die Selbstbefruchtung, die auch bei ihnen meist unerwünscht scheint, durch besondere Mittel verhindert werden muss. Bei den Tieren sehen wir dagegen sehr früh und folgerichtig die geschlechtlichen Aufgaben auf verschiedene Individuen verteilt, die nun auch die Möglichkeit haben, sich der Eigenart dieser Aufgaben in Körperbau und sonstigen Eigenschaften anzupassen.

Hier ist wohl auch die Frage angebracht, warum es gerade nur zwei Geschlechter giebt; eine Antwort, die völlig befriedigt, scheint aber mit den heutigen Hilfsmitteln der Wissenschaft nicht möglich zu sein, sodass es genügen muss, die Thatsache als solche ins Auge zu fassen. Niemals in der That sind mehr als zwei Individuen zur Erzeugung eines neuen nötig; wo die Zahl der Geschlechter scheinbar überschritten wird, handelt es sich immer um verkümmerte Weibchen. Wolzogen's bekanntes „Drittes Geschlecht“ hat sein Vorbild bereits bei den Arbeiterinnen der Bienen und Ameisen, die nichts weiter sind als unfruchtbare Weibchen; es ist gewiss des Nachdenkens wert, dass auch die von Wolzogen geschilderte Menschengruppe aus dergleichen Persönlichkeiten besteht. Hier scheint wieder eine Eigentümlichkeit des weiblichen Geschlechts, die man gern als neuzeitliche Besonderheit bezeichnen möchte, ihre Wurzel in sehr tiefen Schichten der Entwicklung zu besitzen. Ansätze zur Herausbildung weiblicher „Arbeiterinnen“ fehlen in der Geschichte der Menschheit nicht: Bei den meisten Naturvölkern arbeitet das Weib viel mehr als der Mann, und dieser Aufgabe gegenüber tritt das Geschlechtsleben schon früh zurück; bei einem Indianerstamm herrscht die Ansicht, dass die Arbeit erst von den Weibern erfunden sei.

Dieses Arbeiten ist nicht zu verwechseln mit geistiger und leiblicher Regsamkeit, die dem Manne seiner ganzen Anlage nach mehr eigen ist als dem Weibe. In ganz merkwürdiger Weise zeigt sich der erfindungsreichere, den Fortschritt anregende Charakterzug des männlichen Geschlechts auf niedrigen Stufen der Tierwelt, indem ein Gebiet der Thätigkeit, das aus schwerwiegenden Gründen allmählich fast ganz auf das weibliche Geschlecht übergegangen ist, zuerst von den Männchen ausgeübt wird. Es ist das die Brutpflege. Fast überall bei den niederen Tieren sehen wir zunächst die Männchen als Pfleger der Brut, die vom Weibchen nicht weiter beachtet wird, und erst allmählich lernen die Weibchen sich an ihr zu beteiligen, bis dann zuletzt diese Thätigkeit eine Hauptaufgabe des weiblichen Geschlechtes wird. Selbst die Milchdrüsen sind zuerst von den Männchen erworben. Es ist also nur ein Beweis dieses tiefen Unterschiedes der Geschlechter in ihrem Verhältnis zum Fortschritt, wenn auch jetzt der Mann in der Kunst und auf allen Gebieten erfinderischer Thatkraft mehr leistet als das Weib; nur eine sehr flache und kurzsichtige Auffassung kann die Ansicht verteidigen, dass diese

Verschiedenheit erst durch männliche Herrschsucht und Erziehungskunst geschaffen worden wäre.

Manche Uranlagen sind dagegen im Laufe der Entwicklung zweifellos in neue Bahnen gelenkt worden. Wenn die männlichen Befruchtungskörper allgemein kleiner und beweglicher sind als die weiblichen, so müsste man vermuten, dass bei der Entstehung der Geschlechter das männliche immer das kleinere sein müsste. Das ist bei niederen Tieren in der That vielfach der Fall, wenn auch der Gegensatz zwischen den Geschlechtern selten so grotesk ist wie bei den Schmarotzerkrebsen, wo die beweglichen Männchen wie winzige Parasiten der meist an ihrem Wirt festhaftenden Weibchen erscheinen. Bei den höheren Tieren kehrt sich das Verhältnis meist um, und die Männchen übertreffen die Weibchen an Grösse. Die Ursache ist wohl darin zu suchen, dass die Männchen als die um die Gunst der Weibchen Werbenden hierbei in Kampf und Streit geraten, der zur Ausbildung einer entsprechenden Körperkraft und Bewaffnung führt; sind doch die Waffen der pflanzenfressenden Tiere immer in erster Linie zum Ausfechten der Brunstkämpfe bestimmt, und in viel geringerem Grade zur Abwehr von Raubtieren! Hier und da, wie bei den Rindern, wird die Bewaffnung auch auf das weibliche Geschlecht übertragen, nicht aber die Stärke und Kampflust. Bezeichnenderweise sind bei Raubtieren, wo beide Geschlechter auf beständigen Gebrauch ihrer Waffen angewiesen sind, die äusseren Unterschiede zwischen Männchen und Weibchen verhältnismässig am unbedeutendsten.

Das eifersüchtige Verhalten der Männchen gegen einander begünstigt die Familienbildung, nicht aber das Entstehen grösserer geselliger Verbände. Wenn wir trotzdem, wie wir später sehen werden, gerade beim Menschen die Männer als die eigentlichen Träger des Gesellschaftstriebes finden, so muss das ein Ergebnis einer sekundären Entwicklung sein, die aber immerhin an vorhandene Wesenszüge anknüpfen dürfte. In Wahrheit scheint denn auch gerade der kriegerische Charakter des männlichen Geschlechtes, der an sich der Geselligkeit feindlich ist, leicht in entgegengesetzte Richtung gelenkt zu werden, sohald nämlich nicht die Kämpfe mit den Geschlechtsgenossen mehr die Hauptsache sind, sondern die Verteidigung gegen äussere Feinde und die Jagd, beides Aufgaben, die naturgemäss den Männern zufallen. Gegenüber feindlichen Horden oder den ungeheuren Raubtieren der Eiszeit war der einzelne Mann fast machtlos; hier konnte nur enges Zusammenhalten, brüderliche und selbstlose Vereinigung zum Ziele führen. Allmählich hat diese Seite des männlichen Charakters sich als mächtiger erwiesen und die alte Eifersucht stark gedämpft. Gewiss kommt es auch heute noch vor, dass ein Bauernbursche den Nebenbuhler halb tot prügelt, aber äusseren Feinden gegenüber steht er mit demselben Manne zusammen treulich in Reih und Glied, eng verbunden mit ihm durch das Bewusstsein einer höheren und stärkeren Gemeinschaft[6]). Diese Eigenschaft kann sich natürlich auch wieder zurückbilden oder, wie so viele andere schon, nach und nach auf das weibliche Geschlecht übertragen werden, sodass sich der Unterschied der Geschlechter in diesem Punkte verwischen würde; aber dazu bedarf es langer Zeit, und vorläufig haben wir mit den gegebenen Verhältnissen zu rechnen. Die Gegensätze zwischen den Hauptformen gesellschaftlicher Verbände, dürfen wir nun wohl sagen, führen in der Hauptsache auf die Eigenart der Geschlechter, wie sie sich im Verlaufe von Jahrtausenden entwickelt hat, zurück.

[1]) Es ist neuerdings wieder erlaubt, vom Dasein dieser Kräfte oder „Energieströme" (vgl. Ostwald, Vorlesungen über Naturphilosophie S. 312) zu sprechen, nachdem es eine Zeitlang für jeden „wissenschaftlich Gebildeten" strenges Gesetz gewesen ist, die Augen krampfhaft vor ihnen zu schliessen. Nun wagt man es wieder, sie anzuerkennen, glaubt aber wenigstens vor dem Wort „Lebenskraft" noch den herkömmlichen Schauder empfinden zu müssen. Ob es wohl unter den angeblich so freien Geistern der Wissenschaft auch einmal als vornehm gelten wird, nicht jedes Narrenkleid der Mode zu tragen?

[2]) Die Lehren Weismanns über diesen Punkt sind hauptsächlich niedergelegt in seinen Schriften „Das Keimplasma" (Jena 1892), „Aufsätze über Vererbung und verwandte biologische Fragen" (Jena 1892), „Die Allmacht der Naturzüchtung" (Jena 1893) u. s. w.

[3]) Vgl. darüber u. a. O. Hertwig, „Die Elemente der Entwicklungslehre des Menschen" (Jena 1900), S. 48.

[4]) Als hierhergehörige Arbeiten W. Haackes sind zu nennen: „Die

Schöpfung des Menschen und seiner Ideale" (Jena 1895) und „Grundriss der Entwickelungsmechanik" (Leipzig 1897).

[5]) Ausführlich dargestellt hat Kerner von Marilaun diese Anschauungen in seinem Werke „Pflanzenleben" (Leipzig 1891).

[6]) Sehr schön malt Gottfried Keller diesen Charakterzug in seiner Novelle „Dietegen" (Die Leute von Seldwyla II), wo er den in die Schlacht ziehenden Heerhaufen der Schweizer schildert.

---

4. Geschlechtsliebe und geschlechtliche Abneigung.

Der grosse Gegensatz, der trotz aller Misch- und Zwischenformen die beiden Hauptarten der Gesellschaft, die aus der Blutsverwandtschaft hervorgehenden und die aus dem Geselligkeitstrieb stammenden, von einander scheidet, ist wohl am kürzesten dahin zusammenzufassen: Die Verwandtengesellschaft besteht aus Menschen, die zwar durch Abstammung oder geschlechtliche Zuneigung verbunden und sich in manchen Wesenszügen ähnlich, im übrigen aber an Geschlecht und Alter, oft auch an Charakter, Begabung und Neigungen äusserst verschieden sind; die Gruppen dagegen, die durch den Geselligkeitstrieb zusammengeführt werden, bestehen in der Hauptsache aus gleichartigen Persönlichkeiten oder sind wenigstens in eben dem Zug ihres Wesens einander ähnlich, der den Geselligkeitsdrang in diesem Falle ausgelöst und wirksam gemacht hat. Insoweit die Verwandtschaft das gleiche Denken und Empfinden begünstigt, trägt sie zur weiteren Gesellschaftsbildung bei, aber im übrigen werden gerade die natürlichen Gegensätze, die in den Verwandtengruppen und ihren einfachsten Formen, den Familien, herrschen, bei der freien Gruppierung vermieden. Auf den eigenartigsten dieser Gegensätze, den man da, wo er sozial bedeutsam hervortritt, das Widerspiel der Geschlechtsliebe nennen und als „geschlechtliche Abneigung" bezeichnen kann, ist gleich zurückzukommen. Unähnlichkeiten und Widersprüche werden freilich auch unter den Mitgliedern freier Genossenschaften niemals fehlen, aber da diese Verbände meist lockerer sind und nur gerade dann ihre Angehörigen enger zusammenschliessen, wenn die gemeinsamen Zwecke und Neigungen stark hervortreten, so kommen die gesellschaftsfeindlichen Gegensätze weniger entschieden zur Geltung. Die Kultur ermöglicht es dem Einzelnen, für fast alle seine Ziele oder Liebhabereien sympathische Gruppen zu finden, denen er immer nur mit einem Teile seines Wesens angehört; jeder dieser Teile aber erscheint ihm dann zu Zeiten reicher und voller, er findet in der gleichgestimmten Gruppe ein freundliches Echo, oder eine Seite seiner Natur bricht sich in ihr wie ein Lichtstrahl in einem vielfach geschliffenen Glase zum lustigen Farbenspiele. Je grösser die Zahl der Interessen eines Menschen ist, je vielseitiger er begabt ist und je empfänglicher er für Anregungen zu sein pflegt, desto mehr gesellschaftlichen Gruppen vermag er sich anzuschliessen. Zum Äussersten ausgebildet erscheint diese Fähigkeit bei manchen Grossstadtbewohnern, die im Vereinsleben und gesellschaftlichen Verpflichtungen vollständig aufgehen, als Vorsitzende oder rührige Mitglieder aller möglichen Wohlthätigkeitsanstalten, politischer und andrer Vereine glänzen u. s. w. Wie dieses Uebermass des Geselligkeitstriebes dann auf die natürlichen Verbände, die Familien, zerrüttend wirkt, ist ein dankbares Thema für Satiriker oder Sittenprediger, das von deutschen Theaterdichtern gern verwertet wird.

Gerade in Grossstädten sind die eigenartigsten und dabei oft sehr vergänglichen Blüten der freien Gesellschaftsbildung zu studieren. Was ist z. B. eine Theatervorstellung anderes als die Leistung einer Gesellschaft von Schauspielern, der wieder eine grosse Gesellschaft von Zuschauern gegenübersteht, die grösstenteils nur für diesen Abend und einzig durch das Interesse für das aufgeführte Stück zusammengehalten wird und vielleicht die flüchtigste, unbestimmteste Form einer sozialen Gruppe darstellt? Aber selbst hier entscheidet gemeinsame Neigung über die Art dieser Gruppe: Das Publikum, das einer seichten Posse oder einer weihnachtlichen Kindervorstellung zuschaut, pflegt ein anderes zu sein als das, dessen Interesse durch ein Wagnersches Musikdrama erweckt worden ist, und die erste Aufführung eines Stückes modernster Richtung lockt andere Leute ins Theater als eine Klassikervorstellung zu ermässigten Preisen. Und wie sich selbst innerhalb dieser Gruppen wieder die Einzelnen thunlichst nach Rang und Vermögen zusammenschliessen, zeigt ein Blick auf die verschiedenen Plätze von der Hofloge bis zur schwindelnden Höhe des Olymps.

Bei allen geselligen Gruppierungen dieser Art, mögen sie loser oder fester sein, tritt die Geschlechts- und Verwandtenliebe, die den Kitt der natürlichen Gruppen bildet, höchstens nebensächlich als gelegentlich fördernde Macht hervor; mindestens ebenso häufig ist gerade die Geschlechtsliebe die Ursache eifersüchtiger Regungen und damit des Zerfalls freier Verbände. Die rein geselligen Triebe sind dagegen auch in den natürlichen Gruppen wirksam und im allgemeinen für deren Zusammenhalt nützlich. Jede aus Blutsverwandten bestehende menschliche Gesellschaft enthält eine Menge gleichartiger Züge, die den Zusammenhang verstärken; innerhalb einer Familie z. B. pflegen keine Gegensätze der Abstammung oder des Besitzes zu herrschen, ferner bilden gemeinsame Erinnerungen und Gewohnheiten ein starkes Bindemittel. Dazu werden meist grosse Ähnlichkeiten im Körperbau, im Charakter und Temperament, oft auch in der Begabung treten, obwohl das bei der beständigen Zumischung fremden Blutes und bei der sprunghaften Weise der Vererbung körperlicher und geistiger Eigenschaften keineswegs als Regel gelten kann. Oft genug wird beim Heranwachsen der Kinder eine Familie durch die inneren Gegensätze ganz auseinander getrieben, und dieser kleine Zug wiederholt sich im grossen Gange der Entwicklung. Man kann behaupten, dass die ganze Geschichte der Kultur von einem Emanzipationskampf begleitet und vielfach bestimmt wird, dessen Ziel das Zersprengen der allzu engen und unbeholfenen natürlichen Verbände und das Bilden freier, zur Arbeit am Kulturfortschritt besser geeigneter Gruppen ist.

In der That steht, auch abgesehen von den zufälligen Verschiedenheiten der einzelnen Mitglieder, den Ähnlichkeiten innerhalb der Verwandtengruppen eine Anzahl natürlicher, auf keine Weise zu beseitigender Unterschiede gegenüber, die ein gemeinsames, straffes und zielbewusstes Arbeiten unmöglich machen.

Die Familie und selbst die Sippe ist eine kleine Welt für sich, die nach möglichstem harmonischem Gleichgewicht strebt, aber kein Werkzeug, das sich leicht einem höheren Zwecke unterordnet. Die Verschiedenheiten innerhalb der natürlichen Verbände ergänzen sich im günstigsten Falle und stellen eben jene glückliche Harmonie des Daseins her, die jeder mehr oder weniger bewusst zu erlangen strebt, der eine neue Familie gründet; aber sie können auch verhängnisvoll wirken und den Zusammenhalt endlich zerstören. Sie sind in diesem Sinne ebenfalls eine Ursache der Erscheinung, dass den Menschen die natürlichen Verwandtengruppen von jeher nicht genügt haben, dass sich diese Gruppen beständig ganz oder teilweise zersetzen und von neuen gesellschaftlichen Bildungen gewissermassen durchschossen werden. Den Sympathien und Antipathien, die aus der Geschlechtsliebe und der Blutsverwandtschaft hervorgehen, treten andere, oft entgegengesetzt wirkende gegenüber. Aus dem Widerspiel dieser Kräfte entwickeln sich alle höheren, in ihrem Aufbau so verwickelten Gesellschafts- und Staatsformen.

Die grossen stets vorhandenen Gegensätze innerhalb der Verwandtengruppen sind der zwischen den beiden Geschlechtern und der zwischen den verschiedenen Altersstufen. Alle anderen Unterschiede, so wirksam sie gelegentlich sein können, treten doch zweifellos im grossen Durchschnitt dagegen zurück. Die beiden Hauptgegensätze sind von Anfang an vorhanden und wirken auch bei steigender Kultur immer fort, ohne sich eigentlich zu entwickeln; höchstens werden die Triebe und Kräfte, die sich in ihnen äussern, bald durch Anlockungen verstärkt, bald durch Hemmungen geschwächt, bald auch in ihren Zielen und Ausdrucksformen veredelt, aber beseitigen lassen sie sich nicht oder doch nur durch Zertrümmern der natürlichen Verbände und durch Bilden neuer Grupen von Geschlechts- und Altersgenossen. Der Einzelne mag sein Geschlecht verleugnen und seine natürlichen Triebe zertreten, die Masse der Menschen kann es nicht, oder wenn sie es thäte, würde die Menschheit von der Erde verschwinden. Wenn auf Grund des reinen, vom Geschlechtstrieb völlig losgelösten und auf ideale Ziele gerichteten Geselligkeitsdranges sich Gruppen bilden, die ihren Bestrebungen den Fortpflanzungstrieb bewusst opfern, wie die Insassen christlicher und buddhistischer Klöster, müssen sie sich doch aus der natürlichen, auf der Verbindung von Mann und Weib gegründeten Gesellschaft immer wieder rekrutiren, um bestehen zu können. Und so wenig der Mensch sein Geschlecht ändern kann, so wenig vermag er den Wandel in Körperkraft, Temperament und Kentnissen zu hindern, der mit den Jahren stattfindet und das stammelnde Kind durch die Zeiten der Blüte und der Kraft endlich in das müde Greisenalter hinüberführt. In den natürlichen Verbänden aber werden immer die Geschlechter und Altersstufen gemischt sein, und immer werden die dabei entstehenden Sympathien und Antipathien ihre Macht entfalten.

Der Gegensatz zwischen Alten und Jungen hallt in der ganzen Kulturgeschichte wieder und erfüllt auch die Gegenwart mit seinem Lärme. Wenn eine „neue Richtung" ihre Jünger sammelt, wird das Widerspiel in den Anschauungen der Väter und Söhne innerhalb der Familiengruppen zuweilen bis zur Feindseligkeit heftig. Dass daneben aber unter der Oberfläche des Daseins auch beständig die gegenseitige Antipathie der Geschlechter ihren Einfluss äussert, wird weniger bemerkt, ja der Gedanke, dass eine solche Antipathie überhaupt besteht, dürfte den Meisten als wunderlich erscheinen. Und doch liesse sich schon theoretisch dergleicheu vermuten: Mann und Weib haben ja zweifellos die Fähigkeit, sich gegenseitig zu ergänzen und zu bereichern; aber wo die Ergänzung nicht gelingt oder nicht erstrebt wird, kann und wird sich die Verschiedenheit leicht in eine um so stärkere Abneigung umsetzen.

Es wird das Verständnis dieses wichtigen und so schwer zu behandelnden Themas erleichtern, wenn wir etwas weiter zurücktreten und die natürlichen Antipathien der Menschen gegen einander einmal ganz im allgemeinen ins Auge fassen. Der Mensch mit seinem immer regen Geselligkeitstrieb schliesst sich gern an den Menschen an, er hat Freude an seinesgleichen. Aber das darf nicht über die Thatsache hinwegtäuschen, dass dem Menschen auch nichts so leicht unangenehm, ja ekelhaft werden kann, wie eben der Mensch selbst. Schon die rein körperlichen Abneigungen sind oft ausserordentlich heftig, und sie pflegen mit der steigenden Kultur und Feinheit an Zahl und Stärke zuzunehmen; das Gesetz, dass uns das Verwandte oder Gleiche auch das am wenigsten Unangenehme sein müsste, scheint sich hier ganz umzukehren. Gewisse natürliche Dinge, wie die Produkte des Stoffwechsels, sind uns bei Tieren zweifellos weniger widerlich als beim Menschen; welchen Eindruck lange getragene schmierige Kleider, Speichelspuren, Nahrungsmittel, die wir aus unreinlichen Händen empfangen, u. dgl. machen können, ist allbekannt. Bei alledem ist es offenbar der enge Zusammenhang der widerlichen Dinge mit dem menschlichen Leibe, der den Ekel verursacht. Die „gute Gesellschaft“ vermeidet deshalb selbst die Erwähnung natürlicher und an sich harmloser Dinge, die mit dergleichen irgend zusammenhängen; künstlerisch verwertet hat Jean Paul diesen Zug in seiner komischen Erzählung „Katzenbergers Badreise“, wo er den Doktor Katzenberger als Vertreter des „geschlechtslosen Zynismus“ die überfeine Gesellschaft in Verlegenheit bringen und einer ganzen Tafelrunde die Esslust verderben lässt. Der Schmutz als solcher, wie er etwa als Staub ein altes Buch bedeckt oder als Schlamm eines Baches unser Kleid bespritzt, ist nicht im entferntesten so abstossend wie die körperlichen Ausscheidungen des Menschen. Der Widerwille kann sich sogar gegen den eigenen Körper richten: ein an Reinlichkeit gewöhnter Mensch, der durch die Umstände gezwungen ist, wochenlang in denselben Kleidern zu bleiben und auf Reinigung des Körpers zu verzichten, kann sich selbst vollständig zum Ekel werden. Eine genauere Untersuchung der Gründe dieser auffallenden Erscheinung würde hier zu weit führen und gehört wohl auch zum guten Teil in das Arbeitsgebiet der Physiologie, aber wenigstens ein Leitfaden des Denkens lässt sich unschwer finden. Der menschliche Leib ist im fortwährenden Umbau, in beständiger Zersetzung und Erneuerung begriffen, er stirbt gewissermassen unaufhörlich in einzelnen Teilchen ab, die er abstösst, um sie gleichzeitig wieder zu ersetzen. Diese ausgestossenen Bestandteile, mögen sie nun als Kot oder im Schweiss, Schleim und in der ausgeatmeten Luft den Körper verlassen, enthalten schädliche und giftige Stoffe, sie sind Verwesungsprodukte, die instinktiv ähnlichen Widerwillen erregen, wie ein sich zersetzender Leichnam. Bei vielen Krankheiten sind zudem die Produkte des Stoffwechsels die Träger der Ansteckung. Der ästhetische Widerwille vor diesen Dingen baut sich also auf einem sehr nützlichen und wichtigen Instinkt auf; wo er schwach ist oder durch Trägheit und Gewohnheit übertäubt wird, wie bei den meisten Orientalen und vielen Südeuropäern, sind schlechte Gesundheitsverhältnisse und gelegentliche verheerende Epidemien die unausbleibliche Folge. Jeder Mensch nun, auch der gesündeste und reinlichste, sondert beständig widrige Stoffe ab, er ist von einer Zone der Verwesung umgeben, der gegenüber der Kulturmensch eine feine und, wie gesagt, in ihrem Grunde nicht unberechtigte Abneigung in sich grossgezogen hat; wenn er weniger unter gewissen Krankeiten leidet, wie seine Vorfahren, so dankt er das seiner grösseren Reinlichkeit und seinem Widerwillen gegen allzu nahe Berührung mit unsauberen Menschen und Dingen. Im Völkerleben erklären sich aus diesen Antipathien, die Fernstehenden gegenüber stets stärker zu sein pflegen als gegenüber Verwandten und Volksgenossen, manche immer wiederkehrende Wesenszüge. Die Ansichten über „Völkergeruch“, der als Unterscheidungs- und Sonderungsmittel so oft hervorgehoben wird (foetor Judaicus, Chinesengeruch, Negergeruch), die seltsamen, auf allerlei Irrwege geratenden Vorstellungen über Reinheit, die ebenfalls ethnische Unterschiede oft zu unübersteiglichen Schranken umbilden, führen wohl alle im Grunde auf Thatsachen dieser Art zurück. Dass auch hier wie bei allen Anläufen zur Verfeinerung und Veredelung die Menschheit sich allen Ernstes müht, über das Natürliche und Unvermeidliche hinauszuwachsen, und dass sie dabei in seltsame Widersprüche verfällt, ist ein Hauptzug oder, wenn man will, ein Fluch aller Kulturentwicklung. Auch der idealste Mensch wird seinen Körper nicht los, und der indische Büsser oder christliche Anachoret muss doch auch, solange er überhaupt leben will, der verhassten Kloake des Leibes immer wieder Nahrungsstoffe zuführen und so den Stoffwechsel unterhalten. Die Verfeinerung führt zuletzt zu prüder Unnatur, die notwendig einmal von einem Hauch frischer Unfeinheit und roher Natürlichkeit durchweht werden muss, wenn sie nicht an ihrem inneren Widerspruch zu Grunde gehen soll. Auch auf dem sittlichen Gebiete tritt der Gegensatz eigenartig hervor. Gewiss ist der reinliche, vor schmutziger oder nur verdächtiger Nachbarschaft sich ängstlich hütende Kulturmensch, als dessen Muster wohl der Engländer der besseren Stände gelten kann, von der einen Seite betrachtet eine erfreuliche Erscheinung. Aber unterliegt er nicht der Gefahr, das Gefühl für das allgemein Menschliche zu verlieren und ganz zu vergessen, dass ein im Drange der Not und des Mangels verlumpter Mensch doch immer ein Bruder bleibt, dem wir nicht mit ängstlicher Scheu aus dem Wege gehen sollen, sondern der ein Recht auf unsere Teilnahme und Hülfe hat? Tolstoi, der in dieser Hinsicht ein typischer Vertreter des russischen Empfindens ist, das aus einer tieferen Kulturschicht herauswächst, schildert mit Genugthuung, wie ein reinlicher, gut gekleideter Mann einen schmutzigen, mit Geschwüren bedeckten Bettler küsst und ihn damit als Mitchristen und Bruder anerkennt. Das zweifelhafte Gefühl, mit dem ein Angehöriger der westeuropäischen Kultur die Schilderung einer solchen Scene liest, malt deutlicher als viele Worte den inneren Widerspruch, zu dem uns die steigende Gesittung geführt hat[1]).

Im Geschlechtsleben tritt dieser Widerspruch noch greller hervor: Verhältnisse und Notwendigkeiten, auf denen das Dasein und die Fortpflanzung der Menschheit beruhen, werden als nicht vorhanden betrachtet oder dürfen sich doch nur in idealer Vermummung ans Licht wagen. Grade dieser ideale Schimmer ist es auch, der uns in der Regel hindert, die zwischen Mann und Weib bestehenden Gegensätze und Antipathien zu erkennen und in ihrer Bedeutung für das Wesen der Gesellschaft zu würdigen.

Auf den ersten Blick scheint die Sympathie der Geschlechter überwältigend stark zu sein: die dichterisch verklärte Geschlechtsliebe mit ihrem Ueberschwang der Gefühle lässt das Verhältnis im rosigsten Lichte erscheinen. Aber in Wahrheit besteht zwischen den normalen Vertretern der beiden Geschlechter ein solcher Unterschied, dass ein gegenseitiges volles Verstehen kaum möglich ist. Namentlich scheint sich, wie ein Blick auf die Völkerkunde lehrt, dieses Gefühl der Verständnislosigkeit gegenüber dem Weibe beim Manne leicht zu einer Antipathie auszuwachsen, die je nach der Stufe der Gesittung als Brutalität, Verachtung, Weiberscheu, Spott oder Ironie zu Tage tritt, sobald die geschlechtliche Anziehung schwindet oder überhaupt nicht vorhanden ist. Der unsterbliche Kampf mit der Schwiegermutter, dessen wirkliches Vorhandensein schon breit genug bestritten worden ist, dem aber doch ein Körnchen Wahrheit zu Grunde liegt, ist ein Zeugnis dieser Abneigung. Das Unsympathische erscheint leicht auch als das Wertlosere, wie der üble Sinn der Ausdrücke „weibisch", „altes Weib" u. dergl. beweist. Als philosophischer Vertreter des Widerwillens gegen die Eigenart der weiblichen Natur ist Schopenhauer auf dem Plan erschienen; seinen scheinbar rein verstandesmässigen Erörterungen liegt der weiberfeindliche Instinkt eines besonders einseitig entwickelten männlichen Charakters zu Grunde. Im Altertum tritt Euripides als ähnlicher Typus hervor[2]). „Dem Euripides verhasst und allen Göttern" nennt Aristophanes die Weiber.

Auf Seiten der Frauen fehlt es nicht an Vertreterinnen ebenso schroffer, gegen die Männerwelt gerichteter Anschauungen; wenn im Mittelalter die Klöster ein willkommener Zufluchtsort für sie waren, so treten sie jetzt häufiger thätig hervor und stellen zweifellos einen gewissen Bruchteil zur Heerschar der Kämpferinnen für die Gleichberechtigung der Frauen. Im ganzen scheint allerdings die Abneigung des weiblichen Geschlechts gegen das männliche nicht so leicht an die Oberfläche zu kommen, von den Degenerirten und Enttäuschten natürlich abgesehen. Das Geschlechtsleben und das daraus sich entwickelnde Anlehnungs- und Schutzbedürfnis sind beim normalen Weibe im allgemeinen mächtig genug, um die aus dem Gegensatz der Naturen entspringende Antipathie zu unterdrücken, während beim Mann das Geschlechtliche wenn nicht schwächer, so doch oberflächlicher ist und den Grund seines Wesens häufig wenig berührt. Der Mann liebt durchaus anders als das Weib[3]). Der unendlichen Wichtigkeit, mit der in weiblicher Gesellschaft alle Verlobungen, Heiraten u. s. w. behandelt werden, steht der Mann ziemlich verständnislos gegenüber; die tiefsten Interessen des Weibes erscheinen ihm geringer Beachtung wert, und seinerseits muss er dann oft bemerken, dass die zärtlichste Gattin doch für sein inneres Leben, seine Ziele und seinen Ehrgeiz nur eine höchst oberflächliche Teilnahme zeigt, die sich überdies mehr auf die Ergebnisse als auf das Denken, Wirken und Schaffen selbst richtet. Wie die Geschlechtsliebe über diese Gegensätze nur vorübergehend hinwegtäuscht, schildert Leopardi vom Standpunkt des Mannes mit bittern Worten:

Es fasst
Des Weibes enge Stirn nicht den Gedanken;
Und thöricht hofft beim Leuchten ihrer Blicke
Der holdgetäuschte Mann und fordert tiefes
Empfinden, fremdes mehr als männliches,
Von ihr, die doch in allem von Natur
Steht unter ihm.

Wie der Mann in seiner Verständnislosigkeit ihres innersten Wesens der Frau erscheint, ist schwerer durch dichterische Zeugnisse zu beleuchten; wer suchen will, wird in den Gedichten der Annette von Droste-Hülshoff hier und da einen Funken dieser Empfindungen entdecken.

Jene körperliche Abneigung des Menschen gegen den Menschen, von der oben die Rede war, wird durch die Geschlechtsliebe ganz verhüllt, bricht aber doch oft genug zwischen den beiden Geschlechtern kenntlich hervor. Auch hierbei wird der Mann leichter geneigt sein, der Antipathie nachzugeben und sein Verhalten durch sie beeinflussen zu lassen. Besitzt ja doch das Weib mit seinem reicheren geschlechtlichen Funktionen auch die unangenehme Seite des leiblichen Lebens und Vergehens in stärkerem Masse als der Mann! Gerade was dem sinnlich Erregten als Reiz erscheint, wird dem Ernüchterten leicht widerlich[4]). Die Völkergeschichte spiegelt diese Empfindungen wieder in der weitverbreiteten Vorstellung von der Unreinheit des Weibes während der Menstruation und nach der Geburt eines Kindes. Das Weib seinerseits, vor allem das durch die Kultur verfeinerte, kann sich von der aktiven Sinnlichkeit des Mannes bis zum Entsetzen abgestossen fühlen; an sich wird es weniger zum übermässigen Betonen körperlicher Abneigung gestimmt sein, da es schon durch seine geschlechtliche Aufgabe, durch sein Verhältnis zum Kinde, das ein Stück seines Wesens ist, gewissermassen abgehärtet wird. Selbst seine physiologischen Eigenschaften sind ihm dabei förderlich. Das Weib hat durchschnittlich einen weniger scharfen und empfindlichen Geruchssinn als der Mann.

Vielleicht noch stärker als der körperliche ist der psychische Gegensatz zwischen den Geschlechtern, der ja in unserer Zeit der feministischen Bestrebungen und Kämpfe nach allen Richtungen hin beleuchtet und mit Vorliebe künstlerisch behandelt worden ist. Auch er ist reizvoll, aber dieser Reiz steht immer in Gefahr, in sein Gegenteil umzuschlagen. Das Weib, das dem Dichter als wunderbares Rätsel erscheint, ist für den Enttäuschten leicht ein unlogisches, launenhaftes, charakterloses Wesen, das durch seinen Einfluss das Streben des Mannes von den höchsten Zielen ablenkt, und gegen das sich die männliche Lebensauffassung in ihrem innersten Wesen auflehnt. Die Frau wird ihrerseits am Manne je nach der Stimmung Brutalität oder ruhige Kraft, Uebermut oder berechtigtes Selbstbewusstsein, Verblendung oder tiefere Einsicht wechselnd zu erkennen glauben. Wo die Sinnlichkeit im Verkehr der Geschlechter vorwaltet, sind diese Schwankungen und Umschläge der Ansichten alltäglich, wie das Tolstoi in seiner Kreutzersonate mit unbarmherziger Klarheit geschildert hat; da der Mann der Kräftigere und Selbstbewusstere zu sein pflegt, wird er sie am entschiedensten hervortreten lassen, und sie sind denn auch eine Hauptursache der gedrückten Stellung des Weibes bei so vielen, selbst höher kultivierten Völkern. Das kann bis zu der Anschauung führen, dass das Weib überhaupt die Vertreterin des Sündhaften, des bösen Prinzips ist. Die Frau und die Schlange sind alte Sinnbilder dieses Glaubens, und nicht minder klar erscheint er in den Versen Hesiods: Ihr (der Pandora) entsprosst das leidige Geschlecht, und die Stämme der Frauen wohnen zu grossem Verderben inmitten der sterblichen Männer[5]).

In dieser Auffassung tritt wohl am grellsten die Thatsache ans Licht, dass der Geschlechtstrieb zwar die unentbehrliche Vorbedingung der natürlichen Gesellschaftsformen ist, dass er sich aber wenig geeignet zeigt, eine glückliche Harmonie innerhalb dieser Formen zu schaffen. Erst indem der Begriff der Ehe sich reinigt und verfeinert, sodass in ihr zum Geschlechtstrieb der Geselligkeitstrieb tritt, der Ähnliches zu Ähnlichem gesellt oder Gegensätze sich ergänzen und ausgleichen lässt, werden höhere und innerlich mehr ausgeglichene Verbände geschaffen.

Wie gross und von welch umfassender Wirkung im Grunde der Gegensatz zwischen den beiden Geschlechtern ist, zeigt sich in dem Umstande, dass selbst in den kleinsten natürlichen Urgesellschaften, den Familien und Sippen, das Weib eine andere Form der wirtschaftlichen Thätigkeit entwickelt als der Mann. Die Wirtschaftsarbeit der Geschlechter ergänzt sich zwar zunächst vortrefflich, aber der Gegensatz führt doch im Laufe der Entwicklung leicht bedenkliche Folgen für das weibliche Geschlecht herbei. So lange die einfache aneignende Wirtschaft herrscht, pflegt die Arbeitsteilung den Eigenschaften und den Neigungen beider Teile zu entsprechen: der Mann als der Stärkere und Mutigere übernimmt den Schutz der Gesellschaft und das Herbeischaffen tierischer Nahrung durch die Jagd, die Frau, die schon ihrer geschlechtlichen Funktionen wegen weniger beweglich und unternehmend ist, widmet sich dem Sammeln pflanzlicher Nährstoffe und wehrloser Tiere. Unter höheren Kulturverhältnissen übernimmt der Mann in entsprechender Weise den Erwerb der Bedürfnisse durch körperliche oder geistige Arbeit, während der Frau die Zubereitung der Nahrung und überhaupt die Pflege des Hauswesens zufällt. Aber nur zu leicht wird die Frau, wenn sich aus der Sammelwirtschaft der Ackerbau entwickelt, zur blossen Arbeitsmaschine herabgewürdigt, die fast den ganzen Nahrungsbedarf zu beschaffen und umzuformen hat; der Mann, dem die Teilnahme an weiblicher Thätigkeit unwürdig erscheint, verbummelt inzwischen oder erhebt die seinen Neigungen nur allzu sehr entsprechende Raubwirtschaft zu seiner einzigen Beschäftigung. Anderswo schafft ihm die Viehzucht, die überall eine Erfindung der Männer zu sein scheint, einen unverhältnismässig leichten Erwerb.

Bei alledem wird die Stellung der Frau herabgedrückt und die Antipathie des Mannes durch einen neuen Zug verstärkt: Arbeit erscheint ihm als Schmach, und die arbeitende Frau ist ihm ein Wesen niederer Art, dem er seine Überlegenheit und

Verachtung gern fühlen lässt[6]). Selbst von seinen religiösen Bräuchen hält der Mann die Frau gern gänzlich fern, noch mehr von seinen Ratsversammlungen, wo er allein das Recht zu reden beansprucht; dem Kaffern sind die Frauen „das Geschlecht, das nicht spricht“, — mulier taceat in ecclesia! Am Mangel weiblicher Zungenfertigkeit liegt diese Zurücksetzung gewiss nicht. Der Gegensatz der beiden Geschlechter ist oft so bedeutend, dass die Frauen eine besondere Sprache besitzen, die durchaus nicht immer auf dem Wege zu entstehen scheint, dass kriegsgefangene Weiber ihre eigene Sprache beibehalten, sondern die nicht selten aus dem gemeinsamen Dialekt erst herauswächst. Wie manche Berichte vermuten lassen, dürfte der Vorgang oft genug etwas anders verlaufen: die Männer bilden die Sprache weiter aus, während die Frauen in ihrem Verkehr unter einander an den nunmehr veralteten Formen festhalten. Es entspräche das ja auch dem konservativen Zug des weiblichen Wesens durchaus. Diese Verschiedenheit der Sprache kann natürlich den bestehenden Gegensatz nur verschärfen. Die Gewohnheit, bei kriegerischen Erfolgen die Weiber des Feindes als gute Beute zu betrachten, wirkt in anderem Sinne, aber in der gleichen Richtung; wie tief sie den Aufbau der Gesellschaft beeinflusst und wie zäh sich wenigstens ein Nachklang in der Form des Brautraubes erhalten hat, ist eine der bekanntesten Thatsachen der vergleichenden Völkerkunde.

Als praktisches Ergebnis aller dieser Erfahrungen lässt sich aussprechen: Je stärker bei einem Volke die Gegensätze zwischen den Geschlechtern betont werden, desto nachteiliger ist es für die Frau; je mehr diese Gegensätze schwinden, desto mehr verschieben sich die Verhältnisse zu Ungunsten des Mannes. Das gilt auch — wenigstens scheinbar — von der inneren Entwickelung. Das Weib, das dem Manne ähnlicher wird, gewinnt im allgemeinen dabei, der Mann dagegen, der sich halb und halb zum Weib umwandelt, verliert nur. Die männlichen Vertreter des Feminismus sind denn auch durchweg unerfreuliche, für das Kulturleben wenig förderliche Erscheinungen, was man von den weiblichen Verfechtern der Frauenrechte — von den unvermeidlichen fratzenhaften Fanatikerinnen abgesehen — durchaus nicht behaupten kann. Manche Vorgänge im Emanzipationskampf der Gegenwart gewinnen erst von diesem Standpunkte aus ihr rechtes Licht. Dass freilich hier wie überall die öde Gleichmacherei zuletzt zu jenem grauen Elend führen muss, das den Schluss aller naturwidrigen Bestrebungen bildet, ist allen Einsichtigen längst klar geworden; man versteht allmählich, dass es Widersinn ist, für beide Geschlechter, deren Eigenart im tiefsten Grunde des Daseins wurzelt, einfach das gleiche Lebensideal aufzustellen, und dass wie bisher das wahre Ziel nicht nur im Ausgleichen, sondern mehr noch im gegenseitigen Ergänzen zu suchen ist. Auf diesem Wege dürfte die „geschlechtliche Abneigung" mit ihren unerfreulichen Folgen am sichersten, wenn auch nicht ganz beseitigt, so doch in Schranken gehalten werden.

Der unvertilgbare Gegensatz der Geschlechter ist für die Entstehung der gesellschaftlichen Verbände von der grössten Bedeutung gewesen und hat die Geschichte der menschlichen Gesellschaft in ihren Grundzügen bestimmt: Die Frau ist der gegebene Mittelpunkt der natürlichen, aus dem Geschlechtsverkehr und der Fortpflanzung entstehenden Gruppen, der Mann dagegen der Schöpfer der freien, auf Sympathie des Gleichartigen beruhenden Gesellschaftsformen. Das von Bachofen zuerst erkannte „Mutterrecht", das die Mutter als wichtigstes Glied der entstehenden Familie erscheinen lässt und auch die Sippenzugehörigkeit zunächst nach ihr bestimmt, stellt die Aufgabe des Weibes für die Kulturentwicklung in helles Licht. Aber indem man die Entwicklungsreihe, die vom Mutterrecht durch das Entstehen der väterlichen Fürsorge und Autorität zur patriarchalischen Familie hinüberführt, zu stark betonte, hat man die eigenartige Thätigkeit des Mannes bei der Gesellschaftsbildung, die ebenfalls früh und entschieden einsetzt, viel zu sehr übersehen. Wohl wird zugegeben, dass trotz alles Mutterrechts die Führung der Horden oder „Geschlechtsgenossenschaften" in den Händen der Männer gelegen habe, aber wie diese Gegensätze neben einander bestehen konnten, lässt sich schwerlich begreifen, so lange der Blick zu fest an der Familienentwicklung haftet und das neben ihr hergehende Entstehen der sympathischen Gruppen vernachlässigt. Und doch sind diese Gruppen schon unter den primitivsten Verhältnissen kenntlich: das System der Altersklassen deutet entschieden auf ein Dasein gesellschaftlicher Verbände hin, die mit dem Geschlechts- und Familienleben nicht unmittelbar zu thun haben, es vielmehr durchkreuzen und mit der Zeit zu Umbildungen zwingen.

Dass bei alledem auch die wirtschaftliche Entwicklung immer sehr entschieden ihren Einfluss äussert, ist nicht zu vergessen. Bei den natürlichen Gruppen muss die Arbeitsteilung innerhalb des Verbandes stattfinden, die künstlichen oder sympathischen Gruppen sind dagegen oft selbst Ergebnisse der Arbeitsteilung und gehen aus den natürlichen gerade deshalb hervor, weil diese den Aufgaben des Kulturfortschrittes nicht gewachsen sind.

[1]) Recht im Gegensatz zu Tolstoi steht Nietzsches Menschenverachtung, der ein körperlicher Widerwille entschieden beigemischt ist, ein Abscheu gegen die „schlechte Luft" der Orte, wo die Menschenherde weilt. „Das Zeitalter liebt den Geist, es liebt uns und hat uns nötig, selbst wenn wir ihm zu verstehen geben müssten, dass wir in der Verachtung Künstler sind; dass uns jeder Umgang mit Menschen einen leichten Schauder macht; dass wir mit aller Milde, Geduld, Menschenfreundlichkeit, Höflichkeit unsere Nase nicht überreden können, von ihrem Vorurteile abzustehen, welches sie gegen die Nähe eines Menschen hat."

[2]) „Wie hast du doch der Menschen gleissend Ungemach,
Die Frau'n, o Zeus, an dieses Sonnenlicht gebracht? . . .
Tod über euch! Ich werde niemals satt, die Frau'n
Zu hassen, sagen manche auch, ich eif're stets:
Denn stets betreiben Böses ja die Frauen auch.
Drum lehre Jemand Sittsamkeit und Zucht die Frau'n;
Sonst werde mir gestattet, stets auf sie zu schmäh'n."
Euripides (Hippolytos V. 602—3, 650—55).

[3]) Nietzsche hat in seiner „Fröhlichen Wissenschaft" diese Verschiedenheit der Liebe charakterisiert und den daraus entspringenden Widerspruch des Empfindens hervorgehoben. „Das Weib giebt sich weg, der Mann nimmt hinzu — ich denke, über diesen Natur-Gegensatz wird man durch keine socialen Verträge, auch nicht durch den allerbesten Willen zur Gerechtigkeit hinwegkommen; so wünschenswert es sein mag, dass man das Harte, Schreckliche, Rätselhafte, Unmoralische dieses Antagonismus sich nicht beständig vor Augen stellt."

[4]) Wer ein Werk durchblättert wie Ploss-Bartels „Das Weib", worin

ohne Beschönigung die Wirklichkeit in Bildern wiedergegeben ist, wird — als leidlich fein empfindender Mann — kaum in angenehmen Gefühlen schwelgen. Die abstossenden Züge überwiegen bei weitem.

5) Ähnliche Anschauungen finden sich bei den meisten Völkern, so bei den Chinesen im Shi-king:

„Genug, dass sie das Böse meidet,
Denn was kann Gutes thun ein Weib?"

Die indische Litteratur ist überreich an solchen Gedanken.

6) Daraus erklärt es sich auch, warum bei den europäischen Kulturvölkern, bei denen die Arbeit — auch die mechanische — immer mehr zu Ehren kommt, die Stellung des Weibes schon deshalb beständig besser wird; denn in der Arbeit ist das Weib dem Manne ebenbürtig, in der mechanisch genauen Pflichterfüllung sogar überlegen.

5. Sympathische Gruppen innerhalb der natürlichen Verbände.

Die natürlichen Unterschiede innerhalb der Gesellschaft sind gegebene Grössen, die sich nicht eigentlich weiter entwickeln können, sondern nur nach den Umständen mehr oder weniger stark hervortreten; was sich entwickelt, das sind die sekundären Verschiedenheiten, die aus den natürlichen hervorgehen, aber in ihren Folgen dem bewussten oder halbbewussten Willen der Menschen unterliegen, und die im Laufe der Zeiten wie ewig wechselnde Stoffteile den grossen Körper einer gesellschaftlichen Gruppe zusammensetzen. Wie die Unterschiede des Geschlechtes, so sind auch die des Alters Erscheinungen, mit denen immer zu rechnen ist und die, dauernd in allem Wechsel, die natürlichen Verbände durchsetzen und zerklüften. Und wie Männer und Frauen in gewissem Sinne bereits zwei sympathische Gruppen bilden, so pflegen auch die Angehörigen der verschiedenen Altersstufen sich zueinander hingezogen zu fühlen; Alte und Junge dagegen werden in ihren Neigungen, ihren Zielen, Hoffnungen und Gedanken immer mehr oder weniger verschiedene Wege gehen.

Aber die Trennung nach Altersstufen ist nur in dem einen grossen Zuge der Unverwüstlichkeit der nach den Geschlechtern gleich; betrachten wir sie näher, so scheint sie im übrigen durchaus anders geartet. Die Zugehörigkeit zu dem einen oder dem anderen Geschlecht ist jedem Einzelnen auf Lebenszeit bestimmt, und wo zwitterhafte und degenerierte Wesen die Grenze zu überschreiten oder unklar zu machen scheinen, entsteht nur ein halb lächerliches, halb widerliches Scheindasein, das keine Kraft hat, sich fortzupflanzen. Die Altersstufen dagegen werden von jedem, dem nur die Flamme des Lebens vor dem Erlöschen bewahrt bleibt, nach der Reihe durchlaufen, allerdings auch nicht nach eigener Wahl, sondern nach einem unerbittlichen Gesetze, das sich wohl zuweilen ein wenig beugen, aber niemals brechen lässt. Und noch mehr: die Scheidung zwischen den Geschlechtern ist bei allen normalen Menschen durchaus klar und fest, und der trennende Spalt, der in diesem Sinne die natürlichen Geschlechtsgruppen durchsetzt, ist ohne weiteres kenntlich. Die Altersstufen dagegen gehen unmerklich und nicht bei allen Menschen gleichzeitig und in gleicher Art ineinander über, so dass es immer halb und halb der Willkür überlassen bleibt, die Grenzen und die Zahl der Stufen zu bestimmen; es ist hier mehr wie bei einem Schiefergestein eine Spaltungsneigung vorhanden, die gewissermassen quer zur Geschlechtstrennung die Gesellschaftsmassen durchsetzt und überall einmal, wenn es die Umstände begünstigen, hervortreten kann. Theoretisch steht denn auch nichts im Wege, die Menschen nach Jahres- oder selbst Monatsklassen in eine Unzahl von Gruppen einzuteilen oder anderseits nur zwei grosse Altersklassen anzunehmen, deren Grenzlinie irgendwie in den dreissiger Jahren liegen würde.

Diese Mannigfaltigkeit der Einteilungsmöglichkeiten und die daraus entspringende Verschiedenheit der Gruppierung tritt thatsächlich in der Gesellschaftsgeschichte stark hervor. Wenn trotzdem gewisse Stufen und Grenzen immer wieder auftauchen, so liegt das vor allem daran, dass dem Verlauf des menschlichen Daseins auch ein Wachsen und Schwinden des Geschlechtslebens entspricht. Damit macht der Fortpflanzungstrieb mit seinen Folgen, der die natürlichen Gesellschaftsgruppen entstehen lässt, auch auf das Wesen der Altersverbände seinen Einfluss geltend. So ist denn vor allem der Eintritt in das zeugungsfähige Alter fast überall als wichtiges Ereignis anerkannt, das vorzüglich geeignet erscheint, den Grenzstein zweier Altersstufen zu bilden; mit allerlei Förmlichkeiten und abergläubischen oder religiösen Bräuchen, wie der weitverbreiteten Beschneidung, dem Anlegen einer neuen Tracht u. dgl. verbunden, tritt die Feier der Geschlechtsreife fast als bedeutendster Vorgang im Leben vieler primitiver Menschen hervor. Bei den Kulturvölkern ist die Feierlichkeit, ganz entsprechend dem bewussten Verhüllen des geschlechtlichen Lebens, umgedeutet und im ganzen von geringer Wichtigkeit, wird aber doch, wie die Konfirmation oder Firmelung der Christen beweist, noch immer entschieden aufrecht erhalten. In Deutschland ist mit der religiösen Weihe ganz passend das Aufhören der Schulpflicht verbunden und damit die Altersstufe wieder schärfer hervorgehoben worden. Mancherlei Ursachen tragen auch dazu bei, dass die Feier der Pubertät leicht anders gedeutet und dann auch wohl zeitlich verschoben wird. Zunächst stellt der Augenblick der Geschlechtsreife schon an sich keinen scharf bestimmten Zeitpunkt dar, da er selbst bei den Angehörigen desselben Volkes beträchtlich zu schwanken pflegt. Ferner tritt die Pubertät ein, ehe die volle körperliche Entwicklung erreicht und ehe insbesondere der Knabe im stande ist, als vollwertiger Krieger in die Reihe der übrigen zu treten; wird also die Wehrhaftmachung mit der Reifefeier verbunden, dann liegt es nahe, die Festlichkeit verhältnismässig weit hinauszuschieben. Andre Beweggründe können wieder dazu führen, wenigstens manche ursprüngliche Reifebräuche schon in einem früheren Alter vorzunehmen, wie denn bekanntlich bei den Juden die Beschneidung bis zu den ersten Lebenstagen des Kindes vorgeschoben worden ist.

Die Bescheinigung der Zeugungsfähigkeit, wie man das Pubertätsfest nennen kann, giebt fast allenthalben unter einfachen Verhältnissen die Erlaubnis zu freiem geschlechtlichen Verkehr mit den Gleichaltrigen des anderen Geschlechts. Dieser Verkehr ist aber noch durchaus nicht identisch mit der Heirat. Die feste eheliche Verbindung erfolgt fast immer erst später, wenn der

Mann den Kaufpreis zusammengebracht oder abverdient hat und die volle körperliche Reife eingetreten ist. Der bei den Kulturvölkern am meisten hervortretende Gesichtspunkt, dass der Mann im stande sein muss, eine Frau zu ernähren, hat bei den Naturvölkern weniger Bedeutung, da hier die Frau am Nahrungserwerb teilnimmt und meist das wirtschaftliche Gedeihen eher vermehrt als vermindert, sodass es denn auch ganz berechtigt scheint, den Eltern für sie eine gewisse Abfindungssumme zu geben; Weiberkauf ist besonders in Afrika, wo die Frauen den Hauptteil der Feldarbeit leisten, eine gute Kapitalsanlage. Die erste Aufgabe eines jungen Mannes ist es in solchen Fällen, durch Arbeit oder kriegerische Thaten die Kaufsumme aufzubringen, was immer einige Jahre in Anspruch zu nehmen pflegt. Wo das System der Männerbünde entschieden durchgeführt ist, wird der Wunsch nach der Begründung einer neuen natürlichen Gesellschaftsgruppe oder Familie in Manne zurückgedrängt und das Heiratsalter des männlichen Geschlechts infolgedessen weit hinausgeschoben, oft bis gegen das vierzigste Jahr hin. Jedenfalls liegt fast überall bei den Männern das Alter, in dem die Heirat (bei polygamischen Völkern die erste Heirat) zu erfolgen pflegt, beträchtlich jenseits der Reifezeit, und so ist es nicht ungeeignet, ebenfalls den Grenzstein zweier Altersstufen zu bilden, zu deren einer die geschlechtsreifen, aber noch unverheirateten jungen Männer, zu deren anderer die Ehemänner gehören. Noch mehr bildet für die Frau der Eintritt in die Ehe eine Art Altersgrenze, da bei ihr, der grösseren Wichtigkeit des Geschlechtslebens entsprechend, dieser Augenblick von höherer Bedeutung ist, als beim Manne; überdies erfolgt diese dauernde Verbindung mit einem Manne unter primitiven Verhältnissen oft erst, wenn die Geburt eines Kindes und damit die Entstehung einer neuen natürlichen Gruppe, wenn auch zunächst in der denkbar beschränktesten Form, in Aussicht steht. Durch das Ehebündnis wird der Vater eng an diese beginnende Gruppe angeschlossen und dem bisherigen Zusammenleben mit seinen männlichen Altersgenossen entfremdet. Alles dies zeigt also, wie die Heirat, die meist in einem gewissem Durchschnittsalter zu erfolgen pflegt, zugleich eine Trennungslinie zwischen den Klassen der jüngeren und der älteren Leute schaffen kann; für die natürlichen und für die sympathischen Gruppen ist sie gleich bedeutsam. In der That ist sie auch nicht ausschliesslich aus dem Geschlechtsleben hervorgegangen, sondern gleichzeitig ein Ergebnis des Geselligkeitstriebes und wirtschaftlicher Erwägungen, die beide gerade dann ihren Einfluss geltend machen, wenn die ersten Stürme jugendlicher Leidenschaft und Begierde ausgetobt haben.

Für das weibliche Geschlecht kann auch das Erlöschen der Zeugungsfähigkeit, also der Eintritt in's Matronenalter, als eine leidlich bestimmte Altersgrenze gelten; beim Manne ist diese Grenze zu wenig ausgeprägt, so dass andere Zeichen des Alters, eine Abnahme der Körperkraft, Ergrauen des Haares u. dgl. an ihre Stelle treten. Dabei ist übrigens zu bedenken, dass die höheren Altersklassen bei vielen Naturvölkern kaum vorhanden sind; an sich schon kurzlebiger als die Kulturvölker, Gefahren und Krankheiten mehr ausgesetzt, sind primitive Menschen überdies leicht geneigt, die alten Leute für eine unnütze Last zu halten, deren man sich am besten gewaltsam entledigt. Erst die steigende Kultur pflegt auch das Ansehen der Alten zu heben. Diese Regel erleidet freilich, wie alle „Gesetze“ des Völkerlebens, grosse Ausnahmen: Wenn es z. B. zweifellos ist, dass unstet umherziehende, auf dürftige Nahrungsquellen angewiesene Stämme am meisten durch das Dasein alter Leute beengt werden und am ersten geneigt sein müssen, sie ihrem Schicksal zu überlassen oder selbst zu töten, so sind doch gerade die auf dieser Stufe stehenden Australier merkwürdig durch den grossen Einfluss, den die Alten bei ihren Ratsversammlungen und überhaupt in allen wichtigen Angelegenheiten besitzen, und durch die Achtung, mit der man diese Greise behandelt; andrerseits neigen wieder ackerbauende, also wirtschaftlich weit höher entwickelte Stämme oft zu gefühlloser Härte gegen die unnützen Zehrer, die, wie die russischen Bauern sich ausdrücken, „das Leben eines andern essen“. Reste solcher Anschauungen sind bei deutschen Bauern ebenfalls zu finden. Noch klingt in dem altrömischen Worte „Die Sechzigjährigen von der Brücke!“ die Sitte nach, die abgelebten Greise kurzweg zu ertränken, noch deuten germanische Überlieferungen darauf hin, dass man von den Alten wenigstens Selbstmord erwartete. Bei den heutigen Naturvölkern fehlt es nicht an Beispielen, dass die Greise getötet oder doch fortgejagt werden. Die ausgestossenen Alten vereinigen sich dann wohl wieder zu armseligen Gemeinschaften, ähnlich wie die Leprakranken des Mittelalters oder die bettelnden Blinden in China, um als eine Altersklasse traurigster Art den kümmerlichen Rest ihres Daseins zu beschliessen. Dieses Zusammensein der Elenden und Verlassenen zeigt so recht, wie tief die Geselligkeit als erprobte Waffe im Daseinskampf dem Wesen des Menschen eingepflanzt ist. Wen die Gesellschaft ausstösst, der sucht unter Unglücklichen seinesgleichen neuen Anschluss und erwartet von ihnen, wenn nicht Hülfe, so doch die Teilnahme, die aus dem Gefühl gemeinsamen Duldens und Hoffens herauswächst.

Es ist nicht die Zahl der Jahre, die dem Greise die Abneigung seiner Stammes- und Familiengenossen zuzieht, sondern die Schwäche und Hülflosigkeit; so lange er rüstig und zu Kampf und Arbeit geschickt bleibt, hat er wenig zu besorgen. Sehr anziehend ist es zu sehen, wie der Wunsch der Alten, ihre Daseinsberechtigung zu erweisen, gewisse Formen der gewerblichen Arbeitsteilung in's Leben ruft: Die Greise übernehmen leichte Arbeiten, wie das Flechten von Matten, Körben, das Schnitzeln hölzerner Geräte u. dgl. und bilden so als Altersklasse zugleich eine Art gewerblicher Kaste[1]). Verlieren sie freilich auch dazu die Kraft, dann pflegt ihre Lage traurig zu werden. Ähnlich wie der hülflose Greis ist das Kind in seinen ersten Lebensjahren, so lange es sorgfältige Pflege verlangt und ganz wehrlos ist, der Gefahr ausgesetzt, als lästig empfunden und kurzerhand beseitigt zu werden, und das gleiche Loos droht den Krüppeln und den Kranken. In allen diesen Fällen ist aber nicht eigentlich das Alter für das Schicksal bestimmend, sondern das Mass an Kraft und die daraus folgende Wert- oder Geringschätzung. In der That stossen wir hier auf weitere natürliche Unterschiede innerhalb der Gesellschaftsgruppen, Unterschiede, die nur z. T. mit denen des Geschlechts und des Alters zusammenfallen. Jede Art von K r a f t, mag sie nun in körperlicher Stärke, in Energie des Willens, in geistiger Begabung und Schlagfertigkeit bestehen oder, wie oft beim Weibe, einfach in der sieghaften Macht der Schönheit, gewährt einen Vorzug, der den damit Begabten aus der Schar der übrigen heraushebt in eine höhere Klasse, deren Mitglieder dann wieder geneigt sein werden, sich aneinander zu schliessen, sobald sie ihre Kraft gemessen und ihren Wert erkannt haben. Am wenigsten ist wieder diese Neigung zum Zusammenschluss bei den Frauen vorhanden, die ihrem tiefsten Wesen entsprechend in den Angehörigen des eignen Geschlechts mehr Nebenbuhlerinnen als Genossinnen sehen, und die doch andrerseits auch nicht imstande sind, sich durch offenen Kampf zu gegenseitiger ritterlicher Achtung und Anerkennung durchzuringen. Anders die Männer: Zu Kampf und aufrichtiger Versöhnung gleich bereit schliessen sie sich nach ihren Neigungen, die immer in der Linie ihrer Kräfte und Fähigkeiten liegen werden, gern zu sympathischen Gruppen zusammen. Was für Kräfte dabei in Frage kommen, ist zunächst gleichgültig; selbst die Zauberer und Priester, die ihren Einfluss durch mystische Kenntnisse und Kräfte zu begründen suchen, bilden gern Genossenschaften, die sich bei Kulturvölkern, wie der römische Klerus beweist, zu furchtbaren, weltumspannenden Verbänden auswachsen können. Die Kampflust, die bei alledem als ergänzende Seite seines Charakters im Manne steckt, äussert sich mehr in der Eifersucht der Gruppen auf einander, ganz unähnlich der weiblichen, rein persönlichen oder familienhaften Eifersucht; der Mann kämpft mit Vorliebe für eine „gute Sache“, d. h. für die Ehre und den Nutzen freier gesellschaftlicher Gruppen, ja in seiner erhabensten Entwicklungsform für das Heil der ganzen Menschheit, als deren verantwortliches Mitglied er sich fühlt[*]).

Unter einfachen Verhältnissen werden es die Jäger und Krieger sein, die sich zusammenthun und nach allgemeiner menschlicher Sitte ihre Gemeinschaft durch Bräuche und Regeln befestigen. Aber jede Gruppe, die ein bestimmtes Ziel zu erreichen sucht, bedarf eines Führers, der wenigstens im entscheidenden Augenblicke für Alle denkt und die lose Masse der Einzelnen zu einem Organismus zusammenballt. Hier wird abermals eine Kraft zum Mittel, bestimmte Personen aus der

Masse herauszuheben, aber auch diese werden, sobald grössere Gruppen sich vereinigen oder zu gemeinsamen Zwecken zusammentreten, sich wieder mit ihresgleichen in Verbindung setzen und höhere Verbände bilden müssen. Diese Vorgänge sind die Wurzel des Adels, soweit er sich rein innerhalb eines Volkes entwickelt; durch Endogamie sucht man dann gern die natürlichen Vorzüge des Stammes zu bewahren oder noch zu verstärken.

Während Jäger und Krieger mit ihren Führern in der Hauptsache den mittleren Altersstufen angehören und diesen den entscheidenden Einfluss in den natürlichen Verbänden verschaffen, erringen mit der Zeit auch die Vertreter des späteren Alters dadurch Achtung und Wichtigkeit, dass die in ihnen verkörperten Kräfte der Erfahrung, der Lebensweisheit und besonders auch der Erinnerung an bedeutsame Ereignisse, herkömmliche Bräuche und verwandtschaftliche Beziehungen mehr und mehr geschätzt werden. Dass diese Einsicht schon auf recht primitiver Stufe erreicht werden kann, haben wir am Beispiel der Australier gesehen. Aber das Alter kann seine Stellung noch in anderer Weise befestigen. Es ist bei uns eine alltägliche Erscheinung, dass alte Leute, die der Jugend weder durch Willenskraft noch durch sonstige auffallende Vorzüge mehr imponieren können, dennoch wohl geborgen und sogar der Mittelpunkt zärtlicher verwandtschaftlicher Fürsorge sind, einfach deshalb, weil sie Geld besitzen, also gewissermassen über eine latente, während ihrer rüstigen Tage angesammelte Kraft verfügen, die sie in andere dienstbare Kräfte umsetzen oder auf ihre Erben übertragen können. Hier handelt es sich nun ganz um einen Vorzug zweiter Ordnung, der erst im Laufe der Kulturentwicklung in sehr ungleicher Weise zu den übrigen hinzutritt. Auch er ist allerdings zunächst ein Ergebnis natürlicher Kräfte, denn jeder Reichtum beruht in seiner Grundlage auf einer Arbeit oder doch auf einer Besitznahme von Gütern, die der Nehmer dann mit List oder Gewalt gegen den Wettbewerb anderer zu behaupten hat. Aber indem die Sammlung von Kraftüberschüssen, die sich am reinsten in barem Gelde verkörpert, nicht mit dem Besitzer erlischt, sondern sich von Geschlecht zu Geschlecht vererben oder auf irgend eine andere Weise an neue Eigentümer übergehen kann, löst sie sich so gut wie ganz von dem Zusammenhange mit den lebendigen Kräften und Verdiensten los und wird gerade dadurch ein eigenartiges und sehr starkes Mittel gesellschaftlicher Umbildungen und Schichtungen, indem sie bald in Verbindung mit den ebenfalls übertragbaren Vorzügen des Standes auftritt, bald im Gegensatz zu ihnen neue einflussreiche Gruppen entstehen lässt. Diese Gruppen pflegen dann allerdings mit einem Teil der natürlichen Verbände zusammenzufallen, da sich Adel und Reichtum innerhalb der Familien vererben.

Den Sonderungen und Neubildungen innerhalb der natürlichen Gruppen stehen Vorgänge gegenüber, die verschiedene, mit einander nicht näher verwandte Verbände zu socialen Organismen höherer Art erst vereinigen. Ein wirkliches Verschmelzen wird auf diesem Wege meist erst spät und unter grossen Schwierigkeiten erreicht. Immer werden sich die verschiedenen mit einander verbundenen Gruppen zunächst recht fremd gegenüberstehen und gesellschaftliche Schichten innerhalb des gemeinsamen Volkskörpers bilden. Das ist besonders dann der Fall, wenn die Vereinigung gewaltsam erfolgt, indem entweder ein ganzes Volk von einem andern unterworfen und in Unterthänigkeit gehalten wird, oder indem aus Kriegsgefangenen eine Schicht von Hörigen hervorgeht. Daneben kommt auch freiwillige Einwanderung vor, wie das bei uns die Juden und die Zigeuner, neuerdings auch in manchen Gebieten die Armenier beweisen*). Indem die neuen Volksklassen, die sich auf diese Weise bilden, meist auch bestimmte Berufe bevorzugen, entstehen leicht kastenartige Verbände, die nun in doppelt scharfer Weise von den übrigen Bewohnern des Landes gesondert sind. Selbst in Deutschland hat es an dergleichen nicht ganz gefehlt: Wo ein Gewerbe von einem fremden Stamme betrieben wurde, wie in den östlichen Strichen die Leineweberei und stellenweise auch die Töpferei von den Wenden, anderwärts die Kaltschmiederei und das Kesselflicken von den Zigeunern, da zeigten sich sofort Ansätze des Kastenwesens und die damit eng verbundene Missachtung der fremden, als minderwertig geltenden Handwerkergruppen. Die deutschen Zünfte nahmen keine „Undeutschen“

auf, und andrerseits wurde der Deutsche, der sich z. B. der Leineweberei widmete, dadurch ebenso „unehrlich“, wie der wendische Weber. Bei allem Kastenwesen, dessen höchste Blüte in Indien zu finden ist, zeigt sich die Neigung, natürliche und sympathische Gruppierung zu verschmelzen, mit anderen Worten, die Familien gleicher Abstammung auch zu solchen gleichen Berufes zu machen und dadurch fast unzerbrechliche Schranken zwischen den einzelnen Volksklassen aufzurichten. Auf diese Weise verhüten die höheren Schichten, die sich als edler und tüchtiger betrachten, am erfolgreichsten die Blutmischung mit den anderen Gruppen, also das Entstehen verwandtschaftlicher Mischverbände. Ihr erstes Vorbild haben die gewerblichen Sonderungen freilich schon in den wirtschaftlichen Gegensätzen der Geschlechter, die zum Entstehen wirklicher Männer- und Frauengewerbe führen.

Das Kastenwesen mit seiner Starrheit erweist sich als eine künstliche Schöpfung, die ebenso wie das reine Familien- und Sippenwesen auf die Dauer dem gesunden Kulturfortschritt wenig günstig ist und nur durch den Zwang des Herkommens aufrecht erhalten werden kann; die Ansätze zur Bildung freier Gruppen werden durch die Einführung der Kasten gehemmt, die Berufsverbände werden wieder in Fesseln geschlagen und zu natürlichen Gruppen zurückgebildet. Wo im Gegenteil freierer Spielraum für Kräfte und Neigungen vorhanden ist, wirkt der freiwillige Zusammenschluss der durch Aehnlichkeit und Sympathie Verbundenen stets in dem Sinne, dass er die Macht der Familie und Verwandtschaft erschüttert und die natürlichen Gruppen mehr oder weniger zersetzt. Zwischen freien und natürlichen Verbänden entsteht so ein Kampf oder ein Wettbewerb, der freilich nie zu Gunsten der einen oder der anderen entschieden werden kann, sondern beständig das Kulturleben bewegen wird: Wieder in natürliche Gruppen auflösen kann sich der grosse Arbeitsorganismus eines Kulturvolkes nicht, und andrerseits müssen die Angehörigen der freien Verbände doch immer wieder aus dem grossen Strom schöpfen, der in der Vereinigung von Mann, Weib und Kind, der Familie, seine Quellen hat. Beide Arten von Gruppen werden sich gegenseitig beeinflussen und färben, wie das schon im Kastenwesen besonders deutlich erschien. Wer irgend ein Amt oder einen Beruf ergreift und sich damit einer freien Gesellschaft anschliesst, bringt doch die Anschauungen und Vorurteile seiner Familie mit. Die Macht der Familienverbände pflegt ihrerseits auch dafür zu sorgen, dass nicht jede freie Gruppe jedem Beliebigen offen steht. Für die Angehörigen vornehmer Geschlechter gelten immer gewisse Berufe nicht als standesgemäss, und andrerseits lässt man in geachtete Berufsverbände, wie lange Zeit in das Offizierkorps, nicht gern Abkömmlinge des Proletariats oder überhaupt des Bürgertums eindringen. Es zieht eben jede freie Gruppe das Verwandte an und verhält sich ablehnend gegen das Fremdartige, mag es im übrigen einer höheren oder tieferen Schicht angehören; je weniger exklusiv eine Gruppe ist, desto lockerer ist auch ihr Gefüge, desto schwächer ihre Eigenart.

Es giebt auch merkwürdige Zwitter zwischen natürlichen und freien Gruppen. Das Erobervolk der Dschagga, das vor Jahrhunderten grosse Teile Afrikas erschütterte, war in seiner Blütezeit überhaupt nicht mehr ein Volk im gewöhnlichen Sinne, also ein aus verwandten Familien oder Sippen bestehender grosser Verband, sondern eine Art Räubergesellschaft, die sich nur scheinbar wie eine natürliche Stammesgruppe verhielt; wie die produktive Thätigkeit hier ganz durch die Raubwirtschaft ersetzt war, so selbst die natürliche Vermehrung. Das Volk bestand freilich wie jedes andere aus Männern, Frauen und Kindern, aber diese Kinder waren nicht die Nachkommen der Erwachsenen. Was von echten Dschaggakindern geboren wurde, das tötete man gleich nach der Geburt, um die Mühe des Aufziehens zu sparen; dagegen nahm man die grösseren Kinder der besiegten und vernichteten Stämme als Nachwuchs in den eigenen Stamm auf, der sich so erhielt und vermehrte, ohne sich doch in Wahrheit fortzupflanzen. In ähnlicher, wenn auch nicht ganz so folgerichtiger Weise haben sich manche der kriegerischen Kaffernstämme in neuerer Zeit erhalten. Dass aber dergleichen möglich ist und sogar die Grundlage einer ausserordentlichen Kraftentfaltung werden kann, beweist doch, wie stark die geselligen Triebe im Vergleich mit den verwandtschaftlichen sind, ja wie sie diese gelegentlich ganz ersetzen können: Eine kriegerische Gruppe, deren einzelne Mitglieder sich verwandtschaftlich ganz fern stehen, ja sich eigentlich bitter hassen müssten, bildet unter dem Zwang der Gewohnheit, der Erziehung und des Gesellschaftstriebes eine geschlossene Masse, die ganz wie ein auf natürlichem Wege entstehendes Volk gemeinsam fühlt und handelt; alle geschlechtlichen oder verwandschaftlichen Gefühle sind hier bei Seite geschoben oder werden als Nebensache behandelt, und doch vermag der Organismus zu bestehen. Zustände dieser Art sind selbst ohne ein entschiedenes Vorwalten des kriegerischen männlichen Princips möglich, wie die Verhältnisse bei den Küstenbewohnern der Salomo-Insel S. Christoval beweisen: Alle neugeborenen Kinder werden hier sofort lebendig begraben, dafür kauft man von den Buschleuten des Inneren halberwachsene Kinder, erspart sich also die Mühe des Aufziehens[4]). Der Volksorganismus geht dennoch nicht zu Grunde.

In diesem letzten Falle handelt es sich mehr um sittliche Verlumpung, als um einen Sieg des männlichen Gesellschaftsideals über das weibliche, oder der freien Gruppe über die Blutsverwandten-Verbände. In milderer Weise, aber mit vollem Zweckbewusstsein wurde dagegen im alten Sparta das Familiengefühl zu Gunsten des männlichen, kriegerischen Charakters der Volksgemeinschaft zurückgedrängt, indem man die Kinder möglichst früh der natürlichen Aufsicht entzog und sie unter der Leitung von Staatsbeamten gruppenweise organisierte. Bei uns leistet die Volksschule mit ihrer Neuordnung der Kinder in gleichartige Gruppen etwas Aehnliches und erweist sich als eine Stütze der Gemeinsamkeitsgefühle gegenüber dem Familienwesen. Vielleicht ist dieser Einfluss der Schule ebenso wichtig, wie das Wissen, das durch sie übermittelt wird. Sicherlich nicht um dieses Wissens willen, das auch auf anderm Wege zu erwerben ist, als wegen der socialen Einwirkung hat das preussische Herrscherhaus den schönen Brauch geschaffen, dass seine Prinzen öffentliche höhere Schulen besuchen und sich hier den Gruppen der Gleichalterigen einfügen müssen.

Alle diese Züge lassen wiederum erkennen, wie der Gesellschaftstrieb und der Fortpflanzungstrieb mit ihren Folgen sich oft genug durchkreuzen oder ersetzen. Aber mögen sich hierbei die beiden zuweilen bekämpfen, in vollem Widerspruch stehen sie doch keineswegs, ja sie erscheinen in ihren Aeusserungen oft so ähnlich, dass in der That ein Versuch, sie in ihren Ursachen und Wirkungen auseinanderzuhalten, bisher kaum gemacht worden ist. Wenn die Familien und ihre erweiterten Formen, Sippen, Stämme, Völker, auch aus Personen verschiedenen Geschlechts, Alters, Temperaments u. s. w. bestehen, so sind doch die Einzelnen wieder durch Abstammung, Erziehung und Sitten einander ähnlich. Andrerseits verschwägern sich leicht die Menschen, die durch den Geselligkeitstrieb oder den Zwang der Kulturarbeit vereinigt worden sind, und aus den sympathischen Gruppen gehen wieder Verwandtschaftsgruppen hervor. Beide Arten der Gesellschaften haben auch, sobald sie eine feste äussere Form gewinnen, die Neigung für das Herkömmliche und Regelrechte, also jenen konservativen Zug, der das Reifen der Kulturerrungenschaften begünstigt, aber leicht den Einzelnen am weiteren Fortschreiten hindert. Man möchte glauben, dass in diesem Sinne der Kulturmensch, der ausser seinen natürlichen Gruppen so vielen anderen gesellschaftlichen Verbänden anzugehören pflegt, gebundener sein müsste, als der Sohn irgend eines primitiven Stammes. Aber das Gegenteil ist der Fall: Je grösser die Zahl der Gruppen ist, denen einer angehört, desto freier steht er ihnen gegenüber, desto leichter schüttelt er einmal ein beengendes Band ab und sucht sich eine neue Gemeinschaft Gleichgesinnter. Die grössere geistige und persönliche Freiheit des Kulturmenschen ist zum guten Teil nur in diesem Sinne zu verstehen; auch wo er unabhängig zu denken und zu handeln glaubt, ist er doch ein Mitglied irgend einer sympathischen Gruppe, mag er selbst auch seine Genossen gar nicht persönlich kennen. Wer vom Reiz einer Dichtung gefesselt wird, wer ein Gemälde auf sich wirken lässt oder den Gedankengängen eines Philosophen folgt, gehört damit wenigstens für Augenblicke zur „Gemeinde“ des Künstlers oder Denkers und wird in seinem Wesen durch den Führer dieser Gemeinde bestimmt. Die Vorkämpfer der Kultur selbt sprengen zwar die hergebrachten Schranken und stehen für kurze Zeit allein, aber sie können nicht hindern, dass sie selbst allmählich Mittelpunkte neuer geistiger Gemeinschaften bilden und dass erst in diesen Gesellschaften ihre Gedanken wahrhaft fruchtbar und wirksam werden[5]).

[1]) Nordafrikanische Zustände dieser Art habe ich gelegentlich geschildert („Das Bazarwesen als Wirtschaftsform", Zeitschrift für Socialwissenschaft IV, S. 159).

[2]) Auch im Leben der Staaten, das ja durch die Männer bestimmt wird, tritt die Neigung zum Kampf und nach dessen Austrag zu freundlichem Zusammenschluss hervor. Die neuere Geschichte bietet ein glänzendes Beispiel im Verhältnis Österreichs zu dem durch Preussen geeinigten Deutschland, noch mehr in der Einigung des deutschen Volkes selbst, die nur durch „Blut und Eisen" möglich war.

[3]) Vgl. darüber meine Abhandlung „Wirtschaftliche Symbiose" (Zeitschrift für Socialwissenschaft I, S. 899f.), ferner die Angaben in meiner Geschichte Afrikas (Helmolts Weltgeschichte, Bd. 3, S. 414).

[4]) F. Elton im Journal Anthrop. Inst. Great Britain and Ireland Bd. 17, S. 93.

[5]) Das Zersprengen der Formen und Formeln durch die grossen Männer ist der eigentliche Grundgedanke der meisten Schriften Carlyles, vor allen seines Buches „On heroes". Eine zusammenfassende Darstellung dieses ewigen Wechselspiels zwischen fortschreitenden und beharrenden Kräften findet sich in meiner „Urgeschichte der Kultur" (S. 46ff.).

6. Die natürlichen Verbände und ihre Umbildung.

Wenn es wahr ist, dass bisher die natürlichen Verbände der Menschheit mit ihren Erscheinungs- und Entwicklungsformen zu sehr beachtet worden sind, und wenn es die Hauptaufgabe dieses Buches sein soll, demgegenüber die Ergebnisse des Geselligkeitstriebes in das rechte Licht zu stellen, so wird es notwendig sein, zuvor noch einen Blick auf die Familienverbände zu werfen, um einen Massstab für die ferneren Untersuchungen zu gewinnen. Gründlich genug ist das Familien- und Sippenwesen im Laufe der Zeit untersucht worden; da wir trotzdem immer noch vor zahlreichen Widersprüchen und Rätseln stehen, lässt sich wohl annehmen, dass manche wichtige Quelle der Erkenntnis vernachlässigt oder gar nicht erschlossen worden ist.

Am schroffsten stehen sich die Anschauungen der Forscher gerade in den Fragen gegenüber, die sich auf die Uranfänge der menschlichen Gesellschaft beziehen, soweit wir bei Wesen, deren Entwicklungsreihe auf die Keime alles organischen Lebens bis in eine unbestimmbare Vorzeit zurückreicht, von Uranfängen überhaupt reden dürfen. Der Kürze halber mag der Ausdruck indessen erlaubt sein, so lange nur der stille Vorbehalt, der dieser Abkürzung zu Grunde liegt, innerlich bewusst bleibt. Eine Zeitlang erschien auf der ganzen Linie die Anschauung siegreich zu sein, dass als früheste Form menschlicher Gemeinschaft die Geschlechtsgenossenschaft zu betrachten sei. Die klarste und knappste Erläuterung dieses Begriffes hat wohl Post[1]) gegeben, wenn er sagt: „Das ganze menschliche Gattungsleben (der Urzeit) liegt beschlossen in kleinen Schutz- und Trutzgenossenschaften höchst eigentümlicher Art, welche ursprünglich auf Blutsverwandtschaft, später nach eingetretener Sesshaftigkeit auf dem Bewohnen eines gemeinsamen Bezirks beruhen. Wir können passend die ersten mit dem Namen Geschlechtsgenossenschaften, die zweiten mit dem Namen Gau- oder Dinggenossenschaften, beide zusammen mit dem Namen Friedensgenossenschaften bezeichnen . . . Die ältesten Geschlechtsgenossenschaften, von welchen das ganze menschliche Staats- und Rechtsleben seinen Ausgangspunkt genommen hat, sind wahrscheinlich Horden von verschiedenem, jedoch nicht bedeutendem Umfange, in denen Weiber, Kinder und Gut allen Geschlechtsgenossen gemeinsam gehören, und in denen ein gewähltes oder durch eine Erbfolgordnung bestimmtes Oberhaupt eine patriarchalische Gewalt ausübt. Jeder, der nicht Mitglied der Geschlechtsgenossenschaft ist, ist den Geschlechtsgenossen gegenüber völlig vogelfrei und wird von ihnen nicht anders betrachtet, wie ein Tier des Waldes.“ Das Hauptmerkmal einer solchen Genossenschaft wäre also, dass aller Geschlechtsverkehr innerhalb der Horde stattfände, und dass Weibergemeinschaft (Hetärismus, Promiskuität, Sumpfehe) derart bestände, dass selbst die allernächste Blutsverwandschaft den Verkehr nicht hinderte. Man darf hier wohl schon einwerfen, dass die Möglichkeit schrankenloser Promiskutät, die in ganz primitiven Verhältnissen stets vorhanden sein wird, noch lange nicht ihr thatsächliches Bestehen bedeutet. Wenn der Abscheu vor Blutschande, den wir selbst bei sehr tiefstehenden Naturvölkern der Gegenwart stark und oft bis ins Widersinnige entwickelt sehen, auf natürlichen Instinkten beruht, so wird er auch in der „Urzeit“ seinen Einfluss geäussert haben. Man muss sich hüten, traurige Zustände, wie sie bei dem wurzellosen, aller natürlichen Instinkte beraubten Proletariat europäischer Grossstädte zuweilen beobachtet worden sind, bei primitiven Menschen erst recht für möglich zu halten. Gerade dieser Teil der Lehre von den Geschlechtsgenossenschaften hat denn auch am frühesten und entschiedensten Widerspruch erweckt; was der Lehre festen Halt gab, war die Thatsache, dass durch sie das Entstehen der natürlichen Verbände scheinbar auf die einfachste und sicherste Weise erklärt wurde.

In der That musste ja die Vergrösserung einer dieser hypothetischen Geschlechtsgenossenschaften und der daraus notwendig hervorgehende Zerfall in kleinere Gruppen in fast zwingender Weise zu mutterrechtlichen Zuständen führen. Bei der herrschenden Weibergemeinschaft war von bestimmten Vätern bestimmter Kinder nicht die Rede, und wenn sich kleinere natürliche Verbände bildeten, so konnten zunächst nur die Mütter die Mittelpunkte solcher Gruppen abgeben; jede Mutter mit ihren Kindern stellte eine kleine natürliche Gemeinschaft dar, die Brüder der Mutter aber waren die gegebenen Freunde und Beschützer dieser Gruppen. So erwuchsen die mutterrechtlichen Sippen, die noch jetzt thatsächlich vielfach bestehen. Die Kinder folgen in Verwandtschaft und Erbrecht der Mutter, sie gehören zur mütterlichen Sippe und teilen deren Anschauungen und Schicksale, mit anderen Worten, die Verwandtschaftsbande zwischen Geschwistern und Geschwisterkindern gelten für stärker und dauernder als die erst nachträglich geknüpften zwischen den Ehegatten. Mann und Frau bleiben in ihrem Sippenverbande, der dann auch die Kinder der Frau aufnimmt. Erst allmählich wandeln sich die mutterrechtlichen Sippen in vaterrechtliche um, bis sie sich dann bei den Kulturvölkern

Europas ganz in kleinere patriarchalische Gruppen zersetzen. Das Dasein der mutterrechtlichen Familie ist zuerst von Bachofen nachgewiesen worden, und er ist es auch bereits gewesen, der die Promiskuität als notwendige Vorstufe des Matriarchats betrachtete; ihm haben sich dann Morgan und eine ganze Schule von Soziologen angeschlossen.

Neuerdings ist nun diese Lehre stark erschüttert worden. Zunächst hat C. N. Starcke nachgewiesen, dass auch in den primitivsten Verhältnissen die Familie, also die „kleine Gruppe von Eltern und Kindern", bereits vorhanden ist, dass demnach die Geschlechtsgenossenschaft mit ihrer Promiskuität bei keinem Volke der Erde mehr beoachtet werden kann und als reine Hypothese betrachtet werden muss. Die Familie und ihre erweiterte Form, die Starcke als Familiengruppe, E. Grosse als Grossfamilie bezeichnet, ist durchaus von dem Clan (Sippe, Gens) zu unterscheiden. Während aber Morgan die Sippe als das Ursprüngliche oder doch unmittelbar aus der Urhorde Hervorgegangene ansieht und demgemäss die mit dem Sippenwesen verbundenen Einrichtungen für älter erklärt als die Familiensitten, hält Starcke diese Meinung für voreilig. Ihm ist die Sippe eine neben dem Familientum entstehende Gruppenbildung, die dort, wo sie mächtig entwickelt ist, die Familien unterdrückt oder „verschlingt"; die Geschlechtsgenossenschaft hält er für unerwiesen. Auf seine Anschauungen über den wirklichen Sinn des Sippenwesens, die sich mit den meinigen sehr nahe berühren, wird gleich zurückzukommen sein. Nach Starcke hat dann Westermarck die Morganschen Ansichten vollends zertrümmert, allerdings in rein kritisch-kompilatorischer Weise, ohne an die Stelle des Zerstörten etwas Neues zu setzen. Ihm folgte endlich E. Grosse, der es versucht hat, die Gesellschaftsformen aus den Bedingungen des Wirtschaftslebens abzuleiten. Dieser Versuch hat manches Verdienstvolle, ist aber doch unbefriedigend und für die weitere Forschung sogar gefährlich, da er das Dasein jener tiefen, in ihrer Entstehung sehr weit zurückreichenden Mächte, die als Geschlechts- oder Gesellschaftstrieb auftreten, zu Gunsten viel oberflächlicherer Einflüsse zu verhüllen strebt. So ist denn die Gesellschaftslehre noch immer ein Kampfplatz und ein Trümmerfeld; die Anhänger Morgans haben entschlossen die Fehde aufgenommen, da sie der rein negativen That Westermarcks gegenüber immerhin darauf hinweisen können, dass ihre Ansichten wenigstens etwas Positives sind, ein durchdachter, wohlgegliederter Erklärungsversuch. In den Augen Kohlers ist Westermarcks Werk „nur als Materialsammlung bedeutsam".

In der That ist mit der blossen Kritik, wie sie Westermarck übt, noch nicht viel gewonnen; die Thatsachen, auf die sich Morgan und seine Schule stützen, sind ebenso beachtenswert wie die von Westermarck gesammelten Zeugnisse, und nur wer die Gegensätze versöhnen kann, darf hoffen, ein der Wirklichkeit nahe kommendes Bild der Verhältnisse zu finden. Auf die Möglichkeit einer solchen Versöhnung möchte ich hier in aller Kürze und mit allem Vorbehalt vielfältigen Irrtums hinweisen; eine grosse Zahl von Zeugnissen, die meine Ansichten stützen wird in den folgenden, systematischen Teilen des Buches zu geben sein.

Bei alledem ist es wohl rätlich, zuerst einen sorgsam prüfenden Blick auf den Boden zu werfen, auf dem wir einen neuen Hypothesenbau errichten wollen. Da muss denn vor allem auf einen Umstand hingewiesen werden, dessen Bedeutung wohl am klarsten von Ratzel ins Licht gestellt worden ist, auf die zeitliche Tiefe der Menschheit, im Vergleich zu der alle gegenwärtigen und alle historisch noch nachweisbaren Zustände nur Episoden sind. Von einem stetigen, ununterbrochenen Fortschritt von einfachen bis zu verwickelteren Formen ist aber in den gewaltigen Zeiträumen, die von der Menschheit durchlebt worden sind, sicher niemals die Rede gewesen. Ein gewisses Vorwärtskommen in der Kultur ist freilich im grossen und ganzen zu beobachten, da ein Volk nie ganz vereinzelt lebt und immer von den Erfolgen anderer ein wenig beeinflusst wird; irgendwo aber findet stets eine Fortentwicklung in irgend einem Sinne statt. Mit diesem Vorbehalt kann man wohl von einem allgemeinen Fortschritt der Menschheit reden. Aber dieses Vorwärtsschreiten ist nicht nur von Perioden des Stillstandes und Rückschritts unterbrochen, es kann zugleich in ganz verschiedener Weise auf die äusseren Formen des Daseins wirken, indem es sie bald mannigfaltiger gestaltet, bald vereinfacht. Man kann noch weiter gehen und sagen, dass immer die Kultur nur teilweise und ungleich auch innerhalb eines Volkes wächst, und dass infolgedessen das Dasein oft in einem Sinne reicher, in einem andern ärmer wird. Wer alles dies erwägt, wird sich sorgfältig hüten, irgend eine Sitte ohne weiteres als Rest einer andern oder gar eines Urzustandes zu deuten. Selbst wo es sich thatsächlich um solche Reste handelt, bleibt immer die Möglichkeit zu erwägen, dass diese Überbleibsel erst als solche, als starrgewordene Formen, einem anderen Volke abgelernt worden sind, also dort, wo wir sie jetzt finden, gar nicht ihre vollständige Entwicklung durchgemacht haben. So enthält z. B. die christliche Kirche in ihren Glaubens- und Lebensformen verschiedene Ergebnisse und Reste einer langen Fortbildung, aber von dieser ganzen Entwicklung, die sich grösstenteils innerhalb des jüdischen Volkes vollzogen hat, sind nur die Schlussformen auf die christlichen Völker übertragen worden. Was in diesem Beispiel klar und unzweideutig hervortritt, ist in anderen Fällen schwer oder gar nicht mehr zu ermitteln, aber die Möglichkeit solcher Übertragungen fertiger Ergebnisse ist immer und überall vorhanden angesichts der Ideenarmut der Menschheit und der Nachahmungssucht, die oft gar keinen Wert auf den Sinn des Nachgeahmten legt, das einfach als notwendiges Beiwerk eines imponierenden Charakters mit übernommen und bewundert wird.

Man wird die Vorsicht, die sich aus dieser Erkenntnis ergiebt, vor allem dann anzuwenden haben, wenn aus gewissen weitverbreiteten Sitten ohne weiteres Schlüsse auf die Urzustände der Gesellschaft gezogen werden sollen. Dass auch Gesellschaftseinrichtungen nachgeahmt werden, ist bei den Australnegern noch gegenwärtig nachweisbar. Eine feste Sitte oder ein ganzer Sittenkomplex, der von einem Volke recht wohl auf andere übertragbar sein muss, ist nun zweifellos das vielberufene Mutterrecht oder richtiger die mutterechtlich organisierte Sippe; wenn also das Mutterrecht thatsächlich stellenweise aus der Weibergemeinschaft der urzeitlichen Geschlechtsgenossenschaft hervorgegangen sein sollte, so ist damit keineswegs gesagt, dass sich dieser Vorgang überall vollzogen haben muss, wo wir matriarchalische

Sippen finden. Was übrigens die Hypothese der Weibergemeinschaft besonders bedenklich erscheinen lässt, ist die Thatsache, dass sich unter den höheren Tieren Beispiele echter Promiskuität so gut wie gar nicht finden oder höchstens bei solchen, die durch den Menschen ihren ursprünglichen Lebensbedingungen entzogen und aus dem Gleichgewicht mit der umgebenden Natur herausgerissen worden sind, wie bei Hunden oder Kaninchen. Viele sog. Reste der Promiskuität sind denn auch schwerlich etwas anderes als Ergebnisse einer Entartung, die auch in sehr einfachen Verhältnissen als Folgen einseitiger Entwicklung oder äusserer Schädigungen auftreten kann.

Wenn so zunächst vor allzu schnellen Schlüssen gewarnt werden muss, so ist es freilich andererseits wohl angebracht, der allzu grossen Ängstlichkeit bei der Untersuchung der durchgehenden Entwicklungszüge und dem unfruchtbaren Skeptizismus entgegenzutreten. Man kann gewiss sagen, dass jedes Volk und im Grunde jeder Mensch das Ergebnis einer eigenen, von allen anderen verschiedenen Fort- und Umbildung darstellt. Aber nur wer sich absichtlich blind stellt, kann die grossen übereinstimmenden Formen der menschlichen Gesellschaftsentwicklung verkennen. Gerade die Sippen, die wir näher ins Auge zu fassen haben, treten in den verschiedensten Teilen der Erde so gleichartig auf, sie haben ausser dem Mutterrecht in so hohem Grade selbst scheinbar gleichgültige Züge gemeinsam, wie vor allem den Totemismus, dass eine zusammenfassende Behandlung wohl möglich ist, um so mehr, da über diese Verhältnisse ein ungeheurer Stoff des Wissens nicht nur angesammelt worden ist, sondern auch bereits zahlreiche Bearbeiter gefunden hat. Diese Grundlagen erlauben es auch, von einer ausführlichen Schilderung der Sippenzustände hier abzusehen: In den Werken Morgans und seiner deutschen Nachfolger Kohler, Lippert, Post u. s. w. ist darüber genügende Auskunft zu finden. In ihrer typischen, in allen Erdteilen wiederkehrenden Form ist die Sippe eine Gruppe von Verwandten aller Geschlechter und Altersstufen, die nicht untereinander heiraten, sondern sich Gatten aus einer anderen Sippe suchen müssen. Es gehören also immer mindestens zwei Sippen zusammen, die durch Wechselheirat verbunden sind, wobei dann die Kinder zur Sippe der Mutter gehören. Schon diese einfache Definition zeigt, dass hier gerade das Gegenteil von schrankenloser Promiskuität stattfindet. In der Regel glauben die Mitglieder einer Sippe von einem Tiere, seltener einer Pflanze, einem Gestirn u. s. w. abzustammen (Totemismus). Der Verband mehrerer Sippen bildet den Stamm, doch kehren oft in zahlreichen verwandten Stämmen die gleichen Sippennamen immer wieder.

Das strenge Verbot des Heiratens innerhalb der Sippe macht es sehr unwahrscheinlich, dass sie aus einer in Promiskuität lebenden Geschlechtsgenossenschaft abzuleiten ist; eben so unwahrscheinlich ist es, dass bei ihrer Entstehung der Geschlechtstrieb eine ausschlaggebende Bedeutung gehabt hat, da ja durch die Heirat die Zugehörigkeit zu einer Sippe nicht verändert wird. Man hat den Eindruck, dass bei der Sippenentstehung ein Prinzip eigener Art den Sieg über die Neigungen und Triebe davongetragen hat, die zur Bildung kleiner, in sich abgeschlossener Familiengruppen führen. Aber welches Prinzip könnte das sein? Wer den bisherigen Erörterungen aufmerksam gefolgt ist, wird kaum zweifeln können, dass hier der Geselligkeitstrieb, dessen Unterschied von Geschlechts- und Elternliebe bereits ausführlich erörtert worden ist, siegreich in die Erscheinung tritt und die ersten einheitlichen Verbände grösseren Umfangs schafft. Diese Ansicht stimmt in erfreulicher Weise mit der Meinung Starckes überein. „Der Charakter des primitiven Clans“, schreibt er, „ist freie Association zu gegenseitigem Schutz . . . Man kann sich keinen klareren Begriff von dem Clan und der Familie bilden, ohne auf jedem Punkt den Unterschied der beiden Institutionen ausgesprochen zu finden. Der Clan ist um des Kampfes ums Dasein willen da, die Familie aber um das Errungene zu geniessen.“

Eine rein auf dem Geselligkeitsdrang beruhende Verbindung ist die Sippe freilich nicht, da sie ja aus Blutsverwandten besteht, vielmehr ist in ihr eine Art Kombination von natürlichen und geselligen Verbänden geschaffen, die eben deshalb sehr lebensfähig und den Aufgaben des über die primitivsten Stufen hinausgeschrittenen Daseins wohl angepasst ist. Aber die Ansicht Starckes, so richtig sie sein mag, giebt noch keinen Aufschluss darüber, auf welchem Wege denn die Überwindung des reinen Familiensinns durch den Geselligkeitstrieb erfolgt ist. In den folgenden systematischen Zusammenstellungen dieses Buches wird der Stoff für eine neue, befriedigende Lösung dieser Frage zu geben sein; an dieser Stelle sollen nur die Ergebnisse in aller Kürze erläutert werden.

Nicht umsonst ist in dem vorhergehenden Kapitel ausführlich auf die Thatsache hingewiesen worden, dass im männlichen Geschlechte neben dem Kampfsinn auch der Geselligkeitstrieb stärker entwickelt ist als im weiblichen, das seinerseits als der Hüter des Familiensinnes gelten kann; lassen doch auch die aus dem Mutterrecht abgeleiteten Theorien stets das Weib als Mittelpunkt des eigentlichen Familienlebens erscheinen. Wenn also Gesellschaftsformen entstehen, in denen sich, wie oben in der Sippe, der reine Drang zur Geselligkeit als mächtiger Faktor offenbart, dann lässt sich ohne weiteres vermuten, dass hier das männliche Geschlecht an der Arbeit des socialen Aufbaues vorwiegend teilgenommen hat. Wir dürfen also nicht, wie das bisher immer geschehen ist, den Frauen mit ihrem Mutterrecht unsere ganze Aufmerksamkeit widmen, sondern wir müssen vor allem die Männer ins Auge fassen, wenn wir das Wesen der Sippe verstehen wollen. Wir können noch weiter gehen. Wenn sich die Entstehung der Familie auf den Gegensatz der Geschlechter gründet, so treten die rein gesellschaftlichen Triebe, wie wir gesehen haben, in den sympathischen Gruppen der Altersgenossen am entschiedensten hervor; und da nun die verheirateten Männer auch in mutterrechtlichen Zuständen verhältnismässig eng an die Familie gebunden sind, Kinder und abgelebte Greise aber nicht in Betracht kommen, so müssen die eigentlichen Träger der Sippenbildung die jungen, geschlechtsreifen, aber noch unverheirateten Männer sein, denen als eine parallele, aber für das Gesellschaftsleben weniger bedeutsame Gruppe die unverheirateten Mädchen gegenüberstehen werden.

Wie verhält sich nun die Wirklichkeit zu diesen Vermutungen? Wer die Werke der Morganschen Schule oder selbst die Bücher Starckes, Westermarcks und Grosses durchliest, wird wenig Beweise für sie finden; wer aber die im vorliegenden

Buche gesammelten Thatsachen prüft, dürfte wohl anerkennen, dass dieser Mangel einfach als eine Lücke in der bisherigen Forschung zu bezeichnen ist, und dass in Wahrheit die soeben als wahrscheinlich entwickelte Ansicht durch die Wirklichkeit des Lebens glänzend gerechtfertigt wird. Überall auf der Erde erscheinen Altersklassen und Verbände der jungen Männer neben den Familien, und fast überall, wo typische Sippen vorhanden sind, erkennen wir auch diese Männerverbände als die eigentlichen Träger des geselligen Daseins. Indem die Männer auch nach der Verheiratung fester mit ihren Alters- und Geschlechtsgenossen verbunden bleiben, als mit der Gattin, wird die Bedeutung der Familie geschwächt und die Frau bleibt als Vertreterin des Familienlebens gewissermassen übrig, — das ist der wahre Sinn des „Matriarchats“. Die Männergesellschaft jeder Sippe sucht sich in der Jugend die Geliebten und später die Gattinnen unter den Mädchen einer anderen Sippe, mit der eine Art Heiratskartell besteht. Auf diese Verhältnisse ist, wie gesagt, noch so ausführlich zurückzukommen, dass hier ein Hinweis genügen mag.

Freilich werden durch die Entstehung der Altersklassen und Männerbünde noch keineswegs alle Eigentümlichkeiten der Sippen erklärt, ja ein grosser und wichtiger Zug ihres Wesens, das Verbot der Inzucht, bedarf zweifellos noch einer besonderen Beleuchtung; es ist an sich durchaus unverständlich, warum den Männern eines Sippenverbandes der geschlechtliche Umgang mit Mädchen der eigenen Sippe so streng verboten ist, dass eine Übertretung dieses Gesetzes viel härter beurteilt wird als Ehebruch. Andrerseits ist aber auch die schrankenlose Exogamie durch das Sippenwesen nicht begünstigt, vielmehr soll in der Regel die Kreuzung nur zwischen wenigen bestimmten Gruppen stattfinden; es mag zugegeben sein, dass diese Beschränkung bei weitem nicht so streng befolgt wird wie die andere. Auf diese Weise wird sowohl die Inzucht vermieden, wie die schrankenlose Bastardierung. Ist das nun Zufall oder haben wir gerade hierin den zweiten wichtigen Wesenszug der Sippen und damit eine Rechtfertigung ihres Daseins gefunden?

Da die Wahl der Gattin durch die Männer stattfindet,

könnte man annehmen, dass hier die geschlechtliche Antipathie, die oben eingehend besprochen worden ist, ihren Einfluss dahin übte, dass sich die Männer von den allzu nahe verwandten Frauen ebenso abgestossen fühlen, wie von den allzu fremdartigen; aber eine genügende Erklärung ist das durchaus nicht. Im Gegenteil scheint diese Antipathie, die immerhin wirksam sein mag, in diesem Falle selbst auf tieferen Ursachen zu beruhen, wenn man so will auf Instinkten. Die wissenschaftliche Forschung der Kulturmenschheit, die hier wie so oft das Empfindungsleben durch Untersuchungen und Schlüsse vor dem Verstand rechtfertigt, hat bewiesen, dass das Verhalten der Naturvölker, wie es sich in den Gesetzen der Sippe verkörpert, thatsächlich durchaus vernünftig und geeignet ist, eigenartige und innerlich harmonische Gesellschaftsgruppen zu schaffen. Über das Verhängnisvolle der Inzucht belehrt uns jeder Tierzüchter; dass beim Menschen dieselben Gesetze gelten, wenn auch mit häufigen Ausnahmen, darf ebenfalls als bewiesen angesehen werden. Über die Nachteile der schrankenlosen Bastardierung giebt uns die Tierzucht nicht minder wichtige Aufschlüsse: wer wertvolle Hunde züchten will, wird nicht wahllos die verschiedensten Köter miteinander paaren, und wenn der Zufall auf diesem Wege einmal zu einer besseren neuen Form führt, wird man doch bei der weiteren Züchtung die schrankenlose Bastardierung hindern müssen, wenn die neue Form erhalten bleiben soll. Für die Menschheit ist diese Erkenntnis ebenfalls von Wichtigkeit, wenn sie auch in Zeiten der Freiheits- und Gleichheitsschwärmerei vergessen werden mag. Es ist ein Verdienst von O. Lorenz, neuerdings scharf auf die Gefahren der unbeschränkten Vermischung hingewiesen zu haben; mischt sich z. B. eine fortgeschrittene Kulturrasse mit einer tiefstehenden, also etwa Europäer mit Negern, so werden die Nachkommen freilich wertvollere Eigenschaften haben als die unentwickeltere Elternrasse, aber den Eltern der Kulturrasse nicht ebenbürtig sein; würde das Kulturvolk ganz in der Mischung aufgehen, wie stellenweise im spanischen Südamerika, so ist ein Sinken des Rassenwertes und der Kultur die unvermeidliche Folge. In anderen Fällen kann Kreuzung wohl anregend und auffrischend wirken, aber sie muss von einer Periode der Abgeschlossenheit und der innerlichen Durchdringung gefolgt sein, wenn eine neue wertvolle Rasse entstehen soll. Man darf also wohl sagen, dass sich das Sippenwesen auch in seiner Erschwerung der Ehe mit völlig Fremden als vernünftig und wohlbegründet bewährt.

Nun lässt sich freilich einwenden, dass die Erkenntnisse, die wir durch lange Forschungsarbeit gewonnen haben, bei Naturvölkern keineswegs vorauszusetzen sind. Auch wenn wir annehmen wollen, dass ein primitiver Mensch sich durch wiederholte ungünstige Erfahrungen wohl belehren lässt, selbst ohne sie eigentlich zu verstehen, und dass somit unter dem Druck der Thatsachen entsprechende Sitten entstehen werden, so ist doch das Beobachtungsgebiet solcher Menschen viel zu klein und die Zeitspanne, die sie übersehen können, viel zu gering, als dass sich auf diesem Wege Erfahrungen sammeln liessen, die einen zwingenden Einfluss übten. Es bleibt also, wenn man sich nicht mit der unwahrscheinlichen Annahme eines reinen Zufalls begnügen will, nur übrig, an instinktiv wirkende Triebe zu denken.

Wer mit dem unendlichen Schatz völkerkundlicher Thatsachen, über den wir jetzt verfügen, einigermassen vertraut ist, wird das Bestehen eines solchen Triebes oder richtiger einer Hemmung, die vor allem die Inzucht hindert, kaum zu leugen wagen. Besonders lehrreich sind die Verhältnisse Australiens, wo man sich mit den Heiratsverboten der Sippe nicht begnügt sondern, wie wir noch sehen werden, durch Heranziehen der Altersklassen weitere Heiratsgesetze geschaffen hat, die die Möglichkeit der Inzucht vollends beschränken. Vielfach bezeugt ist auch, dass trotz der mutterrechtlichen Zustände die Verwandtschaft des Vaters mit seinen Nachkommen keineswegs missachtet wird, dass man vielmehr auch in dieser Beziehung die Inzucht thunlichst vermeidet. Die Abneigung, sich mit Fremden zu mischen oder wenigstens die Kinder aus solchen Mischungen im Stamm zu dulden, ist ebenfalls bei zahlreichen Naturvölkern zu beobachten; die Negerinnen Westafrikas, die mit Weissen in wilder Ehe leben, pflegen doch die Sprösslinge dieser Ehen zu töten, offenbar weil sich der Rasseninstinkt gegen diese Bastarde auflehnt. In noch viel entschiedenerer Weise pflegen die Angehörigen höher entwickelter Völker und vornehmer Gesellschaftsklassen die schrankenlose Mischung abzulehnen, wobei ein tiefer Instinkt den verstandesmässigen Erwägungen zweifellos vorangeht. Die Abneigung gegen die Inzucht schwindet denn auch keineswegs mit dem Zerfall der Sippen, sondern wird nur anders formuliert und den neuen Verwandtschaftsbegriffen angepasst.

Wollen wir aber den Doppelinstinkt, der sowohl die Inzucht wie die unbeschränkte Bastardierung hindert, noch tiefer begründen und als den Ausläufer eines grossen Naturgesetzes erkennen, so brauchen wir nur auf die Thatsachen zurückzugreifen, die wir als Antwort auf die Frage nach den Ursachen der Geschlechtertrennung gefunden haben. Was durch diese Trennung schon in der Pflanzenwelt angestrebt und erreicht wird, ist ja genau dasselbe! Wie hier die Geschlechter, stehen sich in der primitiven menschlichen Gesellschaft die Sippen gegenüber: Die Selbstbefruchtung wird vermieden, während andererseits der wahllosen Mischung der Typen sehr entschiedene Schranken gezogen sind. Dürfen wir also nicht annehmen, dass der grosse Zug der Lebensentwicklung, der zum Entstehen der Geschlechter geführt hat, auch noch in der primitiven, von Gedankenarbeit wenig beeinflussten Menschheit weiter wirkt? Dann aber erscheint uns das auf den ersten Blick so seltsam und willkürlich anmutende Sippenwesen als eine Einrichtung, deren Wurzeln in unermessliche Tiefen hinabreichen, und wir verstehen nun auch, warum sich diese Gesellschaftsform in allen Teilen der Erde mit so auffallend übereinstimmenden Zügen findet.

Wie wir uns das Herauswachsen der Sippe aus den kleinen Familienhorden, die wir noch heute bei den primitivsten Völkern finden, zu denken haben, ist mit Sicherheit vorläufig nicht festzustellen. Zunächst ist schon die Frage kaum zu lösen, ob sich die Sippen in der Regel aus einer Horde durch Teilung entwickelt haben, oder ob sie aus der Vereinigung von mindestens zwei ursprünglich getrennten Horden hervorgegangen sind. Im ersten Falle würde mehr die Scheu vor Inzucht die treibende Ursache gewesen sein, im zweiten könnte man annehmen, dass die jungen Männer der zunächst feindlichen Horden unter dem Zwang des Geselligkeitstriebes sich verbunden und dann die Einrichtung der Sippen mit ihren Heiratsverboten geschaffen hätten. Beide Möglichkeiten haben mancherlei für sich. Für die Teilung spricht die Thatsache, dass in einem Teil Melanesiens die Sippe als veve (Teilung) bezeichnet wird. Auch dass überall ursprünglich nur zwei Sippen vorhanden zu sein scheinen, die sich erst nachträglich weiter gespalten haben, lässt mehr auf den inneren Zerfall einer Familienhorde als auf das Zusammentreten mehrerer fremder schliessen. Andererseits spricht das Vorwalten der Männerbünde doch mehr dafür, dass der Geselligkeitstrieb seinen Einfluss beim Entstehen der Sippen vorwiegend geltend gemacht hat, dass also die Männer verschiedener Horden zu einem Kartell zusammengetreten sind. Das vorhandene Material genügt vorläufig nicht, um eine leidlich sichere Antwort auf diese Fragen zu finden. Möglich auch, dass die Sippeneinrichtungen auf sehr verschiedenen Wegen entstanden sind, dass aber allenthalben die einzelnen sich bekämpfenden Einflüsse zuletzt in dieser Gesellschaftsform ihren Ausgleich gefunden haben.

Halten wir jedenfalls an der Definition der Sippe fest, die uns die nähere Untersuchung ihres Wesens gelehrt hat! Die Sippe ist eine Gruppe von Blutsverwandten, die mit einer anderen ähnlichen Gruppe oder mit mehreren derart verbunden ist, dass Wechselheiraten stattfinden; die jungen Männer der Sippe bilden unter dem Einflusse des Geselligkeitstriebs eine mehr oder weniger eng verbundene Genossenschaft, zu der auch die verheirateten Männer meist in engerem Verhältnisse stehen als zu ihren Weibern und Kindern. Infolgedessen treten die Weiber nicht zur Sippe des Mannes über, sondern gelten nach wie vor als Angehörige ihrer eignen Sippe, die sich auch der Kinder annimmt. Das sogenannte Mutterrecht ist also eine Folge der Verkümmerung des Familienlebens, die durch den Zusammenschluss der Männer notwendig erfolgen musste. Erreicht wird durch das Sippenwesen einerseits die Züchtung und Erhaltung einer guten Rasse, andererseits freiere Beweglichkeit für die Kraft und Unternehmungslust der Männer, die als kriegstüchtige Schar organisiert sind.

Trotz ihrer ausgezeichneten Eigenschaften ist die Sippe doch eine vergängliche Gesellschaftsform, an deren Zersetzung verschiedene Einflüsse arbeiten; wir finden denn auch in Verfall und Umbildung begriffene Sippen viel häufiger als typische Formen. Ob sich in neuerer Zeit dagegen Sippen aus primitiveren Gesellschaftsverhältnissen erst neu gebildet haben und ob vielleicht manche der scheinbaren Zerfallsformen in Wirklichkeit werdende Sippen sind, muss dahingestellt bleiben. Die Zersetzung kann, wie gesagt, auf sehr verschiedene Weise erfolgen. Ein Erstarken der Familientriebe und der durch sie begünstigten Gesellschaftsformen wandelt vielfach die Sippen derart um, dass zunächst das Mutterrecht verschwindet und patriarchalische Verhältnisse entstehen, wie das bei den altrömischen und altgriechischen Sippen der Fall war. Andrerseits ändert das festere Verwachsen mit dem Boden den ursprünglichen Charakter der Gesellschaft: Aus den Sippen werden, wie im grössten Teile Afrikas, Gemeinden oder Dorfgenossenschaften, innerhalb deren sich nun ebenfalls die Familienbildungen stärker entwickeln[2]). Aus Gesellschaft und Boden aber bildet sich, wie Friedrich Ratzel in glänzender Weise nachgewiesen hat, der Staat, den wir als die grosse, umfassende Gesellschaftsform der Kulturwelt finden; auch in ihm werden die Sippenverbände überflüssig und teils durch einfache Familiengruppen, teils durch freie, rein auf dem Geselligkeitstriebe beruhende Genossenschaften ersetzt. Das Entstehen gesellschaftlicher Ungleichheiten, des Adels und des Sklavenwesens, wirkt gelegentlich ebenfalls zersetzend auf die Sippen ein. Wenn wir sie also trotzdem noch so vielfach und in so übereinstimmender Form auf der ganzen Erde finden, müssen wir wohl die grosse Lebenskraft und innere Berechtigung dieser merkwürdigen Gesellschaftsform anerkennen.

Die Bedeutung der Sippe für die Rassenbildung und überhaupt für das Entstehen einheitlicher, innerlich harmonischer Gruppen führt zu den eigentlichen Rassenproblemen hinüber, die bei einer Besprechung der Gesellschaftszustände nicht zu umgehen sind. Die Gegenwart ist mit diesen Fragen ja besonders leidenschaftlich beschäftigt, nachdem die Nachwirkungen des Gleichheitsideals der französischen Revolution lange Zeit den Blick von ihnen abgelenkt hatten und auch die Wissenschaft trotz alles Messens und Zählens nicht zu einer klaren Definition der Rassenunterschiede gelangt war. Erst die Not des Daseinskampfes hat das Nachdenken über Kraft und Wert der verschiedenen Rassen angeregt. In Frankreich begannen zuerst die Versuche, den Rückgang des französischen Volkes und überhaupt der Romanen auf das Aussterben des germanischen Bestandteils der Volksmischung zurückzuführen; in Deutschland hat wohl die antisemitische Bewegung den stärksten Anstoss zu erneuerter Beleuchtung der Rassenfrage gegeben. Was dann in dem bekannten Buche „Rembrandt als Erzieher“ in verworrener Weise zuerst angedeutet war, aber schon in dieser Form vorübergehend tiefen Eindruck machte, die Wichtigkeit der germanischen Rasse und ihrer Eigenart für die Menschheit, hat Houston Stewart Chamberlain in klaren, geistvollen Zügen weiter ausgeführt, während die Schriften Driesmanns bereits die einseitige Verzerrung des Gedankens zeigen. Auf die Fragen selbst einzugehen, ist hier nicht der Ort; dagegen ist wohl zu erwägen, wie sich die Begriffe Rasse und in gewissem Sinne auch Volk, soweit es keine politische, sondern eine sprachliche Einheit bedeutet, zu den Gesellschaftsformen verhalten. Darf man sie überhaupt als solche bezeichnen, oder was sind sie sonst?

Um diese Verhältnisse zu verstehen, muss man Gesellschaft und Gesellschafts*form* wohl unterscheiden. Keine menschliche Gruppe kann ohne Form oder Hülle, dass heisst ohne Gesetze, Sitten und sonstige äusserliche und innerliche Gemeinsamkeiten sein, aber diese Formen, die sich mit einem Knochengerüst oder der Schale eines Krebses vergleichen lassen, sind von ganz verschiedener Eigenart und Stärke. Es giebt Gesellschaften, die fast nur durch äusserlichen Zwang zusammengehalten werden, wie die Insassen eines Gefängnisses oder wie früher manche gewaltsam angeworbene Truppenteile, gepresste Schiffsbesatzungen u. dgl. Es giebt im Gegensatz dazu andere Gesellschaften, die so gut wie ganz ohne äussere Formen und beinahe nur durch innere Ähnlichkeit mit einander verbunden sind; noch mehr, es sind Gesellschaften denkbar, in denen die geselligen Kräfte gewissermassen *latent* vorhanden sind und nur gelegentlich zu Tage treten. In diesem Sinne bilden z. B. alle Menschen mit deutscher Muttersprache eine grosse Gruppe, der aber jeder äussere Zusammenhang fehlt und deren Angehörige oft genug im Kampfe einander gegenübergestanden haben; nur auf manchen Gebieten des Daseins, in der Litteratur vor allem, fühlen sich Reichsdeutsche, Deutschösterreicher, deutsche Schweizer, Balten u. s. w. als grosse Einheit. Derartige latente Einheiten sind nun auch die Rassen, nur dass bei ihnen nicht die Sprache das Gemeinsame ist, sondern eine Anzahl von Charakterzügen, Neigungen und Begabungen, die aus leiblicher Verwandtschaft hervorgehen, während die Sprache mehr ein Ergebnis des Gesellschaftstriebs ist. Die Zusammengehörigkeit solcher Rassengruppen tritt dann auch weniger offen zu Tage und führt nur selten zu kenntlichen Folgen im geselligen, wirtschaftlichen oder politischen Leben der Menschheit. Unter der Decke dieses offen sich abspielenden Lebens mögen die Einflüsse freilich um so tiefer und gewaltiger sein.

Fast alle Gemeinsamkeiten, wie sie in Sprache und Rasse latent vorhanden sind, führen nicht nur zur Gesellschaftsbildung zurück, sondern sie sind selbst erst aus der Gesellschaft hervorgegangen. Dass die Sprache eine Schöpfung des geselligen Lebens ist, ja zum Teil aus Begleitlauten sozialer Beschäftigungen und aus dem Gesellschaftslärm entstanden sein muss, habe ich an anderer Stelle bereits nachzuweisen gesucht[1]); wie die Sippe die Rassenbildung begünstigt, haben wir eben zur Genüge gesehen. Die Formen aber, die Gesetze, Sitten und Bräuche, bilden sich um jede enger verbundene Gruppe als Reaktion auf die Einflüsse der Aussenwelt, und wenn die Gruppe zertrümmert wird oder infolge übermässigen Anwachsens zerfällt, bleiben sie doch den einzelnen Bruchstücken als Zeugnisse ehemaligen Zusammenhanges erhalten und werden von Geschlecht zu Geschlecht vererbt. Was die Gesellschaft der Menschen schafft, ist eben dauernder als der Einzelne. So kann es wohl geschehen, dass im Laufe der Zeit diese latenten Verwandtschaften wieder lebendige Geltung erlangen und die Entstehung neuer, umfassender Verbände begünstigen.

[1]) „Die Geschlechtsgenossenschaft der Urzeit" S. 5.

[2]) In Australien sind auch die Sippen stellenweise so eng mit dem

Boden verbunden, dass sie einen ganz neuen Charakter angenommen haben. Jede Sippe besitzt ein Stück Land als Eigentum; zur Sippe aber gehören alle, die auf dem betreffenden Stück Land angeblich von ihrer Mutter empfangen worden sind, genauer gesagt, deren Vorhandensein die Mutter dort zuerst bemerkt hat. Man glaubt, dass die Geister der verstorbenen Sippengenossen dort verweilen und sich im Leibe der Mutter verkörpern. Die Sippen bestehen also gar nicht aus Blutsverwandten, sondern aus halb zufällig zusammengewürfelten Leuten, die freilich alle demselben Stamme angehören. Eine einfache und normale Anschauung ist das keinesfalls. (Vgl. Spencer and Gillen, The native tribes of Central Australia).

[3]) Urgeschichte der Kultur, Abschnitt „Sprache". Ein wohlwollender Recensent hat mir das besondere Lob erteilt, dass ich in meinen Erörterungen über die Entstehung der Sprache eigene Ansichten vermieden und einfach die Ergebnisse der Forschungen Anderer wiedergegeben hätte. Leider muss ich dieses Lob als übertrieben zurückweisen. Den Versuch, die Sprache teilweise aus Begleitlauten und geselligem Lärm abzuleiten, sowie den anderen, diese Ergebnisse mit den Anschauungen Noiré's und Büchers im Einklang zu bringen, darf ich wohl als Eigentum beanspruchen. Es ist möglich, dass verwandte Ansichten schon von Andern ausgesprochen worden sind, aber ich habe in der von mir benutzten Litteratur nichts Ähnliches gefunden. Die ganz allgemein gehaltene Behauptung, dass die Sprache ein Produkt der Gesellschaft ist, kann höchstens als Vorläufer meiner Theorie gelten.

II. Die Altersklassen.

1. Einfachste Formen.

Den einfachsten natürlichen Verbänden, die sich aus der Blutsverwandtschaft ergeben, stehen die Altersklassen als erster Versuch einer bewusst durchgeführten, wenn auch ebenfalls auf natürlichen Grundlagen beruhenden Einteilung entgegen. Ein Streit darüber, ob die Gruppierung nach blutsverwandtschaftlichen Verhältnissen oder nach den Stufen des Lebensalters die ursprünglichere und ältere ist, wäre ohne rechten Sinn: In dem grundlegenden immer wiederkehrenden Gegensatz zwischen Eltern und Kindern liegen beide Arten der Sonderung in ihrer Wurzel bereits vor, und beide entwickeln sich nicht nacheinander, sondern nebeneinander weiter fort; selbst die zweifelhafte Geschlechtsgenossenschaft der Urzeit mit unbeschränkter Promiskuität würde doch in die Gruppen der noch zeugungsunfähigen Kinder und der Erwachsenen zerfallen, also in zwei natürliche Altersklassen, und andererseits würden doch wenigstens die einzelnen Mütter mit ihren Kindern engere blutsverwandte Gemeinschaften bilden, zu denen dann auch die Geschwister der Mütter in näheren Beziehungen ständen.

Wenn die Altersklassen eben als der Versuch einer bewusst durchgeführten Sonderung bezeichnet wurden, so beruht das darauf, dass es sich hier um wechselnde Zustände handelt, deren Grenzen sich nicht von selbst verstehen, namentlich sobald die Zahl der Klassen erweitert wird. Wann Jemand das zeugungsfähige Alter erreicht hat, lässt sich freilich an allerlei äusseren

Merkmalen erkennen; aber sehr scharf ist diese Grenze schon deshalb nicht, weil die Pubertät nicht bei allen Individuen im gleichen Lebensalter erreicht wird, sondern sehr frühe und sehr späte Reife bei den Angehörigen desselben Stammes vorkommen kann, weil ferner der Geschlechtsgenuss schon vor der Reife möglich ist, und weil endlich die Neigung herrscht, andere Feiern, wie die Aufnahme unter die Krieger, mit der Pubertätsweihe zu verbinden, die dadurch bald verfrüht, bald hinausgeschoben wird. So kommt es, dass man meist ohne Rücksicht auf den Einzelnen ein bestimmtes Lebensalter festsetzt, das als Beginn der Mannbarkeit gilt.

Wo das überaus weit verbreitete System der drei Altersklassen mit seiner Gruppierung in Kinder, mannbare Jugend und verheiratete Erwachsene herrscht, ist die Abgrenzung zwischen der zweiten und dritten Klasse überhaupt nicht mehr durch natürliche Verhältnisse bedingt, sondern beruht auf gesellschaftlichem Übereinkommen oder persönlichem Gutdünken. Bei den Frauen lässt sich allenfalls als Grenzstufe die Geburt des ersten Kindes bezeichnen, der die Verheiratung vorherzugehen oder bald zu folgen pflegt; beim Manne versagt auch dieses Hilfsmittel, und so kommt es denn, dass die Zeitdauer, in der Männer und Weiber der Altersklasse der mannbaren Jugend angehören, bei den beiden Geschlechtern oft sehr verschieden und beim Weibe in den meisten Fällen kürzer als beim Manne ist. Niemals wird bei den Frauen die Ehe so weit hinausgeschoben, wie z. B. bei den Männern der Massai oder der Bororó, die erst gegen das vierzigste Jahr hin aus der Gruppe der Junggesellen auszuscheiden pflegen. Die Abgrenzung der Verheirateten von den ledigen Jünglingen und Mädchen ist also eine mehr oder weniger bewusst durchgeführte That. Ihr hauptsächlichster Sinn und Zweck aber kann nur sein, den Geschlechtsverkehr zu regeln und einzudämmen; wenn die Sippenverfassung mit ihren zahlreichen verwickelten Heiratsverboten die Mischung naher Blutsverwandter zu hindern strebt, so trennt das Klassensystem die ältere Generation von der jüngeren: Die Verheirateten, denen die Aufgabe obliegt, Kinder zu erzeugen und zu erziehen, stehen in festen geschlechtlichen Verhältnissen und sind vor dem Wettbewerb der Jugend geschützt. Dies ist aber nur dadurch zu erreichen, dass man dem Verkehr der Jünglinge und Mädchen keine Fesseln anlegt, sondern ihnen freien Liebesgenuss gestattet, aus dem sich dann allmählich festere Verhältnisse bilden und Ehebündnisse entstehen, mit deren Abschluss auch die Zeit der freien Liebe endet. So stehen sich denn drei Altersklassen von entschiedener Eigenart gegenüber: Die unreifen Kinder, die mannbare Jugend mit freier Liebe und die ältere Generation in festen ehelichen Verbänden. Es ist das ein primitiver, aber in seiner Art höchst merkwürdiger und bis zu einem gewissen Grade erfolgreicher Versuch, die Gefahren des Geschlechtslebens für den gesellschaftlichen Zusammenschluss auf ein möglichst geringes Mass zu beschränken, indem man jedem Einzelnen seinen Anteil an Genuss und Pflichten in den einzelnen Altersstufen der Reihe nach zuweist.

Ein solcher Versuch war in der That notwendig, sobald sich grössere Verbände zu bilden begannen. Das Verhältnis der Geschlechter zu einander ist ja zweifellos die Grundlage alles gesellschaftlichen Daseins, das ja nur durch beständige Erneuerung der einzelnen Glieder der Gesellschaft lebendig zu erhalten ist; aber ebenso unzweifelhaft bildet der eifersüchtige Wettbewerb der Männer um begehrenswerte Frauen ein bedenkliches Element der Zersetzung, dessen schrankenloses Walten nicht geduldet werden darf. Einen Ausblick in noch weit grössere Gefahren eröffnet die Thatsache, dass der geschlechtliche Verkehr mit einem Genuss verbunden ist, der um so leichter zum Selbstzweck werden kann, als die Folgen zeitlich weit entfernt sind und als unerwünschte, gern vermiedene Zugabe erscheinen; zum Überfluss setzt übertriebener Geschlechtsgenuss die Zeugungsfähigkeit herab. Wie leicht auf diese Weise schlimme, für den Fortbestand der Gesellschaft verderbliche Verhältnisse entstehen können, zeigt das Beispiel zahlreicher Naturvölker, wo sinnliche Ausschweifungen, Abortus, Kindsmord u. s. w. den gesunden Boden des Volkstums schwer erschüttert haben, sodass verhältnismässig geringe äussere Störungen den völligen Niedergang und das Aussterben herbeiführen. Eine dunkle Ahnung dieser Gefahren hat anscheinend den Anlass zu zahlreichen Versuchen gesellschaftlicher Gruppierung gegeben. Daneben geht eine mehr oder weniger klaren Erkenntnis der Thatsache her, dass Ehen zwischen nahen Blutsverwandten zur Verkümmerung der Rasse führen und also thunlichst verhindert werden müssen; es ist für den Erfolg ziemlich gleichgiltig, ob es sich hier um eine tiefere instinktive Abneigung gegen Verwandtenehen handelt oder ob die Beobachtung, dass die Heirat zwischen Blutsverwandten meist üble Folgen für die Nachkommenschaft hat, der erste Anlass zu Heiratsverboten gewesen ist. Wir haben schon gesehen, dass das Erstere wahrscheinlicher ist und dass die Entstehung der Sippen wohl auf ein Zusammenwirken des Geselligkeitstriebes mit diesen Instinkt zurückzuführen sein wird.

Die Einteilung nach drei Volksklassen würde also in ihrer einfachsten Form einen Versuch darstellen, eine bestimmte Zeit des Geniessens, des Austobens oder „sich Auslebens" festzusetzen, worauf dann die Periode des gesetzteren ehelichen Lebens mit ihren Pflichten und ihrem engeren Verhältnis zwischen Mann und Weib eintritt. Wie natürlich und naheliegend eine solche Ordnung ist, geht wohl am besten daraus hervor, dass auch ein guter Teil wenigstens der männlichen Jugend bei den europäischen Völkern nach diesem System verfährt, ganz abgesehen von den meisten Landbewohnern, die mit ihren Komm- und Probenächten der Mädchen, auf die noch zurückzukommen ist, noch ganz und gar der freien Liebe der Jugend huldigen. Wo an die Reinheit der Mädchen strengere Anforderungen gestellt werden, pflegt sofort die Prostitution ergänzend einzutreten.

Was ist aber der Einteilung in Altersklassen mit ihrer zeitlichen und der Sippenverfassung mit ihrer allgemeinen Einschränkung des Geschlechtsverkehrs vorausgegangen? Eine zahlreiche Gruppe von Forschern antwortet, wie wir gesehen haben, dass vorher notwendig eine völlige Schrankenlosigkeit des sinnlichen Genusses innerhalb der gesellschaftlichen Gruppen von Blutsverwandten bestanden haben müsse, Promiskuität oder Hetärismus im vollen Sinne des Wortes; andere Soziologen, deren Zahl im Zunehmen begriffen scheint, lehnen diese Schlussfolgerung mit Entschiedenheit ab und halten die Monogamie für die ursprünglichste Form gesellschaftlichen Zusammenhalts. Da auf die Beweise, die von den

Anhängern der Promiskuitätslehre angeführt werden, noch mehrfach zurückzukommen ist, mögen hier nur einige allgemeine Bemerkungen folgen, vor allem die, dass mit der Grösse der Gruppen auch die Notwendigkeit fester Ordnungen wachsen muss. Nun haben wir uns die Menschengruppen der Urzeit, wenn dieser Ausdruck der Kürze wegen gestattet ist, als sehr klein vorzustellen. Eine solche aus wenigen Individuen bestehende Gesellschaft kann gar keine verwickelten Ehegesetze oder sonstigen Regeln besitzen, vielmehr wird, abgesehen von den natürlichen Gefühlen und Instinkten, der Wille der Stärksten, also der wenigen vollkräftigen Männer massgebend sein. Das kann zu grossen Harmlosigkeiten oder zu schlimmen Übergriffen führen, aber im allgemeinen wird durch diesen Zustand der schrankenlose Verkehr aller Männer mit allen Frauen keineswegs begünstigt werden. Sehr wichtig, aber mit voller Sicherheit eben nicht zu beantworten ist die Frage, ob die Anfänge des Abscheus vor Blutschande schon auf dieser primitiven Stufe des Daseins wirksam waren; dass nicht jedem Mann jedes Weib gefiel, dass vielmehr eine gewisse Wahl getroffen wurde, ist aber kaum zu bezweifeln und wird durch die Verhältnisse bei den tiefststehenden Naturvölkern der Gegenwart bestätigt. Gerade bei unsteten Stämmen, bei denen die Rücksicht auf Besitz keine Rolle spielt, erscheint die hingebende Werbung des Mannes um ein bestimmtes Weib oft in viel reinerer Form als bei zahlreichen sesshaften Völkern, wo die Heirat nicht viel anderes ist als ein Kauf. Werben und Wählen ist ja dem Liebesleben aller höher organisierten Tiere eigen und wird also dem „Urmenschen“ keineswegs fremd gewesen sein. Je kleiner aber eine Gruppe war, desto harmloser und unbestimmter mussten die Zustände sein, wie ja auch bei den Kulturvölkern innerhalb der Familien keine Gesetzbücher vorhanden sind, sondern Alles nach Herkommen oder Gutdünken entschieden wird, während grössere Gruppen nicht ohne feste Regeln und Satzungen bestehen können. Ein solcher Zustand harmlosen Dahinlebens brauchte aber noch lange keine Promiskuität zu sein. Sobald sich die Gruppen, sei es durch natürliche Vermehrung, sei es durch Zusammenschmelzen mehrerer ursprünglich getrennter

Gesellschaften, beträchtlich vergrösserten, ergab sich die Notwendigkeit einer strafferen Ordnung, für die schon die natürlichen Verwandtschaftsverhältnisse einen Anhalt boten; daneben aber entstanden die Altersklassen, durch die den älteren vollkräftigen Männern der Besitz bestimmter Frauen gesichert wurde, während die Jugend in der freien Liebe Entschädigung fand. Wahrscheinlich wurden auf diese Weise nur die Zustände, wie sie in den urzeitlichen kleinen Horden bestanden hatten, fest geregelt; auch in ihnen wird sich die Promiskuität, wenn man diesen Ausdruck überhaupt anwenden darf, auf die Jugend beschränkt haben, wobei wahrscheinlich auch schon die allernächsten Blutsverwandten gemieden wurden. Dass dort, wo gegenwärtig freie Liebe herrscht, von zügelloser Promiskuität ebenfalls keine Rede ist, geht aus den Berichten der vertrauenswürdigsten Forscher klar hervor: Dem jungen Manne ist nicht der Verkehr mit jedem beliebigen Mädchen gestattet, sondern nur mit solchen, die ihm nach den sippenrechtlichen Ehegesetzen als Gattinnen erlaubt sein würden, d. h. also nicht mit wahren Blutsverwandten. Es mag schon jetzt darauf hingewiesen sein, dass viele sogenannte Beweise für schrankenlose Vermischung nur Zeugnisse für die freie Liebe der Jugend sind, also einen ganz anderen Sinn und eine viel geringere Tragweite haben, als ihnen gewöhnlich beigelegt wird.

Aber die Bedeutung der jugendlichen Altersklasse ist mit der Regelung der Sinnlichkeit, die durch sie einigermassen erreicht wird, durchaus nicht erschöpft; ein anderes Ergebnis ihres Daseins tritt so mächtig hervor, dass die Frage wohl erlaubt ist, ob nicht der ganze Einfluss des Klassenwesens auf das Geschlechtsleben nebensächlich ist und der ursprüngliche Kern und Zweck der Erscheinung auf einem andern, dem rein gesellschaflichen Gebiete liegt. Betrachten wir die Verhältnisse genauer, wie sie noch heute zahlreiche Naturvölker aufweisen, dann ergiebt sich, dass die Klasse der ledigen Männer stets am ausgeprägtesten und am besten organisiert erscheint und dass weitere gesellschaftliche Formen in Menge aus ihr hervorgehen, während die Klasse der Mädchen, von seltenen Ausnahmen abgesehen, nur als eine schwache Nachahmung, ein blasseres Spiegelbild der Jünglingsklasse gelten kann. Beim Überblick über das Männerhaus, diesen äusseren Ausdruck der Klassenteilung, wird sich zeigen, dass das entsprechende Mädchenhaus oft ganz fehlt oder doch viel weniger hervortritt als das der Junggesellen. Damit aber ist wieder der alte Gegensatz der Geschlechter berührt: Der Mann gesellt sich willig zu seinesgleichen und schafft gern kameradschaftliche Gruppen, die Frau thut dies nur gelegentlich nach seinem Vorbilde, ist aber im übrigen die Hüterin der natürlichen Gruppe, der Familie. Da nun der Bund der jungen Krieger und Jäger, wie man die Altersklasse der Jünglinge meist nennen darf, die rein gesellschaftlichen Neigungen des Mannes in sich verkörpert, so tritt er auch in diesem Sinne in einen starken Gegensatz zur Altersklasse der Verheirateten mit ihren vorwaltenden Familieninteressen und gewinnt dadurch eine Bedeutung für den Weiterbau der Gesellschaft, die kaum zu überschätzen ist. Zunächst wird durch den Bund der Junggesellen auch die ältere Generation der Männer meist davon abgehalten, in der selbstsüchtigen Enge des Familienlebens aufzugehen, wie sich das ebenfalls bei der Betrachtung des Männerhauses klarer ergeben wird; die Möglichkeit, dass grössere Familien ihren inneren Zusammenhang bewahren, und Sippen entstehen, beruht in der Hauptsache auf dem gesellschaftlichen Zusammenhalten der Männer, das wieder in der Altersklasse der Junggesellen am stärksten hervortritt. Es ist denkbar, dass sich auf diese Weise rein von innen heraus Sippenverbände bilden. Aber auch nach aussen hin werden am leichtesten durch die Jünglingsbünde Beziehungen angeknüpft: Den jungen Männern anderer Sippen und Stämme gegenüber wird sich der Geselligkeitstrieb ebenfalls äussern, auf Kämpfe, in denen man sich gegenseitig achten lernt, folgen Versöhnungen und gemeinsame Gelage, aus dem Raube von Mädchen fremder Stämme entwickelt sich der Austausch, bis die Exogamie zum allgemeinen Gesetze wird. Adolf Bastian hat bereits diesen letzten Gedanken entschieden ausgesprochen: Er nimmt an, dass in der Regel die Altersklasse der vollkräftigen Männer sich alle begehrenswerten Weiber angeeignet habe, sodass die Jünglinge gezwungen waren, sich Mädchen aus anderen Stämmen zu rauben. In vielen Fällen mag die Entwicklung in der That diesen Weg gegangen sein. Das Ergebnis wird dann meist sein, dass die Sippen und Stämme, die einander gegenseitig Mädchen rauben, in ein näheres Verhältnis zu einander treten, auch deshalb, weil ja durch die geraubten Frauen stets die Eröffnung eines friedlichen Verkehrs möglich ist; immer aber ist auch auf diesem Wege die Altersklasse der Junggesellen die eigentliche Ursache der Annähernng und Verschmelzung der natürlichen menschlichen Gruppen.

Das Dasein einer einflussreichen und starken Jünglingsklasse ist aber sehr eng mit dem Bestehen der freien Liebe verknüpft, d. h. mit der Möglichkeit des Geschlechtsverkehrs ohne die Bande und Pflichten der Ehe. Überall, wo diese Möglichkeit beschränkt oder ganz abgeschnitten wird, schmilzt die Altersklasse der Junggesellen naturgemäss sehr zusammen: Jeder beeilt sich, sobald wie möglich zu heiraten, und nur arme Teufel, die den Brautpreis nicht erschwingen können, bleiben nach dem Eintritt der Reife längere Zeit ohne Weib, sodass dann die Altersklasse der jüngeren Leute in der Hauptsache aus wenig geachteten Elementen besteht und keinen Einfluss üben kann. Die Prostitution, die häufig stellvertretend für die freie Liebe eintritt, ist ein unvollkommener und bedenklicher Ersatz.

Dass es noch heute zahlreiche Völker giebt, bei denen freie Liebe der Jugend herrscht, ist nicht zu bezweifeln[1]); namentlich die Stämme, bei denen die Einrichtung des Männerhauses noch besteht, sind grösstenteils zu ihnen zu rechnen, was ja auch durchaus natürlich ist, da das Männerhaus als das entschiedene äussere Zeugnis für das Bestehen einer starken Jünglingsklasse zu gelten hat. Vielfach ist, wie erwähnt, die freie Liebe als ein Beweis für ehemalige allgemeine Promiskuität angeführt worden, was dann wieder zur Folge gehabt hat, dass „Ehrenrettungen“ der Naturvölker versucht worden sind, die oft ebenso ungeschickt waren, wie die voreiligen Schlussfolgerungen der Anhänger der Promiskuitätslehre. Ein Muster dieser schwachen Widerlegungen giebt Westermarck in seinem Werke „Geschichte der menschlichen Ehe“, wo sich in wildem Durcheinander eine Menge garnicht zusammengehörender Thatsachen angehäuft finden; Zeugnisse dafür, dass bei manchen Völkern Keuschheit der Jungfrauen verlangt wird, wechseln mit anderen ab, die die Treue der verheirateten Frauen bezeugen, dann folgen wieder Angaben über äusserliche Zurückhaltung und Schamhaftigkeit, über die Beseitigung unehelicher Kinder, über das Fehlen der Prostitution, über Mädchenhäuser u.s.w. Das Ergebnis kann nur völlige Verwirrung sein. In Wirklichkeit ist die freie Liebe der Jugend sehr wohl vereinbar mit zurückhaltendem Wesen der Mädchen und mit strengster Treue der Gattinnen; die Frage aber, wie man sich zu den Folgen des vorehelichen Geschlechtsverkehrs zu stellen hat, wird bei den einzelnen Völkern sehr verschieden beantwortet und hat ebenfalls mit dem Liebestreiben unmittelbar nur wenig zu thun.

In vielen Fällen gilt ein Kind nicht als unwillkommen, sondern wird der Anlass, dass sich der freie Liebesverkehr in die feste Ehe verwandelt; als eine noch etwas veredelte Form dieser Anschauung kann es gelten, wenn der Verkehr überhaupt als eine Art Heirat auf Probe aufgefasst wird, die sich zur endgültigen Verbindung gestaltet, sobald sich herausstellt, dass Aussicht auf Nachkommenschaft vorhanden ist, die dagegen wieder gelöst wird, wenn diese Hoffnung nicht eintrifft. Beim grössten Teile der deutschen Landbevölkerung sind derartige Bräuche (Komm- und Probenächte) ein uraltes Herkommen[1]), das schon das Entsetzen manches Sittenpredigers erregt hat; in der That sind diese Verhältnisse nur so lange leidlich harmlos, als sie im engen Kreise der dörflichen Gemeinschaft geübt werden, können aber, sobald sich der Einfluss des städtischen Wesens geltend macht, leicht zu sittlicher Verwilderung führen. Die Nachfrage nach Ammen hat besonders häufig eigentümliche und nicht eben erfreuliche Zustände gezeitigt.

Bei unsern Bauern ist ein Mädchen, dass schon mehrere Liebhaber auf Probe gehabt hat, nicht im besten Rufe, weniger aus dem Grunde, der dem Kulturmenschen der Stadt als der natürlichste erscheinen würde, sondern weil man annimmt, dass irgend ein heimliches Gebrechen die Freier abgeschreckt hat. Aber der Ideengang kann dort, wo die freie Liebe noch in entschiedenerer Form besteht, auch einen ganz anderen Verlauf nehmen: Je mehr Liebhaber ein Mädchen gehabt hat, desto begehrenswerter ist es offenbar, während das Gegenteil als Zeichen geringen Reizes und infolgedessen als Schande gilt. Die Angaben des arabischen Geographen Al-Bekri über die Slaven sind in diesem Sinne sehr lehrreich und haben gegenwärtig noch ihre Parallelen bei einer Anzahl von Naturvölkern. „Die Frauen der Slaven“ schreibt er[1]), „nachdem sie in die Ehe getreten sind, brechen die Ehe nicht. Liebt aber die Jungfrau jemanden, so geht sie zu ihm und befriedigt bei ihm ihre Leidenschaft. Und wenn der Mann heiratet und seine Braut jungfräulich findet, so sagt er ihr: Wäre an dir etwas Gutes, so hätten die Männer dich geliebt und du hättest Jemand gewählt, der dich deiner Jungfräulichkeit beraubt hätte! Dann verjagt er sie und sagt ihr ab.“ Diese Entwicklung kann noch weiter gehen: Das Mädchen erhält von ihren Liebhabern Geschenke, die sie entweder triumphierend als Beweis ihrer Anziehungskraft zur Schau trägt, oder als Schatz aufhäuft, den sie dann in die Ehe mitbringt. Dadurch wird der Wert eines vielbegehrten Mädchens noch mehr erhöht.

In solchen Fällen würde die Geburt eines Kindes höchst unerwünscht sein, da sie die einträgliche Zeit der freien Liebe zu rasch zu Ende brächte. Aber auch sonst sind Kinder vor der Ehe in der Regel nicht willkommen; man wendet alle möglichen Mittel an, die Empfängnis zu hindern oder die Frucht abzutreiben, man tötet auch wohl das Kind gleich nach der Geburt, verhöhnt oder bestraft die Mutter u. dgl. Auch derartige Sitten hat man wohl als Beweis für die durchschnittliche moralische Reinheit der Naturvölker anführen wollen! In Wahrheit beweisen sie nur, dass auch in diesem Sinne die Ehe von der Zeit der freien Liebe scharf getrennt ist, dass man bei dem ungezügelten Verkehr der Jugend die Pflichten des ehelichen Lebens nicht wünscht und die Kinder, für deren Wohl ohnehin schlecht gesorgt werden würde, am liebsten ganz beseitigt. Wo die Kargheit und Enge des Bodens eine Beschränkung der Kinderzahl nötig macht, wie in Polynesien oder Australien, wird übrigens auch während der Ehe wenigstens ein Teil der Kinder getötet oder durch sonstige Mittel die Volksvermehrung verhindert. Auf diese unerfreulichen Dinge braucht hier um so weniger eingegangen zu werden, als das Werk von Ploss alle diese Verhältnisse eingehend berücksichtigt.

Wie vortrefflich sich freie Liebe, Furcht vor ausserehelicher Nachkommenschaft und äusserlich züchtiges Wesen miteinander vertragen, zeigen am besten die Angaben Junods über die Baronga in Südafrika. „Allgemein" schreibt dieser ausgezeichnete Beobachter, „gesteht man den jungen Leuten beiderlei Geschlechts das Recht zu, sich den Hof zu machen, soviel sie wollen, und zu einander in ein so nahes Verhältnis zu treten wie es ihnen gefällt. Das Einzige, was man von einem jungen Manne verlangt, ist nur, dass er sich mit keiner verheirateten Frau einlässt, und dass das Mädchen, das er für seine Liebeständelei gewählt hat, nicht Mutter wird. Obwohl es Unterschiede unter den Schwarzen giebt, indem die einen sich zügelloser ihren Leidenschaften hingeben als die andern, wird doch die Thatsache des chigango, wie dieser Gebrauch genannt wird, niemals getadelt, und die öffentliche Meinung findet die Enthaltsamen mehr komisch als bewundernswert ... Das schwache Geschlecht scheint übrigens nicht zurückhaltender zu sein als das starke, und die jungen Mädchen führen die Jünglinge am häufigsten in Versuchung ... Es ist eine merkwürdige Erscheinung angesichts dieser übrigens durchaus sicher bezeugten Verhältnisse, dass während des Tages und in Gegenwart Dritter die jungen Leute ein völlig einwurfsfreies Betragen beobachten; man dürfte unter den Negern viel weniger anstössige Scenen sehen als etwa bei einer festlich gestimmten Menge in der Umgebung einer unserer europäischen Städte".

Die Ansicht, dass Jungfräulichkeit keine Ehre ist, findet sich vielfach. Bei den Nagastämmen in Assam darf das Mädchen erst dann, wenn es mit Jünglingen verkehrt hat, langes Haar tragen, und alle streben danach, das möglichst bald thun zu dürfen. Dass ein Mädchen ein Kind zur Welt bringt, was übrigens selten geschieht, gilt nicht weiter für unerwünscht, aber eine Heirat pflegt darauf nicht zu folgen; das Kind fällt dem Vater zu. Derartige besondere Züge und Anschauungen finden sich überall, wo freie Liebe herrscht, sodass von einer durchgehend gleichen Entwicklung gar nicht die Rede sein kann. Im Mekeodistrikt in Süd-Neuguinea wird es nicht ungern gesehen, wenn ein Mädchen ein Kind bekommt, denn das ist ein Beweis ihrer

Zeugungsfähigkeit und sie hat nun Aussicht auf eine gute Heirat; den Frauen, die überhaupt keine Kinder haben, wird vom Manne meist die Scheidung angekündigt. In benachbarten Distrikten sind dagegen uneheliche Kinder und deren Mütter die Zielscheibe des allgemeinen Spottes, sodass schwangere Mädchen alles thun, um die Frucht abzutreiben. Grosse Gegensätze finden sich auch in Melanesien, wie Codrington berichtet: auf manchen Inseln herrscht freie Liebe, auf anderen giebt es ausserdem Hetären, auf noch anderen wird streng auf Mädchenkeuschheit gehalten; in einem Orte der Insel San Cristoval erhalten die Mädchen Muschelgeld für ihre Gunstbezeigungen, anderswo werden Häuptlingstöchter, die ein Kind geboren haben, ohne weiteres getötet, wieder in anderen Ortschaften legen nur gewisse Familien Wert auf die Keuschheit der Töchter, andere nicht. Es tritt hier eben die bekannte Erscheinung hervor, dass die in kleinen Gruppen zersplitterten Naturvölker ausserordentlich geneigt sind, in Sitten und Bräuchen Besonderheiten auszubilden und einzelne Entwicklungszüge bis auf's äusserste zu verfolgen, während andere vernachlässigt werden. So entstehen auf kleinem Raume die grellsten Gegensätze, denen doch meist eine ursprünglich ziemlich einfache, allen gemeinsame Eigenheit zu Grunde liegt.

Das Dasein der drei Altersklassen tritt auch äusserlich hervor, vor allem in den Wohnverhältnissen, auf die bei der Besprechung des Männerhauses noch zurückzukommen ist, und in der Tracht. Wie eng die Tracht mit den geschlechtlichen Verhältnissen und mit der Entstehung einer festgeregelten Ehe zusammenhängt, habe ich schon anderwärts ausführlich dargelegt[4]); es ist nicht mehr als natürlich, dass auch die Altersklassen mit ihrer ganz verschiedenen Stellung zum Geschlechtsverkehr in der Kleidung hervortreten. Die Kinder, die geschlechtlich noch indifferent sind, gehen bei den meisten tropischen und subtropischen Stämmen völlig nackt, die unverheirateten umworbenen Mädchen sind entweder ebenfalls nackt oder nur leicht verhüllt, die Frauen, die dem Wettbewerb entzogen sind, erscheinen meist am vollständigsten bekleidet. Die Männer legen in der Regel bei der Pubertätsweihe zuerst die Schamhülle an und erhalten zu dieser Zeit auch die üblichen Mannesabzeichen, Tättowirungen u. s. w., während der Uebertritt zur Klasse der verheirateten Männer seltener in der Tracht angedeutet wird. Schon in diesem Sinne bildet die Knabenweihe, der meist eine weniger verwickelte und langwierige Mädchenweihe entspricht, eine wichtige Eigentümlichkeit des Systems der drei Altersklassen. Aber es knüpfen sich an sie noch zahlreiche andere Züge, die das Wesen der Männergesellschaft in ihren einfacheren Formen wie in ihren Fortbildungen beleuchten, sodass ein Blick auf die Weihegebräuche für das Verständnis der Altersklassen und der an sie anknüpfenden Zustände unerlässlich ist.

[1]) Zahlreiche Beispiele u. a. bei Kohler, Zur Urgeschichte der Ehe, Ploss-Bartels, Das Weib, B. I.

[2]) Vgl. F. C. E. Fischer, Die Probenächte der deutschen Bauernmädchen, Ploss, Das Weib I, S. 491, ferner „Die geschlechtl. sittl. Verhältnisse der evangel. Landbewohner im Deutschen Reiche“, u. a. B. II, S. 424 und 648.

[3]) Vgl. Verh. d. Ges. f. Anthropologie, Berlin 1887, S. 375.

[4]) Grundzüge einer Philosophie der Tracht (Stuttgart 1890), ferner Urgeschichte der Kultur S. 380ff. Die Anschauungen des erstgenannten Werkes möchte ich jetzt nicht mehr ganz vertreten; es war ein gut gemeinter und im Grunde wohl auch richtiger, aber noch unreifer Versuch, die tiefere soziale Bedeutung der Trachtenprobleme darzustellen. Meinen gegenwärtigen Standpunkt findet man in der „Urgeschichte“.

2. Knaben- und Mädchenweihen.

Der Drang, wichtige Ereignisse des Daseins festlich zu begehen, den flüchtigen Augenblick der Freude zu Jubeltagen oder -wochen auszudehnen und selbst den Schmerz in langwierige Trauerhandlungen umzumünzen, liegt tief im Menschen und darf als ein bedeutsames Triebmittel der Kultur gelten. Die lange Feier prägt sich dem Gedächtnis tief ein und schafft einen festen Halt, an den sich andere Erinnerungen, die sonst im breiten

Meere des alltäglichen Lebens versinken würden, dauernd knüpfen. Wie sollte da die Zeit des Überganges zur Mannbarkeit ohne festliches Zeremoniell bleiben? Es erscheint um so nötiger, als ja an sich dieser Übergang allmählich und fast unmerklich erfolgt, also ohne Feier eindrucklos vorübergehen würde; und doch gilt es ja, nicht nur die beginnende Zeugungsfähigkeit zum Bewusstsein zu bringen, sondern vor allem die Aufnahme in den Bund der Jünglinge, die Trennung des Knaben von der mütterlichen Familie und ihren Ansprüchen scharf zu bezeichnen. In der That ist die Feier der Jünglingsweihe meist viel grossartiger und von weit längerer Dauer als die der Ehe. Stellenweise freilich, wie auf dem grössten Teil der Salomonen, ist sie unbedeutend oder fehlt fast ganz; anderwärts aber, besonders in Australien, ist sie so ausgedehnt und zerfällt in so zahlreiche kleinere Zeremonien, dass ein genauer Bericht über alle diese Dinge viele Bände füllen könnte. Es ist nicht meine Absicht, hier eine Menge eingehender Schilderungen mechanisch aneinanderzureihen, obwohl eine rein kompilatorische Arbeit dieser Art bei aller Oberflächlichkeit verdienstvoll genug wäre; was ich hervorheben möchte, sind die immer wiederkehrenden Hauptzüge der Knabenweihen, da gerade diese für die Geschichte der Menschheitsentwicklung im allgemeinen und für die der Altersklassen im besonderen von hoher Wichtigkeit sind. Vor allem die Entstehung der Geheimbünde wird nur auf diesem Wege verständlich.

Die blosse Thatsache der eingetretenen Geschlechtsreife würde, wie gesagt, schwerlich zu so verwickelten Bräuchen und Förmlichkeiten führen, wenn nicht gleichzeitig der Eintritt in die engverbundene Gruppe der Jünglinge entsprechend betont werden müsste; bei den Mädchen, deren zweite Altersstufe bei weitem nicht so geschlossen und kameradschaftlich organisiert zu sein pflegt, sind auch die Festlichkeiten und Prüfungen stets unbedeutender. Ganz unmittelbar auf die nunmehrige Freiheit des Geschlechtsverkehrs bezieht sich bei den Knaben in der Hauptsache nur eine, allerdings ausserordentlich verbreitete Sitte, die der Beschneidung, deren Zweck trotz aller tiefsinnigen Hypothesen doch wohl nur der ist, die Begattung zu erleichtern und allenfalls im hygienischen Sinne günstig zu wirken. Entsprechend wird in manchen Gebieten Australiens die Vagina der Mädchen künstlich erweitert. Andere Verstümmelungen der männlichen Geschlechtsteile, die ebenfalls in Australien vielfach üblich sind, dürften dagegen der Absicht entspringen, die Zeugungsfähigkeit herabzusetzen und dadurch eine unerwünscht grosse Vermehrung des Stammes zu verhindern; immerhin hat möglicherweise die Beschneidung, die auf australischem Boden weit verbreitet ist, erst den Anstoss zu diesen seltsamen Bräuchen gegeben. An symbolischen Handlungen, Gesängen und Tänzen, die auf das Geschlechtsleben Bezug haben, fehlt es natürlich nicht.[1] Einigermassen hierher gehört auch das Anlegen einer Schamhülle, die bei vielen Stämmen erst bei der Knabenweihe erfolgt; in Futa Djallon erhält z. B. bei den dortigen Fulbe der Knabe einen Monat nach der Beschneidung das Hüftkleid und gehört nun zu den Jünglingen, die berechtigt sind, in den Krieg zu ziehen und sich eine Gattin zu suchen.

Aber die Thatsache, dass der bisherige Knabe sich den Kriegern des Stammes beigesellt und der Aussenwelt als vollwertiges Mitglied seiner gesellschaftlichen Gruppe entgegenzutreten hat, wird noch in viel entschiedenerer Weise ausgedrückt. Wo besondere Stammesabzeichen bestehen, werden sie fast stets zur Reifezeit angebracht, so besonders in Afrika. Bei vielen australischen Stämmen schlägt man dem jungen Manne zwei Vorderzähne aus, oder er selbst muss diese Verstümmelung an sich vollziehen; auch die Nasenscheidewand wird vielfach durchbohrt, und mit scharfen Kieselsteinen reisst man die tiefen Narben auf Brust und Rücken ein, die den erwachsenen Australier kennzeichnen.[2] Den Knaben der Baya im Hinterlande von Kamerun durchbohrt man die Ohrläppchen, die Nase und die Oberlippe, sodass sie nun fähig sind, die Körperteile nach der Volkssitte mit Schmucksachen zu verzieren.[3] Auch die Tättowierung des Kriegers wird meist zur Zeit der Pubertätsweihe begonnen, wenn auch oft erst in jahrelanger Arbeit ganz durchgeführt.

Alle diese Eingriffe sind schmerzhaft, sodass sich auch im günstigsten Falle die Knabenweihe den Betroffenen nicht als reines Freudenfest darstellen wird; ein sehr naheliegender Gedankengang hat aber in vielen Fällen dahin geführt, dass sie als eine Zeit der Qual und des Schreckens erscheint. Der Knabe, der unter die Zahl der Krieger aufgenommen sein will, soll beweisen, dass er Mut besitzt und Schmerzen mit Fassung zu ertragen vermag. Aus den mehr zufälligen Peinigungen, die das Anbringen der Stammesmarken und die Beschneidung mit sich bringen, wird eine bewusst ausgeübte Tortur, die sich bei Völkern, denen Hang zur Grausamkeit innewohnt, bis zum Unglaublichen steigern kann. Verhältnismässig harmlos sind noch die Versuche, die Knaben in Furcht und Verwirrung zu jagen, wie sie namentlich dort stattfinden, wo man die Weihe als Tod und Wiedergeburt auffasst. Ernsthafter gemeint ist es schon, wenn die Kaffern und Betschuanen nach der Beschneidung die Knaben mit Ruten blutig schlagen: im alten Sparta, das ein wahres Museum älterer, sonst überall von der Kultur beseitigter Sitten war, hatte sich das Peitschen der jungen Leute, das zuweilen selbst den Tod der Betroffenen herbeiführte, als feststehender Gebrauch erhalten. Geisselungen sind auch bei den australischen Stämmen üblich, daneben Auszupfen des keimenden Bartes und anderer Körperhaare. Südamerikanische Indianer, wie die Makusi oder die Wapiana, verwenden grosse Ameisen als Qualmittel, indem sie die Tiere in ein netzartiges Gerät einzwängen und dem Novizen auf den nackten Körper pressen; auch Wespen werden in dieser Weise gebraucht. Das Unerhörteste an Peinigungen leisteten aber früher einige nordamerikanische Indianerstämme, besonders die Mandan und Cheyenne; das Aufhängen der Jünglinge an Stricken, die durch die Brust- oder Armmuskeln gezogen waren, und die weiteren raffinierten Quälereien sind so oft in Sammelwerken geschildert worden, dass sie übergangen werden können[4]). Mehr widerlich als schmerzhaft ist es, wenn bei einigen australischen Stämmen die Knaben gezwungen werden, Menschenkot zu essen[5]). Die Mädchenweihen sind seltener mit dergleichen Prüfungen verbunden, doch fehlen sie nicht ganz; besonders in Südamerika ist das Peitschen der jungen Mädchen und das Einreiben von Pfeffer in die Wunden üblich. Häufiger werden die Mädchen lange eingesperrt oder doch vom Verkehr mit anderen abgeschlossen. Fasten in den verschiedensten Formen kehrt bei fast allen Weihebräuchen wieder.

Eine andere Prüfung des Mutes und zugleich ein handgreiflicher Beweis dafür, dass der Knabe die Aufnahme unter die Krieger verdient, ist die Erfüllung des Gebotes, einen Menschen zu erschlagen; die meisten Stämme, die Kopfjägerei im grossen Massstabe betreiben, fordern von den Jünglingen, dass sie einen feindlichen Schädel heimbringen, ehe sie für voll angesehen werden. Bei den Wanika in Ostafrika ziehen sich die mannbaren Jünglinge in einen Wald zurück und bleiben dort, bis es ihnen gelungen ist, einen Menschen zu töten. Die steigende Kultur pflegt dergleichen Dinge zu mildern, aber sie liegen tief im menschlichen Wesen begründet und treten immer wieder in irgend einer Weise hervor, wo sich Gruppen junger Männer als zusammengehörig fühlen und im übermütigen Bewusstsein ihrer Kraft denen, die ihrer Gemeinschaft beitreten wollen, einen dornenreichen Empfang bereiten. Die charakteristischste Gestalt ist wohl der deutsche Verbindungsstudent, der seine Mensur geschlagen haben muss, bevor er als vollberechtigtes Mitglied seiner Gruppe gilt; aber der frühere Pennalismus der deutschen Universitäten, der auf Quälereien und Demütigungen der „Füchse“ hinauslief, allerlei unausrottbare Bräuche an englischen höheren Schulen u. dgl. gehören in dieselbe Reihe, die sich bis ins Unendliche verlängern liesse.

Bei den Knabenweihen im besonderen handelt es sich aber nicht allein um die Aufnahme in die Schar der Jünglinge und Krieger, sondern zugleich um eine Abkehr von den bisherigen Verhältnissen: Der junge Mann ist fortan nicht mehr der Mutter unterthänig, er wohnt nicht mehr in der Hütte der Weiber und hilft ihnen bei ihren häuslichen Geschäften, nein, „einen neuen Menschen hat er angezogen“, wie der Wallensteinsche Wachtmeister dem Rekruten in einer Ansprache zuruft, die mit einigen Änderungen auch bei einer Knabenweihe gehalten sein könnte; er gehört jetzt auf Jahre hinaus einer Gruppe an, die sich meist schon räumlich von den Familien sondert und zu diesen durch ihre Anschauungen und Sitten in einem mehr oder weniger deutlichen Gegensatze steht. Für den selbstbewussten mannbaren

Jüngling ist der Knabe ein Weib, ein Mädchen, das erst durch die Weihebräuche sich in ein Wesen männlichen Geschlechtes umwandelt; bei den Herero und anderen Bantustämmen wird der Neubeschnittene thatsächlich als „nicht mehr Mädchen" bezeichnet[6]). Zuweilen werden die Geweihten ausdrücklich darauf hingewiesen, dass sich ihr Verhältnis zur mütterlichen Familie gründlich geändert hat. Die erwachsenen Männer der Kaffern ermahnen die jungen Leute nach der Beschneidung, sich nun nicht mehr von Frauen leiten zu lassen und auch die mütterliche Autorität nicht mehr anzuerkennen; ebenso teilten die Hottentotten den Jünglingen mit, dass sie nun der Mutter keinen Gehorsam mehr schuldig seien, sondern sich an die Männer anzuschliessen hätten. Auch bei australischen Stämmen werden die jungen Leute aufgefordert, fortan nicht mehr die Gesellschaft der Weiber und Kinder zu suchen[7]). Bei manchen afrikanischen Stämmen wird die Umwandlung zum Manne in der Weise symbolisch angedeutet, dass die Kandidaten zur Knabenweihe in Weibertracht erscheinen, die sie nach der Aufnahme in die Männergesellschaft ablegen[8]). Als Beispiel einer derartigen Sitte, zugleich aber, um wenigstens einmal ein Bild einer afrikanischen Knabenweihe zu geben, mag ein Teil der Schilderung wörtlich folgen, die Dominik[9]) von dem „Akabatala" der Bane im Hinterlande von Kamerun entwirft.

„Auf dem weiten Festplatz sind schon viele hundert Menschen versammelt. . . . . Ein grosser, aus Bananenblättern aufgebauter Zaun, der bisher die eigentlichen Akabatala-Leute vor den Blicken der Neugierigen schützte, wird entfernt, man sieht einen bühnenartigen Aufbau, den vorn ein riesiges, roh geschnitztes Götzenbild ziert. Auf einer Holzbühne tanzen und singen mehrere, bis auf einen Hüftschurz nackte Fetischpriester. Sie haben grosse Klappern in den Händen, mit denen sie unausgesetzt rasseln, während zahlreiche Musikanten auf Trommeln und Kürbisklavieren einen Höllenlärm veranstalten. Hinter den Priestern stehen die Akabatala-Jünglinge. Sie sind ganz nackt, mit weisser Thonerde bemalt und tragen nach Weiberart trockne Bananenbüschel um die Hüften. Sechs Monate haben sie bei den Fetischpriestern einsam im Walde gelebt, um in die

Stammesmysterien, bei denen es sich namentlich um die Vertreibung böser Geister handelt, eingeführt zu werden. Bei den Fetischmännern lernen sie alle möglichen Tänze, die sie während ihrer Lehrzeit auf Ausflügen in den nächsten Dörfern vorführen. Alle diese Tänze zielen darauf hin, die Lachlust der Zuschauer zu reizen. Diesem Zwecke dienen auch das weiberartige Kostüm und der weisse Anstrich der Männer, die ausserdem kleine strohgeflochtene Hüte auf dem Kopfe, Holzketten um den Hals und eine kleine Holzschere in der Hand tragen. Breite Holzringe um die Arme, Flöten aus Rohr und Fliegenwedel aus Gras vervollständigen das Komische ihres Aufzugs.“ Nun werden Ziegen geschlachtet und Tänze aufgeführt. „Die Vorführungen sind erst beendet, wenn sämtliche Akabatala-Leute vor dem Volke getanzt haben. Jetzt wird ihnen längs des Rückgrates die Stammesmarke eingebrannt. Von nun an dürfen die Jünglinge Ziegenfleisch essen und mit dem weiblichen Geschlecht Verkehr pflegen. Jubelnd werden sie von ihren Stammesangehörigen begrüsst, die Weiber reissen ihnen die Bananenbüschel vom Leibe, von allen Seiten wird ihnen Essen gebracht, und Alles vereinigt sich wieder zu gemeinsamem Tanz, der bis tief in die Nacht dauert.“ Diese Schilderung ist in vieler Hinsicht merkwürdig und enthält eine Reihe einzelner Züge, die hier teilweise ins Komische verzerrt sind, aber doch, wie wir sehen werden, einen ursprünglich sehr ernsten Sinn haben.

Auch die Verwandlung der „Weiber“ in junge Männer hat bei den Bane einen komischen Anstrich. Anderwärts wird der Gegensatz der Neugeweihten gegen die Weiber viel schärfer betont, was namentlich darin zum Ausdruck kommt, dass man die Frauen von den Weihezeremonien ängstlich fernhält; meist verscheucht man sie durch Töne bestimmter Instrumente, wie besonders des Schwirrholzes, deren Klang sie angeblich ohne Lebensgefahr nicht aus der Nähe hören dürfen, oder man verlegt die Hauptzeremonie an eine entlegene Stelle, die von den Weibern nicht betreten werden darf. Hier liegt schon eine Wurzel des geheimbündlerischen Wesens, das sich so leicht aus den Knabenweihen und der Daseinsform des Männerhauses entwickelt und seine Spitze meist gegen die Frau wendet, deren Einfluss durch systematische Einschüchterung beschränkt wird. Was im Grunde bekämpft wird, sind aber weniger die Frauen als solche, als vielmehr die Einrichtung der blutsverwandten Familie, die sie naturgemäss vertreten, und der sich der Bund der Jünglinge und Männer als rein gesellschaftliche Gruppe gegenüberstellt.

Die Geheimbünde ziehen aber noch aus einer anderen Wurzel ihre Nahrung, deren Dasein auch in der Knabenweihe der Bane trotz allen läppischen Beiwerks recht wohl zu erkennen ist: Durch die Weihe tritt der Knabe in Beziehungen zu den Geistern des Stammes, ja er erhält selbst einen neuen Geist, er stirbt und wird wiedergeboren und tritt nun in die Reihe derer, die im Stande sind, neue Wesen zu zeugen und den Stamm fortzupflanzen. Völlige Klarheit über den Ideengang, der dieser Anschauung von Tod und Wiedergeburt zu Grunde liegt, ist schwer zu erlangen, aber man darf wohl annehmen, dass sie die wunderbare Gabe der Zeugungsfähigkeit erklären und versinnlichen soll, wenn auch nur in halbbewusster Weise. Bei den Bane werden diese Vorgänge nur noch unvollkommen durch die Absonderung der Knaben und die weisse Bemalung angedeutet, die in Afrika und andererwärts auf Geisterspuk zu deuten pflegt; bei manchen Völkern aber ist der Gedanke der Wiedergeburt ganz folgerichtig ausgebildet, wie das für Afrika L. Frobenius ausführlich nachgewiesen hat[10]). Einige Beispiele mögen diese eigenartige Anschauungswelt verdeutlichen.

In der Gegend von Boma am Kongo werden die zu weihenden Jünglinge in Palmblattzeug gekleidet und nach einer Reihe von Prüfungen in einem totenähnlichen Zustand versetzt, worauf man sie im Fetischhause scheinbar bestattet. Wenn sie dann wieder erwachen, stellen sie sich, als ob sie das Gedächtnis für alles Vergangene verloren hätten, selbst ihre Eltern nicht mehr kennten und sich des eigenen Namens nicht mehr erinnerten. Sie erhalten darauf einen neuen Namen. Unter sich haben die Beschnittenen eine Geheimsprache, was schon auf das Beginnen geheimbündlerischer Bestrebungen hindeutet. In der That knüpfen die meisten afrikanischen Geheimbünde an die Knabenweihe mit ihrer Wiedergeburt an und erweisen sich auch in diesem Sinne als blosse Fortbildungen der Altersklassen; an ihnen, auf die später zurückzukommen ist, sind die Ideen des Sterbens und Auferstehens denn auch am besten zu studieren. Noch um eine einfache Knabenweihe handelt es sich indessen bei den merkwürdigen Bräuchen den Wey und Gola im Hinterlande von Liberia. Hier werden die Knaben der freien Leute wie der Sklaven etwa im 10. Lebensjahre nach einem Zauberwalde (Berri, Belli, Grigribusch) entführt, wo sie einige Monat bis ein Jahr lang in Abgeschiedenheit leben, Unterricht in Tanz, Waffenführung und Rechtslehre erhalten, allerlei Proben des Mutes abzulegen haben und sich der Tättowierung und Beschneidung unterziehen. Man nimmt an, das sie gleich beim Betreten des Waldes von einem Waldgeist getötet und dann zu neuem Leben erweckt werden; die Kinder weigern sich deshalb oft, freiwillig hinzugehen und werden dann Nachts von einem Verkleideten (einem Geist oder Teufel) gewaltsam weggeholt. In welcher Weise die Wiedergeburt stattfindet, ob man die Knaben wirklich einschläfert, oder ob ihnen die Sache einfach eingeredet wird, hat Büttikofer, dem die Angaben über diese Sitten hauptsächlich zu danken sind, nicht ermitteln können; jedenfalls stellen sich die Kinder beim Herauskommen, als ob sie ihre Eltern nicht mehr kennten und ihnen Alles fremd wäre. Auch die Mädchen werden in anderen, nur für sie bestimmten Zauberwäldern erzogen. Bei den westlichen Fulbe werden die Knaben angeblich von einem geisterhaften Wesen, Horny oder Horn genannt, verschlungen und bleiben eine Reihe von Tagen in dessen Leibe. Die schreckliche Stimme des Horny (wohl ein Schwirrholz) hört man oft in den Wäldern. Nach der Rückkehr sind die Knaben noch tagelang ohne Sprache[11]).

Die Idee der Wiedergeburt ist nicht auf Afrika beschränkt. Bei den Jabim in Deutsch-Neuguinea[12]) werden die Knaben angeblich von einem Geiste verschlungen, als dessen Magen eine lange Hütte gilt, in die man sie hineinführt; sie bleiben den Weibern, die durch Schwirrhölzer und Flöten abgeschreckt werden, vier Monate lang verborgen. Schellong[13]) schildert sehr ausführlich die Knabenweihe in einem benachbarten Distrikt und die Rückkehr der Beschnittenen, die auch äusserlich einen veränderten Eindruck machten. Offenbar hatten sie allerlei physische und geistige Leiden zu erdulden gehabt, das Auffallendste aber war ihre völlige Teilnahmlosigkeit auch ihren Freunden und Verwandten gegenüber; noch beim Einzug ins Dorf wandelten sie mit geschlossenen Augen langsam dahin und beachteten die Aufforderung zum Niedersitzen nicht. „Erst als ein Mann mit dem Stiel eines Palmblattes zu wiederholten Malen auf dem Erdboden schlagend ausruft: „O Beschnittene, öffnet die Augen" ... erst da schlägt einer nach dem andern, wie aus aus einer tiefen Betäubung erwachend, die Augen auf. Doch man würde irren, wenn man annehmen wollte, es hätte sich jetzt ein Zeichen der Rührung, der Freude, der Überraschung oder ähnlicher Empfindungen bei diesen Jünglingen bemerkbar gemacht; nichts von alle dem! Dergleichen gehörte nicht zum guten Ton: schweigsam setzte sich ein Jeder auf die vor ihm ausgebreitete Matte und empfing von den Männern die ihm dargebotene Kost."

Noch ausgeprägter sind die Ideen über Tod und Wiedergeburt der geweihten Knaben auf den Molukken nach Bastians [14]) leider etwas verworrenen Berichten: „In dem im dunkeln Buschwald gelegenen Tempel oder Marel (Tutu-wo oder Masale) empfingen bei den Alfuren Cerams die Mauwen genannten Priester die von den Eltern hergebrachten Kinder im dunkeln Gemach, unter Durchstecken blutiger Speere durch Dach und Wände, im Hörbarwerden weinenden Gejammers, den Tod der Kinder anzuzeigen. Mit einem weissen Rohrstock, worauf Bilder eingebrannt sind, kehren die Kinder nach drei Monaten zum Dorfe zurück, ohne Sprache und Erinnerung, bis sie als Neugeborene wiederum unterrichtet sind, und dann gesalbt und geschmückt im Dorfe umhergehen, für den Priester bettelnd, die Weihe zu zahlen." Auch hier sind Geheimbünde eng mit den Knabenweihen verknüpft.

Bei vielen Indianerstämmen Nordamerikas hat die Grundidee eine eigene Wendung genommen: der Knabe zieht sich hier zur Pubertätszeit in den Wald zurück, fastet mehrere Tage und hat darauf seinen „Lebenstraum", der ihn mit der Geisterwelt in Verbindung bringt. Daneben findet sich auch die Absperrung der Knaben, so in Nordkarolina, wo sie wochenlang in ein dunkles Haus eingeschlossen wurden und strenges Fasten hielten [15]).

Es ist mindestens wahrscheinlich, dass auch anderwärts die Weihegebräuche, die auf eine längere Absonderung der Knaben hinauslaufen, durch die Ideen über Tod und Wiedergeburt beeinflusst sind; manche Spuren, wie die oben erwähnte weisse Bemalung der Knaben bei den Bane, die in Afrika zahlreiche Parallelen hat, deuten wohl abenfalls darauf hin. Zuweilen wird für die Knaben ein besonderes Haus an abgelegener Stelle errichtet, so besonders in Afrika und vielfach in Melanesien, in anderen Fällen dient das Männerhaus als Absperrungsort, wie stellenweise im südlichen Neuguinea[16]) und an der Humboldt-Bai[17]). Das Verhältnis des Männerhauses zum Beschneidungshause ist ein anziehendes Problem für sich, dessen genauere Untersuchung sich wohl lohnen würde. Nicht selten hausen die Knaben auch einfach im Walde, indem man sie wohl absichtlich den Unbilden des Wetters preisgiebt, um ihre Standhaftigkeit zu erproben.

Die nahe Beziehung zur Geisterwelt, in die die Knaben durch ihre Wiedergeburt treten, spricht sich noch in manchen anderen Zügen aus. So geht der Brauch des Maskentragens mit den Sitten, die sich an ihn knüpfen, und mit allem Treiben maskierter Geheimbündler ebenfalls auf die Knabenweihe zurück, nur dass es natürlich in der Regel nicht die Knaben sind, die in der verhüllenden Maske als Geister erscheinen, sondern die Erzieher und Vollstrecker der Weihe, mögen es nun Priester sein oder einfach die Angehörigen der mannbaren Altersklasse. Im Hinterlande von Liberia treten die Soh-boh, die Erzieher der jungen Leute im Grigriwalde, beim öffentlichen Reifefest in langem Blättermantel und hölzerner Maske auf; die Zuschauer wissen zwar, wer in Wirklichkeit unter der Hülle steckt, hüten sich aber die Namen zu nennen, da man die Soh-boh zwar nicht selbst mehr für Geister hält, aber sie doch wegen ihrer Beziehungen zur Geisterwelt fürchtet. Offenbar ist hier schon eine jener häufigen Abschwächungen alter Glaubensfestigkeit eingetreten, die gerade in solchen Fällen ungemein häufig vorkommt; ursprünglich werden die Soh-boh sicher selbt als Geister Verstorbener gegolten haben. Durch eine etwas andere Ideenverbindung gelangen aber auch die Knaben, die sich der Weihe unterziehen, leicht zu allerlei Mummereien: Da sie während der Prüfungszeit als verstorben oder wenigstens verschwunden gelten sollen, so müssen sie sich natürlich unkenntlich machen, falls sie sich einmal ins Freie und unter Menschen wagen. Schon durch Abschneiden des Kopfhaares lässt sich das Aussehen verändern, wie das namentlich in Australien geschieht; Bemalen des Körpers, das wohl auch die geisterhafte und unheimliche Natur der Weihekandidaten andeutet, findet sich besonders häufig. Bei einigen Stämmen im französischen Kongogebiet decken sich die Knaben, die in einer besonderen, rechteckigen Hütte hausen, mit einem Strohschilde, sobald sie ins Freie gehen; die Knaben der Bayas in demselben Gebiete hausen vor der Beschneidung zwei Jahre als „Labis" in einem von Dornhecken umzäunten Hof und tragen, wenn sie ausgehen, ein Weidengeflecht vor sich her [18]). Eigentliche Masken entstehen freilich auf diesem Wege seltener: Die Maskerade geht meist von den bereits Geweihten aus, die die Kandidaten in allerlei schreckhaften Gestalten empfangen und beim Weihefest als die Geister der verstorbenen Stammesangehörigen die neubeseelten Knaben tanzend und singend der Männergesellschaft und ihren Verwandten wieder übergeben.

Manche Tänze scheinen allerdings auch einen anderen Sinn zu haben, indem sie namentlich Jagdscenen und überhaupt das Verhältnis der Jäger zur Tierwelt vorführen. Indes ist bei den totemistischen Anschauungen vieler Naturvölker ein gewisser Zusammenhang mit dem Geisterglauben und Totenkult dennoch gegeben [19]).

Die Wiedergeburt der Geweihten wird endlich auch durch eine Veränderung des Namens äusserlich hervorgehoben. In Australien sind es meist die alten Männer, deren recht mühsames Geschäft es ist, jedesmal neue, bisher noch nie gebrauchte Namen zu finden; die Scheu vor den Namen Verstorbener und überhaupt die merkwürdige Wichtigkeit, die man der hörbaren Bezeichnung eines Menschen beizulegen pflegt [20]), führt leicht zu eigentümlichen Gedankengängen und Verwickelungen.

Mit der Idee, dass die entrückten Knaben in Gesellschaft von Geistern im Walde oder in einer abgelegenen Hütte hausen und als verkörperte Geister wiederkehren, muss ein anderer

Brauch zusammenhängen, der in den Geheimbünden vielfach weiter ausgebildet erscheint: Die Knaben stehen nicht unter den gewöhnlichen Regeln und Gesetzen, sondern haben das Recht zu Unfug und Gewaltthat, namentlich zum Stehlen oder Erpressen von Nahrungsmitteln. In wie weit der Gedanke hier mitwirkt, die jungen Leute vor der Aufnahme in den Kriegerbund noch einmal kindisch austoben zu lassen, ist schwer zu sagen, aber es ist doch wahrscheinlich, dass er höchstens nachträglich zur Geltung kommt; zunächst soll der Unfug wohl nur das geisterhafte Wesen der Kandidaten kennzeichnen, ganz der Auffassung der meisten Naturvölker entsprechend, deren Glauben an Unheil stiftende und Schabernack treibende Gespenster unerschütterlich ist. In Australien findet sich die noch ziemlich harmlose Sitte, dass die Knaben umherlaufen und jeden Begegnenden mit Schmutz bewerfen[21]). In Futa Djallon dürfen die Neubeschnittenen einen Monat lang stehlen und essen was ihnen gefällt, in Dar Fur schweifen sie in den benachbarten Orten umher und stehlen Geflügel[22]). Bei den Yaunde in Kamerun geberden sich bei gewissen Umzügen die zu weihenden Knaben wie Wilde und zerstören alles, was ihnen in die Hände fällt[23]). Auch die Knaben, die in den schon erwähnten Grigriwäldern der Wey hausen, unternehmen unter Führung ihrer Lehrer nächtliche Überfälle auf die Dörfer ihrer Landsleute und rauben, was sie bekommen können. Meist sind diese Sitten dahin gemildert, dass die Knaben nur in phantastischer Tracht Umzüge und Tänze veranstalten und dabei von allen Zuschauern reichlich bewirtet werden, so u.a. bei den Mandingo und sonst mehrfach im westlichen Sudan[24]). Um so deutlicher knüpft das wüste Treiben vieler afrikanischer Geheimbünde an die Zügellosigkeit der Neubeschnittenen an. In manchen Fällen scheint man thatsächlich anzunehmen, dass der Neubeschnittene von Geistern besessen ist und in Raserei verfällt. So beobachtete Gray in Caarta (oberes Nigergebiet) einen vor kurzem beschnittenen Prinzen, der mit einer Musikbande und einem Gefolge von Knaben umherzog, er selbst mit einer Hörnermaske geschmückt; er stahl und raubte in den Dörfern, was ihm beliebte, wobei er sich rasend stellte und mit der Hörnermaske nach den Beraubten stiess, die ihm niemals wehrten. Die Knaben in seinem Gefolge wedelten ihm mit Baumzweigen zu, um ihn zu beruhigen[35]). Das erinnert an die Geheimbundsweihe mancher Nordwestamerikaner, wo es ebenfalls die Aufgabe der Tänzer ist, durch verschiedene Mittel den in Ekstase verfallenen Novizen wieder zu sich zu bringen.

In ganz anderem Sinne wird die Absonderung der Knaben und, wo sie stattfindet, auch die der Mädchen für das innere Leben der Naturvölker dadurch bedeutungsvoll, dass die Prüfungszeit zugleich eine Art Schule ist, in der die Ueberlieferungen des Stammes und überhaupt aller geistige Kulturbesitz von Generation zu Generation weitergegeben werden. Das Mass des Wissens ist freilich sehr verschieden, und der grösste Teil dessen, was da gelehrt wird, mag dem Kulturmenschen als kindischer Aberglaube oder unbewiesene Fabelei erscheinen; aber das Bedeutsame ist auch weniger der Inhalt des Überlieferten, als die Thatsache, dass eine gemeinsame Grundlage der Anschauung und des Glaubens geschaffen wird, die für den gesellschaftlichen Zusammenhalt unentbehrlich ist. Natürlich werden auch die Fertigkeiten, die der junge Mann als Jäger und Krieger besitzen muss, in der Lehrzeit geübt, und je nach der Tüchtigkeit und Kultur des Volkes noch mancherlei Anderes gelehrt und erläutert; es giebt Stämme, die mit ihrer mehrjährigen gründlichen Vorbereitung der Knaben auf das Weihefest und den Eintritt in die Männergesellschaft an die Einrichtungen der höchstentwickelten Kulturvölker erinnern mit ihrem Schulzwang bis zur Konfirmation, der christlichen Pubertätsweihe. Armselig genug nehmen sich dagegen die Mannbarkeitsbräuche vieler anderer Stämme aus, aber der Grundgedanke, die Erziehung zum Erwachsenen, ist doch überall der gleiche, und er hat sich wo die Verhältnisse günstig lagen, als grossartiges Hülfsmittel des Fortschritts zu höherer Gesittung bewährt. Gleichzeitig allerdings dient die Knabenweihe mit ihrer Absonderung, ihrem Geisterspuk und ihrem Unterricht einem anderen Zweck, der schon mehrfach hervorgehoben ist: Der Jüngling wird durch sie scharf von der mütterlichen Familie getrennt und in einer Weise in die Altersklassen der Mannbaren eingeführt, die ihn eng an seine Genossen kettet und dem Wesen des Männerverbandes einen festen Halt giebt.

Aus diesen Umständen erklärt es sich auch hinreichend, warum die Knabenweihe mit ihren Proben und sonstigen Gebräuchen als Vorbedingung für den Genuss aller gesellschaftlichen Rechte des Mannes betrachtet wird. Wer die furchtbaren Martern der Reifezeit bei den Mandans und Cheyennes nicht bestand, wurde zeitlebens als Weib betrachtet und behandelt. Nach den Gesetzen der Massai und Wakuafi darf ein Sohn, der nicht beschnitten ist, seinen Vater nicht beerben; anderwärts, wie in einem Teile Angolas, dürfen die Unbeschnittenen nicht heiraten[26]. Es werden aus diesem Grunde sich möglichst alle Knaben der Weihe unterziehen oder von ihren Eltern dazu genötigt werden; selbst bei den eben genannten Indianerstämmen ist die Zahl derer, die sich den grausamen Proben nicht gewachsen zeigen, nur sehr gering und keinesfalls imstande, etwa eine besondere gesellschaftliche Gruppe zu bilden. Wo Geheimbünde entstehen, können sich dagegen wohl die Ungeweihten gegen deren Terrorismus zusammenthun, oder es kommen neue Geheimbünde zustande; selbst die Weiber treten, wie wir sehen werden, aus Opposition gelegentlich zu geheimen Gesellschaften zusammen.

Unter einfachen Verhältnissen freilich ist die Mädchenweihe immer nur eine schwächere Nachahmung der Knabenweihe mit kurzer Unterrichtszeit und leichteren Proben, nur dass die Lehren, die man den Mädchen mitteilt, ihrem Geschlecht und ihrer Beschäftigung angemessen zu sein pflegen. Selbst die Beschneidung der Knaben wird nicht selten nachgeahmt, zuweilen auch durch andere Eingriffe ersetzt. Von dem Eintritt in eine festgeschlossene Gesellschaft junger Mädchen ist dagegen am Schluss der Weihe kaum die Rede, denn selbst wo die mannbaren Mädchen in besonderen Häusern zusammen wohnen, erlangen sie nie den inneren Zusammenhalt und Einfluss, den der Jünglingsbund bei so vielen Völkern noch heute ausübt; daran hindert sie eben der Grundcharakter ihres Geschlechts, dem die rein socialen Triebe in verhältnismässig geringem Grade zugemessen sind.

[1]) Vgl. darüber Roth, Ethnolog. Studies among the north-west-central Queensland Aborigines.

[2]) Brough Smyth, The Aborigines of Victoria I, S. 62, 68, 69.

[3]) Clozel i. Bull. Soc. Géogr. de Lille 1895, S. 324.

[4]) Die eingehendsten, durch Abbildungen erläuterten Berichte hat G. Catlin gegeben (wieder abgedruckt in Smithson. Report 1885, II S. 356ff).

[5]) R. H. Matthews i. Journ. Anthrop. Inst. 24, S. 424. — Ridley ebenda 7, S. 252. — Matthews i. Journ. Roy. Soc. N.S.-Wales 1894, S. 103.

[6]) Brincker i. Globus 62, S. 42 u. i. Mitt. d. Seminars f. oriental. Sprachen III, 3, S. 80.

[7]) Fritsch, Die Eingeborenen Südafrikas S. 110. — Kolbens Reise n. d. Vorgebirge d. Guten Hoffnung S. 426. — Spencer u. Gillen, Native Tribes of Central Australia S. 215.

[8]) Vgl. Morgen, Durch Kamerun. — Payeur-Didelot i. Bull. Soc. Géogr. de l'Est 1895, S. 579.

[9]) Kamerun S. 164.

[10]) Masken und Geheimbünde Afrikas (Abh. d. K. Leop.-Carol. Deutschen Akademie d. Naturforscher, Halle 1898.)

[11]) Vergl. Liberia II, S. 302 ff. — Frobenius, Masken S. 110ff. 146.

[12]) K. Vetter i. Nachr. a. K. Wilhelms Land 1897, S. 93.

[13]) Intern. Archiv f. Ethnogr. II, S. 158.

[14]) Die Molukken S. 145.

[15]) Waitz, Anthropologie III, S. 118.

[16]) Edelfelt: Queensland Branch R. Geogr. Soc. VII, S. 16. — Chalmers u. Gill, Neuguinea S. 198.

[17]) Horst: Tijdschr. Ned. Indie 32, S. 243.

[18]) Tour du Monde 1896, S. 33. — Clozel: Bull. Soc. Géogr. Lille 1895, S. 324.

[19]) Vergl. Morgan, die Urgesellschaft S. 67.

[20]) Vergl. meine Urgeschichte der Kultur S. 190.

[21]) Brough Smyth I. S. 60.

[22]) Vergl. Post, Afrikan. Jurisprudenz I, S. 291.

[23]) Zenker: Mitt. Dtsch. Schutzgeb. VIII, S. 58.

[24]) Mungo Parks Reisen S. 238.

[25]) Vergl. Frobeninus, Masken S. 147.

[26]) Weitere Beispiele bei Post, Afrikan. Jurisprudenz I, S. 290 f.

3. Reste und Spuren bei den Kulturvölkern.

Nicht immer und überall ist die Altersklasse der jungen Männer, in die der Knabe nach der Pubertätsweihe eintritt, eine straff geordnete Gesellschaft. Man wird das sogar von den Naturvölkern der Gegenwart am allerwenigsten erwarten dürfen; wenn es wahr ist, dass die Einteilung der Männer in Altersgruppen eines der bedeutendsten Hülfsmittel der politischen Kraftentfaltung und des Fortschritts zu höheren Daseinsstufen ist, dann können sich gerade die Völker, die noch heute auf tiefen Stufen verharren, dieses Mittels nicht mit besonderer Thatkraft bedient haben. Um so anziehender ist es, bei den wirklichen Kulturvölkern noch Reste der Altersklassen zu finden. Am ersten werden kriegerische Stämme geneigt sein, die Alterseinteilung als Grundlage der Heeresverfassung zu wählen und weiter zu bilden, wie in neuerer Zeit noch die Sulu, die neben den aus Jünglingen gebildeten Regimentern solche von Veteranen besassen und das ganze Volk, die Frauen nicht ausgenommen, in militärisch organisierte Altersgruppen zerlegten. Es kann daher nicht wunder nehmen, das besonders Sparta Reste des Systems der Altersklassen und seiner äusseren Kennzeichen, wie gemeinsames Speisen der Männer, Frauentausch, Jünglingsproben u. dgl. mit Zähigkeit festgehalten hat; bei den Römern, wo schon früh die Unterschiede des Besitzes ihren Einfluss geltend machten, sind derartige Reste weniger auffallend, aber immerhin nachweisbar. Für die politische Einigung der germanischen Stämme ist es höchst wichtig gewesen, dass sich aus der Jünglingsklasse heraus die von allem Sippenwesen getrennte, nur ihrem Heerführer unmittelbar verpflichtete kriegerische Gefolgschaft der Fürsten bildete, die als echter Männerbund die höheren einigenden Gesichtspunkte gegenüber den in Eifersüchteleien und Fehden zersplitterten Sippen vertrat. Aber die Altersklassen sind deshalb nicht verschwunden, sondern haben sich in vielen Teilen Deutschlands bis nahe zur Gegenwart erhalten, wie das Wilhelm Usener in vorzüglicher Weise nachgewiesen hat. Leider ist seine Abhandlung über den Gegenstand an einer wenig zugänglichen Stelle erschienen[1]), sodass es erlaubt sein mag, statt eines blossen Hinweises einige Einzelheiten anzuführen.

Usener erinnert zunächst an die Verhältnisse in Griechenland, wo in vielen Städten die jungen Männer (ἔφηβοι oder νέοι) geschlossene Verbände bildeten. In Athen war die Einrichtung rein politischen Zwecken angepasst und deshalb nicht mehr in der alten Form erhalten; in anderen Städten dagegen bildeten die Jünglinge eine gesellschaftliche Gruppe, die sich selbst in Ordnung hielt und eine gewisse Rolle im öffentlichen Leben gespielt haben muss. Auf diese Verhältnisse ist noch zurückzukommen. Im lateinischen Sprachgebiet waren, von Afrika und Britannien abgesehen, ebenfalls allenthalben Jünglingsverbände vorhanden, standen aber nicht in Zusammenhang mit der römischen Heeresverfassung; äusserlich traten diese Genossenschaften besonders durch Jugendspiele hervor, die sie im Anschluss an irgend einen Götter- oder Heroenkult zu bestimmten Zeiten aufführten. Wie derartige Spiele, Tänze und Mummereien sich aus der Knabenweihe entwickeln können, ist schon angedeutet worden. Bei den Römern war es gewöhnlich der Kultus der Juventus, der personifizirten Jugend, mit dem die Spiele und Wettkämpfe verbunden waren.

In Deutschland hat sich, wie gesagt, der Bund der Jünglinge vielfach bis heute erhalten. „Der Deutsche Junggesellenverband“, sagt darüber Usener, „umfasst durchweg die der Schule entwachsene Jugend bis zur Verheiratung. Er stellt sich dar als eine Vorschule für die höhere, bereits volle Selbständigkeit fordernde Stufe, den Verein der Verheirateten und Hausbesitzer, die Nachbarschaft. Man tritt aus der Burschenschaft, wenn und indem man selbständiges Mitglied der Nachbarschaft wird.“ Wir haben hier also auch die Altersklasse der Verheirateten als höhere Schicht ganz deutlich innerhalb des Dorfverbandes abgegrenzt.

Sehr gut erhalten ist der alte Zustand bei den Siebenbürger Sachsen. Alle ledigen Burschen („Knechte“) eines Dorfes gehören hier zu einer „Bruderschaft“, in der sie von der Konfirmation bis zur Verheiratung verbleiben. Die Bruderschaft besitzt ihre eigenen Gesetze und wählt aus ihrer Mitte sieben „Amtsknechte“, die wieder verschiedene Aufgaben zu erfüllen und über die anderen Genossen zu wachen haben; jeden zweiten oder dritten Sonntag tritt die Bruderschaft zu einer Sitzung, „Zugang“ genannt, zusammen, in der Rügegericht abgehalten wird. Die ganze Einrichtung steht unter Aufsicht der Geistlichkeit, die den Jünglingsverband zu einem wirksamen Erziehungsmittel umzubilden verstanden hat. Ähnlich ist es der bekannten Bubenbruderschaft zu Mittenwald in Oberbaiern ergangen, von der Usener vermutet, dass sie bei Gelegenheit des grossen Sterbens von 1480 nicht, wie die Überlieferung will, erst gegründet, sondern nur im kirchlichen Sinne neu organisirt worden ist. Dieser Bruderschaft gehören nicht alle Burschen des Dorfes an; die Aussenstehenden werden verächtlich als „Bachbuben“ bezeichnet. Früher hielt die Gesellschaft an bestimmten Tagen Tanzfeste ab, wo besondere, „von Alters her gebräuchliche Tänze und Freudenspiele“ aufgeführt wurden, und an denen bei Strafe alle Mitglieder teilnehmen mussten. Dass derartige Tänze ursprünglich mit dem heidnischen Kultus zusammenhingen oder, wie man auf Grund der Verhältnisse bei den heutigen Naturvölkern sagen darf, auf den Geisterspuk der Knabenweihe zurückführen, weist Usener an ähnlichen Tänzen in anderen Teilen Deutschlands nach, die in enger Verbindung mit der Kirchweih stehen, also mit einem Feste, das wohl meist an ältere Kultusgebräuche anknüpft.

Am Niederrhein und in der Eifel bilden die jungen Burschen jeder Gemeinde eine Innung, die ihre eigenen Vorgesetzten wählt; Hauptzweck scheint hier die Aufführung eines festlichen Tanzes oder Reihens zu sein, daher die Bezeichnung „Reihjungen“ für die Mitglieder des Verbandes. Höchst merkwürdig ist hier ein Brauch, der ganz deutlich auf die freie Liebe der Jugend hindeutet oder richtiger auf die zu nichts verpflichtenden, nur auf Zeit geschlossenen Verhältnisse der Unverheirateten, denen die auf die Dauer geschlossene Ehe als feste Einrichtung gegenüber steht. An einem bestimmten Tage wird von den Reihjungen ein Umzug durch das Dorf gehalten, worauf die unbescholtenen Mädchen des Ortes durch den „Schultheiss“ der Innung an die Mitglieder versteigert werden. Jeder steht nun für eine bestimmte Zeit in einem festen Verhältnis zu dem Mädchen, das er sich ersteigert hat; besondere Hüter haben darüber zu wachen, dass sie nicht mit anderen Burschen tanzt, ja nicht einmal plaudert. Nach dem grossen Tanzfeste, das zu Pfingsten oder zur Kirchweih stattfindet, gelten diese Verhältnisse für erloschen. Wenn Usener annimmt, dass durch diese Sitten die Reinheit der Burschen und Mädchen gesichert werden soll, die bei dem Feste, das ursprünglich eine Kulthandlung gewesen ist, den Reigen zu tanzen haben, so möchte ich dem nicht einfach widersprechen; es ist im Volksleben eine keineswegs seltene Erscheinung, dass Bräuche ihren Sinn mit der Zeit gänzlich ändern und Zwecken dienstbar gemacht werden, die ihnen anfangs ganz fremd sind. Die Grundbedeutung der Sitte scheint mir aber doch zu sein, dass jedem Burschen eine Geliebte zugewiesen wird, d. h. dass hier der sonst freie Verkehr der Jugend in eine festere Form gebracht ist, die dann natürlich im Laufe der Zeit und mit steigender Kultur allerlei Umdeutungen erlitten hat. Jedenfalls wäre es ein wunderlicher Einfall, die Keuschheit der jungen Leute dadurch zu sichern, dass man sie paarweise zusammen thut und ihnen selbst den harmlosesten Verkehr mit anderen untersagt, also sie förmlich wie Eheleute zu einander stellt. Möglich allerdings, dass in einer Zeit grösserer Ungebundenheit diese Beschränkung schon als eine würdige Vorbereitung zu einer Kultfeier gelten konnte.

Die Angaben Useners über die Jugendbünde sind neuerdings in willkommener Weise durch Richard Andree ergänzt worden, der über die Zustände im Braunschweigischen berichtet[2]). Hier bilden die Knechte eine Art Genossenschaft, in die die Pferdejungen im 17. oder spätestens 20. Jahre unter gewissen Förmlichkeiten aufgenommen werden; der Enke oder Kleinknecht muss sich später vielfach noch einer zweiten Zeremonie unterziehen, wobei ihm in nicht gerade sanfter Weise ein künstlicher Bart abrasiert wird, und erst dann hat er das Recht, ein Mädchen nach Hause zu führen, d. h. also sich nach Gefallen eine Geliebte zu wählen. Der Bart ist eben das Zeichen der vollen Mannbarbeit. Viel Zweck und Sinn hat gegenwärtig die Genossenschaft nicht mehr, aber ein Hauptzug ihres alten Wesens hat sich doch erhalten: Zur Fastnachtszeit hält sie Spiele und Mummereien ab, wobei häufig ein in Erbsenstroh gehüllter Genosse als „Erbsbär“ mit herum geführt wird; auch Lebensmittel werden eiugesammelt. Im Magdeburgischen waren ähnliche

„Bruderschaften der Ackersknechte“ verbreitet, ebenso in Pommern. Andree ist geneigt, diese Verbindungen auf das Vorbild der studentischen Körperschaften zurückzuführen; ein gewisser Einfluss mag wohl stattgefunden haben, aber in ihren Anfängen stammen die Bruderschaften denn doch aus einer Kulturschicht, die weit älter ist als unsere Universitäten mit ihrem Pennalismus und ihrem Verbindungswesen.

Wenn die Tänze und Mummereien, die hauptsächlich im Frühling stattfinden, in den bisher erwähnten Fällen eng mit der Jünglingsgesellschaft verbunden erscheinen, so verdienen sie auch dort Aufmerksamkeit, wo dieser Zusammenhang nicht ohne weiteres klar hervortritt. In dem Werke Mannhardts über den Baumkultus der Germanen ist eine grosse Zahl von Frühlingsmummereien angeführt, die freilich nicht mehr, wie bei vielen Naturvölkern, Geister Verstorbener darstellen sollen, sondern zu symbolischen Bildern des Frühlings, der Vegetationskraft u. s. w. geworden sind. Man wird wohl annehmen dürfen, dass die germanische Knabenweihe im Frühling stattfand und durch Tänze und Mummenschanz gefeiert wurde; der in grünes Laub gehüllte „Pfingstlümmel“, der sich bis zur Gegenwart erhalten hat, mag nicht nur ein Symbol des Frühlings gewesen sein, sondern zugleich das Sinnbild der Zeugungsfähigkeit der neu geweihten Jugend. In noch älterer Zeit ist die Vermummung wohl ernster gemeint gewesen und hat thatsächlich mit den Zweck gehabt, einen geheimnisvollen Schrecken zu verbreiten und die Weihebräuche damit eindrucksvoller zu gestalten. Die „wilden Männer“, die bei Fastnachtsspielen auftraten, so u. a. bei dem bekannten Schönbartlaufen in Nürnberg, gehören hierher. Sehr merkwürdig ist die mehrfach vorkommende Sitte, dass die wilden Männer scheinbar getötet werden, dann aber wieder aufstehen und weiter am Feste teilnehmen; der Gedanke an die Tötung und Wiedergeburt der Knaben in Afrika und Melanesien drängt sich hier unwillkürlich auf. Über ein solches Festspiel, das früher im Erzgebirge üblich war, berichtet der alte Schilderer dieses Gebietes, Christian Lehmann. „In unserem Gebirge trägt man sich mit einer alten Tradition, dass wilde Waldleute bisweilen an die Waldhäuser und zu den Weibern in den Waldräumen kommen. Solcher wilden gebirgigen Satyren erinnerten sich vor Alters die Einwohner und Bergleute bei ihrem Quass und Fastnachtsspiel, bei welchem sie jährlich zwei wilde Männer verkleidet, den einen in Reisig und Moos, den anderen in Stro, solche auf den Gassen umgefüret, endlich aber auf dem Markt herumgejagt und niedergeschossen und gestochen, welche dann mit Herumtaumeln und seltsamen Geberden Gelächter machten und mit angefüllten Blutblasen unter die Leute spritzten, ehe sie gar niederfielen. Da fassten sie die Jäger als tot auf Bretter und trugen sie in's Wirtshaus. Die Bergleut gingen daneben her, bliesen eins durch ihre Pechpfeifen und Grubenleder auf, als hätten sie stattlich Wildpret gefangen." In Thüringen und Nordböhmen finden sich ganz ähnliche Bräuche. Auch der Pfingstlümmel wird in manchen Gegenden geköpft, in's Wasser geworfen oder unter Stroh und Mist begraben[3]). Diese Spuren alter Anschauungen würden wahrscheinlich ihrem Wesen nach bedeutend leichter zu deuten sein, wenn nicht ein anderer Ideenkreis, der sich auf das Austreiben oder Vernichten des Winters, des Todes u. s. w. bezieht, hier störend dazwischen träte. Möglicherweise hat sich der letzte Brauch erst aus dem ersten entwickelt. Jedenfalls ist daran festzuhalten, dass das Köpfen oder Ertränken des in grünes Laub gekleideten, also doch keinesfalls den Winter darstellenden Pfingstlümmels, Pfingstbutz, Maikönigs u. s. w. eine für sich bestehende Sitte ist, für die sich eine Erklärung kaum finden lässt, wenn man nicht auf die Knabenweihe mit ihrer Tötung und Wiedergeburt zurückgehen will. Mannhardts Ansicht, dass der Pfingstlümmel die junge Vegetation darstelle, und dass man durch Begiessen des Lümmels mit Wasser oder indem man ihn selbst in's Wasser wirft, eine Art Regenzauber bewirken wolle, ist interessant und mag immerhin etwas Richtiges enthalten, denn Ahnenkult und Regenzauber hängen oft zusammen; aber den Kern der Sache trifft sie gewiss nicht, schon deshalb, weil ja das in grüne Blätter gehüllte Wesen vielleicht ebenso oft geköpft wie ertränkt wird. Mannhardt giebt auch zu, dass das Köpfen und Wiederbeleben die Auferstehung der jungen Vegetation bedeuten könne, oder dass ein Menschenopfer damit angedeutet werde, vermag sich aber für keine dieser Hypothesen ganz zu entscheiden. Gerade die Wiedererweckung aber ist sehr wichtig. Wenn in Thüringen der „wilde Mann" erlegt ist, bringt ihn ein als Doktor bezeichneter Bursche wieder zum Leben, in schwäbischen und bairischen Pfingstspielen erscheint häufig der Doktor Eisenbart oder einfach der Doktor als wichtiges Mitglied des Festzuges. Aus derartigen zersplitterten Zügen lässt sich wohl ein Bild zusammensetzen, das der typischen Knabenweihe entsprechen würde. Wie sich aus dem Weihefeste regelmässig wiederkehrende Maskeraden entwickeln können, zeigt das Treiben der geheimen Gesellschaften, die in ihren Hauptzügen alle auf die Bräuche des Pubertätsfestes und der dazugehörigen Vorbereitungszeit zurückgehen. Auch bei den Kulturvölkern sind es häufig besondere Korporationen, die schliesslich die Feier des Frühlingsfestes und des unvermeidlichen Mummenschanzes übernehmen, so in London die Schornsteinfeger; viele mittelalterliche Gilden wählten ihren eigenen Maigrafen, der als eine veredelte Form des Pfingstlümmels gelten darf, und dessen Wahl mit Festen und Schmausereien verbunden war. Die alte Idee erscheint hier ganz abgeschwächt und das Beiwerk ist zur Hauptsache geworden. Auch Wettläufe und Wettritte knüpften sich an den Frühlingszug, was wieder an die Spiele der römischen Jünglingsgesellschaften erinnert.

Oben wurden die Burschenbünde am Niederrhein erwähnt mit ihrer Versteigerung der Mädchen, die nach Useners Ansicht deren Keuschheit bis zum Frühlingsfest sichern sollte. Diese Sitte, die hier noch eng mit dem Bestehen der Altersklasse der jungen Männer verknüpft erscheint, hat zahlreiche Parallelen, die angesichts der niederrheinischen Verhältnisse auf jeden Fall Aufmerksamkeit verdienen; ist auch der Zusammenhang mit den Burschenbünden nicht immer klar, so beziehen sie sich wenigstens stets auf die Frühlingsfeier, die nun einmal das Hauptfest der jungen Männer gewesen zu sein scheint. In England treten meist Kinder als lords und ladys of the may auf und sammeln paarweise Geschenke, wobei sie nach Empfang jeder Gabe die Pflicht haben, einander zu küssen; die Erscheinung, dass an Stelle der jungen Burschen und Mädchen kleinere Kinder einen Brauch aufrecht halten, der im Niedergang begriffen ist, wiederholt sich im Leben der Völker ungemein oft, wie ja z. B. auch das Schwirrholz, das bei den Knabenweihen in der Hand der Erwachsenen eine bedeutungsvolle Rolle spielt, bei uns unter dem bemerkenswerten Namen Waldteufel nur noch als Spielzeug der Kinder zn finden ist. In vielen Pfingstfestzügen treten ein Bursche und ein Mädchen, als Bräutigam und Braut bezeichnet, mit auf, oder es werden auch nur zwei Puppen mitgeführt, die diese Namen tragen; es sind das offenbar dürftige Reste der alten Sitte. Das Versteigern oder öffentliche Ausrufen der Mädchen, also der allgemeine Abschluss von Liebesverhältnissen unter der mannbaren Jugend, ist dagegen ausser am Niederrhein auch in Hessen und Westfalen bekannt. In der Schwalmgegend nehmen alle heiratsfähigen jungen Burschen an der Ausrufung teil, in Ziegenhain nur solche, die durch einen besonderen Akt unter die junge Mannschaft aufgenommen sind, also ganz wie am Niederrhein. Entweder werden je ein Bursche und ein Mädchen von der Versammlung oder von einem Ausrufer als zusammengehörig proklamiert, oder es findet nach dieser Verkündigung noch ein Bieten auf die Mädchen statt; die Paare, die sich so zusammenfinden, gehören ein Jahr lang zu einander und dürfen während dieser Zeit nicht mit anderen tanzen. Man thut wohl gut, dieses Verhältnis, das in manchen Schilderungen recht sinnig und poetisch erscheint, in die bäuerliche Wirklichkeit zu übersetzen und sich dabei der beliebten Kommund Probenächte zu erinnern. Immerhin scheint vielfach der Einfluss der Geistlichen oder sonstiger Kulturträger veredelnd gewirkt zu haben, sodass die Sitte einen harmloseren Charakter angenommen hat, aber diese Umbildungen können den Ursprung der ganzen Erscheinung nicht verhüllen.

An der Mosel hiess der Tag, an dem die Mädchen verteilt wurden, der Valentinstag, was an englische Sitten erinnert, die in der That hierher gehören. In England galt entweder der junge Mann, der am Morgen des Valentinstages dem Mädchen zuerst begegnete, für das nächste Jahr als deren „Valentin“, oder die Paare wurden durch das Loos bestimmt. Auch in Wälschtirol werden bei einem angezündeten Märzfeuer die einzelnen Paare für das nächste Jahr ausgerufen, ebenso in den südlichen Vogesen. Natürlich können sich Bräuche dieser Art, so ähnlich sie anfänglich sein mögen, ganz verschieden weiter entwickeln, sodass aus dem ursprünglichen ganz ernst gemeinten Liebestreiben der Jugend bald ein blosser Scherz und eine Neckerei wird, bald eine Art Vorspiel der wirklichen Verlobung und Ehe. Selbst der kindliche Brauch, ein „Vielliebchen“ mit einer Person des anderen Geschlechts zu essen, scheint auf die alte Liebeswahl der Junggesellen zurückzugehen[4]).

Besonders verwickelt und schwierig werden diese Fragen dadurch, dass offenbar Kultgebräuche, die sich auf den Frühling, auf das Gedeihen der Saaten und des Viehs, auf die wiedererwachende Sonne beziehen, eng mit den Sitten verknüpft worden sind, die aus den Pubertätsweihen und aus dem Treiben der männlichen Jugend und ihren Verhältnissen zur entsprechenden weiblichen Altersklasse erwachsen. Es ist sehr wahrscheinlich, dass man der feierlichen Paarung der Jugend auch einen günstigen Einfluss auf die Fruchtbarkeit des Jahres zuschrieb; in England und vielfach anderwärts wälzten sich z. B. die Paare auf dem Acker umher, um dessen Ertrag zu erhöhen.[5]) Von dem Hereinspielen höher entwickelter Götterkulte in die alten einfachen Riten mag dabei noch ganz abgesehen sein, obwohl zweifellos dergleichen stattgefunden hat. Erwägt man endlich, dass die Weihefeier im Frühling naturgemäss bei den einzelnen Stämmen der Germanen in verschiedener Weise entwickelt gewesen sein muss, dass also ein einheitlicher Gebrauch nie bestanden hat, und dass ferner die Sitten, mögen sie noch so unverwüstlich scheinen, doch beständig im Übergang auf neue Geschlechter kleinen Umbildungen unterliegen, die endlich zu grossen werden, so muss man wohl darauf verzichten, nach den vorhandenen Resten und Spuren ein treues Bild der Frühlingsweihe zu entwerfen, wie sie bei den heidnischen Germanen üblich gewesen ist. Nur ein paar Hauptzüge treten klar hervor, die sich in wenigen Worten zusammenfassen lassen.

Wie es scheint, fand bei den Germanen in jedem Frühling eine Knaben- oder Jünglingsweihe statt, die zugleich ein grosser Festtag für die Altersklasse der mannbaren Junggesellen und

Mädchen war. Die Vorbereitungszeit für die zu Weihenden währte vom Vorfrühling (Ostern) bis zur vollen Entfaltung der Vegetation (Pfingsten), was nicht ausschliesst, dass schon früher mit dem Unterricht und den Männerproben begonnen wurde; jedenfalls fiel die strenge und abschliessende Weihezeit in die Frühlingsmonate. An einem bestimmten Tage wurden dann die zu weihenden Jünglinge im festlichen Zuge aus dem Walde, wohin sie sich vielleicht schon längere Zeit vorher begeben hatten, abgeholt und in das Dorf geleitet, wobei der Jünglingsbund in allerlei Maskeraden auftrat und die Kandidaten selbst wahrscheinlich zunächst in Blätterwerk verhüllt als Waldgeister erschienen. Manches deutet darauf hin, dass man sie bei dieser Gelegenheit symbolisch tötete und wiederbelebte. In noch älterer Zeit waren diese Mummereien ernster gemeint oder sollten doch von den Zuschauern, wenigstens den Weibern und Kindern thatsächlich ernst genommen werden. Mit dem Weihefest waren andere Kultgebräuche eng verbunden, die sich auf die erwachende Natur, die Sonne u. s. w. bezogen. Zugleich wurden die Liebesverhältnisse unter der Jugend entweder für das Jahr oder für eine bestimmte Zeit geregelt; manches deutet auch darauf hin, dass diese festen Verhältnisse schon im Vorfrühling begannen und nur für die Weihezeit Geltung hatten.

Wenn ich mich in der Auffassung des Ausrufens und Versteigerns der Mädchen auf einen andern Standpunkt gestellt habe als Usener, so erfordert doch die Gerechtigkeit darauf hinzuweisen, dass auch seiner Anschauung mancher Zug aus den Weihebräuchen der heutigen Naturvölker als Hülfsbeweis zur Seite stehen würde. Es ist schon öfter darauf hingewiesen worden, dass man sich die freie Liebe der Jugend durchaus nicht als schrankenlose Vermischung vorstellen darf; die oft sehr verwickelten Eheverbote, die in der Hauptsache den Verkehr zwischen näheren Verwandten hindern sollen, werden meist schon vorher streng beobachtet, und so ist es durchaus möglich, dass zwischen Jünglingen und Mädchen auch rein freundschaftliche Verhältnisse bestehen, die nie die Grenze des Erlaubten überschreiten. Dass solche Verhältnisse in Australien gerade zur Zeit der Knabenweihen geschlossen werden, ist gewiss sehr bemerkenswert.

Bei den Australnegern von Gippsland wird jeder junge Mann (Jerryale), der geweiht werden soll, von einem Mädchen bei der Zeremonie begleitet und unterstützt, das von den alten Männern mit diesem Auftrag betraut ist und Growun genannt wird. Sie sitzt während des Hauptteiles der Weihe hinter dem Jerryale und ahmt alle seine Bewegungen nach. Ausdrücklich aber wird hervorgehoben, dass sie nicht seine Geliebte ist, sondern etwas wie seine Schwester oder Base, also thatsächlich nur seine Freundin, als die sie auch in Zukunft gilt[6]). Aehnliche Freundschaftsbünde scheinen nach den leider dürftigen Angaben Macdonalds[7]) auch bei den Yao und anderen Stämmen Ostafrikas zu bestehen. Jedes Mädchen der Yao hat von der Reifezeit an einen männlichen Beschützer oder Freund, der die Interessen seiner Gefährtin in jeder Weise vertritt, besonders aber bei der Verheiratung eine wichtige Rolle spielt, denn mit ihm muss der Freier des Mädchens die Ehebedingungen verabreden. Es handelt sich also auch hier schwerlich um ein geschlechtliches Verhältnis, sondern um einen eigenartigen Freundschaftsbund, der in seiner Harmlosigkeit von dem sonstigen zügellosen Treiben der Jugend sonderbar absticht. Wenn dergleichen bei Australiern und Negern möglich ist, wird man es den Germanen erst recht zugestehen dürfen. Übrigens muss immer wieder hervorgehoben werden, dass nichts verfehlter sein würde, als auf dem Gebiete der Völkerkunde hartnäckig Hypothese gegen Hypothese zu setzen und etwa mit „Beweisen“ Ströme von Tinte zu verschwenden. Wer sich in ehrlichem Streben mit den Fragen des Völkerlebens beschäftigt hat, weiss längst, dass oft die scheinbar entgegengesetztesten Erklärungen in ihrer Art beide richtig sind, weil ein Brauch im Laufe der Zeit nie derselbe bleibt und oft seinen Inhalt völlig ändert, während sich die äussere Form vielleicht nur wenig verwandelt; der gegenwärtige Sinn und Zweck einer Sitte kann ein ganz anderer sein als der ursprüngliche, und überdies können Bräuche, die im Grunde nichts miteinander gemein haben, zu einer neuen Einheit verschmelzen, die ohne weitläufige historische Untersuchung ganz unauflösbar ist. „Alles fliesst“ sollte der Wahlspruch jeder Arbeit sein, die Probleme der Völkerkunde behandelt. Dies Fliessende zu erfassen und zu verstehen ist freilich schwerer, als Knochen sauber zu präparieren, Versteinerungen zu beklopfen oder Begriffe in Paragraphen zu schachteln, aber doch zugleich unendlich befriedigender; das Antlitz eines Lebenden mit dem wechselnden Spiele der Empfindungen und Gedanken, das es wiederspiegelt, bedeutet mehr als ein grinsender Totenschädel, der nur deshalb unveränderlich bleibt wie er ist, weil ihn aller Lebensgeist verlassen hat.

Die bis zur Gegenwart erhaltenen Jugendbünde lassen darauf schliessen, dass auch bei den alten Germanen die mannbaren Jünglinge immer eine mehr oder weniger festgeschlossene Gruppe bildeten, der dann die verheirateten Männer als höhere Schicht gegenüberstanden, die aber wohl, ihrem stärkeren Zusammenhang mit Familien- und Sippenwesen entsprechend, einen weniger einheitlichen Charakter trug; die vollkräftigen Männer waren eben die Führer der natürlichen Verbände und mochten sich zur Jünglingsklasse verhalten, wie etwa jetzt die „alten Herren“ einer Studentenverbindung zu den Aktiven. Ob eine besondere Gruppe der Greise bestanden hat, mag zweifelhaft erscheinen angesichts der bei den Germanen wie bei anderen arischen Völkern vorhandenen Überlieferungen, die auf eine geringe Schätzung des kraftlos gewordenen Alters hindeuten. Man scheint in älterer Zeit die Greise einfach beseitigt, in Rom z. B. sie von der Tiberbrücke gestürzt zu haben, während man ihnen später den Selbstmord nahe gelegt haben dürfte.

Als Parallelen zu den deutschen Jünglingsgenossenschaften sind die schon erwähnten altgriechischen sehr beachtenswert, die Erich Ziebarth[8]) ausführlich behandelt hat. Bei dem ausserordentlich entwickelten staatlichen Leben der Griechen ist es nicht wunderbar, dass wir die Jünglingsgruppen den Zwecken des Staatslebens angepasst und dienstbar gemacht sehen: Die Ephebie war zu einer Einrichtung geworden, die vom Staate als Erziehungsmittel der Jugend benutzt wurde und zugleich den Rahmen für die kriegerische Verwendung der jungen Mannschaft abgab, die man mit Vorliebe, ganz wie in den Junggesellenhäusern Assams und Brasiliens, zu dem beschwerlichen Wachtdienst heranzog. In Athen wurde der junge Mann mit vollendetem 18. Lebensjahre in die Bürgerrolle seines Demos eingetragen und erhielt die Chlamys, den Kriegsmantel, worauf er zwei Jahre lang mit seinen Altersgenossen einen in der Hauptsache militärischen Dienst durchzumachen hatte; die Führer und Aufseher der Epheben wurden von den Behörden ernannt. Später, wohl erst zur Zeit des Demetrius Phalereus, wurde die Genossenschaft in nähere Beziehung zur geistigen Jugendbildung gebracht und dadurch in eine Art Universitätskorporation umgewandelt, in der nun auch Fremde Aufnahme fanden. Sehr wichtig ist das Verhältnis der Epheben zu gewissen Kulten, namentlich dem des Dionysos und den eleusinischen Mysterien, die beide mit ihren Mummereien und Geheimnissen an den Vorstellungskreis der Knabenweihe gemahnen. Auch Erinnerungsfeste an die Thaten der Vorfahren begingen die Epheben, vor allem aber veranstalteten sie Festspiele, wie Fackelläufe, Schiffskämpfe u. dergl. Usener hat trotz Ziebarths Einwendungen zweifellos recht, wenn er in diesen Zügen die Spuren älterer Zustände erkennen will und die straffe staatliche Organisation der Epheben für nachträglich entstanden hält.

Bezeichnenderweise hatte man gerade im konservativen Sparta die jugendlichen Altersklassen weiter differenziert: es gab eine Klasse, die alle Knaben von 7—12 Jahren umfasste, die nächste scheint die vom 12.—16. Jahre enthalten zu haben, eine dritte die vom 16.—18. Jahre. Die Klassen waren aussserdem in grössere Scharen und diese wieder in Rotten geteilt, ältere Knaben und Männer dienten als Aufseher der jüngeren.

In vielen anderen griechischen Städten waren die Vereinigungen der jungen Leute, der Epheben und der νέοι, viel weniger der staatlichen Aufsicht unterstellt; es erscheinen wohl auch die Epheben als die zum aktiven Kriegsdienst auf einige Zeit herangezogene junge Mannschaft, die dann in den freieren und selbständigeren Bund der Jünglinge, νέοι, übergeht. Dieser Jünglingsbund ist aber ursprünglich nichts weiter als eine Altersklasse, der ergänzend andere Klassen gegenüberstehen. Da die Leibesübungen nach griechischem Brauche einen Hauptteil des gemeinsamen Lebens der Klassenangehörigen bildeten, so waren die Gymnasien die natürlichen Mittelpunkte dieses Daseins und vertraten in gewissem Sinne die Männerhäuser der Naturvölker. Da ist es nun sehr bezeichnend, dass in Jasos vier Gymnasien bestanden, nämlich je eins für die Epheben, die νέοι und die älteren Männer, während das vierte, über das nichts Näheres zu erfahren ist, wohl für die Knaben bestimmt war. Hier erscheinen also Epheben und νέοι als zwei getrennte Klassen, denen die der älteren Leute und (wahrscheinlich) die der Knaben gegenüber stehen. Vielfach ist ausserdem die Gruppe der Greise, die bei den geistig regsamen Griechen nie so in Missachtung gestanden haben mag, wie ursprünglich in Rom und in Germanien, als besondere Gesellschaft wenigstens bei den Griechen Kleinasiens und teilweise in Thracien entwickelt. Das Verhältnis der Altersklassen zum Staate war nicht überall dasselbe; stellenweise scheinen sie von Staatswegen eingerichtet oder wenigstens fester geordnet worden zu sein, und zum Eintritt war jeder Bürger verpflichtet, der das gehörige Alter erreicht hatte, anderswo bildeten sie mehr freie Vereinigungen, in denen sich der männliche Gesellschaftstrieb entfalten konnte. Meist mag die Entwicklung in der Weise stattgefunden haben, dass durch die Männergesellschaften der Altersklassen das staatliche Leben erst angeregt und gestärkt wurde, bis es dann übermächtigen Einfluss gewann, seinerseits die Altersverbände seinen Zwecken dienstbar machte und dadurch deren ursprüngliches Wesen vielfach entstellte. Diese umgebildeten Einrichtungen konnten dann auch anderwärts wieder nachgeahmt und willkürlich in ihrer neuen, sekundären Form eingeführt werden.

[1]) Verhandlungen der 42. Versammlung Deutscher Philologen u. Schulmänner in Wien 1893. (Leipzig 1894).

[2]) Braunschweiger Volkskunde S. 236 ff.

[3]) Mannhardt, Baumkultus S. 321. 342, 350, 353 etc.

[4]) Vgl. Mannhardt, a. a. O. S. 462.

[5]) a. a. O. S. 480.

[6]) Howitt b. Brough Smyth, Aborigines of Victoria I, S. 62.

[7]) Journ. Anthrop. Inst. 22, S. 117, 119.

[8]) Das Griechische Vereinswesen (Preisschrift). Leipzig 1896.

4. Entwickeltere Systeme von Altersklassen.

Die natürliche Einteilung der Männer in die drei Altersklassen der Knaben, Junggesellen und Verheirateten ist wohl auch dort überall das früheste System gewesen, wo eine Weiterbildung erfolgt und die Zahl der Klassen vermehrt worden ist. Wie leicht dergleichen geschehen konnte, hat ein Blick auf die griechischen Verhältnisse gezeigt: durch das Eingreifen des Staates, der eine militärische Übungszeit der männlichen Jugend forderte, wurde diese vielfach in die beiden Gruppen der dienstpflichtigen, staatlich organisierten Epheben und der zu einer freieren Genossenschaft verbundenen älteren νέοι zerlegt. Die Vereinigungen der Greise deuten andererseits darauf hin, dass sich von der Gruppe der vollkräftigen verheirateten Männer, die als eigentlicher Kern des Volkes und Träger der Staatsidee keiner besonderen Organisation im gesellschaftlichen Sinne bedurfte, die Gruppe der alten Männer abgelöst hatte, also die Verbindung der aus dem Geschlechtsleben Ausgeschiedenen mit geringer körperlicher Kraft, aber reicher Erfahrung.

Bei den Naturvölkern der Gegenwart finden sich stellenweise ebenfalls entwickeltere Systeme von Altersklassen, wenn auch nicht so häufig, als man vielleicht erwarten könnte. Der Grund dürfte darin liegen, dass es sich hier meist um kleine, an Zahl und Kultur unbedeutende Stämme handelt, denen der Staatsgedanke mit seinem Streben nach klarer Organisation der Volksmenge ganz fern liegt; wenn man die Altersklassen, besonders im Anschluss an die Einrichtung des Männerhauses, weiter fortzubilden sucht, geschieht das meist in der Form des Klubwesens und der Geheimbünde, auf die an anderer Stelle zurückzukommen ist. Wo das Männerhaus fehlt und keine Klubs odor geheimen Gesellschaften bestehen, sind oft auch die drei Altersklassen nicht scharf geschieden, oder der Gegensatz tritt nur in Kleinigkeiteu zu Tage, besonders in gemeinsamen Mahlzeiten der Gruppen; bei der Makalaka Südafrikas z. B. bilden die jungen Männer besondere Speisegesellschaften, ebenso die alten Männer und selbst die Knaben[1]).

Nicht immer eine Weiterbildung der Altersklassen im wörtlichsten Sinne, aber doch eine bemerkenswerte Art der Differenzierung ist es, wenn sich innerhalb der Klassen kleinere Gruppen eng Befreundeter bilden. Die Klasse der Junggesellen, die immer am deutlichsten entwickelt zu sein pflegt, bietet hierfür die meisten Beispiele, und bei ihr findet sich auch noch am ersten eine Anlehnung an die Altersunterschiede in dem Sinne, dass die Jünglinge, die gleichzeitig geweiht und aufgenommen sind und also ungefähr auf gleicher Altersstufe stehen, auch fernerhin zusammenhalten. Bei den meisten Australnegern werden die gleichzeitig Beschnittenen als besonders eng verbunden betrachtet; die Narrinyeri benennen dieses Verhältnis mit einem eigenen Namen (wirake). Bei den Herero, wo die Beschneidung schon in sehr frühem Alter stattfindet, gelten die zugleich Beschnittenen auf Lebenszeit als eng verbundene Freunde (Omakura), bilden also echte Altersklassen; man wartet meist mit dem Beschneidungsfest, bis eine grössere Zahl Knaben vorhanden ist[2]). Wo das Häuptlingstum stark entwickelt ist, wie meist bei den Negern, stehen die engeren Vereinigungen oft unter der Führung von Häuptlingssöhnen und bilden eine Art Gefolgschaft. Von den Kaffern wird ausdrücklich berichtet, dass die mit dem Sohne eines Häuptlings zugleich Beschnittenen nunmehr diesem untergeben sind, während der Vater die Herrschaft über die älteren Leute behält; man wartet deshalb oft jahrelang mit der Beschneidung der Knaben, bis einer der Häuptlingssöhne genügend herangewachsen ist, sodass dann oft eine grosse Menge junger Leute gleichzeitig geweiht wird. Bei anderen Stämmen scheint man eine Auswahl zu treffen und nur eine bestimmte Zahl von Knaben mit einem Sohne des Häuptlings zugleich zu beschneiden, die dann als enger verbundene Gruppe ihr Leben lang die Ehrenwache des Prinzen bilden.

Unter den Erwachsenen sind Verbindungen dieser Art, soweit sie nicht eben aus der Jünglingszeit stammen, kaum möglich, wohl aber können zwischen zwei oder mehr Personen freiwillige Verbrüderungen geschaffen werden, für die herkömmliche Formen bestehen. Am bekanntesten und verbreitesten ist die Blutbrüderschaft, die eine Art künstlicher Blutsverwandschaft bewirken soll und meist in der Form stattfindet, dass jeder der sich Verbrüdernden einige Tropfen vom Blute des andern geniesst; durch mancherlei weitere Zeremonieen wird der Vorgang in der Regel feierlicher und eindrucksvoller gemacht. Für Afrika hat Post eine grosse Zahl von Beispielen zusammengestellt; schon früher hatte Kohler eine ziemlich eingehende Studie über künstliche Verwandschaft verfasst, die ebenfalls die Blutsbrüderschaft mit berücksichtigt[3]). Ausser in Afrika und Polynesien ist sie auch im südöstlichen Europa noch weit verbreitet, so bei den Albanesen, die noch die alte Form des Bluttrinkens kennen, während die Wahlbruderschaft der Südslaven gegenwärtig nur noch durch Kuss und gemeinsames Nehmen des Abendmahls bekräftigt wird. Die Germanen, die ebenfalls die Verbrüderung durch Blut anwendeten, tranken nicht das Blut, sondern liessen es nur zusammenfliessen. Amerikanische Indianerstämme, wie die Wiandot[4]), kennen die Wahlbrüderschaft auch, bekräftigen sie aber nicht durch die Blutmischung.

Der Ursprung und die Entwicklung der Blutsbrüderschaft sind nicht ganz leicht zu bestimmen, wenn auch ihre tiefste Grundlage, der Gesellschaftstrieb der Männer, wohl zu erkennen ist. Am richtigsten betrachtet man sie wohl als ein Mittel, zwischen Stammesfremden engere Beziehung anzuknüpfen, wie sie bei zunehmendem freundlichem Verkehr erforderlich wurden; auch auf anderen Wegen hat man sich bemüht, wenigstens einzelnen Personen das Recht zu verleihen, ohne Gefahr zwischen verschiedenen Stämmen zu verkehren und selbst in Kriegsfällen als Vermittler zu dienen[5]). Wenn aber die Stämme sich derart vergrössern, dass die einzelnen Altersklassen keine eng geschlossenen Verbände mehr bilden und das Sippenwesen übermächtig wird, können die Wahl- und Blutsbrüderschaften ergänzend eintreten und die Bildung neuer engverbundener Gruppen ermöglichen, die aus Männern verschiedener Sippen bestehen. Diese Bünde nehmen dann oft das Wesen der alten Jünglingsgesellschaften an. Am weitesten scheinen sich derartige Zustände bei den Herero Südwestafrikas entwickelt zu haben, soweit aus den Berichten ein klares Bild zu gewinnen ist. Nach den Angaben Büttners vereinigen sich die Männer der Herero in gewissen Verbänden, die verschiedene soziale Rangstufen einzunehmen scheinen, also fast wie die Grade eines Klubs zu einander stehen; das leitet schon wieder zu den Klubs und Geheimbünden hinüber. Jeder Angehörige eines solchen Verbandes (Omapanga, Oupanga) ist gewissermassen Miteigentümer der Frauen, des Viehes u. s. w. aller seiner Genossen. Auch Frauen können zu einander in ein solches Verhältnis treten, doch scheint in diesem Falle, dem unsozialem Wesen des weiblichen Geschlechtes gemäss, sofort Entartung einzutreten und der Bund nur als Vorwand geschlechtlicher Unsittlichkeiten zu dienen. Über die Zeremonie der Aufnahme in die Oupanga-Vereinigungen und über ihr Verhältnis zu den oben erwähnten Omakura ist nichts bekannt; das Wort Oupanga soll nach Brincker auf Zusammenhang mit dem Ahnenkult hindeuten[6]).

Nur ganz bedingungsweise kann man Verbrüderungen dieser Art als Fortbildungen oder Ergänzungen der Altersklassen bezeichnen. Um so grössere Aufmerksamkeit verdienen die Fälle, in denen das Wesen der Altersklassen und die Versuche, sie weiter zu zerlegen, genauer studiert werden können; ein Überblick über die wichtigsten und am besten bekannten Systeme dieser Art mag das beweisen.

[1]) Chapman b. Post, Afrik. Jurispr. I, S. 167.

[2]) A. Lübbert i. Mitt. a. d. Dtsch. Schutzgebieten 14, S. 89.

[3]) Post, Afrikan. Jurisprudenz I, S. 36 ff. — Derselbe, Der Ursprung des Rechts S. 43. — Kohler i. Zeitschr. f. vergleich. Rechtswissenschaft V, S. 434 ff.

[4]) Powell i. Ann. Rep. Bureau of Ethnol. 1878/80, S. 68.

[5]) Vgl. Urgeschichte der Kultur S. 204.

[6]) Fritsch, Die Eingeborenen Südafrikas S. 227. — Brincker i. Mitt. d. Seminars f. Orient. Sprachen III, 3, S. 86. — Ratzel, Völkerkunde II, 157. —

---

a. Afrika.

Unwillkürlich richtet sich, wenn von afrikanischen Systemen der Altersklassen die Rede ist, der Blick des Ethnologen zunächst auf die Massai, dieses kriegerische hamito-nilotische Hirtenvolk der ostafrikanischen Steppe; sind doch die Verhältnisse dort am klarsten und schärfsten entwickelt und verhältnismässig häufig und eingehend geschildert worden. Vergleicht man freilich die verschiedenen Schilderungen, so ergeben sich Widersprüche, die nicht einfach auf ungenauer Beobachtung beruhen können, sondern wohl darauf hindeuten, dass bei den verschiedenen Abteilungen des Volkes die Verhältnisse nicht überall dieselben sind. Es empfiehlt sich deshalb auch kaum, die einzelnen Angaben zu einer Art vermittelnder Darstellung zu verschmelzen, sondern es wird besser sein, sie nach der Reihe kurz zu charakterisieren[1].

Nach den neuesten Angaben Baumanns bleibt der Knabe (Layok) bis zum 16. Jahre bei den Eltern. Er geht in dieser Zeit völlig nackt, erhält Unterricht im Speerschwingen und Viehtreiben und wird wohl auch gelegentlich schon zu Kriegszügen mitgenommen. Im 16. Lebensjahre werden die Knaben beschnitten, was durch ein dreitägiges Fest von den älteren Leuten gefeiert wird; gleichzeitig werden die Zähne verstümmelt und die Ohren durchbohrt. Nach der Beschneidung leben die Knaben bis zur Heilung der Wunde abseits im Busch und nähren sich von kleinen Vögeln, deren Bälge sie um den Kopf gewunden tragen.

Hierauf werden die jungen Männer in den Kraal der Elmoran (Krieger) aufgenommen, wo sie zusammen mit den jungen Mädchen (Nditos), die gewöhnlich schon im 13. Jahre den Kriegerkraal beziehen, ein ungebundenes Leben führen. Der Krieger darf, abgesehen von Honig und Zuckerrohr, nur animalische Nahrung geniessen, während den Mädchen der Genuss von Getreide gestattet ist. Die Hauptbeschäftigung der Elmoran sind jene Kriegs- und Raubzüge, die den Namen der Massai bei allen Nachbarn verhasst und gefürchtet gemacht haben.

Der Austritt aus dem Elmoran-Verbande erfolgt in verschiedenem Alter, meist etwa im 30. Jahre. Hat der Krieger mit einer Ndito ein Kind gezeugt, so ist er verpflichtet, sie zu heiraten und den Kriegerbund zu verlassen, falls er sich nicht durch ein Geschenk an den Vater loskauft; auch sehen die Väter, die reich an Herden sind, ihre Söhne nicht gern lange das wilde und gefährliche Dasein eines Elmoran führen und holen sie nicht selten mit Gewalt aus dem Kraal. Kinder armer Eltern bleiben dagegen oft bis zu ihren reiferen Jahren unter den Kriegern, wohl auch deshalb, weil sie den Brautpreis nicht erschwingen können.

Nach dem Austritt führt der bisherige Elmoran den Namen Elmorua (alter Mann) und lässt sich das lange Haar, das Zeichen des Kriegers abrasieren. Er wählt sich nun sofort unter den Nditos des eigenen Stammes eine Frau, für die er eine Anzahl Rinder als Brautpreis zu zahlen hat; nach Belieben kann er später noch mehrere Weiber nehmen. Speiseverbote bestehen für den Elmorua, der sich nun hauptsächlich mit der Pflege der Herden beschäftigt, ebensowenig mehr, wie für die verheirateten Frauen (Siangiki).

Die etwas romanhaft gefärbte Schilderung eines Massailebens, die Thomson giebt, weicht in manchen Einzelheiten von der Baumanns ab, z. B. darin, dass Thomson die Durchbohrung und Erweiterung der Ohrlappen schon in der Knabenzeit stattfinden lässt. Ferner behauptet er, dass die Nditos, die Anzeichen von Schwangerschaft zeigten, sofort getötet würden, weshalb die Jugend bei ihrem Verkehr sich gewisser Vorsichtsmassregeln bediene. Die „freie Liebe" der jungen Leute bedeutet nicht schrankenlose Vermischung, wohl aber pflegt jedes Mädchen mehrere Liebhaber zu besitzen, die keine Eifersucht auf einander zeigen. Die Krieger wählen als ihren Führer oder Hauptmann einen Leitunu, der gewöhnlich mehrere Kraale der Elmoran zugleich befehligt und Gewalt über Leben und Tod hat, sowie einen Leigonani, der in Streitfällen die Verhandlungen leitet; der Leigonani vermag indessen nicht zu hindern, dass nach Kriegszügen bei der Teilung der Beute gewöhnlich ein blutiger Kampf entsteht, der oft mehr Opfer fordert als der Krieg selbst, obwohl das erbeutete Vieh nicht den Kriegern verbleibt, sondern nach Austrag der Sache deren Vätern zufällt. Thomson lässt seinen Helden etwa im 36. Jahr an das Heiraten denken nach dem Tode des Vaters, der ihm als dem Erstgeborenen seinen gesamten Viehstand hinterlässt. Der junge Ehemann muss einen Monat lang den Mädchenanzug seiner Frau tragen, was wohl den Austritt aus den Bund der kriegerischen Männer drastisch versinnlichen soll. Die verheirateten Männer beteiligen sich nur ausnahmsweise an Kriegszügen, lieben dagegen gemeinsame Gelage und Schmausereien; Frauentausch unter Freunden scheint häufig vorzukommen.

Die Angaben Baumanns und Thomsons lassen nur drei Altersklassen (Knaben, Krieger, alte Männer) erkennen, von denen auch nur die mittlere straff organisiert ist. Aber es scheint doch, dass wenigstens stellenweise diese einfachen Grundzüge weiter entwickelt worden sind. Fischer nennt als Mittelklasse zwischen den Elmorán (Elmuran) und Elmórua noch die Levelés, worunter man die verheirateten Leute versteht, die noch in den Krieg ziehen, also gewissermassen die Landwehr der Massai. Aber auch die Krieger selbst sind nach Fischer in vier Klassen, offenbar Altersklassen gegliedert, nämlich mríscho, kischangóp, ngarebut, leteijo; die erste besteht aus den ältesten und erfahrensten Kriegern, die den andern gleichsam als Führer dienen. In der That sind ja die Altersunterschiede unter den Kriegern sehr bedeutend, da manche Elmoran, wie schon bemerkt, bis gegen das vierzigste Jahr in dem Verbande bleiben; andrerseits treten, wie auch Fischer bestätigt, junge Leute, die reich an Herden sind, aber keine Freude am wilden Räuberleben der Elmoran haben, schon sehr früh zu den Elmorua über. Auch die Elmorua zerfallen in Klassen, nämlich in die wolkidót, ondoát und niangús. Jede Klasse der Krieger wie der Nichtkrieger hat ihren Sprecher (leigwenán, offenbar der leigonani Thomsons), der bei Verhandlungen seine Klasse vertritt und oft bedeutenden Einfluss besitzt. Die Zauberer (leibon), die eine Art Hierarchie bilden, haben mit dem Klassenwesen nichts zu thun. Übrigens weichen die Angaben Fischers noch in einigen Punkten von denen der anderen Beobachter ab; so lässt er die Beschneidung und die Aufnahme in den Kraal der Krieger schon im 12. Jahr erfolgen und bemerkt ausserdem, dass stets einige ältere angesehene Leute mit bei den Elmoran wohnen, wohl um eine gewisse Aufsicht zu üben. Unter den Kriegern bestehen noch besondere Kameradschaften oder Brüderschaften, indem immer je zwei zusammenhalten und im Kampfe einander zur

Seite bleiben. Fällt der eine, so ist es die Pflicht des Überlebenden, irgend ein Stück von den Waffen des erschlagenen Freundes dessen Verwandten mitzubringen; kann er das nicht, so findet er keinen Freund mehr. Hier ist also die Wahlverwandtschaft in ein bestimmtes System gebracht und zur Bildung kleinster Gruppen innerhalb des Kriegerbundes verwendet.

Wenn Fischer behauptet, dass die Beschneidung bei den Massai verhältnismässig früh stattfindet, so erinnert das an die Angaben Krapfs, der ebenfalls die frühe Beschneidung erwähnt, aber noch eine Zwischenstufe zwischen Knaben (Engera) und Elmoran einschiebt, die Leiok, die etwa der Alterstufe vom 14. bis zum 20. Lebensjahre angehören. Baumann nennt dagegen, wie erwähnt, alle Knaben bis zum 16. Jahre Layok; ob andrerseits die jüngste Stufe der Krieger nach Fischer, die leteijo, etwa mit den Leiok Krapfs zusammenfällt, ist zweifelhaft. Offenbar sind die Verhältnisse bei den einzelnen Stämmen recht verschieden, denn auch die Angaben van der Deckens und Hildebrandts stimmen nicht zu den übrigen; der erstere lässt die Knaben im 14. Jahre in das Lager der Krieger eintreten, vorläufig aber nur als deren Diener, bis sie dann mit 17 Jahren wirkliche Elmoran werden; Hildebrandt berichtet dagegen von den Wakuafi, den nächsten Verwandten der Massai, dass sich hier die Knaben bereits im 10. Jahre als Barnód (Topflecker) den Kriegern zugesellen, und mit 14. Jahren in die Gruppe der Muran und mit 24—25 in die der Muru aufrücken; die kleinen Mädchen heissen hier Ingera, die mannbaren, die mit dem Muran verkehren, Dito. Die Gruppe der Verheirateten zerfällt nach Krapf nur in zwei Altersklassen, Männer (Elkieko) und Greise (Elkidscharo oder Elkimirischo), während van der Decken wie Fischer drei Klassen kennt, aber sie anders bezeichnet: Elkieko heissen die Männer bis zum 40. Jahre, Esabuki von 40—60 Jahre, und Elkischaro oder Elkiminischo in höherem Alter. Hier ist also zwischen die von Krapf erwähnten Gruppen noch eine dritte eingeschoben.

Eine Übersicht der verschiedenen Angaben ergiebt folgendes Bild:

n. Baumann und Thomson
1. Knaben b. z. 16. Jahre (Layok)
2. Krieger (Elmoran)
3. Alte Leute

n. Fischer
1. Knaben
2. Elmoran { a. liteijo, b. ngarebút, c. kischangóp, d. mrischo
3. Levelés
4. Elmorua { a. niangús, b. ondoát, c. wolkidót

n. Krapf
1. Knaben (b. z. 14. Jahre), Engera
3. Leiok (14.—20. Jahre)
3. Elmoran
4. Elmorua { a. Elkidscharo, b. Elkimirischo

n. v. d. Decken
1. Knaben (b. z. 14. Jahre)
2. Diener der Elmoran (b. z. 17 Jahre)
3. Elmoran
{ 4. Elkieko (b. z. 40. Jahr)
5. Esabuki (40.—60.)
6. Elkischaro oder Elkiminischo (über 60) }

n. Hildebrandt (Wakubfi)
1. Knaben b. z. 10. Jahre
2. Barnód (Topflecker) b. z. 14 Jahre
3. Murán (b. z. 24. od. 25. Jahre)
4. Muru.

Ähnlich organisiert wie die Massai sind nach Hildebrandt die Wanika mit den drei Klassen der Aniere, Kambi und Mvaya, doch ist zu bemerken, dass hier nicht einfach das Erreichen eines bestimmten Alters oder das Heiraten genügt, sondern dass zum Aufsteigen auf eine höhern Stufe grosse Abgaben nötig sind, die in Form von Festgelagen verjubelt werden. Das ist schon der Übergang zum Klubwesen. Auch die Waruscha, obwohl echte Neger, haben das System der Massai, ebenso der Stamm der Sotiko[1]). In seiner vollen Entfaltung kann es sich nur bei kriegerischen Völkern halten, die einen Teil ihres Daseins auf die Beraubung ihrer Nachbarn gründen und zugleich über reiche Weidegründe verfügen, die ihnen ein müssiges, zu übermütiger Kraftentfaltung reizendes Hirtenleben gestatten. Die schweren Verluste an Viehreichtum und an kriegerischem Ansehen, die neuerdings die Massai durch das Auftreten von Rinderkrankheiten und durch die Niederlagen gegenüber europäischen Schutztruppen erlitten haben, sodass sie stellenweise zu Bettlern geworden sind oder sich zum Getreidebau entschliessen mussten, können nicht ohne zerrüttende Folgen für den gesellschaftlichen Aufbau geblieben sein. Schon früher fand Thomson das System bei den Wakuafi in Verfall, als dieses Volk durch die verwandten Massai arg bedrängt wurde. „Auf etwas nebelhafte Weise“, schreibt er, „versuchen sie den Unterschied zwischen verheirateten und unverheirateten Leuten aufrecht zu erhalten, indem sie von den letzteren sehr wenig Arbeit erwarten und das System der Geliebten beibehalten. Sie bewohnen jedoch alle dasselbe Dorf, und deshalb können die jungen Leute es nicht durchsetzen, vom Fleisch allein zu leben, wenn sie auch vorkommendenfalls immer den Löwenanteil zu beanspruchen pflegen.“ Immer wiederholt sich das wunderbare Schauspiel, dass gewisse Keime der Entwicklung, die vielleicht lange Zeit ein schwaches Leben führten, unter günstigen Umständen mächtig emporwuchern, um sich unter veränderten Verhältnissen wieder zurückzubilden, ohne doch ganz zu vertrocknen; kommt ihnen der Zufall wieder zur Hülfe, mit anderen Worten findet sich ein Streben oder eine Notwendigkeit, denen sie sich anpassen lassen, dann gedeihen sie wieder fröhlich, wenn auch die neue Form der Entwicklung der früheren oft wenig gleicht. Wie gerade in kriegerischen Zeiten die Ordnung nach Altersklassen gern als Grundlage der Wehrhaftigkeit benutzt und neu belebt wird, ist schon mehrfach erwähnt. Auch das grossartige militärische System der Sulu knüpfte ganz an sie an und bildete ein merkwürdiges Seitenstück zu dem der Massai: die männliche Bevölkerung zerfiel in Knaben (Amabutu), junge Krieger (Isimporthlo, Isinsima) und Veteranen (Umpagati). Die jungen Krieger waren in besondern Heerlagern vereinigt und hatten freien Umgang mit den Mädchen, Kinder aber, die aus diesem Verkehr hervorgingen, wurden fast stets getötet; nur die Veteranen durften heiraten, und auch diese nur nach besonders erteilter Erlaubnis des Königs. Das Volk ergänzte sich weniger durch die eigene Nachkommenschaft, die in Folge dieser Gesetze gering an Zahl war, als aus den Kindern besiegter Stämme.

Wie in früherer Zeit das Volk der Dschagga diesen Zug bis zum äussersten durchgeführt hat, haben wir bereits gesehen (vgl. S. 62). Bei den Kosakaffern unterschied man ebenfalls junge Krieger und Veteranen, denen die Knaben als natürliche Gruppe gegenüberstanden, doch war diese Ordnung weniger systematisch durchgeführt.

Unter den Galla, die als hamitisches Volk den Massai verwandtschaftlich näher stehen, finden sich Stämme, die das System der Altersklassen kennen, obwohl es nirgends in so scharfer und einseitig auf den Krieg zugeschnittener Weise entwickelt ist wie bei den Massai. Nach Paulitschke sind bei den südlichen Galla, die hauptsächlich Viehzucht treiben, die jungen Leute mit der Bewachung der Herden betraut. Die Jünglinge heissen keeros im Gegensatze zu den gereiften Männern (abba roratti) und zerfallen wieder dem Alter entsprechend in zwei Unterklassen, die ari (Anfangenden?) und ghâba (Vollendenden?), die sich durch ihre Haartracht unterscheiden. Wer unter die reifen Männer aufgenommen werden will, muss eine Heldenthat aufweisen, worauf nach der Angabe Wakefields erst die feierliche Beschneidung erfolgt. Dieser späten Feier der Geschlechtsreife entspricht es ganz, dass auf die Keuschheit der Mädchen hoher Wert gelegt wird, die freie Liebe also nicht besteht, während wieder die verheirateten Frauen, denen ein Austoben in der Jugend versagt geblieben ist, keinen strengen Sittlichkeitsbegriffen huldigen. Es ist das ein vorzügliches Beispiel, wie unter einfachen Verhältnissen ein Brauch den anderen bestimmt, und wie ferner die Sinnlichkeit, die von der einen Seite zu stark unterdrückt wird, sich nach einer anderen Richtung einen Ausweg sucht. Unwillkürlich wird man an europäische Verhältnisse erinnert: Die romanischen Völker, bei denen die weibliche Jugend in klösterlicher Strenge erzogen wird, haben dafür mehr mit der ehelichen Untreue zu rechnen, als die germanischen, bei denen die heranwachsenden Mädchen freier und unbefangener, wenn auch der Kulturhöhe entsprechend keineswegs in zügelloser Weise, mit dem anderen Geschlecht verkehren dürfen; unter der germanischen Rasse findet daher weder das beständige Spiel mit dem Gedanken des Ehebruchs, wie es für die französische Kunst und Litteratur so bezeichnend ist, einen rechten Boden, noch gar die in ein System gebrachte Untreue des italienischen Cicisbeats.

Die nördlichen Galla, die wohl durch die Nachbarschaft des alten abessinischen Reiches teilweise veranlasst worden sind, sich staatlich zu organisieren, haben dabei den vorhandenen Keim der Altersklassen in ganz eigenartiger Weise fortentwickelt und den Zwecken des Staatslebens angepasst. Leider ist die Darstellung, die Paulitschke nach verschiedenen Quellen entwirft, nach seinem eigenen Geständnis nicht vollständig klar. Auf jeden Fall macht das System den Eindruck, dass es künstlich geschaffen ist, und die Überlieferung hat vielleicht nicht Unrecht, wenn sie einen gewissen Maqo Bili als den Mann bezeichnet, der die südäthiopischen Gallastämmen durch eine „Verfassung“ zu einer grossen Einheit verschmolzen hat. Er soll die gesamten Galla des Gebietes in 10 grosse Gruppen (gadá) geteilt haben, von denen immer je zwei auf 8 Jahre die politische Leitung des Volkes haben sollten, sodass nach einem Zeitraum von 40 Jahren jede Gruppe einmal zur Regierung gekommen sein muss. Diese Gruppen sind wohl ursprünglich Stämme, die nur auf diese merkwürdige Weise in engere Beziehung gebracht sind. Dafür aber, dass diese äussere politische Leben das ganze innere Leben des Volkes durchdringt und beherrscht, ist durch ein an die achtjährigen Perioden (buttá, wörtlich Beschneidung) geknüpftes System von Altersklassen gesorgt, das alle diejenigen Männer umfasst, die in der Regierungszeit ihrer Gruppe an den Staatsgeschäften teilgenommen haben; in dieses Klassensystem sind ziemlich willkürlich gewisse alte Züge der Knabenweihe und Jünglingsbünde aufgenommen, wie die Beschneidung, Tänze mit Ausschluss von Weibern, Maskeraden und Neckereien. Um nicht durch eine abgekürzte Wiedergabe der Darstellung Paulitschkes die ohnehin vorhandenen Unklarheiten zu vermehren, lasse ich seine Schilderung wörtlich folgen.

„Die zur Versehung von Staatsgeschäften auserkorenen und formell gewählten Angehörigen einer Gadá-Gruppe erhalten bei ihrem Amtantritt die Bezeichnung ajú oder boú (Landesvater), welche sie während der buttà oder des Zeitraums von acht

Jahren führen. Sie nehmen in dieser Zeit an allen Staatsgeschäften Anteil. Ihre Amtshandlung leitet sie mit einem Opfer ein, das gleichfalls buttá heisst und dem kein Fremder bei Todesstrafe anwohnen darf. Nach Beendigung von vier Jahren in dieser Eigenschaft lassen sich alle ajú beschneiden. Sie werden während der ersten 8 Jahre, wo sie noch junge Burschen sind, auch debelé genannt, führen unter einander mit Ausschluss der Frauen Tänze auf und begehen Festlichkeiten zu Ehren des Stammes, dem sie angehören. Sind die ersten 8 Jahre verflossen, so wird, ohne dass Jemand hierbei Waffen tragen darf, eine Versammlung abgehalten, gleichsam um zu resumieren, was geleistet wurde, madâba (Häuserbau) genannt, und die Galla, deren buttá zu Ende ging, erhalten den Namen folé, pflanzen zum Gedächtnis an diese Zeit jeder einen Podoarpus- oder Cypressenbaum, führen jeder gern eine lange Rute in der Hand, verkleiden sich als Frauen, Hunde, Affen, überhaupt mit Vorliebe als Tiere und haben in dieser Maske das Recht einer schrankenlosen Meinungsäusserung, die sogar zu Spott und Insulten der ihnen Begegnenden ausarten darf. Die Erfahrungen, die sie als Leiter politischer Angelegenheiten gesammelt, vielleicht der Zusammenhang mit mancher noch aktuellen Angelegenheit verschafft ihnen ein gewisses Ansehen als Kenner der Staatslage und ihre Stimme ist für viele von Interesse.

„Während der nächsten 8 Jahre, deren Beginn mit einer Versammlung während des Frühlingsäquinoktiums inauguriert wird, führen die Galla den Namen Kondalla, pflanzen abermals Gedächtnisbäume und begehen in demselben Jahre bei dem Herbstäquinoktium ein neues Fest (benti), an dem viele heiratsfähige Mädchen teilnehmen und bei welcher Gelegenheit nach obscönen Tänzen die Ehen unter den jungen Leuten verabredet werden und wo die Heiratswerber dem Mädchen ein Geschenk — eine Jacke oder einen Lederunterrock — machen. Im dritten Jahre nach dem benti findet ein nationales Stieropfer der Kondalla statt, welches der ajú ihrer Familie darbringt. Die letzten 8 Jahre in der politischen Laufbahn jedes Galla, die 4. gadá, beginnen mit einer degagga genannten Versammlung aller Beteiligten, die fortan den Namen gadôma oder darôma führen, welche Bezeichnungen so viel wie Vollbürger zu bedeuten scheinen, denn sie bringen den Männern das Recht aller politischen und Ehrenrechte, sowie die Befugnis, religiöse Opfer aller Art zu verrichten. Auch diese Zeitperiode ist durch Pflanzungen von Bäumen und eine sehr zahlreich besuchte Schlussversammlung aller Teilnehmer (odà) markiert, während welcher die ersterwählten ojú ihr Amt antreten.

„Nach dieser Zeit, also in der Regel in einem Alter von etwa 60 Jahren, zieht sich der Galla gewöhnlich von den Staatsgeschäften zurück und macht jüngeren Kräften seiner Familiengruppe Platz. Während der letzten 16 Jahre hat er den Titel akakajú (Grossvater des Landes) geführt und nach Möglichkeit die jüngeren ajú beraten.“ Der Rücktritt der abgehenden Alten (lûba) wird durch ein tumultuarisches Fest gefeiert, worauf die Greise den Namen bûba annehmen und politisch nicht mehr hervortreten.

So interessant diese Schilderungen sind, so unklar sind sie auch. Offenbar handelt es sich um eine streng geregelte Folge von Altersklassen, zu denen aber nur die eigentlichen Volksvertreter, die ajú, gehören; Beschneidung und Heirat scheinen zu gehöriger Zeit zu erfolgen, ebenso der Rücktritt vom politischen Leben. Nehmen wir an, dass ein ajú mit dem zwölften Jahre in den Staatsdienst eintritt, so erhalten wir folgende Klassen:

12	Jahre	(Kindheit)
8	„	debelé (im 4. Jahre Beschneidung)
8	„	folé
8	„	kondalla (Heirat)
8	„	gadôma, darôma
16	„	akakajú
60	Jahre.	Von da an bûba.

Übrigens wirkt des Klassensystem auch auf die anderen Volksgenossen teilweise ein. „Wer einmal ajú gewesen, vererbt diesen Titel in seiner Familie zum Gedächtnisse an die seiner Familie durch die Wahl zum Stammesleiter erwiesene Ehre. Wer den Titel erbt, und dies kann oft ein unmündiges Kind, aber auch ein bejahrter Greis sein, nimmt an sich die Beschneidung vor, darf sich unter die debelé, folé u. s. w. mischen, hat aber keinerlei aktives politisches Recht und verliert nach 40 Jahren den ajú-Titel an einen Nachfolger". Hoffentlich gelingt es, über diese Zustände, die stellenweise schon arg in Verfall zu sein scheinen, noch genauere Berichte zu erhalten[3]).

Weit klarer ist die Einteilung des Volkes nach Altersklassen in einem der Reiche des mittleren Sudân, in Wadai. In jedem grösseren Dorfe finden sich hier nach dem Berichte G. Nachtigals[4]) drei öffentliche Hütten, deren eine, Solo genannt, für die Alten bestimmt ist, eine zweite (Turrik) für die Männer vom 25. bis etwa 50 Jahre und eine dritte für die Jünglinge; hier ist also das Princip des Männerhauses, über dessen Eigenart späterhin zu berichten sein wird, weiter fortgebildet und in sehr lehrreicher Weise differenzirt. Die Jünglinge scheinen auch Nachts ihrer Hütte zu bewohnen, während die Männer Abends in die Wohnhütten gehen, die als Eigentum der Frauen gelten; ihre Mahlzeiten nehmen dagegen alle Männer in den gemeinsamen Häusern ein, wobei die jüngeren Klassen die älteren bedienen. Die Klasse der Alten scheint den meisten Einfluss zu besitzen, aus ihrer Versammlung (Dschemma') geht der Mandschak (Bürgermeister) hervor, der im Einverständnis mit ihr zu handeln pflegt. Diese Dschemma' leitet überhaupt die Gemeindeangelegenheiten, wacht über die öffentliche Moral und pflegt in manchen Angelegenheiten Recht zu sprechen. Den Alten bis zu einem gewissen Grade untergeordnet sind die jüngeren Leute, die sibjân (Sing. sabî) oder kurtu. Sie vereinigen sich mit jenen zur Besprechung der Kriegsangelegenheiten, öffentlichen Arbeiten und dergl. und haben einen eigenen Aufseher, millek oder ornang genannt, der auf Ordnung sieht[1]). Die jüngste Altersklasse der Männer, die der ferâfir (Sing. farfarok), umfasst die Jünglinge vom 18. bis zum 25. Jahre. Auch die Knaben zerfallen in zwei Klassen, eine jüngere, die der sedâsî (bis zu 6 Spannen hoch) und eine ältere, die der nurti (Sing. nermak), die im allgemeinen die schulpflichtigen Knaben umfasst. Den Grenzstein zwischen beiden Klassen dürfte die Beschneidung bilden, die zwischen dem 8. und 12. Lebensjahr stattfindet. Die nurti leben gemeinsam in der Schule, nehmen zu Hause nur ihre Mahlzeiten ein und sind ebenfalls unter der Leitung eines millek organisiert. Es ergeben sich demnach folgende Klassen:

1. Jüngere Knaben, Sedâsî
2. Ältere Knaben, Nurti
3. Jünglinge, 18—25 Jahre, Ferâfir
4. Männer, 25—50 Jahre, Sibjân, Kurtu
5. Ältere Männer, über 50 Jahre, (Dschemma')

Die Frauen sind nach diesem Vorbild ebenfalls in Gruppen geordnet, die mit den entsprechenden männlichen Gruppen derart in Beziehung gebracht sind, dass die Männergesellschaften eine gewisse Aufsicht über die Frauen üben, die ihrerseits Aufseherinnen (tandschak) besitzen. Diese tandschak stehen unter den millek der Männergruppen, ausserdem besitzen diese je einen Vertreter (arak) bei den entsprechenden weiblichen Gruppen. Die ferâfir sind auf diese Weise enger mit der Gesellschaft der heranwachsenden Mädchen verbunden, die sibjân mit den Jungfrauen und Frauen bis zum Alter von 30 Jahren, die alten Männer mit den Frauen der höheren Jahrgänge. Da ausserdem, wie erwähnt, die jüngeren Klassen unter der Aufsicht der älteren stehen und ihnen hülfreich zur Hand gehen müssen, so ergiebt sich ein wohlgegliederter Volksorganismus, der durchaus auf den Boden des Systems der Altersklassen steht. Der Einfluss der islamitischen Kultur ist namentlich darin erkennbar, dass sich eine besondere Klasse der schulpflichtigen Knaben gebildet hat.

Weit im Westen Afrikas findet sich noch ein Stamm, der das System der Altersklassen höher entwickelt hat und in dieser Beziehung unter seiner Umgebung ziemlich vereinzelt dasteht. Es sind das die Kru im Gebiet von Liberia, die nicht allein durch ihr Klassenwesen sich von anderen Stämmen Westafrikas unterscheiden, sondern von jeher dadurch merkwürdig gewesen sind, dass sie ohne Schwierigkeit bedeutende Mengen von Arbeitern, Matrosen u. s. w. zu liefern pflegen, die sich bei den Europäern auf Zeit vermieten und für die Kulturentwicklung Afrikas geradezu unentbehrlich geworden sind. Beide Eigentümlichkeiten hängen eng zusammen: Da die Männerorganisation nach Altersklassen stärker ist als das zur kleinlichen Zersplitterung neigende Sippenwesen, sind die Männer von Jugend auf an enges Zusammenhalten und gemeinsame Thätigkeit gewöhnt; ausserdem stehen die Jüngeren unter straffer Aufsicht der Alten, die ihre Arbeitskraft zu gunsten des Familienvermögens ausnutzen und dem ganzen Volk auf diese Weise allmählich eine grosse Arbeitswilligkeit anerzogen haben. Die alten Leute bilden zusammen einen Rat, der über politische Angelegenheiten entscheidet und zugleich, da die meisten der Greise auch Familienväter sind, starken Einfluss auf die jüngeren Männer zu üben vermag. Nach Wilson zerfallen die jüngeren Leute in zwei Altersklassen, die der Jünglinge und die der Krieger, nach anderen Berichten bilden sie nur eine Klasse, der dann als natürliche Ergänzung noch die der Knaben anzufügen wäre; jedenfalls ist die Bedeutung der ältesten Klasse bemerkenswert, der gegenüber die anderen weniger hervortraten. Die Klassenorganisation ist, wie gesagt, zweifellos die Ursache, dass die Kru bei ihren Seereisen und Arbeiten festgeschlossene Gruppen bilden, die unter dem Befehl eines der Ihrigen stehen; zuweilen geht auch einer der alten Leute als Führer mit und übt dann eine unbestrittene Autorität über seine Schützlinge aus.

[1]) Hauptquellen für die Kenntniss der Massai sind: Krapf, Reisen in Ostafiika II. — C. v. d. Decken, Reisen in Ostafrika II. — Thomson, Through Massai Land. — Baumann, Durch Massailand zur Nilquelle. — Hildebrandt i. Zschr. f. Ethnologie X. — Fischer i. Mitt. d. Geogr. Ges. Hamburg 1882/83. — Hinde, The Last of the Masai.

[2]) Kaiser i. Mitt. d. Geogr.-Commerc. Ges. St. Gallen 1898, S. 23, 35.

[3]) Die oben gegebenen Notizen sind sämmtlich dem Werke Paulitschkes „Ethnographie Nordostafrikas“ entnommen.

[4]) Sâhara und Sudân III, S. 244 f.

[5]) Möglicherweise bezieht sich allerdings diese Angabe Nachtigals auf die Ferâfir.

---

b. Australien.

Das australische Festland, das mit seinen Tier- und Pflanzenformen wie ein vergesssenes Überbleibsel älterer Erdperioden erscheint, weist auch im Wesen seiner Menschen mancherlei Züge auf, die anderswo längst umgebildet oder vernichtet sind. Thöricht wäre es freilich, nun die Australier einfach als Typen der Urmenschheit zu begrüssen; diese vereinsamte, auf ein wasserarmes Inselland beschränkte Bevölkerung hat sich in ihrer Art ebenfalls entwickelt, nur dass ihr nach vielen Seiten hin die Bahn verschlossen war und sie sich gezwungen sah, einseitig gewisse Gebiete des Denkens und Empfindens auszubauen, die andere Völker, in frischer Kulturarbeit thätig, weniger beachtet haben. Die allgemein gültige Erscheinung, dass bei den höheren Kulturvölkern die Verwandschaftsformen und -Beziehungen dürftig sind, während gerade die niedern Stämme verwickelte Systeme des Familien- und Sippenwesens sind und die seltsamsten Heiratsbeschränkungen besitzen, trifft für kein Volk so zu wie für die Bewohner Australiens. Betrachtet man aber die einzelnen australichen Stämme wieder im besondern, so zeigen sech die grössten Verschiedenheiten, und die geographische Verbreitung der Sitten lässt oft erkennen, dass sie von irgend einem Mittelpunkt ausgegangen sind und sich mehr oder weniger mit fortgepflanzt haben. Von Urzuständen kann also keine Rede sein, aber immerhin darf man hoffen, dass sich in Australien die alten Grundzüge der Gesellschaftsbildung noch kenntlich erhalten haben. Da ist es nun sehr bemerkenswert, dass das technische Sippenwesen sehr mannigfaltig entwickelt und in keiner Weise übereinstimmend erscheint, dass sich dagegen die Altersklassen so gut wie überall in ganz typischer Form finden. Stellenweise ist aus ihnen das System der Heiratsklassen hervorgegangen, das die Sippeneinteilung in merkwürdiger Weise durchsetzt und differenzirt, aber die Sonderung nach Altersstufen ist daneben wohl erhalten, wie das Cunow[1]) schlagend nachgewiesen hat. „Fast bei allen Australischen Stämmen", schreibt er, „wird der Lebenslauf eines Mannes (und ebenso der einer Frau) in drei mit besondern Namen benannte Abschnitte geteilt, nämlich in die Kindheitsperiode, in die Zeit, während welcher er, wie der australische Ausdruck lautet, „junger Mann" ist, und in die Zeit, in der er „alter Mann" genannt wird. Eine Einteilung, die mit unsrer subjektiven Unterscheidung zwischen jungen und alten Personen nicht in Vergleich zu stellen ist, denn nur in der ersten dieser Perioden tritt der Australier ohne weiteres Zuthun mit der Geburt, der Eintritt in die späteren ist dagegen an die Erfüllung gewisser Bedingungen geknüpft und bringt in allen Tribes besondere mehr oder weniger weit reichende Rechte und Pflichten mit sich.“

In diesen Worten ist angedeutet, dass sich in Australien das System der Altersklassen schon einigermassen dem der Klubverbände nähert, das im benachbarten Melanesien so ausgezeichnet durchgebildet ist: An die Stelle der natürlichen Altersstufen und der Ehe als eines bestimmten Lebensabschnittes treten künstliche Abgrenzungen, die zu überschreiten nur dem gestattet ist, der gewisse Bedingungen erfüllt und die unvermeidlichen Proben und Festlichkeiten durchmacht. Die hohe Achtung, die bei den Australiern die alten Leute geniessen, und der Einfluss, den sie üben, bringt es ohnehin mit sich, dass die höhern Altersstufen auch die angesehensten sind und ganz von selbst dahin streben, die Zahl ihrer Mitglieder nicht übermässig anwachsen zu lassen. Was aber die Weihefeste betrifft, die den Übergang von einer Stufe zur andern bezeichnen, so ergeben sie sich als Fortbildungen der Knabenweihe, die ja in Australien meist zu einer längeren dramatischen Feier ausgestaltet ist. Zuweilen sind die einzelnen Phasen der Knabenweihe so beträchtlich auseinandergezogen, dass man schon von den Anfängen einer weiteren Klassenteilung sprechen kann; beim Aruntastamm z. B. erfolgt die erste Weihe, die hauptsächlich darin besteht, dass man die Knaben bemalt und in die Luft wirft, zwischen dem 10. und 12. Jahre, bedeutend später erst die Beschneidung und nach 6 Wochen später die Ariltha-Ceremonie (Aufschlitzen der Urethra), worauf der Jüngling endlich als vollgültiges Mitglied des Männerlagers betrachtet wird[1]).

Das einfachste System der Altersklassen ist bei manchen australischen Stämmen nicht weiter fortgebildet worden, so bei einer Anzahl sprachlich verwandter kleiner Stämme im Südwesten Victorias, die Dawson geschildert hat, den Kolor-Kuredit u. s. w. Bemerkenswert ist es, dass hier die Stufe der mannbaren Unverheirateten nicht besteht, sondern mit der der Knaben zusammenfällt: Der Übertritt zu den „jungen Männern" findet unter bestimmten Förmlichkeiten im 17. und 18. Jahre statt, und er ist zugleich mit der Erlaubnis zu heiraten verbunden. Drei Alterklassen kennen auch die Dieyerie, aber bei ihnen sind sie dadurch, dass die Weihebräuche auf längere Zeiträume verteilt werden, schon in Unterabteilungen zerlegt, die freilich im gesellschaftlichen Leben nicht merklich hervorzutreten scheinen. Bereits im Alter von 5—10 Jahren wird die Nasenscheidewand durchbohrt, einige Jahre später folgt das Ausbrechen zweier Vorderzähne. Zeigt sich beim jungen Manne der Bartwuchs, so wird die Beschneidung vollzogen, die ihn auf die Stufe der Männer hebt, aber ihm noch nicht das Recht erteilt zu heiraten; hier ist also die Klasse der Junggesellen wenigstens in kenntlicher Weise angedeutet. Die Heiratserlaubnis wird erst nach zwei weiteren Zeromonien erlangt, denen bei einem Teil der Jünglinge noch eine dritte (Aufschlitzen der Urethra) folgt. Die Weiber haben ähnliche, aber anscheinend einfachere Weihebräuche durchzumachen, ehe sie heiraten dürfen.

Bei den Stämmen von Nord-Queensland giebt es vier Altersklassen für beide Geschlechter. Je höher die Stufe ist, in die jemand aufrückt, desto geringfügiger werden die Ceremonieen; freilich konnte Roth[1]), dem wir die besten Nachrichten über dieses Gebiet verdanken, gerade über die Weihebräuche der höheren Grade wenig erfahren, einmal weil die Eingeborenen nur sehr ungern darüber sprechen, und dann, weil mit der abnehmenden Volkszahl der Stämme die oberen Klassen zuerst verschwinden und in Vergessenheit geraten. Um reine Altersklassen handelt es sich hier übrigens nicht mehr. „Ehe irgend Jemand", sagt darüber Roth, „die nächste Stufe erreichen kann, mnss er selbst alle Pflichten bei der Einweihung anderer in seinem eigenen Rang erfüllen, bis er mit zunehmendem Alter zum Leiter, Oberaufseher oder Meister der Zeremonien aufrückt, die an seine Klasse geknüpft sind; hat er diese erwünschte Auszeichnung erreicht, kann er bei erster bester Gelegenheit in den nächsten Rang oder Grad aufgenommen werden. Manchmal werden zwei oder drei Männer zugleich in den Grad aufgenommen. Es kann viele Jahre dauern, selbst bis zu einem hohen Alter, ehe alle gesellschaftlichen Rangstufen erreicht sind.“ Es ist wohl kein Zufall, dass diese Umbildung des Grundgedankens, auf dem das System der Altersklassen beruht, gerade in dem Teile Australiens erfolgt ist, der Melanesien mit seinen Klubeinrichtungen am engsten benachbart und von dort auch in anderer Beziehung nachweislich beeinflusst ist. Es scheint, dass mehrfach Kulturideen wellenartig vom Norden her das stille Gewässer australischen Völkerlebens durchzogen haben.

Als Beispiel der Organisation mögen die Verhältnisse im Buliabezirk dienen. Beim Pitta-Pittastamm heissen die Knaben, sobald sich die ersten Merkmale der Pubertät zeigen, koo-e-ri; wenn die Mannbarkeit völlig eingetreten und der Bart gewachsen ist, nennt man sie yup-pi-e-ri und feiert das erste Weihefest. Wir haben hier also den charakteristischen Zug, dass die Weihezeit in zwei Abschnitte zerfällt, und dass die Altersstufe mit der vollen Reife abschliesst, also noch durch die natürliche, allgemein übliche Grenzlinie von der nächst höheren getrennt ist. Ähnlich werden die Mädchen bei beginnender Reife mi-ri und bei vollendeter ka-na-ri genannt und alsdann geweiht. In den zweiten gesellschaftlichen Grad werden die jungen Männer oder Mädchen, die von den Mitgliedern des Grades ausgewählt sind, meist zu mehreren gleichzeitig aufgenommen, worauf sie als ka-ti-ka-ti maro bezeichnet werden. Die Mitglieder des dritten Grades heissen koo-koo-ri maro, die des vierten mur-uk-kun-di. Es ergiebt sich also folgendes Bild:

	Männlich	Weiblich	
1.	Kinder bis zur beginnenden Geschlechtsreife		
2.	koo-e-ri	miri	bis zur völligen Geschlechtsreife
3.	yup-pi-e-ri	ka-na-ri	1. gesellschaftliche Klasse
4.	ka-ti-ka-ti maro		2. „ „
5.	koo-koo-ri maro		3. „ „
6.	mur-uk-kun-di		4. „ „

Wie in Australien die Verwandtschaftsformen benutzt worden sind, um Blutschande zu vermeiden, die innerhalb der kleinen gesellschaftlichen Verbände höchst verhängnisvoll wirken würde, so hat man auch die Altersklassen in diesem Sinne fortgebildet, ohne übrigens deshalb die ursprünglichen Formen zu beseitigen, und hat neue Systeme geschaffen, die man besser Heiratsklassen als Altersklassen nennt. Durch die Entstehung der Heiratsklassen werden Ehen zwischen Eltern und Kindern, Elterngeschwistern und Neffen oder Nichten verhindert, während die totemistischen Sippengesetze in erster Linie die Geschwisterehe verhüten. Wenn die Heiratsklassen ursprünglich auch dahin geführt haben, dass nicht überhaupt zu alte Leute sich mit zu jungen vermählten, so ist das ein Vorteil, der bei der Eigenart dieses Klassensystems nicht erhalten bleiben konnte, wie eine nähere Betrachtung zeigen wird; nur solange noch Heiratsklassen und Altersklassen dasselbe sind, d. h. so lange die heiratsfähig gewordenen Männer sich Frauen aus der entsprechenden weiblichen Altersgruppe wählen, werden die Altersunterschiede nicht zu gross sein. Ein Rest dieses früher wohl allgemeinen Zustandes spricht sich darin aus, dass noch heute die beliebteste Form, ein Weib zu erlangen, die ist, dass ein junger Mann einem anderen seine Schwester anbietet und von ihm dessen Schwester zur Ehe erhält; die Verbindungen finden also innerhalb der gleichen Altersschicht statt. Indes haben sich trotz des Bestehens der Heiratsklassen die Verhältnisse so verschoben, dass gerade vielfach die älteren Männer sich die jüngsten Frauen verschaffen, während junge Männer nur sehr schwer ein Weib finden.[1])

Die Heiratsklasse unterscheidet sich von der Altersklasse dadurch, dass sie nicht mehr die Leute einer bestimmten Altersstufe zusammenfasst, sondern in der Hauptsache nur noch innerhalb des engsten Familienkreises wirklich ein bestimmtes Altersverhältnis bezeichnet; die Mutter gehört z. B. stets zu einer anderen Altersklasse wie ihre Tochter, aber im übrigen kann die Klasse, zu der sie gehört, Leute der verschiedensten Altersstufen umfassen. Man kann sich das Wesen dieses Systems und vielleicht auch bis zu einem gewissen Grade seine Entstehung aus den Altersklassen am besten klar machen, wenn man sich folgenden Vorgang zu vergegenwärtigen sucht. Ein Stamm zerfällt nach altem Herkommen in drei Altersklassen, deren zwei wichtigste die der jungen Leute und die der älteren Männer und Frauen sind, während die der Kinder als unorganisiert nicht sehr in Betracht kommt; nennen wir die jüngere männliche Klasse A, die entsprechende weibliche a, die älteren Klassen B und b. Dann werden natürlich die Angehörigen der Klasse B mit solchen der weiblichen Klasse b verheiratet sein, während die A sich aus den a Frauen suchen werden. Jetzt werden die Alterklassen in Heiratsklassen umgebildet, d. h. man beschliesst, dass fortan Jeder zeitlebens in der Klasse bleiben soll, der er gerade angehört, dass seine Kinder dagegen in die andere, deren Kinder wieder in die erste gehören sollen; die Kinder von A und a sind also B und b, die von B und b wieder A und a. Auch in Zukunft ist die Heirat nur zwischen den entsprechenden Klassen gestattet, also es darf ein A nur eine a, ein B nur eine b zur Frau nehmen. Für die erste Zeit ändert das an den bestehenden Verhältnissen nicht viel. Allmählich aber werden die Heiratsklassen mit den Altersklassen, die daneben meist ruhig bestehen bleiben, nicht mehr zusammenstimmen. Nehmen wir an, dass von zwei Zwillingsschwestern, die beide zur Klasse a gehören, die eine im 20. Jahre ein weibliches Kind zur Welt bringt, die andere eins im 40. Jahre, so gehören beide Mädchen zur Klasse b, obwohl das eine zu einer bestimmten Zeit 10, das andere 30 Jahr alt ist; man braucht sich derartige Gegensätze nur noch weiter fortgesetzt zu denken, so hat man Leute der verschiedensten Altersstufen in einer Klasse vereinigt. Ohnehin sind, da nur zwei Klassen zu bestehen pflegen, die Grosseltern in derselben Klasse wie die Enkel, sodass von dem ursprünglichen System der Altersklassen und ihrer Wirkung auf die Eheverhältnisse so gut wie nichts übrig bleibt.

Wie ist nun eine solche Umbildung möglich? Die einfachste und wohl auch richtigste Antwort ist die, dass wir hier eine Wirkung der Verwandtschaftssysteme vor uns haben, die mit solcher Vorliebe ausgebaut worden sind, dass man auch die Altersklassen ihnen anpasste und durch die Umgestaltung zu Heiratsklassen in Bestandteile des künstlichen Gebäudes verwandelte. Das zeigt sich schon darin, dass die Zugehörigkeit zu einer Heiratsklasse durch die der Mutter in dem Sinne bestimmt wird, dass das Kind stets zur entsprechenden anderen

Klasse gehört, dass also ein mutterrechtlicher Zug, der dem Wesen der Altersklassen ganz fremd ist, den Heiratsklassen anhaftet. Weiterhin aber sind diese insofern ganz den Sippenverbänden ein- und untergeordnet worden, als die Klassen je nach der Sippe oder richtiger der Phratrie, der einer angehört, verschiedene Namen führen; auf diese Weise entsteht ein scheinbar kaum zu übersehendes Durcheinander, das aber in Wirklichkeit, wenn man nur die dargelegten Grundzüge im Auge behält, gar nicht schwer zu deuten ist.

Bei dem am besten untersuchten Stamme der Kamilaroi liegen die Verhältnisse folgendermassen: Der Stamm zerfällt in sechs totemistische Sippen, von denen wieder je drei einen Sippenverband bilden, nämlich

I. Sippenverband Dilbi	1. Duli (Leguan) 2. Murriira (Padymelon) 3. Mütě (Opossum)
II. Sippenverband Kupathin	4. Dinoun (Emu) 5. Bilba (Bandikot) 6. Nurai (Schwarzschlange)

Innerhalb eines Sippenverbandes ist die Heirat untersagt, die Männer des Sippenverbandes Dilbi dürfen also nur Weiber aus dem Verbande Kupathin nehmen und umgekehrt. Die 6 einzelnen Sippen kommen weder für diesen Fall noch in Bezug auf auf die Heiratsklassen besonders in Betracht.

Diese Einteilung, die rein auf Blutsverwandtschaft beruht, wird nun durchkreuzt durch eine zweite nach Heiratsklassen, und zwar heissen diese Klassen, deren jeder Sippenverband zwei besitzt:

	Männlich	Weiblich		Männlich	Weiblich
Beim Verband Dilbi	I. Murri	Mata	Beim Verband Kupathin	I. Kumbo	Buta
	II. Kubbi	Kubbota		II. Ippai	Ippata

Das sieht verwickelt aus, ist aber im Grunde ganz einfach. Erinnern wir uns zunächst, dass immer das Kind einer anderen Klasse als die Mutter angehört, so ergiebt sich z. B. beim Verband Dilbi, dass eine Mutter der ersten Klasse, also eine Mata, Kinder hat, die zu den Kubbi und Kubbota gehören; die Tochter Kubbota hat dann wieder Kinder, die Murri und Mata sind; die Mata hat abermals Kubbi und Kubbota u. s. w. Ganz ähnlich ist es beim Verband Kupathin, nur dass hier eben die Namen andere sind. Eine Buta erzeugt Ippai und Ippata, eine Ippata darauf wieder Kumbo und Buta. Die Heiratsklasse des Vaters ist hierbei ohne Bedeutung.

Nun gilt das ganz einfache Gesetz, dass ein Angehöriger der ersten Heiratsklasse des einen Sippenverbandes nur ein Weib aus der ersten Heiratsklasse des anderen nehmen kann, und dass ebenso einer der zweiten Klasse sich eine Frau aus der entsprechenden zweiten Klasse des anderen Verbandes holen muss. In dieser Form ausgesprochen ist die Sache ohne weiteres verständlich, während sie durch Aufstellen grosser tabellarischer Übersichten nur unklarer wird. Es ergiebt sich ganz von selbst, dass ein Murri, mag er nun zur Duli-, Murriīra- oder Mūtč-Sippe gehören, immer eine Buta nehmen muss, die ihrerseits aus der Dinoun-, Bilba- oder Nurai-Sippe stammen kann; eine Mata heiratet stets einen Kumbo, ein Kubbi eine Ippata, ein Ippai eine Kubbota. So entsteht eine doppelte Heiratsbeschränkung. Ein Mann darf nur ein Weib nehmen, das aus dem anderen Sippenverband, aber aus der Altersklasse stammt, die der seinigen entspricht. Seine Kinder gehören dann der Sippe der Mutter, aber der anderen Altersklasse an, die ihm verboten ist. Damit ist die Möglichkeit, dass ein Vater seine Tochter oder ein Oheim väterlicherseits seine Nichte heiratet, vollständig abgeschnitten und somit durch Heranziehen und Umbilden der Altersklassen dem totemistischen System ein neuer Zug, der die Inzucht verhüten soll, hinzugefügt.

Heiratsklassen finden sich bei zahlreichen anderen Stämmen, von denen hier wenigstens einige (nach Cunows Zusammenstellung) erwähnt sein mögen. Der Kogai-Stamm im südlichen Queensland zerfällt in folgende Klassen:

	Männlich	Weiblich		Männlich	Weiblich
I.	1. Urgilla	Urgillagun	II.	1. Obur	Oborugun
	2. Unburri	Unburrigun		2. Wungo	Wungogun

Die Stämme am oberen Herbertfluss haben die Klassen:

	Männlich	Weiblich		Männlich	Weiblich
I.	1. Tarawang	Tarawangan	II.	1. Bulgowang	Bulgowangan
	2. Bunda	Bundagan		2. Barang	Barangan

Die Zahlen I und II bezeichnen auch hier die Sippengruppen, innerhalb deren die Ehe, verboten ist, 1 und 2 die beiden Heiratsklassen, die in jeder Sippengruppe, nur unter besonderen Namen, vorhanden sind. Auch hier heiratet Jeder in die andere Sippengruppe, aber in die eigene dort vertretene Altersklasse: beim zweiten Beispiel muss also ein Tarawang eine Bulgowangan nehmen, ein Barang eine Bundagan; die Kinder sind im ersten Falle Barang und Barangan (Sippe der Mutter, aber die andere Altersklasse!), im zweiten Tarawang und Tarawangan. Die Anordnung ist bei den Kogai- und Herbertstämmen etwas übersichtlicher als bei den Kamilaroi, weil hier alle Namen der weiblichen Klassen einfache Ableitungen von denen der männlichen sind. Bei einigen Stämmen sind die Namen überhaupt dieselben für die männlichen wie die weiblichen Mitglieder einer Klasse, so bei den Ngurlastamm in Nordwestaustralien:

I.	1. Purungnu	II.	1. Parrijari
	2. Banaku		2. Kiamuna

Es führt leicht zu Irrtümern, wenn man von vier oder gar von acht Heiratsklassen spricht, wenn sich auch formell nichts dagegen einwenden lässt; in Wirklichkeit sind immer nur zwei Klassen vorhanden, deren verschiedene Bezeichnung wohl daher rührt, dass sie in den Sippenverbänden zunächst selbständig entstanden und erst nachträglich zu einander in Beziehung gebracht sind.

Auffallend möchte es scheinen, dass immer nur zwei Hauptklassen bestehen, dass also die Enkel wieder zur Klasse ihrer Grossmutter gehören, während doch die ursprünglichen Altersklassen stets in grösserer Zahl vorhanden sind und noch Neigung zu weiterer Differenzierung zeigen. Der Grund mag wohl in dem schon erwähnten Umstand zu suchen sein, dass die Heiratsklassen, nachdem sie sich einmal von den Altersklassen unabhängig gemacht hatten, bald aus Personen der verschiedensten Altersstufen bestanden und gar nicht mehr die Aufgabe erfüllen konnten, die Ehe ungefähr Gleichaltriger zu begünstigen. Damit aber fiel jede Notwendigkeit fort, ihre Zahl weiter zu vermehren. Ihre nunmehr einzige Aufgabe, die Inzucht zwischen Ascendenten und Descendenten zu hindern, erfüllten sie auch beim Bestehen von nur zwei Klassen genügend.

[1]) H. Cunow, Die Verwandtschaftsorganisationen d. Australneger S. 25 ff.

[2]) Spencer and Gillen, The native tribes of Central Australia S. 212 ff.

[3]) Walter E. Roth, Ethnological Studies among the North-West-Central Queensland Aborigines S. 169 ff.

[4]) Vgl. Lumholtz, Unter Menschenfressern S. 207.

---

c. Amerika.

So einfache und klare Systeme von Altersklassen wie in Afrika oder Australien sind in Amerika nicht zu finden; dass sie indessen auch hier einen Grundpfeiler der Gesellschaftsordnung gebildet haben, geht aus zahlreichen Spuren hervor, abgesehen von dem später zu erwähnenden Vorkommen des Männerhauses und geheimer Gesellschaften, die beide aus der Ordnung nach Altersklassen entstehen. Die Klasseneinteilung nach dem Alter ist nur umgebildet, aber nicht eigentlich verschwunden.

Stellenweise, wenigstens bei nordamerikanischen Indianerstämmen, lässt sich noch nachweisen, welche Einflüsse die Umbildungen bewirkt haben. Da ist zunächst die Entstehung eines besonderen Häuptlingsstandes zu nennen, der entweder aus gewählten Personen besteht oder in bestimmten Familien erblich ist; die Häuptlinge treten auf diese Weise an die Stelle der höchsten und angesehensten Altersklasse, die nun überflüssig wird. Ferner bildet sich im Zusammenhang mit dem Häuptlingswesen vielfach ein eigener Kriegerstand heraus, den man in seiner entschiedensten Form eher eine Polizeitruppe nennen könnte, der aber oft nicht mit einer bestimmten Altersklasse zusammenfällt. Neben den Kriegern bilden auch die Jäger des Stammes gern einen besonderen Verband, der dann wieder in verschiedene Klassen zerfallen kann. Überhaupt treten an die Stelle der Altersverbände Vereinigungen anderer Art, die meist auf mystischer Grundlage ruhen, eigene Bräuche und Tänze haben und also schon Übergangsformen zu den Geheimbünden bilden; die Mitglieder werden weniger daraufhin aufgenommen, dass sie ein bestimmtes Lebensalter erreicht haben, als durch Wahl und gegen entsprechende Bezahlung, ähnlich wie das in den melanesischen Klubs zu geschehen pflegt. Dass endlich auch die hohe Entwicklung der totemistischen Sippenverbände zersetzend gewirkt hat, ist selbstverständlich. Schon die geringe äussere Hervorhebung der Knabenweihe weist darauf hin, dass bei den Indianern Nordamerikas das System der Altersklassen nur noch schwach betont wird. Dennoch ist es, wie gesagt, stellenweise deutlich genug erhalten. Wenn bereits Champlain auf den Friedhöfen der Indianer bei Ottawa bemerkte, dass aus der Gestalt der Grabpfosten deutlich zu erkennen war, ob der Tote zu den Knaben, den Kriegern oder den Häuptlingen gehörte, so erscheinen hier die Altersklassen noch in natürlicher Ordnung, nur dass die Stelle der ältesten Klasse durch die Häuptlinge vertreten wird; zu den Kriegern gehörten offenbar alle waffenfähigen Männer des Stammes. Aber ungemein häufig zeigt sich die Neigung, den Stamm in einen friedlichen und einen kriegerischen Teil zu zerlegen, indem sich entweder, an das System der Altersklassen anknüpfend, eine besondere Krieger- oder Polizeiklasse bildet, oder dem Sippenwesen entsprechend einzelne totemistische Geschlechter Leute des Friedens, andere kriegerisch sind. Bei den Tschiroki unterschied man in demselben Sinn weisse und rote Städte.

Eine sehr deutliche Einteilung nach Altersklassen, die aber schon allerlei Zeichen des Zerfalls und der Umbildung an sich trägt, besitzen die Schwarzfuss-Indianer, eigentlich ein Bund von drei Stämmen, den Schwarzfuss-Indianern (Siksikano) im engeren Sinne, den Blut-Indianern (Kaina) und den Piegan (Pikuni). Die eingehendste Darstellung dieser höchst lehrreichen Verhältnisse giebt Maximilian Prinz zu Wied[1]), dessen Angaben wieder von einem Dolmetscher stammen, der 15 Jahre lang unter den Schwarzfüssen gelebt hat. Der Stamm zerfällt, von der Sippeneinteilung ganz abgesehen, in sieben männliche Klassen, die man insofern noch als Altersklassen bezeichnen darf, als das

Aufrücken in ihnen mit den Jahren erfolgt, die aber andererseits sich dem Klubwesen dadurch nähern, dass wenigstens die Angehörigen der höheren Klassen neue Mitglieder nur durch Wahl aufnehmen und ausserdem Zahlung dafür verlangen; auf diese Weise bilden die oberen Klassen eine aristokratische Schicht, in die der Arme und Unbemittelte nur langsam, vielleicht auch gar nicht vordringt, während ein anderer wieder verhältnismässig rasch die einzelnen Grade durchläuft. Die jüngste Altersklasse, die der kleinen Knaben, ist nicht organisiert. Ziemlich früh, oft schon mit 8 oder 10 Jahren, tritt der Schwarzfuss-Indianer in die unterste der sieben Klassen, die Sohskriss (Gesellschaft der Mücken), in der er anscheinend bis zu seiner Verheiratung bleibt. Wir haben hier also die typische Klasse der Junggesellen, nur dass der Eintritt bereits vor der Geschlechtsreife erfolgt und infolgedessen das Wesen und Treiben dieses Verbandes, der durch einige ältere Männer beaufsichtigt wird, noch einen sehr knabenhaften Anstrich zeigt: Sein Hauptzweck scheint das Austoben in allerlei kindischen Jugendstreichen zu sein, wobei die wilde Schar den Leuten gegenüber, die keinen Spass verstehen, eng zusammenhält. Die nächste Klasse, die der Hunde (Emitähks), besteht aus jungen verheirateten Kriegern und zeigt keine besondere Eigenart, abgesehen davon, dass sie wie jede Klasse ihre unterscheidende Art der Bemalung und ihren eigenen Tanz besitzt; in ihr haben wir, da auch die Zahl der Mitglieder unbestimmt ist, noch einen echten Altersverband vor uns, in den einzutreten keine Schwierigkeiten hat. Die folgenden Klassen dagegen, die mit Ausnahme der letzten zugleich Soldaten- und Polizeidienste zu thun haben, was einigermassen an die Justizgewalt der afrikanischen Geheimbünde erinnert, sind klubartig organisiert und nicht ohne weiteres Jedem zugänglich; zugleich freilich bilden sie doch in dem Sinne Altersklassen, als man mit zunehmenden Jahren von einer zur anderen aufzusteigen vermag. Diese Klassen sind die Sähnipähks (Prärie-Füchse), die Mastöhpate (die den Raben tragen), die Ehtskimá (Stiere mit dünnen Hörnern), die Innakehks (Soldaten) und die Stomik (Bisonstiere). Von diesen Klassen ist die der Innakehks zweifellos die wichtigste, denn sie umfasst die angesehensten Krieger und ihre Stimme giebt bei Beratungen den Ausschlag. Theoretisch noch höher geachtet ist freilich die letzte Klasse der Bisonstiere, die aus den älteren, nicht mehr kriegstüchtigen Männern besteht, aber in Wahrheit haben doch die Krieger, die zugleich den Polizeidienst im Lager versehen, den grösseren Einfluss. Alle Mitglieder einer Klasse halten fest zusammen und üben namentlich strenge Justiz gegen die Weiber ihrer Angehörigen, die Ehebruch begehen; auch dieses Einschüchtern der Frauen erinnert an afrikanische und brasilische Verhältnisse. Übersichtlich geordnet geben die Klassen der Schwarzfüsse folgendes Bild:

(Knaben bis zum 8. oder 10. Jahre.)

1. Sohskriss (Mücken), unverheiratete junge Leute,
2. Emitähks (Hunde), junge verheiratete Krieger,
3. Sähnipähks (Prärie-Füchse)
4. Mastöhpate (Rabenträger)
5. Ehtskima (Stiere mit dünnen Hörnern)
6. Innakehks (Soldaten)

(3.–6.: Polizeiklassen,)

7. Stomick (Bisonstiere), alte Leute.

Sehr bemerkenswert und für die Frage nach der Entstehung totemistischer Anschauungen wichtig ist die Thatsache, dass fast alle Klassen nach Tieren benannt sind, sodass man zunächst meinen könnte, es läge hier eine Verwechslung mit totemistischen Sippen vor. Allein diese letzteren bestehen ganz unabhängig neben den Klassen, nur ist es auffallend, dass sie nur zum kleinen Teil nach Tieren benannt sind (Schwarzer Elk, Weisses Kalb), während andere ihrer Namen ohne jede Beziehung dieser Art sind (Kurze Leute, Schlechte Leute, Geschundne Beine)[2]. Morgan, der seine Angaben vom Dolmetscher A. Culbertson erhalten hat, nennt als Sippen der Pingan-Schwarzfüsse 1. Blut, 2. Stinktier, 3. Hautfett, 4. Innres Körperfett, 5. Zauberer, 6. Niemals Lachend, 7. Darbend, 8. Halbfaules Fleisch. Er nimmt an und wohl mit Recht, dass vielfach Spitznamen die ursprünglichen Bezeichnungen verdrängt haben.

In verschiedenen Punkten abweichend von den Angaben des Prinzen zu Wied sind die neueren J. Macleans. Die Klasse der Mücken kennt er überhaupt nicht, sondern nur 6 Klassen der Krieger, denen die der „jungen Leute“, die erst Krieger zu werden streben, gegenüber steht. Es ist der Wunsch jedes jungen Mannes, unter die Krieger aufgenommen zu werden, doch bedarf es dazu einer mutigen That oder der Zustimmung des Kriegshäuptlings, der den Kandidaten prüft. Auch die weitere Erhebung zu höheren Graden wird vom Kriegshäuptling vollzogen. In Friedenszeiten dienen die Krieger als Polizisten und als Boten der Häuptlinge. Folgende Klassen bestehen nach Maclean bei den Blutindianern:

1. Mokaikinuki (die tapferen Krieger),
2. Mastoqpatupi (die Krähenkrieger),
3. Imitaiinaki (die Hundekrieger),
4. Etsinaki (die Hornkrieger),
5. Kaispa (die Sioux-Krieger),
6. Siksinaksi (die schwarzen Krieger).

Die schwarzen Krieger bilden die höchste Klasse, in die Niemand vor dem 34. oder 35. Jahre aufgenommen wird. Erst wenn Jemand alle Grade durchlaufen hat, erhält er den vollen Rang als Krieger. Die Namen und die Reihenfolge der Klassen stimmen fast gar nicht mit denen der Liste des Prinzen zu Wied überein, auch sonst erscheint die Organisation in vielen Einzelheiten anders, denn die Klasse der Alten scheint ebenso zu fehlen wie die der Jungen, und andererseits sind die sechs Kriegerklassen nur Vorstufen zum Range des wirklichen Kriegers; die aus vollwertigen Kriegern bestehende letzte und höchste Gruppe scheint nicht weiter organisiert zu sein. Hier müssen Umbildungen stattgefunden haben, die man wohl mit Recht auf die veränderten Daseinsverhältnisse und die Abnahme der Volkszahl zurückführen darf; das würde bei anderen Stämmen Nordamerikas zahlreiche Parallelen haben. Das System der Altersklassen ist dadurch weit unkenntlicher geworden als es früher war.

Die Krähenindianer (Usparokas) besassen ähnliche Klassen, in die man sich einkaufen konnte und die ihre eignen Tänze hatten, wie ebenfalls der Prinz zu Wied berichtet[3]). Es waren die folgenden:

1. Sihrapichte (Bisonstiere),
2. Ihchochke (Präriefüchse),
3. Pähriskichte (Raben),
4. Zohta-Girackschohke (halbgeschorne Köpfe),
5. Pädachischi (?)
6. Wih-Wa-Uhpake (Gesellschaft des steinernen Kopfzerbrechers),
7. Wiske-Kahte (kleine Hunde),
8. Wischkissah (grosse Hunde).

Auch hier ist das Vorwiegen der Tiernamen für die Klassen bemerkenswert. Unter den Totems der Sippen kommen übrigens Präriefuchs und Rabe ebenfalls vor, daneben sonderbare Namen wie „Bewegliche Hütten“, „Bärentatzenberg“ und „Schlechte Gamaschen“ [4]).

Bei den Cheyennes, die den Schwarzfüssen verwandt sind, gab es eine Kriegerklasse, die „Hundesoldaten“, was vermuten lässt, dass auch wirkliche Altersklassen bestanden. Nach den Angaben Catlins[5]) übten diese Hundesoldaten einen förmlichen Terrorismus über den Stamm aus und brachten durch ihre beständigen Übergriffe und Unthaten das ganze Volk in schlechten Ruf; sie bestanden aus den „verwegensten und blutdürstigsten jungen Männern“. Dodge[6]) nennt sie dagegen eine Zunft, die die Jäger des Stammes umfasste und die Büffeljagd leitete; da ihre Thätigkeit den Stamm mit Nahrung versorgte, übten sie mehr Einfluss als die Häuptlinge und die Ratsversammlung. Sie übernahmen auch den Schutz des Lagers und der Weiber und Kinder, hatten dagegen mit Kriegsunternehmungen unmittelbar nichts zu thun. Diese Widersprüche lassen erkennen, dass noch in neuerer Zeit allerlei Umbildungen stattgefunden haben.

Noch über einige andere Stämme des oberen Missouri liegen Angaben des Prinzen zu Wied vor, die ausführlichsten über die Mandans, die schon wegen ihrer ungewöhnlich qualvollen Mannbarkeitsproben erwähnt sind. Die Vermischung der Systeme der Alters- und der Kaufklassen findet sich bei ihnen ebenfalls in sehr ausgeprägter Weise. Jede Klasse oder Gesellschaft hat ihre Abzeichen, ihre Lieder und Tänze, für deren Erlernung der Kandidat zu zahlen hat, nachdem ihm von dem Anführer der

Klasse die Erlaubnis erteilt ist. Beim Eintritt in die höheren Klassen hat der neu Aufgenommene sein Weib dem einführenden Genossen, den er „Vater“ nennt, preiszugeben, oder er leiht sich zu diesem Zwecke Weiber von seinen Freunden; gewöhnlich bleibt der Verkehr indes nicht auf diesen „Vater“ beschränkt. Die Gesellschaften entsprechen im übrigen gewissen Altersstufen.

Die niedrigste Klasse ist die der thörichten Hunde oder der Hunde, deren Namen man nicht kennt (die Bezeichnung in der Mandanssprache folgt unten); es soll das wohl auf die Unerfahrenheit und Unberühmtheit der jungen Leute hindeuten, denn die Klasse umfasst die Knaben von 10—15 Jahren. Früher befanden sich auch einige ältere Leute, wohl als Aufseher, unter ihnen. Der Knabe, der eintreten will, muss die Abzeichen u. s. w. von einem der Mitglieder erwerben; der Verkäufer tritt damit aus der Gesellschaft aus und sucht sich nun in eine höhere Klasse einzukaufen. Die nächst höhere ist die Krähen- oder Rabengesellschaft, in die man sich durch ein Fest einkauft, das 40 Nächte währt. Die dritte und wichtigste Klasse ist die der Soldaten, die die ausgezeichnetsten Krieger umfasst und zugleich Polizeidienste leistet, wie das ja auch bei anderen Stämmen vorkommt. Die Mitglieder dieser Klasse konnten sich in höhere einkaufen, brauchten aber deshalb nicht aus der Gesellschaft der Krieger auszutreten; in der That war es wichtig, zu ihnen zu gehören, da sie eine Art Ausschuss bildeten, der alle bedeutenderen Begebenheiten leitete und namentlich bei der Büffeljagd die entscheidenden Anordnungen zu treffen hatte. Die vierte Klasse, die der Hunde, weist einige Züge auf, die an das Hametzenwesen der Nordwestamerikaner erinnern; bei gewissen Tänzen wirft man den Führern der Gesellschaft rohes Fleisch vor, das sie verzehren. In der fünften Klasse (Bisonstiere) befinden sich zwei besonders tapfere Männer, die das Vorrecht haben, beim Tanze einen ganzen Bisonkopf zu tragen, und die im Kampfe nie weichen dürfen. Die letzte Klasse endlich, die der schwarzschwänzigen Hirsche, umfasst alle Männer, die über 50 Jahre alt sind, ist also wieder eine echte Altersklasse, die aber auch ihren Tanz und ihre Abzeichen besitzt. Zu ihr gehören zwei Weiber, die bei den Tänzen Wasser als Erfrischung herumreichen, während die fünfte Klasse nur ein solches Weib bei ihren Tänzen hat und die übrigen keins. Übersichtlich geordnet ergeben sich also folgende Klassen der Männer:

(Kinder unter 10 Jahren)
1. Meniss-Ochka-Ochatä (Thörichte Hunde), 10—15 Jahre alt.
2. Hähderucha-Ochatä (Krähen oder Raben).
3. Charak-Ochatä oder Káua-Kara-Kachka (Soldaten).
4. Meniss-Ochatä (Hunde).
5. Berock-Ochatä (Bisonstiere).
6. Schumpsi - Ochatä (schwarzschwänzige Hirsche), über 50 Jahre alt.

(4.–6.) können zugleich zur 3. Klasse gehören.

Neben den eigentlichen Klassentänzen giebt es auch andere, die sich kaufen und verkaufen lassen, so z. B. den der halbgeschornen Köpfe, den die Angehörigen der unteren Klasse kaufen können, ehe sie Soldaten werden; ferner den der alten Hunde, der von den Mitgliedern der vierten Klasse denen der fünften abgekauft werden kann, noch ehe sie selbst in die fünfte eintreten, den von dem Stamme der Arikkaras gekauften „heissen Tanz“ u. s. w. Damit sind schon neue Differenzierungen der Klassen angedeutet, die im Laufe der Entwicklung vielleicht das ganze Klassenwesen zersetzt und in einen losen Haufen von Tanzgesellschaften aufgelöst haben würden, wenn nicht der Rückgang des Volkes allen grösseren Fortbildungen ein Ziel gesetzt hätte.

Bei den Mandan waren auch die Weiber in Altersklassen geteilt, deren aber nur vier vorhanden waren; man musste sich ebenfalls in sie einkaufen und den entsprechenden Tanz erlernen. Es waren, von der jüngsten angefangen, folgende:

1. Eruhpa-Mih-Ochatä (Flintengesellschaft).
2. Passan-Mih-Ochatä (Flussgesellschaft).
3. Chan-Mih-Ochatä (Heugesellschaft).
4. Ptihn-Tack-Ochatä (Gesellschaft der weissen Bisonkuh).

Die Benennung der Klassen nach Tieren ist bei den Mandans ebenfalls bemerkenswert, aber ganz abweichend von den Namen der totemistischen Sippen, die nach Morgan lauteten: 1. Wolf.

2. Bär. 3. Präriehuhn. 4. Gutes Wasser. 5. Adler. 6. Flachkopf. 7. Hohes Dorf. Sehr wichtig, wenn auch mehr für die Frage der Umbildung der Sippen als für die nach der Herkunft der Altersklassen, ist die Bemerkung des Prinzen zu Wied, dass diese Sippen hauptsächlich nach Dörfern benannt wären, mit anderen Worten, dass jede Sippe ein Dorf für sich bewohnt habe, Sippe und Dorfgemeinde also zusammenfielen. Die Altersklassen hätten demnach diesen örtlich gewordenen Geschlechtsverbänden gegenüber höhere politische Einheiten gebildet.

Die Mönitarris zerfallen ebenfalls in zahlreiche Gesellschaften, von denen wenigstens die unteren als echte Altersklassen bezeichnet werden dürfen, obwohl mit der Einschränkung, dass auch der Eintritt in sie nur durch Kauf der Abzeichen und Tänze erfolgen kann. Offenbar ist durch das Einschieben neuer Tanzgesellschaften, wie das in seinen Anfängen schon bei den Mandans zu beobachten war, die Zahl der Gruppen stark vermehrt worden. Der Prinz zu Wied nennt folgende Klassen:

1. Wiwa-Ohpage (Steingesellschaft), Knaben von 10—11 Jahren.
2. Wirrachischi (Gesellschaft der grossen Säbel'), Knaben von 14—15 Jahren.
3. Hähderöhka-Ächke (Rabengesellschaft), junge Leute von 17—18 Jahren.
4. Ehchoch-Kaïchke (Gesellschaft der kleinen Präriefüchse).
5. Waskukka-Karischta (Gesellschaft der kleinen Hunde).
6. Waschukke-Ächke (Gesellschaft der alten Hunde).
7. Sohta-Girakschohge (Gesellschaft der Bogenlanzen).
8. Mah-Jhah-Ächke (Gesellschaft der Feinde), entsprechen den Soldaten der Mandan.
9. Kädap-Ächke (Stiergesellschaft).
10. Pehriskäike (Rabengesellschaft), umfasst dis ältesten Männer.

Als elfte Klasse wird noch Mahsawähs, die Gesellschaft des heissen Wassers, genannt, die aber mit der ersten Klasse zusammenfällt, also wohl nur als eine besondere Tanzgesellschaft zu bezeichnen und wahrscheinlich mit der des „heissen Tanzes“

bei den Mandan identisch ist. Die Frauen zerfallen nur in die folgenden drei Klassen:

1. Chochkäiwi (Stinktiergesellschaft).
2. Mah-Jhah-Ächke (Gesellschaft der Feinde).
3. Bihda-Ächke (Gesellschaft der wilden Gänse), umfasst die ältesten Weiber.

Es giebt ausserdem noch Tänze, die nicht von den oben genannten Gesellschaften als solchen getanzt werden, sondern gewissermassen Keime neuer Klassen sind, so den Tanz der Alten und den Skalptanz.

Über die Klassen der Arikkaras giebt der Prinz zu Wied ebenfalls Auskunft, doch scheint sein Verzeichniss nicht der Rangstufe der Klassen entsprechend angeordnet zu sein. Da eine Richtigstellung nicht möglich ist, so mögen seine Angaben hier einfach folgen:

1. Kuhnuch - Tiranehuh (Bärengesellschaft), besteht aus alten Leuten.
2. Stiri-Sakkahuhn (Gesellschaft der tollen Wölfe).
3. Titschiwahn (Fuchsgesellschaft).
4. Hahtschi-Sakkahuhn (Gesellschaft der tollen Hunde).
5. Okoss-Sakkahuhn (Gesellschaft der tollen Stiere).
6. Tirúh-Pahi (Soldaten), entsprechen den Soldaten der Mandan und Mönitarri.

Dass hier keine rechte Reihenfolge nach dem Alter beobachtet ist, hat vielleicht darin seinen Grund, dass die Auflösung oder Umbildung der Klassen in Tanzgesellschaften in diesem Falle schon weit fortgeschritten ist; bestehen doch neben den Tänzen der erwähnten Gruppen nicht weniger als sieben andere Tänze, deren jeder von einer geschlossenen Gruppe vorgeführt wird, darunter auch der mehrfach erwähnte „heisse Tanz“, dessen Haupthandlung darin besteht, dass die Teilnehmer mit den Händen Fleischstücke aus einem Kessel mit kochendem Wasser herausholen. Diese Tänze werden ebenso wie die der Altersklassen gekauft und verkauft, wobei auch das Preisgeben der Weiber nicht fehlen darf. Die Bezeichnungen „tolle Wölfe“, „tolle Stiere“ u. s. w. sind bedeutsam, da sie vermuten lassen, dass die Tänze in ekstatischen Zuständen gipfelten. Von Frauengesellschaften erwähnt der Prinz von Wied nichts, doch dürften sie wohl vorhanden gewesen sein.

Die Gesellschaftsformen bei den bisher erwähnten Stämmen haben einen gemeinschaftlichen Zug: Überall sehen wir die Altersklassen in der Umwandlung zu klubartigen Tanzgesellschaften begriffen, in die man sich den Eintritt durch bestimmte Leistungen zu erkaufen hat. Diese Umbildung hat zu einer ausserordentlichen Vermehrung der Klassen geführt, die sich, wenn nicht äussere Einflüsse dem ganzen Dasein der Indianer eine neue Richtung gegeben hätten, wohl noch weiter fortgesetzt hätte, wie das Bestehen zahlreicher anderer Tanzgesellschaften neben den eigentlichen Altersklassen beweist. Die Klassen entsprechen sich bei den verschiedenen Stämmen nur wenig. Am meisten tritt die der „Soldaten“ hervor, also die der erprobtesten Krieger, die zugleich auf Recht und Ordnung sehen und entweder als Gehilfen der Häuptlinge wirken oder selbst in der Hauptsache die Regierung des Stammes führen. Manche Klassennamen kehren bei den einzelnen Stämmen wieder, nur in wechselnder Reihenfolge: Die Krähen oder Raben, die Hunde und die Bisonstiere sind fast überall vertreten. Die „halbgeschorenen Köpfe“ bilden bei den Upsorakas eine besondere Klasse, während sie bei den Mandan nur eine Art Zwischenstufe zwischen der untersten und der nächsten Klasse darstellen, die sich allerdings leicht in eine eigene Altersklasse umbilden könnte. Die Bezeichnungen nach Tieren scheinen die ältesten zu sein, solche dagegen, wie die „Gesellschaft des grossen Säbels“ oder „der Bogenlanzen“ dürften darauf hindeuten, dass diese Klassen erst später zwischen die anderen eingeschoben worden sind. Wie dabei Übertragungen von einem Volke zum andern stattfinden, hat das Beispiel des „heissen Tanzes“ gezeigt. Die Entwicklung von einfacheren Formen zu einem sehr zusammengesetzten Gesellschaftsbau ist also vielfach noch recht wohl zu beobachten. Im Vergleich mit den Klassen der Männer sind die der Frauen weniger zahlreich und offenbar auch von geringerer Bedeutung, ein Zug, der bei allen rein gesellschaftlichen Gruppen wiederkehrt; die weiblichen Klassen sind immer nur unvollkommene Nachahmungen der männlichen.

Bei den meisten Missouristämmen liegt der Gesellschaftsform, auch wenn sie auf den ersten Blick verwickelt scheint, doch ein recht einfaches Gesetz zu Grunde. Schwieriger wird der Überblick, wenn mehrere Entwickelungsreihen sich durchkreuzen, wie das nach den leider nicht ganz klaren Angaben Dorseys bei den Omaha der Fall ist.[8]) Die Häuptlinge, die bei den Mandan und ihren Verwandten an Bedeutung sehr zurücktreten, bilden hier die oberste gesellschaftliche Schicht. Als zweite Klasse erscheinen die Krieger oder Soldaten (wanace), die ihrem Wesen und ihrer Aufgabe nach mit den Soldatenklassen der oben geschilderten Missourivölker übereinstimmen, und die dritte Schicht besteht aus den „jungen Leuten“ (cenujiñga), zu denen alle übrigen erwachsenen Mitglieder des Stammes gehören. Eine Altersklasse kann man gegenwärtig die „Krieger“ nicht mehr nennen, obwohl der Name der „jungen Leute“ darauf hinzuweisen scheint, dass die wanace ursprünglich alle älteren, vollkräftigen Krieger der Omaha umfassten. Man wählt die wanace aus den wahehaji oder „tapferen Leuten“, die wohl einen bevorzugten Teil der „jungen Leute“ bilden; Genaueres ist leides nicht zu erfahren. Auch die Häuptlinge werden gewählt. Die wanace hatten früher auch mit den Kriegszügen anscheinend ebensowenig zu thun wie die Häuptlinge, vielmehr wurden, wie bei den meisten Indianerstämmen, die Züge von irgend einem Thatendurstigen oder meist einem eng verbundenen Freundespaar aus der Zahl der „jungen Leute“ angeregt, die dann eine Anzahl Gefährten in aller Stille um sich sammelten; diese vorübergehend vereinigte Kriegsgesellschaft wählte wieder ihre eigenen wanace, die während des Zuges für Ordnung sorgten.[9]) Den wirklichen Bund erfolgreicher Krieger bildeten nicht die wanace des Stammes, deren Hauptaufgabe wohl die Aufsicht bei den Büffeljagden war, sondern eine Tanzgesellschaft, die den Hecucka-Tanz besass, und in der ausser den siegreich zurückkehrenden Kriegern auch Häuptlingssöhne aufgenommen wurden.

Abgesehen von dieser Tanzgesellschaft, die ein gutes Seitenstück zu den Tanz- und Altersklassen der Stämme am oberen Missouri bildet, gab es noch eine ganze Anzahl anderer, von denen Dorsey drei Klassen unterscheidet:

heilige, kriegerische und rein dem Vergnügen dienende. Manche Gesellschaften, die heilige und Medizintänze vorführen, nehmen Männer und Frauen unterschiedslos auf, so die Mitglieder der Gesellschaft des grauen Bären und der durchscheinenden Steine, andere, wie die Besitzer des Pferdetanzes, lassen nur Männer zu. Manche Tänzervereine, die mehr kriegerischer oder gesellschaftlicher Art sind, bestehen auch wohl nur aus älteren oder nur aus jungen Leuten. Eine Anzahl von Tänzen sind von andern Stämmen übernommen in ähnlicher Weise, wie das oben vom „heissen Tanze“ berichtet wurde; so stammte der Tukala-Tanz, den nur Knaben ausführten, ursprünglich von den Dakota, war von diesen zu den Ponka und durch deren Vermittlung endlich zu den Omaha gelangt.

Wenn diese Tanzgesellschaften die ursprünglichen Altersklassen bei Seite geschoben hatten und sie in ihrer Art ersetzten, so hatten sie doch das ältere System nicht völlig zu verdrängen vermocht, wenn es auch fast zur Bedeutungslosigkeit herabgedrückt war; es gab nämlich neben den zahlreichen mystischen und kriegerischen Tanzvereinen noch andere, die man als Vergnügungsgesellschaften der Altersklassen bezeichnen darf und die auch Dorsey als „festing societies“ von den „dancing societies“ unterscheidet. Es waren deren drei vorhanden, eine für die älteren Männer, eine für die jüngeren Männer und eine für die heranwachsende Jugend (youths in their teens). Sehr bezeichnend ist es, dass diese zu reinen Vergnügungsvereinen oder Stammtischgesellschaften herabgesunkenen Altersklassen verhältnismässig am frühesten unter dem Einfluss der veränderten Verhältnisse erloschen sind, sodass wenig Sicheres mehr über sie zu erfahren war. Ein Zeichen grosser Harmlosigkeit oder Verbummelung war es schon, dass die Mitglieder der ältesten Klasse zu den Vereinszusammenkünften an ihrer Stelle ihre Söhne schicken konnten, wenn sie selbst keine Zeit hatten. Die Gesellschaft der jungen Männer soll den Namen „Haarige Mokassins“ geführt haben.

Endlich ist zu erwähnen, dass Dorsey auch von zwei „Verdienstklassen“ spricht, durch die anscheinend die Gruppe der „jungen Leute“ weiter geteilt wurde. Die erste, niedrigere Klasse umfasste solche, die viele Geschenke ausgeteilt und grosse Feste gegeben hatten; die Mitglieder der zweiten mussten ausserdem mehrere Feinde erschlagen und zahlreiche Pferde geraubt haben. Vielleicht sind die Angehörigen der zweiten Klasse identisch mit den wahehaji oder „tapferen Leuten", aus denen, wie erwähnt, die wanace gewählt wurden, doch sagt es Dorsey, der offenbar in dem social ganz zersetzten Stamme nur noch unsichere Berichte sammeln konnte, nicht ausdrücklich.

Die Omaha bilden nur einen Teil der Dakotavölker, über die später Dorsey ebenfalls, wenn auch weniger eingehend, berichtet hat[10]). Die Verhältnisse waren hier überall denen der Omaha sehr ähnlich. Die Einteilung des Stammes in Häuptlinge, Soldaten und junge Leute oder gewöhnliches Volk findet sich bei allen Dakotas, doch waren es bei einigen Stämmen, wie den Ponkas, nur bestimmte Sippen, aus denen die Soldaten entnommen wurden. Bei den Osage waren alle Sippen, die auf der rechten Seite des kreisförmigen Lagers kampierten, kriegerischen Charakters, aber nur zwei von ihnen stellten die Soldaten oder Polizisten; die Sippen auf der linken Seite waren friedlich, aber zwei von ihnen stellten ebenfalls Polizisten. Nach den Angaben Friedrichs von Graffenried trugen die Polizisten bei manchen nördlichen Dakotastämmen als Abzeichen eine Rabenhaut um den Hals; er sah derartig Geschmückte bei einer Friedensverhandlung zwischen Dakota und Saulteux die Ordnung aufrecht halten[11]). Unter der Masse der „jungen Leute" oder des gewöhnlichen Volkes giebt es keine bestimmten Rangklassen erblichen Charakters, aber jeder kann sich einen Namen und höheren Rang schaffen, wenn er sich durch Freigiebigkeit und kriegerische Tapferkeit auszeichnet. Dagegen ist die Häuptlingswürde fast überall erblich, meist auch die der Soldaten, namentlich dort, wo sie nur aus gewissen Sippen entnommen werden. Tanzgesellschaften sind ebenfalls vorhanden, so die des Krähen- oder Grastanzes, die Beckwith erwähnt[12]), und die, obwohl erst in neuerer Zeit entstanden, die einflussreichsten Männer umfasst; sie übt Werke der Wohlthätigkeit, unterstützt bedürftige Witwen und vermittelt merkwürdigerweise auch Ehescheidungen.

Genaueres über die Polizisten oder Soldaten erfahren wir

nur bei der Besprechung des Dakotavolkes der Assiniboin. Die Akitcita, wie die Soldaten hier heissen, bilden eine wichtige Körperschaft, die sich aus der Masse des Volkes ergänzt. Es werden nur die tapfersten Leute aufgenommen; die Soldaten stehen zwischen 25 und 45 Jahren, bilden also immer noch eine Art Altersklasse, in der weder sehr junge noch alte Leute verweilen dürfen. Ihre Zahl ist nicht unbeträchtlich, da sie in einem Lager von 200 Zelten 50—60 Mann zu betragen pflegt. Sie bilden die ausführende Gewalt der Ratsversammlung, und ihr Zelt, das mitten im Lager steht, ist zugleich das Rathaus des Stammes, das bei feierlichen Sitzungen von jungen Leuten, Weibern und Kindern nicht betreten werden darf; auch sonst halten immer einige Soldaten in ihm Wache und alle Fremden nehmen hier Quartier. Die Einrichtung dieses Kriegerzeltes oder -wigwams erinnert ausserordentlich an die des Männerhauses bei anderen Völkern und deutet ebenfalls darauf hin, dass wir in dem Soldaten nichts anderes vor uns haben als eine umgebildete Altersklasse.

Spuren von Altersklassen finden sich noch bei manchen anderen Indianerstämmen Nordamerikas. Von den Saks und Foxes wird eine Einrichtung erwähnt, die ein wenig an die Ephebie der Griechen erinnert: Es gab eine Gesellschaft junger Leute, die zwei Jahre lang Sklavendienste leisteten, worauf sie für ihr ganzes Leben von niedrigen Dienstleistungen frei waren und die Erlaubnis hatten, Kriegszüge zu unternehmen; nach echter Indianersitte hatten sie ihren eignen Tanz, den „Sklaventanz“. Dass wir es hier mit der eigenartigen Umformung einer Altersklasse zu thun haben, ist kaum zu bezweifeln; es waren aber nur noch die Jünglinge aus den besten Familien, die diese Probe- oder Dienstzeit durchmachten[13]). Vielleicht deutet der „Bettlertanz“ der Sioux, der von den wohlhabendsten jungen Leuten getanzt wurde, auf eine ähnliche Einrichtung hin[14]). Auch für die Übertragung bestimmter Tänze und Tanzgesellschaften von Volk zu Volk liessen sich mehr Beispiele beibringen; eine besondere Untersuchung würde namentlich der weitverbreitete Sonnentanz verdienen[15]).

Werfen wir noch einen Blick auf Nordwestamerika, so zeigt

sich zwar, dass hier die Geheimbünde die einfacheren Gesellschaftsformen fast ganz überwuchert haben, aber Spuren der Altersklassen sind auch hier nachweisbar, am deutlichsten gerade bei den Kwakiutl, bei denen die Geheimbünde sonst besonders stark entwickelt sind[16]). Zur Zeit der Geheimbundsfeste wird die gewöhnliche Einteilung des Volkes nach Sippen und Rangklassen aufgehoben, und der Stamm zerfällt jetzt in zwei grosse Gruppen, die man als die Geweihten (meemkoats, Robben) und die Ungeweihten (kuekutse) bezeichnen kann; die ersteren bilden die eigentliche geheime Gesellschaft, die wieder ihre besondere Einteilung hat, die letzteren aber werden nach Altersklassen geordnet. Es ist sehr merkwürdig, dass gerade mit dem Hervortreten der Geheimbünde auch die mit ihnen ursprünglich so eng verknüpften Altersklassen wieder auftauchen. Die Klassenordnung der Männer ist folgende (um nicht Unklarheiten zu veranlassen, gebe ich die Tiernamen in der englischen Originalfassung):

1. Maamq'enoq (killer whales), die jungen Leute,
2. Dodope (rock-cods), Männer etwa vom 30.—40. Jahre,
3. Tletlagan (sea-lions), Männer von 40—50 Jahren,
4. Koekoim (whales), alte Männer und alte Häuptlinge.

Diesen Männerklassen entsprechen drei weibliche:

1. Kekyakalaka (crows), Mädchen,
2. Kakakao (kickens), junge Frauen,
3. Mosmos (cows), alte Frauen.

Die zweite Frauenklasse hiess früher Waqwaqoli (Art kleiner Vögel), auch die dritte hat erst in neuerer Zeit ihren jetzigen Namen erhalten; den älteren konnte Boas nicht in Erfahrung bringen. Jedenfalls ist es bemerkenswert, dass man die Benennungen der erst durch die Europäer eingeführten Hühner und Kühe als neue Bezeichnungen der Altersklassen verwertet hat; man kann hier das Entstehen der Tiernamen noch in lebendiger Frische beobachten.

Boas, dem als besten Kenner der Nordwestamerikaner gewiss ein entscheidendes Urteil zukommt, neigt durchaus der Ansicht zu, dass die Einteilung nach Altersklassen bei den Kwakiutl älter ist als die nach Sippen. „Die besondere Sitte“, schreibt er, „die Sippenverfassung bei bestimmten Gelegenheiten aufzuheben und an ihrer Stelle ein Klassensystem einzuführen, ist beachtenswert. Obwohl diese eine Thatsache noch lange kein Beweis für das frühere Dasein eines solchen Systems bei den Kwakiutl ist, so ist doch die Übereinstimmung mit dem australischen Klassenwesen sehr verlockend und mag einen Wink geben, wie sich die gesellschaftlichen Einrichtungen dieser Stämme entwickelt haben. Der Gedanke, dass es möglich ist, alle Sippenverhältnisse aufzuheben, deutet entweder an, dass sie verhältnismässig neuen Ursprungs sind oder dass sie zu entarten beginnen. Die erste Möglichkeit erscheint glaublicher, wenn man bedenkt, dass gerade bei religiösen Festlichkeiten ältere Bräuche bewahrt zu werden pflegen. Es braucht wohl kaum darauf hingewiesen zu werden, dass ähnliche Klassensysteme auch östlich vom Felsengebirge zu finden sind.“ Über diese Systeme ist oben bereits ausführlich berichtet; dass auch bei den Kwakiutl wie bei den Missouri-Indianern die Klassen nach Tieren benannt sind, verdient besondere Aufmerksamkeit. Der Gedanke, dass auch die Tierbezeichnungen der Sippen ursprünglich von den in Altersklassen vereinigten Jägern und Kriegern der Sippen ausgehen und erst nachträglich auf die ganze Verwandtschaftsgruppe übertragen worden sind, drängt sich da immer wieder unwillkürlich auf.

Später (1897) hat Boas eine neue Liste der Altersklassen des Kwakiutlstammes gegeben, die sieben Männerklassen aufweist, während die Zahl der Frauenklassen dieselbe geblieben ist; neu hinzugekommen sind eine jüngste Klasse (Knaben) und zwei älteste. Indessen können in dieser Liste die älteren Klassen nicht rein als Altersgruppen betrachtet werden, da die fünfte die Häuptlinge und die siebente die Oberhäuptlinge enthält, während der zwischen beiden liegenden sechsten die sonstigen alten Leute angehören. Boas fügt hinzu, dass die Zahl der Klassen öfter gewechselt hat, dass aber einige (etwa die vier der ersten Liste) immer bestanden haben. Die meisten zur Gruppe der Kwakiutl (im weiteren Sinne) gehörenden Stämme haben ähnliche Klassen bei den Wintertänzen. Merkwürdig ist die Einteilung der Lalasiqoala, da hier ausser besonderen Häuptlingsklassen, die das Eindringen rein gesellschaftlicher Rangstufen bekunden, auch eine für Krüppel und Kranke vorhanden ist:

1. Chichitpa (puffins), kleine Knaben,
2. Laalko (mallard ducks), Knaben,
3. Kikinela (sea anemones), kranke und lahme Leute,
4. Gagimola (halibut hooks), junge Häuptlinge,
5. Nentsae (red cod), Häuptlinge 3. Klasse,
6. Lelaxan (sea lions), Männer von etwa 30 Jahren,
7. Moomguanale (anchor lines of tribes), alte Häuptlinge.

Hier scheint eine Klasse für die alten Leute gewöhnlichen Standes zu fehlen. Die Frauen haben nur drei Klassen:

1. Häiachamaqemae (eating first), Mädchen,
2. Tsetsaechsaq (a species of birds), Frauen,
3. Babale (albatrosses), alte Frauen.

Alle diese Verschiedenheiten und Unklarheiten lassen darauf schliessen, dass auch hier die Gesellschaftsformen in beständiger Umsetzung begriffen sind; in neuerer Zeit mögen diese Umbildungen unter dem zersetzenden Einfluss der europäischen Kultur einen rascheren Verlauf nehmen, aber von unzerstörbarer Ruhe und Beständigkeit seit Urzeiten her ist auch vorher zweifellos nicht die Rede gewesen.

[1]) Reise in das innere Nordamerika in den Jahren 1832—34.

[2]) Maclean i. Transact. Canad. Inst. 1895, S. 255.

[3]) a. a. O. I S. 401.

[4]) Morgan, Urgesellschaft S. 135.

[5]) Smithson. Report 1885, II. S. 93.

[6]) Die heutigen Indianer des fernen Westens S. 80, 150, 209.

[7]) Sie tragen beim Tanze Säbel in der Hand, die europäischen Ursprungs sind. Der Prinz zu Wied hält deshalb die Gesellschaft für eine neuere Gründung, was sehr wohl möglich ist.

[8]) J. O. Dorsey i. Ann. Rep. Bur. Ethnol. Washington 1881/1882, S. 216ff.

[9]) Auch bei den andern Dakotavölkern wurden bei gewissen Gelegenheiten, wie den Medizintänzen, besondere „Soldaten“ gewählt, die für Ordnung sorgten (vgl. P. Beckwith i. Smithson. Report 1886. I. S. 246).

[10]) Ann. Rep. Bureau of Ethnol. Washington 1893/94, 213 ff.

[11]) 10. Jahresbericht d. Geogr. Gesellsch. von Bern S. 124.

[12]) Smithson. Report 1886, I, S. 249.

[13]) Catlin in Smithson. Report 1885 II, S. 317.

[14]) a. a. O. S. 313.

[15]) Die neuesten Nachrichten über Sonnentänze enthält der Reisebericht Stewart Culins (Free Museeum of Science and Art. 1901, III, H. 1—3). Einen Sonnentanz der Sioux schildert J. L. Humfreville (Twenty Years among our Hostile Indians, 1901. S. 323). Der Tanz war mit Selbstquälerei verbunden.

[16]) Vgl. darüber F. Boas in 6. Report on the N. W. Tribes of Canada S. 62f. u. Smithson. Report U. S. Museum 1895.

---

d) Asien.

Altersklassen dürften bei den Bewohnern Indiens und Indonesiens häufiger vorkommen, als das augenblicklich nachzuweisen ist; die Einrichtung des Männerhauses, die stellenweise zum Klubwesen mit' seinem Klassensystem geführt hat, lässt dergleichen vermuten. Wenigstens von einem Volk, von dem Hügelstamm der Naga, liegt ein Bericht Bastians[1]) vor, der die Insassen des Junggesellenhauses, denen die Bewachung und Verteidigung des Dorfes in erster Linie obliegt, in Klassen eingeteilt zeigt; der Hauptzweck dieser Sonderung scheint gegenwärtig der zu sein, die beschwerlicheren Arbeiten auf die jüngsten Leute abzuwälzen. Die jüngste Klasse heisst darnach die der Holzbringer, die nächste, in die man nach drei Jahren eintritt, sorgt für den Unterhalt des Hauses und beaufsichtigt die Holzbringer, die dritte beaufsichtigt beide untere Klassen, die vierte darf völlig müssig gehen und die fünfte hat das Recht, sich von den jüngern Leuten auf Verlangen den Körper kneten zu lassen. Die Reihenfolge würde sein:

1. Sung-pooh (Holzbringer), vom Eintritt an drei Jahre,
1. Tenebang, weitere drei Jahre,
3. Tokewa, weitere drei Jahre,
4. Sangrah-mihn, weitere drei Jahre,
5. Asuneh.

Die Dorfhäuptlinge scheinen eine ähnliche Stufenleiter zu besitzen, wobei der dritten Stufe Müssiggang erlaubt ist; indessen sind die Angaben Bastians über diesen Punkt nicht genügend klar, namentlich ist nicht zu ermitteln, ob der Aufstieg nach den Jahren erfolgt oder in andrer Weise bewirkt wird.

Sehr wichtig ist, dass auch bei dem ältesten Kulturvolk Ostasiens, den Chinesen, die Altersklassen noch eine gewisse Bedeutung besitzen, wenn auch nur unter der Form von Eheverboten, was an die Heiratsklassen der Australier erinnert. Nach Kohler, der diese Verhältnisse genauer untersucht hat,[1]) befiehlt das Ehegesetz, dass man zwar eine Verwandte mütterlicherseits heiraten darf, aber nur dann, wenn sie derselben Generation angehört wie der Freier. Es ist also erlaubt, eine Base mütterlicherseits zu ehelichen, nicht aber eine Tante oder eine Tochter eines Oheims oder einer Tante der Mutter, ebensowenig eine Tochter einer Schwester oder einer Base u. s. w. Die einen stehen eine Generationsstufe höher, die andern eine tiefer als der Mann. Dasselbe Gesetz gilt für die heiratsfähigen Mädchen, die also ebenfalls nur einen Vetter mütterlicherseits, nicht aber Angehörige andrer Generationsschichten als Gatten haben dürfen. Geschwisterehen sind grundsätzlich ausgeschlossen, ebenso verschiedene andre Arten von Verwandtenehen, ohne dass indessen bei diesen das System der Altersklassen in Betracht käme. Kohler erkennt in den chinesischen Eheverboten die Mischung von drei Prinzipien, deren eines „das aus der Zeit der Promiskuität stammende Prinzip der Gleichheit der Altersstufen“ ist. „Es bestätigt völlig das Vorhandensein ehemaliger Zustände, bei welchen zwei Stämme in der Art ineinander hinein heirateten, dass alle Männer der einen Generationsstufe aus dem einen Stamme alle Frauen derselben Generationsstufe aus dem andern Stamme zur Ehe hatten, während eine Ehe in eine höhere oder niedere Generationsstufe verpönt war. Dieser Gedanke hat sich noch in einer negativen Form erhalten: wo immer eine Familie in eine andere hinein heiratet, ist eine fernere Ehe mit dieser Familie nur in derselben Generationsstufe, nicht in einer höheren oder niederen statthaft.“ Kohler nimmt also an, dass die Altersklassen auf das Dasein früherer Gruppenehen und diese wieder auf ehemalige Promiskuität deuten. Da Schlüsse dieser Art häufig gezogen worden sind, verdient die Gruppenehe, auf die noch ausführlich zurückzukommen ist, bei der Untersuchung der Altersklassen und ihrer Bedeutung für den Aufbau der Gesellschaft besondere Aufmerksamkeit.

Nach den Angaben Xenophons in seiner halb romanhaften Kyropädie war bei den Persern die männliche Bevölkerung in Altersklassen geteilt; möglicherweise haben Xenophon hierbei die Verhältnisse in Sparta und überhaupt in Griechenland vorgeschwebt, indes ist es nicht ausgeschlossen, dass seinen Behauptungen etwas Wirkliches zu Grunde gelegen hat, sodass sie immerhin erwähnt zu werden verdienen. Der Erziehungs- und Übungsplatz, der in einiger Entfernung von den Ortschaften lag, war in vier Abteilungen geteilt, deren erste für Knaben von 6 bis 16 Jahren, die zweite für Jünglinge vom 16.—26. Jahre, die dritte für Männer vom 26.—50. Jahre, die letzte für die Alten bestimmt war. Jede Abteilung hatte 12 Vorsteher. Der Jugend war ausserdem die Bewachung der öffentlichen Gebäude anvertraut. Das alles erinnert, wie gesagt, sehr an griechische Zustände, über die bereits oben (S. 123) berichtet worden ist.

[1]) Verhandlungen d. Gesellsch. f. Anthropol. Berlin 1881, S. 155.
[2]) Rechtsvergleichende Studien S. 188.

---

e) Europa.

Von den bis in die Gegenwart oder bis in die Blütezeit des klassischen Altertums hineinragenden Organisationen Europas ist bereits ausführlich die Rede gewesen. Nachträglich mag hier noch eine Sonderung nach Altersklassen erwähnt sein, die längst verschwunden ist und von der sich leider trotz aller Bemühungen sachkundiger Forscher noch kein klares Bild gewinnen lässt; es ist das die altirische Familieneinteilung. Zum Teil erklären sich die Widersprüche in den Deutungen wohl daraus, dass man immer nur die Thatsachen der Blutsverwandtschaft und alle auf die Sippen und Familien bezüglichen Möglichkeiten ins Auge gefasst hat, während die Frage, ob hier nicht ein eigentümliches System von Altersklassen die Familieneinteilung durchsetzt hat, ganz unbeachtet geblieben ist. Eine Untersuchung in diesem Sinne wäre aber wieder nur einem Spezialforscher möglich, der sich mit den keltischen Quellen aufs gründlichste vertraut machte. Hier mag eine Angabe der Thatsachen mit den Worten H. Maines genügen.[1])

„Die merkwürdigste, im „Buch von Aicill" erwähnte Sitte ist die vierfache Teilung der Familien in die ‚geilfine', ‚deirbfine', ‚iarfine' und ‚indfine' genannten Abteilungen.... Innerhalb der Familie waren 17 Mitglieder in vier Gruppen organisiert, von denen die jüngste, als die ‚geilfine'-Gruppe bekannt, aus fünf Personen bestand; die ‚deirbfine', die zweite in der Reihe, die ‚iarfine', die dritte, und die ‚indfine', die älteste von allen, bestanden aus je 4 Personen. Die ganze Organisation bestand und konnte nur bestehen aus 17 Mitgliedern. Wenn jemand in der ‚geilfine'-Gruppe geboren wurde, stieg deren ältestes Mitglied in die ‚deirbfine'-Gruppe auf; das älteste Mitglied der ‚deirbfine' ging in die ‚iarfine' über, das älteste Mitglied der ‚iarfine' trat der ‚indfine' bei, und das älteste Mitglied der ‚indfine' schied überhaupt aus der Organisation aus. Daraus erhellt, dass diese Beförderung von einem niedern Grad zu einem höhern stattfand beim Eintritt eines neuen Mitglieds in die ‚geilfine'-Gruppe, und also von dem Eintritt neuer Mitglieder und nicht vom Tode der älteren abhing." McLennan fügt dieser Erläuterung hinzu, dass nur männliche Familienangehörige an der Organisation teilnahmen, und dass wohl weniger, aber nie mehr als 17 Teilnehmer vorhanden sein durften.

Übersichtlich zusammengestellt sieht also die Klasseneinteilung so aus:

1. Geilfine (5 Mitglieder). jüngste Gruppe,
2. Deirbfine (4 Mitglieder),
3. Iarfine (4 Mitglieder),
4. Indfine (4 Mitglieder), älteste Gruppe.

Auf die Deutungen dieser Sitte, die von Maine, McLennan und andern versucht worden sind, möchte ich nicht weiter eingehen, da sie sämtlich unbefriedigend sind und nur eine Seite der Sache in Betracht ziehen. So viel ist klar, dass es sich um einen in Altersklassen geteilten Männerverband handelt, dessen einzelne Abteilungen nur eine bestimmte Mitgliederzahl haben durften. Schon in dieser Beschränkung der Zahl und ebenso in der Forderung, dass alle Mitglieder einer einzigen grössern Familie angehören mussten, zeigt sich, dass hier umbildende Kräfte gewirkt haben, unter denen ausser dem steigenden Einfluss der Verwandtschaftsverhältnisse und des Familienlebens überhaupt auch noch gewisse Eigentumsbegriffe in Betracht zu kommen scheinen, also im letzten Grunde wirtschaftliche Erwägungen; diese aber zu untersuchen ist hier nicht der Ort, da es sich in diesem Falle abermals nicht um einfache und klare Verhältnisse, sondern um eine Menge schwieriger, kaum halb gelöster Fragen handelt. Manches erinnert übrigens an die ebenfalls etwas dunkle Organisation der Gallastämme (S. 136).

[1]) Ausführlicheres über diese Frage in McLennans Studies in Ancient History.

5. Die Gruppenehe.

Die einfache Untersuchung der Thatsachen, die mit der Zeit einen Einblick in die Entstehung der Gesellschaftsformen gewähren soll, ist immer wieder durch den verwirrenden Streit der Meinungen gehemmt oder auf falsche Bahnen geleitet worden; und doch sollten die Thatsachen wenigstens selbst den leidenschaftlichsten Kämpfern heilig sein! Das Zeitalter des Übermenschen aber hat auch eine Überkritik hervorgebracht, die mit ihrer ätzenden Lauge die guten wie die schlechten Berichte zu zerstören sucht und nur stehen lässt, was eben in ihre Anschauungen hineinpasst, ohne zu ahnen, dass sie damit nur den Weg zeigt, wie auch ihre eigenen Beweisgründe vernichtet werden können. Diese Art der Kritik hat auf dem Gebiete der Völkerkunde einen wundervollen Tummelplatz, da hier Experimente nicht möglich sind und ohne ein gewisses Mass von Treu und Glauben alle fruchtbare Arbeit aufhören muss. Zweifeln aber lässt sich an allem, und Widerlegungen sind hier schwer: wer am Dasein der Elektrizität zweifelt, den kann man ihre Wirkungen mit aller wünschenswerten Derbheit am eignen Leibe fühlen lassen; wer aber kaltblütig erklärt, dass ein ihm unbequemer Bericht über ein längst ausgestorbenes oder durch Kultureinflüsse zersetztes Volk nichts als Erlogenes oder Entstelltes enthält, den muss man gehen lassen, wenn nicht Fluten unnützen Geschwätzes entfesselt werden sollen. Treibt die Überkritik einmal zu tolle Blüten, wie in Muckes unglaublichem Werke „Horde und Familie", dann geht sie rasch genug an der eignen Sinnlosigkeit zu Grunde; im übrigen müssen die Freunde der Wahrheit, die mühsam einen Stein der Erkenntnis auf den andern bauen, nur ruhig ihre Arbeit fortsetzen, — je höher der Bau steigt, desto besser wird sich erkennen lassen, ob er auf sicherem Grunde ruht und ob seine Teile sich gegenseitig stützen und tragen. Jede Thatsache, die richtig beobachtet ist, wird in diesem Gebäude ihre rechte Stelle finden, früher oder später.

Dass gerade in der Gesellschaftslehre die Überkritik blüht, beruht im Grunde auf einer Erscheinung, die in der Wissenschaft vom Menschen immer wieder hervortritt. Die idealen Ziele, denen die Kulturmenschheit zweifellos mit mehr oder weniger Bewusstsein zustrebt, werden unwillkürlich auch als Massstab genommen, nach dem man die Vergangenheit beurteilt, und Gefühle und Stimmungen treten an die Stelle des schlichten Strebens nach Wahrheit. Man sucht die Menschenwürde hochzuhalten und lehnt das Niedrige und Hässliche nach Möglichkeit als unwahrscheinlich oder übertrieben ab. Dieser Gefühlsrichtung gegenüber, die sich unter hundert Gestalten verbergen kann und gern die Miene ernsten Forscherstrebens annimmt, steht eine andere, die der Aufschwung der Naturwissenschaften wenn nicht hervorgerufen, so doch machtvoll entwickelt hat, und die in der Anschauung gipfelt, dass der Mensch aus tierischen und niedrigen Anfängen hervorgeht und die Spuren dieses Ursprungs noch deutlich an sich trägt. Zweifellos steht diese zweite Ansicht auf wissenschaftlich festerem Grunde; aber nur zu oft haben ihre Anhänger etwas wie eine brutale Freude an allem gezeigt, was auf die tierische Natur des Menschen hinweist, und sie haben dadurch den Vertretern des Idealismus, die ihr eigenstes Gefühls- und Glaubensreich bedroht glaubten, Waffen in die Hand gegeben, die oft mit grossem Geschick geführt worden sind. Es mag wohl sein, dass nur durch Kämpfe dieser Art die Wahrheit endlich enthüllt wird, und insofern sind sie nicht zu tadeln, solange nur die Ehrfurcht vor den Thatsachen als eine Genfer Konvention auf geistigem Gebiete die Kriegsbräuche regelt; wer mit Sengen und Brennen die Thatsachen aus der Welt schaffen will, stellt sich selbst ausserhalb des wissenschaftlichen Völkerrechts. Nun hat nichts die beiden feindlichen Heere so im Innersten aufgeregt, als die Lehre von der urzeitlichen Promiskuität. Gefielen sich die einen darin, diese Zustände wahl- und regellosen Geschlechtsverkehrs mit Behagen auszumalen, als zweifellose Urstufe der Menschheitsentwicklung hinzustellen und durch zahlreiche Thatsachen, die sie als Beweise ihrer Ansicht deuteten, zu unterstützen, so schwoll dem gegenüber in den Anhängern des Idealismus eine tiefe Erbitterung empor über eine Theorie, die den Urmenschen weit unter die Stufe der meisten höheren Tiere hinabsetzt und es wie ein Rätsel erscheinen lässt, dass aus einem Chaos dieser Art sich endlich die Begriffe geschlechtlicher Reinheit und eine Veredelung der sinnlichen Triebe entwickeln konnten. Aber in dem Kampfe, der sich nun entspann, sind leider auch die Thatsachen nicht verschont worden: Die Vertreter der Anschauung, die schon in der Urzeit festere geschlechtliche Verhältnisse als Vorstufe der Ehe annimmt, haben ihrer Sache zum Siege zu verhelfen geglaubt, indem sie die Thatsachen zu verdrehen oder zu beseitigen suchten, die als Beweis der Promiskuität dienen sollten, statt dass sie die Beweisführung angriffen, die oft genug keineswegs einwurfsfrei war. Das Ergebnis konnte nicht anders als traurig sein; die allzu leidenschaftlichen Vorkämpfer, die die Grundlage des Ganzen selbst erschüttert hatten, vermochten auf dem verwüsteten Boden nichts neues zu erbauen. So ist vor allem Westermarcks Kritik, die manches Gute gestiftet hat, zuletzt doch unfruchtbar geblieben. Wer nunmehr etwas Positives schaffen und die grellen Gegensätze, deren keiner wohl ganz der Wahrheit entspricht, wieder versöhnen möchte, muss vor allem die Thatsachen wieder in ihre Rechte einsetzen und dann prüfen, was sie eigentlich bedeuten und wie hoch ihre Beweiskraft zu schätzen ist.

Das Gesagte gilt vorzüglich von einem der Hauptgegenstände des Kampfes, von der Gruppenehe (Punalua- oder Pirauru-Ehe), die besonders von Morgan im Sinne seiner Theorie untersucht worden ist. Westermarck behauptet, dass ein Teil der angeführten Thatsachen der Wahrheit nicht entspreche, der Rest aber nicht als Beweis für eine ursprüngliche allgemeine Promiskuität gelten könne; mit dieser letzten Ansicht mag er nicht unrecht haben, wie weiter unten gezeigt werden soll, sein Kampf gegen die Thatsachen kann dagegen kaum als gelungen gelten. Ehe diese Fragen weiter erörtert werden, ist es nötig, einen Blick auf das vorhandene Forschungsmaterial zu werfen, wobei übrigens aus guten Gründen nicht nur die entwickelteren Formen der Gruppenehe berücksichtigt werden sollen, sondern auch die einfacheren Erscheinungen des Weibertausches und der Verleihung der Frau an Genossen und Gastfreunde; vielleicht wird sich zeigen, dass die geregelten Formen, die ein Anrecht mehrerer Männer auf eine Frau begründen, sich erst aus blossen Gunst- und Freundschaftsbezeugungen entwickelt haben. Die Neigung, das Zufällige und Lässliche in starre Sitten und Gesetze umzuschmieden, ist den Naturvölkern ja besonders eigen.

Den Leugnern des Daseins der Gruppenehe ist ihr Bestreben dadurch sehr erleichtert worden, dass Morgan als Musterbeispiel gerade eines ausgewählt hat, das nicht auf sehr sichere Zeugnisse gestützt ist, nämlich die Punalua-Ehe der Bewohner Hawaiis.

Diese Eheform scheint in historischer Zeit gar nicht mehr bestanden zu haben, ist vielmehr in der Hauptsache aus den Verwandtschaftsbezeichnungen gemutmasst worden. Die Schwestern der Gattin eines Mannes heissen ebenfalls seine Gattinnen, die Brüder des Gatten einer Frau werden auch als deren Gatten bezeichnet. Das scheint in der That darauf hinzudeuten, dass die Ehe, die ein Mann mit einer bestimmten Frau schloss, zugleich deren Schwestern mit umfasste, und dass ebenso seine Brüder an der Frau und deren Schwestern Anteil hatten; mit anderen Worten, dass unter Blutsverwandten der gleichen Generationsschicht Weiber- und Männergemeinschaft herrschte. Der Ausdruck Punalua insbesondere bezeichnet den Gatten der Schwester der Frau, der also zugleich Mitbesitzer aller Schwestern sein würde. Es war, wie gesagt, nicht von guten Folgen begleitet, dass Morgan gerade dieses Beispiel, dessen Wert zweifelhaft ist, gewählt hat. Wenn er auf der einen Seite begründeten Widerspruch erregte, so hat er andrerseits den Anstoss gegeben, dass alle Verwandtschaftsbezeichnungen ähnlicher Art schlechtweg als Beweise für das frühere Bestehen der Gruppenehe benutzt worden sind und mittelbar also als Zeugnisse ehemaliger Promiskuität. Damit dürfte aber weit über das Ziel hinausgeschossen sein.

Wenn wir die Gruppenehe noch in lebendiger Übung finden wollen, müssen wir uns nach Australien wenden. Es hat nicht an Versuchen gefehlt, auch das aus diesen Gebieten stammende Material als verdächtig hinzustellen, aber sie sind von berufenster Seite so entschieden und erfolgreich zurückgewiesen worden, dass ein näheres Eingehen auf diese Anzweiflung gut bezeugter Thatsachen hier nicht nötig ist[1]). Dagegen ist hervorzuheben, dass die Gruppenehe in ihrer ausgeprägten Form nur bei einigen Stämmen vorhanden ist, während sie als gelegentlich geübter Brauch, als Weibertausch unter Verwandten, Freunden und Gästen, fast überall in Australien vertreten zu sein scheint. Bei der bekannten Neigung der Australier, verwickelte Verwandtschaftssysteme und Ehegesetze aufzubauen, ist es wenigstens nicht unwahrscheinlich, dass die einfacheren und lässlicheren Formen die älteren, die fester bestimmten und durchgebildeten die jüngeren sind. In einer ganz ausgeprägten, wunderlich geregelten Gestalt hat Howitt die Gruppenehe beim Stamm der Dieyerie beobachtet[2]). Auch für die Gruppenehen gelten die totemistischen und sonstigen Eheverbote, die Möglichkeit schrankenloser Vermischung ist also ganz ausgeschlossen[3]); ferner ist neben ihnen die persönliche

Ehe wohlbekannt und in ihrer Bedeutung zweifellos stärker und bindender. Jeder Mann, der die Reifeprüfungen überstanden hat, besitzt mindestens ein rechtmässiges Weib (Noa), das ebenfalls die Reifebräuche hinter sich haben muss. Nun treten zu gewissen Zeiten, nämlich vor jeder grösseren Beschneidungsfeierlichkeit, die alten Männer und Sippenhäupter zu einer Beratung zusammen, in der sie beschliessen, welche Leute als „Pirauru“ einander zuerkannt werden sollen. Auch um Pirauru zu werden, muss man einen Teil der Reifezeremonien durchgemacht haben. Die Paare, die man für einander bestimmt, werden nicht nach ihrer Einwilligung gefragt, dürfen aber nun wie Gatten miteinander verkehren, nur dass die ausserdem vorhandenen Noa-Eheleute stets das Vorrecht haben. Eine Frau kann gleichzeitig Noa eines Mannes und Pirauru mehrerer anderer sein, und ebenso steht es entsprechend mit den Männern. Die Pirauru-Verhältnisse dauern bis zum nächsten Beschneidungsfeste, worauf neue Verteilungen erfolgen, doch immer in der Weise, dass die Ehegesetze des Stammes nicht verletzt und vor allem Angehörige der gleichen Sippe und verschiedener Heiratsklassen nicht miteinander verbunden werden. Die Häuptlinge haben gewöhnlich mehr Noas und Piraurus als andere. In allen Fällen, wo es angebracht scheint, treten die Piraurugatten als Vertreter der Noagatten ein; verreist ein Mann, so wird dessen Noa vom ältesten anwesenden Piraurugemahl einstweilen in Schutz genommen, stirbt eine Noa, so übernimmt das Pirauruweib des Gatten die Sorge für die Kinder. Die jungen Männer, denen noch keine Piraurus zugeteilt sind, entleihen sich wohl auch welche von den älteren Männern, die mehrere besitzen, und zahlen dafür Geschenke; ferner müssen die Piraurufrauen ihren zugeteilten Gatten Lebensmittel abgeben, sodass der Besitz vieler Piraurugattinnen von grossem Nutzen ist. Diese praktische Seite der Sache ist wohl auch der Grund, weshalb der ganze Brauch von den älteren Männern, die bei den Australiern immer die Schöpfer neuer Einrichtungen sind und zugleich die Oberleitung der Stämme in der Hand haben, so sorgfältig ausgebaut worden ist; die Sinnlichkeit ist schwerlich stark beteiligt. Bei manchen australischen Stämmen finden sich ähnliche Einrichtungen, so beim Urabunnastamm in Queensland die Piraungara-Ehe, anderswo ist man nicht über das gelegentliche Weibertauschen und -verleihen hinausgekommen.

Es ist gewiss auffallend, wie das Bestimmen der Piraurupaare vor dem jedesmaligen Beschneidungsfest dem Ausrufen oder Versteigern der Mädchen vor dem Frühlings- und Weihefest gleicht, das in Deutschland stellenweise bis heute üblich ist. Wenn die zweite Erscheinung mit der freien Liebe der Jugend in engem Zusammenhang steht, so darf man es wohl auch von der ersten vermuten (vgl. S. 120). Man kann vielleicht sagen, dass in Australien die freie Liebe, die den jüngern Leuten zum guten Teil untersagt ist, von den einflussreichen ältern Männern als Vorrecht behauptet wird, soweit das bei den verwickelten Eheverboten überhaupt möglich ist, und dass sie in der Pirauruehe in eine feste Form gebracht ist; in diesem Sinne mag die Gruppenehe auch eine Art „Austoben“ darstellen, eine Gegenwirkung gegen die Eheverbote, die die Zahl der Heiratsmöglichkeiten und damit die Wahl nach wirklicher Neigung auf ein ganz geringes Mass einschränken. An solchem in die Form fester Sitte gebrachtem Austoben des Geschlechtstriebes fehlt es auch sonst in Australien nicht, ja man betrachtet stellenweise das Aufheben aller sittlichen Bande als eine Massregel sühnenden Charakters, die zur Abwehr von Unheil beschlossen wird.

Das Vorrecht, das sich die alten Männer durch die Piauru-Ehe gesichert haben, findet übrigens eine sehr schöne Parallele in den Speiseverboten: den jungen Leuten ist eine Menge der besten Speisen untersagt, die Bejahrteren sind weniger gebunden, und den Alten ist fast Alles zu essen erlaubt.

Keinesfalls ist demnach zuzugeben, dass mit dem Bestehen der regelrechten Pirauru-Ehe bei einigen wenigen Stämmen Australiens nun auch deren früheres Dasein für die gesamte übrige Menschheit bewiesen wird. Die Verwandtschaftsnamen, die auf sie hinzudeuten scheinen und die namentlich Kohler ohne Bedenken als vollgültige Beweise ehemaliger Gruppenehen angeführt hat, sind nur mit Vorsicht zu benutzen; davon unten mehr. Zunächst hält man sich wohl am besten an Thatsachen, die entweder wirklich als Gruppenehe gedeutet werden können oder die man doch mit einigem Rechte als deren Spuren und Reste betrachten darf.

Am bekanntesten ist die Angabe Cäsars über die alten Britannier: „Die Gatten besitzen ihre Frauen zu zehn oder zwölf gemeinsam, und zwar vorzugsweise Brüder zusammen mit Brüdern oder Eltern mit den Kindern.“ Auch angenommen, dass Cäsar hier nicht die Verhältnisse bei einem Volke, das er nur flüchtig kennen lernte, falsch aufgefasst hat, würde es sich doch um etwas andres als die eigentliche Pirauru-Ehe handeln, die ja gerade die Altersklassen respektiert; dass z. B. ein Vater gemeinsam mit seinem Sohne ein Weib besässe, ist in Australien undenkbar. Wenn also auch zweifellos bei den Briten eine Form der Weibergemeinschaft vorhanden gewesen ist, so genügt die flüchtige Bemerkung Cäsars doch nicht, ihre wahre Natur zu bestimmen. Auch in den Mehrfamilienhäusern der irischen Kelten scheinen ähnliche, aber ebensowenig genauer zu ergründende Verhältnisse bestanden zu haben.[4])

Die Polyandrie, d. h. die Sitte, dass mehrere Männer zusammen ein Weib besitzen, hat Bernhöft als Rest einer ursprünglichen Gruppenehe bezeichnet, die nur aus dem Grunde, weil die Mehrzahl der weiblichen Kinder beseitigt wird und also grosser Mangel an Frauen herrscht, zur Vielmännerei geworden wäre. In der That hat Marshall bei den polyandrischen Toda Südindiens wirkliche Gruppenehe neben der Polyandrie beobachtet. Diese Art der Gruppenehe, die sich noch bei mehreren andern Drawidastämmen findet, ist insofern der australischen gleichartig, als sie nur innerhalb derselben Altersklasse gestattet ist.[5])

Bei manchen Indianerstämmen finden sich Sitten, die mindestens der Gruppenehe sehr nahe kommen, ohne dass freilich etwas entstände, was an logischem Aufbau der australischen Pirauru-Ehe entspräche. Es besteht nämlich ein mehr oder weniger bestimmtes Anrecht des Mannes auf die Schwestern seiner Gattin oder selbst auf deren Basen und Tanten, die er, wenigstens wenn er die älteste Schwester zuerst geheiratet hat, nach und nach ebenfalls ehelichen kann. Allerdings wird von diesem Rechte nur selten Gebrauch gemacht, da die Lasten, die sich der Einzelne damit aufbürden würde, in der Regel zu gross sind;

dagegen scheint es gewöhnlich zu sein, dass ein Mann beim Tode seiner Frau deren Schwester oder eine andere nahe Verwandte heiratet. Andrerseits übernimmt auch ein Mann beim Tode seines Bruders dessen Gattin.[6])

Die Sitte, dass der Mann das Recht oder die Pflicht hat, die Frau oder Frauen des verstorbenen Bruders zu ehelichen, wird nach einem ähnlichen in der Bibel erwähnten Brauche Levirat genannt. Ihre ziemlich ausgedehnte Verbreitung ist ebenfalls als schlagender Beweis für das ehemalige Vorhandensein der Gruppenehe herangezogen worden; aber um mehr als höchstens Wahrscheinlichkeit handelt es sich doch nur dort, wo dem Bruder schon vor dem Tode des Bruders dessen Frauen zugänglich sind. Das ist aber nur ausnahmsweise der Fall, so nach den Angaben Weniaminows bei den Tlinkit, wo ein Bruder oder naher Verwandter als Nebengatte gelegentlich vorkommt.[7]) Das alte Gesetz der Sulu dagegen, „Wenn jemand stirbt, so soll der jüngere Bruder die Weiber des Verstorbenen heiraten, damit sie nicht von einem Manne eines andren Stammes geheiratet werden“, deutet vielmehr auf rein materielle Gründe der Sitte hin, denn Weiber sind Wertgegenstände, die von der Familie und dem Stamme thunlichst festgehalten werden. Es muss überhaupt immer wieder darauf hingewiesen werden, dass bei den meisten Naturvölkern, bei denen die Anfangsbegriffe des Reichtums entwickelt sind, die Ehe mehr eine Sache des Geschäftes als der Neigung ist, wie ja in ganz ähnlicher Weise noch bei den deutschen Bauern.[7]) Post, der für Afrika eine Menge Beispiele der Leviratsehe oder der Vererbung der Frau, wie er es bezeichnend nennt, beigebracht hat,[8]) sagt ausdrücklich: „Diese Herleitung (aus der polyandrischen Eheform) scheint für Afrika ausgeschlossen, da die polyandrische Ehe hier überall nicht vorkommt.“ Der Umstand, dass der erbende Bruder für seine Schwägerin keinen Brautpreis zu zahlen hat und auf jeden Fall eine tüchtige Arbeitskraft gewinnt, die ihm eine kostspielige Sklavin ersetzt, dürfte sehr in Betracht kommen.

Wenn also der Versuch, derartige Bräuche ohne weiteres als Beweise früher vorhandener Gruppenehe zu verwenden, auf schwere Bedenken stösst, so verdienen dagegen die einfacheren

Formen des Weiberverleihens und Weibertausches besondere Aufmerksamkeit. Es wurde schon bemerkt, dass die ausgebildeten Formen der Pirauru- und Punalua-Ehe wohl nicht als Reste früher allgemein verbreiteter Gesellschaftsformen aufzufassen sind, sondern als örtliche Versuche, die vorhandene Lockerheit der ehelichen Bande oder den gewohnheitsmässigen Ehebruch in feste Regeln zu bringen und sie dem schon bestehenden verwickelten Bau der Ehegesetze anzupassen. Dann wäre dort, wo sich sonst noch diese Lockerheit findet, durchaus nicht anzunehmen, dass ihr eine ursprüngliche, jetzt nur entartete Gruppenehe zu Grunde läge, sondern sie muss als die Wurzel gelten, aus der gelegentlich unter besonders günstigen Umständen erst die verwickelte Form der Piraurnverbindung herauskrystallisiert ist, während anderswo eine solche systematische Weiterbildung nicht erfolgt ist. Diese Auffassung bietet jedenfalls weniger Schwierigkeiten als die Morgans und seiner Anhänger. Es ist an und für sich verständlich, dass die Festigkeit der Eheverbindung in ältern Zeiten geringer gewesen sein muss, so lange sie noch nicht von einem Nimbus der Heiligkeit und Unverletzlichkeit umgeben war oder als Kaufgeschäft behandelt wurde; Reste dieses Zustandes, der deshalb noch lange nicht Promiskuität war, mögen sich oft erhalten haben, andrerseits können ihn äussere Umstände leicht wieder einmal herbeiführen, wie denn z. B. die schlechten Wohnungsverhältnisse europäischer Proletarier im Verein mit anderen Missständen vielfach ein tiefes Sinken der Begriffe von Keuschheit und ehelicher Treue veranlasst haben. Wo Polygamie im Übermass herrscht, wie stellenweise in Afrika, kann natürlich das eheliche Band ebenfalls nicht sehr fest sein. Dass aber vor allem die Einteilung nach Altersklassen im Gegensatz zu den Familienverbänden steht und deshalb die Eheverhältnisse zu lockern geeignet ist, wird sich noch zeigen.

Von Hawaii, wo die eigentliche Punalua-Ehe nur unsicher bezeugt ist, wird das Leihen und Austauschen von Weibern als häufig vorkommender Brauch berichtet. In Australien ist derselbe Brauch auch bei den Stämmen üblich, die den geregelten Mischverkehr der Pirauru-Ehe nicht kennen; die Schwierigkeit, angesichts der verwickelten Eheverbote zu einer legitimen Ehe zu kommen, hält die Sitte aufrecht oder hat sie vielleicht erst entstehen lassen. So überliess bei den Kurnai der ältere Bruder gelegentlich wohl dem jüngern sein Weib, beanspruchte aber von diesem, wenn er sich verheiratete, dann dasselbe Vorrecht; ein fester Brauch war aber daraus noch nicht entstanden, vielmehr galt dergleichen nur als verzeihlicher Notbehelf, während im übrigen die Frauen zu strenger ehelicher Treue verpflichtet waren.[10])

In Afrika sind bezeichnenderweise zwei Stämme, die das System der Altersklassen und Männerbünde hoch entwickelt haben, zugleich durch die Sitte des Weiberleihens unter Freunden bekannt, die Massai und die Herero. Auch im klassischen Gebiete der Geheimbünde scheint die Sitte weit verbreitet zu sein, so bei den Mpongwes an der Gabunküste, namentlich aber in Angola und an der Kongomündung, wo sie schon zur Entdeckungszeit blühte. Die Kaffern Südafrikas pflegen auch nicht selten ihre Weiber auf einige Zeit zu verleihen oder auszutauschen. Der Brauch, Gastfreunden das Weib anzubieten, findet sich in Afrika vielfach, wie auch in andern Gebieten der Erde, z. B. bei den Nordostasiaten, manchen nordamerikanischen Indianerstämmen u. s. w.[11])

Auf den Marschall-Inseln wurde zur Zeit, als Chamisso die Inselgruppe besuchte, die eheliche Treue streng bewahrt; nur solche Männer, die mit einander einen besonderen Freundschaftsbund geschlossen hatten, betrachteten auch ihre Weiber als gemeinsamen Besitz. Weibertausch und -leihen liegt wohl auch manchen Berichten aus dem Altertum zu Grunde, die man als Beweise für vollständige Promiskuität oder doch für die Gruppenehe im engern Sinne aufgefasst hat, so den Angaben Herodots über die Massageten und die Agathyrsen und denen Strabos über die Bewohner Südwestarabiens.[12]) In Sparta hat zweifellos Weibergemeinschaft bis zu einem gewissen Grade als Sitte bestanden; wenn sie in Australien stellenweise in feste Formen gebracht ist, um die Härte der Eheverbote zu mildern, so scheint sie in Sparta vielmehr in die Gesetzgebung aufgenommen worden zu sein, um das Familienleben möglichst zur Bedeutungslosigkeit herabzudrücken und dem Staate den Charakter einer kriegerischen Männergesellschaft auch in diesem Sinne aufzuprägen.

Dieses letzte Beispiel zeigt schon, wie verschieden die Gründe sein können, die aus blosser Lässlichkeit des ehelichen Verkehrs die festen Regeln der Gruppenehe hier und da hervorgehen lassen; immer aber wird eine Ableitung dieser Art leichter sein, als umgekehrt der Versuch, alle Arten von Weibergemeinschaft aus der künstlichen Form der Punalua-Ehe zu entwickeln. Aber auch die Verwandtschaftsnamen, auf die Morgan und Kohler so ausserordentliches Gewicht legen, sind schwerlich als schlagende Beweise ehemaliger Gruppenehe zu deuten.

Merkwürdig sind die Verwandtschaftsbenennungen vieler Völker in dieser Beziehung gewiss; aber wenn man versucht, das Gemeinsame dieser Systeme anzugeben, so zeigt sich schon, dass für die Deutung auch andere Möglichkeiten in Betracht kommen als das ehemalige Bestehen der eigentlichen Punalua-Ehe. Der gemeinsame Zug aller hierhergehöriger Systeme ist der, dass eine verhältnismässig geringe Zahl von Verwandtschaftsbezeichnungen für eine grosse Menge von Fällen ausreichen muss, mit anderen Worten, dass ein Name, der nach unserem Gefühle auf eine oder auf wenige bestimmte Personen beschränkt sein sollte, auch auf andere, ja auf ganze Gruppen angewendet wird, indem z. B. der Bruder des Vaters ebenfalls Vater heisst, der Enkel eines Mannes auch von dessen Bruder Enkel genannt wird u. s. w. Das ist also zunächst einfach ein Mangel an genaueren Ausdrücken, der sich auf andern Gebieten, z. B. dem der Bezeichnungen für Farben, wiederholt[13]); das Beispiel ist um so treffender, als sich auch in diesem Falle oft neben auffallender Armut wieder ein grosser Reichtum von Namen für gewisse Farben, z. B. des Viehes, zu finden pflegt. Die Australier, die äusserst verwickelte Sippen- und Klassensysteme aufgebaut und benannt haben, sind wieder in anderen Fällen ungemein arm an Verwandtschaftsausdrücken, namentlich an solchen, die sich auf die einfachsten Formen der Bluts- und Eheverwandtschaft beziehen. Die Versuche, diesen Mangel als Beweis für das Dasein der Gruppenehe zu deuten, hat schon Westermarck mit gutem Erfolge zurückgewiesen.[14]) In der That erstreckten sich ja diese Sammelbezeichnungen für Verwandte nicht nur auf solche Gruppen, bei denen derartige Ableitungen einen Sinn haben würden, sondern sie kommen auch in Fällen vor, wo diese Deutung ganz ausgeschlossen ist. So ist vielfach das Wort für Grosseltern und Enkel ganz dasselbe; bei den Kurnai heisst der Grossvater (Vaters Vater) Wehntwin, der Enkel (Sohnes Sohn) ebenfalls Wehntwin, die Grossmutter (Mutter der Mutter) Kukun, die Enkelin (Tochter der Tochter) auch Kukun. Ähnlich ist es bei mehreren andern Stämmen. Erinnern wir uns der Einteilung der Stämme in zwei Heiratsklassen, die derart mit einander wechseln, dass die Enkel wieder derselben Klasse angehören wie die Grosseltern, so ist diese Erscheinung nicht unerklärlich; nur mit der Piraurn-Ehe hat sie gar nichts zu thun. Aber auch in anderen Fällen verliert der Mangel an genaueren Verwandtschaftsnamen einen Teil seiner Seltsamkeit, wenn wir erwägen, dass z. B. als Gattinnen eines Mannes nicht nur dessen wirkliche, sondern auch dessen mögliche Gattinnen bezeichnet werden, als Väter nicht nur der Vater selbst, sondern auch die Männer, die Gatten der Mutter hätten sein können. Bei den schwer zu übersehenden Eheverboten der Australier ist es in der That sehr wichtig, die Möglichkeit einer ehelichen Verbindung und, was auch für viele andere Völker gilt, das Unbedenkliche eines vorehelichen Verkehrs schon in der einfachen Verwandtschaftsbezeichnung anzudeuten. Auch in diesem Falle also sehen wir uns im Grunde auf die freie Liebe der Jugend als die Quelle zurückgewiesen, aus der so viele Sitten entspringen, die man einfach als Reste der Gruppenehe und der Promiskuität gedeutet hat. Es sollen damit keineswegs die grossen Verdienste geleugnet werden, die sich besonders Kohler durch Aufstellen genauer Verwandtschaftstafeln und eingehende Erörterung ihres Wesens erworben hat, aber die Freude an den schönen Tabellen, die der ganzen, noch immer nicht überall für voll angesehenen Wissenschaft den so erwünschten Charakter trockener Ernsthaftigkeit und Zuverlässigkeit geben, darf nicht dahin führen, ihre Bedeutung zu überschätzen; wichtig genug bleiben diese Tafeln doch für alle Fälle.

Aus den bisherigen Erörterungen geht schon hervor, dass

die verschiedenen Thatsachen, die auf die Gruppenehe hinweisen, schwerlich unter einen Hut zu bringen sind. In den wenigen Fällen, wo eine wirkliche Gruppenehe beobachtet worden ist, dürfte sie erst als eigenartiger Gipfel einer Entwicklung entstanden sein, die auf die blosse Lockerheit des Ehebundes zurückführt.[15]) Aber diese Lockerheit stets auf frühere Promiskuität zu deuten, mag man die Gruppenehe als Zwischenstufe annehmen oder nicht, ist zum mindesten gewagt.

Zunächst ist daran zu erinnern, dass auch das ärmlichste Naturvolk in seiner Art eine lange Geschichte hinter sich hat; die „Tiefe der Menschheit“, wie es Ratzel nennt, warnt dringend vor voreiligen Schlüssen. So starr und dauerhaft auch die Sitten und das ganze Wesen primitiver Völker erscheinen, bewegungslos sind sie doch niemals; im Wechsel der Generationen wandeln sich langsam aber sicher die anscheinend unerschütterlichen Bräuche und Sitten, jede Änderung des Wohnortes und der Wirtschaftsweise, jede Berührung mit fremden Stämmen, jedes Schwanken im inneren Aufbau der Gesellschaft lässt Altes absterben und Neues emporwachsen. Urzustände im wahren Sinne des Wortes dürfen wir nirgends zu finden hoffen, nur Parallelen zu diesen Zuständen treten hervor, Parallelen, die unter Umständen auch bei höheren Kulturvölkern wieder erscheinen können. Die Ursachen der Verhältnisse bei den heutigen Naturvölkern sind nicht in nebelhafter Urzeit zu suchen. Neben den tieferen Beweggründen, die seit alten Zeiten wirken und immer, wo die Gelegenheit günstig ist, aufs neue ihren Einfluss bewähren, sind andere, oberflächlich aber unmittelbar treibende Ursachen zu erkennen, die dem Lebensbild der Gegenwart ihre besonderen Züge verleihen. Finden wir also, um wieder zur Sache zu kommen, den Brauch des Weibervertauschens oder Verleihens bei einem Volke, so werden wir nicht sofort auf ihn als auf einen Rest uralter Zustände hinweisen, sondern zunächst einmal fragen, ob nicht einfachere, weniger weit zurückliegende Thatsachen das Bestehen dieses Brauches hinreichend erklären.

Bei den Australiern finden wir bereits in den schwierigen Ehegesetzen eine durchaus einleuchtende Ursache der Weibergemeinschaft. Das Zusammenschmelzen totemistischer Eheverbote mit dem System der Altersklassen, wozu noch das Verbot der Ehen zwischen allen nahen Blutsverwandten ergänzend hinzutritt, erschwert es dem jungen Australier ausserordentlich, eine Gattin oder auch nur eine Geliebte zu finden, und macht es erklärlich, dass durch die mehr oder weniger entwickelte Gruppenehe etwas wie ein Ventil geöffnet wird, das die Unerträglichkeit dieses Zustandes ein wenig mildert. Dem Wesen der Australier entspricht es sehr gut, dass sie auch dieses Hilfsmittel stellenweise in eine feste Formel gebracht haben.

In Polynesien dürften die Verhältnisse etwas anders liegen. Ein grosser Theil der geschlechtlichen Sittlichkeitsgebote zielt in einer Richtung, die dem Europäer zunächst wenig verständlich scheint, aber in der Natur der polynesischen Inselwelt begründet ist: Es soll vor allem eine übermässige Vermehrung des Volkes mit ihren auf den engbegrenzten Inseln höchst verhängnisvollen Folgen verhütet werden, und in dieser Richtung sind denn eine Anzahl zum Teil abstossende Bräuche entwickelt, wie Prostitution, erzwungene Ehelosigkeit, Kindesmord u. dgl. Die Weibergemeinschaft gehört möglicherweise in diese Reihe, erklärt sich aber vielleicht noch besser aus dem Mangel an Frauen, der dadurch entsteht, dass von den neugeborenen Kindern mit Vorliebe die Mädchen beseitigt werden. Die unvermeidliche Folge des Frauenmangels würde, soweit nicht die Prostitution aushilft, eine Lockerung der ehelichen Bande sein; man braucht diese Verhältnisse dann nur, um Schlimmeres zu verhüten, in eine feste Form zu bringen, um die Gruppenehe entstehen zu lassen. In Südindien dürften stellenweise dieselben Ursachen wirksam sein.

Anders liegen die Dinge wohl in Afrika; der Zusammenhang des Weibertausches mit den Altersklassen, Geheimbünden und Männerfreundschaften ist hier ungemein wahrscheinlich. Ueberall, wo die Klasse der unverheirateten Jünglinge und Männer stark hervortritt, pflegt auch die freie Liebe zu herrschen; meist wird es dabei der Fall sein, dass ein Mädchen mehrere Liebhaber hat — gleichzeitig oder nacheinander —, und dass ebenso der junge Mann sich nicht an ein bestimmtes Mädchen gefesselt fühlt. Im allgemeinen pflegt dieses Treiben mit der Eheschliessung zu enden; aber es ist nicht ausgeschlossen, dass der Brauch,

Weiber gemeinsam zu besitzen, auch bei den Verheirateten seinen Einfluss übt und eine Lockerheit des Ehebundes herbeiführt, die schon einen Übergang zur Gruppenehe bildet. Wunderbar ist das nicht; im Gegenteil dürfte man fragen, warum dergleichen nicht viel häufiger geschieht, da doch in der That der Übergang von voller Ungebundenheit zu ehelicher Beschränkung namentlich von den Frauen ein Mass von Selbstbeherrschung fordert, das man den Naturvölkern im allgemeinen nicht zutrauen möchte. Wo starke Männerbünde mit ihrem mehr oder weniger bewusst dem engen Familiendasein entgegengesetzten Wesen bestehen, treten gern und häufig gewisse Formen der Weibergemeinschaft hervor, wie wir das bereits bei den Tanzgesellschaften mancher Indianerstämme gesehen haben. Kriegerkasten und einseitig zu Krieg und Raubwirtschaft neigende Völker begünstigen die freie Liebe oder die Gruppenehe, wie schon Peschel erkannt hat.[16])

Aber selbst die gerade entgegengesetzte Entwickelung kann zur ehelichen Laxheit führen: Wo die Altersklasse der unverheirateten Jugend kaum besteht, weil die Ehen sehr früh geschlossen werden, wo also auch das Austoben in freier Liebe wegfällt und doch die sittliche Kraft fehlt, diesen Mangel zu ertragen, kommt es leicht zu bedenklichen Erscheinungen, die auch wie ein Vorspiel zur Gruppenehe aussehen. Andrerseits muss die Sitte, die Ehe als ein blosses Geschäft zu betrachten, gerade bei feiner entwickelten Völkern dazu führen, das eigentliche Liebesleben ausserhalb der Eheschranken fortzusetzen. So fehlt es selbst bei den höchstkultivierten Völkern Europas nicht an halbgeduldeten Sitten dieser Art, wie ein Blick auf die französische Litteratur genügend erkennen lässt.

Wo endlich der Wunsch, Nachkommen zu besitzen, die die Familie fortsetzen und den Ahnenkult ausüben sollen, übermächtig ist, stellt sich leicht die Ansicht ein, dass im Falle der Zeugungsunfähigkeit des Mannes ein Verwandter oder Freund helfend einzugreifen hat. Besonders das Levirat dürfte meist auf solche Anschauungen zurückgehen, wie Starcke nachgewiesen hat[17]); von Resten früherer Promiskuität kann natürlich auch in solchen Fällen keine Rede sein.

[1]) Vgl. Spencer and Gillen, The Native Tribes S. 100, 109. — Kohler, Zur Urgeschichte der Ehe S. 151 f.

[2]) Howitt i. Journ. Anthrop. Inst. XX, S. 53—60.

[3]) Wo sie doch gelegentlich vorkommt, wie bei der Defloration mannbarer Mädchen oder bei Korroborrifesten, hat sie nichts mit der Gruppenehe zu thun (vgl. Spencer u. Gillen a. a. O. S. 93, 95, 97).

[4]) Vgl. Meitzen, Siedelung u. Agrarwesen I, S. 231.

[5]) Kohler, Urgeschichte der Ehe S. 144.

[6]) Beispiele b. Kohler a. a. O. S. 134 ff.

[7]) Vgl. Krause, Die Tlinkit-Indianer S. 221.

[8]) Ein besonders krasses Beispiel bei Wahl, Die geschlechtl.-sittl. Verhältnisse der evangel. Landbewohner II, S. 368.

[9]) Afrikan. Jurisprudenz I, S. 419.

[10]) Cunow, Verwandtschaft-Organisationen S. 69.

[11]) Vgl. dazu Post, Afrikan. Jurisprudenz I S. 471. — Kohler in Zeitschr. f. vergl. Rechtswissenschaft V. — Ploss, Das Weib I, S. 428. — Beispiele von den Markesas bei Lamont, Wild Life among the Pacific Islanders S. 33 u. 42.

[12]) Herodot I, 126 u. VI, 104. — Strabo Geogr. 11, 4.

[13]) Vgl. Urgeschichte der Kultur S. 482.

[14]) Geschichte der menschlichen Ehe S. 78 ff. Im Anschluss an seine Erörterungen mag darauf hingewiesen sein, dass bei den australischen Dieyerie die wirklichen Gatten (Noa) von den Nebengatten (Pirauru) ausdrücklich durch den Namen unterschieden werden, was der Morganschen Theorie ebenfalls einen bedenklichen Stoss giebt.

[15]) Über die Drawidavölker sagt ein so besonnener Forscher wie Emil Schmidt: „Es lässt sich schliessen, dass die Ehe der Drawidastämme Indiens ursprünglich sehr lax gewesen sein muss und dass sich aus diesem Zustand teils Polyandrie, teils eine lockere, leicht lösbare Monogamie entwickelte“ (Globus 68, S. 6).

[16]) Völkerkunde (6. Aufl.) S. 231.

[17]) Die primitive Familie S. 150 ff.

6. Beschränkungen der freien Liebe.

Wenn sich in der Gruppenehe wenigstens teilweise der Einfluss des Klassenlebens und der jugendlichen Männerbünde mit ihrer freien Liebe erkennen lässt, so liegt der Gedanke nahe, dass auch andere Formen geschlechtlicher Ungebundenheit vielmehr auf diese Zustände zurückgehen als auf eine ehemalige regellose Promiskuität. In diese Reihe gehört die Prostitution, die oft sehr mit Unrecht als ein ausschliessliches Erzeugnis höherer Kultur betrachtet wird; ferner die zeitlich oder persönlich beschränkte Preisgabe, die als jus primae noctis, als gelegentliche völlige Ungebundenheit u. dgl. erscheint, und endlich eine Reihe symbolischer Bräuche, die als Nachklänge wirklicher erotischer Vorgänge gelten dürfen. Wir betreten damit ein Gebiet, das von den Verteidigern der Promiskuitätslehre gern als ihr unbestreitbares Eigentum betrachtet wird; die natürliche Folge ist gewesen, dass man von der andern Seite her wieder den Thatsachen zu Leibe rückte, statt den Schlüssen, und dass u. a. ein Buch entstand wie Karl Schmidts „Jus primae noctis", das eben nur zeigt, wie man mit einiger Advokatengeschicklichkeit alle unbequemen Thatsachen beiseite schieben kann. Die Schrift hat immerhin das Verdienst, einigen alten Überlieferungen und Fabeln den Boden entzogen zu haben, aber auf die Anhänger der Promiskuitätslehre hat sie, wie sich bald erkennen liess, keinen Eindruck gemacht[1]). Wer zu viel beweisen will, beweist eben nach alter Erfahrung nichts.

Wenn man das Jus primae noctis allenfalls bei Naturvölkern als möglich gelten lässt, sein früheres Dasein bei Kulturvölkern aber gern völlig leugnen möchte, so gilt von der Prostitution das Umgekehrte: sie wird, wie erwähnt, oft für eine schwer vermeidliche Begleiterscheinung hoher Kultur gehalten, die den harmlosen Naturvölkern ganz fremd ist. In Wahrheit treten käufliche Weiber überall dort sofort auf, wo der ungebundene Geschlechtsverkehr der Jugend unterdrückt wird, ohne dass man durch ausserordentlich frühe Ehen die sonst unvermeidlichen Folgen hintanhält. Die Einschränkung der freien Liebe ist nun in der That eine Kulturerscheinung, aber eine von denen, die auf sehr tiefer Stufe der Entwicklung bereits beginnen können und nicht als Massstab sonstiger hoher Gesittung gelten dürfen. In ihrer Art ist die Forderung jungfräulicher Reinheit, die zunächst wohl nur als Ideal auftritt und erst zwangsweise erreicht wird, bis sie als selbstverständlich gilt, ein höchst anziehender Wesenszug in der Entwicklung der Menschheit zur Selbstzucht;

die Veredelung des übermächtigen, zu schmutziger Ausartung nur zu sehr geneigten Geschlechtstriebes ist eine Riesenaufgabe, die immer nur mit schweren Opfern und bedenklichen Einräumungen teilweise gelöst werden kann, da jede Unterdrückung fast mit Notwendigkeit zu widerlichen oder krankhaften Auswüchsen führt. Es ist hier nicht der Ort, diese Fragen zu behandeln. Jedenfalls steht fest, dass überall, wo die freie Liebe mit ihrem Austoben beseitigt wird, die Prostitution aufzutreten beginnt. Und da nun die freie Liebe eng mit dem Wesen der Altersklassen verknüpft ist, so hängt wieder die Prostitution eng mit der Zersetzung des Klassensystems zusammen und kann, wenigstens bei zahlreichen Naturvölkern, als notwendige Folge dieses Zerfalls betrachtet werden. Natürlich vermag das Hetärentum auch unter allen möglichen anderen Verhältnissen neu zu entstehen, da es eben die naheliegendste Antwort auf jeden Versuch ist, der Sinnlichkeit Schranken aufzuerlegen, aber selbst bei Kulturvölkern hat es oft noch etwas von dem Charakter freier Ungebundenheit, wie ihn die aus der freien Liebe hervorgehende Prostitution besitzt. Wenn die europäischen Völker der Gegenwart im allgemeinen dahin streben, alle guten und schönen Eigenschaften des Weibes in den legitimen Gattinnen zu entwickeln und zu schätzen, so steht und stand anderwärts vielfach die heitere, weltgewandte und kunstsinnige Hetäre fast als Idealgestalt der in das Innere des Hauses gebannten, geistig zurückgebliebenen Gattin gegenüber; eine Phryne, eine Aspasia erscheinen wie Vertreterinnen des alten freien Liebeslebens, das dem Weibe gleiche Rechte mit dem werbenden Manne gab, und die Curtisanen Italiens zur Renaissancezeit, die japanischen Geishas, die chinesischen Blumenmädchen und Indiens Bajaderen haben alle einen nicht unedlen Zug, den Hauch eines freien, künstlerisch verklärten Daseins; sie haben, freilich mit dem Opfer ihres besten Gutes, Unabhängigkeit von der lastenden Herrschaft des Mannes und der häuslichen Pflicht errungen, und ein Teil der weiblichen Anlagen, der sonst meist verkümmert, kommt in ihnen zu glänzender Entfaltung. So vermag die Prostitution in ihren besseren Formen sogar einen Ausweg zu bieten, dass eben diese durch sie geretteten und entwickelten weiblichen

Wesenszüge einen gewissen Einfluss auf die Kulturentwicklung üben. Man muss fast annehmen, dass die künstlerische Bethätigung des Weibes einigermassen imstande ist, den sonst unerfreulichen Folgen geschlechtlicher Ungebundenheit ein Gegengewicht zu bieten, das die Verrohung und Zerrüttung des Gemütslebens hindert; in seiner Magda („Heimat“) hat neuerdings Sudermann den Typus einer Frau gezeichnet, die vom Standpunkt strenger Sittlichkeit zu verdammen ist, aber in ihrer Kunst einen Halt findet, dessen Stärke auch die Missgunst widerwillig anerkennen muss.

Aber alle diese glänzenden Seiten dürfen nicht darüber hinwegtäuschen, dass die Forderung sittlicher Reinheit eines der grossen Mittel ist, das weibliche Geschlecht und damit die ganze Menschheit zu heben und zu veredeln. Im Dasein des Weibes ist das geschlechtliche Leben zu bedeutsam, als dass nicht in den meisten Fällen dessen Zerrüttung verderblich auf Geist und Charakter wirken und gerade die besten und wunderbarsten Züge der weiblichen Seele zerstören müsste. Selbst die freie Liebe in ihrer unbefangensten Form hat ihre verhängnisvollen Seiten, wie das zuweilen schon früh erkannt wird. Je lustiger sich die Jugend ausgetobt hat, desto mehr kann die Ehe als Geschäft behandelt werden, desto weniger von dem goldenen Schimmer heitren Liebeslebens wird für die Zeit der reiferen Jahre gerettet; der deutsche Bauer steht vielfach noch so recht auf diesem Standpunkt, der ganz geeignet ist, das Gemüt verknöchern zu lassen und den Menschen zur verdrossenen Arbeitsmaschine umzuwandeln, wie sie nun einmal das harte bäuerliche Leben zu erfordern scheint. Aber schon bei Naturvölkern treten die üblen Folgen der freien Liebe oft deutlich genug hervor und beeinflussen dauernd den weiblichen Charakter. „Es scheint“, schreibt Jellinghaus von den Munda-Kolhs in Vorderindien, „bei den meisten als selbstverständlich angesehen zu werden, dass die jungen Mädchen mit den Knaben wild durcheinander, wie sie sagen, „herumspielen“. Aus dieser Unsitte ist es auch wohl zu erklären, dass besonders die jungen Frauen so nichtsnutzig sind, ihren Männern um einer Kleinigkeit willen fortlaufen, ihre Kinder schlecht pflegen, faul sind und für ihr Leben lang meist einen dummen, gemeinen Zug in ihrem Charakter und Wesen behalten, denn durch Unsittlichkeit leidet ja immer das weibliche Geschlecht äusserlich und innerlich mehr als das männliche.“ Viele Naturvölker mögen diese traurigen Wirkungen schon mehr oder weniger deutlich empfunden haben; vielfach zeigt sich, dass wenigstens die reicheren und vornehmeren Familien Wert auf die Keuschheit ihrer Töchter legen und durch strenge Aufsicht Fehltritte verhüten. Wird diese Anschauung aber allgemein, dann entsteht sofort die schwierige Frage, wie die in Altersklassen organisierte männliche Jugend zu entschädigen ist. Oft ist die Folge der Zusammenbruch des Klassenwesens und die Einführung möglichst früher Heiraten. Aber dies Mittel versagt meist dort, wo der Brautkauf üblich ist, da im allgemeinen der junge Mann nicht ohne weiteres im stande sein wird, den Brautpreis aufzubringen, sondern sich gezwungen sieht, als Junggeselle in jahrelanger Arbeit die nötigen Mittel zu erwerben. In solchen Fällen stellt sich die Prostitution als traurige, aber schwer zu vermeidende Aushülfe ein.

Zuweilen lässt sich noch in ausgezeichneter Weise beobachten, wie die Entstehung der Prostitution eng an die Einrichtung des Männerhauses und die freie Liebe anknüpft: Wenn ursprünglich alle Mädchen frei mit den Insassen des Männerhauses verkehrten, so sind es fortan nur einige, die dann meist mit im Männerhause zu wohnen pflegen und als Geliebte der Insassen gelten. Es ist sehr bezeichnend, dass diese Mädchen zunächst keinerlei Vorwürfe oder Missachtung zu erleiden haben, wenn sie auch meist schon eine gewisse Sonderstellung einnehmen und später nicht immer einfach in die Gruppe der heiratsfähigen Frauen zurücktreten. Auf diese Verhältnisse ist noch zurückzukommen.

Eine ganz eigentümliche Keimform der Prostitution, die zugleich eine Lockerung der Eheverhältnisse erkennen lässt und somit auch für die Geschichte der Gruppenehe wichtig ist, finden wir auf den Palau-Inseln; nicht nur Mädchen, sondern auch verheiratete Frauen begeben sich hier in die „Bais“ der Junggesellen, um längere oder kürzere Zeit dort zu leben. „Wenn bei uns“, erzählte eine Palau-Insulanerin dem Forschungsreisenden Semper[1]), „die Frau ihrem Mann böse ist, so läuft sie in das nächste Bai; dann muss der Mann, wenn er sich wieder mit ihr versöhnen will, sie durch ein Stück Geld von dem Clöbbergöll (Männerverband) loskaufen, dem das Bai und alles, was darin ist, zugehört. Wenn er kein Geld zahlen mag, so hat er kein Recht mehr an sie. Dann bleibt sie bei den Männern so lange, bis ein anderer Mann, der mächtiger war als ihr früherer, sie loskauft. . . . Ich bin meinem Manne schon einmal weggelaufen und habe mich im Bai sehr gut unterhalten. Die Schwester von Inarratbac ist neulich auch nach Orocoll ins Bai gegangen, weil ihr Mann ihr untreu geworden war; nun bleibt sie dort als Armungul (Dirne) drei Monate.“ Dieses Weglaufen der Frauen ist thatsächlich ein Nachklang der freien Liebe, die nicht mehr in voller Blüte steht. Es giebt Mädchen, die sich verheiraten, ohne das Liebesleben im Bai durchgemacht zu haben; aber wenn eine mit 10 oder 12 Jahren noch keinen Gatten gefunden hat, geht sie ins Bai und bleibt dort, bis sich Gelegenheit zur Verheiratung bietet. Nach den Angaben Nunans werden die Weiber auch vielfach aus andern Ortschaften geraubt, worauf nicht selten Kriege zu entstehen pflegen; die Mädchen, die einige Jahre im Bai zugebracht haben, sind sehr zur Ehe begehrt[3]).

Ähnliche Verhältnisse herrschen auf der Karolineninsel Yap, deren Bewohner durch die Gewohnheit, Steingeld von den Palaus zu holen, in besonders naher Beziehungen zu den Palau-Insulanern stehen. „Für die Bäwais (Junggesellenhäuser)“, schreibt Senfft[4]), „rauben sie sich Mädchen aus anderen Distrikten, der Raub scheint aber jetzt nur eine Art Posse zu sein, eine Art Pietät gegen alte Gewohnheiten, thatsächlich hatte bei allen mir angezeigten Mädchendiebstählen vorher eine Verständigung zwischen dem „Opfer“ und deren Eltern einerseits und der Gemeinde der „Räuber“ andererseits stattgefunden, in einem Falle gestand sogar die Geraubte, die Räuber um ihre Entführung gebeten zu haben. Diese Sabinerinnen werden für eine bestimmte Zeit, in der Regel mehrere Jahre, Gemeingut aller Männer, der ledigen wie verheirateten, und kehren dann reich beschenkt in ihre Heimatdörfer zurück; wird eine von ihnen Mutter, so wird sie von einem der Dörfler geheiratet.“ Das Eheband ist hier ebenfalls, offenbar unter dem Einfluss dieser Zustände, ungemein locker. „Alle Ehen werden eigentlich nur auf unbestimmte Zeit geschlossen, sie währen zuweilen nur Wochen; jedem Ehegatten steht es frei, eine andere Wahl zu treffen.“ Das Rauben der Mädchen, mag es auch jetzt zur blossen Spielerei geworden sein, wirft zugleich ein Licht auf die Entstehung einer geregelten Raubehe, die in diesem Falle, wie wohl auch in vielen anderen, unmittelbar auf die Einrichtung des Junggesellenhauses und männlicher Altersklassen zurückführt.

In Melanesien ist der Zusammenhang der Prostitution mit dem Männerhause ebenfalls kenntlich, doch herrschen auf den einzelnen Inseln sehr verschiedene Anschauungen und Sitten; die Ungebundenheit der weiblichen Jugend ist stellenweise sehr gross, anderwärts müssen Dirnen zum Teil als Ersatz der freien Liebe dienen. Auf Florida sind es meist verheiratete Frauen von schlechter Aufführung, die von den Häuptlingen zu Hetären (rembi) bestimmt werden; sie wohnen in einem der Häuser des Häuptlings und haben den grössten Teil ihres Erwerbes ihm auszuliefern. Auf San Cristoval herrscht die freie Liebe noch ziemlich unbeschränkt, daneben aber giebt es schon Mädchen oder Witwen, die als öffentliche Dirnen (repi) dienen. Auf Malanta wieder werden Mädchen niederen Standes, die Kinder bekommen, ohne dass ihr Liebhaber sie heiratet, meist zu Dirnen, während solche höheren Standes in solchem Falle sterben müssen. Manchmal lassen Eltern ihre Kinder den Hetärenberuf ergreifen, oder ein Häuptling kauft ein Mädchen, bestimmt sie zur Dirne und bezieht einen Teil ihres Gewinns, so auf Ulawa. Auf den nördlichen Neuen Hebriden kennt man eigentliche Hetären nicht, doch giebt es einzelne Mädchen und Frauen, die sich heimlich für Geld erkaufen lassen[5]). Sehr charakteristisch sind die Zustände auf den Santa Cruz-Inseln: In den Männerhäusern leben hier immer einige Dirnen, die meist schon als Kinder von einem der Junggesellen gekauft sind und vom ersten Besitzer, wenn er ihrer überdrüssig, förmlich versteigert werden; die übrigen Mädchen und Frauen halten sich dagegen dem Männerhause sorgfältig fern.

Ganz ähnliche Sitten herrschen bei dem Indianerstamme der

Bororó, auf den bei der Besprechung der Männerhäuser zurückzukommen ist. Die Mädchen, die gewaltsam von den Insassen des Männerhauses entführt werden und Pfeile und Schmucksachen als Bezahlung erhalten, heiraten später nicht mehr; bekommen sie Kinder, so gelten alle Männer als deren Väter. Ihre Einnahmen liefern sie an ihren Bruder oder den Bruder der Mutter ab. Hier ist also die freie Liebe in Prostitution umgeschlagen, aber zugleich in eine Art Gruppenehe, die man bei oberflächlicher Betrachtung für einen Rest völliger Promiskuität halten könnte. In Wirklichkeit handelt es sich um eigenartige Sittlichkeitsbegriffe, die aus dem Wesen des Männerhauses hervorgehen. Dass man die Mädchen raubt und dass der Bruder oder Mutterbruder als der natürliche Beschützer oder in diesem Falle beinahe schon als der Verkäufer erscheint, ist sehr wichtig für die Frage nach der Entstehung der Raubehe und der mutterrechtlichen Anschauungen, worauf hier nicht näher eingegangen werden kann.

In Afrika wirkt das Sklavenwesen auf alle gesellschaftlichen Verhältnisse bestimmend ein; wo wir hier öffentliche Dirnen finden, sind es denn auch meist Sklavinnen, die sich diesem traurigen Gewerbe widmen. In Westafrika ist die Prostitution stellenweise eine ganz geregelte Einrichtung, die aber doch noch einige Spuren ihrer Herkunft aus der freien Liebe aufweist. So wurde früher an der Goldküste von Zeit zu Zeit auf Antrag der jungen Männer eine Sklavin gekauft und in einer besondern Hütte untergebracht, wo sie sich jedem gegen ein beliebiges kleines Geschenk hingeben musste; die Käufer der Sklavinnen, deren jedes Dorf eine oder mehrere besass, erhielten von diesen die Einnahmen abgeliefert und sorgten ihrerseits für den Lebensunterhalt der Dirnen.[6] Nach den Angaben Reades sind es oft reiche Frauen, die den Ankauf von Sklavinnen übernehmen; als Lohn wird die minimale Summe von 3 Kauris bezahlt, die seit alter Zeit üblich ist und trotz der Entwertung des Muschelgeldes noch immer genügen muss.[7] An der Quaquaküste wurden früher die Dirnen feierlich durch die Häuptlinge in ihren Beruf eingeführt, was Anlass zu einem grossen Volksfeste gab; sie mussten alle Einnahmen an den Häuptling abliefern, durften dafür aber im Dorfe nehmen, was sie wollten (wohl nur Lebensmittel). In Dahomeh war der König der Besitzer der Dirnen, die ihm ebenfalls alle Einkünfte abgeben mussten. Volksfeste bei der Einweihung von Freudenmädchen kommen in Ostafrika bei den Habab und in Mensa vor.[8])

Unmittelbar aus der freien Liebe ist bei einigen Araberstämmen Nordafrikas, besonders den Ulad Nail, die Prostitution hervorgewachsen; die jungen Mädchen gehen als Tänzerinnen und Hetären nach den grösseren Ortschaften, sammeln ein kleines Vermögen und kehren dann in ihre Heimat zurück, wo sie als Gattinnen um so begehrter sind, je grössere Schätze sie als Ergebnis ihres Gewerbes mitbringen. Eine gewisse Harmlosigkeit, die diese Mädchen nicht ganz in den Schmutz der Gemeinheit versinken lässt, haftet ihnen immerhin an, und zweifellos geben ihnen auch die Künste des Tanzes und Gesanges, denen sie sich widmen, einen gewissen Halt. Der Unterschied zwischen den verkommenen Prostituierten europäischer Herkunft in den Küstenstädten Algeriens und den Tänzerinnen der Ulad Nail ist überraschend gross. Ganz ähnlich hat sich in Polynesien, Nordwestamerika und Neuseeland unter dem Einfluss der Europäer die Prostitution aus der freien Liebe entwickelt, in diesem Falle sehr zum Schaden der Naturvölker.

Auf den Zusammenhang des Weiberraubes und der aus ihm entstehenden Raubehe mit gewissen Zügen der Prostitution, die sich aus dem Sittenkreis des Männerhauses entwickelt, ist schon hingewiesen worden. Auch in Afrika fehlt es an solchen Zügen nicht, besonders bei den Kaffernstämmen. So berichtet Fritsch[9]) von den Ama-Kosa, dass hier die Angehörigen angesehener Familien zuweilen den Wohnort des Oberhäuptlings aufsuchen, dort wochenlang verweilen und von ihm vollständig verpflegt werden. „Zu den unumgänglichen Lebensbedürfnissen eines erwachsenen Kaffern gehören auch Frauen, und die Sitte des zu Hofe Gehens (Busa) hat eine andre ins Leben gerufen (U'pundhlo), welche erst in jüngerer Zeit wieder in Wegfall gekommen ist. Es wurde nämlich von der Hauptstadt aus ein Trupp junger Leute in die Umgegend geschickt, welche alle unverheirateten Mädchen, deren sie habhaft werden konnten, aufgriffen und gewaltsam mitschleppten; diese dienten alsdann den zur Zeit am Hofe verweilenden Fremden als Konkubinen, wurden nach einigen Tagen entlassen, und ihre Stelle durch andre in derselben Weise zusammengetriebene Mädchen ersetzt. Die häufigen mehr oder weniger ernsten Händel, welche diese Sitte im Gefolge hatte, waren der Grund sie zu beseitigen, doch ist wohl eine gewisse, durch europäischen Einfluss bewirkte Veränderung in den Anschauungen anzunehmen, um zu erklären, dass ihre Abschaffung notwendig wurde, weil sie lange genug bestanden hat, ohne bedeutenden Anstoss zu geben. Wie sollte sie auch Anstoss geben, da bei den Kaffern die mannbaren Mädchen in moralischer Beziehung frei sind und ihre Reinheit von keiner weiteren Bedeutung erscheint?" Es ist hier wohl zu beachten, dass der Mädchenraub erst als Folge einer anderen, vielleicht nicht sehr alten Einrichtung erscheint, dass man ihn also nicht als Rest einer früher allgemeinen Sitte auffassen darf. Um so bemerkenswerter ist er als Parallelerscheinung zur Raubehe und als Beweis, dass sich in der Atmosphäre einer bestimmten Lebensauffassung und gewisser freier Sittlichkeitsbegriffe bei günstiger Gelegenheit immer wieder ähnliche Sitten oder Unsitten wie von selbst erzeugen.

Auch wo die Prostitution einen religiösen Charakter annimmt, wie bei den Priesterinnen des Agbui-Ordens im Evhelande,[10]) den Hetären in den Venustempeln Griechenlands etc., dürfte eine Ableitung von den Bräuchen der freien Liebe und der Altersklassen vielfach das rechte treffen. Auf der einen Seite gehen ja die Tempel oft unmittelbar aus dem Männerhause hervor und bewahren manche von dessen Eigentümlichkeiten mit jener Zähigkeit, die religiösen Einrichtungen eigentümlich ist; andrerseits entstehen Fetischverbindungen, Geheimkulte und dergleichen in der Regel aus den Männerbünden, die wieder auf die Altersklassen zurückzuführen sind. Die oben erwähnten Volksfeste bei der Einweihung öffentlicher Mädchen deuten ebenfalls auf einen Weg hin, der zu religiösen Sitten zu führen vermag: Indem die Dirnen gewissermassen an Stelle der übrigen weiblichen Jugend den alten, schon deshalb ehrwürdigen Brauch der freien Liebe aufrecht erhalten, erfüllen sie eine grosse Aufgabe, die in den Augen ihrer Landsleute nicht nur nicht verächtlich, sondern eher dankenswert ist und leicht einen Schimmer von Heiligkeit erhält. Es muss dabei immer wieder darauf hingewiesen werden, dass die Religion als solche nur ausnahmsweise und mit Vorsicht zur Erklärung bestimmter Sitten herangezogen werden kann, dass vielmehr religiöse Bräuche in der Regel auf älteren Sitten und Überlieferungen beruhen, die nachträglich einen heiligen oder mystischen Charakter angenommen haben; zum mindesten sollte man sich nie damit begnügen, religiöse Ursachen als Gründe irgend einer Erscheinung hinzustellen, sondern stets auch diese religiösen Grundlagen einer scharfen Prüfung unterziehen.

Nach dem eben Gesagten ist es nicht wunderbar, dass auch die zweite Art der Prostitution, die zeitliche Hingabe, leicht mit religiösen Anschauungen in Verbindung tritt. Im Grunde ist schon die freie Liebe eine Art auf Zeit beschränkten Verkehrs, da ja mit der Hochzeit die Periode der Ungebundenheit zu enden pflegt; auch die Mädchen in den Bais der Palau-Inseln sind ja nur zeitweilig Dirnen, um dann eine allerdings locker genug geknüpfte Ehe zu schliessen. Sobald aus diesem oder jenem Grunde sich bei einem Volke die Neigung zeigt, die freie Liebe zu beschränken und Wert auf die Keuschheit der Mädchen zu legen, kann man in zweierlei Art der völligen Ungebundenheit steuern, indem man nämlich entweder in der oben geschilderten Weise bestimmte käufliche Dirnen dem freien Geschlechtsverkehr überlässt, oder die Ungebundenheit, die man aus Ehrfurcht und religiöser Scheu vor dem alten Herkommen nicht ganz zu beseitigen wagt, zeitlich nach Möglichkeit beschränkt, sie z. B. nur bei gewissen Gelegenheiten gestattet und dann auch wohl fordert, aber die Periode der Freiheit sehr abkürzt. Zu dieser zeitlichen Einschränkung tritt dann oft noch eine persönliche, die auch schon insofern in der freien Liebe ein Vorbild hat, als beim ungebundenen Verkehr der Altersklassen doch immer die nächsten Verwandten und meist auch die Sippengenossen gemieden werden, völlige Zügellosigkeit also niemals herrscht. Wenn dann versucht wird, die freie Liebe weiter einzudämmen, ist es oft nur noch ein einzelner, der Häuptling (jus primae noctis) oder der Priester, der das Opfer der Keuschheit beansprucht und damit einen Rest der alten Sitte, die als solche unter dem Schutz der Götter steht, aufrecht erhält. Später treten dann Symbole an die Stelle der wirklichen Handlung. Alle diese Sitten sind meist in enge Verbindung mit religiösen Anschauungen gebracht und bekommen dadurch einen Halt, der sie oft als wunderliche Reste grosse Kulturwandlungen überdauern lässt.

Zum Glück bedarf es für diesmal keines näheren Eingehens auf diesen Wust grösstenteils widriger und schmutziger Sitten, da schon eine ganze Literatur darüber besteht, aus der sich Wissbegierige ohne Mühe weitere Belehrungen verschaffen können.[1]) Dass diese Dinge so vielfach die Aufmerksamkeit gefesselt haben, erklärt sich leicht: Sie gelten als Hauptbeweismittel für die ehemalige Promiskuität der Menschheit, als Reste ehemaliger geschlechtlicher Ungebundenheit innerhalb der kleinen menschlichen Gruppen der Urzeit. Wer den bisherigen Erörterungen über die Altersklassen aufmerksam gefolgt ist, dürfte wohl die vermittelnde Anschauung billigen, dass die Mehrzahl derartiger Bräuche in der That auf früheren freien Geschlechtsverkehr hindeutet, aber nicht auf allgemeine Promiskuität, sondern auf die freie Liebe der Jugend, die kein theoretisches Hirngespinst, sondern heutzutage noch bei zahlreichen Völkern vorhanden ist. Neben dieser freien Liebe aber steht immer die Ehe, ja es scheint, dass gerade bei den primitivsten Stämmen die Ehe und im Zusammenhang damit die Gesellschaftsbildung auf rein geschlechtlicher Grundlage stärker entwickelt ist, als die Einteilung nach Altersklassen, in der sich der männliche Geselligkeitstrieb mit seiner volksverbindenden Kraft am entschiedensten äussert. Indem die freie Liebe eng mit dem Klassenwesen verbunden ist, erscheint sie als eine höchst wichtige Entwicklungsform der Menschheit, aber es liegt kein Grund vor, sie für die älteste und für die Wurzel aller übrigen zu halten. Der nun folgende Überblick über die Verbreitung und das Wesen des Männerhauses wird diese Auffassung weiter befestigen.

[1]) Vgl. die Besprechungen Kohlers i. d. Ztschr. f. vergleich. Rechtswissenschaft 4 u. 5.

[2]) Semper, Die Palau-Inseln S. 319.

[3]) Bol. Soc. Geogr. Madrid 1898, S. 214.

[4]) Deutsches Kolonialblatt 1900, S. 417.

[5]) Codrington, The Melanesians S. 235.

[6]) Bosman, Beschrijving van de Guinese Goud-, Tand- en Sklavekust I, S. 203.

[7]) W. Reade, Savage Africa S. 425.

[8]) Post, Afrikan. Jurisprudenz I, S. 463 f.

[9]) Fritsch, Die Eingeborenen Südafrikas S. 95. Vgl. auch Kropf in Mitt. Geogr. Ges. Jena XI. S. 4. Kropf nennt die Sitte uku pundla.

[10]) Zündel i. Zschr. d. Gesellsch. f. Erdkunde Berlin 1877 S. 416

[11]) Ausführlich über den Abkauf des allgemeinen Anrechts an junge Mädchen und Bräute durch zeitweilige Prostitution, Defloration durch den Priester, heilige Orgien u. dgl. handelt Lubbock (Origin of Civilisation S. 99 ff.), ferner Lippert (Geschichte der Familie S. 168 ff.), Ploss (Das Weib 5. Aufl. I, S. 454), Post (Die Geschlechtsgenossenschaft der Urzeit S. 31 ff.) etc. Kritische Gegenbetrachtungen geben McLennan (Studies in Ancient History S. 423 ff.). Westermarck (Geschichte der menschlichen Ehe S. 67), Karl Schmidt (Jus primae noctis), J. Müller (Das sexuelle Leben der Naturvölker S. 46).

III. Das Männerhaus.

1. Formen und Umbildungen.

Eine zusammenfassende Schilderung des Männerhauses und seiner verschiedenen Formen ist bisher so wenig versucht worden wie eine Benutzung der in reichlicher Menge bekannten Thatsachen zur Aufhellung der Gesellschaftsgeschichte. Da also in diesem Falle erst eine Grundlage geschaffen werden muss, auf der sich weitere Ergebnisse aufbauen können, so würde es dem streng wissenschaftlichen Gang der Untersuchung entsprechen, zunächst einfach die übersichtlich geordneten Thatsachen zu geben und erst dann zu theoretischen Erörterungen überzugehen. In Wirklichkeit hat sich ja auch die wissenschaftliche Arbeit, die den folgenden Abschnitten zu Grunde liegt, in dieser Weise vollzogen. Indes eine solche Arbeit thun und sie in möglichst kurzer und verständlicher Art mitteilen, ist zweierlei. Der Leser darf und soll wenigstens wissen, in welchen Richtungen sich die Untersuchung bewegt, er soll einen Grundriss des Gedankengebäudes besitzen, dessen Säle und Gemächer er zu durchwandeln hat. Das ist um so notwendiger, als das Lesen und Deuten ethnographischer Thatsachen eine Kunst ist, die nur durch lange Beschäftigung mit diesen Dingen erworben werden kann, während der Unerfahrene entweder zu übereilten Hypothesen verführt wird oder verwirrt in dem Meere scheinbar widersprechender, vor jedem festen Griff in Tropfen zerstiebender Erscheinungen umhertreibt. Es ist also wohl ein Hinweis darauf angebracht, wie sich dieses Durcheinander für den in Ordnung verwandelt, der mit geübtem Blick und lange fortgesetzten Bemühungen die Fragen geistig zu beherrschen und zu lösen versteht.

Alle Erscheinungen des Völkerlebens haben etwas Verschwommenes, Zerfliessendes, sie sind ohne feste Grenzen und beständig geneigt, sich fort- und zurückzubilden, ineinander überzugehen oder auch zu sinnlosen Resten zu erstarren; ein Volk ist eben etwas Lebendiges, das sich durch beständigen Wechsel der Individuen erhält, aber auch seinerseits durch die Launen dieser Individuen und durch die Einflüsse, die von innen und aussen auf sie wirken, unaufhörlich erschüttert und umgebildet wird. Deshalb kann auch die noch so eingehende Untersuchung eines einzelnen Volkes niemals zur Erkenntnis der grossen Kräfte führen, die dieser ewigen Unruhe und Verwirrung zu Grunde liegen; das ist nur der vergleichenden Völkerkunde möglich. Sie wird freilich keine unumstösslichen Gesetzesformeln und Paragraphen finden, in die sich nun einmal das lebendige Dasein nicht einschachteln lässt, aber doch den festen Kern der Erscheinungen oder die Wurzel, von der aus sich die Zweige nach allen Seiten hin verbreiten.

Mit diesem Vorbehalt darf man wohl versuchen, eine allgemeine Definition des Männerhauses zu geben: das typische Männer- oder Junggesellenhaus kann als ein Gebäude bezeichnet werden, in dem sich die mannbar gewordenen, aber noch nicht verheirateten Jünglinge aufhalten. Hier kochen sie ihre Mahlzeiten, hier arbeiten und spielen sie, hier ist nachts ihre Schlafstelle. Die verheirateten Männer dagegen bewohnen mit Weibern und Kindern einzelne, in der Regel weit kleinere Häuser; Frauen nnd Kindern ist der Zutritt zu den Junggesellenhäusern in den meisten Fällen ganz versagt, wohl aber sind die mannbaren Mädchen hier willkommen und huldigen mit den Bewohnern des Hauses der freien Liebe. So steht die Altersklasse der unverheirateten Männer allen übrigen Mitgliedern der natürlichen Gesellschaftsgruppe geschlossen gegenüber, und das Männerhaus ist gewissermassen der äussere, sichtbare Ausdruck dieses Zustandes. Mit diesen kurzen Sätzen dürfte die klassische Form der Erscheinung hinreichend gekennzeichnet sein; in der überwiegenden Mehrzahl der Fälle freilich finden wir sie in der mannigfachsten Weise gefärbt und umgebildet, und nur durch beständiges Vergleichen der verschiedenen Entwicklungsstadien ist es möglich, den grossen Zug, der durch das Ganze geht, zu erkennen.

Zunächst ist, wie gesagt, das Männerhaus nur ein äusseres Zeichen eines gesellschaftlichen Zustandes; wo es überhaupt nicht Brauch ist, dauernde Siedelungen zu errichten, oder wo sonstige Umstände hemmend wirken, kann dieser Zustand bestehen, ohne dass die jungen Männer nun gerade ein besonderes Gebäude besitzen. Bei den Betschuanen z. B. vertritt der Beratungsplatz, die Khotla, die Stelle des Junggesellen- und Gemeindehauses; die unverheirateten Jünglinge, die zugleich eine Art Garde des Häuptlings bilden, halten sich am Tage meist in der Khotla auf und übernehmen nachts hier die Wache.[1]) Noch klarer erscheinen diese Verhältnisse bei vielen australischen Stämmen, wo offenbar die unstete Lebensweise vielfach das Entstehen wirklicher Junggesellenhäuser hindert. Bei manchen Stämmen werden die Knaben schon vor der Pubertätszeit, im 9. oder spätestens 12. Jahre aus den Familien ausgeschlossen und bewohnen mit ihren Altersgenossen gemeinsam besondere Hütten, wo sie sich auf die eigentliche Jünglingsweihe vorbereiten; die heiratsfähigen Jünglinge aber schlafen abseits vom Lager, wahrscheinlich unter ähnlichen flüchtig erbauten Schutzdächern und Hütten, wie sie die übrigen Mitglieder des Stammes benutzen.[2]) Das Männerlager heisst Ungunja.[3]) Bei den Tasmaniern schliefen die ledigen Bursche ebenfalls nur an besonderen Feuerplätzen.[4]) Man kann diese Verhältnisse allenfalls als Vorstufe der oben charakterisierten typischen Zustände gelten lassen, aber doch nur mit Vorsicht, da hier ja vor allem das wirtschaftliche Leben bestimmend wirkt; jedenfalls aber ergiebt sich, dass auch bei reiner Sammelwirtschaft die Erscheinung in ihren Grundzügen auftreten kann.

Ausserordentlich gross ist die Zahl der Umbildungen, denen das Männerhaus unterliegen kann. Keine von ihnen erscheint unlogisch oder unwahrscheinlich, sobald man nur den Grundzug der kleinen Entwicklungsreihen, um die es sich hier handelt, zu erfassen vermag. Die tiefere Ursache, die den Wandlungen zu Grunde liegt, ist natürlich fast immer die gesellschaftliche Umsetzung, das Hervortreten des Familien- und Sippenwesens gegenüber dem System der Altersklassen, auch wohl das Entstehen höherer Verbände, deren Wettbewerb die kleinliche, nur im engen Rahmen berechtigte Daseinsform der Jünglingsgesellschaft nicht gewachsen ist. Immer knüpft dabei die Umbildung des Männerhauses an bestimmte Eigentümlichkeiten an, die stärker betont werden und die andere Wesenszüge zuletzt überwuchern. Da die Naturvölker überhaupt dazu neigen, statt gleichmässiger harmonischer Ausbildung der Zustände vielmehr einzelne Keime bis zum Übermass zu entwickeln, andere verkümmern zu lassen, so sind die Verzerrungen der ursprünglich dem Männerhause zu Grunde liegenden Ideen häufiger als die einfachen Formen, und die Vereinzelung, in der die verschiedenen Stämme leben, bringt es mit sich, dass bei nahe verwandten und benachbarten Gruppen die Entwicklung oft einen ganz ungleichartigen Verlauf genommen hat und aus kleinen Unterschieden zuletzt grosse geworden sind.

Eine Entwicklungsreihe geht von der Grundthatsache aus, dass im Männerhause die unverheirateten Männer wohnen und schlafen. Aber warum nur die unverheirateten? Soll es dem Ehemann nun einfach verboten sein, das Haus zu betreten und wie bisher mit Spielen und Gelagen sich die Zeit zu vertreiben? Hat er nicht Freunde dort zurückgelassen, mit denen er auch fernerhin zusammenkommen möchte, und wo könnte er sie besser treffen als eben im Männerhaus? Seine Familienhütte, oft nicht viel mehr als ein Schlafraum, eignet sich dazu nicht. So entsteht der Brauch, dass alle erwachsenen Männer im Männerhause verkehren, ja es kommt so weit, dass selbst die verheirateten die meisten Nächte dort verbringen und der Frau somit das Familienhäuschen fast ganz überlassen. Diese Umbildung des Jünglingshauses zum allgemeinen Männerhaus ist wieder die Grundlage weiterer Änderungen.

Aber auch eine entgegengesetzte Entwicklung ist denkbar. Wo die Mannbarkeitserklärung und die oft damit verbundene Beschneidung schon in frühen Jahren erfolgen, sind die Insassen des „Männerhauses“ hauptsächlich unreife Burschen, denen sich die wirklichen Jünglinge und Männer nicht mehr zugesellen mögen. Dann wird das Männerhaus zum Knabenhause, dient also einer jüngeren Altersklasse zum Aufenthalt und verändert auf diese Weise entschieden seinen Charakter. Im ganzen kommt diese Umwandlung aber weit seltener vor als die erste.

Ein anderer Entwicklungszug knüpft an das gesellig-vergnügte Leben im Männerhause an, wo es nie an Leuten fehlt, die zu einem Spielchen aufgelegt sind, wo gemeinsame Mahlzeiten und mit noch grösserem Behagen gemeinsame Zechereien abgehalten werden. Wenn dann auch das Haus als eigentlicher Wohn- und Schlafraum ausser Gebrauch kommt, behält es doch seine Eigenschaft als Spiel- und Tanzhaus, das nun gern entsprechend umgebildet wird. Es hat dann auch keinen rechten Sinn mehr, die Frauen auszuschliessen, sodass man von einem Männerhause überhaupt nicht mehr reden kann; aber der Zusammenhang mit der Urform ist dennoch zweifellos. Noch mehr seinem früheren Zweck entfremdet erscheint das Haus, wenn es sich in eine Küche oder eine Braustube verwandelt, oder wenn es einfach als Speisehaus dient; vereinzelt aber treten sogar gemeinsame Handlungen der Reinlichkeit und Gesundheitspflege ganz in den Vordergrund, und das ehemalige Wohnhaus der Junggesellen wird zum Schwitz- oder Badehaus.

Einen ganz anderen und sehr bedeutsamen Gang schlägt die Entwicklung ein, wenn sie an den Umstand anknüpft, dass die im Männerhaus Wohnenden und Weilenden zugleich die Krieger des Stammes sind, die meist das entscheidende Wort in allen wichtigen Angelegenheiten besitzen. Der Ort, wo ihre Beratungen stattfinden, wo die Politik des ganzen Dorfes oder Stammes gemacht wird, ist eben das Männerhaus. Auch diese Eigenschaft, als Sitz der Gemeindeversammlung zu dienen, kann an dem Gebäude haften bleiben, nachdem es seine ursprüngliche Bedeutung längst verloren hat; allerlei Reste und Spuren aber pflegen dann noch zur Genüge anzudeuten, dass das Rat-, Gemeinde- oder Gerichtshaus eben doch nichts andres ist als das alte Männerhaus.

Aber die gesellschaftlichen Verhältnisse können leicht diese anscheinend so naturgemässe Umbildung in eine andre Richtung drängen. Wo sich über den Einfluss der Volksversammlung der des Häuptlings machtvoll erhebt, kann dieser leicht die ganze Einrichtung verfallen lassen, und das Gemeindehaus wird überflüssig. Dann geschieht es wohl, dass der Häuptling selbst wie die politische Macht so auch das Haus usurpiert und es zu seiner Wohnung umbildet, in deren Hof oder Vorhalle er Recht spricht. Wahrscheinlich hat sich dieser Umschwung öfter vollzogen, als noch gegenwärtig mit Sicherheit nachzuweisen ist.

Wo nicht die Häuptlingsmacht übermässig erstarkt, kommt es vor, dass einzelne Gruppen des Volkes, durch Reichtum oder edlere Geburt verbunden, sich als höhere Schicht gegenüber dem ärmeren Volke und den Sklaven zusammenfinden. Knüpft diese gesellschaftliche Umbildung unmittelbar an die Einrichtung des Männerhauses an, dann entsteht das Klubwesen, das sich besonders in Melanesien zur Blüte entfaltet hat. Entweder wird dann das Männerhaus einfach zum Klubhaus, oder die Klubs errichten ihre eigenen Gebäude nach dem Vorbilde des Männerhauses, dessen charakteristische Eigentümlichkeiten sie übernehmen und entsprechend fortbilden. Auf die Schreckformen des Totenkultes, die hierbei mit Vorliebe verwendet werden, ist gleich noch zurückzukommen.

Bei der Umbildung kann sich ferner der Umstand, dass die Krieger im Männerhaus wohnen oder dass wenigstens der rüstigste Teil der Krieger hier versammelt ist, entscheidend geltend machen. Die jungen Krieger übernehmen in gefährlichen Zeiten die Wache des Dorfes, ihr Haus wird zur Wachtstube, zugleich aber bei Alarm der Sammelpunkt aller Waffenfähigen, die Citadelle und das Zeughaus des Ortes. Auch diese Eigentümlichkeit kann erhalten bleiben, nachdem die Sitte, dass alle Junggesellen das Männerhaus bewohnen, bereits abgekommen ist. Als festester Platz des Dorfes eignet sich das Haus auch zum Aufbewahrungsort von Vorräten und von Reichtümern, es wird die Zufluchtsstätte für Wertsachen; im anderen Sinne wieder kann es als Gefängnis für Kriegsgefangene oder Verbrecher dienen, die hier ebenfalls unter bester Aufsicht sind. Vielfach in Melanesien liegen die Männerhäuser am Strand und dienen zugleich als Schuppen für die Kriegsbote, was dann oft ihre Hauptaufgabe wird.

Wieder an ganz andere Verhältnisse knüpft eine Wandlung an, die von grösster Wichtigkeit wird und dazu beiträgt, dass das Männerhaus in neuer Gestalt auch unter vollständig veränderten Zuständen dauernd erhalten bleibt. Die Insassen des Männerhauses sind die Krieger des Stammes und als solche öfter als die übrigen Stammesgenossen genötigt, sich mit Toten der eigenen oder fremder Stämme abzugeben und einen eigenartigen Totenkult zu entwickeln. Wie aus dieser Wurzel Geheimbünde und Maskeraden entstehen, wird später noch zu schildern sein. Wenn nun das Männerhaus seine alte Bedeutung verliert, so bleibt es als Mittelpunkt des Totenkults, als Haus, wohin man die Schädel der Stammesgenossen oder der erschlagenen Feinde bringt, wo die Ahnenbilder aufgestellt sind und Masken und Musikinstrumente aufbewahrt werden, noch immer erhalten; damit ist es aber schon zu einer Art Tempel geworden, und es steht nichts im Wege, diese Eigenschaft weiterzubilden. Wie nahe der Gedanke an diese Umbildung liegt, zeigt die Thatsache, dass die typischen Männerhäuser Neuguineas von den ersten Beobachtern fast durchweg für Tempel gehalten worden sind, bis dann allmählich die wahre Natur der Gebäude erkannt wurde. Es ist wahrscheinlich, dass sehr viele „Tempel“ bei Naturvölkern aus Männerhäusern hervorgegangen sind, ohne dass freilich vorläufig immer ein sicherer Nachweis geführt werden kann; in manchen Fällen kann dagegen kaum ein Zweifel über die Umwandlung bestehen. In Polynesien wieder gehen die Versammlungsorte der Männer endlich unmerklich in Begräbnisstätten über.

Das Verhältnis der Insassen des Männerhauses zum weiblichen Geschlecht kann auch allerlei Änderungen unterliegen. Es entspricht den Anschauungen über die freie Liebe der Jugend, dass die unverheirateten Mädchen Zutritt zum Junggesellenhause haben; aber die überall emporkeimenden Hemmungserscheinungen, die den allzu öffentlichen Geschlechtsverkehr als ungehörig empfinden lassen, stören diese Harmlosigkeit. Dann bleibt wohl die freie Liebe bestehen, aber das Männerhaus ist nicht mehr die Stätte sinnlicher Freuden, für die ja Wald und Feld Raum genug bieten; namentlich wenn alle, auch die verheirateten

Männer, in dem Hause verkehren, wenn die Jugend dort also nicht mehr unter sich ist, wird das Liebesleben ganz aus ihm verbannt und allen Frauen, ledigen wie verheirateten, der Zutritt versagt. Auf dieser Stufe der Entwicklung schafft man gelegentlich auch Gegenstücke zu den Männerhäusern, indem man die Mädchen ebenfalls gemeinsam in grossen Häusern wohnen lässt. Noch beliebter scheint diese Einrichtung freilich dort zu sein, wo die unreifen Knaben, die sich erst zur Männerweihe vorbereiten, ein eigenes Haus bewohnen, so dass es dann nahe liegt, die der Geschlechtsreife entgegengehenden Mädchen in derselben Weise zu behandeln. In diesen Fällen sind die Männerhäuser nicht mehr die Stätten geschlechtlichen Verkehrs. Natürlich kann auch eine Entwicklung nach der entgegengesetzten Seite stattfinden, bis das Männerhaus eine Art Bordell wird, in dem sich beständig einige Dirnen oder richtiger Mädchen, die eine Zeit lang vor der Ehe ein lustiges Leben führen wollen, in Gesellschaft der Jünglinge aufhalten. Die Mischung von Heiligkeit und Unzucht, die z. B. die Männerhäuser der Bucht von Dorch charakterisiert, lässt es erklärlich scheinen, dass manche Reisende sie als „Venustempel“ bezeichnet haben.[5])

Es finden aber im Schlafhaus der Junggesellen nicht nur Mädchen gastliche Aufnahme: auch die Fremden, die das Dorf besuchen, werden in der Regel hier absteigen und Nahrung und Unterkunft erhalten. Es ist das ein allgemein verbreiteter Zug, der wieder eng mit der ganzen Grundstimmung zusammenhängt, die in der Einrichtung der Männerhäuser als Formelement der Gesellschaft zu Tage tritt: Die Familien, in denen die Frauen ihrer Wesensart den stärksten Ausdruck verleihen, sind im grossen und ganzen ungesellig und abgeschlossen, die Männergruppen dagegen, die sich gemäss der unverwüstlichen männlichen Eigenart zusammenscharen, sind Freunde der Geselligkeit und nehmen einen Fremden, der nicht als Feind kommt oder sonst verdächtig ist, gern auf einige Zeit in ihre Mitte auf. Das ist so recht ein Zeugnis dafür, dass die Männergesellschaften die Bildung grösserer Verbände zwischen verschiedenen Stämmen erst ermöglichen, dass auf ihnen der Aufbau höherer Gesellschaftsformen beruht. Bildet sich nur erst zwischen den Männergruppen einzelner Stämme oder Sippen ein freundlicher Verkehr aus, dann werden mit der Zeit auch Familienbeziehungen geknüpft und es können leicht jene „Heiratsverbrüderungen“ entstehen, die im matriarchalischen Sippenwesen zur festen Form geworden sind. Auch als Herberge kann das Männerhaus sich lange Zeit behaupten; dass vielfach, wie in China, die Tempel zugleich als Absteigequartier für Fremde benutzt werden, ist ein sehr bezeichnender Zug. Da endlich der Fremde im Männerhaus am sichersten zu sein pflegt, kann es in seiner abgeleiteten Form auch als heilige Zufluchtsstätte Verfolgter dienen, besonders dann, wenn es zum Tempel der Götter geworden ist.

Eine letzte wichtige Eigentümlichkeit des Männerhauses, an die eine Umbildung anknüpfen kann, ist seine Eigenschaft als Arbeitsstätte. Die jungen Leute, die hier den Tag verbringen, werden nicht immer müssig oder mit Spielereien beschäftigt sein, sondern sich auch nützlichen Thätigkeiten widmen, vor allen den Arten gewerblicher Arbeit, die als Domäne der Männer gelten, wie Anfertigen steinerner und hölzerner Geräte, Schneiderei, stellenweise auch Flechtkunst, Weberei und Lederbereitung. Wird diese Seite der Einrichtung besonders betont, dann verwandelt sich das Junggesellenheim in ein Arbeitshaus, wo endlich selbst Frauen Zutritt finden, um hier ihre gewerbliche Thätigkeit auszuüben. Mit Vorliebe aber wird das Männerhaus zur Werkstätte irgend eines besonderen Gewerbes, die dann manche Eigentümlichkeit ihres ursprünglichen Wesens bewahrt, namentlich als Plauderwinkel und als Herberge dient. Am häufigsten erscheint in diesem Sinne die Schmiede als Nachfolgerin oder Ersatz des Männerhauses, seltener die Arbeitsstätte der Weber. Es braucht dabei freilich nicht immer eine folgerechte Entwicklung in dem Sinne stattzufinden, dass sich das Junggesellenhaus selbst zur Werkstätte umbildet, der immer vorhandene Drang der Männer, sich zu versammeln, kann nach Wegfall der alten Zustände in neuer Form auftreten und vorhandene Einrichtungen seinen Wünschen einfach anpassen. So ist im Bereich der islamischen Kultur der Bazar die Stelle, wo die Männer den Tag verbringen, ohne dass sich doch das Bazarwesen aus dem Männerhause ableiten liesse; es stammt vielmehr in gerader Linie von den periodischen Märkten ab, die in ihrer Art auch häufig einen Ersatz für andere Ausdrucksformen des Gesellschaftstriebes bilden können.

Alle diese bisher erwähnten Wandlungen des Männerhauses sind darauf zurückzuführen, dass sich der ursprüngliche Sinn der Einrichtung verliert, indem andere Gesellschaftsklassen an die Stelle der Altersklassen treten, und dass dann wohl äusserlich der bisherige Zustand erhalten bleibt, innerlich aber neue Aufgaben und Ziele damit angestrebt werden, die ursprünglich nur nebensächliche Bedeutung hatten. Es ist das ein greifbarer Fall des bekannten „Wechsels der Beweggründe", der im Leben der Völker immer wieder in den verschiedensten Formen hervortritt.

Die Differenzierung kann aber noch in anderer Weise erfolgen. Oft finden wir, dass eine Siedelung nicht ein einziges Männerhaus besitzt, sondern mehrere, ja dass jede Sippe und selbst jede Familie ein eigenes Gebäude hat, das von den Junggesellen bewohnt wird. Das ist wohl eher ein Schritt zum Verfall der Einrichtung als eine ältere Form, für die man die Sache an sich auch halten könnte; je grösser die Zahl der Männerhäuser ist, desto weniger können sie die Aufgabe erfüllen, ein Mittelpunkt des Männerdaseins und ein Hort des gesellschaftlichen Zusammenhalts zu sein, desto mehr sind sie der Gefahr ausgesetzt, bedeutungslose Anhängsel der Familienhäuser zu werden. Stellenweise hat sich dieses drohende Schicksal wirklich vollzogen; namentlich wo grosse Mehrfamilienhäuser entstanden sind, ist für die Junggesellen nur allenfalls eine besondere Veranda oder irgend ein Winkel als Schlafstätte erhalten, anderswo scheinen kleine Speicher, Küchenschuppen u. dgl. als traurige Reste übriggeblieben zu sein, soweit sich eben bei Naturvölkern die Entwicklung verfolgen lässt.

Endlich ist auch der Fall denkbar, dass für die verschiedenen Aufgaben, denen das Männerhaus ursprünglich zu dienen hat, nun auch besondere Gebäude errichtet werden. Die Bedeutung des Männerhauses nimmt infolgedessen natürlich ebenfalls ab. Die eigentlichen Kultstätten scheinen oft in diesem Sinne Ableger des Männerhauses zu sein, auch manche Arbeitshäuser.

Am meisten scheint man in Neuseeland diesen Zug der Entwicklung begünstigt zu haben, so dass hier das alte Junggesellenhaus unter den neuen, von ihm abgeleiteten Formen fast verschwindet; wo das Klubwesen blüht, stellen oft die Klubgebäude die halb überflüssig gewordenen Männerhäuser ganz in den Schatten. Wird auf die eine oder die andere Weise das Junggesellenheim seinem ursprünglichen Zwecke ganz entfremdet, so erscheint wohl auch das Haus als solches zuletzt überflüssig und einfachere Baulichkeiten, wie Plattformen und Schattendächer oder gar blosse Versammlungsplätze treten an seine Stelle. Andrerseits wieder kommt es vor, dass die Trennung der Geschlechter, die im Gemeindeleben nicht mehr im alten Sinne als öffentliche Einrichtung besteht, doch in den Gehöften der einzelnen Familien derart durchgeführt wird, dass besondere Häuser für Männer und für Frauen vorhanden sind; bei vielen arischen Völkern Europas scheint sich die ursprüngliche Sitte in dieser Weise fortgesetzt und umgebildet zu haben.

Der Einwurf liegt nahe, dass die meisten dieser Umbildungen gar keine sind, dass vielmehr die Einrichtung des Männerhauses nur bei gewissen Völkern und Rassen wirklich besteht oder bestanden hat und im übrigen höchstens schwache Anklänge vorhanden sind, aus denen sich keine sicheren Schlüsse ziehen lassen. In der That ist es gegenwärtig in der Hauptsache die malayische Rasse mit ihren Verwandten, bei der das Männerhaus in typischer Form erscheint. Andererseits giebt es indessen kaum ein grösseres Gebiet der Erde, das nicht mindestens sehr bemerkliche Spuren des Brauches aufwiese. Bei zahlreichen Stämmen Afrikas und Amerikas ist die Sitte, die Junggesellen in besonderen Häusern wohnen zu lassen, noch in voller Kraft, nicht weniger bei den kulturarmen Völkern Indiens und selbst Sibiriens. Ganz verschwunden scheint die Einrichtung nur in den Gebieten höherer Kultur, aber auch hier fehlt es nicht an älteren Berichten, die deutlich erkennen lassen, dass die meisten Kulturvölker ebenfalls ein Zeitalter der Junggesellenverbände durchlaufen haben müssen. Das ist auch ganz verständlich, wenn wir erwägen, dass das Männerhaus nur die äussere Erscheinungsform einer einfachen, überaus nahe liegenden Einteilung nach Altersklassen und in diesem Sinne ein fast unvermeidliches Durchgangsstadium zu höheren gesellschaftlichen Bildungen darstellt. Natürlich kann der dieser Entwicklung zu Grunde liegende Geselligkeitstrieb der Männer auch selbständig auf höheren Stufen ähnliche Erscheinungen hervorrufen, die man dann mit Unrecht als Reste älterer Formen auffassen würde; aber im allgemeinen dürften die folgenden Uebersichten der Thatsachen beweisen, dass es sich um etwas Grosses und Einheitliches handelt, mögen auch vielfach nur noch Trümmer von verschwundener Pracht zeugen.

Da sich auch hier der alte Streit über Entlehnung oder selbständige Entstehung zu entspinnen droht, obwohl er für die Fragen der Gesellschaftsbildung nicht die Wichtigkeit hat, die man ihm sonst beizumessen pflegt, so mag auch auf die sprachliche Seite der Sache hingewiesen sein, die in der That ausserordentlich zum Nachdenken anregt und vielleicht noch eine bedeutsame Quelle neuer Erkenntnisse werden kann. Dass im Gebiete der malayischen Rasse gewisse Namen für das Männerhaus mit leichten Veränderungen überall wiederkehren, ist nicht auffallend, aber wenn sich in Afrika dieselben Namen mehrfach wiederfinden, wenn selbst in der arischen Sprache sich Anklänge einzustellen scheinen, dann ist es nicht mehr leicht, nur an Zufall und selbständiges Entstehen der Ähnlichkeiten zu glauben. Aber auch im anderen Sinne müssen die sprachlichen Thatsachen Aufmerksamkeit erwecken, denn auch sie deuten in ihrer Weise auf die tiefen Wurzeln und die weiten Verzweigungen der Sitten hin, die im Männerhause ihren greifbarsten Ausdruck gefunden haben.

[1]) Fritsch, Die Eingeborenen Südafrikas S. 194, 208.

[2]) Cunow, Verwandtschafts-Organisationen der Australneger S. 27, 64. — Brough Smyth I, S. 124.

[3]) Spencer u. Gillen S. 216.

[4]) Bonwick b. Westermarck, Gesch. d. menschl. Ehe S. 59.

[5]) So A. Raffrey i. Bull. Soc. Géogr. Paris 1878 I, S. 393.

2. Übersicht der Erscheinungsformen des Männerhauses.

A. Neuguinea.

Neuguinea ist wohl das Gebiet der Erde, wo die Einrichtung des Männerhauses zuerst in ihrem vollen Umfang erkannt worden ist und wo sie in der That in ihren typischsten Formen erscheint. Aber von einer nennenswerten Einheitlichkeit ist deshalb doch keine Rede. Wie in sprachlicher und selbst wirtschaftlicher Hinsicht die Insel oft auf kleinem Raume die grellsten Gegensätze aufweist, so spiegelt sich die ethnische Zerrissenheit auch in der lückenhaften Verbreitung des Männerhauses und in merkwürdigen Umbildungen, denen es vielfach unterlegen ist. Bei den meisten Gebirgsstämmen des Innern scheint es ganz zu fehlen, während die Küstenstämme es wohl alle, wenn auch oft in entstellter Form, besitzen. Der Schluss liegt nahe, dass die von malayischen Kulturströmungen beeinflusste Küste auch in diesem Zuge die Wirkungen einer jüngeren und höheren Kultur bekundet; indes genügen, da das Innere nur ganz wenig bekannt ist, die Thatsachen noch keineswegs, um entschiedene Folgerungen aus ihnen abzuleiten.

Um einen erschöpfenden Überblick kann es sich hier ohnehin nicht handeln, da auch die bunte Verschiedenheit der Zustände an den Küsten nur gewissermassen durch Stichproben bekannt ist. Es empfiehlt sich in diesem Falle, die politische Einteilung zu Grunde zu legen, da sie einigermassen der ethnischen Gruppierung entspricht und auch die wissenschaftliche Arbeit der verschiedenen Völker sich ziemlich genau in diesen Grenzen gehalten hat.

---

a. Niederländisch-Neuguinea.

Von Niederländisch-Neuguinea ist der Südwesten noch ausserordentlich wenig erforscht; die meisten und besten Berichte beziehen sich auf die Nordküste, wo man denn auch am frühesten auf das Männerhaus aufmerksam geworden ist. Zwei Hauptformen stehen sich hier gegenüber, als deren Vertreter das

Rumsram von Doreh und das Karewari der Humboldt-Bai schon deshalb gelten dürfen, weil über diese beiden die ältesten und eingehendsten Nachrichten vorliegen und Abbildungen von ihnen in die meisten volkstümlichen Werke über Völkerkunde übergegangen sind.

Doreh, an der Nordostecke der grossen westlichen Halbinsel von Neuguinea gelegen, ist eine kleine Küstenlandschaft mit gutem Hafen, dem der häufige Besuch zu danken ist; ethnologisch eng mit ihr verbunden erscheinen die Bewohner einiger anderer Landschaften an der Bucht und auf der Insel Mansinam. Die Leute von Doreh und Menaswari insbesondere bilden den Stamm der Nuforesen. Mehrere Dörfer besitzen je ein grosses, sehr eigenartiges Männerhaus; wie alle Gebäude auf Pfählen errichtet, ähneln diese Häuser im Umriss grossen Booten, da sich das Dach an beiden Enden schiffsschnabelartig nach oben krümmt. Die Missionare, die sich in Doreh niedergelassen haben, streben danach, diese „Rumsram" (Rum-slam, Roeum seram) genannten Häuser, die ihnen als Stätten heidnischen Götzendienstes erscheinen, zu beseitigen, aber mit wenig Erfolg; als das Rumsram von Monokwaré im Jahre 1883 abbrannte, wurde es trotz ihres Einspruchs von neuem erbaut, während das zu Manhinam endgiltig verschwunden ist. Die Bewohner des hinter den Strandlandschaften aufsteigenden Arfakgebirges kennen derartige Gebäude nicht.

Die Rumsrams stehen auf Pfählen, die in Gestalt menschlicher Figuren geschnitzt sind, und zwar wechseln männliche, durch riesige Geschlechtsteile bezeichnete Gestalten mit weiblichen ab, die entsprechend der bei Ahnenbildern üblichen Symbolik durch um den Nacken gewundenen Schlangen gekennzeichnet sind. Manche Pfähle haben nach der Angabe Raffrays auch die Form von Krokodilen. Auf dem Hausflur, wie van Hasselt berichtet, oder nach der Angabe Guillemards in der Nähe jedes der beiden Eingänge steht eine Schnitzerei, die ein im Coitus begriffenes Paar darstellt. „Hinter ihnen", fügt van Hasselt hinzu, „steht ein kleiner Knabe, welcher erzürnt (?) dem Mann (seinem Vater) einen Stoss giebt." Im Innern der Häuser sind zahlreiche Karwar (Ahnenbilder), die Vorfahren der Dorfbewohner oder das „erste Volk" (mon) darstellend. Die Häuser dienen als Schlafräume für die Junggesellen des Dorfes.

Wir haben hier einen Fall, wo bereits der Ahnenkult die ursprüngliche Einrichtung zu überwuchern beginnt und die Bezeichnung „Tempel“ für das Gebäude schon der Wahrheit nahe kommt; auch die Saite des Geschlechtslebens tönt hier ungewöhnlich stark mit. Dennoch ist der alte einfache Sinn der Sache nach unverkennbar erhalten, ja er hat sich selbst auf die Familienhäuser übertragen, indem diese zwei Plattformen besitzen, deren eine für Männer, die andre für Frauen bestimmt ist.

Im benachbarten Windassi findet sich der Rumsram ebenfalls; als bezeichnende Einzelheit wird berichtet, dass die von einer erfolgreichen Schädeljagd zurückkehrenden Boote hier anlegen. Auch weiterhin an der Geelvinkbai besitzen die meisten Dörfer derartige Gebäude, in denen man jetzt statt der Schädel, mit denen sie früher geschmückt wurden, Kokosnüsse aufhängt. Überall dienen die Häuser als Schlafstellen der Jünglinge, sind aber zugleich Mittelpunkte des Totenkults und werden deshalb, wenn sie zufällig zerstört werden, immer rasch wieder aufgebaut, da sonst die Toten zürnen würden. Wie es scheint, werden nicht nur die unmittelbaren Vorfahren verehrt, sondern es bestehen schon Anfänge einer entwickelteren Mythologie.

Genauere Angaben finden sich über die Zustände an der Walkenaarbai, die weiter östlich schon in der Nähe der deutschen Grenze gelegen ist und deren Bewohner bereits denen der Humboldtbai in ihrer Kultur sehr nahe stehen. Auf der Insel Jamma (Tastu) sah hier Robidé van der Aa ein Karwarhaus oder einen Tempel, der den gewöhnlichen Häusern ähnlich, aber grösser und mit Arabesken in rot und schwarz geschmückt war, und in dessen Innern sich hölzerne Bilder und Bambusflöten fanden. Einen ähnlichen „Tempel“ besuchte D. W. Horst auf der Insel Anoes; einzelne Pfähle waren hier, wie in Dorch, als männliche und weibliche Gestalten zugeschnitzt, auch der Baumstamm, auf dem man zur Eingangsthür gelangte, stellte eine männliche Figur mit grossem Phallus dar. Die Eingangsöffnungen waren verhängt, damit kein Weib das Innere mit den heiligen Flöten erblicken und sich auf diese Weise den Tod holen könnte. Die Jünglinge werden erst nach allerlei Vorbereitungen und nachdem sie eine Probe in der Kunst des Harpunierens abgelegt haben, in das Gebäude zugelassen, schlafen aber nicht dauernd hier, sondern nur einige Monate lang nach der Aufnahme. Hier ist also die Umbildung des Männerhauses zum Heiligtum schon weiter vorgeschritten als in Doreh.

Über die vielbesuchte Humboldtbai liegen so zahlreiche Berichte vor, dass es möglich ist, ein ziemlich klares, wenn auch schwerlich vollständiges Bild der Verhältnisse zu erlangen; namentlich die Mitteilungen J. Binks sind von grossem Werte. Das Karewari, wie hier das Jünglingshaus heisst, ist im Dorfe Tobadi ein achteckiger Pfahlbau von etwa 15 m Durchmesser, mit hohem, pyramidenförmigem Dach, das innen 3 m unterhalb der Spitze nochmals mit Dielung versehen ist. Neben dem Karewari steht ein zweites, pagodenähnliches Gebäude, das hauptsächlich als Arbeitsplatz dient, und weiterhin das Haus des über vier Dörfer gebietenden Oberhäuptlings, das dem Karewari ganz ähnlich ist. Das ganze Dorf zählt ausser dem Karewari 48 Häuser. Ein anderes Dorf, Naberi, hat 50 Häuser und zwei Karewaris. Festlichkeiten, an denen nur Jünglinge oder Männer und Jünglinge gleichzeitig teilnehmen, finden in den Karewaris statt, und die Flöten aus Bambus, die im Innern aufbewahrt werden, treten dann in Thätigkeit. Auch bemalte Hüte aus Kürbisschalen sah Bink, die ebenfalls bei Festlichkeiten verwendet werden, von der Decke hingen seitlich zwei Schiffe (wohl Modelle, an die malayischen Geisterschiffe erinnernd) herab. Finsch, der das Gebäude in Tobadi genauer beschrieben und abgebildet hat, erwähnt noch Festons von aufgereihten Eierschalen (von Krokodilen und Megapodien), sowie Palmwedel und buntbemalte Tierfiguren (Vögel, Eidechsen und Fische), die von aussen in das Dach gesteckt waren. Unmittelbar an das Haus stiess eine grosse, ebenfalls auf Pfählen ruhende Plattform, von der ein schräger Steg zur Hausdiele hinaufführte. Im Innern sah Finsch ausser den Flöten noch Trommeln, ferner mehrere hundert Schweineschädel, die als Reste festlicher Mahlzeiten an den Querleisten des Baues befestigt waren; am Eingang standen drei roh geschnitzte menschliche Figuren. Pfeile und Bogen, die von den Mitgliedern der Etna-Expedition erwähnt werden, sah Finsch nicht, ebensowenig die geschnitzte männliche Figur mit ungeheurem Phallus über dem Haupteingang eines der Karewaris. Das Gebäude diente als Wohn- und Schlafraum der Junggesellen, auch als Werkstatt für Holzschnitzerei. Der Widerspruch mit der Angabe Binks, der von einem besonderen, neben dem Karewari stehenden Arbeitshause erzählt, erklärt sich wohl daraus, dass bei Finschs Besuch gerade dieses zweite Gebäude neben dem Karewari errichtet wurde; ob es vorher schon bestanden hatte oder damals erst gewissermassen erfunden wurde, ist schwer zu sagen. Finsch war 1885 in der Humboldtbai, Bink 1893.

Im ganzen handelt es sich hier also um ein typisches Junggesellenhaus, in dessen Ausstattung der Ahnenkult und das Geschlechtsleben nicht so stark hervortreten, wie bei denen von Doreh. Dagegen ist die Spaltung in Männerhaus, Arbeitshaus und Häuptlingswohnung höchst bemerkenswert. Das aus dem Totenkult entspringende Geheimbundtreiben ist nur ziemlich schwach entwickelt, denn eigentliche Masken fehlen und es ist nur ein schwacher Ersatz, wenn die Jünglinge bei gewissen Festlichkeiten ihre Gesichter schwärzen.

Litt.: van Hasselt i. Zschr. f. Ethnologie 1876. — Derselbe i. Tijdschr. Ned. Indie 32. — de Clerq und Schmeltz, Nederl. Nieuw-Guinea. — D. W. Horst i. Tijdschr. Ned. Indie 32. — Finsch, Samoafahrten. — Rienzi, L'Océanie III. — Wallace, Der Malayische Archipel II. — A. Raffray i. Bull. Soc. Géogr. Paris 1878 I (Auszug im „Globus" 36). — Bink i. Tijdschr. Ned. Indie 1896 (Auszüge i. Mitt. Geogr. Ges. Jena 12 u. 13). - J. Müller, Die Humboldt-Bai. — Guillemard, The Cruise of the Marchesa II. — Waitz-Gerland, Anthropologie VI. — Robidé van der Aa i. Bijdragen Ned. Ind. 1885.

Über Ahnenfiguren vgl. meine Schrift „Das Augenornament" (Abhandl. d. kgl. Sächs. Ges. der Wissenschaften, Phil.-hist. Kl., XV, N. II, 1895).

b. Deutsch-Neuguinea.

Über die Verhältnisse im Kaiser Wilhelmslande sind die Angaben ebenso sporadisch und ungleich, wie über die im holländischen Gebiet. Von den Orten, wo Plantagenbau oder Missions- und Handelsthätigkeit herrscht, liegen genauere Mitteilungen vor, während weite Strecken der Küste, vom Innern ganz zu schweigen, erst flüchtig oder gar nicht besucht und geschildert worden sind. Es bleibt also nichts übrig, als von Nordwesten nach Südosten fortschreitend eine Anzahl Typen aneinanderzureihen und in ihrer Eigenart kurz zu besprechen.

Einen ausgezeichneten Bericht über die Gegend von Berlinhafen hat neuerdings Parkinson geliefert. Als bezeichnendste Eigenart dieses Gebietes ist hervorzuheben, dass hier, ähnlich wie in Humboldtbai, aber doch in anderem Sinne, eine Teilung des Männerhauses stattgefunden hat: neben dem Alól, dem eigentlichen Junggesellenheim, erhebt sich das grössere Parak oder Geisterhaus. Die östlichsten Ausläufer dieser Eigentümlichkeit finden sich auf den in der Nähe der Küste liegenden Inseln Bertrand und Guilbert, westlich erstreckt sie sich bis zum Distrikt Serrá; auf der Insel Moschu ist bereits das Hauptgebäude wieder ein einfaches Männerhaus. Im Gebiet von Berlinhafen wird auf den Bau des Parak die höchste Sorgfalt verwendet. Es sind Pfahlbaue, zweistöckig, mit mächtigem Dach, das die Form einer abgestumpften Pyramide hat und mit roh geschnitzten und bemalten männlichen und weiblichen Figuren an den Ecken geschmückt ist; auch die Wände sind mit stilisierten Menschen oder Tierfiguren bemalt, die Treppen oder Leitern nebst den dazugehörigen Geländern reich verziert. Eines von den Geländern ist stets in der Form eines Tieres geschnitzt, meist eines Krokodils, das mit den Kiefern eine menschliche Figur erfasst, ein anderes zeigt eine Reihe aufeinander hockender Menschengestalten; es sind das Motive des Geisterkults (Tierverwandlung, Ahnenreihen), die anderwärts zahlreiche Parallelen haben. Im Innern des Parak finden sich nur Bambusflöten, die manchmal von den Männern geblasen werden, um die Anwesenheit der Geister anzudeuten, und eine hölzerne Trommel.

Die neben den Parak stehenden Alól, die als Junggesellenwohnungen und Beratungshäuser dienen, sind weniger sorgfältig gebaut, aber immerhin besser als die gewöhnlichen Wohnhäuser. Von den Sippen, deren Häuser stets gruppenweise beisammenstehen, hat jede ihr besonderes Alól, das den Frauen und Kindern ebenso verboten ist wie das Parak, aber weniger gefürchtet wird als dieses. Gewisse Bräuche des Ahnenkults werden übrigens im Alól abgehalten, während das Parak als die eigentliche Wohnung der Schutzgeister gilt. Die Alól sind den Parak ähnlich, nur einstöckig, die Wände oft in gleicher Weise bemalt, die Dachränder mit bemalten Töpfen und Holzschnitzereien verziert. Auf einem kleinen Wandbrett im Innern werden die Schädel der Verstorbenen bewahrt; auch aus diesen einzelnen Zügen geht hervor, dass das Parak nur als ein Ableger des Alól betrachtet werden kann, der freilich dem eignen Erzeuger über den Kopf gewachsen ist. Die Ursache dieser Erscheinung liegt wohl darin, dass der im Parak stattfindende Geisterkult keine reine Ahnenverehrung ist, sondern sich in der Hauptsache an mythische weibliche Schutzgeister (Tapun) wendet, deren Entstehung mit einer Art Flutsage in Verbindung gebracht wird. Bei den Parakfesten, die von Zeit zu Zeit stattfinden, dürfen die Weiber nicht anwesend sein, sondern müssen auf den Klang der Bambusflöten sich in den Busch begeben oder sich wenigstens in ihren Hütten verbergen, da sie sonst krank werden würden; vorher haben sie aber eine Mahlzeit für den hungrigen Geist zu liefern, die dann von den Männern verzehrt wird.

Auch in der Gegend von Dallmannhafen, die an der Ostgrenze des von Parkinson charakterisirten Gebiets liegt, finden sich die Alól als Wohn- und Schlafplätze der männlichen Jugend. Auf den in der Nähe liegenden Küsteninseln kommen nach der Angabe Lückers auch die Geisterhäuser vor, was mit Parkinsons Bericht übereinstimmt; nur sollen diese Häuser hier Karack heissen. Die Bambusflöten, deren Klang die Weiber verscheucht, fehlen ebenfalls nicht. Sehr merkwürdig ist die Beobachtung, dass die Eingeborenen neuerdings gegen die Karacks gleichgültiger geworden sind und sie, wenn sie zerfallen, nicht wieder aufrichten, obwohl sie noch die Trümmer mit Sorgfalt hüten. Europäischer Einfluss ist hier schwerlich wirksam, vielmehr lässt sich hier einmal beobachten, wie ein alter, bis auf die Spitze getriebener Brauch ganz von selbst verschwinden kann, gewissermassen erkrankt und abstirbt. In diesem Fall geht einmal eine

Neuerung zu Grunde, während die ursprüngliche Form erhalten bleibt; mindestens ebenso oft aber findet das Umgekehrte statt. Leise und fast unmerklich, wie eine Gärungserscheinung, vollziehen sich diese Vorgänge, bald als Aufwärtsstreben, bald als Verfall, bis dann auf einmal klar wird, dass sich der Most in Wein verwandelt hat, oder dass der Wein zu Essig geworden ist. Dergleichen lässt sich nicht mit plumper Hand schematisieren, und in Formeln pressen, so wenig wie ein Organismus, der sich im lebendigen Wachstum ausdehnt und umbildet.

Am Bodinhafen, der in der Nähe von Dallmannhafen liegt, fand Schmiele auf den kleinen Inseln Angal und Seniú turmähnliche Karewaris, in die ihm der Eintritt nicht gestattet wurde, obwohl die Gebäude mitten zwischen anderen Häusern lagen. Sie enthielten kleine Kämmerchen, die den zu beschneidenden Jünglingen zum Aufenthalt dienten, aber teils offen standen, teils nur mit Grasvorhängen verschlossen waren, sodass von einer Geheimhaltung nicht wohl die Rede sein konnte. Diese leider sehr unvollständigen Angaben lassen auf eine eigenartige, lokale Umbildung des Männerhauses schliessen.

Am Kaiserin-Augustafluss sind grosse Männerhäuser mit mächtigen Dachgiebeln beobachtet worden, ebenso am Unterlauf des Ramu (Ottilienflusses), wo diese Gebäude gegen profane Blicke abgeschlossen waren und als Aufbewahrungsort für Waffen und Masken dienten.

In der Gegend von Hatzfeldhafen besitzt jedes Dorf ein oder mehrere Gemeindehäuser, hier Balebal genannt. In ihnen werden fremde Besucher untergebracht, gewöhnlich finden sich hier auch die grossen, aus hohlen Baumstämmen gefertigten Signaltrommeln, falls nicht für diese ein besonderer Schuppen errichtet ist; Männerfeste, bei denen statt der Flöten die Schwirrhölzer (djabobibi) das Warnungssignal für die Frauen geben, haben hier ihren Mittelpunkt.

Gründlicher sind die Verhältnisse an der Astrolabe-Bai untersucht, wo seit Jahren die Pflanzungen der Neuguinea-Compagnie angelegt sind und wiederholte Forschungsreisen nach dem Innern stattgefunden haben; selbst in diesem kleinen und verhältnismässig einheitlichen Gebiete aber fehlt es nicht an bedeutenden Unterschieden. Stellenweise hat sich hier aus dem gewöhnlichen Mummenschanz der Männerhäuser ein wirklicher Geheimkult entwickelt, der auch äusserlich in der Zahl und Differenzierung der Gebäude seinen Ausdruck findet, so besonders im Dorfe Bogadjim bei Stephansort, dessen Zustände A. Hoffmann genauer geschildert hat. Die Dorfgenossenschaft besteht hier aus mehreren Familienverbänden, deren jeder ein gemeinsames Junggesellenhaus (bandje) und ein Versammlungshaus (lalai) besitzt; in diesem Falle ist also noch eine besondere Spaltung der ursprünglichen Einrichtung eingetreten. Gemeingut des ganzen Dorfes und gewissermassen der geistige und politische Mittelpunkt ist dagegen das ebenfalls vom Männerhaus abgeleitete Asahaus (Asa tali), das Versammlungshaus des Asa-Geheimbundes, in dessen Innern sich die Masken, Hörner und Klappern der Bündler befinden. Bässler erwähnt auch Bambusflöten, mit denen die Frauen erschreckt werden.

Auf der benachbarten Insel Bilibili scheint es kein Asahaus zu geben, sondern nur ein Männerhaus (Dschelum), das wohl einfach als Schlaf- und Versammlungsraum benutzt wird. Es besitzt eine 25 Fuss hohe Mittelsäule, die sechs übereinander stehende menschliche Figuren, vier männliche und zwei weibliche, darstellt und den Namen Aimaka führt, was Finsch von dem Worte Ai (Männerfest) ableitet. Asa und Ai dürften wieder etymologisch verwandt sein. Finsch spricht noch im allgemeinen von Gemeindehäusern „in Astrolabe“ (soll wohl heissen an der Astrolabe-Bai) und erwähnt, dass man Schnitzereien von Tieren an ihnen anbringt und die Reste von Mahlzeiten, wie Unterkiefer von Schweinen, Fischköpfe, Schildkrötenschalen u. dgl. in ihnen aufhängt. Stets ist eine erhöhte Plattform zum Schlafen darin errichtet, ferner finden sich grosse und kleine Trommeln, zuweilen auch Waffen, namentlich grosse Schilde.

In den Dörfern bei Konstantinhafen heisst das Männerhaus Boamramra (nach Maclay) oder Buambrambra (nach Finsch). Es ist den Frauen unzugänglich, Mummenschanz und die Aifestlichkeiten mit ihrer Musik, die Frauen und Kinder verscheucht, haben hier ihren Mittelpunkt. Obwohl also hier das Geheimbundtreiben schon ziemlich stark entwickelt ist, hat sich die

Trennung in Asahaus und Männerhaus, die in Bogadjim eingetreten ist, noch nicht vollzogen.

Bei seiner Expedition nach dem oberen Ramu fand Lauterbach auch in jedem Dorfe der Astrolabe-Ebene ein oder mehrere grosse Junggesellenhäuser, die Signaltrommeln und Tanzschmuck, mitunter auch Ahnenfiguren enthielten. Weiterhin im Gebirge änderten sich die Verhältnisse: „Die Hütten zeigen zwei verschiedene Grössen, von denen die kleineren als Schlafstätten, die grösseren zu Versammlungen und als Aufenthalt während des Tages dienen. . . . Die grössten Hütten, die kleineren an Grösse etwa viermal übertreffend, sind leichter als jene und ohne Blätterdecke gebaut. Sie sind in einem grösseren Dorf meist nur in der Zweizahl vorhanden. Die eine, etwas abseits auf einem durch zwei roh geschnitzte Holzpfosten kenntlich gemachten Platz gelegen, dient zur Mumifizierung der Verstorbenen, welche durch Rindenstoffbinden in hockende Stellung gebracht, dem Rauch eines unter ihnen unterhaltenen Feuers ausgesetzt werden. Nach erfolgter Trocknung werden dann die Schädel mit roter Farbe bemalt und die Mumien in den Schlafhütten aufbewahrt. In jedem Dorf findet sich eine dem Schutzgeist geweihte, aus Knüppeln errichtete kleine Plattform, durch mannigfach geflochtene Palmblätter, buntblättrige Zweige u. s. w. für „Tabu“ erklärt. Hier wird eine der Mumien, vielleicht einst ein berühmter Häuptling, aufgestellt, auch werden in Gefässen zeitweise erneuerte Nahrungsmittel hingesetzt und mancherlei: Eierschalen, Muscheln, seltene Früchte u. s. f. aufgehangen.“ Diese kurzen und nicht ganz klaren Angaben lassen vermuten, dass auch hier vom ursprünglichen Männerhaus Ableger entstanden sind; ein zwingender Beweis für diese Ansicht liegt indes vorläufig nicht vor. Die Plattform mit der Mumie erinnert an die Dubu im englischen Neuguinea, die weiter unten genauer zu schildern sind, kann aber auch einfach ein Fall der oberirdischen Bestattungsweise sein, wie sie in anderen Teilen der Erde sehr häufig vorkommen. In manchen Gebirgsdörfern sollen, wie Zöller behauptet, die Gemeindehäuser ganz fehlen.

Der letzte genauer erforschte Teil der deutschen Küste ist die Gegend von Finschhafen, wo früher die Neuguinea-Kompagnie den Mittelpunkt ihrer Verwaltung hatte und gegenwärtig noch die Neuendettelsauer Mission thätig ist; am besten bekannt sind wieder die Verhältnisse des Jabimstammes, in dessen unmittelbarem Gebiet Finschhafen selbst liegt. Hier befindet sich in jedem grösseren Dorfe ein Junggesellenhaus, Lum genannt, das zugleich als Herberge für männliche Gäste und tagsüber auch mit Vorliebe als Aufenthalt der verheirateten Männer dient; das Dorf im Hause Ssuam, das Finsch besuchte, war ein zweistöckiger Pfahlbau mit Wänden aus Mattenflechtwerk, in dessen Obergeschoss sich die Schlafstellen für die Burschen befanden. Bambuspfeifen, die nur von Beschnittenen geblasen werden dürfen und die Weiber verscheuchen, sind ebenfalls vorhanden. Beratungen über gemeinsame Angelegenheiten finden natürlich auch im Männerhause statt. Wenn dagegen die Knaben aus einem grösseren Bezirk gleichzeitig beschnitten werden, errichtet man ein grösseres Festhaus, Barlumhaus genannt, das offenbar als ein Ableger des Junggesellenheims gelten muss und als Zentrum des mit der Beschneidung verknüpften Masken- und Geisterspuks dient. Es soll das Ungeheuer „Barlum“ darstellen, das die Knaben verschlingt.

Litt.: Nachrichten aus Kaiser Wilhelms-Land 1893, 94, 97, 98. — Grabowski i. Petermanns Mitt. 1895. — Finsch, Samoafahrten. — Finsch, Ethnologische Erfahrungen. — Parkinson i. Internat. Archiv f. Ethnographie XIII. — Baessler, Südsee-Bilder. — Zöller, Deutsch-Neu-Guinea. — Miklucho-Maclay, Ethnologische Bemerkungen. — Lauterbach i. Zschr. d. Gesellsch. f. Erdk. Berlin 33. — Vetter i. Mitt. Geogr. Ges. Jena XI. — Schellong i. Internat. Arch. f. Ethnogr. II. — Tappenbeck, Deutsch-Neuguinea.

c. Englisch-Neuguinea.

Im englischen Neuguinea findet sich ein noch bunterer Wechsel verschiedener Typen als in Kaiser Wilhelmsland, aber es ist auch hier schon der Versuch möglich, bestimmte geographische Gruppen zu bilden und dadurch vorläufig den Überblick zu erleichtern.

Ein sehr gut charakterisiertes Gebiet ist die Ostspitze Neuguineas mit den vorliegenden d'Entrecasteaux-Inseln: Die häufige Erscheinung, dass Küstenländer grössere ethnologische Verwandtschaft mit entfernteren Küsten und Inseln zeigen, als mit dem eigenen Hinterlande, tritt hier sehr deutlich hervor. In diesem Falle sind es die Salomonen, die parallele Zustände, nämlich die Verschmelzung des Männerhauses mit dem Bootschuppen, aufweisen. Die Verhältnisse auf der Ostspitze und den d'Entrecasteaux-Inseln sind am eingehendsten von Finsch geschildert worden. Nach seinen Angaben besitzt jedes Dorf der Küste einen Schuppen zur Aufbewahrung der grossen Boote, der zugleich als Versammlungshaus der Männer benutzt wird und in dessen Innern man auch die grossen Trommeln und Kampfschilde unterbringt; auf Goulvain (Ulabubu) war über dem Eingang des langen niedrigen Gebäudes eine Anzahl von Schädeln angebracht.

Eine zweite ethnologische Provinz von bestimmter Eigenart umfasst das südwestliche Küstenland und wohl auch einen Teil des Innern der grossen östlichen Halbinsel von Neuguinea. Man kann sie als das Gebiet charakterisieren, wo die Männerhäuser oder ihre Ableger mit dem Namen Dubu bezeichnet werden, der unverkennbar an das polynesische Tabu anklingt; aber freilich scheinen diese Dubus in ihren Besonderheiten keineswegs übereinzustimmen, so dass es eben nur ein Notbehelf ist, alle Formen hier unter einer Gruppe zusammenzufassen. Wie es scheint, heisst stellenweise das eigentliche Männerhaus Dubu; in einem Teil des Küstenlandes aber hat es einen eigenartigen Ableger getrieben, auf den der Name Dubu übergegangen ist, während das Männerhaus wenigstens an manchen Orten daneben noch immer zu bestehen scheint. Es ist einstweilen unmöglich, diese Unklarheiten zu beseitigen und aus den einzelnen Berichten ein übersichtliches Bild zu gestalten.

Der Name Dubu für das einfache Männerhaus scheint besonders im Norden der ethnologischen Provinz üblich zu sein. Das Dubu des Häuptlings Ipairaitani zu Maupua (am Nordende des Papuagolfes) war, wie Chalmers berichtet, ein schönes Gebäude von 200 Fuss Länge mit einem 80 Fuss hohen Vordergiebel, unter dem sich eine geschützte Veranda befand; vor dem Gebäude war eine grosse Plattform errichtet. Das Innere war in einzelne Seitengemächer geteilt, in deren jedem sich Feuerstellen befanden; Holzschnitzereien und an einer freien Stelle Pflöcke zum Aufhängen bemalter Menschenschädel fehlten nicht. Im Hintergrund des Gebäudes, das hier nur noch 9 Fuss hoch war, befand sich eine Einfriedigung, in der sechs menschenähnliche, aus Flechtwerk gefertigte Figuren aufgestellt waren, die anscheinend keine Ahnenbilder, sondern mythologische Wesen darstellten, Opfergaben empfingen und als Orakel benutzt wurden. Das Dorf enthielt noch mehrere grössere und kleinere Dubus, die dem von Chalmers besuchten ganz ähnlich waren.

Ein grosses, 50 m langes und 9 m breites Gebäude war auch der Dubu, der Chalmers in Meiva als Wohnung angewiesen wurde. Falls der Reisende seine Wirte nicht falsch verstanden hat, ist dieses Dubu nur den verheirateten Männern zugänglich, was auf eine eigenartige Umbildung des ursprünglichen Zustandes schliessen lässt; indes sind wohl genauere Angaben abzuwarten. Alle Pfosten des Hauses haben Namen und jeder Häuptling hat seinen Pfosten für sich. Die Männer versammeln sich (alljährlich?) zu einem zweimonatigen Aufenthalt im Dubu und dürfen während dieser Zeit von Frauen und Unverheirateten nicht gesehen werden; das Essen wird ihnen hingestellt und erst nachdem sich die Frauen entfernt haben, abgeholt. Am Schlusse der Absperrung baden die Männer im Meere und feiern ein Fest, das mehrere Tage und Nächte dauert. Es scheinen hier demnach merkwürdige Umsetzungen erfolgt zu sein, die dahin geführt haben, dass die verheirateten Männer an die Stelle der Junggesellen getreten sind und nunmehr selbst die Absperrung, die ursprünglich einen Teil der Beschneidungsbräuche bildet, mit übernommen haben. Das Dubu dient auch als Zufluchtsort für Verfolgte.

In die Reihe der Dubus, die wirkliche Männerhäuser sind, gehören auch die Gebäude in den Dörfern am oberen Angabunga-Fluss, die Kowald besucht hat. Eins dieser Dörfer bestand aus 24 Häusern, die in einer Doppelreihe erbaut waren; an jedem Ende der so gebildeten Strasse lag ein „Dobu“, das grösser und offener war als die übrigen konisch geformten Häuser. Dieser Zug, dass die Männerhäuser umfangreicher, aber auch luftiger und weniger geschützt sind, als die Wohnstätten der Familien, tritt ungemein oft hervor. In den Dubus der zweiten Art, die nur noch als entstellte Abzweigungen des ursprünglichen Männerhauses zu betrachten sind, wird dieser Charakterzug bis aufs äusserste entwickelt.

Diese Dubus sind nämlich nichts weiter als einfache Plattformen mit hohen, über das Podium hinausragenden Pfosten, denen aber kein Dach mehr aufgesetzt wird. Dass man sie dennoch gelegentlich auch als Schlafstelle benutzt, beweist u. a. das Erlebnis Chalmer's, dem man im Dorfe Kewani ein Dubu dieser Art als Herberge anwies. Das Hauptgebiet dieser eigentümlichen Bauwerke ist die Südwestküste von Keppel Point bis gegen Port Moresby hin. „Hier liegen“, schreibt Finsch, „die eigentümlichen galgenartigen Gerüste mit erhöhter Plattform, Dubu genannt, welche das Zentrum der Festlichkeiten bilden. Die Plattform des Dubu dient als Ehrenplatz für Häuptlinge und andere hervorragende Männer, sowie für die Lebensmittel, welche selbstredend bei den Festen die Hauptrolle spielen. An den Querstangen der Dubus werden auch die sorgfältig geputzten und verzierten Schädel erschlagener Feinde als Trophäen aufgehangen. . . . Die Dubus versehen in diesem Teil der Küste die Versammlungs- oder Tabuhäuser der Männer, wie sie im Westen vorkommen und überall in Neuguinea, wie Melanesien überhaupt, in Gebrauch sind.“ Stellenweise, wie in Keräpuna, scheinen daneben allerdings wirkliche Männerhäuser zu bestehen; ein von ihm abgebildetes Haus aus diesem Orte mit hoher Turmspitze erklärt indes Finsch für kein öffentliches Gebäude, sondern eine Häuptlingswohnung. In Maupa fehlen grössere Häuser ganz. Man darf also wohl annehmen, dass hier und in anderen Orten des Gebietes das Männerhaus einfach zur Tribüne eines Festplatzes entartet ist, indem Dach und Seitenwände weggefallen sind; die einseitige Betonung des Umstandes, dass das Männerhaus zugleich den Mittelpunkt der Feste und Tänze bildet, hat diese sehr beachtenswerte Umbildung herbeigeführt. Den Frauen sind die Dubus natürlich nicht zugänglich, ausgenommen auf der Hood-Halbinsel, wo sich einmal im Jahre die mannbar gewordenen Mädchen auf ihnen versammeln. Nach Semon heissen die Dubus stellenweise auch Lubu oder Rubu.

In den übrigen Teilen des englischen Neuguinea scheint das Männerhaus viel treuer seinen ursprünglichen Charakter bewahrt zu haben; als Namen des Gebäudes treten hier die Worte Elamo (Eramo, Erabo) und Marea auf. Nach Seligmann finden sich in jedem Dorfe des Golf- und Mekeodistriktes ein oder mehrere grosse Häuser, die als Klubhäuser der Männer, als Wohnung der Junggesellen und als Herberge der Fremden dienen, den Frauen aber verboten sind. Im Mekeodistrikt ist jede Familie oder Familiengruppe für die Erhaltung eines dieser Häuser verantwortlich. Aussen an den Elamos, die ein Gott zu errichten befohlen haben soll, hängen hölzerne Bilder von Fischen und Vögeln, die aber keine totemistischen Zeichen sind. Die Ostgrenze der Elamos bildet angeblich der Ort Elena, weiter östlich erscheinen dafür die Dubus; da diese Angabe schlecht zu den oben angeführten Berichten stimmt, ist wohl anzunehmen, dass es überhaupt eine derartige scharfe Grenze nicht giebt, sondern dass sich die verschiedenen Verbreitungsgebiete teilweise durcheinander schieben.

Auch d'Albertis, der die Mareas am Hall-Sund und auf der Yule-Insel besuchte, erwähnt die Schnitzereien von Vögeln und Eidechsen, ferner Pfosten mit geschnitzten Menschenköpfen und eine Holzfigur, die einen nackten Mann mit Vogelfüssen darstellte und von dem Dache eines Marea herabhing. Vor den Mareas befinden sich Plattformen, auf denen die festlichen Mahlzeiten abgehalten werden. Edelfelt schildert die Elamos als sehr grosse Gebäude ohne Seitenwände; in ihnen schlafen die Junggesellen und auch die meisten verheirateten Männer wenigstens den grössten Teil der Nacht, auch die Waffen werden in ihnen aufbewahrt. Die Knaben, die vor der Jünglingsweihe stehen, werden 8—9 Monate im Elamo eingesperrt und streng von den Weibern getrennt, die ohnehin vom Männerhause ausgeschlossen sind. Bei der Errichtung der Elamos müssen Menschenopfer fallen, d. h. man unternimmt einen Kriegszug und bringt die Ohren der Erschlagenen als Siegeszeichen mit; geschähe das nicht, dann würden die Knaben, die im Elamo ihre Vorbereitungszeit durchmachen sollen, nicht kräftig und tapfer werden. Semon berichtet, dass der Name Elamo mehr im Westen des Golfes von Papua vorherrscht, Marea im Osten; die Mareas entsprechen mehr dem Typ des einfachen Männerhauses, während die Elamos gewissen Gottheiten (Semese oder Hovaki) geweiht sind und einen heiligen Charakter haben. Das Einsperren der zu weihenden Jünglinge im Männerhause scheint da, wo der Name Marea vorherrscht, nicht üblich zu sein.

Wahrscheinlich wird das Bild bei genauerer Betrachtung noch bunter werden, da Neuguinea nun einmal das klassische Gebiet der kleinen Stämme ist, deren jeder eigenartige Züge entwickelt. In Mowat fand Gill z. B. neben den Langhäusern für Jünglinge auch solche für Mädchen, was sonst in Neuguinea nicht vorzukommen scheint; nach Stone fehlen bei den Motu, Koiari und Kotapu die als Herbergen dienenden Männerhäuser ganz, sodass die Fremden beim Häuptling wohnen müssen, dessen Heim also hier eine wichtige Aufgabe des Männerhauses übernimmt.

Dass die Junggesellenhäuser auch im Innern vorkommen, zeigt ein grosses Gebäude dieser Art, das von d'Albertis am Fly-Fluss beobachtet und in seinem Werk abgebildet ist. Die kleinen Familienhäuser sind hier an den mächtigen Pfahlbau des Männerheims, in dessen mit Schädeln geschmücktem Innern sich zahlreiche durch Pfeiler getrennte Abteilungen mit Feuerplätzen befinden, wie Schwalbennester angeklebt. Das Bauwerk zeigt also in vorzüglichster Weise den Übergang zur Form des Dorf- oder Einheitshauses, dss besonders weiter westlich in Borneo zur Vorherrschaft gelangt ist. An der Mündung des Fly hat sich diese Umbildung nach Haddons Angaben bereits vollzogen: die 100—500 Fuss langen Dorfhäuser sind hier in der Mitte von den Familien bewohnt, wärend sich an beiden Enden die Versammlungs- und Schlafräume für die Männer finden.

Litt.: Edelfelt i. Proc. Queensland Branch Roy. Geogr. Soc. VII. — Semon, Im australischen Busch. — Chalmers a. Gill, Work and Adventure in New Guinea. — Finsch, Samoafahrten. — Finsch, Ethnologische Erfahrungen. — Finsch i. Mitt. anthropol. Gesellsch. Wien 1887. — Gill i. Journal Roy. Geogr. Soc. London 1874. — Stone ibid. 1876. — Haddon ibid. 1900. — Annual Reports of British New Guinea 1892 ff. — Beardmore a. Gill i. Journ. Anthrop. Inst. XIX. — d'Albertis, New Guinea. — Seligmann i. Rep. Brit. Assoc. Adv. Science 1899. — Chalmers i. Proc. Roy. Geogr. Soc. London 1887. — Haddon i. Geograph. Journal 16. — Thomson i. Proceed. R. Geogr. Soc. London 1889.

B. Melanesien.

a. Bismarck-Archipel.

Die Inseln des Bismarck-Archipels sind zum grössten Teile noch so unerforscht, dass auch hier nur einzelne Stichproben der Verhältnisse gegeben werden können. Im allgemeinen lässt sich überall das Dasein des Männerhauses nachweisen; auf den beiden Hauptinseln scheint stellenweise das Klubwesen, das seine höchste Blüte erst auf den Salomonen und Neuen Hebriden erreicht, umbildend gewirkt zu haben.

Neubritannien oder Neupommern ist nur in seiner Nordspitze genauer bekannt. Finsch berichtet, dass an der Blanche-Bay und auf den dort liegenden Küsteninseln so grosse Versammlungshäuser wie auf Neuguinea nicht vorhanden sind, wohl aber Schlafschuppen für Junggesellen. Bässler sah bei Herbertshöhe ein solches Junggesellenhaus, das ohne Vorder- und Rückwand war, also auch etwas jenen luftigen Charakter zeigte, der den Gebäuden dieser Art so oft eigen ist; ein ganz ähnliches Haus, in dessen Innerem Tanzmasken aufbewahrt wurden, sah Strauch auf Matupi. Ganz typische Männerhäuser finden sich auf Neuirland. Das Haus, das Finsch auf Kapaterong besuchte, unterschied sich von den übrigen Gebäuden des Dorfes nur durch seine Grösse und einige Schnitzereien zu beiden Seiten der Thür. Im Inneren befanden sich die Schlafstätten für die Junggesellen und durchreisende Fremde. Ein Vorratshäuschen für Lebensmittel, unter dem eine grosse Holztrommel lag, stand neben dem Hause, an dem die Weiber nur in einiger

Entfernung gebückt vorbeizugehen wagten. Männerhäuser dieser Art mit erhöhten Schlafbänken an den Seiten erwähnen auch Brown und Romilly; letzterer sah in dem des Dorfes Kapsu auch zahlreiche menschliche Figuren aus Holz und andere bemalte Schnitzereien. Zu Ratama an der Ostküste fand Brown ausser einem Männerhause, in dessen Innern Unterkiefer von Schweinen und Menschen u. dgl. als Erinnerungen an festliche Mahlzeiten aufgehangen waren, auch ein entsprechendes Jungfrauenhaus, das dem Männerhaus ganz ähnlich, nur etwas kleiner war. Im Innern befanden sich käfigartige Gelasse, in denen Mädchen angeblich mehrere Jahre bis zur Geschlechtsreife eingesperrt werden; sie dürfen täglich nur einmal herausgehen und dabei den Boden nicht berühren, weshalb man ihnen Kokosmatten hinbreitet. Dieses Jungfrauenhaus, das nicht einmal der Häuptling zu betreten wagt, ist also keine Parallele zum Männerhaus; auf den Sinn der Einrichtung, die einige wenige Mädchen dem sonst herrschenden freien Liebesleben der Jugend bis zur Verheiratung entzieht, also einen Übergang zu neuen Ideen über den Wert der Mädchenkeuschheit zu bilden scheint, kann hier nicht eingegangen werden.

Über Neuhannover liegt ein Bericht vor, der bei Gelegenheit der Kochschen Malariaexpedition verfasst worden ist und vermuten lässt, dass sich hier eine ganz eigenartige Umbildung des Männerhauses vollzogen hat. Im Ort Lawangai an der Südküste wurden die weissen Besucher in ein grosses Gebäude geführt, das in der Mitte einen grossen, aus Steinen erbauten Herd und ringsum an den Wänden aufgeschichtet einen Vorrat von Brennholz enthielt. Auf Befragen stellte sich heraus, dass hier alle Weiber des Dorfes gemeinsam das Essen für sämtliche Dorfbewohner bereiteten. Ob dieses Kochhaus ganz an die Stelle des Männerhauses getreten ist oder ob dies daneben noch besteht, ist bei dem kurzen Besuch nicht ermittelt worden.

Auf den Admiralitäts-Inseln giebt es nach den Angaben Moseleys Junggesellen- und Jungfrauenhäuser. Wahrscheinlich war auch der „Tempel“ mit Götzenbildern, grossen Trommeln und Schädeln, den Bingham hier sah, nichts weiter als ein gewöhnliches Männerhaus.

Litt.: Finsch, Ethnologische Erfahrungen. — Strauch i. Zschr. f. Ethnologie IX. — Romilly, The Western Pacific and New Guinea. — Brown i. Journ. R. Geogr. Soc. 1877. — Deutsches Kolonialblatt 1900. — Baessler, Südsee-Bilder. — Birgham i. Globus 31. — Graf Pfeil, Studien u. Beobachtungen aus der Südsee.

---

b. Salomo-Inseln.

Obwohl auf den Salomonen das Klubwesen blüht und tief auf das gesellschaftliche Leben einwirkt, ist doch die Einrichtung des Männerhauses dadurch nicht wesentlich entstellt oder gar beseitigt worden. Dagegen hat sich bei den Küstenbewohnern, die im allgemeinen zahlreicher und kultivierter sind als die im Innern lebenden Stämme, fast überall eine Umbildung anderer Art vollzogen: das Männerhaus ist mit dem Schuppen, der die aufs Land gezogenen Kriegsboote enthält, in eins verschmolzen, ohne im übrigen eine seiner wichtigeren Eigenschaften einzubüssen: es dient als Schlafraum der Junggesellen, Zusammenkunftsort der Männer und Herberge der Fremden, ist dagegen den Frauen nicht zugänglich. Vielfach werden in ihm nicht nur die Schädel der Verstorbenen oder erschlagenen Feinde aufbewahrt, sondern auch Häuptlinge beigesetzt.

Dass das Klubwesen und die ursprünglichen Gemeindehäuser ziemlich ungestört neben einander bestehen können, erklärt sich leicht: die Klubs haben sich nicht der Männerhäuser bemächtigt und die Nichtmitglieder aus ihnen verdrängt, sondern sie haben eigene Gebäude errichtet; die Klubhäuser (gamal) sind mit den Männer- oder Tambuhäusern (kiala auf Florida, oha auf San Cristoval) nicht identisch. Die Eigenart der letzteren mögen einige Beispiele erläutern.

Das Tambuhaus des grossen Dorfes Wano an der Nordküste von San Cristoval, das Guppy besuchte, war etwa 60 Fuss lang und 20—25 Fuss breit. Das Satteldach wurde von fünf Reihen Pfosten getragen, die grösstenteils in der Gestalt von Haifischen zugeschnitzt waren, auf oder in deren nach oben gerichteten

Rachen je eine menschliche Figur sass. Das Haus war an beiden Enden offen, an dem einen Ende befand sich eine Plattform, die man als den Klatschplatz des Dorfes bezeichnen durfte; hier versammelte sich die männliche Bevölkerung zur gemeinsamen Unterhaltung, besonders gegen Sonnenuntergang. Im Innern schliefen die Burschen und die fremden Gäste.

Ausser den Kriegsbooten werden in diesen Häusern auch, wie anderwärts, Knochenreste von Mahlzeiten als Erinnerungszeichen, vor allem aber die Schädel aufbewahrt, die man auf den sehr beliebten und häufigen Kopfjagden erbeutet. Woodford sah auf Rubiana ein Boothaus von 80 Fuss Länge, das 5 grosse Kriegskanus und 8 Schädel enthielt; ein anderes Boothaus desselben Dorfes besass 13 Schädel. Beim Bau eines Tambuhauses werden ausserdem meist Menschen geopfert und verzehrt, deren Arm- und Beinknochen man dann oft unter dem Dache aufhängt; Guppy fand derartige Knochenreste in einem Männerhaus an der Ostküste von Ugi, ebenso in einem Gebirgsdorf an der Nordseite von San Cristoval. Da man die Tambuhäuser als Mittelpunkte der Schädeljägerei betrachtet, haben neuerdings englische Kriegsschiffe viele von ihnen zerstört und auch die Kriegsboote vernichtet, besonders auf Rubiana, wo die Kopfjagd zum Sport geworden war.

Vor dem Tambuhause auf der kleinen Insel Orika standen an jedem Ende je drei Kreise von 4—5 Fuss hohen, reich verzierten Pfosten; in die Räume, die sie umschlossen, warf man Kokosnüsse und andere Speisen als Opfergaben für eine Gottheit, die unter den Schnitzereien als langleibige geschwänzte Gestalt mit abgebildet war. Das lässt vermuten, dass hier schon höhere mythologische Vorstellungen an die Stelle des reinen Ahnenkultus, der sich sonst an das Männerhaus knüpft, getreten sind.

Das Tambuhaus in Sapuna auf Santa Anna, das ungewöhnlich gross und von fester Bauart ist, enthält nach Guppy ausser den Pfosten in Haifisch- und Menschengestalt an den Seiten auch grosse aus Holz geschnitzte Haifische, in deren ausgehöhltem Innern die Leichen von Häuptlingen beigesetzt sind. Ähnliches beobachtete auch Elton. Der Glaube, dass Verstorbene sich meist in Haifische verwandeln, findet hier seinen plastischen

Ausdruck, obwohl die ursprüngliche Idee schon gewisse Umwandlungen erlitten zu haben scheint.

Auf Alu und Treasury-Island, also westlich von den bisher genannten Inseln, ist das Tambuhaus, das zugleich als Bootschuppen dient, nur noch ein unbedeutendes Bauwerk; auf Faro endlich sind Boothaus und Männerhaus nicht mehr identisch, denn das erstere ist überhaupt nur noch ein zeitweiliges Schutzdach, das über den am Land gezogenen Booten errichtet wird, während das Männerhaus an einer anderen Stelle erbaut ist.

Litt.: Codrington, The Melanesians. — Guppy, The Salomon Islands. — Woodford i. Proc. R. Soc. Geogr. London 1888 u. 1890. — Hagen i. Tour du Monde 1894 I. — Waitz-Gerland, Anthropologie VI. — Elton i. Journ. Anthrop. Inst. 17. — Coote, The Western Pacific. — Baessler, Neue Südsee-Bilder.

---

c. Neue Hebriden.

Die Neuen Hebriden, die hier zugleich mit den nahe gelegenen Santa Cruz- und Banks-Inseln besprochen werden sollen, bilden in den Bräuchen, die sich auf das Männerhaus beziehen, einen sehr lehrreichen Gegensatz zu den Salomonen, lehrreich insofern, als sich hier in ausgezeichneter Weise erkennen lässt, wie gleiche Einflüsse, vielleicht infolge ganz unbedeutender Ablenkungen, zu ganz verschiedenen Ergebnissen führen können. Wenn auf den Salomonen die Männerhäuser vom Klubwesen nur in geringem Masse berührt wurden und neben den Klubgebäuden ruhig weiter bestanden, so haben sich im Gegenteil auf den Neuen Hebriden, soweit die etwas dürftigen Berichte das erkennen lassen, die Männerhäuser vielfach in Klubhäuser umgebildet, mit anderen Worten: das ganze Volk ist klubartig organisiert und die Zustände in den Männerhäusern haben sich diesen Verhältnissen anpassen müssen. Dass stellenweise nicht jene Umbildung, sondern nur eine Spaltung stattgefunden hat und neben den Klubhäusern die Junggesellenheime in der alten

Form erhalten sind, ist zweifellos. Die Verschmelzung der Männerhäuser mit den Bootschuppen scheint dagegen zu fehlen, wohl schon wegen der Lage der Dörfer, die, wie Bridge berichtet, niemals vom Strande aus sichtbar sind. Die Klubhäuser führen meist den Namen Gamal, während die eigentlichen Junggesellenhäuser auf den Santa Cruz-Inseln Madai heissen.

Nach Baesslers Angaben sind die Klubhäuser der Inseln Mali und Alfati hohe, kegelförmige Gebäude mit offener Vorderseite. An den Balken des Gerüstes hängen und lehnen Bogen, Pfeile, Keulen und Speere; Hausgerät, meist aus Kochtöpfen bestehend, liegt auf dem Boden umher. Die Männer essen hier und bereiten auch ihre Mahlzeiten selbst, Frauen ist der Zutritt durchaus verboten. Jeder junge Mann sucht so bald wie möglich der Männergemeinschaft beizutreten, wozu verschiedene Förmlichkeiten, vor allem aber das Darbringen eines Schweines erforderlich sind; Ärmere müssen sich eins borgen und die Schuld dann abarbeiten, oder sie lassen sich neuerdings auf ein paar Jahre von einem der Arbeiterrekrutierungsschiffe anwerben. Das Aufsteigen in eine höhere Klasse ist anderswo geschildert.

Auf den Inseln Maewo und Opa fand Coote in jedem Dorfe ein Klubhaus (gamal). Die mannbar gewordenen Burschen schlafen hier gemeinsam, nachdem sie ein kleines Eintrittsgeld bezahlt haben. Das Gamal, das meist im Mittelpunkt der Ortschaft liegt, ist 30—40 Fuss lang und in kleine Abteilungen zerlegt, die aber nicht durch Wände, sondern nur durch Palmstämme, die auf dem Boden liegen, getrennt sind; jede der Abteilungen, die den Graden des Klubwesens zu entsprechen scheinen, enthält zwei oder drei Lagerstätten, über denen Bogen und Pfeile aufgehängt und hölzerne Gefässe (wohl für das festliche Kawatrinken) aufgestellt sind.

Nach Eckardt sind die Männerhäuser der Neuen Hebriden fast stets von einer Einzäunung (wáru-war) umgeben. Die Häuser selbst, die auf den Banks-Inseln und den nördlichen Neuen Hebriden Gamal heissen, führen auf Tanna den Namen Imeium, den Gray als eine Zusammenziehung von imwa (Haus) und neium (Klub) erklärt.[1]) Der offene Platz vor dem Hause heisst auf Tanna ebenfalls Imeium, auf den Banks-Inseln dagegen

Varea; auf Efate wieder führen Platz und Gebäude gemeinsam den Namen Farea. Verwandte Familien besitzen ein gemeinschaftliches Imeium.

Die Zahl der Männerhäuser scheint nicht in allen Dörfern dieselbe zu sein. Während in den meisten Fällen, wie in Uripio, nur ein solches Gebäude vorhanden ist, finden sich in Aulua nach Somervilles Angabe deren mehrere. Der eben erwähnte offene Platz vor dem Hause ist wohl meist zugleich der Tanzplatz des Dorfes (in Uripio Emil genannt). Auf Malekulo war fast jeder Tanzplatz mit einem Männerhaus oder Tambuhaus verbunden, in dessen Innern man an einer besonderen Stelle die Tanzmasken und -Geräte, sowie die Ahnenbilder aufbewahrte, während der Rest des Gebäudes als Wohnraum diente. Diese engen Beziehungen zwischen Männerhaus und Tanzplatz sind sehr bemerkenswert, da sie einen schönen Übergang zu den Verhältnissen auf vielen polynesischen Inseln bilden, wo das Männerhaus verschwunden, der Platz aber, dessen Herkunft aus seinem Namen noch deutlich erkannt werden kann, erhalten geblieben ist.

Auf den Banks-Inseln scheinen ganz ähnliche Verhältnisse zu herrschen wie auf den Neuen Hebriden; das Gemeindehaus ist meist zum Klubhaus geworden, in dem jede Rangstufe eine Abteilung und einen Ofen besitzt. Auf den Santa Cruz-Inseln ist es nicht anders: die grossen Häuser mit roh geschnitzten Bildwerken, die bereits Mendana im Jahre 1595 in jedem Dorfe fand, müssen auf Grund neuerer Berichte als Gebäude dieser Art gelten. Einzelne unverheiratete Mädchen dürfen hier die Klubhäuser betreten, Frauen würden dagegen einen solchen Versuch schwer zu büssen haben. Die Mädchen werden zuweilen im Klubhaus förmlich versteigert, wenn die ersten Liebhaber, die sie gewöhlich schon als Kinder gekauft haben, ihrer überdrüssig sind; man kann sie also schon als eine Art öffentlicher Dirnen bezeichnen. Sie heissen Owla ndää (Männermädchen). Auf die Keuschheit der übrigen Mädchen wird anscheinend Wert gelegt, sodass wir es hier wohl mit einer Übergangsform von der freien Liebe der Jugend zur Prostitution zu thun haben.

Litt.: Coote, The Western Pacific. — Baessler, Südsee-Bilder. — Derselbe, Neue Südsee-Bilder. — Somerville i. Journ. Anthrop. Inst. 23. — Eckardt i. Globus 40. — Bridge i. Proc. R. Geogr. Soc. London 1886. — Eckardt, Der Archipel der Neu-Hebriden. — Gray i. Internat. Archiv f. Ethnogr. VII. — Jung, Der Weltteil Australien III.

[1]) In dem von S. H. Ray veröffentlichten Bericht Grays ist zur Erklärung des zweiten Wortes hinzugefügt: „perhaps from the past custom of keeping clubs there for use on emergencies." Offenbar ein drolliges Missverständnis des Herausgebers.

---

d. Die übrigen Inseln Melanesiens.

Da über den Rest der melanesischen Inseln kurze Bemerkungen genügen, so mögen diese Gruppen — in der Hauptsache Neukaledonien mit den Loyalty-Inseln, der Fidschi-Archipel und die Inseln der Torresstrasse — hier unter einer Rubrik zusammengefasst werden, so wenig sie in Wirklichkeit ein einheitliches ethnographisches Gebiet bilden.

Von Neukaledonien berichtet Opigez, dass Männer und Weiber nie gemeinsam in einem Hause schlafen; aller intime Verkehr findet im Walde statt. Anscheinend giebt es jedoch keine eigentlichen Junggesellenhäuser: die viereckigen Häuser mit einem offenen Ende, die man dafür halten könnte, dienen wenigstens nie als Schlafräume, und auch von den Gemeindehäusern ist es unwahrscheinlich, dass sie als Schlafstätten benutzt werden, da man ausser ihnen noch besondere Gebäude zur Beherbergung von Fremden besitzt. Ein Festhaus, das wohl auch einige Besonderheiten des typischen Männerhauses vertritt, wird beim Pilu-Pilu-Fest errichtet. Demnach dürfte hier das ursprüngliche, noch als Versammlungshaus erhaltene Gebäude einige Ableger getrieben und dadurch seinen ursprünglichen Charakter teilweise verändert haben.

Auf den Loyalty-Inseln hat jedes Dorf sein Gemeindehaus, ein grosses, mit Schnitzereien, Schädeln und Knochen geschmücktes Gebäude; nach Turners Angabe waren an den Pfeilern der Versammlungshäuser auf Uea die Gesichter der Schutzgeister eingeschnitzt.

Dass auf **Fidschi** Schlafhäuser für Männer und Junggesellen vorkommen, ist zweifellos, im übrigen findet sich in der mir zugänglichen Litteratur ausserordentlich wenig über diese Verhältnisse, was wohl darauf hindeutet, dass diese Schlafhäuser keine bemerkenswerten Gebäude sind. Neben ihnen bestehen wirkliche Tempel, die anscheinend die Aufmerksamkeit der Besucher viel lebhafter auf sich gezogen haben. Auch hier herrscht die Ansicht, dass es nicht gut wäre, wenn ein Mann in seinem Familienhause übernachtete.

Auf den Torres-Inseln haben noch in neuerer Zeit vielfach Änderungen des Baustils stattgefunden, auch scheinen sich auf verschiedenen Inseln örtliche Besonderheiten entwickelt zu haben. Ursprünglich war die Bevölkerung der östlichen Inseln in Bezug auf Kultur den benachbarten Australiern auch darin ähnlich, dass sie nur kleine bienenkorbförmige Hütten und keine Gemeindehäuser besass; die Stelle der letzteren vertraten freie Plätze im Busch, auf Tud (Warrior-Island) Taio-kwŏd genannt, die den Kindern und Frauen unzugänglich waren und auf denen die Knabenweihen stattfanden. Auf den westlichen Inseln gab es Männerhäuser (Kwŏd), die zugleich als Herbergen für Gäste dienten. Manche tabuierte Plätze auf einigen Inseln, wo Bambuskästen, aus Holz geschnitzte Tiere und mit Gesichtern bemalte Steine stehen, scheinen dem Totenkult gewidmet zu sein, doch finden auch hier gelegentlich Knabenweihen statt. Im ganzen also bilden die Torres-Inseln ein Übergangsgebiet zwischen Australien und Neuguinea; die Mischung verschiedener Volkselemente, die hier zweifellos stattgefunden hat, tritt in den ethnologischen Besonderheiten noch sehr kenntlich zu Tage.

Litt.: Haddon i. Intern. Archiv f. Ethnogr. VI. — Meinicke, Die Inseln des Stillen Oceans I. — Opigez i. Bull. Soc. Géogr. Paris 1886. — Bastian, Inselgruppen Oceaniens. — Crawley i. Journ. Anthrop. Inst. 24. — Haddon i. Geograph. Journal 16.

C. Mikronesien.

Bieten schon die verhältnismässig grossen Inseln Melanesiens ein recht buntes Gewirr von Entwicklungen, so verstärkt sich dieser Eindruck noch, wenn wir uns der Inselflur Mikronesiens zuwenden. Die Ursachen sind wohl zu verstehen: Beeinflussung von aussen und isolierte Lage, diese scheinbaren Gegensätze haben hier zusammengewirkt, um allenthalben eigenartige Zustände zu schaffen und die verschiedenen Möglichkeiten der Umbildung in der anziehendsten Weise zu erschöpfen. Nur scheinbar sind die Gegensätze in der That, denn so sehr die Vereinzelung der Inseln ihre Bewohner zur Einsamkeit und daraus folgender Einseitigkeit und Verarmung zu verurteilen scheint, so wenig vermögen sie doch den Folgen zu entgehen, die aus der allgemeinen Lage der mikronesischen Inselflur entspringen: dem Sunda-Archipel wie den melanesischen Inselgruppen benachbart und selbst Ostasien nahegerückt, ist das Gebiet die Strasse und der Rastplatz aller nach Polynesien oder Melanesien gerichteten Wanderzüge, die von Asien ausgehen, und jeder rückwärts flutenden Bewegung, die nach den asiatischen Inseln hinüberstrebt. Noch beweist das alte Perlengeld der Karolinen als ein Zeugnis unter vielen das Vorüberrauschen alter Kultur- und Völkerfluten, von denen uns die geschichtliche Überlieferung nichts zu berichten weiss.

---

a. Die Karolinen.

Die Karolinenkette, die in ihrer westöstlichen Richtung so recht eine Strasse für seekundige Stämme bildet, ist für den Ethnologen weitaus das wichtigste und lehrreichste Gebiet Mikronesiens, lehrreich besonders wegen der örtlichen Umbildungen von Sitten und Einrichtungen, die hier wie Lichtstrahlen, die durch ein facettiertes Glas fallen, in allerlei Farben gebrochen erscheinen: fast jede grössere Insel oder Gruppe ist eine kleine Provinz von ausgeprägter Eigenart. Es fehlt noch viel, dass wir über alle Inseln, besonders über die kleineren, genügend unterrichtet wären, aber wenigstens über die grösseren stehen gegenwärtig ziemlich zahlreiche und zuverlässige Berichte zur Verfügung. Das Männerhaus findet sich überall und meist in recht typischer

Form, aber es hat bemerkenswerte Umbildungen erfahren und mancherlei Ableger getrieben.

Auf der östlichsten Insel, Kusaie, giebt es in jedem Dorfe grosse Versammlungshäuser, die vorn offen und an der Seite noch mit einer Thür versehen sind. In den Gehöften der Häuptlinge finden sich ausserdem zahlreiche Häuser verschiedener Art, die auf eine eigenartige Umbildung schliessen lassen. So sah Kittlitz in einem solchen Gehöfte sieben Gebäude, deren eins das Gesellschaftshaus war, während zwei andere von den Frauen bewohnt wurden, ein viertes als Schatzhaus diente, ein fünftes als Totenhaus und die letzten beiden als Kahnhäuser und zugleich als Wohnungen der Diener benutzt wurden. Die öffentlichen Gemeindehäuser scheinen nur zu Beratungen der Vornehmen zu dienen und nicht mehr die Wohnungen der Junggesellen zu sein. Das Totenhaus im Häuptlingsgehöft lässt auch vermuten, dass der Ahnenkult nicht im Gemeindehaus ausgeübt wird. Die Umbildungen dürften in der Hauptsache damit zusammenhängen, dass sich hier schroffe Standesunterschiede herausgebildet haben, die den alten gemeinsamen Daseinsformen verhängnisvoll geworden sind.

Auf Ponape begegnen wir einer Verschmelzung wieder, die auf den Salomonen allgemein war: das Boothaus am Strande (Nac) ist hier zugleich das Versammlungshaus und die Herberge für Fremde. Daneben scheint es indessen besondere Schlafräume für Junggesellen zu geben, auch werden Versammlungshäuser erwähnt, in denen wenigstens die Häuptlinge ihre besonderen, durch Rohrgeflecht abgeschlossenen Schlafstellen besassen. Wahrscheinlich stimmten also die Verhältnisse nicht einmal in den verschiedenen Ortschaften der Insel ganz überein. Auch eigene runde, im Innern mit Rohrsitzen versehene Häuser für Kawafeste werden erwähnt.

Über die Zustände auf der Gruppe der Ruk-Inseln verdanken wir Kubary genauere Angaben. Das Gemeindehaus (Ut) von Sapulion in Sopore auf der Insel Fefan ist ein viereckiges Gebäude von 15 m Länge, 15 m Breite und 4,5 m Höhe, mit einer Mittelhalle und zwei langen schmalen Seitenschiffen. Die Seitenschiffe enthalten Kammern, in denen die mit ihren Frauen anlangenden Fremden wohnen, für die in Privathäusern keine

Unterkunft gefunden worden ist. Im Mittelraume wird das Kriegsboot und ein Segelboot aufbewahrt, ferner ist hier eine Feuerstelle und die Schlafstätte des Häuptlings; die übrigen Männer schlafen auf dem Boden, wo sie gerade Platz finden. Früher scheinen die Gemeindehäuser reicher mit Schnitzereien versehen gewesen zu sein als gegenwärtig. Zur Erbauung eines solchen Hauses zieht man, wie auch auf den Palau-Inseln und Ponape, einen besonderen Meister heran, dessen Hauptaufgabe weniger die Leitung des Baues selbst ist als die Kunst, die Bewohner des Gebäudes vor dem Einflusse der Gottheiten zu schützen, die in den benutzten Bäumen wohnen. Zu diesem Zwecke hängt er einen Beutel mit Kräutern und andere Amulette an den Enden der Dachbalken auf. Auch andere heilige Gegenstände, wie einfache oder doppelte Fahrzeuge, Vögel u. dgl. sind im Hause aufgehängt; man hält sie für Sitze der Götter und legt Opfergaben auf ihnen nieder. — Es ergiebt sich also, dass auch auf den Rukinseln Männer- und Boothaus miteinander verschmolzen sind; merkwürdig ist die Sitte, dass fremde Gäste ihre Frauen in das Männerhaus, allerdings nur in besonders abgeteilte Seitenräume, mit hineinnehmen.

Die Gemeindehäuser der Mortlok-Inseln sind denen der Rukgruppe ganz ähnlich, nur dass bei ihnen das Dach weit herabreicht und die Seitenwände, die auf den Rukinseln vorhanden sind, ganz fehlen. Die Gebäude gewinnen dadurch jenen offenen und luftigen Charakter, den wir schon häufig als Eigentümlichkeit der Männerhäuser kennen gelernt haben.

Während hier und auf den Rukinseln Gebäude für besondere Zwecke, abgesehen von Menstruationshäusern für die Frauen, kaum existieren, ist auf den entlegenen Nukuor eine ganz ungewöhnliche Zahl derartiger Bauwerke vorhanden, von denen wenigstens einige als Ableger des Männerhauses gelten dürfen, ohne dass indessen dieses selbst verschwunden ist. Die grossen Häuser (hatar), in denen die ledigen Männer schlafen, dürfen hier von den Frauen nicht betreten werden ausser zur Zeit der grossen Feste, wo freier Geschlechtsverkehr herrscht. Ausserdem giebt es besondere Gebäude zur Aufbahrung der Toten, für menstruierende Frauen, zur Bereitung der Gelbwurzeln und zur Aufbewahrung der Boote. An einem freien Platze, marae genannt, liegen ferner auf der einen Seite der Amalau-Tempel und auf der andern das Samán, in dem u. a. das Gemeinde-Fischnetz aufbewahrt wird. Das Männerhaus scheint also aller auf Religion und Totenkult bezüglichen Aufgaben entkleidet zu sein, das Boothaus ist nicht mit ihm identisch.

Das Falyú oder Febay auf Yap ist ein länglich-sechsseitiges Gebäude von etwa 22,5 m Länge, 7 m Breite und 8 m Höhe; die in der Nähe des Strandes liegenden, um die als Schutz gegen den Seewind noch eine Art geschlossene Veranda läuft, sind infolgedessen länger und breiter. Das Gebäude erhebt sich auf einem steinernen Unterbau, auf dem festgestossene Erde als Estrich liegt. Dieser Fussboden wird im Innern durch daraufgelegte Kokosstämme in verschiedene Abteilungen getrennt. Die rechte Längsseite, die drei bis fünf Feuerstellen enthält, ist mit gespaltenen Arekastämmen belegt, auf denen die jungen Männer schlafen und ihre Tänze einüben; die linke Seite, die den alten Männern und Häuptlingen vorbehalten bleibt, ist nur mit zusammengeflochtenen Kokosblättern belegt. Im Mittelraume ist ein Gerüst errichtet, auf dem die Speere der jungen Männer liegen. Einige Balken des Hauses, namentlich aber die Pfosten dieses Gerüstes sind mit Schnitzereien verziert. Die Häuser werden von den Gemeinden errichtet, wobei der Häuptling die Baumseelen versöhnen muss, während ein Zauberer von Fach Talismane am fertigen Hause anbringt. Nahe bei den Gemeindehäusern, deren jedes Dorf mehrere zu besitzen pflegt, liegen die Versammlungsplätze mit senkrecht eingelassenen Steinplatten, die als Rückenlehnen dienen, ferner Tanzplätze, auf denen die jungen Leute gelegentlich Tänze im Kostüm abhalten, nachdem sie sich im Innern des Hauses angekleidet haben.

Die innere Einrichtung des Hauses zeigt, wie zwar alle Männer hier verkehren, aber in sehr entschiedener Weise nach Altersklassen getrennt sind. Kubary erwähnt auch besondere Häuser für die älteren Männer. In der Abteilung der jungen Leute hausen stets auch einige Mädchen, die man aus benachbarten Dörfern geraubt hat, allerdings meist mit heimlicher Zustimmung der Eltern. Ausser den Gemeindehäusern giebt es auf Yap noch einige andere, die bestimmten Zwecken dienen, so kleinere Schlafhäuser für die Frauen einer Familie, ferner Küchenschuppen, die ganz nahe bei den Wohnhäusern liegen und von Fremden nicht betreten werden dürfen, endlich die Boothäuser, die hier für keinerlei Nebenzweck mit benutzt werden.

Auf den kleineren Inseln der Karolinen scheinen sich vielfach örtliche Besonderheiten entwickelt zu haben. Stellenweise im mittleren Archipel sollen die Versammlungs- und Schlafhäuser (Fal) nicht von der Gemeinde errichtet sein, sondern einzelnen wohlhabenden Leuten gehören. Floyd unterscheidet die Versammlungshäuser von den Schlafhäusern und behauptet, dass es in den ersteren den Frauen, die also doch wohl Zutritt hatten, verboten war, den Mund zu öffnen. Auf Sonsol, einer der westlichsten Karolineninseln, fand Kubary am Strande ein grosses Gebäude, Falûmar genannt, wo die Häuptlinge sich berieten und der Priester gewisse Zeremonien verrichtete, das aber nicht als Schlafraum diente. Einzelne Holzschnitzereien, die menschliche Figuren darstellten, waren vorhanden; Weiber und Kinder schienen ohne weiteres Zutritt zu haben.

Viel charakteristischer als auf diesem vereinsamten Inselchen hat sich das Männerhaus auf den Inseln der Palaugruppe erhalten. Das Bai der Palauinsulaner ist von viereckigem Grundriss und etwas kleiner als das Febay auf Yap, entspricht diesem aber sonst in seiner Bestimmung und in seinem Wesen durchaus: die jungen Leute schlafen hier, bereiten ihre Mahlzeiten und führen ein freies Liebesleben mit jungen Mädchen und Frauen, die aus anderen Dörfern entführt oder auch wohl freiwillig zugelaufen sind. Die Insassen eines Männerhauses bilden eine Genossenschaft (Klöbbergöll), die eng verbunden ist. Es giebt auch weibliche Klöbbergölls, die aber keine eigenen Häuser besitzen und viel einflussloser als die der Männer sind. Die Bais sind reich bemalt, namentlich an der Vorderseite. Daneben giebt es auch Boothäuser, die mit Malerei und Schnitzwerk verziert sind, sowie Häuser für die Priester; der Name dieser tempelartigen Gebäude, Sop, verdient Beachtung. Baumeister (Takalbay) leiten den Bau der Gemeindehäuser.

Litt.: Kubary, Beiträge zur Kenntnis des Karolinen-Archipels. — Ders. i. Journal Mus. Godeffroy I. — Ders. i. Mitt. Geogr. Ges. Hamburg 1900. — v. Kittlitz, Denkwürdigkeiten auf einer Reise u. d. russ. Amerika, Mikronesien u. Kamtschatka. — Waitz-Gerland, Anthropologie V. — Meinicke, Die Inseln des Stillen Oceans II. — Hernsheim, Südsee-Erinnerungen. — Nunan i. Bol. Soc. Geogr. Madrid 1898. — Christian i. Journ. Polynes. Soc. VI. — Ders. i. Geogr. Journal XIII. — Senfft in Deutsch. Kolonialblatt 1900. — Semper, Die Palau-Inseln. — Globus 76.

---

b. Die Ladronen.

Über die Zustände auf den Ladronen liegen nur ältere Berichte vor, da hier das eigenartige Volksleben früh zerstört worden ist. Schon Anson fand auf seiner Weltreise nur noch die merkwürdigen Reihen steinerner Säulen, die früher als Unterlage der Versammlungshäuser gedient hatten und über deren Bedeutung schon damals Zweifel herrschten; übrigens wird bezeugt, dass auch die grösseren Wohnhäuser auf derartigen Steinsäulen errichtet waren, während die Hütten der Armen oft nicht mehr waren als blosse auf dem Boden stehende Wetterdächer. Manche dieser kleinen Häuser dienten auch als Herberge für Durchreisende.

Dieser letzte Zug beweist schon, dass auf den Ladronen das Männerhaus in seiner typischen Ausprägung nicht mehr vorhanden war, da sonst gerade die Eigenschaft als Herberge fremder Gäste eine der bezeichnendsten und dauerndsten ist. Vielleicht darf man annehmen, dass die grossen Häuser auf das Vorbild der Männerhäuser zurückgingen, aber sich zu Familien- oder Sippenwohnungen umgewandelt hatten, in denen wahrscheinlich ein besonderer Schlafraum für die jungen Männer vorhanden war; andere, besonders grosse Gebäude waren noch für Versammlungen und Feste bestimmt.

Die grossen Häuser hatten als Unterlage oder Gerüst, wie schon erwähnt, zwei Reihen von Säulen, die aus Stein oder richtiger aus einer Mischung von Kalk, Sand und kleinen Steinen bestanden und das tief herabhängende Dach trugen. Auf den Säulen lag ein starker Fussboden, durch den ein Loch in die oberen Räume führte, die in vier Zimmer — Speisezimmer, Schlafraum, Vorratskammer und Arbeitsstätte — eingeteilt waren; in der unteren Halle zwischen den Pfeilern hielten sich die Bewohner meist während des Tages auf. Zu einem grösseren Gehöfte gehörte in der Regel noch ein besonderes Haus für Gerätschaften und eins für Vorräte. Die Versammlungshäuser dienten oft zugleich als Aufbewahrungsorte für die Boote.

Die Entartung des ursprünglichen Männerhauses auf den Ladronen ist wohl dem Bestehen der Ulitaogesellschaft zuzuschreiben, über die an anderer Stelle genauer zu berichten sein wird; die Mitglieder dieser Gesellschaft hatten überall ihre besonderen Häuser, in denen sie mit Mädchen in freier Liebe zusammen lebten, hatten also das abgeschlossene Klubwesen an die Stelle einer ehemals allgemeinen Einrichtung gesetzt. Durch diese Einflüsse entstand eine dreifache Spaltung des ursprünglichen Brauchs: das ehemalige Männerhaus blieb als Versammlungs- und Boothaus zwar erhalten, liess aber aus sich heraus einerseits das Mehrfamilienhaus entstehen, wo nun auch die unverheirateten Männer schliefen, soweit sie dem Klub der Ulitaos nicht angehörten, und andererseits das Klubgebäude der Ulitaos, die Stätte der freien Liebe und den Mittelpunkt gewisser festlicher Veranstaltungen. Man darf wohl annehmen, dass die Häuser der Ulitaos ebenfalls auf Steinpfeilern errichtet waren.

Litt.: Rienzi, L'Oceanie I. — Waitz-Gerland, Anthropologie V. — Meinicke, Die Inseln des Stillen Oceans II. — Anson, Reise um die Welt.

---

c. Die Marschall- und Gilbert-Inseln.

Im Osten Mikronesiens ist schon eine bedeutende Verarmung und Verflachung der Gruppe von Sitten zu erkennen, die sich an die Einrichtung des Männerhauses knüpfen. Besonders auf den winzigen Koralleneilanden der Marschallgruppe scheint das der Fall zu sein, da Versammlungshäuser hier nicht erwähnt werden und nur die Küchenschuppen (bellak) mit ihrem Namen an die Bale, Bay u. s. w. anderer Gegenden erinnern.

Auf den Gilbert-Inseln ist dagegen das Gemeindehaus (Maneap) vorhanden. Die meisten Dörfer besitzen ein solches Gebäude von bedeutender Grösse, das in der Hauptsache aus einem mächtigen auf Stein- und Holzpfeilern ruhenden Dache besteht und auch mehrere Mittelpfeiler besitzt. Diese Maneap haben keine religiöse Bedeutung, sondern dienen zur Besprechung öffentlicher Angelegenheiten, für Lustbarkeiten und Tänze, ferner sind sie die Schlafstätte der Junggesellen und die Herberge fremder Besucher. Mit dem Tritonshorn werden die Männer zu Versammlungen in das Maneap berufen, wo jeder seinen bestimmten Platz einnimmt. Im ganzen handelt es sich hier also um eine recht typische Form des Männerhauses, nur kommt die ungewöhnlich freie und angesehene Stellung der Frauen dadurch zum Ausdruck, dass sie an den Festlichkeiten und Gelagen im Maneap teilnehmen dürfen.

In grösseren Dörfern giebt es auch eigene Versammlungshäuser für Frauen, wo diese und die Kinder sich besonders mit Mattenflechten beschäftigen; diese Häuser sind kleiner als die Maneaps, aber grösser als die gewöhnlichen Wohnhäuser. Letztere besitzen im Innern ein Gerüst, wodurch ein zweites Stockwerk gebildet wird, während den Maneaps diese Einrichtung fehlt.

Litt.: Finsch, Ethnologische Erfahrungen. — Meinicke, Die Inseln des Stillen Oceans II. — Wilkes, Narrat. Unit. States Explor. Exped. III.

D. Polynesien.

Die ethnologische Eigenart der polynesischen Inselflur lässt sich vielleicht kurz in die Worte fassen: Reichtum an Einzelentwicklungen, Armut im ganzen und geringe Einwirkungen von aussen her. Auf den einsamen Inselgruppen ist vortreffliche Gelegenheit, Besonderheiten bis aufs äusserste auszubilden, andere verkümmern zu lassen; das Verkümmern aber wird begünstigt durch die Armut der Natur, die am grellsten auf den kleinen Koralleneilanden hervortritt, wo das Steinreich einzig durch den rauhen Korallenfells, die Pflanzenwelt durch wenige Arten vertreten wird und abgesehen von einigen Vögeln und Meeresbewohnern die grössere warmblütige Tierwelt gänzlich fehlt. Hier muss sich alles Mannigfache und Bunte vereinfachen, alles Keimende und Sprossende in ganz bestimmten Richtungen entwickeln. An Einflüssen von aussen, die neue grosse Züge in das Bild bringen könnten, hat es bis zum Eintreffen der Europäer fast ganz gefehlt; nur die kleinen Inselkulturen haben hier häufiger, dort seltener einige ihrer Besonderheiten ausgetauscht, die doch alle auf die gleiche Wurzel zurückgehen und in gleicher Armut entstanden sind. Auch das geistige Leben, das untrennbar mit dem stofflichen verbunden ist, trägt den Stempel dieser Entwicklung, wenn auch die natürliche geistige Begabung der polynesischen Rasse hier ein Gegengewicht gegen das Verarmen gebildet und der unendliche, den seekundigen Insulanern nicht verschlossene Meereshorizont den Blick erweitert hat.

Im Gesellschaftsleben machen sich diese Verhältnisse in dem Sinne geltend, dass eine gewisse Abschwächung und Verdüsterung der ursprünglichen Zustände stattgefunden hat, aber dabei jede Inselgruppe ihre Besonderheit zeigt. Wie in Mikronesien auf den Marschall-Inseln das Männerhaus ganz verschwunden, auf dem benachbarten Gilbert-Archipel noch in ganz kenntlicher Form erhalten war, so stehen sich auch in Polynesien mancherlei Gegensätze gegenüber, die eben nur einzeln geschildert, nicht aber im ganzen charakterisiert werden können. Am häufigsten ist noch die Erscheinung, dass sich der Versammlungs- oder Tanzplatz, der in Melanesien meist nur als ein Anhängsel oder Vorhof zum Männerhaus erscheint, selbständig weiterbildet und bedeutungsvoll hervortritt; aber auch das Marae oder Malae, wie dieser Platz gewöhnlich heisst, hat wieder auf jeder Insel seine Besonderheiten und seine eigenartigen Aufgaben.

a. Samoa- und Tonga-Inseln.

Auf Samoa ist das Männerhaus noch sehr kenntlich erhalten, aber doch schon in seiner Bedeutung abgeschwächt. Die „grossen Häuser“, Faletele, stehen auf einem Grasfleck oder freien Raum, der Marae heisst; sie unterscheiden sich in ihrer Bauart wenig oder gar nicht von den eigentlichen Wohnhäusern, sind aber grösser und mit mehr Sorgfalt erbaut als diese. Als Wohnstätten der Junggesellen scheinen sie in der Regel nicht mehr zu dienen, wohl aber als Herbergen für Durchreisende, zu deren Verpflegung jede Familie des Ortes ihren Teil beizutragen hat; diese Einrichtung befördert nach Websters Zeugnis sehr die Reiselust unter den Eingebornen. Ausserdem fanden im Faletele öffentliche Verhandlungen und Vergnügungen, wohl auch gewisse religiöse Zeremonien statt.

Die Wichtigkeit des Marae tritt auf Samoa sehr deutlich hervor. Hier wurden die grossen Volksversammlungen abgehalten, bei dem die Distrikts- und Dorfhäuptlinge in Reihen geordnet sassen, und die Hauptfeste gefeiert. Bei oder auf ihnen standen auch auf erhöhten Plattformen die Faleaitu oder Geisterhäuser, die man wohl als Abzweigungen der Männerhäuser betrachten darf. In diesen Gebäuden, die ebenfalls in ihrer Form meist den gewöhnlichen Häusern glichen, wurden die Kriegsgötter aufbewahrt, und nur der Priester hatte zu ihnen Zutritt. Dass man die Kriegsgötter herkömmlich auch als Vaa Tana (Kriegsschiffe) bezeichnete, ist ein merkwürdiger Zug, der an das Aufbewahren der Kriegsboote im Männerhause erinnert, wie wir es in Mikronesien und Melanesien mehrfach kennen gelernt haben.

Wie es scheint, gab es in den meisten grösseren Orten mehrere Marae, von denen die kleineren wohl den einzelnen Familien und Sippen, das grösste dem Dorfe gehörten; das Geisterhaus stand immer auf dem Hauptmarae und wurde nebst der Plattform, auf der es stand, von allen Ortsbewohnern gemeinsam errichtet.

Die Zustände auf den Tonga-Inseln waren denen auf Samoa sehr ähnlich. Auch hier standen auf den Malaes grosse

Häuser, in denen Vergnügungen abgehalten und Gäste beherbergt wurden, die aber nicht als gewöhnliche Schlafstätten der Unverheirateten dienten. Die Scheidung zwischen Verheirateten und Unverheirateten war hier in die Wohnhäuser selbst verlegt, in denen durch Rohrwände meist ein besonderer Schlafraum für Eheleute abgegrenzt war, während die Unverheirateten im grossen Wohnraum schliefen. In den Häusern auf den Malaes wurden auch die Totenfeste abgehalten.

Es gab besondere Handwerker, die die grossen Häuser, die Tempel und die Häuptlingswohnungen bauten; die anderen Gebäude wurden von den künftigen Bewohnern selbst errichtet.

Litt.: Waitz-Gerland, Anthropologie VI. — Turner, 19 Years in Polynesia. — Mariner, Tonga-Islands. — Stair i. Journ. Polynes. Soc. III u. V. — Webster i. Nat. Geogr. Mag. 1899.

---

b. Gesellschafts-Inseln.

Wenn schon auf Tonga und Samoa der Versammlungsplatz, das Marae, an Wichtigkeit das seinen alten Aufgaben teilweise entfremdete Männerhaus überstrahlte, so ist auf Tahiti das letztere vollends in den Hintergrund gedrängt und dafür die Bedeutung des Marae noch ausserordentlich gesteigert.

Ein Männerhaus, das noch einigermassen seinem Namen entsprach, war zur Entdeckungszeit auf Tahiti überhaupt nicht mehr vorhanden; die Häuser für öffentliche Vergnügungen, deren jeder Bezirk eines besass, können höchstens als schwache Reste früherer Zustände gelten. Wie auf den Tonga-Inseln war die Trennung der Verheirateten und der Ehelosen in die Wohnhäuser selbst verlegt und hier allerdings in sehr kenntlicher Form erhalten: die verschiedenen Geschlechter und Altersklassen hatten ihre besonderen Schlafplätze im Hause. Das Bestehen der Areoi-Gesellschaft hat wohl auch dazu beigetragen, die alte Idee der Junggesellengemeinschaft zu zerstören oder durch exklusivere Formen zu ersetzen, wie das ja in Melanesien ebenfalls zu beobachten ist.

Einige wichtige Aufgaben der Männerhäuser haben, wie gesagt, die Marae übernommen, die bereits Cooks Aufmerksamkeit in hohem Masse erregten. Es waren länglich-viereckige Plätze, die von 4—6 Fuss hohen Steinmauern umschlossen waren; an dem einen Ende stand eine Pyramide, die aus Bruchsteinen und Korallenblöcken aufgemauert war. Am Fusse der Pyramide befanden sich zwei Steine mit Höhlungen, Steine der Rache genannt, zu denen sich Schutzflehende flüchteten, um vom Priester Beistand oder Rache zu begehren. Weiter befanden sich im Marae eine Anzahl in die Erde eingelassener Steine, die die Sitze der verschiedenen Familien bezeichneten und deren Recht, an den Beratungen im Marae teilzunehmen, dauernd gewährleisteten; einige kleine Häuser dienten als Wohnungen für die Priester und Wächter und zur Aufbewahrung der Götterbilder, einige Plattformen zum Niederlegen von Opfergaben.

Die Zahl der Marae war sehr bedeutend, da jeder Häuptling und jede Familie eins besass, aber sie waren nicht alle gleich wichtig und angesehen; es entschied hierbei weniger ihre Grösse, als ihr Alter und die Bedeutung der Familien, denen sie gehörten, und so richtete sich denn auch der gesellschaftliche Rang eines Mannes vor allem danach, in welchem Marae er einen Stein und Sitz besass. Gründete jemand ein neues Marae, so versetzte er einen Stein aus seinem alten in das neue, das damit als ein Ableger des ersteren gekennzeichnet wurde. Jeder Häuptling war Besitzer eines Marae, d. h. der Führer der in diesem vertretenen Familien, und sein Rang richtete sich natürlich ebenfalls vor allem nach dem Alter und der Wichtigkeit des Marae und seiner Teilhaber.

Jedes Marae galt als Tapu und durfte in seiner ganzen Ausdehnung nur von Männern und auch von diesen nicht jederzeit betreten werden; Frauen hatten höchstens bei gewissen Festlichkeiten beschränkten Zutritt. Das Marae war vor allem eine Kultusstätte, wo besonders die Menschenopfer niedergelegt wurden; als Begräbnisplatz dagegen diente es nicht, wie entgegen der Ansicht Cooks neuere Untersuchungen bewiesen haben. Grabstätten waren die Ohu, die den Marae sehr ähnlich waren und also wohl als selbständig gewordene Ableger von diesen gelten dürfen.

Wir haben in den Marae eine höchst lehrreiche Entwicklungsform des ursprünglichen Zustandes vor uns. Ausgangspunkt der eigenartigen Umbildung ist wohl der Umstand gewesen, dass früher jede Sippe als grössere Familie ihr Haus für die jungen Männer oder die Männer überhaupt besessen und dies allmählich zum Mittelpunkt des Familienkultus und der Stammesüberlieferung erhoben hat; als Besitzer des Hauses galt dann der Führer der Sippe oder des Sippenverbandes, der Häuptling. Die religiösen Bräuche, die in dem Hause stattfanden, erhöhten seine Heiligkeit dermassen, dass es schliesslich nicht mehr als profanes Wohnhaus dienen konnte, besonders nachdem der Klub der Areoi einen Teil der Aufgaben der Jünglings- und Männerverbände übernommen und deren geschlossenes Beisammensein überflüssig gemacht hatte. So verschwand schliesslich das zwecklos gewordene Haus ganz und das Marae, der mit ihm ursprünglich verbundene Versammlungsplatz, wurde seinen neuen Aufgaben entsprechend umgebildet und durch Ummauerung gegen die Aussenwelt abgeschlossen. Jede grössere und kleinere Gesellschaftsgruppe suchte und fand nunmehr ihren Halt uud Mittelpunkt in einem Marae. Diese starke Betonung der sozialen Bedeutung der Marae war auch die Ursache, dass nicht endlich den Priestern die Oberleitung dieser Kultusstätten zufiel, sondern dass immer die Häuptlinge die Besitzer der Marae und die Führer der durch sie und in ihnen vertretenen Familien blieben. Das Beispiel der Verhältnisse auf den Gesellschaftsinseln zeigt in ganz vorzüglicher Weise, wie es die aus dem Männerhause und Männerbund hervorgehenden Einrichtungen in der Hauptsache sind, auf denen sich die höheren gesellschaftlichen und politischen Verbände aufbauen.

Litt.: Ellis, Polynesian Researches. — Baessler, Neue Südseebilder. — Baessler i. Intern. Archiv f. Enthnogr. X.

---

c. Marquesas-Inseln.

Trotz recht guter und ausführlicher Berichte über die Marquesas-Inseln lässt sich gerade über das Männerhaus und seine

Ableger nicht viel Sicheres ermitteln. Im allgemeinen waren die Verhältnisse denen auf den Gesellschaftsinseln recht ähnlich. Auch auf den Marquesas gab es Maraes, hier Me'ae genannt, deren Wesen und Zweck dem der tahitischen ungefähr entsprochen haben mag, obwohl die Beschreibung eines solchen Platzes auf Hivaoa, die Bässler giebt, auch mancherlei Unterschiede erkennen lässt: „Da war noch das Chaos von Terrassen und Mauern eines früheren Me'ae: grosse Plattformen für das Volk, auf einer Seite für die Männer, auf der anderen für die Frauen, erhöhte Paepae (steinerne Plattformen) für ältere Männer, Steinsitze für Häuptlinge und ein kleiner Platz mit zwei grossen thronartigen Sitzen für die obersten Würdenträger, daneben zwei niedrigere Steine für deren Diener und ihnen gegenüber zwei ähnliche, aber kleinere Sitze; dann Plätze für die Priester, eine erhöhte Stelle, auf der die Opfer niedergelegt wurden, eine andere, wo die grosse Trommel, Pahu me'ae, stand, bei deren Schlagen das schwatzhafte Volk sofort verstummte, an der Seite das von geopferten Menschenknochen noch fast volle Loch, weiter hinten Paepae für Priesterwohnungen, und endlich ein herrlicher Aoabaum.“ Die Sitze für Frauen deuten darauf hin, dass hier das weibliche Geschlecht noch weniger entschieden ausgeschlossen war, als auf Tahiti. Der Platz mit seinen Steinbauten hat zweifellos vorwiegend Kulthandlungen gedient, aber die Anordnung der Sitze scheint doch zu beweisen, dass die Oberleitung nicht den Priestern, sondern den Häuptlingen zustand. Auf die Berücksichtigung der Altersunterschiede deuten die besonderen Plattformen für die älteren Männer.

Männerhäuser typischer Art scheinen zu fehlen, wohl aber besassen wenigstens die Vornehmeren neben ihren Wohnhäusern, in denen anscheinend keine besonderen Schlafstellen für Junggesellen vorhanden waren, noch eigene Speisehäuser, die nur für Männer bestimmt und den Frauen bei Todesstrafe verboten waren. Diese Speisehäuser dürften auf Pfählen oder Steinpfeilern errichtet gewesen sein, während die Wohngebäude auf Steinterrassen standen. Auch besondere Küchenschuppen werden daneben erwähnt. Die Speisehäuser sind ein greifbarer Ausdruck der gesellschaftlichen Zustände auf den Marquesas mit ihrer starken Betonung eines Klubwesens, das sich vorwiegend in gemeinsamen Mahlzeiten der Mitglieder bethätigte. Auf Nukahiwa sollen allerdings auch wirkliche Gemeindehäuser bestanden haben, in denen die Unverheirateten schliefen.

Auf den Me'ae scheinen häufiger als in Tahiti wirkliche Tempel gestanden zu haben, auch dass man Tote hier begraben hat, wird öfter erwähnt; die regelmässige Bestattungsart dürfte das indessen nicht gewesen sein, denn in der Regel setzte man die Vornehmen in eigenen Totenhäuschen bei, die Leute geringeren Standes in Höhlen und Klüften.

Litt.: Baessler, Neue Südseebilder. — Meinicke, Die Inseln des Stillen Oceans II.

---

d. Hawaii.

Die dritte Hauptgruppe der ostpolynesischen Inseln ist trotz der bedeutenden räumlichen Entfernung mit den beiden andern, den Gesellschaftsinseln und den Marquesas, ethnographisch nahe verwandt; auf dem Gebiete des gesellschaftlichen Lebens tritt diese Verwandtschaft vielleicht am kenntlichsten hervor, wenigstens was die einfacheren Züge betrifft. Das Klubwesen hat auf Hawaii nicht die Bedeutung wie auf den anderen Gruppen.

Ein Männerhaus im typischen Sinne fehlt auch auf Hawaii. Ganz wie auf den Marquesas schliefen die Familienmitglieder gemeinsam in demselben Hause, dagegen waren beim Speisen die Geschlechter streng getrennt: ein Gehöft bestand gewöhnlich aus dem Wohn- oder Schlafgebände und zwei Esshäusern, einem für Männer und einem für Frauen, das Ganze war von einem Zaun umschlossen. Als wirklicher Rest der Männerhäuser sind die Festhäuser (lenai) zu deuten, grosse ringsum offene Gebäude; die ausserordentliche Freude der Insulaner an Festen und Spielen trägt sehr zur Erklärung dieser Umbildung bei, die, wie schon erwähnt, auf den Gesellschaftsinseln ebenfalls stattgefunden hat.

Ein anderer Ableger des Männerhauses sind auf Hawaii gleichfalls die heiligen Plätze, hier Heiau genannt. Ein Heiau ist ein viereckiger, mit Steinen gepflasterter Raum, den eine aus Steinen oder Holz errichtete Umzäunung umgiebt; zuweilen ist er in Terrassen geteilt oder ist an einer Seite durch Stufen zugänglich. Im Innern befand sich zur Zeit, als die alten Einrichtungen noch geehrt wurden, ein Haus mit Götterbildern, in dem die Vornehmen bei gewissen grossen Festen wohnten und oft auch nach dem Tode beigesetzt wurden, ferner waren Häuser für Priester vorhanden, kleine Plattformen, die als Altäre dienten und Pyramiden aus Flechtwerk. Die Angabe, dass das Haus auf dem heiligen Platze zeitweilig noch bewohnt wurde, ist als Nachklang seines ursprünglichen Zweckes sehr bemerkenswert. Die Wichtigkeit für die Familiengeschichte und den gesellschaftlichen Rang, wie sie von den Maraes auf Tahiti berichtet wird, scheint bei den Heiaus der Hawaiier nicht so entschieden hervorgetreten zu sein.

Auf Tahiti war das Marae zugleich ein Zufluchtsort Verfolgter oder Beleidigter, die hier durch Vermittelung des Priesters die Hilfe des Häuptlings anriefen; auf Hawaii dagegen war eine Spaltung eingetreten: der Platz der Schutzflehenden (Pohonua) war nicht das Heiau selbst, sondern ein diesem sehr ähnlicher grosser, ummauerter Platz mit breiten Eingängen, der in seinem Innern ein kleineres Heiau mit Priesterwohnung enthielt. Flüchtlinge konnten hier in Kriegszeiten den Abschluss des Friedens abwarten, Verbrecher wurden durch mehrtägigen Aufenthalt straflos. Ein sehr schönes Beispiel, wie ein ein einziger fortgesponnener Ideengang endlich eine neue selbständige Einrichtung entstehen lässt!

Litt.: Meinicke, Die Inseln d. Stillen Oceans II. — Bastian, Zur Kenntnis Hawaiis.

---

e) Andere polynesische Inseln.

Die Angaben über andere Inseln, soweit deren vorliegen, mögen noch in kurzen Worten zusammengefasst werden; auch sie beleuchten die Gegensätze, in die sich bei aller ursprünglichen

Einheitlichkeit der Kultur die Polynesier infolge des isolierten Lebens gespalten hat.

Die Austral- oder Tubuai-Inseln besitzen eine Bevölkerung, die den benachbarten Gesellschafts-Insulanern in jeder Beziehung verwandt ist. Hier finden sich denn auch dieselben Marae mit dem pyramidenförmigen Aufbau an dem einen Ende, wie auf Tahiti; Männerhäuser im eigentlichen Sinne des Wortes waren wohl nicht vorhanden.

Ähnlich waren die Verhältnisse auf Tongarewa, wo ebenfalls das Marae ganz in den Vordergrund getreten war und von einem Männerhause nichts erwähnt wird. Hier diente indessen das Marae, das von aufrecht gestellten Steinen umschlossen war, regelmässig als Begräbnisplatz; im wichtigsten der vorhandenen Marae, das auf der Insel Te Paka lag, war der Sage nach Mahuta begraben, der Urahne der Tongarewa-Insulaner. Kranke wurden nach dem Marae gebracht, um hier Heilung zu finden, Tote hier einige Tage ausgestellt, dann nach ihrem Hause zurückgebracht und endlich im Marae bestattet. Infolgedessen waren diese Plätze ganz besonders Mittelpunkte des Totenkults und Heiligtümer; wer sie betrat, war tapu und musste erst entsühnt werden, ehe er mit anderen wieder verkehren konnte. Weiber und Kinder wurden nur beim Tode der nächsten Verwandten zugelassen.

Die Paumotu-Insulaner hatten einige Besonderheiten entwickelt. Malae hiessen hier die Steinterrassen vor den Häusern der Häuptlinge, die Tempel aber waren diesen Häusern ganz ähnlich und hatten ebenfalls Malae vor der Front, so namentmentlich auf Mangarewa. Gemeindehäuser, die als Herbergen dienten und in denen auch häufig die Junggesellen übernachteten, werden daneben erwähnt.

Die entlegene Osterinsel bietet ein schönes Beispiel, wie gerade bei vereinsamten Menschengruppen die einseitige Entwickelung zu grossartigen Ergebnissen führen kann, die dann, weil sie zu der übrigen niedrigen Kultur so gar nicht stimmen, leicht als Hinterlassenschaft eines ausgestorbenen höheren Kulturvolkes gedeutet werden. Auch auf anderen Inseln Ostpolynesiens sind die Steinterrassen und Pyramiden der Maraes in Anbetracht der geringen Volkszahl grossartige Bauwerke, aber nirgend sind sie so machtvoll entwickelt, wie gerade auf dem winzigen Erdbrocken der Osterinsel. Die gewaltigen steinernen Plattformen mit den riesigen Steinbildern, die sich hier finden, sind nichts anderes als Maraes, auf denen man die Bilder der Ahnen oder Götter in übermenschlichem Massstabe errichtet hat. Unter den Plattformen liegen die Grabstätten. Über das Bestehen von Männerhäusern ist nichts zuverlässiges berichtet; ob die grossen Häuser in Form umgestürzter Bote, die La Perouse bemerkte, hierher gehörten, ist zweifelhaft, aber doch sehr wahrscheinlich.

Im ganzen östlichen Polynesien also tritt das Männerhaus gegen das von ihm abgeleitete Marae stark zurück. Anders wird das Bild, sobald wir uns wieder mehr nach Westen begeben. Auf den Tokelau-Inseln besitzt jede Gemeinde ein grosses Haus, Maneabau genannt, das den Lieblingsaufenthalt der Adligen und der alten Leute bildet. Jede Familie des Adels hat hier ihren bestimmten Platz, auch Frauen, die Landbesitz haben, dürfen hier verweilen und an den öffentlichen Beratungen teilnehmen. Hier hat also die übermässige Entwickelung des Adels das Wesen des Männerhauses umgestaltet, ohne es doch ganz zu beseitigen; das Marae spielt daneben keine Rolle.

Auf Niue gab es viereckige Gemeindehäuser, die sich im Baustile nicht von den gewöhnlichen unterschieden.

Litt.: Tutuila i. Journ. Polynes. Soc. I. — Globus 50. — Thomson, Easter-Island. — P. O. Smith i. Transact. N. Zealand Inst. 1889.

f. Neuseeland und Chatham-Inseln.

Neuseeland erscheint, wenn wir es mit anderen tropischen und subtropischen Festlandsgebieten der Erde vergleichen, gewiss nicht als ein von Natur reiches Land; aber den Korallenklippen Oceaniens gegenüber bietet es seinen Bewohnern denn doch Möglichkeiten der Entwickelung, die von der tüchtigen polynesischen Rasse nicht ungenutzt bleiben konnten. Auf die gesellschaftlichen und geistigen Zustände bleibt dergleichen nie ohne Einfluss.

Was das Männerhaus betrifft, so kommt diese reichere Entwickelung vor allem darin zum Ausdruck, dass sich eine ganze Anzahl selbständiger Ableger gebildet hat; wenn sich auch schwerlich alle die zahlreichen Häuser, die besonderen Zwecken dienen, unmittelbar vom Männerhaus ableiten lassen, so doch sicher ein grosser Teil. Leider ist ein ganz klares Bild nicht zu gewinnen, was wohl in der Hauptsache auf dem Umstande beruht, dass sich in den einzelnen Gebieten der Insel örtliche Besonderheiten herausgebildet haben, deren Begrenzung mit Hilfe der vorhandenen Quellen nicht festzustellen ist.

Zunächst scheint das Gemeindehaus, das überall vorhanden war und als Herberge Fremder benutzt wurde, wenigstens stellenweise auch als Schlafraum der Junggesellen gedient zu haben. Zweifellos war das Haus oft Eigentum eines Häuptlings, ja Gemeindehaus und Häuptlingswohnung scheinen zuweilen identisch gewesen zu sein; nach Bässler war das Gebäude dagegen dem Urvater des Stammes gewidmet und gemeinsamer Besitz aller Stammesgenossen. Hamilton behauptet, dass derartige Häuser auch wohl zur Erinnerung an ein grosses Ereignis errichtet wurden. Sie hiessen Whare whakairo (geschnitztes Haus) oder Whare matoro.

Der Name Whare matoro war aber auch einem anderen Gebäude eigen, das als Abspaltung des Männerhauses gelten muss, dem Tanz- und Spielhause, wo die Jugend beiderlei Geschlechts zu fröhlicher Unterhaltung und freiem Liebesleben zusammenkam. Möglicherweise war es stellenweise zugleich das Schlafhaus der Junggesellen; es hiess auch Haus der Liebeswerbung, Haus des Vergnügens, Haus der Junggesellen. Die Bedeutung dieses Gebäudes geht recht gut aus einem Liedchen hervor, das beim Tättowieren der eben mannbar gewordenen Mädchen gesungen wurde:

Leg' dich ruhig hin, o Tochter,
Bald ist's gethan.
Damit deine Lippen gut tättowiert werden, —
's ist rasch gescheh'n.
Auf dass du besuchen magst das Haus der jungen Männer,
Und niemand sagen kann:
Woher kommt nur dies hässliche Weib,
Das sich hierher wendet?

Es wurde eben erwähnt, dass Versammlungshäuser auch als Erinnerungszeichen errichtet wurden. Als die Insassen der sagenhaften Boote, auf denen die polynesischen Einwanderer kamen, in Neuseeland ans Ufer stiegen, soll jede Bootsmannschaft ein solches Gedächtnishaus errichtet haben, von denen noch in historischer Zeit einige gezeigt wurden. Für diese Gebäude aber war eine neue Zweckbestimmung geschaffen worden, die so recht ihrem Wesen entsprach: Sie dienten als Lehrhäuser, in denen Priester die Überlieferungen, Stammbäume und Lieder der Stämme lehrten, und galten als im hohen Grade tapu. Man nannte sie Whare maire oder Whare kura (takiura).

Alle diese als Whare bezeichneten Gebäude waren länglich viereckige Häuser mit geschnitzten und bemalten Pfosten und einer Vorhalle, die dadurch entstand, dass man die Vorderwand einige Meter nach innen verschob. Auch der Name Marae kommt vor. Er bezeichnete nach den Angaben Smiths früher einen geheiligten eingefriedigten Platz, später aber nannte man die offenen Plätze in den Pas (Festungen) und die Höfe der Häuser ebenfalls so, was auf eine profanierende Rückbildung der älteren Verhältnisse deutet. Immerhin verrichtete man auch noch später auf den Maraes der Häuser gewisse mit dem Ahnenkult verbundene Bräuche, indem man namentlich die Köpfe toter Angehöriger hier gelegentlich ausstellte und beweinte, aber auch die Köpfe erschlagener Feinde hier zuweilen den Blicken aller preisgab. Es ist hierbei zu bemerken, dass in Neuseeland noch in historischer Zeit der frühere einfache Schädelkult in Schädeljagd umgeschlagen ist.

Die Abspaltung des Liebeshauses, des Lehrhauses, des Marae und stellenweise wohl auch der Häuptlingswohnung vom Männerhause, das daneben immer noch als Versammlungsgebäude, Herberge und oft auch als Schlafstätte der Junggesellen erhalten blieb, ist nicht schwer nachzuweisen; von anderen Gebäuden ist das zweifelhafter, doch mögen sie immerhin erwähnt werden. In den Pas waren die einzigen Bauwerke, die sich an Grösse mit den Versammlungsgebäuden messen konnten, die oft mit prachtvollen Schnitzereien verzierten Vorratshäuser; Crozet nennt ausser ihnen noch ein Waffenhaus und ein Haus für Fischnetze und überhaupt Fischereigeräte, wo anscheinend auch Netze gefertigt wurden. Ferner gab es Küchenschuppen und Boothäuser, in denen manchmal ganze Familien mit wohnten. Beim Tuhoe-Stamm fand Best ausser dem heiligen Unterrichtshaus und dem Liebeshaus noch das Whare mata, das Tam, dem Gott der Wälder, gewidmet war, wo man Vogelfallen u. dgl. fertigte und Riten vollzog, die eine glückliche Vogeljagd herbeiführen sollten, ferner das Whare pora, wo das Weben gelehrt wurde, das Whare potae oder Whare tama, das Haus der Trauer, und endlich das Haus des Krieges, also wohl das Arsenal. Ein Versammlungshaus im eigentlichen Sinne erwähnt er nicht, sodass man vielleicht annehmen kann, dass es neben dem Unterrichts- und Liebeshaus als überflüssig bereits verschwunden war.

Die Moriori auf den Chatham-Inseln, die eine wenig veränderte, nur in der Kultur verarmte Abzweigung der Maori Neuseelands bilden, besassen ebenfalls Versammlungshäuser mit Schnitzereien; sie waren denen der Maori ganz ähnlich und mit Satteldach und Vorhalle versehen.

Litt.: Hamilton, Maori Art. — Robley, Moko. — Transact. and Proceed. of the New Zealand Institute 1874, 1876, 1881, 1889, 1898. — Tregear i. Journ. Anthrop. Inst. 19. — Journal of the Polynes. Soc. V. VI. — Polack, Manners and Customs of the New Zealanders.

E. Indonesien.

Ein Gewirr von Übergangs- und Kümmerformen, neben denen aber immer wieder die einfachen Grundverhältnisse hervortreten, findet sich auch in dem zweiten, der oceanischen Inselflur zunächst benachbarten grossen Inselgebiet, das die Einrichtung des Männerhauses vielfach bewahrt hat, in Indonesien. Es fehlt nicht an Einflüssen, die den alten Brauch zerstören möchten: Weder die älteren Beziehungen der westlichen Inseln zum Hinduismus, noch die Wanderungen der Malaien im engeren Sinne, noch endlich das Vordringen des Islams im Sundaarchipel und des Christentums auf den Philippinen sind ihm günstig gewesen. Aber die Inseln sind in einem Sinne dem Hochgebirge verwandt: Man kann sie als Schutz- und Zufluchtsstätten bezeichnen, in denen sich mit allerlei Völkertrümmern auch die Reste altertümlicher Bräuche und Zustände am längsten erhalten; der Sturm der Wanderzüge und Kultureinflüsse kann hier nicht so rücksichtslos das Überlebte zerstäuben und verwehen, wie auf den weiten Ebenen der grossen Festlandsmassen. Meist werden wohl die Küstengebiete der grössern Inseln überflutet und umgestaltet, aber ins Innere dringen neue Völker und Sitten nur langsam vor, und manche vereinsamt liegende, schwer zugängliche Insel, manche von den Verkehrs- und Wanderstrassen abgekehrte Küste bleibt wohl auch lange ganz ungestört.

Es ist in diesem Sinne sehr lehrreich, Indonesien mit Neuguinea und dem übrigen Melanesien zu vergleichen. In Melanesien beherrscht die Kultur- und Völkerwelt, der das Männerhaus in seiner typischen Form angehört, noch ganz ungestört die Küsten, während sich im Innern, besonders auf Neuguinea, Reste einer älteren und primitiveren Kultur finden, die ein eigentliches Männerhaus nicht kennt und also mit der australischen in der Hauptsache zusammenfällt. In Indonesien dagegen, wo z. B. die Negritos der Philippinen auch noch Reste dieser „australischen“ Gesittungsstufe zu vertreten scheinen, ist die Männerhauskultur, die man in diesem Gebiete vielleicht als die altmalaiische bezeichnen könnte, ebenfalls schon in das Innere verdrängt, ja auf Java, dem Mittel- und Kreuzungspunkt aller fremden Einflüsse, bereits ganz verschwunden. Natürlich ist auch bei dieser altmalaiischen Kultur von Gleichförmigkeit keine Rede, vielmehr ist, von äusseren Einflüssen ganz abgesehen, die Zahl der örtlichen Eigentümlichkeiten ungemein gross; während sich z. B. im Innern Sumatras und des im ethnologischen Sinne zu Indonesien gehörenden Formosa das Männerhaus in kenntlichster Form erhalten hat, ist es auf Borneo durch die Entwicklung des Mehrfamilienhauses stark zurückgedrängt oder umgestaltet worden. Aber selbst auf einer und derselben Insel sind grosse Verschiedenheiten möglich, wie das Beispiel Sumatras besonders deutlich erkennen lässt.

a. Sumatra.

Die ältere Kulturschicht wird in Sumatra durch die Battak vertreten, die das nördliche Hochland im Innern bewohnen. Von einem unberührten Zustande der Gesittung ist allerdings nicht die Rede, was allein schon durch die Reste hinduistischen Einflusses zur Genüge bewiesen wird, aber in ihrem Kerne hat doch die batakkische Kultur einen ursprünglichen, frischen Charakter im Vergleich mit den Verhältnissen an den islamitisch beeinflussten Küsten.

Freilich kann man nur im allgemeinen von einer Battak-Kultur reden. Das Volk hat nie eine politische Einheit gebildet, nie ein ausgeprägtes gemeinsames Stammesbewusstsein besessen. Die Folge seiner Zersplitterung tritt, wie immer und überall, in dem Entstehen zahlreicher örtlicher Besonderheiten zu Tage. Ein vollständiges Bild dieser Sonderkulturen zu geben ist unmöglich, aber in wie hohem Masse sie vorhanden sind, kann gerade ein Blick auf die Einrichtung des Männerhauses lehren, dessen Name und Art in den verschiedenen Bezirken ganz auffallend wechseln. Mit Hilfe der vorhandenen Litteratur lässt sich wenigstens eine Anzahl dieser Besonderheiten feststellen, während von einer genauen Abgrenzung keine Rede sein kann. Aber rein ethnographischen Zielen soll ja auch, wie ich immer wieder hervorheben möchte, die vorliegende Zusammenstellung gar nicht dienen.

Bei den meisten Karo- und den nördlichen Tobabattak heisst das Männerhaus Bale (Balei). Es dient als Nachtquartier der jungen Leute und der Fremden, als Beratungshaus der Männer und überhaupt als Sammelpunkt aller beim Feldbau nicht beschäftigten männlichen Bewohner, die hier ihre Spiele treiben oder kleinere gewerbliche Arbeiten verrichten. Diese Bales sind äusserlich den gewöhnlichen batakkischen Häusern sehr ähnlich, nur dass der Hauptraum keine Seitenwände besitzt, — ein immer wiederkehrender Zug! Malereien und Schnitzwerk sind oft im reichsten Masse angebracht. Westenberg sah z. B. einen Pfahl mit phallischem Schnitzwerk in der Mitte eines Balei, an den zugleich die batakkischen Gesetze angeschrieben waren. In den Boden des Versammlungsraums ist meist ein Schachbrett eingeschnitten, das fleissig benutzt wird.

Bei den südöstlichen Karo fand B. Hagen den Namen Balebale für das Männerhaus gebräuchlich; es scheint hier nicht überall mehr seine alte Bedeutung zu bewahren. Das Haus in Nagasaribu, das ihm als Herberge angewiesen wurde, war kaum bewohnbar, da man die Bretter des Fussbodens weggeschleppt hatte und Seitenwände überhaupt nicht vorhanden waren; von den Ortsbewohnern wurde es anscheinend überhaupt nicht benutzt, abgesehen davon, dass die Männer es als — Pissoir verwendeten. Unter dem Dachfirst stand ausserdem ein Topf mit Zaubermitteln. Anderswo hängt man auch Schädel in ganzen Bündeln im Bale auf.

Vielfach scheint jede Ansiedlung nur ein Bale zu haben, aber das ist nicht überall der Fall: Der vielleicht ältere und ursprünglichere Zustand, dass jede grössere Familie oder Sippe ihr Junggesellenhaus für sich hat, lässt sich bei einem Teil der Karobattak nachweisen. Volz erwähnt neben den Wohngebäuden der Familien zahlreiche kleine Häuser, deren Plattform als Aufenthalt für die Männer diente, während der Dachraum als Reisspeicher benutzt wurde; grössere Junggesellenhäuser waren nicht vorhanden, dagegen gab es Färbehäuser, die den kleinen Männerhäusern ganz ähnlich waren, in denen aber nur Frauen arbeiteten. Westlich vom Tobasee fand derselbe Reisende abermals andere Verhältnisse: Die kleinen Männerheime fehlten hier ganz, die Versammlungen der Männer fanden, der Unsicherheit des Landes entsprechend, auf steinernen Plattformen statt, die ausserhalb der Dorfmauer lagen und zugleich als Beobachtungsplätze dienten; im Innern des Dorfes lag ein Haus für fremde Gäste, offenbar das alte Männerhaus, das nur infolge der besonderen Umstände einem Teile seiner ursprünglichen Aufgaben nicht mehr diente.

Aus dem Gebiete, wo das Bale verbreitet ist, erwähnt Westenberg kleine wandlose Häuser, die nur zum Aufenthalt während des Tages dienen und Sapu genannt werden. In dem Worte Sapu klingt schon die Bezeichnung Sopo an, die besonders im südlichen Tobalande für das Männerhaus üblich ist. Nach den Angaben Modiglianis ist das Sopo das Gemeindehaus und zugleich das Schatzhaus des Häuptlings und die Herberge der Fremden; es hat keine Seitenwände, damit man, wie der italienische Forscher annimmt, die darin wohnenden Fremden besser beobachten kann. Als Aufbewahrungsort der Schätze dient wahrscheinlich der mächtige Dachraum. An den im Sopo stattfindenden Ratsversammlungen dürfen nur Verheiratete teilnehmen, die Junggesellen sind also dann einmal ganz aus ihrem Hause verdrängt, das sie jedoch während der Nacht meist als Schlafstelle benutzen. Hier erhalten sie wohl auch Besuch von jungen Mädchen, die im übrigen gruppenweise unter der Aufsicht alter Wittwen schlafen, wohl in den Wohnhäusern der letzteren. Am Tage ist das Sopo den Frauen ohne weiteres zugänglich, die hier gern ihre Webearbeit verrichten und sich von den Männern Geschichten erzählen lassen.

In einem Teile des Battaklandes müssen die Sopos in den Dörfern verhältnismässig zahlreich sein, ja nach einer Schilderung A. Schreibers, der leider die Örtlichkeit nicht genauer bezeichnet, scheint stellenweise zu jedem Wohnhause ein Sopo zu gehören, und zwar sind die Gebäude an der langen Dorfstrasse so angeordnet, dass auf der einen Seite sämtliche Wohnhäuser, auf der anderen die dazu gehörigen Sopos liegen. Die Sopos sind den Wohngebäuden ganz ähnlich und wie diese auf Pfählen errichtet. „Das Auffälligste an diesen Häusern (den Sopos) ist, dass sie gar keine Umwandung haben. Steigt man die Leiter hinauf, so kommt man an einen Fussboden, auf dem in der Mitte eine Feuerstelle und rechts und links Sitz- und Ruhebänke angebracht sind, auch vielleicht noch rings am Rande eine Art Geländer, sonst aber ist der ganze Raum nach allen Seiten hin offen, nur nach oben durch das rings überstehende Dach geschützt. Der ganze innere Dachraum ist durch einen Bretterboden abgetrennt und dient als Reisspeicher, zu dem nur eine kleine Thür den Zugang bildet, und der gegen die gefrässigen Ratten häufig durch grosse flache Holzscheiben gesichert ist, die oben an der Spitze aller das Dach tragenden Säulen angebracht sind und den Ratten und Mäusen den Zugang verwehren. Der untere freie Raum dieser Sopos dient dagegen gar mancherlei Zwecken. Hier kehrt der Fremdling und der Gast ein, wenn er ins Dorf kommt, hier sitzen die Männer, sei es am Morgen oder am Abend, in traulichem Gespräch und bei einer selbstgedrehten Zigarre des Rufs ihrer Frauen gegenwärtig, die sie ins Haus und zum Essen einladen, hier wird Recht gesprochen und überhaupt eine jede öffentliche Angelegenheit verhandelt, hier sitzen in den stillen Stunden über Tag häufig Frauen oder Jungfrauen, um auf ihrem höchst primitiven Webstuhl mit bewunderungswürdiger Geduld ihre schönen, mit sinnreichen Mustern versehenen Kleider zu weben, und hier schlafen nachts die Fremdlinge, Witwer und noch unverheirateten jungen Männer."

Im Nordosten der Battakländer findet sich noch ein dritter merkwürdiger Name für das Männerhaus, Djambur, in dem wir wohl das melanesische Tambu zu begrüssen haben. Nach Westenbergs Angaben sind die Djamburs echte Männer- und Fremdenhäuser, die nur selten von Frauen betreten werden; die Seitenwände fehlen diesen Gebäuden ebenfalls. Früher dienten sie oft zugleich als Citadellen der Dörfer und lagen in der Nähe des Thores. In der Landschaft Si Pitu Kuta findet sich auch wieder die Eigentümlichkeit, dass jedes Dosf mehrere Djamburs besitzt, die in der Regel zugleich als Reisscheuern benutzt werden. Junggesellen und Fremde schlafen hier, doch haben sie auch oft ihren Schlafraum über den Pferdeställen, die an jedem Hause angebaut sind.

Im allgemeinen kann man sagen, dass bei den Battaks das Männerhaus noch in ganz typischer Gestalt erhalten ist, obwohl sich schon allerlei Ansätze zu Ausartungen und Umbildungen (Schatzhaus, Reisscheuer) und zu Spaltungen zeigen. Zwei Stadien der Entwicklung, das Junggesellenhaus für jede einzelne Familie und das gemeinsame Haus aller männlichen Dorfbewohner, finden sich noch in den verschiedenen Teilen des Landes nebeneinander.

Auch im übrigen Sumatra ist das Männerhaus vielfach noch zu finden, nur dass es meist wesentliche Charakterzüge eingebüsst hat; es ist in der Regel nur noch das Gemeindehaus, in dem Recht gesprochen und zuweilen ein Fest gefeiert wird, oft auch Herberge für Gäste. Der Name Bale-bale scheint im Unterlande von Sumatra weit verbreitet zu sein; bei den

Redjangs heisst das Gemeindehaus Balei. Zu Gross-Mandeling im südlichen Sumatra heissen noch nach Heytings Angabe die Reisscheuern Sopo, die Beratungshalle vor dem Häuptlingshaus aber, die auf allen Seiten offen war, wurde Sopo-godang genannt.

Litt.: Hagen i. Tijdschr. v. T. L. V. Ned. Indie 31. — Westenberg i. Tijdschr. Nederl. Aardr. Genootsch. 1897. — Heyting ebenda 1897. — Volz ebenda 1899. — v. Hügel i. Geogr. Journal 1896. —Ködding i. Globus 53. — Schreiber i. Ausland 1882 u. 83. — Müller, Beschreibung einer Battak-Sammlung. — Modigliani, Fra i Batacchi indipendenti. — v. Brenner, Besuch b. d. Kannibalen Sumatras. — Selenka, Sonnige Welten. — Globus 89.

---

b. Borneo.

Wenn das Innere Sumatras noch das Männerhaus in seiner ganzen Eigenart und Bedeutung zeigte, so ist Borneo der klassische Schauplatz einer grossen Umbildung des alten Zustandes gewesen. Das Männerhaus ist hier, von geringen Resten abgesehen, mit den Familienwohnungen zum riesigen Langhaus verschmolzen, das nun die Eigentümlichkeiten seiner beiden Grundformen teils verbunden, teils gegenseitig aufgehoben hat. In Neuguinea haben wir bereits derartige Uebergänge kennen gelernt, mächtige Männerhäuser, an die die kleinen Familienhäuser angeklebt waren, so dass es nur noch eines Schrittes bedurfte, um alles unter einem Dache zu vereinigen, das zugleich das Männerhaus als Haupthalle und die Familienwohnungen als Seitenzimmer umfasste. Vollständig durchgeführt ist übrigens auf Borneo die Umwandlung durchaus nicht überall: bei manchen Stämmen ist das Männerhaus noch ganz in seiner echten Art erhalten, bei manchen anderen hat es wenigstens einen Rest seiner Eigenart bewahrt.

Die dayakischen Langhäuser, von denen oft ein einziges einer ganzen Dorfgemeinde als Wohnung dient, sind Pfahlbauten, die bis zu 150 m Länge, aber höchstens 10 m Breite haben. Sie bestehen aus einer langen Reihe von Einzelwohnungen, die in der Regel auf der einen Langseite des Gebäudes durch eine durchgehende Halle mit Verandah, auf die alle Thüren der Familienzimmer ausmünden, verbunden sind. Diese Halle ist gewissermassen der Rest des Männerhauses, und sie dient in der That oft als Schlafstätte der Junggesellen; meist ist die Halle, die gewissermassen die Hauptaxe des Hauses bildet, noch durch eine Längswand von der äusseren Verandah getrennt. Stellenweise, wie bei den Modangs, sind die Pfahlbauten zweistöckig, d. h. überhalb des eigentlichen Wohnhauses liegt eine Plattform, die dann meist als Aufenthalt der Männer, zu Ratsversammlungen u. dgl. dient. Wo eine besondere Männerhalle vorhanden ist, werden in ihr gern die Schädel der erschlagenen Feinde und die Waffen der Krieger aufgehängt, ferner dient sie als Wachtstube und als Herberge der Fremden und endlich auch als Küchenraum, in dem Herde für die verschiedenen Familien reihenweise angebracht sind.

Aber in manchen Gegenden hat man auf das selbständige Männerhaus nicht verzichten wollen; nachdem es durch das Verschmelzen mit den Familienhäusern seinen Charakter zum Teil verloren hatte, hat man es einfach neben dem Langhaus neu errichtet. Achteckige Wacht- und Junggesellenhäuser mit hohem spitzem Dach, die also etwas an die Bauwerke der Humboldt-Bai erinnern, standen am oberen Sekayam stets in der Nähe der grossen Langhäuser; in ihnen schliefen die Unverheirateten, wurden Fremde beherbergt und erbeutete Köpfe geräuchert. Diese Gebäude, Pantjar, Pangar, Pangah Ramin oder bei den Modang-Dajak Petee genannt, scheinen bei den Gebirgsstämmen Nordborneos sehr verbreitet zu sein; sie sind öfter als „Schädelhäuser“ bezeichnet worden, weil in ihnen die Ergebnisse der häufigen Schädeljagden aufgespeichert werden, aber ihr Hauptzweck ist doch der, als Schlafstätte der Junggesellen zu dienen. In der Mitte des Raumes ist stets der Feuerplatz. Neben runden und achteckigen Pfahlhäusern dieser Art kommen auch vereinzelt viereckige vor. Seitenwände sind, wie ausdrücklich erwähnt sein mag, stets vorhanden; dagegen sind meist in dem tief herabhängenden Dach Klappfenster angebracht. Die von Ling Roth gesammelten zahlreichen Angaben über diese Schädelhäuser beweisen, dass auch hier nicht nur in der Form, sondern auch in der Grösse, der Bedeutung und Beliebtheit dieser Gebäude recht beträchtliche örtliche Unterschiede vorhanden sind.

Am Kahaijan - Fluss giebt es nach Schwaner neben den Langhäusern grosse, aber äusserst einfache Gebäude, Balai genannt, die als Versammlungsorte der Dorfbewohner, als Festhäuser und als Herberge der Fremden dienen; der Name erinnert unverkennbar an den des Männerhauses bei einem Teil der Battak. Der Kampong Tampang bestand z. B. aus einem riesigen Langhaus und zwei Balais, neben deren jedem sich eine kleine Schmiede befand. Perelaer bestätigt, dass im Innern die meisten Dörfer Balais besitzen, die als Rathäuser und Herbergen, anscheinend aber nicht als Schlafstellen männlicher Dorfbewohner dienen. Nach seiner Angabe sind es jedoch weiter nichts als kleine Schuppen, die stets in der Nähe des Landungsplatzes der Boote liegen. Die geringe Wichtigkeit dieser entarteten Männerhäuser kommt also auch äusserlich schon zum Ausdruck.

Litt.: Ling Roth, The Natives of Sarawak. — Perelaer, Ethnogr. Beschrijv. der Dajaks. — Bock, Unter den Kannibalen auf Borneo. — Tromp i. Bijdr. T. L. V. Ned. Indie 1888. — Hein, Die bildenden Künste b. d. Dayaks. — Spencer St. John, Life in the Forests of the Far East. — Collingwood, Rambles of a Naturalist.

---

c. Celebes.

Auf Celebes ist bei den Alfurenstämmen, die hier die ältere Bevölkerungs- und Kulturschicht vertreten, das Männerhaus noch als feste Einrichtung erhalten, nur dass es in einem sehr wichtigen Sinne bereits entartet ist: es scheint nirgends mehr als Schlafstätte der Junggesellen, wohl aber als Herberge der Fremden zu dienen. Der Name für das Gemeindehaus, wie es deshalb wohl am richtigsten bezeichnet wird, ist bei den Alfuren Lobo.

Von den Lobos des Toradja-Landes im mittleren Celebes, die als Versammlungshäuser bei Festen und Beratungen und als

Unterkunft für Reisende benutzt werden, entwirft Sarasin folgende Schilderung: „Von den gewöhnlichen Häusern unterscheidet sich der Lobo sofort durch seinen Giebelschmuck, welcher aus zwei langen, flügelartig in die Luft ragenden Planken von etwa einem Fuss Breite besteht. Diese Planken sind in bizarrer Weise durchbrochen gearbeitet und enden stets in eine einer vielzinkigen Gabel vergleichbare Figur. Zwischen den beiden seitlich hinausragenden Planken war hier ein nach vorn schauender, aus Holz geschnitzter Pferdekopf angebracht. Das Innere des Hauses, zu welchem eine häufig ornamentierte Treppe hinaufführt, besteht aus einem einzigen Raum, welcher ringsum Schlaf- und Feuerstätten für Reisende aufweist. Der durch die Mitte des Raumes in etwas über Manneshöhe ziehende Längsbalken ist auf seiner Unterseite stets mit rohen Skulpturen bedeckt, unter denen Krokodile mit Menschen im Rachen niemals fehlen. Von der Mitte dieses Längsbalkens geht eine Säule nach oben zum Dach, welches gleichfalls immer Ornamente aufweist; hier war sie durchbrochen gearbeitet und mit Rot und Schwarz bemalt. Auf dem Fussboden des Raumes findet sich in der Mitte der sogenannte Nabel des Hauses, eine in Holz geschnitzte schüsselartige Delle, von büffelhornartigen Figuren umgeben. In diese Delle wird bei festlichen Anlässen der erbeutete feindliche Kopf hineingelegt. Zwei Schädel hingen im Lobo von Manangalu an der Decke. In keinem Lobo fehlen grosse, zuweilen bis meterhohe Trommeln, aus Baumstämmen gearbeitet und mit Büffel- oder Schweinefell, seltener mit der bunten Haut des Python überspannt. An den Seitenwänden finden sich aus Holz sehr roh geschnitzte Büffelköpfe angebracht, zum Aufhängen von Gegenständen; auch echte Büffelhörner fehlen als Dekoration selten. Der ganze bizarre Stil, in welchem diese Lobos gehalten sind, erinnert einigermassen an den Geschmack amerikanischer Indianer." Richtiger wäre es wohl, an den Geschmack und den Kunststil der Melanesier zu erinnern, in deren Männerhäusern Krokodile oder Haifische mit Menschen im Rachen eine der häufigsten Verzierungen sind.

Die Lobos der Posso-Alfuren sind nach den Angaben Kruijts und von Hoëvells den eben geschilderten ganz ähnlich. Die

Schnitzereien von Krokodilen, Schweinen, Hunden u. s. w. hält von Hoëvell für totemistische Symbole, doch scheint er für diese Vermutung keine entscheidenden Gründe zu haben. Den „Nabel" erwähnt auch er mit der ergänzenden Bemerkung, dass bei Ratsversammlungen nach einem gefassten Beschluss mit einem Stück Holz unter betäubendem Geschrei der Anwesenden darauf gestampft wird. Die Trommeln dienen in Kriegszeiten, um Signale zu geben, auch ruft ihr Schall die Männer zur Ratsversammlung; bei den grossen Festlichkeiten locken sie die Geister herbei. Solche Feste finden stets nach einer erfolgreichen Kopfjagd im Lobo statt, ausserdem aber wird hier alljährlich ein grosses Fest (montjojo) abgehalten, das in der Hauptsache den Zweck hat, die Geister günstig zu stimmen und Krankheiten vom Dorfe fernzuhalten.

Merkwürdig ist die Angabe Kruijts, dass derartige Seelenfeste auch zuweilen in der Dorfschmiede (kolowo) gefeiert werden; das erinnert an die Thatsache, dass stellenweise die Schmiede einen Rest der Aufgaben des Männerhauses übernimmt, wie besonders im alten Griechenland. Auch beim Erntefest werden kleine Schmieden als eine Art Heiligtümer in den Feldern errichtet.

Litt.: P. u. F. Sarasin i. Zschr. d. Ges. f. Erdk. Berlin 30. — Kruijt i. Mitt. Geogr. Ges. Jena 12, 15, 16, 17. — Baron v. Hoëvell i. Tijdschr. Indische T. L. Vk. 35.

---

d. Die Molukken.

Im allgemeinen scheinen die Zustände bei den nicht islamisierten Stämmen der Molukken ähnlich zu sein wie bei denen im Innern von Celebes, nur dass, der insularen Zersplitterung entsprechend, die örtlichen Unterschiede stärker hervortreten und eine grössere Neigung zur Differenzierung vorhanden ist, wenigstens so weit es sich um das Männerhaus handelt.

In den Dörfern der Alfuren von Halmahera findet sich nach der Angabe Campens stets im Mittelpunkt die Saboea, eine Art von Rathaus, das als allgemeiner Versammlungsort und zu Festen und Mahlzeiten dient. Diese Gebäude, die von der ganzen Gemeinde gebaut und unterhalten werden, sind meist mit grosser Sorgfalt errichtet und mit Schnitzereien, besonders Bildern von Menschen, Krokodilen, Vögeln, Schlangen und Schildkröten reich verziert. Aus der Abbildung, die Campen giebt, ist zu ersehen, dass die Saboea in der Hauptsache aus einem auf zahlreichen Pfeilern ruhenden Dache besteht und keine Seitenwände besitzt. Im Innern des länglich-viereckigen Hauses befinden sich Sitze für die Vornehmen und das Volk, und zwar hat jeder Einwohner entsprechend der Lage seines Hauses seinen bestimmten Platz. In der Mitte ist ein Gestell oder ein Geistertisch errichtet, auf den die Opfergaben niedergelegt werden; zuweilen aber dient die Saboea nicht als Wohnung der Geister, für die man dann besondere kleine Häuser erbaut. Die Erneuerung einer baufällig gewordenen Saboea giebt stets Anlass zu einem grossen Fest.

Nach Bastian finden sich in den Dörfern Sahoes vier Saboewah, eine für gemeinsame Mahlzeiten (wohl nur der Männer), eine für die Männergeister, eine für die Weibergeister und eine für den Wahrsagerschlaf; das wäre also eine bedeutende Differenzierung des Männerhauses. In Tabello heisst der Dorftempel Halu, in Gelela das Geisterhaus Goma-matahu. Anscheinend sind zahlreiche örtliche Unterschiede vorhanden, die leider aus der verworrenen Darstellung Bastians nicht klar hervorgehen. Van Dijken berichtet, dass in den meisten Dörfern der Landschaft Tobaru auf Halmahera zwei „Tempel“ stehen, einer für die Männer und einer für die Frauen; diese Gebäude verdienten indessen kaum den Namen Tempel, denn es seien eben nur Räumlichkeiten, in denen man gemeinsam esse, spiele und Feste feiere. In Galela haben die Frauen zu den „Tempeln“ keinen Zutritt; hier giebt man auch, ausser in Kriegszeiten, keine Mahlzeit und kein Fest im Tempel, während in Tobaru keine festliche Zusammenkunft ausserhalb des Tempels denkbar wäre. Ein sehr lehrreiches Beispiel, wie das Männerhaus neue Ableger treiben kann, erzählt van Dijken bei dieser Gelegenheit. In Tobaru darf im grossen Tempel auf Befehl der Fürstin, die wohl unter islamitischem Einfluss steht, kein Schweinefleisch mehr gegessen werden; daraufhin hat man daneben noch ein kleines Speisehaus für Liebhaber des Schweinefleisches errichtet.

Auf Ceram haben sich insofern eigenartige Zustände entwickelt, als hier das Klubwesen, allerdings in einer ungewöhnlichen Form, das Dasein der Alfuren beherrscht. Das Gemeindehaus, hier Baleuw genannt, ist der Mittelpunkt der Klubgebräuche, was allerdings nicht viel heissen will, da die ganze männliche Bevölkerung zum Klub zu gehören pflegt; immerhin wird hier der geheimnisvolle Charakter des Gebäudes stärker betont als anderwärts. Nach der Schilderung Prochniks ist das Baleuw eine offene Halle auf Pfählen und mit Palmblättern gedeckt; ein Teil des Innern ist durch Palmblättergeflechte in einen geschlossenen Raum verwandelt, wo die geheimen Sitzungen und Bräuche der Bundeshäupter stattfinden, während sich das Volk in dem grösseren offenen Teil des Gebäudes aufhält. Im Innern des Daches werden die Schädel und andere Knochen erschlagener Feinde angebracht. Vor dem Hause liegt ein schwarzer Stein, den zu betreten verboten ist.

Nach alledem scheint es, dass das Männerhaus auf den Molukken nirgends mehr als Schlafraum der Junggesellen, vielleicht nicht einmal als Herberge für Fremde dient, wohl aber noch häufig als Fest- und Speisehaus. Die starke Betonung der religiösen und mystischen Seite scheint in der Hauptsache der Grund dieser Umbildung zu sein; wo der Islam eindringt, ist die Einrichtung vollends ganz im Verfall.

Litt.: Bastian, Die Molukken. — Prochnik i. Mitt. Geogr. Ges. Wien 1892. — van Dijken i. Mitt. Geogr. Ges. Jena II. — Campen, Mededel. Alfoeren v. Hale-ma-Hera.

---

e. Die übrigen Sunda-Inseln.

Die geringsten Spuren des Männerhauses wird man auf den Inseln erwarten dürfen, die am gründlichsten von äusseren Kultureinflüssen durchsetzt sind, so vor allem auf Java, das erst die hinduistische, dann die islamitische und zuletzt bis zu einem gewissen Grade auch die europäische Kultur in sich aufgenommen hat und selbst von chinesischen Einwirkungen nicht ganz unberührt geblieben ist. Immerhin besitzt wenigstens das Volk der Badoejs in Westjava noch öffentliche Gebäude, Balé genannt, die zu Versammlungen, Gottesdienst und Festmahlzeiten dienen; auch Gerichtsverhandlungen werden hier abgehalten. Es sind einfache Pfahlbauten mit doppeltem Eingang an der Vorderseite. Das Bergvolk der Tenggeresen hat dagegen nach der Angabe Kohlbrugges Langhäuser, die denen der Dayak ähnlich sind; die Familien schlafen in besonderen Zimmern, Kinder und Fremde im Hauptraum.

Gemeindehäuser finden sich auch auf Flores und Timor. Das Ruma pomali der Bewohner von Flores liegt auf einem ummauerten Platze, wo die Krieger zu beraten pflegen; das mit Skulpturen geschmückte Haus, in dessen Innerem sich grosse Trommeln befinden, ist zugleich die Herberge der Fremden. Nach Jakobsen heissen die Gebäude Romaluli, sind mit Idolen gefüllt und dürfen wenigstens von Europäern nicht betreten werden; auf Timor werden die ihnen entsprechenden Oma-luli selbst von Eingeborenen nur in Begleitung des Priesters besucht.

Auf Letti besuchte Jakobsen ebenfalls ein Roma-luli, das hier auch Roma-sursurde genannt wurde, ein Haus ohne Seitenwände, aber mit einer Galerie, auf der Ahnenbilder aufgestellt waren; neben ihm befand sich der Platz, auf dem man das Purkafest zu feiern pflegte. Ein anderes Roma-luli war reich mit Malereien und Schnitzwerk verziert und enthielt ebenfalls viele Ahnenbilder und andere Kultusgerätschaften. Die Bewohner der benachbarten Insel Luang nennen das heilige Haus Ruma-riësre.

Sehr bemerkenswert sind die Angaben Jakobsen's über das Gemeindehaus von Larat bei Timor-Laut. In der Nähe des Hauses, das Jakobsen zunächst für die Dorfschänke hielt, steht ein hölzernes Götterbild (Obila-Lingat), an das man Tags über die mit Palmwein gefüllten Bambusgefässe hängt, deren Inhalt Abends verzapft werden soll. „Allmählich kommen die Mannen mit sicherm Schritt zum Raten und Thaten hereingeschritten, heben säuberlich ihren nunmehr vom Obila-Lingat geweihten Trank ab und verzehren das mitgebrachte Abendbrot, falls es ihnen nicht etwa die Frau Gemahlin nachbringt. Einer nach dem andern tritt durch die Thür am Vordergiebel und nimmt Platz auf einem der beiden Holzgestelle, die durch einen Gang getrennt an den Wänden entlang laufen und mit einer fortlaufenden Lehne versehen sind. . . . Ich habe das Haus eine Dorfschänke genannt; es dient wohl auch als Gemeindehaus, beherbergt zuweilen Fremde, und hin und wieder hält sich in ihm ein Mann auf, der sein Schnitzmesser an den Verzierungen eines Gegenstandes versucht. . . . Überhaupt halten sich die arbeitenden Männer gern in der Nähe des Gemeindehauses auf. . . . Wohl kein männlicher Dorfbewohner schliesst sich von den allabendlichen, lärmenden Trinkgelagen aus, und die alten erfahrenen Zecher scheinen dabei die Natur von Schwämmen anzunehmen. Es wird unmässig getrunken. Drei bis vier Liter sind keine hervorragende Leistung, und bis zehn Uhr dauert das Schoppenstechen bei Gesang und den melancholischen Tönen der einfachen Flöten.“ Hier ist also das Männerhaus statt zur unheimlichen Geisterwohnung einmal so recht zur fröhlichen Kneipe geworden, während es seine alte Haupteigenschaft, als Schlafraum der Junggesellen zu dienen, auch hier eingebüsst hat.

Auf den Kei-Inseln fand Planten in den meisten Dörfern ein Versammlungshaus, Rumah kompani (!) genannt; es war Eigentum der Gemeinde, ebenso wie das Haus, worin die neu zu erbauenden Boote auf Stapel gelegt wurden. In vielen Dörfern fanden sich ausserdem „Theehäuser“, in denen Fremde unentgeltlich verpflegt wurden.

Wenn somit auf den meisten Inseln des südöstlichen Archipels kenntliche Reste des Männerhauses vorhanden sind, so fehlt es auch auf den westlicher gelegenen kleinen Inseln nicht ganz. Auf B a n g k a hat jede Ortschaft ihren Dorfplatz, dessen Mitte das Balei einnimmt, das Versammlungshaus der Bewohner und die Herberge für Fremde. Ganz ähnlichen Zwecken dient das Osalé der Insulaner von N i a s, denn in ihm tagt die Ratsversammlung der ältesten Krieger unter dem Vorsitz des Häuptlings, in ihm werden die Idole und die Leichen der Häuptlinge bis zum Begräbnis aufbewahrt, und feindliche Schädel hängen hier als Trophäen.

Litt.: Jakobsen, Reise in die Inselwelt des Banda-Meeres. — Kohlbrugge i. Bijdragen T. L. V. Ned. Indie 1901. — Jacobs, De Badoejs. — Tour der Monde 1896. — Modigliani, Un Viaggio à Nias. — Zondervan, Bangka en zijne Bewoners. — Planten i. Globus 62.

---

f. Die Philippinen und Formosa.

Die Philippinen haben das eigenartige Schicksal gehabt, dass sich im Innern mancher Inseln die älteste in diesen Gebieten nachweisbare Kulturform, die man kurz als die australische bezeichnen kann, zäh gehalten hat, dass aber jene zweite Kulturstufe, die man die altmalayische nennen darf und der die höchste Ausbildung des Männerhauses angehört, durch äussere Einflüsse fast ganz vernichtet ist. Spätere malayische Zuwanderungen, christliche, im Norden auch chinesische, im Süden islamitische Einwirkungen haben gründlich zerstörend gewirkt. Was man von alten Zuständen noch zu finden hoffen darf, sind im besten Falle dürftige Spuren.

In den spanisch beeinflussten Dörfern finden sich in der Mitte des Dorfes die Kirche, die Priesterwohnung, das Haus des spanischen Regierungsbeamten und endlich das Tribunal, das Gemeindehaus. Dass letzteres ein umgebildetes Männerhaus ist, darf man wohl annehmen, da das Gebäude noch gelegentlich als Herberge der Fremden dient und stellenweise auch die jungen Burschen in ihm zu übernachten scheinen. Besondere Schlafhäuser der Mädchen, die als Gegenstück solche der Jünglinge voraussetzen, finden sich bei den Igorroten; die Junggesellenhäuser sind jetzt jedoch ausser Gebrauch, sodass sich hier einmal eine sekundäre Erscheinung länger gehalten hat als die ursprüngliche. Die Ursache scheint in dem hohen Werte zu liegen, der bei den Igorroten auf die Keuschheit der Jungfrauen gelegt wird.

Viel unberührter als auf den Philippinen sind die Zustände im nördlichsten vorgeschobenen Gebiete der malayischen Rasse, auf Formosa, dessen Gebirgsstämme mit merkwürdiger Zähigkeit der chinesischen Kultur Widerstand geleistet haben; hier erscheint denn auch sofort wieder das Männerhaus in seiner typischen Gestalt. Allerdings scheint es nicht überall vorhanden zu sein, denn Mackay berichtet von Langhäusern, in denen die Eltern auf der Ostseite, die Söhne auf der Westseite, die Mädchen auf der Südseite schlafen, und die mit Schädeln von Tieren und Menschen verziert sind. Nach Taylor hat dagegen jedes Dorf ein oder mehrere Junggesellenhäuser, Palangkans genannt; die Jünglinge wohnen und schlafen hier, wie Kisak Tamai angiebt, von ihrem 16. Jahre an bis zu ihrer Verheiratung. Das Essen wird im Hause der Eltern bereitet und ihnen nach dem Palangkan gebracht, doch befindet sich auch ein Feuer im Palangkan, an dem jeder Fremde sein Essen kochen kann. Die jungen Leute beschäftigen sich in ihren Mussestunden mit Korbflechten, Holzarbeiten u. s. w. Das Haus dient zugleich als Versammlungsraum für alle Männer, wenn öffentliche Angelegenheiten beraten werden; ferner ist es eine Art Wachtstube, wo mindestens immer ein junger Mann Wache hält, während vielleicht alle anderen Dorfbewohner in den Feldern beschäftigt sind. Wenn die Männer rasch zu einer Beratung zusammenberufen werden sollen, bindet der Wachthabende einige eiserne Glocken an seinen Gürtel und eilt damit durch das Dorf. Von einer besonderen Heiligkeit des Junggesellenhauses wird nichts berichtet.

Litt.: Taylor i. Proceed. Lond. Geogr. Soc. 1889. — Kisak Tamai i. Globus 70. — Mackay i. Mitt. Geogr. Ges. Jena 15. — H. Meyer, Eine Weltreise. — Blumentritt i. Globus 40. — Ploss, Das Weib I.

F. Festland von Asien.

Die grossen Festländer sind der Schauplatz mächtiger Kulturströmungen und Völkerzüge, aber keines wohl in dem Masse wie der gewaltige Rumpf des asiatischen Kontinents mit seinen Steppenvölkern im Innern und den Gebieten alter Kultur an seinen Rändern; der Nomadismus und die höheren Formen sesshaften Daseins liegen hier in ewigem Kampfe, und was an anderen Gesittungsstufen vorhanden ist, wird in diesem beständigen Wechselspiel vernichtet oder umgestaltet.

Die Entwicklungsform, der das Männerhaus angehört, verträgt sich weder mit dem Nomadismus noch mit der höheren Kultur. Es steht ja an sich nichts im Wege, dass sich nomadische Stämme nach Altersklassen sondern, wie das u. a. die Massai in Ostafrika glänzend beweisen, aber gerade die Einrichtung eines festen Männerhauses entspricht durchaus nicht der Lebensweise der Wanderhirten; so sehen wir es denn auch in Asien dort, wo der Nomadismus vorwaltet, nirgends in kenntlicher Form vertreten. Wie sehr andererseits die Kultur mit ihren zahlreichen Gruppen und Verbänden dazu führen muss, die alten einfachen Verhältnisse zu zersetzen, bedarf kaum der Erörterung. So kann es nicht Wunder nehmen, dass auf dem asiatischen Festlande nur zwei grosse Gebiete vorhanden sind, in denen noch typische Männerhäuser vorkommen, nämlich im Süden das von Gebirgen geschützte Indien, namentlich Hinterindien, und im Norden Teile Sibiriens. Der Einfluss der Rasse ist hierbei nicht ganz zu verkennen: die südlichen Stämme gehören alle den Dravidavölkern oder auch den hinterindischen Urbewohnern an, deren Verwandtschaft mit der malayischen Rasse unverkennbar ist; die nördlichen Vertreter sind „Paläasiaten", gehören also zu der ältesten, von mongolischer Zumischung am wenigsten berührten Schicht der Hyperboräer. Hier fällt eben einmal Rassenverwandtschaft und Kulturhöhe zusammen. Die Thatsache aber, dass echte Waldbewohner tropischer Gebirge und echte polare Jägervölker, die offenbar seit Jahrtausenden keine unmittelbaren Beziehungen mehr mit einander gehabt haben, beide die Einrichtung des Männerhauses besitzen, beweist vielleicht am schlagendsten, welche wichtige und dabei naturgemässe Stufe der Entwicklung in ihm ihren greifbaren Ausdruck findet.

---

a. Siam und Annam.

Verhältnismässig dürftig sind die Angaben aus Siam und Annam, doch genügen sie immerhin, um zu beweisen, dass bei den kulturarmen Stämmen dieser Länder die Einrichtung des Männerhauses bekannt ist. Die eigentlichen Kulturträger, die sämmtlich Anhänger des Buddhismus sind, haben sie natürlich längst aufgegeben; ob nicht stellenweise buddhistische Heiligtümer und Klöster unmittelbar auf Männerhäuser zurückgehen, ist eine Frage, die noch genauerer Untersuchung bedarf, aber nicht ohne weiteres von der Hand zu weisen ist.

Das Waldvolk der Banahr (Bannar), das südlich von Huë im früheren Grenzgebiet zwischen Annam und Siam wohnt, besitzt noch das Männerhaus in seiner entschiedensten Form. Jedes Dorf hat ein Gemeindehaus in der Mitte, um das sich die übrigen Häuser gruppieren; haben sich, wie das öfter vorkommt, kleine Gemeinden zu einer Ortschaft vereinigt, so erbaut jede Gemeinde ihr Männerhaus für sich, in dem sie ihre Beratungen und Feste abhält. Das deutet wohl darauf hin, dass jede solche Gemeinde zugleich eine Sippe für sich ist. Das Gemeindehaus ist ausserdem der Schlafraum für die Jünglinge, die vom 13. oder 14. Jahre an bis zu ihrer Verheiratung hier wohnen müssen. In den Wohnhäusern schlafen gemeinsam um den Herd nur die Eltern und die kleinen Kinder; die heranwachsenden Töchter haben wenigstens eine besondere Schlafstelle abseits von den übrigen. Das besonders solid gebaute Gemeindehaus mit hohem Dache enthält im Innern zwei Reihen von Herden (etwa 10), auf denen die Jünglinge ihr Essen kochen. Bei den Bahnar dürfen Frauen bei festlichen Gelegenheiten das Haus betreten, dem sie sonst lieber fern bleiben, während bei einigen benachbarten Stämmen, die das Gemeindehaus auch kennen, den Frauen der Zutritt überhaupt ganz untersagt ist. Abends finden im Hause gesellige Zusammenkünfte und Trinkgelage statt, ferner werden hier Ratsversammlungen abgehalten, gewerbliche Arbeiten verrichtet und Fremde beherbergt. Nach den Angaben Cupet's werden hier auch „Fetische“ und kriegerische Trophäen aufgehängt. Derselbe Forscher bemerkt, dass weiter südlich Stämme wohnen, die das Gemeindehaus nicht kennen; aber von den Mois gilt das wenigstens nicht, denn Bonin erwähnt ausdrücklich, dass sie Männerhäuser besitzen, die zugleich als Herbergen dienen und in denen man Siegestrophäen aufbewahrt.

Auch die Kha haben in ihren Dörfern Häuser mit hohem Dach, die als Wohnungen der Junggesellen und Unterkunftsorte der Fremden benutzt werden. Bei den meisten der Stämme, die das Männerhaus kennen, scheint übrigens die Häuptlingsmacht gering zu sein und eine demokratische Regierungsform zu herrschen.

Litt.: Bonin i. Bull. Soc. Géogr. Paris 1896. — Bel ibid. 1898. — Cupet i. Tour du Monde 1893, I. — Mitt. Geogr. Ges. Jena III.

---

b. Birma.

In den nordwestlichen Grenzgebirgen Birmas, vor allem in Manipur und den Gebieten der Nagastämme, ist die Einrichtung des Männerhauses noch in voller Blüte. Dennoch ist es, da in Gebirgsländern wie auf Inseln die Neigung zum Entstehen örtlicher Besonderheiten entsprechend der politischen Zerrissenheit sehr stark auftritt, ungemein schwer, ein zutreffendes Bild der Verhältnisse zu geben; ein im ethnographischen Sinne genügender Überblick lässt sich überhaupt nicht ermöglichen, ist aber glücklicherweise, wie schon öfter erwähnt, für unsere Zwecke auch nicht unbedingt nötig.

Die Nagavölker sind bekannt wegen ihrer staatlichen Zersplitterung und der ewigen Fehden der einzelnen Gemeinden untereinander, wobei Überfälle und Kopfabschneiden an der Tagesordnung sind. Diesen Verhältnissen entsprechend haben sich vielfach von den eigentlichen Männerhäusern noch besondere Wachhäuser an den Dorfeingängen abgezweigt, oder, was als Regel gelten kann, das Männerhaus ist selbst zum Wachraum und zur Dorfzitadelle geworden. Bei den östlichen Nagas heissen die zu Festungen umgewandelten Schlafhäuser der Junggesellen Pah, also ganz wie die neuseeländischen Burgen, bei den westlichen Arizu, bei den Lushais nennt man sie Zalbuk, bei den Mikirs Tareng; Hartert giebt auch Marang als eine Bezeichnung der Nagas an. Diese Gebäude sind immer zugleich Gast- und Rathäuser und enthalten die Schädeltrophäen und die Kriegstrommeln. Wie sehr die Mikirs das Junggesellenhaus als den kriegerischen und politischen Mittelpunkt der Ortschaft betrachten, geht daraus hervor, dass jede wichtige Nachricht zunächst dem Cleng Sarpo, dem Oberhaupt des Tarengs, überbracht werden muss, der sie dann den übrigen Dorfbewohnern mitteilt. Manche Nagasiedelungen besitzen 8—10 Pah für junge Männer und 4—5 für Mädchen, in anderen scheinen nur zwei dieser Gebäude vorhanden zu sein, in vielen nur eins. Bei den Angami-Nagas zerfallen nach Watt die Dörfer meist in mehrere durch Mauern getrennte Quartiere, die sich oft feindlich gegenüberstehen; an den Schnittpunkten der Mauern finden sich die Wacht- und Jünglingshäuser. Von den Mags im Osten des Tschittagonggebietes bemerkt dagegen Dalton, dass die Jünglinge in einem Teile des Dorfes für sich leben. In Nord-Kachar liegt an jedem Ende des Dorfes ein Junggesellenhaus, hier Deka chang genannt, grosse Ortschaften haben wohl noch eines in der Mitte. Wo zahlreiche Männerhäuser vorhanden sind, dürfte jede Sippe eins für sich besitzen, wie das ja auch anderwärts der Fall ist. Nach Peals Angaben gehören in den Nagadörfern, die eine Mehrzahl derartiger Gebäude enthalten, 40—60 Männer zu einem Gemeindehaus, jede Gruppe von 30—40 Häusern hat deren eines für sich. Das Nagadorf Banpara zerfiel in zwei Abteilungen, deren eine 6, die andere 7 Männerhäuser enthielt; in jedem Hause war beständig eine Wache von 6—10 jungen Leuten, die im Kriegsfall auf 20—30 verstärkt wurde. Verheirateten Frauen war der Zutritt streng verboten, dagegen herrschte unter der Jugend freie Liebe. Die Mädchenhäuser, in denen früher die unverheirateten Mädchen unter der Aufsicht von Wittwen gewohnt hatten, waren in Banpara bereits verschwunden, während sie bei benachbarten Stämmen noch in Gebrauch waren.

Die „Morangs“ der sogenannten nackten Naga liegen dicht am Dorfeingang. Sie bestehen aus einer Mittelhalle und einer vorderen und hinteren Verandah; zu beiden Seiten des Mittelraums, der als Tanzplatz der Krieger dient, befinden sich die Schlafstellen der jungen Leute, in der grossen Frontverandah sind dagegen alle Trophäen angebracht, besonders die Schädel von Menschen und Tieren. Ein „Dekha chang“ in Nord-Kachar hatte an der Vorderseite erhöhte Sitze, wo die Männer Abends

Reisbier tranken; an der Decke hingen unzählige Tierschädel, im geheimnisvollen Hintergrunde des Gebäudes aber waren zwei alte Frauen unaufhörlich beschäftigt, Reisbier für das Abendgelage zu brauen.

Im allgemeinen ist die Einrichtung der Männerhäuser vielfach im Rückgang. Die entsprechenden Mädchenhäuser sind, wie erwähnt, oft schon ganz verschwunden, aber auch die der Männer werden in sehr verschiedenem Grade geschätzt und benutzt. Bei den Marans sollen sogar alle verheirateten Männer im Morung schlafen, bei den Angami-Nagas wenigstens die Jungvermählten noch ein Jahr lang; die Aos dagegen überlassen oft schon die Häuser den Knaben und infolgedessen verliert das Treiben im Männerhause seine alte Wichtigkeit.

Bei den Angami-Nagas, wo Junggesellen- und stellenweise auch Mädchenhäuser bestehen, hat sich daneben als Stelle für Ratsversammlungen eine besondere Örtlichkeit entwickelt, die an die Maraes der Polynesier oder an die steinernen Plattformen mancher Battakdörfer erinnert. Die Zusammenkünfte werden auch hier auf steinernen Plattformen abgehalten, die auf einem freien Platz des Dorfes liegen; jede Sippe hat deren eine für die alten und eine für die jungen Leute, doch so, dass die der älteren höher liegt. Bei kaltem Wetter brennt auf jedem Aufbau ein mächtiges Feuer.

Litt.: Prain i. Revue Coloniale Internationale V. — Peal i. Journ. Anthrop. Inst. 22. — Bayley ibid. 27. — Godden ibid. 26 u. 27. — Dalton i. Zschr. f. Ethnologie 1873. — Hartert i. Verh. Ges. Erdk. Berlin 1889. — Watt i. Proc. R. Geogr. Soc. London 1881.

c. Assam.

Die Grenzstämme des westlichen Birma und die Gebirgsvölker Assams sind in jeder Beziehung nahe verwandt und überhaupt nicht scharf zu trennen; die Naga z. B. müssen teils zu Birma, teils zu Assam gerechnet werden. Was also von den Bergbewohnern des nordwestlichen Birma zu bemerken war, gilt in der Hauptsache auch von denen Assams.

Ein Männerhaus (Mosup) der Abor, das Needham besuchte, lag dicht am Eingang des Dorfes, war 80 Yards lang und 10 Yards breit und bot Raum für etwa 500 Menschen Es war ganz so gebaut wie die übrigen Häuser des Dorfes, nur dass die eine Seitenwand vollständig fehlte — ein immer wiederkehrender Zug! Die übrigen Seitenwände waren dicht mit Schädeln von Tieren bedeckt, in der Mitte waren Bogen, Pfeile, Fischergerätschaften, Speere u. s. w. auf Bambusgestellen angebracht. Das Haus diente als Wohnraum der unverheirateten Krieger und zugleich als Ort der Ratsversammlungen und Zechgelage.

Etwas anderer Art ist das „Morang" der Abor von Mambu, das Dalton schildert. Es steht auf einer weithin sichtbaren Anhöhe, ist 200 Fuss lang und enthält 16—17 Feuerplätze; der Raum um den mittleren Feuerplatz ist bei Versammlungen für die Häuptlinge und die Ältesten bestimmt. Der Rat der Krieger im Morang besitzt auch eignes Vermögen, da alle Geschenke an die Häuptlinge, Strafgelder u. dgl. in eine gemeinsame Kasse fliessen. Auch hier wird das Männerhaus zugleich als Wachtstube betrachtet, in der sich Nachts ausser den Jünglingen stets noch einige verheiratete Männer als Wache aufhalten.

Bei den Garo findet sich wieder der Name Dekha chang (Dekatschang) für das Junggesellenhaus; das Wort dekha bedeutet nach der Angabe Stewarts „junge Männer". Das Haus, das auch hier als Schlafstelle der unverheirateten Männer dient, trägt meist an seinen Balken und Säulen phantastisches Schnitzwerk.

Am häufigsten scheint in Assam der Name Morang (Morong, Morung) zu sein, der auffallend an das polynesische Marae erinnert. Die Morangs liegen, wie im birmanischen Gebirgsland, meist am Eingang der Dörfer und haben vor der Front eine Plattform; im Innern werden die Alarmtrommeln verwahrt und die bei den Kopfjagden erbeuteten Schädel aufgehängt. Bastian giebt an, dass auch die Schädel der eigenen Verstorbenen im „Murung" aufbewahrt werden. Den Morang eines Ao-Dorfes fand Woodthorpe in zwei Räume geteilt, deren einer als Schlafstelle und Küche der Junggesellen diente, während der andere wohl für Ratsversammlungen bestimmt war. Die Hauptpfosten des Gebäudes waren mit Schnitzereien von Menschen, Elefanten, Tigern, Eidechsen u. s. w. bedeckt, an den Wänden hingen Schädel von Menschen und Tieren, auch einige ziemlich gelungene Nachbildungen von Menschenschädeln waren dabei. In der Nähe lag ein offener Schuppen, der eine grosse, aus einem Baumstamm geschnitzte Trommel enthielt. Die nachgeahmten Schädel erwähnt Bastian gleichfalls und ebenso die „Lärmtrommel, die unter dem Baum Mador neben dem Murung steht.“ Sie wird bei Kriegstumult geschlagen, aber auch bei Mondfinsternissen, um den Tiger zu verscheuchen, der den Mond zu fressen droht.

Auch die Miris besitzen Männerhäuser, in denen sie ganze Schädelsammlungen anlegen; in einem Morang dieses Stammes sind mehr als 300 menschliche Schädel gezählt worden. Trotzdem bleiben die Gebäude echte Junggesellenhäuser, und von einer Umwandlung in Kultusstätten ist keine Rede. Wo die Bedeutung der Männerhäuser abnimmt und ihr völliges Verschwinden sich vorbereitet, sind es viel mehr äussere Kultureinflüsse als innere Umbildungen, die den Umschwung bewirken.

Litt.: Needham i Proc. R. Geogr. Soc. London 1886. — Godden i. Journ. Anthrop. Inst. 26 u. 27. — Dalton i, Zschr. f. Ethnologie 1873. — E. v. Schlagintweit i. Globus 34. — Peal i. Journ. Anthrop. Inst. 22. — Bastian i. Vrh. d. Gesellsch. f. Anthrop. 1881.

d. Vorder-Indien.

Die eigenartige Kultur Vorderindiens, deren Träger die arische Bevölkerung ist, hat die Daseinsstufe, auf der das Männerhaus als wichtige Einrichtung hervorzutreten pflegt, längst überschritten; aber sie ist nicht mächtig genug gewesen, überall die alten Verhältnisse zu beseitigen. Manche Gebirgsstämme kennen noch heute das Männerhaus in seiner typischen Form, sodass man wohl vermuten darf, dass es einst bei der nichtarischen Urbevölkerung weit verbreitet gewesen ist. Aber die Arier selbst waren, wie die Veden und spätere Überlieferungen beweisen, bei ihrem Eindringen in Indien noch im Besitz einer Einrichtung, die kaum anders zu deuten ist als ein bereits in einigen wesent lichen Zügen umgebildetes Männerhaus.

Es handelt sich um die Sabhā (sabhâ'), womit man zugleich die Versammlung der Dorfgemeinde und das für diese bestimmte Rathaus bezeichnete. Davon, dass in diesem Hause die Junggesellen oder wenigstens die fremden Gäste schliefen, wird allerdings nichts berichtet, dagegen findet sich der bezeichnende Zug, dass das Gebäude zugleich als Plauderstube der Männer, als Spiel- und Vergnügungshaus und als Ort gemeinsamer Zechgelage diente. Wer sich über seine Kühe, dieses unerschöpfliche Gesprächsthema der nomadischen Urzeit, einmal gründlich aussprechen wollte, suchte seine Freunde in der Sabhā auf. Das Wort Sabhā, das auch an das Sopo der Battak eigentümlich anklingt, hängt nach der übereinstimmenden Ansicht Kuhns, Zimmers und Schraders eng zusammen mit dem gotischen sibyā (Verwandtschaft) und dem deutschen Sippe; es bezeichnet also die Versammlung der Sippengenossen, natürlich nur der kriegstüchtigen Männer, und deutet auf die Zeit hin, in der diese Versammlung und überhaupt das Männerhaus mit seinen Einrichtungen den Mittelpunkt des Sippenlebens bildete. Auch hier also tritt die Thatsache hervor, dass alle höhere staatliche Einigung von den im Männerhaus vereinigten Kriegern der Sippen ausgegangen ist, die mit denen anderer Sippen in eine Art Kartellverhältnis traten und zunächst wohl grössere Dorfverbände bildeten. In späterer Zeit bedeutete bei den arischen Indern das Wort Sabhā oft einfach so viel wie Gerichtshof.

Was die nichtarischen Völker Vorderindiens betrifft, so hat Dalton einige Beispiele des Männerhauses angeführt, die teilweise von Petherik bestätigt werden. Die Uraus (Oraons, Kurunch), die hauptsächlich auf dem Hochlande von Nagpur sesshaft und dravidischen Stammes sind, haben in jedem Dorfe ein mit besonderer Sorgfalt errichtetes Gebäude, das Junggesellenhaus (Dschomherpa). Es wird von den Burschen des Dorfes selbst erbaut und bewohnt. Auch die unverheirateten Mädchen schlafen nicht in den Häusern ihrer Eltern, sondern sie haben entweder ähnliche Schlafhäuser wie die Junggesellen, wo sie unter Aufsicht einer älteren Frau übernachten, oder sie werden gruppenweise bei den Wittwen des Dorfes untergebracht. In Jirgudscha fand sich auch einmal ausnahmsweise eine Dschomherpa, die für Junggesellen und Mädchen gemeinsam bestimmt war. Vor dem Männerhause liegt die Akhra, der Tanzplatz, ein erhöhter runder Platz mit einer Steinsäule in der Mitte und Steinsitzen an der Seite, wo man oft ganze Nächte hindurch tanzt und Reisbier vertilgt.

Ganz ähnliche Junggesellenhäuser wie die Uraus haben die Bhuiyar und verschiedene andere dravidische Stämme Zentralindiens.

Die Malers (Peharias) im Berglande von Radschmahal kennen die Einrichtung ebenfalls; die ledigen Burschen schlafen in besonderen Häusern, und auch die Mädchen haben meist ihr Schlafhaus für sich. Unter der Jugend gilt freie Liebe als durchaus erlaubt. Die Khand endlich im südlichsten Bengalen haben in jedem Dorfe eigene Burschen- und Mädchenhäuser, in denen die Jugend die Nacht zubringt; Volksversammlungen finden dagegen nicht in diesen Gebäuden, sondern unter freiem Himmel statt.

Von der tibetischen Grenze erwähnt Landor die Rambang-Häuser der Schokra, in denen Burschen und Mädchen zusammenkommen, um sich kennen zu lernen. Möglicherweise gehören auch die Tanzhäuser, die sich in Kafiristan finden, ursprünglich hierher, obwohl sie dann ihrer alten Bedeutung grösstenteils entfremdet sind: nach siegreichen Kriegszügen tanzen hier noch die Jünglinge auf der Tanzplattform und bringen alle Köpfe, auch die der eigenen Gefallenen, zunächst hierher. Das erinnert sehr an die Thatsache, dass sonst so vielfach das Männerhaus den Mittelpunkt des Schädelkultus bildet.

Anhangsweise mag noch eine Notiz Emil Schmidt's aus Ceylon erwähnt sein. Er fand in einem Weddadorfe neben einem grösseren Hause auch eine besondere Schlafhütte für Junggesellen, während bei anderen Häusern dergleichen nicht vorhanden war. Das lässt vermuten, dass auch bei den Weddas, die eine sehr tiefe Kulturschicht vertreten, wenigstens Anfänge einer Sonderung nach Altersstufen vorhanden sind, die dann auch gelegentlich sichtbar im Bau eigener Junggesellenhütten zu Tage treten.

Litt.: Zimmer, Altindisches Leben. — Schrader, Sprachvergleichung und Urgeschichte. — Dalton i. Zschr. f. Ethnologie 1874. — Peal i. Journ. Anthrop. Inst. 22. — Robertson i. Geogr. Journal 1894. — Schmidt, Ceylon.

---

e. Übriges Asien.

Warum sich nach dem Überblick über die Verhältnisse Indiens der ganze Rest des asiatischen Festlandes sehr kurz abthun lässt, ist schon erwähnt worden. Stellenweise mögen genauere Berichte noch manche Spuren älterer Zustände enthüllen, die den Blicken ungeübter Beobachter bis jetzt entgangen sind, und manche Einrichtung, von der man das auf den ersten Blick kaum vermuten möchte, wird sich als echter Abkömmling des Männerhauses erweisen. Gross aber wird die Ausbeute auch dann kaum sein. Könnten wir freilich Jahrtausende zurückblicken und die Kulturzustände vergangener Geschlechter ermitteln, dann würde es schwerlich an reichen Ergebnissen fehlen. Wenn z. B. die arischen Inder bei ihrer Einwanderung in das Pendschab das Männerhaus in noch recht kenntlicher Form besassen, so ist kaum zu bezweifeln, dass auch ihre nächsten Verwandten, die Iranier, mit dieser Einrichtung nicht unbekannt waren, ja dass überhaupt von allen halbnomadischen Indogermanen bis nach Westeuropa hin das Gleiche gilt. Am ersten halten sich überlebte Einrichtungen noch in den Gebirgen; und in der That findet sich wenigstens bei den Chewsuren Kaukasiens eine deutliche Spur. C. v. Hahn, der den chewsurischen Ort Schetil besucht hat, sah hier am unteren Ende des Dorfes eine Art Gemeindehaus, Pächoni genannt, das an seiner vorderen Seite offen war und als Versammlungsort der Männer, gewissermassen als Klublokal diente. Hier wurden auch von den Männern gewisse Arbeiten verrichtet, namentlich die Bereitung des Schiesspulvers, ferner befand sich im Hause eine primitive Vorrichtung, um Leder zu kneten und zu biegen. Das Männerhaus ist also in diesem Falle besonders als Arbeitsstätte ausgebildet; militärische Bedeutung hat es nicht, da jede Chewsurenfamilie ihren festen Turm besitzt, wo sie sich im Notfall verteidigt.

Im Norden Sibiriens sind es ärmliche Völkertrümmer, die das Männerhaus mit einem Teil seiner Sitten bewahren; diese Stämme hatten einst ein weiteres Gebiet inne, und noch weiter verbreitet mag die Art der Kultur gewesen sein, die sie heute noch vertreten. Überall erscheint ein Rückgang, der den Schluss nahe legt, dass in grossen Gebieten die früheren Verhältnisse zerstört worden sind und eben nur noch gelegentlich in einzelnen Resten zu Tage treten.

Das Volk Sibiriens, das noch heute eine Art Männerhaus besitzt, gehört zu den ältesten, am wenigsten mit Eindringlingen der mongolischen Rasse gemischten Stämmen des asiatischen Nordens und hat sich teilweise noch eine eigene, selbständig dastehende Sprache bewahrt; es sind die Ostjaken in Westsibirien. Allerdings stammen die Nachrichten über das Männerhaus nicht von den Jenissei-Ostjaken, dem zweifellos unberührtesten Zweige der paläasiatischen Rasse, sondern von den finnisch-ugrischen Irtysch-Ostjaken, aber da auch diese in ihren jetzigen Zuständen und noch mehr in den früheren, die in den Heldenliedern geschildert werden, eine sehr alte Kulturschicht vertreten, die einst wohl für das ganze arktische Sibirien bezeichnend war, so ist die Thatsache immerhin höchst bemerkenswert.

Viele Ortschaften der Ostjaken besassen neben den Erdhütten, in denen die Familien wohnten, noch Gemeindehäuser, die von konischer Gestalt waren und aus langen dünnen Stangen errichtet wurden. Sie hiessen tjat tanta ene chot oder moi tanta ene chot, das grosse Versammlungshaus der Krieger oder der Brautwerber. Patkanow nennt in der Übersetzung einer Heldensage das Gebäude „das für Kriegerversammlungen und Hochzeitsfeste bestimmte Gemach“, muss aber in einer Anmerkung zugestehen, dass die wörtlichste Übersetzung sein würde „wo die Krieger und Freiwerber hineinzugehen pflegen.“ Es wird in der Sage geschildert, wie die ganze Bevölkerung des Ortes in das Gemeindehaus zur Beratung zusammenberufen wird, wobei auch die Frauen Zutritt haben, wie man Bier in Gefässen von Birkenrinde und Fleisch mitbringt und nach dargebrachtem

Opfer in der Beratungshalle schmaust. Ankommende Fremde werden ebenfalls in diesem Hause untergebracht und verpflegt. Ob die Junggesellen hier schlafen, wird nicht berichtet, aber der Ausdruck „das Haus der Brautwerber“ legt den Gedanken sehr nahe, dass es ursprünglich die Wohnung der Unverheirateten und wohl auch, wie in Neuseeland, die Stätte des freien Liebesverkehrs gewesen ist. Der Wunsch, die Unverheirateten von den Eheleuten zu sondern, kommt auch darin zum Ausdruck, dass in den Wohnhütten die erwachsenen Mädchen eine besondere, durch einen Vorhang abgegrenzte Ecke als Schlafraum besitzen. Wahrscheinlich ist in neuerer Zeit der Gebrauch, das Gemeindehaus als Schlafstelle zu benutzen, ganz abgekommen und das Gebäude hat nur noch zu Ratsversammlungen, zu feierlichen Schmausereien und als Herberge der Fremden gedient.

Ein zweites, freilich weniger überzeugendes Beispiel einer Art Gemeindehaus findet sich bei den Urbewohnern Kamtschatkas. Vielleicht würde die Thatsache weniger Interesse haben, wenn damit nicht gewissermassen eine Brücke geschaffen würde zu den Hyperboräern Amerikas, bei denen das Männerhaus in umgebildeter, aber sehr kenntlicher Gestalt erhalten ist. Über Kamtschatka berichtet Steller: „In grossen Ostrogen (Dörfern) sind zwar mehrere Winter- und unterirdische Wohnungen, eine aber, wo der Tajon wohnt und die Gäste und Reisende logieren, ist die grösste und meublierteste unter allen, und kommen darinnen in Festtagen auch im Winter bey Nachtzeiten wegen Menge des Lichtes alle zusammen.“ An und für sich könnte es sich hier um eine erweiterte, als Herberge und Festsaal benutzte Häuptlingswohnung handeln, aber beim Vergleich mit den Männerhäusern anderer Völker gewinnt die Erscheinung doch einige Wichtigkeit.

Was im übrigen Asien an Spuren des Männerhauses allenfalls vorhanden sein mag, bedürfte erst genauerer Untersuchung durch Fachleute. Die Tempel Chinas, die oft als Herberge dienen, die Ahnensäle desselben Landes, wo früher die Beratungen stattfanden, die Klöster Indiens und Ostasiens u. dgl. könnten teilweise wohl Ableger des Männerhauses sein, aber Bestimmtes darüber lässt sich vorläufig nicht sagen. Erwähnenswert sind noch die Gasthütten für Fremde, die sich in den meisten türkischen Dörfern Kleinasiens finden und von jedem beliebigen Reisenden drei Tage lang benutzt werden dürfen; im übrigen dienen sie den Dorfbewohnern als Orte geselliger Zusammenkünfte.

Litt.: C. v. Hahn, Bilder aus dem Kaukasus. — Patkanow, Die Irtysch-Ostjaken. — P. v. Stenin i. Globus 62. — Steller, Kamtschatka. — Kannenberg i. Globus 68.

G. Amerika.

Ein so typisches Verbreitungsgebiet des Männerhauses, wie Oceanien oder die südöstlichen Teile Asiens, ist in Amerika nicht zu finden. Dennoch ist ein Überblick über die Verhältnisse dieses Doppelweltteils von grösster Bedeutung, denn er beweist, dass sich auch hier in Gegenden, die wenig von grossen Völker- und Kulturströmungen berührt worden sind, das Männerhaus mit allen seinen bezeichnenden Eigenschaften als äussere Erscheinungsform einer bestimmten gesellschaftlichen Daseinsstufe entwickelt hat. Der an sich nahe liegende Gedanke, dass nur die malayische Rasse mit ihren Verwandten diese Form ausgebildet hätte, wird schon durch die sibirischen Beispiele stark erschüttert, gründlich widerlegt aber erst durch die amerikanischen. Damit soll nicht ein tieferer Zusammenhang zwischen den einzelnen Vorkommnissen des Männerhauses geleugnet werden, aber die gegenwärtigen Rassenverhältnisse genügen jedenfalls nicht, um ihn zu erklären.

a. Nördliches Polargebiet.

Es wurde bei der Besprechung des zweifelhaften Beispiels aus Kamtschatka erwähnt, dass es insofern beachtenswert wäre, als es einen Übergang zu den amerikanischen Hyperboräern, den Eskimos, bilden könnte. Bei diesen, besonders bei dem westlichen Zweige, finden sich in der That Einrichtungen, die mit grosser Wahrscheinlichkeit auf das Männerhaus zurückgeführt werden müssen; stellenweise ist es noch mit allen seinen typischen Besonderheiten erhalten.

Nach Elliott besitzen alle volkreicheren Eskimosiedelungen in der Gegend von Bristol-Bay (West-Alaska) ein grosses Haus, Kashga genannt. Dieses Gebäude ist nach dem Muster der gewöhnlichen Winterhäuser erbaut, aber viel umfangreicher, bis zu 60 Fuss im Durchmesser und 20—30 Fuss Höhe. Eine Galerie oder Plattform läuft im Innern die Wände entlang, ja in grossen Kashgas giebt es bis zu drei solcher Galerien übereinander; in der Mitte ist eine mächtige Vertiefung, die als Feuerplatz dient und zur warmen Jahreszeit mit Balken zugedeckt wird. Das Haus hat wie alle Winterwohnungen einen tunnelartigen Eingang, den man nur kriechend durchschreiten kann. „Dies", sagt Elliott wörtlich, „ist der grosse und einzige Zusammenkunftsort der Männer und der älteren Knaben in den meisten Ortschaften. Hier schlafen die Junggesellen und Wittwer, hier bereiten sie auch ihre einfache Mahlzeit; die Gäste und Besucher des Dorfes, soweit sie männlichen Geschlechts sind, werden hier einquartiert; die Besprechung aller Ortsangelegenheiten findet hier statt; das Gerben der Felle, das Flechten und Weben von Fischfallen, das Herstellen von Schlitten und Hundegeschirr, Pfeil- und Speerspitzen, das Schnitzen von Holz und Elfenbein, kurz Alles, was diese Leute unter Dach und Fach arbeiten, wird auf den Plattformen der Kashga ausgeführt. Sie ist das Theater für die albernen und plumpen Maskentänze und Mummereien ihrer Feste, und vor allem, sie ist der auserwählte Ort für das widerliche ammoniakalische Bad der Eskimo, die beliebteste aller ihrer Vergnügungen."

Hier haben wir, von dem letzten eigenartigen Zuge abgesehen, ein echtes unverfälschtes Männerhaus, wie es typischer selbst in Melanesien oder Hinterindien nicht zu finden ist. Als Schlafstelle der Junggesellen, Versammlungsraum, Arbeitshaus und Ort der Maskentänze erfüllt es alle Aufgaben, die ihm auch in jenen anderen weit entlegenen Gebieten zukommen. Dass die Maskentänze wenigstens zum Teil auf den Totenkult Bezug haben, wird von Elliott ausdrücklich bezeugt; er beschreibt ausführlich ein Fest in der Kashga, das der Erinnerung an einen berühmten Ahnherrn der Dorfbewohner galt.

Im Nordwesten Alaskas fand Jakobsen ähnliche Gemeindehäuser, Kassigit genannt, in denen er gewöhnlich übernachtete. „Die Kassigim oder Kassigit," schreibt er, „sind viel grösser als die gewöhnlichen Eskimohäuser und sind zur Hälfte unter dem Erdboden erbaut. Man betritt sie nicht durch eine oberhalb der Erde angebrachte Thüre, sondern durch einen grubenähnlichen tiefen Gang, der in den Erdboden einschneidend in einen grossen runden kellerartigen Raum unterhalb des mit Platten bedeckten Fussbodens des Hauses führt. Durch ein mitten im Fussboden angebrachtes rundes Loch steigt der Angekommene hinauf in den Fest- oder Tanzraum. An den Wänden befindet sich eine, und wenn die Gegend sehr holzreich ist, zwei Reihen Bänke, auf denen die Eskimos bei grösseren Festen Platz nehmen. Im Falle ein solches Fest gefeiert wird, so erleuchtet man den inneren Raum durch etwa zehn bis dreissig steinerne oder aus Thon gefertigte Lampen, deren jede einzelne wie eine Laterne auf einen besonders für sie im Festraum errichteten Pfahl aufgestellt wird." Soll das Haus dagegen als Baderaum benutzt werden, so entfernt man die Planken des Fussbodens und zündet im unteren Raume ein Feuer an, worauf die Reinigung, deren wenig anmutige Einzelheiten nicht hierhergehören, mit Hilfe bedienender Eskimofrauen vorgenommen wird. Es ist überhaupt bezeichnend, dass den Frauen das Betreten des Kassigit anscheinend nicht verwehrt wird, auch nicht bei den Maskenfesten. Jakobsen beschreibt ebenfalls ein Totenfest, das in einem Kassigit stattfand und mit Kostümtänzen verbunden war.

Auch die mittleren Eskimos besitzen Tanz- oder Singhäuser für die Winterfeste. Diese, nach Boas Angabe Qaggi genannt, scheinen indessen nicht als Schlafräume für Junggesellen zu dienen und werden wohl jeden Winter neu aus Schnee errichtet; jedes dieser Gebäude, das auch Weibern und Kindern zugänglich ist, wird einem bestimmten Geiste gewidmet. Bei den Festen bilden, was vielleicht noch ein Rest älterer Anschauungen ist, die verheirateten Frauen die hinterste, also am wenigsten bevorzugte Reihe der Zuschauer, die Mädchen die zweite, die

Männer die innerste; die Kinder scharen sich in der Nähe des Eingangs zusammen.

Im nördlichen Alaska, besonders in der Gegend von Point Barrow, dienen die Festhäuser nicht als Schlafstätten der Junggesellen und auch nicht als Herberge der Fremden, die man entweder in Wohnhütten aufnimmt oder für die man besondere Schneehütten errichtet. In einem Dorfe sah Murdock drei, in einem anderen zwei Tanzhäuser, hier kûdyïgi oder kûdrïgi (karrigi) genannt; die länglich-runden Gebäude dienten bei warmem Wetter auch als allgemeiner Plauder- und Arbeitsplatz der Männer, im Winter wurden sie nur zu Festen und Tänzen benutzt.

Im allgemeinen zeigt sich auch bei den Eskimo die Erscheinung, dass das Männerhaus im Rückgang ist oder wenigstens einige seiner Haupteigenschaften zu verlieren beginnt; stellenweise ist es nur noch eine Festhalle, anderwärts droht es sich in eine gewöhnliche Dorfbadestube zu verwandeln. In Grönland ist es bereits ganz verschwunden, aber wenigstens die Überlieferungen der Eingeborenen bezeugen noch sein früheres Dasein.

Litt.: Elliott, An Arctic Province. — Jakobsen, Reise an der Nordwestküste Amerikas. — Boas i. Rep. Bur. of Ethnology, Washington 1884/85. — Murdock, ibid. 1887/88.

---

b. Übriges Nordamerika.

Der Nordwesten Amerikas, der für das Studium des Klubwesens und der Geheimbünde von höchster Wichtigkeit ist, bietet vielleicht gerade deswegen keine schlagenden Beispiele des echten Männerhauses, dessen einfachere Art und Einrichtung durch die verwickelteren Systeme der Bünde offenbar verdrängt ist. Wo das weniger der Fall ist, erscheint es noch in ziemlich kenntlicher Gestalt, so bei den Tlinkit, die nach Ermans Zeugnis Gemeindehäuser (Kajim) besitzen, die als Stätte grösserer Festlichkeiten, als Herberge und als gewerblicher Arbeitsplatz dienen. Die Küstenindianer Washingtons kennen als einzige öffentliche Gebäude die Potlatch-Häuser, in denen Geschenkfeste stattfinden;

man scheint aber diese Häuser vor jedem Feste erst neu zu errichten.

Weiter im Süden bei den kalifornischen Stämmen ist das Männerhaus wieder ganz bekannt, so bei den Schastika, die daneben auch noch Mädchenhäuser besitzen, während andere Stämme nur Gebäude für Junggesellen haben und Weibern den Zutritt streng untersagen. Wie bei den Eskimo ist das Gemeindehaus hier oft zugleich der Schwitz- und Baderaum des Dorfes, besonders im nördlichen Kalifornien, wo man es mit dem aztekischen Wort Temeskal bezeichnet; es verdient hierbei wohl bemerkt zu werden, dass auch bei den Azteken die Ortschaften gemeinsame Badehäuser besassen, die allerdings nur von den Ärmeren benutzt wurden. Das nordkalifornische Schwitzhaus ist die allgemeine Plauderstube der Männer und wird bei manchen Stämmen wenigstens im Winter als Schlafraum der Junggesellen benutzt; Frauen, mit Ausnahme derer, die sich der Heilkunst widmen, ist der Eintritt bei Todesstrafe verboten.

Zugleich als Schwitzhäuser und Tempel[1]) finden wir die Gemeindehäuser bei den Pueblostämmen Neumexikos und Arizonas wieder. „Das Schwitzhaus", schreibt Bancroft, „erreicht bei den Pueblos den grössten Umfang. Jedes Dorf hat eins bis sechs dieser kreisrunden Bauwerke. Ein grosser, halb unterirdischer Raum ist zugleich Badezimmer, Rathaus, Klublokal und Kirche. Er besteht aus einer weiten Vertiefung, denn das Dach ist beinahe auf gleicher Höhe mit dem Erdboden, manchmal etwas höher, und wird durch starke Pfosten oder gemauerte Pfeiler gestützt. Rundum an den Seiten sind Sitzbänke, und mitten auf dem Fussboden ein viereckiger steinerner Behälter für Feuer, worin beständig aromatische Pflanzen verbrannt werden. Man betritt das Haus mit Hilfe einer Leiter durch ein Loch im Dach, das gerade über dem Feuerplatze liegt und also zugleich als Ventilator und zum Abzug des Rauches dient.... In diesen unterirdischen Tempeln kommen die alten Männer zu Beratungen oder zum Gottesdienst zusammen; hier werden Tänze und Festlichkeiten, gesellige Zusammenkünfte und Trauerfeiern abgehalten. Gewisse Pueblosstämme haben eine Sitte, die der mancher nördlicher Stämme entspricht: Die Männer schlafen im Schwitzhause mit den Füssen dem Feuer zugekehrt und gestatten den Frauen nur den Eintritt, wenn sie ihnen zu essen bringen.“ Die letzte Bemerkung zeigt, dass die Eigenschaft dieser merkwürdigen Gebäude als Schlafstelle der Männer noch nicht gänzlich erloschen ist. Die innere Einrichtung und die Benutzung als Badstube erinnert sehr an die Kassigit der Eskimo.

Von den Huichol-Indianern im nördlichen Mexiko erwähnt Lumholtz neben den eigentlichen Tempeln noch grössere runde Häuser, tokipa (Haus aller) genannt. In der Mitte eines solchen Gebäudes liegt der Feuerplatz (aco). Bei grossen Festversammlungen wohnen die angesehensten Gäste in diesen Häusern, die wohl Ableger des Männerhauses sind, nur dass sich daneben auch die Tempel besonders entwickelt haben, während bei den Pueblos-Indianern eine Trennung von Männerhaus und Tempel nicht erfolgt ist.

Bei den übrigen Indianern Nordamerikas sind Versammlungshäuser vielfach bekannt, doch nicht eben charakteristisch entwickelt. Die Tschiroki z. B. besassen grosse Rotunden für Versammlungen. Heckewelder erwähnt dergleichen Häuser, die wohl auch mit Schnitzereien verziert waren; wo sie fehlten, wie bei den Omaha, diente das Haus eines Häuptlings als Versammlungsraum. Bei den Delawaren fanden nach Loskiel die Beratungen bald im Häuptlingshause, bald in einem besonderen Gebäude statt. Die Gemeindehäuser mancher westlicher Indianerstämme (der Kansas, Ottowas, Osages) sind nach den Angaben Hunters grösser als die gewöhnlichen Wigwams, meist pyramidenförmig mit rundem, länglichem oder achteckigem Grundriss. Man bewahrt in ihnen alles öffentliche Eigentum auf, betritt sie nur bei Gelegenheit von Beratungen und lässt sie selbst in eroberten feindlichen Dörfern meist unberührt. Die Tinneh besitzen nach dem Zeugnis Morices Zeremonialhütten, die vom Häuptling und seiner Sippe zugleich als Wohnung benutzt werden, aber es ist nicht ohne weiteres zu sagen, ob in solchen Fällen der Häuptling einfach das gemeinsame Haus usurpiert hat oder ob hier das Ergebnis irgend einer anderen Entwicklung vorliegt. Bei anderen, südlichen Stämmen scheint sich das Männerhaus zu einem wirklichen Heiligtum umgebildet zu haben, wie bei den Assinais, deren

„Tempel“ zugleich als Rathäuser dienten; die Natchez setzten in ihren „Tempeln“ die verstorbenen Häuptlinge bei und untersagten den Frauen streng den Zutritt.

[1]) Als bemerkenswerte Parallele ist zu erwähnen, dass bei den nordöstlichen Algonkinstämmen das Schwitzbad zugleich als Beschwörungshütte des Zauberers dient (Hind, The Labrador Peninsula II, S. 14).

Litt.: Bancroft, The Native Races of the Pacific States. — Heckewelder, Indianische Völkerschaften. — Erman i. Zschr. f. Ethnol. II. — Crawley i. Journ. Anthr. Inst. 24. — Waitz, Anthropologie III. — Morice i. Transact. Canad. Inst. 1894. — Lumholtz, Symbolism of the Huichol-Indians. — Dorsey i. Rep. Bur. Ethnol. Washington 13. — E. Ingersoll i. Journ. Americ. Geogr. Soc. 1875. — Powell ebenda 1876. — M. Eells i. Smithson. Report 1887. — Loskiel, Mission der evangelischen Brüder. — J. Hunter, Memoirs of a Captivity among the Indians.

---

c. Südamerika.

Die ersten genaueren Nachrichten über südamerikanische Männerhäuser verdanken wir Martius, der beim Stamme der Mundrucu in Brasilien eine sehr charakteristische Form der Einrichtung fand. Hier besteht ein gemeinsames Haus (Kaserne nennt es Martius), das der waffenfähigen Jugend als Wachtstube dient, d. h. wohl, wo die Junggesellen gemeinschaftlich schlafen und aus ihrer Mitte nachts einige Wachtposten aufstellen; in Kriegszeiten verbringen alle Männer die Nacht in diesem Hause. Diese Verhältnisse erinnern ganz an die im nordwestlichen Birma, wo infolge des beständigen Kriegszustandes das Junggesellenhaus ebenfalls vorwiegend den Charakter eines Zeughauses und einer Zitadelle angenommen hat. Bei anderen Stämmen ist das Häuptlingshaus der Ort für Ratsversammlungen und Trinkgelage und die Herberge der Gäste.

Eine weit reichere Ausbeute haben die Reisen Karls von den Steinen gebracht. Zunächst sind die „Flötenhäuser“ der Stämme am Schingu zu nennen, die nicht gerade sehr typisch, aber immerhin in ihrem Wesen noch recht kenntlich sind. Das Bakaïridorf, das der Reisende im Jahre 1887 längere Zeit bewohnte, bestand aus zwei grossen runden Häusern, in deren jedem mehrere Familien hausten, und einem kleinen leeren, etwas baufälligen oblongen Gebäude, das zur Zeit der Feste als Tanz- oder Flötenhaus (Kχato-éti) gedient hatte, aber damals nur noch zwei Rohrflöten enthielt. Man sah es offenbar nicht mehr für voll an, denn während sonst Frauen das Flötenhaus der Männer nicht betreten dürfen, gingen sie in diesem Gebäude ungescheut aus und ein. Im Dorfe Iguáti gab es drei grosse Familienhäuser und ein sehr ansehnliches Flötenhaus, in dem viele Tanzanzüge aus Palmstroh hingen. Diese Anzüge dienten einem eigentümlichen Zweck: Als abends die Männer im Flötenhause versammelt waren, legten einige von ihnen derartige verhüllende Strohanzüge an und holten unter dem lauten Geschrei der übrigen Männer aus den Hütten die Speisen und Getränke, die dort von den Frauen offenbar bereitgehalten wurden. Hier scheint also der Mummenschanz des Männerhauses, auf den bei der Besprechung der Geheimbünde zurückzukommen ist, sogar im täglichen Leben aufrecht erhalten zu werden, falls nicht die Ankunft der weissen Gäste das ungewöhnliche Zeremoniell veranlasste. Später führten die Männer Tänze auf, denen die Frauen fern blieben. Im Bakaïridorfe Kuyagualiéti lag vor dem Flötenhause ein hohler bemalter Baumstamm, der als Trommel diente; im Innern des Gebäudes befanden sich Masken und Strohanzüge für Tänzer.

Ein Dorf der Nahuquá enthielt 12 nahe zusammenstehende Wohnhäuser und ein Flötenhaus. Bei den Mehinaku fanden sich in der Festhütte, deren zwei nebeneinander liegende Eingänge sehr niedrig waren, etwa 20 bunte Holzmasken, ausserdem einige Strohbehänge und ein Schwirrholz; auf dem Boden waren zwei aus Erde geformte Reliefs angebracht, Leguane darstellend. Hier wie überall schien es als selbstverständlich zu gelten, dass die fremden Gäste im Flötenhause Quartier nahmen; Einwohner des Ortes selbst übernachten dagegen, wie es scheint, nirgends darin. Kleine Dörfer von wenigen Hütten besitzen oft überhaupt kein solches Gebäude. Die Frauen dürfen das Flötenhaus nicht betreten und an den feierlichen Tänzen der Männer, für die die Masken und Musikinstrumente in diesem Hause aufbewahrt werden, nicht teilnehmen.

Männerhäuser im vollen Sinne des Wortes kann man die Festhütten der Schingu-Indianer nicht mehr nennen, da sie nicht eigentlich als Wohnungen der Unverheirateten dienen; dass indessen auch ganz typische Formen in Südamerika nicht fehlen, darüber sind wir ebenfalls durch Karl von den Steinen unterrichtet, der bei den Bororó von S. Lourenço die Einrichtung in voller Blüte fand. „Der Mittelpunkt des Bororó-Daseins“, schreibt er, „ist das Baitó, das Männerhaus, und neben dem unglaublich geräuschvollen Leben, das sich hier Tag und Nacht abspielt, sind die Familienhütten kaum etwas mehr als der Aufenthalt für Frauen und Kinder. Die vereinigten Männer heissen aróe und zwar mit besonderer Rücksicht auf die gemeinsame Jagd. In den, man darf ohne viel Übertreibung sagen, fast jeden Tag und jede Nacht im Baitó erschallenden und weithin hallenden Gesängen ist aróe nicht das dritte, sondern das zweite Wort; denn die Gesänge enthalten Aufzählungen von Tieren und Dingen, deren jedem, sobald es genannt ist, mindestens ein aróe folgt. . . . Der Stamm macht den Eindruck eines aus Jägern zusammengesetzten Männergesangvereins, dessen Mitglieder sich verpflichten, solange sie nicht etwa 40 Jahre alt sind, nicht zu heiraten, sondern in ihrem Klubhaus miteinander zu leben. Die älteren, mit Familie versehenen Genossen sind die angesehenen Träger von Amt und Würden und können deshalb auch nur wenig Zeit zu Hause zubringen; sie nehmen an den Jagdausflügen Teil oder haben im Klubhaus zu wirken, wo sie für Ordnung sorgen, die Gesänge leiten und an den beschäftigten Tagen auch an dem Essen teilnehmen, das die Frauen hinschicken.“ Jeder Mann hat im Baitó seinen bestimmten Platz, der sich nach der Lage des Wohnhauses seiner nächsten Verwandten richtet. Wer nicht auf Jagd ist oder der Ruhe pflegt, beschäftigt sich mit gewerblichen Arbeiten, wobei oft grosse Ausdauer und Sorgfalt entwickelt wird. Für die geschlechtlichen Bedürfnisse der Junggesellen wird in der Weise gesorgt, dass man gewaltsam einzelne Mädchen ins Männerhaus entführt, wo sie dann mehreren zugleich als Geliebte dienen und Pfeile als Geschenke erhalten, die sie an ihren Bruder oder den Bruder ihrer Mutter abliefern.

bekommen sie Kinder, dann gelten alle Bewohner des Männerhauses gemeinsam als Väter. Wir haben hier also eine Uebergangsform von der freien Liebe der Jugend zur Prostitution oder doch zur Gruppenehe, ähnlich wie auf den Neuen Hebriden (S. 236).

Aus andern Teilen Südamerikas sind so ausgezeichnete Beispiele des Männerhauses bisher nicht bekannt geworden. In Guayana besitzen viele Stämme Zauberhütten, in denen die Zauberklappern aufbewahrt werden und der Medizinmann sein Wesen treibt; häufig sind ausserdem eigene Unterkunftsstätten für Fremde vorhanden. Brett erwähnt auch grosse Häuser für Ratsversammlungen der Männer. Eine besondere Entwicklungsform des dem Männerhause zu Grunde liegenden Gedankens findet sich nach Sievers bei den Arhuaca-Indianern der Sierra Nevada de Sta. Marta in Kolumbien: Hier hat jede Familie zwei Häuser, die sich gegenüberstehen, eins für den Mann und eins für Frau und Kinder. Die Sitte, die streng eingehalten wird, verlangt, dass niemals zwei Erwachsene verschiedenen Geschlechtes zugleich in einem Hause weilen, und so verlässt z. B. der Mann sofort die Hütte, wenn die Frau hineintritt; hier ist also, ganz nach der Art vereinsamter Naturvölker, eine Idee bis aufs äusserste durchgeführt, ohne dass wahrscheinlich noch eine klare Erkenntnis der Grundursache vorhanden ist.

Litt.: Spix u. Martius, Reise in Brasilien III. — Martius, Rechtszustand unter den Urbewohnern Brasiliens. — v. d. Steinen, Unter den Naturvölkern Zentral-Brasiliens. — Joest i. Intern. Archiv f. Ethn. V, Suppl. — Im Thurn, Indians of Guayana. — Brett, The Indians Tribes oft Guayana. — Schomburgk, Reisen in Britisch-Guayana. — Sievers i. Zschr. d. Ges. f. Erdkunde, Berlin 21.

H. Afrika.

Wenn schon die allerdings sporadische Verbreitung des Männerhauses durch ganz Amerika ein ausgezeichneter Beweis für die tiefen, durch die ganze Breite der Menschheit nachweisbaren Wurzeln dieser Einrichtung ist, so ergänzt die grosse Zahl afrikanischer Zeugnisse das Bild in vortrefflicher Weise und schliesst den Gedanken vollends aus, dass die Zustände, die das Männerhaus entstehen lassen, nur einer bestimmten Rasse oder Kulturströmung eigen wären. An und für sich sollte man in Afrika nicht viele Spuren dieser Zustände erwarten; das Vorwiegen des Feldbaues mit seiner Begünstigung des Familienlebens einerseits, die wenigstens an der Westküste zahlreichen Geheimbünde andererseits müssen zweifellos auf die alte Form zerstörend wirken, und die beständigen Völkerströmungen, die die Hochebenen des Innern durchfluten, sind auch nicht geeignet, die Erhaltung überlebter Daseinsformen zu fördern. Dasselbe gilt vom Islam, der bereits umfangreiche Gebiete Afrikas beeinflusst hat und durch seine charakteristische Art der Trennung der Geschlechter andere Systeme überflüssig macht; an die Stelle des Männerhauses tritt bei ihm die Moschee und der Bazar.

Trotz alledem kann man, wenn man nach Beispielen des Männerhauses in Afrika sucht, stellenweise noch eine reiche Ernte halten. Auch dort, wo es in seiner äusseren Form nicht besteht, wie bei den meisten Nomadenvölkern Ost- und Südafrikas, liegt das mehr an nebensächlichen Umständen, denn die Grundverhältnisse, aus denen es zu erwachsen pflegt, sind auch hier noch vielfach in der kenntlichsten Art erhalten.

---

a. Nordafrika.

Gegenwärtig stehen sich in Nordafrika, von den der Rasse nach ganz gemischten Städtern abgesehen, zwei Hauptgruppen von Einwohnern gegenüber, die Araber und die Kabylen. Die letzteren, die Gebirgsbewohner, sind die ältere Schicht der Bevölkerung, die freilich selbst in früherer Zeit wieder aus der Mischung verschiedener Elemente entstanden und vielfach durch die Araber beeinflusst ist.

Diese ältere Bevölkerungsschicht nun kennt das Männerhaus und hält stellenweise mit Zähigkeit an dieser Einrichtung fest. Die meisten Kabylendörfer Algeriens haben am Eingang eine „Dschemäa“, ein Versammlungshaus für die Männer, wo diese ihre Beratungen abhalten und auch sonst zum Gespräch zusammenkommen, in der Regel eine Halle mit Steinbänken. Das Wort Dschemäa bedeutet eigentlich die Männerversammlung als solche, die in den ganz demokratisch eingerichteten Gemeinden der Kabylen von grosser Wichtigkeit ist, und erst im abgeleiteten Sinne das Gemeindehaus. Die von mir besuchten Kabylendörfer bei Tisiusu hatten keine derartigen Gebäude: die Dschemäa wurde hier auf einer Terrasse bei der Moschee abgehalten. Nach der Angabe Leclerqs stehen bei den westlichen Kabylen die Gemeindehäuser in der Mitte der Dörfer und sind etwas grösser als die übrigen Gebäude.

Man könnte freilich zweifeln, ob diese Versammlungsgebäude unmittelbar mit dem Männerhause etwas zu thun hätten, aber glücklicherweise liegt vom Stamme der Djebala im nördlichen Marokko eine Schilderung des Gemeindehauses und seiner Einrichtungen vor, die alle Ungewissheit über diesen Zusammenhang beseitigen muss. Das Gebäude heisst hier beït-eç-çohfa; die Gemeindeversammlung, die auch hier Djemaâ genannt wird, scheint nicht durchweg in diesen Gebäuden zu tagen, ebensowenig die grösseren Djemaâs ganzer Stämme, die zuweilen zusammentreten und das einzige Element der Ordnung in der allgemeinen Anarchie sind. Die beït-eç-çohfas sind vielmehr echte Junggesellenhäuser und zugleich die Arsenale der Dörfer, in denen man die Munition aufbewahrt. Die unverheirateten Männer, mit Ausnahme der Gelehrten, bilden eine kleine schlagfertige Truppenmacht, die im Gemeindehaus ihren Mittelpunkt hat und wohl auch die Bewachung des Dorfes übernimmt. Dem ausserordentlich tiefen Stande der Geschlechtsmoral entsprechend ist das beït-eç-çohfa zugleich der Schauplatz wilder sinnlicher Ausschweifungen, an denen sich weibliche und männliche Prostituirte beteiligen; die weiblichen werden förmlich gekauft und gelten dann als gemeinsamer Besitz mehrerer Junggesellen. Übrigens sind die Djebala stark arabisiert und werden von den echten Kabylen ihrer Unsittlichkeit wegen gründlich verachtet. Über die Zustände bei den am wenigsten von der Kultur berührten Kabylenstämmen des Rif u. s. w. ist leider sehr wenig bekannt.

Im Anschluss an diese nordafrikanischen Verhältnisse mag auf die Zustände des alten Ägyptens hingewiesen sein, die die Vermutung sehr nahe legen, dass viele Tempel dieses Landes aus echten Männerhäusern hervorgegangen sind. Die Tempel waren in der ältesten Zeit nicht nur die religiösen und kulturellen Mittelpunkte der kleinen Gaue, in die Ägypten zerfiel, sondern zugleich die Festungen und Arsenale. An der Spitze der Tempel standen Oberpriester, die in Memphis „Oberste der Arbeiter", in Mendes „Oberste der Krieger" genannt wurden, also doch wohl als Führer einer gewerbthätigen oder kriegstüchtigen Männergruppe galten; der Gedanke liegt nahe, dass diese Arbeiter oder Krieger einfach die unverheirateten Männer des Stammes waren, die das Heiligtum und Arsenal bewachten und in der ältesten Zeit auch bewohnten, und deren Leitung naturgemäss dem Tempelpriester zufiel.

Litt.: Doutté, Les Djebala du Maroc. — Leclerq, De Mogador à Biskra. — Wiedemann, Religion der alten Ägypter.

---

b. Westafrika.

Die Westküste Afrikas ist das eigentliche Verbreitungsgebiet der Geheimbünde, über deren Zusammenhang mit dem Männerhaus kaum ein Zweifel bestehen kann; die Erscheinung, dass der ältere und einfachere Zustand von diesen Weiterbildungen zersetzt oder überwuchert worden ist, lässt sich denn auch vielfach beobachten. Aber daneben taucht doch immer wieder das Männerhaus in mehr oder weniger typischer Gestalt auf, wie das eine kurze, von Nord nach Süd fortschreitende Übersicht zeigen mag.

Rat- oder Palaverhäuser finden sich im Hinterlande von Sierra Leone in jedem Dorfe. Es sind runde, einstöckige, ringsum offene Gebäude, Burri genannt, wo alle Gerichtsverhandlungen (Palaver) und Beratungen der Dorfbewohner abgehalten werden. Matthews erwähnt auch kleinere Burris für Knaben, in denen diese lesen lernen; möglicherweise ist das ein Rest des Systems der Altersklassen, der durch den Einfluss des Islam neuen Zwecken angepasst ist. Weiter im Innern bei den Mandingo (Malinke) scheint eine Spaltung des Männerhauses eingetreten zu sein, soweit darüber vorläufig Klarheit zu erlangen ist: Hier dient die Wohnung des Ortsvorstehers, Baluhn oder Bulu genannt, anscheinend oft gleichzeitig als Rathaus, daneben aber besitzt jeder Ort eine Art grosser Bühne oder Plattform, Bentang, die als öffentlicher Versammlungs- und Beratungsplatz benutzt wird, wo sich die Müssiggänger aufhalten, Geschäfte geschlossen und Gerichtsverhandlungen abgehalten werden; auch die Fremden begeben sich zunächst hierher, bis sie jemand nach seinem Hause einladet. Wettkämpfe und Tänze werden hier abgehalten, vor allem aber, was sehr bedeutsam ist, steht der Mumbo Djumbo, der Schreckteufel der Geheimbündler, in enger Beziehung zum Bentang. Als Schlafstelle scheint es hier nicht zu dienen, dagegen wird erwähnt, dass wenigstens im Hochsommer fast alle Männer nicht wie die Frauen in Hütten, sondern unter Bäumen auf dem Dorfplatz schlafen. Stellenweise vertritt übrigens der Dorfplatz ganz das fehlende Bentang.

Im Togolande scheint die Sitte, dass die Junggesellen gesondert schlafen, weit verbreitet zu sein, wie ich aus mündlichen Angaben eines Missionars entnehme. Die Palaver werden meist auf öffentlichen Plätzen abgehalten, doch giebt es auch hier und da Gemeindehäuser, so im Adeleland, wo sich diese Gebäude mit viereckigem Grundriss sehr deutlich von den gewöhnlichen runden Hütten unterscheiden. Ein Rathaus sah Kling auch in Dutukpame; in Kpando lag dagegen eine Palaverhalle neben dem Häuptlingshaus. Besondere Häuser, die als Herbergen für Fremde dienen, scheinen in den meisten Orten vorhanden zu sein, wenn sie auch selten so gross sein mögen, wie die langen Giebelhäuser mit zahlreichen Innenräumen, die Klose in Kwamikrum beobachtete.

Im Hinterlande von Bonny sind die Conko- oder Jujuhäuser, die sonst ganz den Typus des Männerhauses haben, Eigentum geheimer Gesellschaften oder Klubs; auch in Kalabar scheint das städtische Gemeindehaus in enger Beziehung zu den Geheimbünden zu stehen. Von den Bube auf Fernando Poo erwähnt dagegen Baumann Gemeindehäuser, die an den Dorfplätzen stehen und während des Tages als allgemeiner Aufenthaltsort der Dorfbewohner dienen; die Wohnstätten werden eigentlich nur als Küchen und Schlafstellen benutzt.

Ein wahrhaft klassisches Gebiet des Männerhauses bildet das Hinterland von Kamerun bis hinüber ins Kongobecken; als glänzendes Seitenstück zu den Vorkommnissen in Melanesien, in Birma und bei den Bororó Brasiliens ist diese Erscheinungsform von unschätzbarem Werte für die vergleichende Forschung, die ja nur mit Hülfe der vereinzelten hellen Punkte auch die mangelhaft beleuchteten Züge enträtseln kann. Eine Besonderheit des Kamerungebietes ist es, dass die Männerhäuser sich vorwiegend zu Wachtlokalen ausgebildet haben, wo die jüngeren Krieger die Dorfwache halten; auch das hat ja seine Parallelen, besonders in Birma und bei den Mundrucu Brasiliens.

Natürlich giebt es auch hier allerlei Üebergänge und unvollkommene Formen. Die Dualla im Küstenlande bauen ihre Gehöfte derart, dass sie an der Dorfstrasse grosse Hütten für die Männer errichten, dahinter kleinere für die Frauen; hier hat also jede Familie im engsten Kreise die Trennung der Geschlechter äusserlich durchgeführt. Ähnlich sind die Dörfer der Balong gebaut. In der Gegend von Batanga erscheint dagegen schon in der Mitte der Dorfstrasse das Fetisch- oder Gemeindehaus, dessen eine Seite, wie so merkwürdig oft bei den Männerhäusern, vollständig offen ist; als Firststütze erhebt sich am Eingang eine bemalte Säule mit Götzenbild. In einem Falle bestand diese Säule aus Basalt.

Die Dörfer der Banyang nördlich vom Kamerunbergland haben an jedem Ende ein Gemeindehaus, das an der dem Dorfe zugekehrten Seite oft nur eine halbe Wand besitzt, also auch teilweise offen steht. In einem dieser Häuser sah Conrau einen neuen „Fetisch“, aus allerlei buntbemalten Schnitzereien bestehend, den die Dorfbewohner für schweres Geld von einem benachbarten Stamme gekauft hatten. Zintgraff fand auch mehrfach Übergänge zum Langhaus; Häuptlinge mit starker Familie erbauen ihre Gehöfte in der Art, das zwei Reihen von Frauenhäusern einander geschlossen gegenüberliegen und an beiden Enden durch quer vorgebaute Männerhäuser verbunden sind; auf diese

Weise entsteht ein Hof, den eine geschlossene Gebäudemasse umgiebt. Manchmal ist auch nur ein Männerhaus vorhanden, und die zweite Schmalseite bleibt offen.

Über die Verhältnisse bei den Yaunde berichtet Zenker: „Das Yaunde-Land ist ein reich bevölkertes, seine Dörfer sind auf grossen freien Plätzen errichtet und bestehen je nach der Grösse der Häuptlinge aus 10, 20 bis 50 Hütten, welche nicht, wie bei den Nkumba und Kasjua, zusammenhängend sind, sondern in einer Reihe frei stehen. Am Anfange des Dorfes erhebt sich eine grössere Hütte, welche zum Aufenthalt der Dorfwache und der fremden Gäste, sowie als allgemeiner Versammlungsraum der Dorfbewohner dient. In der Nähe dieser Hütte befindet sich unter einem schützenden Dache die Signaltrommel.“ Häufig ist das ganze Dorf nur die Siedelung eines einzigen wohlhabenden Mannes, der für jede seiner Frauen eine besondere Hütte und ausserdem ein Männerhaus für sich und seine Gäste errichtet hat. „Im grossen Männerhaus“, sagt Zenker bei einer anderen Gelegenheit, „sind oft bis 30 Betten aufgestellt, zwischen welchen Tag und Nacht Feuer glimmt. An den Wänden sind auf hölzernen Gabeln Bündel von Speeren niedergelegt; zwischen den Bambusstäben derselben werden die Haumesser gesteckt. An den recht hübsch geschnitzten Mittelpfeiler werden die Flinten angelegt, desgleichen die Munitionsbeutel, Pulverflaschen und die an ihnen befestigten Medizinhörner, welche zum Schutz gegen Regen mit einem Wildkatzenfelle bedeckt sind. Auch fehlen mehrere lange Pfeifen nicht, deren Rohr aus der Rippe eines Pisangblattes hergestellt ist. Als besonderer Schmuck des Innern sind oft an der Rückwand einige bunte geschnitzte Bretter angebracht, eine Mittellinie bildend; dieselben zeigen schwarz-weiss-rote Muster von symmetrischen Figuren und Strichen. Sonst befindet sich keinerlei Schmuck im Hause. Unter dem Dache werden auch Schädel von Kleinwild und verzehrten Hunden oft in grosser Zahl angebracht; grössere Schädel werden auf das Dach gelegt, wie die von Büffeln, Antilopen, Schweinen und Affen, um dadurch den durchziehenden Fremden zu zeigen, dass der Besitzer dieses Weilers ein glücklicher und grosser Jäger ist. . . . Unter einem kleinen Schutzdach oder im

Männerhause befindet sich die Signaltrommel, welche zum Telegraphieren dient". Dominik, der diese Schilderung im allgemeinen bestätigt, fügt hinzu, dass die Dorfleute (wohl die Männer) gemeinsam im Männerhaus essen, wobei jeder Fremde ohne weiteres mit zulangen kann, und dass der Häuptling hier eine Art Tabakskollegium hält. Es ist gewiss merkwürdig, wie gewisse Züge in allen Gebieten wiederkehren! Die geschnitzten Pfeiler und bemalten Wände, das Aufbewahren der Waffen, die Ausschmückung mit Schädeln, die gemeinsamen Mahlzeiten, Trinkgelage und Rauchversammlungen wiederholen sich immer wieder, mag man nun indonesische, melanesische, amerikanische oder afrikanische Verhältnisse ins Auge fassen. Und doch gleicht wieder nie ein Fall ganz dem anderen.

Bei den östlich von den Yaunde wohnenden Bane herrschen ähnliche Zustände wie bei diesen. „Auffallend," schreibt Kund, „ist eine in der Mitte der Dorfstrasse, meist auf einem Unterbau von Lehm errichtete grössere Hütte, welche mit mehreren Thüröffnungen versehen ist und im Innern ringsherum an den Wänden Lagerstellen enthält. Diese Hütte, welche stets Eigentum des Häuptlings ist, dient nicht allein als Beratungsort für die inneren Angelegenheiten eines Dorfes, sondern auch als Unterkunftsort für durchziehende Händler und Fremde. Man findet ausserdem in jeder dieser Hütten die zu öffentlichen Vergnügungen zu benutzenden Musikinstrumente und verschiedene Spiele, ähnlich unserem Damenbrett."

Unter den Bewohnern des Hinterlandes von Gabun sind besonders die Fan (Pahuin) als solche zu nennen, die Gemeindehäuser besitzen. Auch hier bestehen die Dörfer meist aus einer langen Strasse, und die Männerhäuser liegen entweder in der Mitte dieser Strasse, oder an beiden Enden. In einem Dorfe, das Lota schildert, befand sich das eigentliche Gemeindehaus in der Mitte, an jedem Ausgange des Dorfes aber lag ein Wachhaus; das wäre also eine der so ungemein häufigen Spaltungen der Grundidee. Die Aduma besitzen ebenfalls Wachhäuser. Von den Mpongwe erwähnt Burton ein Palaver- oder Klubhaus, Námpolo genannt, in dessen Innenraum beständig ein Feuer unterhalten wurde. Die Dörfer der Mayumba, nördlich vom unteren

Kongo, ähneln denen der Fan, denn auch bei ihnen befinden sich Wachlokale, die zugleich als Palaverhäuser dienen, an beiden Enden der langen Dorfstrasse; es sind allerdings nicht viel mehr als einfache Schutzdächer, unter denen beständig ein Feuer brennt. Aus älterer Zeit endlich erwähnt Dapper von der Loangoküste „Weinhäuser" der Häuptlinge, in denen sie mit ihren Leuten Gelage hielten und kleinere Rechtssachen entschieden; auch diese Gebäude sind wohl als Abkömmlinge der Männerhäuser zu betrachten.

Litt.: Kund u. Zintgraff i. Mitt. a. d. deutschen Schutzgeb. I. — Kling ebenda II. — Zenker ebenda IV u. VIII. — Klose ebenda IX. — Conrau ebenda XII. — Seidel i. Globus 69. — Conrau i. Globus 74. — Tour du Monde 1895. — Mungo Parks Reisen im Innern von Afrika. — Ehrmann, Neueste Kunde von Afrika I. — Dapper, Afrikaensche Gewesten II. — Scott Elliott i. Journ. Anthrop. Inst. 23. — Baumann, Fernando Poo. — Matthews, Reise nach Sierra Leone. — Hübbe-Schleiden, Ethiopien. — Dominik, Kamerun.

c. Innerafrika.

Versammlungshäuser, die oft an den Seiten offen waren, traf Thonner häufig bei den Uferbewohnern des Mongala, eines rechten Nebenflusses des mittleren Kongo; stellenweise wurde in diesen Häusern auch die Salzbrennerei ausgeübt. Nicht ganz klar ist die Angabe Thonners: „Manche Häuser bestehen aus einem solchen an den Seiten offenen Wohn- oder Zusammenkunftsraum und einem geschlossenen Schlafraum." Es wird sich hier wohl um eine Verschmelzung des Männerhauses mit dem Frauenhause und nicht, wie man an sich wohl vermuten könnte, um Junggesellenhäuser mit Schlafstätten handeln.

Am Ubangi finden sich bei manchen Stämmen Beratungshütten, andere, wie die Sangos, haben nur Schattendächer, unter denen man die Fischnetze aufbewahrt und wo die Männer zum Rauchen und Trinken zusammenkommen. Bei den Bandjiri liegen mitten in den Dörfern quadratische Erdaufwürfe von $1^1/_2$ m Höhe und 25 m Seitenfläche, wo sich ebenfalls die-

Männer versammeln und ihre Zechgelage abhalten. Diese Erhöhungen oder Plattformen als Ersatz der Männerhäuser finden sich in allen Erdteilen wieder, aber man wird in jedem einzelnen Fall zu erwägen haben, ob es sich hier thatsächlich um vereinfachte und verkümmerte Häuser handelt, oder ob die Erscheinung auf den gewöhnlichen Dorfplatz zurückzuführen ist, den man durch Aufschüttungen oder Tribünen erhöht und zu einem würdigen Versammlungsraum umgestaltet hat. Die „Dubus“ im südlichen Neuguinea sind wohl aus Häusern hervorgegangen, von den Erdhügeln der Bandjiri lässt sich das nicht mit Gewissheit sagen.

Eigenartige Zustände herrschen in der Gegend von Leopoldville am Stanley-Pool. Offenbar unter dem Einflusse der Geheimbünde, die hier sehr mächtig sind, den grössten Teil der Bewohner umfassen und eigene Häuser besitzen, ist die Bedeutung des Männer- und Versammlungshauses zurückgegangen, und zwar in einer Weise, die auch anderswo zu beobachten ist: Aus dem Zusammenkunftsort der Männer hat es sich in ein Knabenhaus verwandelt. Schon nach den ersten Kinderjahren verlässt hier der Knabe die Frauenhütte und gesellt sich zu den andern Knaben, die gemeinsam in einer grossen Hütte (Mbonge) wohnen; hier erhalten sie von den Frauen Nahrungsmittel und kochen die Speisen mit Hilfe des Holzes, das sie sich selbst aus dem Walde holen. Der Aufenthalt im Mbonge währt so lange, bis der Knabe im stande ist, sich selbst eine Hütte zu bauen. Hier ist also statt der Altersklasse der mannbaren Jugend, die nur in den Geheimbünden noch kenntlich hervortritt, die der unerwachsenen Knaben stärker betont. Das Knabenhaus scheint auch als Herberge benutzt zu werden, wenigstens übernachtete Bentley in einem solchen und hatte sich über die Aufnahme und Verpflegung nicht zu beklagen.

Dass die Mbonge, die Knabenhütten, wirklich aus dem Männerhause hervorgegangen sind, wird durch die Verhältnisse bei den Sandeh am oberen Ubangi bestätigt. Die öffentlichen, auf dem Dorfplatz stehenden Versammlungsgebäude heissen hier Mbanga. Daneben giebt es nach Schweinfurth's Angabe noch kleine thönerne Schlafhäuser für Knaben, was vermuten lässt, dass auch hier die jugendlichste Altersklasse einigermassen organisiert ist. Allerdings sollen nur die Kinder der Vornehmeren in derartigen Häusern schlafen, und die Einrichtung soll hindern, dass sie zu früh mit dem anderen Geschlecht in Verkehr treten. Wenn Schweinfurth darin recht hat, wie das von einem so vorzüglichen Beobachter nicht anders zu erwarten ist, so würde hier eine weitere eigenartige Umbildung der alten Sitten erfolgt sein, ähnlich wie bei den Mädchenhäusern auf Luzon (S. 274).

Noch weiter nördlich, in Wadai, findet sich der bemerkenswerte Name Deballe für Fremdenhäuser. Über die öffentlichen Gebäude für Jünglinge, Männer und Greise, die ausgezeichnete Beispiele differenzierter Männerhäuser sind, ist schon bei der Betrachtung der Altersklassen ausführlich gesprochen worden.

Aus dem südlichen Kongobecken liegen kaum Nachrichten über das Männerhaus vor; erwähnenswert ist indes die Angabe Wissmanns, dass bei den Baluba die Versammlungsplätze, auf denen auch das allgemeine, mit religiöser Hingebung betriebene Hanfrauchen stattfindet, vor den Häuptlingshäusern liegen.

Am oberen Sambesi fand Holub Beratungshütten im Marutse-Reich bei den Koschi und Kosana. Es waren niedere Rundhütten mit kegelförmigen Dächern, eigentlich nur Schattendächer auf Pfählen ohne Seitenwände. In der Residenz des Marutsekönigs war auch ein grosses Rathaus in einem eigentümlichen Stil errichtet, den Holub auf portugiesischen Einfluss zurückführen möchte; das Innere war ganz leer, nur die grossen Kriegstrommeln wurden hier aufbewahrt. Wenn der König Ratsversammlung hielt, setzte er sich auf einen niederen Holzstuhl, der für ihn herbeigetragen wurde, während die Würdenträger rings im Kreise niederhockten. Es ist das zugleich ein interessantes Beispiel, wie sich unter dem Einfluss der despotischen Regierungsform das ursprünglich allgemein zugängliche Männer- und Beratungshaus in eine Art Sitzungssaal des Kronrats umzuwandeln vermag.

Litt.: Bentley, Life on the Congo. — de Bas i. Tijdschr. Nederl. Aardrijksk. Gen. II S., IV. — Wissmann, Im Innern Afrikas. — Thonner, Im afrikanischen Urwald. — Thonner i. Globus 72. — Dubreucq i. Bull. Soc. R. Géogr. d'Anvers 1898. — Holub, Culturskizze des Marutse-Mambundareiches. — Schweinfurth, Im Herzen von Afrika.

---

d. Ost- und Südafrika.

Im östlichen und südlichen Afrika ist die Einrichtung des Männerhauses vorwiegend bei den ackerbauenden Stämmen zu finden. Die unsteten Buschmänner, die oft kaum wirkliche Wohnhütten besitzen, kennen es nicht, und die Hirtenstämme, mögen sie nun den Hamiten, den Niloten oder den Kaffern angehören, haben wohl teilweise das System der Altersklassen hoch entwickelt, aber das Männerhaus als äusserer Ausdruck dieser Verhältnisse ist ihnen fremd oder doch in wenig charakteristischer Form vorhanden. Ob z. B. die Fremdenhäuser, die sich in den Dörfern der Galla finden, als Abkömmlinge des Männerhauses zu betrachten sind, ist schwer zu entscheiden. Den Galla dient übrigens oft auch ein abgesonderter Teil des Wohngebäudes als Fremdenzimmer.

Die Wapokomo am Tana, einer jener echten Negerstämme, die bis jetzt den Völkerfluten der Wanderhirten noch leidlich stand gehalten haben, besitzen dagegen eine ganz typische Form des Männerhauses. Nach den Angaben Denhardts bleiben hier die Knaben nur bis zum 12. Jahre bei der Mutter, worauf sie bis zu ihrer Verheiratung in einer grossen, ausschliesslich für die jungen Männer bestimmten Hütte leben. Ganz ähnlich liegen die Verhältnisse nach Baumann bei den Wabondei, nur dass hier das Männerhaus noch Seitenschösslinge getrieben hat: Auch die Wabondei haben für junge Männer besondere Hütten, in die sich die Knaben mit dem 12. Jahre begeben, ausserdem aber Wachthäuser an den Dorfeingängen, wo sich nachts stets ein Teil der Krieger aufhält; überdies finden sich hier als beachtenswerte, auch anderwärts wiederkehrende Parallelen zu den Junggesellenhäusern ganz ähnliche Mädchenhäuser, die von den Mädchen ebenfalls im 12. Lebensjahre bezogen werden. Das Gebäude für die Junggesellen führt, wie Dale mitteilt, den Namen Bweni; es enthält ausser der gehörigen Anzahl von Bettstellen keinerlei innere Ausstattung. Das Brennholz für das beständig im Hause brennende Feuer wird von den Müttern der jungen Leute geliefert, und zwar spendet jede Mutter täglich ein Holzscheit. Am Morgen gehen die Jünglinge nach den Wohnungen ihrer Eltern, angeblich „um ihr Gesicht zu waschen“. Ganz freier Verkehr zwischen den Insassen des Junggesellen- und des Mädchenhauses scheint nicht zu bestehen, doch besuchen sich Knaben und Mädchen gelegentlich des Abends truppweise, um miteinander zu plaudern.

In dieser typischen Gestalt scheint das Männerhaus in Ostafrika auch bei den ansässigen Stämmen nicht überall vertreten zu sein; um so häufiger sind die Versammlungshäuser, deren Verwandtschaft mit dem Männerhause hier wohl so wenig zu bezweifeln ist, wie anderwärts. Bei den Wadigo sah Baumann dergleichen Gebäude meist in der Mitte jedes Dorfes auf einem Aschenhaufen errichtet; die gemeinsamen Trinkgelage der Männer, die bei den Wadigo sehr häufig stattfinden, scheinen jedoch nicht in diesen Häusern abgehalten zu werden. Eine Reihe von Angaben über Versammlungshäuser verdanken wir Stuhlmann. „Zwischen den Wohnhäusern,“ berichtet er von den Wawamba, „stehen wenige, mit 5—6 grossen Eingängen versehene oder ringsum offene Hütten, die den Männern Schutz vor der Sonne gewähren, wenn sie sich zu geselligem Klatsch zusammensetzen, oder worin die Weiber das Essen kochen. Sowohl in diesen Gebäuden als auch im Schatten von Bäumen findet man eine eigentümliche Art von Ruhebänken.“ Ähnlich ist es bei den A-Lur; „Überall zwischen den Hütten werden einfache Sonnendächer errichtet, unter denen bei Tage zuweilen gekocht wird; auch dienen sie zu Versammlungen, für die keine besonderen Räumlichkeiten existieren.“ In den Dörfern der Wassangora finden sich nur eins oder zwei dieser Sonnendächer. Die Wahoko erbauen die Wohnhäuser ihrer Ortschaften in zwei ziemlich regelmässigen Reihen. „Extrahütten dienen zum Kochen oder zu geselliger Vereinigung. Sie bestehen aus einem runden Kegeldach, das ringsum durch Pfähle — je 3—5 zu einer Gruppe vereint — gestützt wird. Man sieht aber auch einfache Sonnendächer, die nur aus einem rohen, auf vier Stangen ruhenden Verdeck bestehen.“ Sorgfältig gebaute, an den Seiten offene Versammlungshütten, in derem Innern sich Ruhebänke befinden, besitzen auch die Wambuba; im Dorfe Bewau befand sich eine von besonders grossem Umfange, „eine Art Dorfkasino. Man sitzt darin auf den zahlreichen Ruhebänken, raucht, schwatzt oder klopft Rindenstoffe“. Sehr einfach sind die Sonnendächer bei den Waholi. Durchaus eigenartige Verhältnisse herrschen bei den Latuka, die schon zu den Nilstämmen zu rechnen sind. Versammlungshäuser giebt es nicht, dagegen haben sich bevorzugte Plauderorte unter schattigen Bäumen herausgebildet, und zwar für jedes Geschlecht besonders; ausserdem ist die Dorfschmiede ein beliebtes Plauderstübchen, wo sich die Männer gern zahlreich versammeln, um allerlei Dorfklatsch oder Jagdgeschichten zum besten zu geben.

Alle diese eben erwähnten Beispiele sind nicht besonders charakteristisch, dienen aber immerhin dazu, das Bild der thatsächlichen Verhältnisse zu ergänzen. Dass sie nicht ohne Bedeutung sind und vielleicht als Ausläufer einer mehr typischen Entwicklung gelten dürfen, geht daraus hervor, dass südlich von dem Reisewege Stuhlmanns und recht im Herzen Ostafrikas wieder Männerhäuser vorkommen, die man als Muster ihrer Art bezeichnen kann. Bereits den ersten Erforschern der Seengebiete, Grant und Burton, fielen die Iwanza, die Männer- und Frauenhäuser der Landschaft Unyamwesi auf, und Burton verdanken wir denn auch die eingehendste Schilderung dieser Gebäude, die leider von den zahlreichen späteren Reisenden kaum verbessert oder ergänzt worden ist. „Das Charakteristischste eines Unyamwesi-Dorfes“, schreibt Burton, ist die Iwanza, eine Einrichtung, die wahrscheinlich aus dem Instinkt der Geschlechter hervorgegangen ist, die es vorziehen, sich nicht untereinander zu mischen, und zum Zwecke grösserer Freiheit des Lebens und der Sitten. Jedes Dorf besitzt zwei dieser Gebäude, die gewöhnlich einander gegenüber gebaut sind angesichts des gewöhnlich vorhandenen Mrimba-Baums, der seinen dichten Schatten über den öffentlichen Dorfplatz breitet. Das Haus der Weiber, eine Art Harem, wurde von uns nicht besucht; da Reisende und Fremde immer in die Iwanza der Männer aufgenommen werden, lässt sich diese leichter beschreiben. Dieses öffentliche Gebäude ist eine grosse Hütte, etwas solider gebaut als die übrigen, oft mit feuchtem Thon bestrichen und mit Abdrücken von Händen und Fingern verziert.[1]) Der Rand des Daches ist meist einen Fuss über die Mauer erhöht, — ein ausgezeichnetes Mittel für Ventilation in diesen Gegenden. Aussen ist die Iwanza gegen das Eindringen von Vieh durch oberflächlich entrindete Baumstämme geschützt, die auf starken Pfosten ruhen; innerhalb des so gebildeten Raums sitzen die Männer plaudernd und rauchend. Die beiden Eingänge sind durch aufgehängte Zaubermittel geschützt. Im Innern ist der halbe Raum vom Ubiri eingenommen, einem riesigen Bettgestell, das, wie die Holzpritschen unserer Wachtstuben, durch Pfosten gebildet wird, die auf wagerechten Querhölzern ruhen; die Querhölzer wieder werden von gabelförmigen, etwa fusslangen Pfählen gebildet, die fest in den Grund gerammt sind. Der Fussboden besteht aus gestampfter Erde. Das Hausgerät der Iwanza besteht aus einem Herde und Mahlstein; Speere, Stöcke, Pfeile und Knüppel sind in das schwarzbraune Dachgebälk gesteckt oder sind auf hölzerne Haken gelegt, die von den russigen Querbalken herabhängen; in den Ecken stehen Blasebälge, Elephantenspeere und ähnliche Dinge. In diesem Gemeindehaus verbringen die Dörfler ihre Tage und oft, auch wenn sie verheiratet sind, ihre Nächte, indem sie spielen, essen, Pombe trinken, Hanf und Tabak rauchen, schwatzen und wie ein Wurf junger Hunde schlafen, wobei sie Rücken, Brust oder Magen ihrer Genossen als Kopfkissen benutzen.“ Grant berichtet auch, dass grosse Trommeln im Männerhause aufbewahrt werden und Tänze auf dem Platze vor dem Gebäude stattfinden. Zuweilen dient die Iwanza auch als Brauhaus.

Diese ausgezeichnete Erscheinungsform des Männerhauses scheint sich auf Unyamwesi zu beschränken; ihr gegenüber erscheinen die Versammlungshütten der Wakhutu, die am Dorfplatz liegenden Schaurihütten der Wakonde und die Gerichtshäuser der Makua wenig interessant. Grössere Aufmerksamkeit verdienen dagegen die Verhältnisse der Baronga an der Delagoa-Bai. Hier haben in den kreisförmig um den Viehkraal gebauten Dörfern die Junggesellen besondere Hütten, malao oder einfach lao genannt; wie es scheint, hat jeder junge Mann sein eigenes derartiges Gebäude, in das er, wenn er heiratet, die Frau mit aufnimmt. Es ist das eine sehr eigenartige Form der Entwicklung, die sich sonst kaum findet. Ausser dem Viehkraal liegt im Mittelpunkte des Dorfes der Beratungsplatz, hubo, wo auch Trinkgelage stattfinden; die jungen Männer haben die Pflicht, ihn von Unkraut und Verunreinigungen zu säubern

Der Name Lao oder Malao, der an das polynesische Malae erinnert, klingt andererseits an das Wort Ilamu an, das bei den Sulu die Hütte bezeichnet, in der Fremde beherbergt werden. Im übrigen scheint bei den Kaffernstämmen der Dorfplatz ganz an die Stelle des Männer- und Gemeindehauses zu treten. Die Hottentotten endlich erbauten gelegentlich grosse Festhäuser, in die nur erwachsene Männer Zutritt hatten, besassen aber kein dauerndes Gebäude dieser Art.

[1]) Der Kürze wegen etwas frei übersetzt, wie überhaupt das ganze Citat.

Litt.: Paulitschke, Ethnographie Nordost-Afrikas I. — Denhardt i. Peterm. Mitt. 1881. — Baumann, Usambara. — Stuhlmann, Mit Emin Pascha ins Herz von Afrika. — Dale i. Journ. Anthrop. Inst. 25. — Burton, The Lake Regions of Central Africa. — Grant, A Walk across Africa. — Lieder i. Mitt. a. d. deutsch. Schutzgeb. X. — O'Neill i. Proc. R. Geogr. Soc. London 1882. — Junod, Les Baronga. — Macdonald i Journ. Anthrop. Inst. 19. — Kolbens Reise a. d. Vorgebürge d. Guten Hoffnung.

I. Europa.

Den Völkern Europas haben die Arier, die selbst eine sprachlich geeinte Gruppe sehr verschiedenartiger Elemente sind, aber in Wesen und Sitte zweifellos eine grosse Gemeinsamkeit gewonnen haben, den Stempel ihrer Eigenart in so hohem Masse aufgedrückt, dass wir immer zunächst an sie denken und leicht vergessen, wie mannigfach und teilweise unharmonisch zusammengesetzt diese scheinbare Einheit ist. Wenn sich bei einem Volk arischen Stammes die Einrichtungen finden, deren Untersuchung dieses Buch besonders gewidmet ist, so geht daraus noch keineswegs hervor, dass alle Arier sie gekannt und in gleicher Weise entwickelt haben; zeigen sich z. B. in den Alpenthälern Tirols, wie gleich näher zu erwähnen sein wird, deutliche Reste des Männerhauses erhalten, so liegt der Gedanke sehr nahe, dass die Einrichtung gerade den älteren, ins Gebirge gedrängten vorarischen Bewohnern eigen gewesen ist, die später einfach eine der arischen Sprachen angenommen haben. Es wäre also äusserst voreilig, in die schon oft phantasievoll ausgemalte arische Urzeit noch Männerhäuser und Männerbünde hineinzudichten, so lange nicht durch Spezialuntersuchungen eingehendster Art der Boden für weiteres Vorschreiten geebnet ist. Was hier gegeben werden kann, sind zunächst nur Beweise für die weite Verbreitung der für die Männergesellschaft charakteristischen Bräuche.

Nach diesem Vorbehalt muss immerhin hervorgehoben werden, dass die arischen Völker, obgleich sie meist als Halbnomaden in die Geschichte eingetreten sind und somit scheinbar wenig günstige Verhältnisse für die Entwicklung des Männerhauses und der damit zusammenhängenden Zustände boten, verschiedene unzweideutige Spuren der Einrichtung besitzen. Die Sabha der Inder, die ethnologisch mit dem deutschen Wort Sippe zusammenhängt, ist schon erwähnt; dieser Zusammenhang ist insofern wichtig, als man sonst versucht sein könnte, Sabha mit dem batakkischen Sopo zusammenzustellen und dies wieder mit dem malayo-polynesischen Tapu oder Tabu in Verbindung zu bringen. Dann wäre es mehr als wahrscheinlich, dass die Sabha ursprünglich der älteren Bevölkerungsschicht Indiens angehörte und von den Ariern nur übernommen worden wäre. Wenn in Wirklichkeit Sopo und Sabha etwas miteinander zu thun haben, ist es angesichts der echt indogermanischen Herkunft des Wortes Sabha eher möglich, dass die hinduistisch beeinflussten Battak das Wort erst aus Vorderindien erhalten haben und es nun neben dem ursprünglichen Bale oder Balai verwenden.

Sprachlich ohne Zusammenhang mit der indischen Sabha, der Sache nach aber offenbar ganz mit ihr übereinstimmend ist nun die Lesche der Griechen. Leider sind die Angaben über die Lesche nicht sehr erschöpfend, wohl deshalb, weil sie bei steigender Kultur an Bedeutung verlor und damit auch ihren Charakter änderte. Im allgemeinen kann man die Λεσχαι als Gebäude bezeichnen, in denen sich die Bürger zu geselliger

Unterhaltung zusammenzufinden pflegten; es waren ursprünglich wohl einfache, an den Seiten offene Säulenhallen, sie zeigten also auch in diesem Zug eine immer wiederkehrende Eigentümlichkeit des Männerhauses. In Sparta, wo das Klassenwesen im Gegensatz zum Familienleben stets entschieden betont wurde, hatten auch die Leschen ihre Wichtigkeit ganz bewahrt; für Männer von mehr als 30 Jahren galt es als schicklich, den grössten Teil der Zeit in den Gymnasien, die hier wie anderwärts teilweise die Aufgaben des Männerhauses zu erfüllen hatten, und in den Leschen zuzubringen. Anderwärts gab man, der erwachenden Kunstbegeisterung folgend, den Leschen reichen Bilderschmuck, so denen zu Knidos und zu Delphi, die beide mit Gemälden des Polygnotus geziert waren; eine Parallele aus neuerer Zeit ist die Loggia dei Lanzi zu Florenz mit ihren Kunstwerken, zwischen denen das müssige Volk sein Wesen treibt. Hesychius' Angabe, dass Λεσχη auch einen Aufenthaltsort der Bettler bedeute, zeigt deutlich, wie die für die besseren Bürger überflüssig gewordene offene Halle in ihrer Bedeutung nach und nach zurückging, bis sie eben nur noch ein beliebter, vor Sonne und Regen geschützter Zufluchtsplatz der Bummler und Bettler war. Auf die frühere höhere Wichtigkeit der Lesche kann man aus der weiteren Bemerkung des Hesychius schliessen, dass das Wort auch eine gemeinsame Speisehalle bezeichnen könne; offenbar speisten früher die Bürger gemeinsam in der Lesche, bis die Sitte abkam und der Name auf andere Speisehallen übertragen wurde. Zur Zeit Homers war die Lesche auch die Herberge der Fremden, falls diese nicht in der Schmiede, die hier bedeutungsvoll als Ersatz des Männerhauses hervortritt, Aufnahme fanden. Nach Schraders Ansicht war die Schmiede damals ein gemeinsamer Arbeitsraum, wo die Männer ihre Schmiedearbeiten in Gesellschaft verrichteten.[1]) Auch dieser Zug hat anderwärts seine Parallelen, ebenso ist es verständlich, dass sich die Schmiede stellenweise zur Weinkneipe umwandeln konnte, vor der Hesiod die Jünglinge warnt.

Die gemeinsamen Mahlzeiten der Männer waren, wie alles Alte, in Sparta noch am lebendigsten erhalten; auch in Kreta, und wenigstens in älterer Zeit in Korinth, in Megara und in manchen Kolonialstädten Unteritaliens speisten die Männer gemeinsam unter Ausschluss der Frauen. Als veredelte Form eines Männerspeisehauses ist das Prytaneion in Athen zu nennen, wo verdiente Männer und fremde Gäste von Bedeutung auf Staatskosten gemeinschaftlich speisten; es war zugleich Versammlungshalle der Prytanen, bewahrte also auch noch etwas vom Wesen des Gemeindehauses, und mit seinen Bildnissen verdienstvoller Bürger durfte es eine Ahnenhalle heissen.

Über die gemeinsame Familien- oder Sippenhalle der Germanen und ihre allmähliche Umwandlung in das Herrenhaus hat Lippert ausführlich gehandelt[2]; seiner Ansicht nach hat die Entwicklung des Adels die alten Verhältnisse in der Weise gestört, dass das Männerhaus zur Herrenwohnung geworden ist, die kleineren Schlafhäuser zu Bauerngehöften. Ob er damit ganz und für alle Fälle das Richtige trifft, scheint mir zweifelhaft, um so wichtiger ist es, dass auch er die Selbständigkeit des Männerhauses neben den Frauenhütten für die älteste Form hält. Mir scheint das niedersächsische Bauernhaus, das bei uns gegenwärtig den primitivsten Haustypus darstellt, in anderer Weise entstanden zu sein; erinnert es doch mit seiner grossen Mittelhalle, an die sich die Ställe und Wohnräume nur gewissermassen als kleine Anhängsel anschiessen, ganz an jene melanesischen und indonesischen Hausformen, bei denen Männerhalle und kleine Frauenhäuser unter ein Dach gebracht und zu einem einzigen Bauwerk miteinander verschmolzen sind, während Übergangsformen uns noch gestatten, den Gang der Entwicklung zu verfolgen. In Europa scheinen die Kelten Irlands ähnliche Übergangsformen besessen zu haben: Neben ihren grossen Mehrfamilienhäusern, die in der Hauptsache aus einer weiten Halle bestanden und besonders im Winter gemeinsam von allen dazu gehörigen Familien bewohnt wurden, gab es kleine Sommerhütten, in denen nur je eine Familie hauste.[1]) Hier hatten sich also neben dem zum Mehrfamilienheim umgebildeten Männerhause noch die kleineren Frauen- oder Familienhütten erhalten, nur dass man die Gegensätze den klimatischen Verhältnissen angepasst und entsprechend umgestaltet hatte. Vielleicht war gerade deshalb der Übergangszustand vor weiterer Zersetzung bewahrt geblieben. Das wäre durchaus verständlich; während nämlich sonst im Gesellschaftsleben ebenso wie in der organischen Lebewelt die Neigung herrscht, Zwischenglieder und Halbheiten zu Gunsten der voll entwickelten Formen verschwinden zu lassen, kann doch eine Zwischenform, die an sich wenig Dauer verspricht, durch Nebengründe gestützt oder ganz mit einem neuen Inhalt erfüllt werden, worauf sie gewissermassen frische Kraft gewinnt und nun auf lange Zeit erhalten bleibt.

In der Gegenwart finden sich noch Reste des Gemeinde- und Männerhauses in den Alpen, die wie alle Hochgebirge eine Zufluchtsstätte uralter Sitten und Bräuche sind. Wie es scheint, hat man dieser wichtigen Thatsache bisher bei weitem nicht die Aufmerksamkeit gewidmet, die sie verdient; die einzige verlässliche Quelle, die mir zur Verfügung steht, ist das Werk Steubs „Drei Sommer in Tirol". „Es war", nach seiner Angabe,*) „ein uralter Gebrauch in den rhätischen Alpen, dass sich jede Gemeinde ihr Tanzhaus erbaute, das zugleich als Dingstätte diente." Dieser „Tanzstadel" heisst Pajung, was nach der Ansicht Schnellers von Pavejung, Paviglione (Zelt) abgeleitet ist. Jedenfalls ist der Zusammenklang mit dem chewsurischen Pächoni merkwürdig. Eine genauere Schilderung des Tanzstadels von Enneberg und der hier und anderwärts mit ihm verknüpften Bräuche giebt Steub in folgenden Worten: „Der Pajung ist eine grosse sittengeschichtliche Merkwürdigkeit der Enneberger. Hier wurde nämlich ehemals unter dem Vorsitz einheimischer Herren das öffentliche Gericht gehalten und viel später noch, so lange nämlich im Bistum Brixen getanzt werden durfte, war hier auch an allen Feiertagen, die im Kalender stehen, öffentlicher Tanz, an welchem sich Jung und Alt aus der Nachbarschaft beteiligte. Es galt als ein Ehrenvorzug, bei solchen Tänzen den ersten Reigen zu eröffnen. Ein Mann des Vertrauens, welcher der Platzmeister hiess, war der Unterhaltung vorgesetzt. Seines Amtes war, die Spielleute zu bestellen, das Volk geziemend zu Tanze zu laden und über Ordnung und Anstand zu wachen. Ein grosser Hut mit ungeheuren Flügeln, winzig kleinem Kopfe, reichlich bebändert und mit Troddeln verziert, war das Zeichen seiner Würde. — In älteren Zeiten, scheint es, sind allenthalben in den Alpenländern die öffentlichen Tänze im Gerichtshause oder vielmehr die Gerichtssitzungen im Tanzhause abgehalten worden. Auch im Bregenzer Wald sass der Landammann im Tanzhause nieder, um mit seinen Räten Recht zu sprechen, und an anderen Orten geht dieselbe Überlieferung. — Der Pajung von Enneberg ist übrigens ein mächtiger Stadel von Holz, rechts und links mit weit offenen Eingängen versehen. In der Mitte reicht eine Säule vom Boden bis zum Dach. Um diese herum bewegte sich einst der fröhliche Reigen; aber die Spielleute, die damals aufgespielt, und die Paare, die sich damals herumgeschwungen, sind schon längst in der besseren Welt. Übrigens ist der freie Raum im Innern des Stadels jetzt durch mehrere Gemächer und Kammern, die eine spätere Zeit hineingezimmert hat, wesentlich verengert worden. Diese Räume dienen, um allerlei Bedürfnisse und Vorräte der Gemeinde aufzubewahren. Auch die Dorfschule ist da untergebracht."

Wir haben hier also ein echtes Gemeinde- und Gerichtshaus, das sich in ganz charakteristischer Weise weiter umgebildet hat, und zwar knüpft diese Umwandlung an die Thatsache an, dass man offenbar das Gebäude zugleich als das Haus der Junggesellen betrachtete: Dar Platzmeister ist der Vertreter der jungen Leute, die durch ihn die Mädchen zum Tanze auffordern. Wie hier die gesellschaftliche Bedeutung des Tanzes, der so eng mit dem Wesen des Männerbundes verknüpft ist, sich mit der Idee des freien Liebeslebens verbindet, ist sehr anziehend zu beobachten. Auch die allmähliche Umformung des überflüssig gewordenen Tanzstadels durch verschiedene Einbauten zu einem Vorratshause der Gemeinde verdient Beochtung, denn wir haben schon anderwärts gesehen, wie sich die Männerhäuser gelegentlich zu Reisspeichern und Schatzkammern umgebildet haben. Halb zufällig findet sich dann auch die in Altersklassen organisierte Schuljugend, die das Klassenwesen in neuer Form verkörpert, in dem alten Tanzhause der mannbaren Junggesellen wie ein schwaches Nachbild der früheren Zustände ein.

[1]) Reallexikon der Indogerman. Altertumskunde S. 273.

[2]) Kulturgeschichte der Menschheit II, S. 548.

[3]) Meitzen, Siedelung u. Agrarwesen I, S. 184. — III, S. 225.

IV. Klubs und Geheimbünde.

1. Die Altersklassen als geschlossene Verbände.

Die klubartigen Verbindungen und die geheimen Gesellschaften der Naturvölker sind die letzte Gruppe der Erscheinungen, die uns den männlichen Geselligkeitstrieb, soweit er auf dem System der Altersklassen weiter baut, in seiner Eigenart und Wirkung vor Augen führen; sie sind eine notwendige Ergänzung des Bildes, das die Übersicht der Altersklassen und Männerhäuser gewährt, indem sie bald unter diesen Einrichtungen als Nebenzweige auftreten, bald sie ablösen und verdrängen. Dass es dabei an Übergängen nicht fehlt, für die nicht immer leicht eine zutreffende Bezeichnung zu finden ist, versteht sich von selbst.

Wenn eine Daseinsform aus einer anderen entstehen soll, dann müssen, falls die Umbildung nicht rein an Äusserlichkeiten anknüpft und ein völliger Wechsel der Beweggründe erfolgt, in den alten Formen die neuen wenigstens als Keime angedeutet sein; wenn also, um von den Geheimbünden zunächst abzusehen, klubartige geschlossene Gesellschaften aus dem System der Altersklassen und Männerhäuser erwachsen, dann wird zweifellos diese Umbildung an vorhandene Wesenszüge anknüpfen. Das ist in der That der Fall: die Neigung, bestimmte Altersklassen zu besonders festgeschlossenen Verbänden zu gestalten, die dann auch als solche ihren Einfluss geltend zu machen wissen, tritt vielfach mit Entschiedenheit hervor und ist ein sehr bezeichnender Wesenszug des männlichen Gesellschaftstriebes überhaupt. Das Streben nach Herrschaft, das sich mit Unterordnung und Disziplin (Manneszucht!) dennoch gut verträgt, ist dem Charakter des Mannes vorzüglich eigen.

Es sind nicht immer dieselben Altersklassen der Männer, die mehr als die übrigen geschlossen zusammenhalten und dadurch höheren Einfluss gewinnen. Am seltensten erscheinen gerade die Männer der mittleren Altersstufen, die man doch am ersten als organisierte Leiter ihrer Geschlechtsgenossen zu sehen erwartet, in diesem Sinne enger verbunden, und bei einem oberflächlichen Blick auf die Verhältnisse möchte man annehmen, dass diese jüngeren verheirateten Männer, denen vor allem die Sorge um die Erhaltung ihrer Familien obliegt, überall politisch zurücktreten, weil sie am wenigsten geeignet sind, eine fest verbundene Altersgruppe zu bilden. Stellenweise ist das allerdings der Fall, und daraus erklärt es sich zum Teil, warum zuweilen jüngere oder ältere Klassen, die beide weniger von Familienangelegenheiten beschwert sind, die Leitung an sich reissen; wo aber, wie das doch meist geschieht, alle erwachsenen Männer und Krieger gemeinsam das Wohl des Volkes beraten, macht sich der Einfluss der verheirateten, noch im kräftigen Alter stehenden Männer entschieden geltend, ohne dass sie besonders organisiert zu sein brauchen. Zuweilen bildet ja auch, wie wir geseheu haben, das Junggesellenhaus den Sammelpunkt für alle erwachsenen Männer und der reine Geselligkeitstrieb triumphiert auch bei den Verheirateten über die von den Frauen vertretenen Mächte des Familienlebens.

Als festere einflussreiche Gruppen treten aber, wir gesagt, nur die Klassen der alten Leute und der jungen unverheirateten Männer auf, die Alten deshalb, weil ihnen ein hohes Mass von Erfahrung und Weltklugheit eine gewisse Überlegenheit verbürgt, die Junggesellen aber, weil sie die kriegerische Unternehmungslust und das vorwärts treibende Element innerhalb des Stammes vertreten. Die Macht der Alten wird dabei durch die Entwicklung der Grossfamilien und Sippen eher gestärkt als geschwächt, da sie als Sippenhäupter oft noch über einen besonders eng verbundenen Anhang verfügen; die Junggesellenverbände stehen eher in einem gewissen Gegensatz zum Familienwesen mit seiner Neigung zur politischen Zersplitterung und zum Bilden von Gruppen, in denen beide Geschlechter vertreten sind, und sie gehen deshalb nicht selten an diesem Gegensatz zu Grunde. So kommt es, dass sich die Altersklasse der Greise mit ihrem Einfluss auch bei hochentwickelten Kulturvölkern oft lange erhält und in neuer Gestalt immer wieder auftaucht; ist doch in vielen neueren Verfassungen eine ziemlich hohe Altersgrenze vorgeschrieben, die überschritten sein muss, ehe jemand die Würde eines Volksvertreters erstreben darf. Die Jünglingsbünde sinken dagegen mit steigender Kultur zu immer grösserer Nichtigkeit herab, freilich nicht ohne dass neue Verbände andrer Art den Gesellschaftstrieb der Männer auch weiterhin zur Geltung bringen.

Wie die Altersklasse der Greise in Australien, bei den Krunegern Westafrikas, in Altgriechenland u. s. w. als politische Macht hervortritt, ist bereits geschildert; bei der Besprechung des Männerhauses hat sich die Art, wie die Gruppe der Jünglinge ihren Einfluss übt, vielfach gezeigt. Von dieser Gruppe der jungen Leute gehen nun auch meist jene Umbildungen aus, die zum Klubwesen hinüberführen oder überhaupt zu den Verbänden, bei denen nicht mehr ausschliesslich Geschlecht und Alter die Zugehörigkeit bedingen. Einen ersten Keim zu diesen Umsetzungen haben wir schon in den Mannbarkeitsproben kennen gelernt; hier und da, wie bei den Mandan, wird durch sie bereits eine kleine Zahl Schwacher abgesondert, die diese Proben nicht bestehen und niemals die Rechte erwachsener Männer erlangen. Einer grossen Fortbildung ist dieser Keim aber nicht fähig, da sich die Proben und Qualen doch nicht ins Unbegrenzte steigern lassen und leicht ein Umschlag erfolgen kann, der die übertrieben grausamen Sitten hinwegfegt. Nur als Beigabe, die allerdings bei den Geheimbünden in anderem Sinne wieder grosse Wichtigkeit erlangt, wird das Schreckliche und Schaurige weiter gepflegt; das eigentliche Wesen der klubartigen Verbände entwickelt sich aus anderen Quellen.

Von entscheidender Bedeutung wird es zunächst oft, dass die Altersklasse der Junggesellen auch im wirtschaftlichen Sinne einen Verband bildet, indem sie die rüstigsten Jäger umfasst, die am leichtesten zu gemeinsamen Jagdunternehmungen zu vereinigen sind und zuweilen das Erlegen des Wildes fast zu ihrem Monopol machen, während die Familien und Sippen in enger Beziehung zur weiblichen Wirtschaftsform, dem Sammeln von Pflanzennahrung und dem Ackerbau zu stehen pflegen. Aus der einen grossen Jägergruppe werden dann leicht mehrere Jagdgesellschaften, die ihre besonderen Regeln und Gesetze haben und klubartige Verbindungen darstellen. Indianische Verhältnisse dieser Art hat bereits Lippert behandelt, wenn auch von einem anderen Gesichtspunkte aus [1]). Dass die Jägergruppen dann leicht einmal die Führung des Stammes an sich reissen können, versteht sich von selbst. Merkwürdigerweise hat Schiller fast auf rein theoretischem Wege nachzuweisen gesucht, dass die Entstehung grösserer politischer Verbände und des Königtums auf die Jagdgesellschaften der Männer zurückzuführen sei [2]).

Wo andrerseits die Jagd völlig zurücktritt, verlieren die Junggesellenverbände einen guten Teil ihrer Kraft und Bedeutung. Hier mag die Hauptwurzel der auffälligen Erscheinung liegen, dass bei vorwiegend nomadischen, d. h. viehzüchtenden Stämmen das Männerhaus so selten in typischer Form erscheint und weder im Gebiete des arabischen noch des hochasiatischen Nomadismus vorhanden ist. Natürlich wirkt auch die ausschliessliche Betonung des Ackerbaues nicht günstig, da dieser mehr als Thätigkeit der Sippen und Familien erscheint.

In letzterem Falle würde die jugendliche Männergesellschaft noch mehr zurücktreten, wenn sie nicht neben der wirtschaftlichen zugleieh eine kriegerische Aufgabe zu erfüllen hätte; bei einem Volke, das einen Teil seines Daseins auf die Raubwirtschaft stützt, ist nicht einmal ein starker Gegensatz zwischen kriegerischer Thätigkeit und Nahrungserwerb vorhanden. So wird die Gruppe der jungen Männer zu einem Verband stets kampfbereiter Krieger, hinter denen die verheirateten Männer nur wie eine Art Reserve oder Landwehr stehen, und damit wächst die Selbständigkeit und der Einfluss der Jugendgruppe ungemein. Wie trotzdem die Sippen mit ihrem erblichen Besitz daneben Geltung behalten, zeigt sich besonders schön bei den Massai (S. 129). Nicht selten entwickelt sich dabei ein eigenartiger Gegensatz, der in der Führung des Stammes, also im Häuptlingtum zu Tage tritt und eine kurze Berücksichtigung wohl verdient, ein Gegensatz zwischen den friedlichen Sippenführern mit erblicher Macht und den kriegerischen Wahlführern des männlichen Kriegerverbandes. Die Entwicklung der Verhältnisse würde sich wahrscheinlich noch klarer übersehen lassen, wenn nicht das Entstehen der priesterlichen Würde, das diesen Erscheinungen meist parallel läuft oder ganz mit ihnen zusammenfällt, die einfachen Züge oft verhüllte; auch die Entwicklung eines erblichen Häuptlings- oder Adelsstandes wirkt in diesem Sinne.

Am klarsten ausgeprägt erscheint der Gegensatz bei amerikanischen Stämmen. Bei den Laplatavölkern war nach den Angaben Guevaras die Würde des Friedenshäuptlings erblich, während die Anführer im Kriege ihre Stellung einer Wahl verdankten. Die meisten brasilianischen Stämme kennen anscheinend nur eine Form der Häuptlingschaft; aber bei den Guaykurus findet sich der merkwürdige Fall, dass man den jüngsten Häuptling, also den Altersgenossen der jugendlichen Krieger, zum Feldhauptmann wählt, dem die älteren Häuptlinge nur beratend zur Seite stehen[3]). Weit schärfer haben viele nordamerikanische Stämme die beiden Formen der Häuptlingsherrschaft ausgebildet; ist doch bei mehreren von ihnen, wie bei den Tschiroki, in einer eigenartigen Fortbildung des Gedankens sogar das Volk in eine friedliche und eine kriegerische Hälfte geteilt! (vgl. S. 164). Die Stellung der Sippen- oder Stammeshäuptlinge, die das friedliche Element vertreten, ist meist erblich oder bleibt wenigstens in bestimmten Familien, doch kommt es auch vor, dass sie von der Ratsversammlung gewählt werden. Die Delawaren, über die Loskiel[4]) ausführlichere Angaben gemacht hat, bestanden aus drei Stämmen, deren jeder von einem Friedenshäuptling (Loskiel nennt ihn Chief) geleitet wurde; er wurde durch Wahl ernannt, aber nicht von den eigenen künftigen Unterthanen, sondern jedesmal von den beiden anderen Stämmen. Mit Hülfe der Ratsmänner, zu denen er meist durch einen besonderen Sprecher redete, der reichen Leute und der Kriegshäuptlinge hielt er auf Ordnung innerhalb des Stammes und auf gute Verhältnisse zu den benachbarten Völkern; er hatte dabei besonders auf die jungen Krieger zu achten, die zu Gewaltthaten und Kriegszügen geneigt waren, vertrat also in ganz entschiedener Weise das zum Frieden geneigte Familienwesen gegenüber der Unternehmungslust der jungen Mannschaft. Gross war die Autorität des Friedenshäuptlings an und für sich nicht, herrisches Auftreten war für ihn nicht rätlich, vielmehr musste er durch Freigebigkeit sich die Zuneigung seiner Unterthanen erwerben; durch freiwillige Gaben wohlhabender Indianer, manchmal auch durch eine allgemeine Abgabe von Wampunperlen, die sich das Volk auferlegte, wurden die nötigen Mittel dazu beschafft. Den Friedenshäuptlingen gegenüber standen die Kriegshäuptlinge, die Loskiel Kapitäns nennt; sie waren auch im Frieden die Führer der „jungen Leute“, die aber keine eigentliche Altersklasse mehr bildeten, sondern waffenfähige Männer bis zu 50 Jahren umfassten. Da ausserdem in der Regel jeder Kapitän unter ihnen seine besondere Gefolgschaft hatte, so war hier die ursprüngliche Altersklasse ganz umgebildet und neu organisiert. Die Kriegshäuptlinge wurden nicht eigentlich gewählt, sondern erwarben sich durch ihre Thaten das Zutrauen der Krieger, nachdem sie in der Regel zuerst durch einen Traum zu dem Entschluss gekommen waren, einen Kriegszug zu unternehmen und dazu Freiwillige um sich zu versammeln; glückten einem solchen Freischarenführer seine Unternehmungen mehrmals, so erkannte man ihn allgemein als Kapitän an, hatte er Unglück, so war es mit seinen ehrgeizigen Plänen zu Ende. Kleine Kriege wurden von den Kapitänen selbständig unternommen, grössere Volkskriege nur unter Zustimmung des Friedenshäuptlings, der so lange wie möglich auf friedlichen Ausgleich hinwirkte, nach der Kriegserklärung aber sein Amt zeitweilig niederlegte, worauf die Kapitäne für die Dauer des Krieges die Leitung des Volkes übernahmen. Es trat mit anderen Worten während des Feldzugs die Sippenverfassung in den Hintergrund und die kriegerischen „jungen Leute“ ergriffen durch ihre Führer die Zügel der Regierung.

Bei den Irokesen, deren Verhältnisse ein Lieblingsthema vieler Soziologen geworden sind, und bei vielen anderen Stämmen standen sich ebenfalls Friedens- und Kriegshäuptlinge gegenüber[3]). Morgan macht über diese Doppelführung einige allgemeine Bemerkungen, die wegen ihrer Klarheit und Kürze hier folgen mögen. „Fast alle amerikanischen Indianerstämme“, schreibt er, „hatten zwei Grade von Vorstehern, die unterschieden werden können als Sachems (Friedensvorsteher) und gemeinsame Häuptlinge (Kriegsanführer). Alle übrigen Grade waren Spielarten dieser beiden höchsten Grade. Sie wurden in jeder Gens (Sippe) aus der Zahl ihrer Mitglieder gewählt. . . . Das Amt des Sachem war erblich in der Gens in dem Sinne, dass es wiederbesetzt wurde, so oft eine Vakanz eintrat; das Amt des Häuptlings dagegen war nicht erblich, weil es zur Belohnung persönlichen Verdienstes verliehen wurde und mit dem Träger desselben ausstarb. Die Pflichten des Sachem beschränkten sich lediglich auf Friedensangelegenheiten. Er konnte nicht als Sachem in den Krieg ziehen. Andererseits waren gewöhnlich die (Kriegs-)Häuptlinge, die wegen persönlicher Tapferkeit, Weisheit in Verhandlungen oder wegen Beredtsamkeit im Rat zu diesem Amt erhoben wurden, die an Fähigkeiten höhere Klasse, obwohl sie über die Gens keine grössere Autorität hatten. Die Beziehungen des Sachems erstreckten sich vornehmlich auf die Gens, deren offizielles Oberhaupt er war, die des Häuptlings vornehmlich auf den Stamm, dessen Rat sowohl er wie auch der Sachem als Mitglieder angehörten.“ Diese letzte Bemerkung ist sehr wichtig. Der Sippenführer erscheint hier als der Vertreter des engen, selbstgenügsamen Sippenwesens, der Kriegsführer und Leiter der jungen Mannschaft als der des Stammesverbandes und der staatenbildenden Kräfte. Nur scheinbar widerspricht dem die Thatsache, dass der Kriegshäuptling das feindliche, zerstörende Prinzip in sich zu verkörpern scheint, der Sachem dagegen die friedlichen, einigenden Mächte; in Wahrheit ist ja der Krieg das gewaltigste Mittel der Vereinigung und Staatengründung, eben weil er die männlichen Züge des Gesellschaftstriebes und des Herscherwillens aufs höchste steigert und Männer mit Männern in unmittelbare, wenn auch zunächst feindliche Berührung bringt. Der Friede begünstigt dagegen das Familienleben mit seinem Streben nach abgeschlossenen, sicheren Verhältnissen und wunschloser Zufriedenheit, mit seiner Fesselung des Mannes an Weib und Nachkommenschaft, kurz mit seinem Vorwiegen des weiblichen konservativen Prinzips und des Geschlechtslebens.

Die indianischen Verhältnisse haben bei den Völkern der Südsee mancherlei Parallelen. Bei den Maori waren die Ariki, deren Amt erblich war, zugleich Friedenshäuptlinge und Oberpriester, die Stellung der Kriegshäuptlinge beruhte dagegen auf Wahl [6]. Auf Tonga war es dem Hata, dem obersten Kriegshäuptling, gelungen, den eigentlichen König ganz in den Hintergrund zu drängen [7]; es erinnert das an die Hausmeier der Frankenkönige oder an die Verdrängung des Mikado durch den Shogun in Japan. Im südöstlichen Neuguinea beobachtete Haddon [8] Zustände, die etwas Verwandtes mit den weissen und roten Städten der Tschiroki und überhaupt der in Amerika nicht seltenen Teilung des Volkes in eine friedliche und kriegerische Hälfte hatten: Jedes Dorf zerfiel in zwei Hauptteile, deren einer vom Kriegshäuptling, der andere vom Afu oder Tabuhäuptling regiert wurde; einige Leute vom Dorfteil des Kriegsführers dienten dem Afuhäuptling als eine Art Polizeitruppe, die namentlich auf Beobachtung der Tabugesetze zu sehen hatte. Die Bewohner der Gazellehalbinsel auf Neupommern [9] haben Sippenhäupter (a gala na tutana, grosse Herren) mit erblicher Würde und Kriegshäuptlinge (luluai), deren Einfluss nur auf persönlichen Eigenschaften beruht. Auch hier findet ein gewisser Wettbewerb zwischen den beiden Formen der Häuptlingschaft statt, der sich aber zu Ungunsten des Kriegsführers zu entscheiden scheint; schon vereinigt oft der a gala die Würde des ersten luluai mit der seinen und begründet damit eine unanfechtbare Obergewalt. Daneben treten auch die „reichen Leute" als besondere einflussreiche Klasse hervor, wie oben schon bei den Delawaren. Es sind das höchst interessante Zustände, die auf die Entwicklung der Königsgewalt auch bei anderen Völkern ein helles Licht werfen.

In Afrika ist wohl meist der Sippenführer zum Orts- und Stammesoberhaupt geworden, der Kriegshäuptling tritt zurück oder wird erst im Notfalle gewählt. Immerhin finden sich an der Guineaküste beide Häuptlingswürden noch häufig nebeneinander; Miss Kingsley stellt sogar die offenbar übertriebene Behauptung auf, dass bei allen „echten Negern“, die sie den Bantunegern als besondere Gruppe gegenüberstellt, diese Doppelherrschaft vorhanden sei [10]). Bei den eigenartig organisierten Kru ist die Würde des Oberhäuptlings mit der des Kriegsführers vereinigt [11]). Das Hirtenvolk der Massai steht im Frieden unter den Stammesältesten, während im Kriege ein gemeinschaftliches Oberhaupt erwählt wird, das bis zur Herstellung des Friedens die Leitung übernimmt. Dass diese Art der Regierung den nomadischen Verhältnissen angemessen ist, beweisen die ganz ähnlichen Zustände bei den Arabern: der Scheich ist hier das Oberhaupt der zu einem Stamme vereinigten Familien, verliert aber in Kriegszeiten seinen ohnehin geringen Einfluss und muss die Führung ganz dem Agyd überlassen, der aus der Zahl der tapfersten Männer gewählt wird. Andere Nomadenvölker behalten dagegen den Sippenhäuptling auch im Kriege als Führer bei.

Der Gegensatz zwischen dem erblichen, mit angeborenen Rechten und Kräften ausgestatteten Stammeskönig und dem gewählten Kriegsführer beherrscht auch die ältere Geschichte vieler europäischer Kulturvölker. Im alten Rom sehen wir an die Stelle des Königtums, dessen friedlicher, Ordnung stiftender Charakter besonders in der Gestalt des Numa Pompilius entschieden herantritt, mit dem Erwachen des Eroberungsgeistes und der Grossmachtspolitik das Konsulat treten, d. h. die Herrschaft der auf kurze Zeit erwählten Kriegsführer, über denen der Senat als oberste Verwaltungsbehörde steht. Als das grösste unter den damaligen Verkehrsverhältnissen noch mögliche Mass von Ausdehnung des Staates erzielt war, verschwand das Konsulat wieder und die Herrschaft erblicher Kaiser trat an seine Stelle. Hier ist das Bild, das sich bei so vielen Naturvölkern im Kleinen zeigt, einmal in mächtigen Zügen ausgeführt, die durch alles Beiwerk und alle verhüllenden Kultureinflüsse deutlich hindurchschimmern.

Die germanischen Völker haben zur Wanderzeit die Doppelherrschaft und die daraus entstehenden Kämpfe und Entwicklungsformen an sich erprobt. Dem König, der ursprünglich den Vorstand einer Familie oder Sippe bedeutet, der aber auch der Vertreter eines Sippenverbandes, eines Volkes sein kann, steht hier der Herzog als der Kriegsführer gegenüber. Zur Zeit des Tacitus standen die deutschen Stämme teils unter Königen, teils unter Herzogen. Auch in diesem Fall ist der König der Friedensfürst, dessen ordnende und vermittelnde Thätigkeit vorwiegend nach innen gerichtet ist und sich auf die patriarchalische Autorität innerhalb der Sippe stützt, der Herzog der Vertreter der nach aussen gewendeten Angriffslust, die zerstörend, aber auch staatenbildend wirken kann, und die ihren Halt an der kriegerischen männlichen Jugend des ganzen Stammes findet. Je nach der Lage der Dinge konnte bald die eine, bald die andere Herrschaftsform auch bei demselben Volke entschieden hervortreten. Die Franken standen in ihrer Wanderzeit unter Herzogen, aber nachdem sie feste Sitze gewonnen hatten, übertrugen sie das Königtum der Familie der Merowinger. Stellenweise mag auch das Königtum Mittel und Wege gefunden haben, die Macht des Herzogs mit der eigenen zu verschmelzen, wie dergleichen ja überhaupt vielfach der Gang der Entwicklung gewesen zu sein scheint. Ein Mittel dazu bot sich in der Schaffung eines kriegerischen Gefolges, das aus Leuten gebildet wurde, die dem Sippenverbande entsagt hatten und als „Hagestolze“ oder „Degen“ sich ausschliesslich ihrem Fürsten verpflichtet fühlten, die also einen kriegerischen Männerverband neuer Art darstellten[1]). Auch in diesem Falle stützte sich die staatenbildende Macht im Gegensatz zum zersplitterten Familien- und Sippenwesen wieder auf die Männergesellschaft mit ihrer Fähigkeit zur Unterordnung und zum gemeinsamen thatkräftigen Handeln.

Die Untersuchung der doppelten Häuptlingherrschaft hat scheinbar von der Besprechung der Klubs abgeführt, aber nur scheinbar. In der That gewinnt ja die Gesellschaft der jungen Krieger dadurch, dass selbstgewählte Führer über ihr stehen, einen strafferen Zusammenhalt und zugleich den Sippenführern und den älteren Männern gegenüber einen bedeutenden, manchmal sogar ganz überwiegenden Einfluss. Einen Klub kann man diese Kriegergesellschaft allerdings nicht nennen. Klubs und Vereine im engeren Sinne entstehen dadurch, dass neue soziale Schichtungen die alten durchsetzen und deren Auflösung in kleinere abgeschlossene Gruppen bewirken; sie sind Mischformen zwischen älteren und neueren Bildungen.

Die älteste, einfachste Art der Sonderung nach Geschlecht, Alter und allenfalls körperlicher oder geistiger Tüchtigkeit hat sich nur bei den primitivsten und ärmlichsten Stämmen, wie den Buschmännern oder den Feuerländern, dauernd erhalten. Wo irgend die Leichtigkeit des Daseins es gestattete, haben sich Unterschiede in Rang und Besitz herausgebildet, sei es auch nur in dem Sinne, dass die Häuptlinge nur aus bestimmten Familien stammen dürfen oder dass die eine Sippe reichere Jagdgründe besitzt als die andere. Werden gar Sklaven als eine unterste Schicht dem Stamme hinzugefügt, wie das schon bei manchen Jäger- und Fischervölkern geschieht und bei den Ackerbauern fast zur Regel wird[13]), so muss dergleichen natürlich von Einfluss auf das Klassenwesen sein: Weder die Unfreien noch die Bettelarmen werden mehr in den Altersgruppen geduldet werden, und damit haben diese bereits einen klubartigen Charakter gewonnen. Die Forderung von Rang und Besitz, die übrigens beide zunächst meist zusammenfallen, beeinflusst dann weiterhin das Wesen des Klubverbandes: Wie der Eintritt nur gegen Zahlung möglich ist, so werden auch die höheren Grade nicht einfach mit dem entsprechenden Alter erreicht, sondern nur gegen weitere Zahlungen verliehen. In dieser Umbildung kann dann der Klub alle erwachsenen Männer von Rang und Besitz umfassen und enhält keine Altersklassen mehr, sondern ein System von Graden, deren höhere Stufen den niederen gegenüber mit einem gewissen Geheimnis umgeben sind, während Nichtmitgliedern der Zutritt zum Klub und zu dessen Zusammenkünften und Festlichkeiten überhaupt untersagt bleibt. Wird diese geheime Seite des Klubwesens weiter ausgebildet und mit Bewusstsein dazu verwendet, die Ungeweihten, also vornehmlich Frauen und Sklaven, einzuschüchtern und im Zaume zu halten, dann haben wir es mit einem Geheimbunde zu thun, dessen lichtscheues Treiben für den, der die Entwicklung aus den

Altersklassen und Klubs verfolgt hat, wenig Unerklärliches mehr birgt.

Wenn die Altersklassen bei ihrer Umbildung in Klubs einen Teil ihres ursprünglichen Inhalts nnd Sinnes verlieren, so versteht es sich von selbst, dass neue Zwecke an die Stelle der alten treten werden; geschieht das nicht, so wird der nutzlos gewordene Teil der Gesellschaftsordnung bald verschwinden und nur die Familien- und Sippenverfassung übrig bleiben. Nach zwei verschiedenen Richtungen oder wohl auch nach beiden zugleich pflegt sich nun das Klubwesen weiterzubilden: die Klubs übernehmen entweder gewisse Kulthandlungen, sind dann also gewissermassen religiöse Orden, deren Thun und Treiben wenigstens scheinbar für das ganze Volk von Bedeutung ist, oder sie werden einfach zu geselligen Vereinigungen, deren Hauptthätigkeit in gemeinsamen Schmausereien und Gelagen besteht. In beiden Fällen sind sie geneigt, sich weiter zu spalten oder die Bildung ähnlicher Gruppen mittelbar zu veranlassen, wobei dann die ursprüngliche Ähnlichkeit mit den Altersklassen völlig verloren geht.

Einen sehr wichtigen Übergang zu Kultusvereinen haben wir in den Tanzgesellschaften der nordamerikanischen Indianer kennen gelernt. Es giebt unter den indianischen Tänzen zweifellos manche, die keinerlei religiöse Bedeutung im engeren Sinne haben, obwohl man sie andererseits ebenso wenig als ungebundene Äusserungen des Behagens auffassen darf; sobald sie einmal in den Kulturbesitz des Stammes aufgenommen sind, giebt ihnen der dunkle Zwang des gesellschaftlichen Herkommens Halt und Wichtigkeit. Den meisten Tänzen aber liegt von Anfang an ein tieferer Sinn zu Grunde, der freilich oft nur unklar und durch Nebenideen entstellt hervortritt. Die fast überall vorkommenden Skalptänze, die nach der Rükkehr von erfolgreichen Kriegszügen stattfinden, sollen z. B. nicht nur nur den Triumph über den errungenen Sieg ausdrücken, sondern auch Einfluss auf die Geister der Erschlagenen üben; die nicht minder häufigen Büffeltänze hatten den Zweck, die Büffelherden heranzulocken, andere Tänze bezogen sich auf das Gedeihen der Saaten, das Herbeiziehen des Regens u. dgl. Da viele dieser

Tänze bedeutende Kunstfertigkeit oder Erfahrung erfordern, so ergiebt es sich leicht, dass nicht mehr das ganze Volk oder sämtliche Angehörigen einer bestimmten Altersklasse daran teilnehmen können, sondern dass besondere Genossenschaften entstehen, die sich den verschiedenen Tänzen widmen. Wie derartige Tanzgesellschaften unmittelbar aus den Altersklassen hervorgehen und den Klassen selbst bereits einen klubartigen Charakter aufprägen können, haben wir gesehen (S. 160). Selbstverständlich sind auch Kultvereine möglich, die sich dem Dienste einer besonderen Gottheit widmen; im alten Griechenland war ihre Zahl besonders gross[14]). Noch zur christlichen Zeit tauchen Kultgesellschaften immer wieder auf, unter ihnen die besonders wichtigen geistlichen Ritterorden, die als Seitenstücke zu manchen primitiven Gesellschaftsbildungen zeigen, wie der unzerstörbare Geselligkeitstrieb der Männer immer wieder ähnliche Formen auch unter scheinbar ganz veränderten Verhältnissen schafft.

Auch dort, wo die religiösen Beweggründe ganz zurücktreten, können sich die Klubs als Ess- und Trinkgesellschaften noch eine gewisse Daseinsberechtigung bewahren. Es handelt sich hierbei übrigens nicht um eine blosse Ausartung ihres ursprünglichen Wesens, sondern nur um die stärkere Entwicklung eines Zuges, der den Männergruppen von Anfang an eigen ist und auf mehrere Wurzeln zurückgeht. Wenn sich bei den meisten Naturvölkern die Sitte wenigstens in Spuren findet, dass der Mann nicht mit seiner Familie zusammen speist, so mag das z. T. auf abergläubischen Gründen beruhen, die sich weiter fortbilden und dazu führen können, dass namentlich vornehme Personen überhaupt nicht in Gegenwart anderer essen oder trinken. In Westafrika gilt es stellenweise als todeswürdiges Vergehen, dem Häuptling bei der Mahlzeit zuzusehen, und bei südamerikanischen Stämmen hat sich sogar eine Art Schamgefühl entwickelt: die Eingeborenen wenden sich verlegen ab, wenn sie einen Europäer ganz unbefangen vor aller Augen sein Mahl verzehren sehen. Der Hauptgrund aber, warum die Männer geneigt sind, gemeinsam und in Abwesenheit der Frauen zu speisen, liegt in der ursprünglich getrennten Wirtschaft der Geschlechter: Der Mann ist vorwiegend Jäger, die Frau sorgt in der Hauptsache für Pflanzenkost. Daraus entsteht leicht der Brauch, dass die Männer ihre Beute für sich zubereiten und die Frauen vom Mahle ausschliessen, das nun ganz naturgemäss nach dem Männerhause verlegt wird. In diesem Sinne darf man die gemeinsamen Schmausereien der Männer als ein Hauptmittel jener Art der Gesellschaftsbildung betrachten, die auf dem männlichen Geselligkeitstrieb beruht; einen Sieg des Familien- und Sippenwesens bedeutet es dagegen, wenn der Mann sich gewöhnt, seine Jagdbeute der Frau zu übergeben und die von dieser bereitete Mahlzeit im kleinen Familienhause einzunehmen. Wo durch Speiseverbote den Frauen ein grosser Teil der Männernahrung versagt ist, kann diese dem Familienleben günstige Entwicklung, die an sich wohl die häufigste und natürlichste ist, lange aufgehalten werden, und im gleichen Sinne wirkt das Verbot geistiger Getränke und narkotischer Stoffe, die den Männern vorbehalten bleiben und selbst bei den Kulturvölkern durch ungeschriebene Gesetze den Frauen mehr oder weniger entzogen werden. Umgekehrt begünstigen diese Verbote das Klubwesen und die Vereinsbildungen der Männer.

Als Muster der gemeinsamen Männermahlzeiten sind wohl jene altgriechischen Gelage zu nennen, die in den Gesängen Homers mit so behaglicher Breite geschildert sind, mögen sie nun im Lager vor Troja, bei den Phäaken oder im Palaste des Odysseus stattfinden. Die Freier der Penelope bilden einen förmlichen Ess- und Trinkklub, der sich, als ob das ganz selbstverständlich wäre, von den Vorräten des verschollenen Königs nährt; in der That ist ja die Halle des Königs an die Stelle des Männerhauses getreten und die Stätte geworden, wo die erwachsenen Männer sich zu Beratungen und Schmäusen zusammenfinden. Für Nahrung und Getränk sorgt der König, dessen Hauptaufgabe schrankenlose Freigebigkeit ist, wie überall auf gewissen Stufen der Entwicklung. Da sich neben der Königshalle die Lesche als Zusammenkunftsort erhalten hat und auch der Schmiede vorübergehend einige Aufgaben des Männerhauses zugefallen sind (vgl. S. 314), so handelt es sich hier nicht um eine blosse Umbildung, sondern eine Spaltung des ursprünglichen

Zustandes. Sparta hat, wie schon mehrfach erwähnt, die älteren Verhältnisse besonders zäh festgehalten und seiner eigenartigen kriegerischen Verfassung angepasst.

Der gemeinsame Genuss geistiger Getränke und narkotischer Stoffe darf nicht einfach als eine Abart der gemeinschaftlichen Mahlzeiten betrachtet werden, sondern verdient als ein für die Geschichte der Gesellschaft überaus wichtiger Brauch noch besondere Beachtung. Überall finden wir die Sitte der Zechgelage, an denen fast ausschliesslich die Männer teilnehmen, während die Frauen ganz ferngehalten oder nur als Zuschauerinnen geduldet werden, wie heute noch bei manchen feierlichen Kommersen der Studenten; wo das Männerhaus besteht, ist es der natürlichste und beliebteste Ort solcher Zusammenkünfte. Dieses Privileg des männlichen Geschlechts ist nicht zufällig entstanden und beruht wohl auch nicht allein auf dem Umstande, dass die Männer als die stärkeren die höheren Genüsse aller Art für sich in Anspruch nahmen; hier spricht zweifellos auch die Thatsache mit, dass die geselligkeitsfördernde Macht der narkotischen Stoffe von den Männern früher erkannt und mit Bewusstsein verwendet worden ist. Die meisten hierhergehörigen Getränke und Stoffe haben die Eigenart, eine gemeinsame, in der Regel fröhliche und bei mässigem Genuss wohlwollende Stimmung zu erzeugen, die der Geselligkeit ausserordentlich zu statten kommt und den Zusammenhalt der Männer besser bewirkt als blosse gemeinsame Schmausereien. Was wären die Zusammenkünfte der Polynesier ohne die Kawa, die der Afrikaner ohne das Hirsebier oder den Palmwein, die der Indianer Nordamerikas ohne den Tabak! Einen deutschen Verein oder Stammtisch ohne Bier kann man sich kaum vorstellen; selbst das weibliche Geschlecht hat für seine viel schwächer entwickelte Art der Geselligkeit die belebenden Getränke herangezogen und stellt mit Thee oder Kaffee das nötige gemeinsame Behagen künstlich her, das ohne solche Mittel sich nicht immer leicht entwickeln will. Es kann nicht fehlen, dass Zechen und Rauchen stellenweise den Charakter einer religiösen Handlung annimmt. In fast grotesker Weise ist das Hanfrauchen von Kalamba, einem Häuptling des Balubavolkes im südlichen Kongobecken, dazu benutzt worden, ein friedliches Einverständniss im Lande herzustellen und das ganze vorher von Fehden zerrissene Volk in eine Gemeinde andächtiger Raucher zu verwandeln, bei denen der mächtig angeregte Geselligkeitstrieb alle aus Familien- und und Sippeneifersucht entstehenden Spannungen siegreich überwunden hat. Vielleicht darf man auch einen Teil der Bedeutung, den der Somatrank für die indischen Arier der älteren Zeit besass, auf seine geselligkeitsfördernde Macht zurückführen; in der Hauptsache sind natürlich die Rauschwirkungen, die man für etwas Überirdisches, eine Art Ekstase hielt, die Wurzel der Verehrung. Selbst der Tanz ist ja vielfach ein Mittel, Schwindelzustände und ekstatische Raserei herbeizuführen, die mit den geselligen Freuden mässigen Tanzes nichts zu thun haben.

Der Übergang von den Altersklassen zu klubartigen, mit Tanz, Schmausen und Zechen vorwiegend beschäftigten Verbänden ist nach dem Gesagten nicht schwer zu verstehen: Die Altersklassen sind Organisationen, die der männliche Geselligkeitstrieb schafft, und dieser Trieb führt wieder, durch allerlei Nebenumstände unterstützt, zu gemeinsamen Mahlzeiten und Gelagen, die endlich Selbstzweck werden. Unter dem Einfluss der Standes- und Besitzunterschiede zerfallen dann die Altersklassen in kleinere geschlossene Vereinigungen, die als Klubs ein ziemlich harmloses Dasein führen, zuweilen auch in ihrem Kreise die Pflege feinerer Kulturgüter gestatten, in der Umbildung zu Geheimbünden aber leicht zu sehr unerfreulichen Erscheinungen entarten.

[1]) Kulturgeschichte S. 34. Vgl. auch Ratzel, Völkerkunde I, S. 565.

[2]) Etwas über die erste Menschengesellschaft (Der erste König).

[3]) Martius, Rechtszustand der Ureinwohner Brasiliens S. 22.

[4]) Mission der evangelischen Brüder S. 168.

[5]) Vgl. Waitz, Anthropologie III, S. 122. — Morgan, Die Urgesellschaft S. 60.

[6]) E. Tregear i. Journ. Anthrop. Inst. 18, S. 113.

[7]) Waitz-Gerland, Anthropologie VI, S. 179.

[8]) Geographical Journal 16 (1900), S. 420.

[9]) Hahl i. Nachr. a. Kaiser Wilhelms-Land 1897, S. 71 und Tappenbeck, Deutsch-Neuguinea, S. 80. Vgl. auch Urgeschichte der Kultur S. 137.

[10]) Rep. Brit. Assoc. Advancement of Science 1898, S. 1018.

[11]) Waitz, Anthropologie II, S. 141.

[12]) Vgl. Lamprecht, Deutsche Geschichte I, S. 135. Über Könige und Herzoge vgl. Lippert, Kulturgeschichte II, S. 525.

[13]) Vgl. hierzu Nieboer, Slavery as an industrial system.

[14]) Vgl. Ziebarth, Das griechische Vereinswesen.

2. Klubartige Organisationen.

a. Melanesien.

Nirgends sind, soweit sich das bis jetzt übersehen lässt, die Klubs in so charakteristischer Weise entwickelt, wie in Melanesien. Dazu tritt überdies der Umstand, dass hier die Entstehung der Klubs aus den Altersklassen verhältnismässig am leichtesten zu beweisen ist, und dass ferner neben den Klubs wirkliche Geheimbünde bestehen, die in diesem Zusammenhang leicht als umgebildete, neuen Zwecken angepasste Klubs zu erkennen sind; das Männerhaus ist entweder einfach zum Klubhaus geworden oder es besteht neben ihm weiter. Von diesem Standpunkt aus darf man die melanesischen Zustände als die wichtigsten und beachtenswertesten bezeichnen, die sich gegenwärtig noch auf der Erde finden. Die nachfolgende kurze Übersicht beruht hauptsächlich auf den Mitteilungen Codringtons [1]).

Auf den Banksinseln bestehen Männerhäuser und Klubgebäude unabhängig nebeneinander, und die Klubs wieder sind nicht identisch mit den ebenfalls vorhandenen Geheimbünden. Der Klub heisst Suqe, das dazugehörige Gebäude Gamal. „Das Klubhaus steht frei da und Jedermann kann, ausser bei der Aufnahme neuer Mitglieder, sehen was darin vorgeht, obwohl Frauen aufs strengste ausgeschlossen sind. Es ist eine gesellschaftliche, durchaus keine religiöse Einrichtung; da indes religiöse Bräuche das gewöhnliche Leben des Volkes durchdringen, und da aller Erfolg im Leben auf mana, übernatürlichen Einfluss, zurückgeführt wird, so sucht man auch durch Fasten, Opfer und Gebet die Hilfe unsichtbarer Mächte, um zu den aufeinanderfolgenden Graden der Gesellschaft aufzusteigen. Wer von Stufe zu Stufe steigen will, braucht Geld, Lebensmittel und Schweine;

dergleichen kann aber niemand erwerben, der nicht entsprechendes mana besitzt. Da also mana einen Mann im Suqeklub vorwärts bringt, so muss jeder, der einen hohen Grad im Suqe einnimmt, sicherlich ein Mann mit mana sein, ein angesehener, grosser Mann, den man wohl einen Häuptling nennen kann, und den die Händler als König bezeichnen. Einer, der die höchste Stufe erreicht hat, ist thatsächlich ein sehr grosser Mann und und führt den Titel Wetuka, als ob er den Himmel erreicht hätte; er nimmt einen Rang ein, den sehr wenige erlangt haben, und ohne seine Zustimmung, die durch tüchtige Zahlungen erlangt werden muss, kann niemand einen Grad höher steigen. . . . Es ist klar, dass in Ermangelung irgend einer unmittelbaren Regierungsform unter dem Volke der Suqe ein wertvolles gesellschaftliches Band bildet, da er den allergrössten Teil der männlichen Bevölkerung umfasst und da in ihm die älteren und reicheren Leute, die nach Belieben Kandidaten für die höheren Grade zulassen oder abweisen können, ein beträchtliches Mass von Einfluss ausüben. Die grosse Menge der Eingeborenen kommt nie über die mittleren Rangstufen hinaus, viele gelangen nicht einmal so weit; aber fast alle, denn die Ausnahmen sind sehr selten, werden schon als Knaben in die Gesellschaft aufgenommen. Ein Mann, der niemals eingetreten ist, führt den Spitznamen eines Lusa, einer Art des fliegenden Fuchses, die sich nicht zu den Schwärmen der gewöhnlichen Gattung gesellt. Beim Eintritt und bei jedem Aufsteigen zu höheren Graden muss denen, die den Grad bereits erreicht haben, Geld gezahlt werden und ein mehr oder weniger kostspieliges Fest wird dem Rang entsprechend veranstaltet.“ Diese Angaben zeigen noch nahezu die ganze männliche Bevölkerung im Klub vereinigt, dessen Grade eben nichts weiter als umgebildete Altersklassen sind.

Während überall, wo noch die Altersklassen ihren ursprünglichen Charakter bewahren, ihre Zahl nicht bedeutend ist, steigt bei der Umbildung in klubartige Verbände die Anzahl der Grade sofort, wie sich das schon bei den nordamerikanischen Tanzgesellschaften deutlich zeigte (S. 153). Da ein festes Prinzip dann nicht mehr vorhanden ist, schwankt die Zahl auf den verschiedenen Inseln. Der Suqeklub von Mota auf den Banksinseln hat nicht weniger als 18 Stufen; die untersten werden oft auf einmal übersprungen, dafür zerfällt die elfte in drei, die zwölfte in zwei Untergrade. Einige Namen der Grade haben einen Sinn, aus dem sich vorläufig allerdings wenig entnehmen lässt: der zweite, avrig, bedeutet „das kleine Feuer", der neunte, kerepue, den „Boden des Bambuseimers" u. s. w. Der Huqaklub auf den Torresinseln hat dagegen nur sieben Grade, der Huqeklub von Omba (Lepers Island) sogar nur vier, die aber wieder in Unterabteilungen zu zerfallen scheinen; auf Araga dagegen besitzt der Loliklub, der auch nahezu alle männlichen Eingeborenen umfasst, zwölf Grade.

Die höheren Stufen haben in der Regel ihre Abzeichen; so trägt in Mota der Angehörige des zwölften Grades (lano) einen hohen konischen Hut, höhere Grade führen als Abzeichen geschnitzte menschliche Figuren, die in diesem Falle also weder Götter- noch Ahnenbilder, wenn auch vielleicht aus solchen hervorgegangen sind. Die Figuren werden beim Fest der Aufnahme in den Grad umhergetragen und dann in den kleineren Gamals aufgestellt, die für die Inhaber der hohen Grade errichtet werden. Die kleinen, auf steinernen Plattformen erbauten und mit einem Ofen versehenen Gamals liegen abseits von den grösseren Gebäuden; in diesen hausen die niederen Grade gemeinsam, doch so, dass verschiedene Abteilungen mit eigenen Öfen für die einzelnen Grade hergestellt sind. Das Betreten einer höheren Abteilung ist den Angehörigen niederer Grade streng untersagt; wer es dennoch wagt, verfällt dem Tode. In den Öfen bereitet man die Mahlzeiten, die von den Genossen jedes Grades gemeinsam eingenommen werden.

In Mota wird der Knabe durch seinen Mutterbruder in den Suqe eingeführt, wobei der Oheim das nötige Fest bezahlt und dafür von dem Knaben einige Geschenke erhält. Beim weiteren Aufsteigen in den Graden ist auch ein Einführender nötig, die Zahlungen leistet aber ausschliesslich der Kandidat, der von seinen Freunden dabei unterstützt wird. Beim Aufnahmefest verlassen alle Frauen das Dorf.

Neben dem Erwerben der Suqegrade giebt es noch eine

andere Möglichkeit, öffentliches Ansehen zu erwerben, nämlich durch Veranstalten eines Kolekole, eines Tanz- und Singfestes, wobei man gern an besondere Gelegenheiten, wie den Bau eines Hauses anknüpft. Es giebt verschiedene Arten solcher öffentlicher Lustbarkeiten, deren jede dem Veranstalter einen Ehrennamen und das Recht zum Tragen gewisser Abzeichen giebt. Auch wer schon den höchsten Rang im Suqe erklommen hat, kann sein Ansehen durch solche Feste noch weiter steigern. Es erinnert das an die Geschenkfeste der Nordwestamerikaner, nur dass man die Sache auf den Neuen Hebriden nicht in ein so eigenartiges, dem ursprünglichen Sinn fremdes System gebracht hat wie dort.

Als Seitenstück zum Suqe, aber wie immer bedeutungsloser und weniger entwickelt als das männliche Urbild, hat sich auch ein Klub der Frauen entwickelt. In ihm giebt es ebenfalls Grade, die durch Bezahlen von Geld und durch Festgelage erlangt werden und ihren Angehörigen das Recht verleihen, bestimmte Abzeichen zu tragen; noch häufiger gelangen allerdings die Frauen durch Kolekole-Feste zum Rang von tavine motar, Frauen von Auszeichnung, die den tavine worawora, den gewöhnlichen Frauen gegenüber verschiedene Vorrechte geniessen.

Das Klubwesen auf der kleinen Insel Meli, das Bässler schildert, weicht in manchen Punkten von dem soeben nach Codringtons Angaben dargestellten Systeme ab, namentlich sind die Namen der Grade ganz andere. „So lange der Mann," schreibt Bässler[1]), „mit den Frauen isst, bleibt er ein Nahor, d. h. er hat dieses Wort seinem Namen anzuhängen; hat er ein Schwein geopfert, so vertauscht er dieses Anhängsel mit der Endung Merib. Tötet er nach einiger Zeit wieder ein Schwein, natürlich unter den entsprechenden Feierlichkeiten, so steigt er wiederum in einen höheren Rang und wird ein Dangur, welches Wort er nunmehr seinem Namen anfügt. Dann giebt es noch sechs Rangstufen, in die er, unter steter Wahrung bestimmter Formalitäten und jedesmaliger Darbringung eines Schweines, das den Göttern geopfert, aber von den Männern verzehrt wird, aufzusteigen vermag, um schliesslich in der obersten den Häuptlingen zugezählt zu werden. Hat daher ein Jüngling einen reichen

Vater, der ihm gestattet, kurz nacheinander mehrere Schweine zu opfern, so kann er schnell aus der untersten in die oberste Klasse gelangen; doch verstehen die Gungur und Mirum, die oberen Kasten, und vor allem die Namar, die Häuptlinge, ihnen nicht genehme Persönlichkeiten am Aufsteigen zu hindern. Ist ein Mann nicht in der Lage, ein Schwein zu opfern, so bleibt er stets ein Nahor, muss während seines ganzen Lebens mit den Frauen essen und nimmt eine sehr verachtete Stellung ein. Auch die einzelnen Klassen sondern sich beim Essen von einander ab; kein Höhergestellter darf mit einem Niederen speisen, er würde sonst unrein werden. Treffen sich Leute aus verschiedenen Orten, so wird dasselbe Zeremoniell bewahrt." Die Verhältnisse scheinen hier einfacher zu sein als in Mota, aber im Grunde ganz ähnlich: Auch hier regiert sich das Volk selbst durch die in Klubgrade umgebildeten Altersklassen, neben denen wenigstens im öffentlichen Leben die Familien- und Sippenbeziehungen zurücktreten; im Grunde liegt freilich schon die eigentliche Leitung in den Händen einer Plutokratie, deren Häupter mit den Angehörigen der höchsten Klubgrade identisch sind.

Schon die Angaben Codringtons über Mana zeigten, dass es nicht ausschliesslich praktische Gründe sind, die das Klubwesen aufrecht erhalten, sondern dass ihm allerlei mystische Anschauungen einen festeren Rückhalt geben. Wie sehr das der Fall ist, zeigen die Bemerkungen Codringtons über den Verfall des Suqe im nördlichen Teil der Insel Aurora. Der Klub ist hier nahezu erloschen; das Gamal wird wohl von den Mitgliedern noch als Zusammenkunftsort benutzt, allein niemand sucht mehr eine Aufnahme nach oder wünscht in höhere Grade aufzusteigen. Die Ursache liegt grösstenteils darin, dass man einen Platz im Suqe früher wegen der Vorteile schätzte, die er nach dem Tode gewährte: Nur Angehörige des Klubs gelangten nach dem glücklichen Orte Panoi, während die Nichtmitglieder wie fliegende Füchse an den Bäumen hingen. Jeder Vater betrachtete es also als seine Pflicht, seinen Sohn möglichst bald in den Klub aufnehmen zu lassen; nachdem aber der Glaube an diese Dinge verschwunden ist, mag auch niemand mehr Schweine opfern, um dem Klub anzugehören. Offenbar ist die Anschauung über das traurige Schicksal der Nichtmitglieder im Jenseits erst nachträglich ausgebildet worden, vielleicht erst auf Grund des früheren Spottnamens der Nichtaufgenommenen, der wie oben erwähnt auch in Mota üblich ist; nachdem diese künstliche Stütze des Gebäudes zur Hauptsache geworden war, hat ihr Zusammenbrechen den Untergang des ganzen Klubwesens herbeigeführt, — ein sehr lehrreicher und anziehender Vorgang! Ob der Einfluss der Europäer und besonders der Missionare den alten Glauben zerstört hat, was sehr wahrscheinlich ist, wird nicht gesagt.

Im übrigen Melanesien scheinen vorwiegend echte Männerhäuser einerseits, Geheimbünde andererseits vorhanden zu sein, während die Zwischenform der Klubs zurücktritt.

[1]) The Melanesians S. 101.
[2]) Südsee-Bilder S. 203.

---

b. Polynesien und Mikronesien.

Wenn die melanesischen Klubs noch nahezu die ganze männliche Bevölkerung umfassen und einen plutokratischen Charakter tragen, so schaffen in Polynesien die stark entwickelten aristokratischen Anschauungen eigenartige Klubverbände, denen immer nur ein Bruchteil der Bevölkerung angehört, die im übrigen aber manche Wesenszüge bewahren, die lebhaft an die im Junggesellenhaus vereinigte Altersklasse mit ihrer selbständigen Wirtschaft und freien Liebe erinnern. Die wichtigsten dieser Verbindungen sind die der Areoi auf Tahiti und der Ulitao auf den Marianen [1]).

Die Genossenschaft der Areoí zeigt insofern den Einfluss der höher entwickelten polynesischen Mythologie, als sie sich von einem Gotte (Oro) und dessen Brüdern herleitet; diese offenbar nachträglich entstandene Sage liess die Areoi als eine Art Klubgesellschaft erscheinen, deren Dasein eine gewisse Bedeutung für das Wohl des ganzen Volkes hatte, und die in diesem Glauben eine neue Stütze ihres Bestehens fand. Die Areoi zerfielen in eine Anzahl von Graden, ganz nach Art der melanesischen Klubs; die Angaben über ihre Zahl dürften deshalb schlecht zusammenstimmen, weil gleichzeitig eine lokale Einteilung nach den Inseln und Bezirken bestand, die mit der Sonderung nach Graden verwechselt wurde. Nach den besten Nachrichten gab es sieben Grade und zwölf lokale Gruppen. Die Angehörigen der sieben Grade unterschieden sich äusserlich durch ihre Tätowirung und Tracht, und zwar so, dass die unterste Klasse überhaupt nicht tätowirt war, die oberste am reichlichsten. Zum Gefolge der Areoi gehörten ausserdem Diener beiderlei Geschlechts, die nicht eigentlich Mitglieder der Gesellschaft waren. Das Aufsteigen von Grad zu Grad geschah unter grossen Feierlichkeiten und war nicht jedem möglich; während in die unterste Klasse Jedermann aufgenommen werden konnte, waren die oberen nur wenigen zugänglich. Anscheinend waren gewisse mystische Eigenschaften, Fähigkeit zu ekstatischen Zuständen u. dgl. Hauptbedingungen des Aufsteigens. Die Angehörigen der höchsten Grade galten für göttliche Wesen, denen keine irdischen Gesetze mehr Schranken auferlegten. Wie die Klubmitglieder auf der Insel Aurora waren auch die Areoi überzeugt, dass ihrer im Jenseits ein besonders glückliches Loos wartete, und aus diesem Grunde galt die Aufnahme in die Gesellschaft als ein erstrebenswertes Ziel.

Die unteren Klassen der Areoi, die der Altersklasse der Jünglinge ungefähr entsprachen, huldigten der freien Liebe, während die Angehörigen der oberen Grade verheiratet waren, aber alle Kinder mit wenigen Ausnahmen gleich nach der Geburt töteten. Dieser letzte Zug ist echt polynesisch: Die Beschränkung der Kinderzahl ist auf den kleinen Inseln, die nur eine gewisse Menge von Einwohnern ernähren können, nicht ein Verbrechen, sondern ein Verdienst, das die Heiligkeit der Areoi noch erhöhte. Zugleich darf man die Sitte als eine Fortsetzung des Treibens der Unverheirateten ansehen, die bei alter Ungebundenheit doch keinen Kindersegen wünschen.

Ein zweiter bedeutungsvoller Zug ist die Verpflichtung der Areoi, öffentliche Tänze, Schauspiele und Gesänge aufzuführen; nur der Umstand, dass diese Aufführungen ohne Geheimniskrämerei stattfanden, unterscheidet sie von denen der Geheimbünde oder den bei den Knabenweihen üblichen Mummereien, mit denen sie ersichtlich nahe verwandt sind. Diese Tänze und Spiele wurden nur von den Angehörigen der unteren Grade veranstaltet. Zum Teil bezogen sich die Vorführungen auf Göttersagen, aber daneben trat das grotesk-komische Element, das neben dem Schauerlichen so bezeichnend für den Mummenschanz der Geheimbünde ist, sehr entschieden hervor: Scenen aus dem täglichen Leben, die oft sehr unzüchtigen Inhalts waren oder auch ihre satirische Spitze gegen mächtige Persönlichkeiten kehrten, waren besonders beliebt, und wenn auch Masken fehlten, so bemalten sich die Areoi wenigstens den Leib schwarz und die Gesichter rot.

Die Bedeutung der Areoi für das Gesellschaftsleben war in einem verhältnismässig so gut organisirten Staatswesen, wie es auf Tahiti bestand, natürlich nicht so gross wie die der Klubs auf den Neuen Hebriden, aber sie war doch unverkennbar vorhanden. Da die Areoi bei jedem grösseren Feste unentbehrlich waren und beständig umherzogen, verbreiteten sie überallhin den Sinn für feinere Sitten und höhere Bildung, weckten die Freude an künstlerischen Genüssen und vermittelten überhaupt den geistigen Zusammenhang zwischen den einzelnen Bezirken und Inseln. Auch in diesem Falle ist die völkervereinigende Art der Männerbünde deutlich zu erkennen. Einen Männerbund aber bildeten die Areoi in der Hauptsache noch, obwohl die Ausschliessung der Frauen nicht mehr in der Weise durchgeführt wurde, wie in Melanesien, da die Gattinnen der Angehörigen höherer Grade auch mit zur Gesellschaft gehörten.

Auf anderen Inselgruppen gab es ähnliche, leider weniger genau bekannte Verbände, so auf Raratonga; hier wurden von den Areoi nur die neugeborenen Mädchen getötet, nicht die Knaben. Die entsprechende Gesellschaft auf den Marquesas-Inseln war nicht dem Gotte Oro, sondern Maui geweiht, was auch darauf hindeutet, dass man die Einrichtung erst nachträglich zu diesem oder jenem Gotte in nähere Beziehung gebracht hat.

Unter den Bewohnern der Marquesas-Insel Nukahiwa giebt es noch eine andere Art von Gesellschaften, über die v. Langsdorff berichtet[2]); wie das Tabu, auf das noch zurückzukommen ist, vielfach zu rein praktischen Zwecken verwendet wird, so hat hier das Klubwesen eine nützliche Um- und Fortbildung erfahren, von der man nur wünschen möchte, dass sie in ihren Einzelheiten besser bekannt wäre. „Wenn in einem sehr trockenen Jahre," schreibt v. Langsdorff, „Hungersnot eintritt und Brotfrüchte, Schweine, Wurzeln und andere Lebensmittel selten sind, so teilt derjenige, der noch den grössten Vorrat davon hat, welches gewöhnlich das Oberhaupt ist, seinen hungrigen Brüdern etwas davon mit, und giebt alsdann eine zeitlang einer bestimmten Anzahl armer Schlucker offene Tafel, bei welcher alle Anwesende ein bestimmtes Zeichen dieser Schmausgesellschaft tatuirt bekommen. Kraft eines Tabus sind in der Folge alle diese Ordensbrüder verbunden, jeden ihrer Mitgenossen mit Nahrungsmitteln zu unterstützen, wenn sie anders bei einer zukünftigen Hungersnot im stande sein sollten, Gleiches mit Gleichem vergelten zu können. Eine der vernünftigsten Maurerlogen auf dem Erdenrunde. . . . Eine und dieselbe Person kann Mitglied verschiedener dergleichen Gesellschaften sein; von allen Gerichten aber muss dem sogenannten Priester oder Hexenmeister (Taua) eine Portion geschickt werden, wenn er selbst nicht Teilnehmer an denselben sein sollte; auch bei Tanzfesten entstehen ähnliche Schmausgesellschaften. Zur Zeit einer Hungersnot vereinigen sich auch zuweilen mehrere auf einerlei Weise tatuierte Menschen und teilen unter einander alles was sie haben, rauben oder töten, und bilden also wahre Räuberbanden." Hier ist also aus der gleichen Wurzel etwas ganz anderes entstanden, als die Kult- und Tanzgesellschaften der Areoi, obwohl noch einige Züge auf den Zusammenhang mit dem Priestertum und den Tanzfesten hinweisen.

Sehr ähnlich den Areois waren dagegen die Ulitaos (Uritaos) der Marianen; auch der Name dürfte wohl gleichen Ursprungs sein. Die Ulitaos bildeten eine geschlossene Gesellschaft, die nur aus Männern bestand und besondere Häuser bewohnte. Sie unternahmen wie die Areoi festliche Umzüge mit Tanz und und Gesang, wobei sie besonders erotische Lieder in einer besonderen, von der gewöhnlichen abweichenden Sprache vortrugen; auch hatten sie zweifellos den Charakter einer Kultgenossenschaft, die unter dem besonderen Schutz der Gottheiten stand, und waren deshalb nach der Besetzung der Inseln durch die Spanier der Ausbreitung des Christentums besonders hinderlich. Von Rangstufen innerhalb der Gesellschaft wird nichts berichtet, doch sind deren wohl vorhanden gewesen, wenn sie auch weniger deutlich hervorgetreten sein mögen, wie bei den Areois und den melanesischen Klubs. Von den Areoi unterschieden sich die Ulitaos besonders dadurch, dass sie sämtlich in freier Liebe mit Mädchen aus den vornehmsten Familien zusammenlebten, für die dieser Umgang als ehrenvoll galt. Die Behauptung, dass die Schrankenlosigkeit bis zur Blutschande gegangen sei, ist wohl mit Vorsicht aufzunehmen. Ein verzierter Stab diente als Abzeichen des Ulitaos[3]).

Es mag hierbei daran erinnert sein, dass auf den nahegelegenen Palau-Inseln und Karolinen das Treiben im Männerhause ebenfalls einen klubartigen Charakter besitzt und dass auch hier die freie Liebe bereits in der Umbildung zur Prostitution begriffen erscheint. Gerade derartige verwandte Erscheinungen zeigen, wie eine Form sich aus der andern entwickelt hat, oder, was oft richtiger ist, wie aus einer gemeinsamen Sitten- und Anschauungsschicht sich verwandte und doch in vielen einzelnen Zügen verschiedene Bräuche herausbilden können.

[1]) Vgl. darüber namentlich die Zusammenstellungen in Waitz-Gerlands Anthropologie.

[2]) Reise um die Welt I, S. 104.

[3]) Vgl. Freycinet, Voyage autour du monde II und Le Gobien, Histoire des Isles Marianes.

c. Indonesien.

Aus Indonesien mag nur ein Beispiel angeführt werden, das als Übergangsform zwischen dem einfachen System der Altersklassen und den Geheimbünden Aufmerksamkeit verdient, auch wenn man in diesem Falle nicht von der Entwicklung eines Klubs im engeren Sinne reden kann. Wahrscheinlich bieten Indonesien und Indien noch manche Erscheinungen ähnlicher

Art, aber man muss sich vorläufig begnügen, die genauer beobachteten Thatsachen zu besprechen und zu hoffen, dass dieser Hinweis vielleicht dazu beiträgt, die Aufmerksamkeit der Beobachter auf diese meist auffallend vernachlässigten Verhältnisse zu lenken.

Die merkwürdigen Verbindungen, die hier nach den Angaben L. Prochniks kurz dargestellt werden sollen, finden sich auf der Molukkeninsel Ceram. „Die Männerwelt von ganz Ceram," schreibt Prochnik,[1]) „ist zu einem Geheimbunde vereinigt, dem sogenannten Kakian-Bunde, einer Art Vehme, der jeder mann- und streitbare Alfure angehört oder besser angehören muss. Der Kakian-Bund zerfällt in zwei Hauptgruppen: Die Pata-lima und Pata-Siwa. Die Pata-lima bewohnen den westlichen Teil und beinahe die ganze Südküste von Ceram. Die übrigen Alfuren als auch die von der Insel Halmaheira gehören der Pata-Siwa an. Jede Hauptgruppe steht unter einem obersten Leiter, dem Kapala-seniri."

Schon hieraus geht hervor, dass wir es hier mit einer ganz eigenartigen Übergangsbildung zu thun haben: Um einen Geheimbund handelt es sich insofern, als gegenüber Weibern und Kindern die Vereinigung sich in der That als ein solcher giebt; da er aber alle streitbaren Männer umfasst, so scheint er nichts weiter zu sein, als eine weitergebildete Altersklasse der Männergruppe, innerhalb deren wohl noch Grad- oder Altersschichtungen bestehen werden. Prochnik sagt darüber nichts, schildert dagegen die Aufnahme eines Jünglings in den Bund, die ganz den Knabenweihen mit Tod und Wiedererweckung entspricht und deutlich zeigt, wie das geheimbündlerische Treiben mit Vorliebe an diese weitverbreiteten Bräuche anknüpft.

„Für jeden erwachsenen Jüngling kommt endlich die Zeit, dass er sich in den Kakian-Bund aufnehmen lassen muss. Nur dann wird er als streitbarer Mann, als vollberechtigtes Mitglied der Gemeinde angesehen, und was noch mehr ist, nur dann erst kann er um eine Tochter des Landes werben. Jeder Bündler hat für sich und seine Familie Anspruch auf solidarischen Schutz und Hilfe von seinen Gemeindemitgliedern. Die Furchtsamen und Zaghaften werden durch Zeichen und Drohungen eingeschüchtert und zum Eintritte in den Bund angeeifert. Das Pflanzen eines Baumes vor dem Hause eines Eingeborenen ist das schwerste dieser Zeichen, es bedeutet, dass dessen Einwohner vogelfrei sind — gleichbedeutend mit dem sicheren Tod.

„Dem Jünglinge, der sich um die Aufnahme bewirbt, wird in erster Reihe befohlen, über alles, was er sieht und hört, unverbrüchliches Schweigen zu bewahren, überhaupt ist das Sprechen verboten, und er wird zugleich eine zeitlang durch Einschüchterungen und Schreckensscenen diesbezüglich auf die Probe gestellt. Darauf wird er in einer Pomalihütte abgesondert und ihm jeder Umgang verboten.

„Allnächtlich besucht er nun die geheimen Versammlungen im Baleuw (s. S. 271), wo die Mysterien für seine Aufnahme und Einweihung stattfinden. . . . Ist die Aufnahme erfolgt, dann wird der Jüngling in mitternächtlicher Stunde vor sein Haus gebracht, an die Thür geklopft und dann von seinen Begleitern verlassen. Der Bann des absoluten Schweigens wird aber erst nach Wochen von ihm genommen. Stumm bewegt sich der Jüngling im Kreise seiner Familie und auch in der Gemeinde herum, bis ihm bei einer Sitzung im Baleuw das Reden wieder gestattet wird."

Trotz der engen Verbindung aller Bewohner männlichen Geschlechts fehlt es nicht an Streit und Blutvergiessen. Nicht nur die beiden örtlichen Hauptgruppen des Kakianbundes stehen sich feindlich gegenüber, auch innerhalb dieser Gruppen scheinen kleinere Abteilungen zu bestehen, indem die Bewohner der einzelnen Distrikte und Ortschaften enger zusammenhalten, ganz abgesehen von den Sippen und Familien, die auch wieder ihre besonderen Wege gehen und sich gegenseitig bekämpfen. Politische Einheit und Geschlossenheit wird also durch den Kakianbund nicht verbürgt, und wahrscheinlich ist es eben die Umbildung in eine Geheimgesellschaft, die jeden günstigen Einfluss der Vereinigung hindert. Gerade die für allen Zusammenschluss verderblichste Sitte, die Kopfjägerei, wird durch den Geheimbund eher begünstigt als beseitigt.

Die Entartung des Bundes hat wohl erst in neuerer Zeit stattgefunden. Nach der Behauptung des Kapitäns Schulze[2]) stammt er aus älterer Zeit und hatte den Zweck, die Fremdherrschaft abzuwehren, war also damals wirklich ein politisches Einigungsmittel der Alfuren. Schulze erwähnt noch, dass den Mitgliedern als Abzeichen ein Kreuz auf die Brust tättowiert wird. Wie er glaubt, dient der Bund jetzt hauptsächlich als Tribunal für Rechtsstreitigkeiten.

[1]) Mitt. d. Geogr. Ges. in Wien 1892. S. 595ff.

[2]) Verh. d. Gesellsch. f. Anthropologie 1877, S. 117.

d. Afrika.

Auf afrikanischem Boden haben die Geheimbünde das harmlosere Klubwesen fast ganz überwuchert. Immerhin ist wenigstens ein sehr interessantes Beispiel zu nennen, das zugleich zeigt, wie sich eine Einrichtung weiterbilden und neuen, diesmal geradezu socialpolitischen Zwecken dienstbar gemacht werden kann. Bei den Stämmen am Soden- und Elephantensee in Kamerun ist der Klub (Yugu) zu einer Altersversicherung geworden! „Sie besteht darin," schreibt der Missionar Keller,[1]) „dass ein Mann, wenn er einigen Besitz erworben hat, in den Ortsverband, in den Yugu, eintritt. In diesen muss er allerlei Warenstoffe, Haustiere, Tauschartikel und Lebensmittel einzahlen. Er kann diese Zahlung nach und nach leisten und so jahrelang seinen Anteil entrichten. Alles kommt sozusagen in die gemeinsame Vereinskasse. Nach erfolgter Einzahlung hat der Betreffende Teil an den Beständen der Kasse, die zeitweise unter die Mitglieder verteilt werden. So kommt es, dass z. B. alte Leute fast ausschliesslich vom Yugu mit Lebensmitteln und Bekleidungsstoffen versehen werden und sie somit im Alter mit dem Nötigsten versorgt sind. In den meisten Städten, in denen wir mit Hühnern und Pisang oder einem Schaf beschenkt wurden, stammten dieselben, wie wir später erfuhren, aus der Yugukasse, während unsere in Waren bestehenden Gegengeschenke wieder in diese flossen. Um aber diesem Institut Rechtsschutz und Bestand zu verleihen, ist es unter den Einfluss und die Aufsicht eines Fetischs gestellt."

[1]) Deutsches Kolonialblatt 1900, S, 144.

3. Die Geheimbünde.

In den Geheimbünden tritt uns die letzte Ergänzung jener Gruppe gesellschaftlicher Formen entgegen, die in der Hauptsache dem Geselligkeitstrieb der Männer ihre Entstehung verdanken; sie bilden das äusserste Glied einer Entwicklungsreihe, deren einzelne Stufen in den Altersklassen, den Männerhäusern und den Klubs deutlich zu verfolgen waren, einer Reihe, die gleichwertig neben die Familien- und Sippenentwicklung tritt.

Freilich, so einfach, wie es nach diesen Worten erscheinen möchte, ist das Bild des gesellschaftlichen Fortschreitens nicht: Wer die Thatsachen lebendigen Wachstums im Völkerleben wahrhaft erfassen will, muss sich vor jener künstlichen Klarheit hüten, die einen Teil der Ereignisse grell beleuchtet, um dafür andere um so tiefer im Dunkel versinken zu lassen. Die Entstehung der Geheimbünde ist kein ganz einfacher, sie ist auch kein notwendiger Vorgang, der wie das Ergebnis einer mathematischen Berechnung aus den Voraussetzungen folgte: Vielen Völkern, die auf höheren Stufen der Kultur stehen, sind die Geheimbünde unbekannt, bei anderen sind sie wohl vorhanden, aber der Zusammenhang mit den Altersklassen und ihren Umbildungen ist mehr als zweifelhaft. Beide Thatsachen sind wohl einer näheren Erwägung wert.

Die Geheimbünde sind kein notwendiges Ergebnis der Entwicklung, sie sind vielmehr ein Ausläufer, eine letzte äusserste Form, die sich unter günstigen Umständen bildet, die aber auch häufig genug garnicht zur Entfaltung kommt, wenn andere Sitten stellvertretend erscheinen. Das hat auch bei Kulturvölkern seine Parallelen. Die Fehme hat sich in Deutschland erst zum gefürchteten heimlichen Gericht entwickelt, als die übrige Rechtspflege schmählich verkommen war, und sie ist zur Posse geworden und endlich verschwunden, nachdem das staatliche Rechtswesen neue Festigkeit gewonnen hatte; in derselben Weise werden bei gewissen Naturvölkern die Geheimbünde zu Hütern der Gerechtigkeit, während bei anderen, straffer organisierten Stämmen diese heimliche Rechtspflege garnicht Wurzel zu fassen vermag.

Wenn somit die Geheimbünde nur als ein mögliches Ergebnis der Entwicklung, ja vielleicht besser als eine Ausartung des männlichen Gesellschaftstriebes zu betrachten sind, so ergiebt sich von selbst, dass dieser Trieb sich noch in anderer Weise fortschreitend äussern und auch dort vorhanden und wirksam sein wird, wo die Geheimbünde keinen Raum zur Entstehung finden: Gerade diese anderen Formen, in denen er sich äussert, sind es dann, die geheime Gesellschaften überflüssig erscheinen lassen oder schon in ihren Anfängen beseitigen. Manchmal bestehen sie nebenbei, aber mit beschränktem Wirkungskreise weiter: In Griechenland hat sich die Bildung der Staaten und Verfassungen im ganzen auf rein politischem Gebiete vollzogen, während die Mysterien nicht viel mehr waren als geheime Kulthandlungen, deren Einfluss auf das öffentliche Leben nur zeit- und stellenweise bedeutend war. Zudem sind alle Geheimbünde dem Verfall mehr ausgesetzt, als andere Gesellschaftsformen, weil ihre Kraft in Geheimnissen liegt, die niemals dauernd bewahrt bleiben, mögen auch noch so furchtbare Strafen die Geschwätzigkeit in Schranken halten.

Andererseits werden Geheimbünde unter begünstigenden Umständen immer neu entstehen, ohne dass ein unmittelbarer Zusammenhang mit den Altersklassen und ihren Umbildungen anzunehmen wäre. Die Neigung zu geselligem Zusammenschluss liegt ja tief im Menschen, besonders im Manne; ein Geheimbund aber ist nur eine Abart der Gruppenbildung, die freilich in ihren ausgeprägten Formen seltsam und eigentümlich erscheinen mag, im übrigen aber in ihren Grundzügen an ganz alltägliche Erscheinungen anknüpft. Das ergiebt sich, wenn wir versuchen, das Wesen eines Geheimbundes zu definieren.

Jeder Geheimbund bildet eine kleinere Gesellschaft innerhalb einer grösseren, vor der er sein Dasein oder doch sein eigentliches Wesen geheim hält, indem er sich durch bestimmte Massregeln, durch bestimmte Formen und Zeichen vor der Neugierde Unberufener schützt. Thut er aber damit etwas aussergewöhnliches? Jede, auch die kleinste menschliche Gruppe umgiebt sich mit Formen, die ihr Halt und Zusammenschluss gewähren, nach aussen hin aber wie eine mehr oder weniger undurchsichtige Hülle wirken. Selbst eine so natürliche und harmlose Gruppe, wie eine aus wenigen Personen bestehende Familie, hat doch ihre gemeinsamen Anschauungen und Erinnerungen, ja ihre besondere Sprache; wo man sich nicht, wie in England, völlig dem Zwang der herkömmlichen Sitte beugt, hat sie wohl auch ihre eigenen Gewohnheiten in der Einteilung der Zeit, in der Stunde und Dauer der Mahlzeiten u. s. w. Ein Fremder, der als Gast in eine Familie tritt, muss erst in diese „Geheimnisse" eingeweiht werden, ehe er sich völlig zu Hause fühlt und an alltäglichen Gesprächen ernstlich teilnehmen kann. Und der einzelne Mensch selbst? Auch er hat, und wäre er der Grossvater der Schwatzhaftigkeit, seine geheimen Gedanken und Gefühle, die er nicht äussern kann ader mag, er hat etwas eigenes, das auch der nächste Verwandte und Freund nie völlig ergründet und versteht. In diesem Sinne gehört der reicher beanlagte, im vollen Leben stehende Kulturmensch stets einer ganzen Anzahl von Geheimbünden an; er hat vielleicht seine Freunde, mit denen er einmal die tiefsten Probleme des Daseins besprechen kann, die aber eine Unterhaltung über Sport und Pferdezucht unerträglich finden würden, er hat andere, die er durch eine Bemerkung über das Welträtsel nur zu einem blöden Gelächter reizen könnte, die aber sehr nett über die Aussichten des nächsten Rennens zu reden wissen, er kennt auch einen vertrockneten Gesellen, der im ganzen ungeniessbar ist, mit dem ihn aber die gemeinsame Freude am Sammeln gewisser seltener Kupferstiche verbindet; ob er über seine Geschäfte, über Jagd, über Politik reden will, er wird immer nur einige Leute haben, die auf dergleichen mit Verständnis eingehen, während andere höchstens etwas erkünstelte Teilnahme zeigen. Wollte er alle seine Bekannten, alle seine „Geheimbünde" einmal um sich versammeln, so würde sich zeigen, wie völlig fremd sie sich gegenüberstehen, und den Gastgeber selbst müsste ein eigenes Gefühl der Zerrissenheit überkommen; er könnte wohl mit jedem einzelnen seine Sprache reden, aber er hat keine Sprache, die alle verstehen, abgesehen vielleicht vom leersten Wortgeplapper der gesellschaftlichen Unterhaltung. Die ganze Kulturwelt ist voll von derartigen losen Geheimbünden, und es bedarf nur begünstigender

Umstände, um aus diesen lockeren Vereinigungen feste Verbände zu bilden, die dann leicht, namentlich in ihren Anfängen, etwas Geheimnisvolles an sich haben.

In ihren Anfängen! Alles Leben, Alles neu aufsprossende und werdende beginnt ja geheimnisvoll, fast unbemerkt und unbeachtet, bis plötzlich sein Dasein erkannt wird. Das Geheimnisvolle ist der Schutz der schwachen Anfänge, denn nichts hat mehr Feinde als das Werdende, das kein Recht auf seinen Platz zu haben scheint und die Harmonie des Vorhandenen durch seine neuen Ansprüche bedroht. Schleicht sich doch auch der Mensch wie verstohlen in eine Welt, vor deren selbstsüchtigem Hass ihn selbst die Verborgenheit des mütterlichen Schosses oft nicht zu schützen vermag. Im grossen Organismus der Gesellschaft aber entstehen neue Gedanken, neue Ideale wie die Keime in der Natur still und geheim; wer das nicht erkennt, wer seine neue Erkenntnis laut und aufdringlich in die Menge ruft, wer die Harmonie der Alltäglichkeit verwegen stört, wird seinen Versuch schwer zu büssen haben und seiner Idee, die er nicht zur Reife gelangen lässt, nicht minder schaden. Das Neue und Grosse wird erst wahrhaft gross, wenn es Zeit hat, in der Stille zu wachsen; nicht vor die gedankenlose, in schwerer Arbeit und dumpfer Sinnlichkeit verworren dahinlebende Masse gehören die Keime des Guten, die sie nur achtlos oder mit boshafter Freude zertreten würde, sondern vor die Wenigen, die wie ein schirmender Geheimbund den hoffnungsreichen Spross behüten. Aber alle Geheimbünde im guten Sinne müssen einmal öffentlich werden, wie auch die neuen und grossen Erkenntnisse aus dem Dunkel der Anfänge heraustreten müssen an das Licht der Tages. Wenn erst eine Wahrheit in den Schulen gelehrt wird, bedarf sie keines Schutzes mehr, und es ist dann Zeit für die tiefer angelegten Naturen, nach neuen Keimen Umschau zu halten, die abermals in der rauhen Luft der Wirklichkeit nach Pflege verlangen.

Das sind die Grundlagen, auf denen die Geheimbünde der Kulturvölker meist entstehen. Wo politischer oder religiöser Druck zu dem immer vorhandenen Zwang der Gesellschaft hinzutritt, krystallisieren die losen Gemeinden einer neuen

Wahrheit, eines neuen Ideals leicht zu Geheimbünden, denen meist Hass und Rachegefühl einen unedlen Zug verleihen, ja die im kleinen einen Despotismus üben, der unerträglicher sein kann, als irgend eine tyrannische Fürstenmacht. Dass eine Entartung dieser Art nicht notwendig eintreten muss, beweist die Geschichte der Freimaurer, die trotz mancher kläglichen Episode doch einen edlen Zug hat, wohl deshalb, weil hier nicht ein bestimmter Gegner bekämpft, sondern ein fernes Ideal angestrebt wird.

Bei alledem würden die geheimen Gesellschaften mit ihrem oft so lächerlichen Hokuspokus, der gerade von den innerlich hohlsten Gruppen mit besonderer Hingebung gepflegt wird, nicht bei fast allen Kulturvölkern bestehen und sich immer aufs neue herausbilden, wenn nicht eine eigene Freude am Geheimnisvollen im Menschen läge und sein gesundes Urteil nur zu leicht in Fesseln schlüge. Selbst die oberflächlichste weibliche Seele kennt wenigstens die Neugier, die freilich in der Regel nichts ist als eine taube, unfruchtbare Regung ohne tiefere Folgen. Das männliche Geschlecht in seinen besseren Vertretern zeigt auch hier, seiner Neigung zum Nachdenken entsprechend, einen anderen Zug, den Wunsch, die Rätsel des Daseins zu lösen oder doch die Lösung von Anderen, weiter vorgeschrittenen sich mitteilen zu lassen. Das religiöse Gefühlsleben, der Glaube ohne Beweise genügt da nicht; wohl aber mag es scheinen, dass in geheimen Gesellschaften eine tiefere Weisheit gegflegt wird, die der Adept nach allerlei Prüfungen zu erlangen vermag, und so kommt es, dass gerade das Streben nach Wahrheit und Erkenntnis eine Stütze aller Geheimbündelei ist, selbst bei den Kulturvölkern. Auch in diesem Sinne erscheint es natürlich, dass bei alledem das weibliche Geschlecht fast ganz in den Hintergrund tritt oder es nur zu schwachen Nachahmungen bringt.

Von einem unmittelbaren Zusammenhang der Geheimbünde, wie sie sich bei den Kulturvölkern finden, mit denen der Naturvölker kann nach dem Gesagten nicht wohl die Rede sein; immerhin mag aber dieser oder jener Zug mittelbar aus alter Zeit und primitiven Verhältnissen stammen. Knüpft doch im Gesellschaftsleben bewusst oder unbewusst immer eines an das andere an! Wer heutzutage eine Geheimgesellschaft gründet, wird unwillkürlich dabei das verwenden, was er über ähnliche Formen im Gedächtnis hat, falls er nicht eigens irgend ein älteres Vorbild, sei es die ägyptische Geheimlehre, den Carbonarismus oder die Freimaurerei zum Muster nimmt; und dass alle diese Urbilder wieder auf andere, ältere Formen zurückgehen, ist wohl anzunehmen. Der treibende Beweggrund bleibt immer wirksam. und tritt selbständig unter günstigen Verhältnissen hervor, aber wenn irgend möglich, greift man dabei auf ältere Vorbilder zurück und bezeugt damit besonders deutlich die merkwürdige Ideenarmut der Menschheit. Mit leisem Vorbehalt also lässt sich doch sagen, dass jeder Geheimbund der Gegenwart auf die Formen zurückführt, die sich bei der Umwandlung der Altersklassen zu geheimen Verbänden gebildet haben. Die Zustände bei den heutigen Naturvölkern sind dann um so beachtenswertere Parallelen.

Die Umbildung der Altersklassen zu Geheimbünden hat ihre charakteristischen Züge, die man kennen muss, um in den Labyrinth der Einweihungsformen, der Riten und Tänze, des Maskenspuks und der tollen mythologischen Erklärungen den Faden des geistigen Zusammenhanges nicht zu verlieren. Die meisten dieser Züge ergeben sich von selbst aus dem Wesen der Altersklassen, und ihre Wirksamkeit wird durch die Thatsachen vollkommen bestätigt.

Wie immer wieder betont werden muss, ist die Einteilung nach Altersklassen in der Hauptsache dem männlichen Gesellschaftstriebe entsprungen und steht so, obwohl in vielen Fällen auch die Frauen in Klassen organisiert sind, zum weiblichen Lebenselement der durch Blutsverwandtschaft verbundenen, im übrigen aber alle nur möglichen Unterschiede umfassenden Familie und Sippe entschieden im Gegensatz. Ein gewisser Wettbewerb zwischen den beiden Gesellschaftsformen, der Männergruppe und dem Familienverband, tritt überall mehr oder weniger deutlich hervor, und wir sehen denn auch bald den Männerbund als geringwertige Gruppe von Junggesellen, deren jeder durch baldige Heirat auf die höhere Stufe eines Ehemannes zu steigen sucht, bald schon in äusserlicher Symbolik die Familienhäuser als kümmerliche Anhängsel der gewaltigen Männerhalle, in der auch die verheirateten Männer nach Möglichkeit noch das Junggesellendasein mit seiner brüderlichen Geselligkeit fortsetzen. Das Gegenspiel der beiden Systeme bildet ein grosses Kapitel in der Entwicklungsgeschichte der menschlichen Gesellschaft. In den Geheimbünden lässt sich in diesem Sinne vielfach ein Schachzug des männlichen Prinzips erkennen, das sich mit Bewusstsein gegen das durch Frauen nnd Kinder vertretene Familienwesen kehrt und durch Einschüchterung seine Oberherrschaft zu befestigen strebt. Es ist merkwürdig zu beobachten, wie auch in diesem Falle das weibliche Element zuweilen nachahmend auftritt und durch eigene Geheimbünde der Unterdrückung nicht ohne Erfolg entgegenarbeitet. Natürlich spielen wirtschaftliche Beweggründe immer mit in diese Entwickelungen hinein. So lange die Männergesellschaft in ihrem Jagdmonopol eine reiche Erwerbsquelle besitzt und die Sammelwirtschaft oder der Feldbau der Frauen nur als Nebensache in Betracht kommen, sind besondere Massregeln zur Aufrechterhaltung des Einflusses der Männer nicht nötig; geht aber die Jagd zurück und wird der Feldbau die Grundlage des Daseins, dann wird die Gesellschaft der Männer mehr oder weniger bewusst nach Mitteln suchen, die dadurch entstehende Abhängigkeit von den Frauen möglichst zu verringern. Ein solches Mittel ist das starke Betonen des Krieges, mit anderen Worten der Raubwirtschaft, ein anderes sind vielfach die Geheimbünde mit ihrer mystischen, scheinbar unwiderstehlichen Macht.

Diese Macht richtet sich bei ackerbauenden Völkern nicht ausschliesslich gegen die Frauen, denn auch Männer, Kriegsgefangene oder gekaufte Sklaven, erscheinen neben ihnen als Vertreter der Arbeit, die von den Freien verachtet wird, aber auf die Dauer dem Thätigen eine heimliche Kraft verleiht. Auch als ein Mittel, diese doppelt gefährliche unterste Schicht am Boden zu halten, bewähren sich die Geheimbünde mit ihrer Schreckensherrschaft, so bei den Küstenvölkern Westafrikas. Es ist das eine seltsame, aber doch in ihrer Entwicklung ganz klare Umkehrung der Verhältnisse, die wir meist bei den Kulturvölkern finden: Wenn bei diesen die Unterdrückten sich heimlich zusammenthun, um als Carbonari, Nihilisten, Tugendbündler oder Hetäristen ihre Befreiung anzubahnen, während die herrschende Macht ihre Ziele offen zeigt, sind es in Westafrika die freien Leute, die durch Geheimbündelei ihre Herrschaft aufrecht halten. Wer sich mit Völkerkunde eingehender beschäftigt, findet immer von neuem, wie dieselbe Sache den verschiedensten Zwecken dienstbar gemacht wird, ohne sich mehr als in einigen Äusserlichkeiten zu verändern, aber Beispiele, in denen diese Eigentümlichkeit so klar zu Tage tritt wie hier, sind nicht häufig und deshalb als Muster besonders schätzbar.

Aus dem Gegensatz gegen die Frauen und das Familienleben einerseits, gegen die Sklaven andererseits ergiebt sich die Richtung, in der sich die Geheimbünde meist entwickeln, und zugleich eine neue Berechtigung ihres Daseins, das die sonst sehr naheliegende Entartung verhindert. Diese Richtung liegt schon in der ursprünglichen Eigenart der männlichen Altersklasse begründet. Aber auch in ihren Formen greifen die Geheimbünde auf die einfacheren Anfänge der Männergesellschaft zurück. Vor allem sind es die Bräuche der Knabenweihe, die man übernimmt, weiterbildet und zweckmässig umgestaltet; daneben erscheint der Totenkult, soweit er von den verbundenen Männern betrieben wird, als Ausgangspunkt verwickelter Zeremonien und schreckhafter Formen, und endlich sind es die auf Jagd und Tierkult bezüglichen Tänze und Maskeraden, die willkommene Vorbilder liefern. Alle diese Dinge verschmelzen eben in der wunderlichsten Weise miteinander und bilden wie Flüssigkeiten, die sich mischen, eine neue Einheit. Man kann wohl die einzelnen Zuflüsse verfolgen, aber es ist unmöglich, in der Mischung selbst noch die Bestandteile zu sondern.

Von den Bräuchen der Knabenweihe sind es zunächst die Proben des Mutes und der Standhaftigkeit, die man weiter fortbildet, oft in höchst grotesker Weise; die Einzuweihenden müssen ein ganzes System von Qualen und Schrecknissen durchmachen, wobei es meist weniger darauf ankommt, ihren Charakter zu prüfen, als ihnen die Macht und Furchtbarkeit des Bundes möglichst eindringlich vor Augen zu führen. In je höhere Grade der Kandidat aufsteigt, desto einfacher werden meist die Riten, weil die übergrosse Heimlichkeit und Einschüchterung hier nicht mehr nötig sind, vielmehr die Mitglieder der oberen Stufen selbst hinter den Kulissen stehen und das Spiel übersehen müssen. Wie sich in dieser Weise echte Altersklassen zu Graden eines Geheimbundes mit mehrfachen Weiheproben umbilden können, hat sich bei manchen australischen Stämmen gezeigt (S. 143).

Die Knabenweihe ist die Zeit, in der man die Jugend in den Überlieferungen des Stammes und einigen sonstigen Kenntnissen unterrichtet; auch dieser Zug wird von den Geheimbünden aufgenommen und oft mit Bewusstsein zu einer Hauptstütze ihres Daseins ausgebildet. Hierin gleichen sich die geheimen Gesellschaften bei Natur- wie Kulturvölkern in auffallender Weise. Das Ansehen der Bünde beruht ja zum guten Teil darauf, dass man ihre Mitglieder im Besitze besonderer Kenntnisse und Fähigkeiten glaubt, die der Adept nach und nach erlernen muss, indem er von Stufe zu Stufe emporsteigt. Die Geheimbünde der Kulturvölker erwecken gern den Anschein, tiefere Erkenntnis der Wahrheit zu besitzen, als das profane Volk; bei den primitiven Stämmen sind es dagegen meist die Geister der Verstorbenen, mit denen die Mitglieder der geheimen Gesellschaften auf gutem Fusse zu stehen behaupten, ja die sie nach Belieben erscheinen und Furcht und Schrecken verbreiten lassen können.

Zu diesem Geisterverkehr bilden auch gewisse Bräuche der Knabenweihe einen ungezwungenen Übergang. Wie wir gesehen haben, hat sich vielfach der Gedanke entwickelt, dass die Knaben, die zu zeugungsfähigen Männern werden, hierbei eine geheimnisvolle innere Umwandlung durchmachen, dass ein neuer Geist sie beseelt, dass sie gewissermassen sterben und wiedergeboren werden. Es ist nicht leicht zu sagen, wie diese eigenartige Anschauung, die in den verschiedensten Teilen der Erde wiederkehrt, sich herausgebildet haben mag und welches ihr ursprünglicher Sinn ist, aber man darf wohl annehmen, dass hierbei der Glaube an das Dasein von Geistern eine Rolle spielt; eine Erklärung der Sache, die unseren Ansprüchen an Logik und Deutlichkeit genügt, wird wohl überhaupt nicht zu finden sein, da eben Logik gar nicht im Wesen der Naturvölker liegt. Die

Wiedergeburt mit ihrem Mummenschanz ist gleichzeitig ein ausgezeichnetes Mittel, den jungen Mann von seiner Verbindung mit der Familie zu lösen und seinen Eintritt in den Männerbund vorzubereiten; schon aus diesem Grunde mussten die Geheimbünde diese Dinge mit besonderem Eifer aufnehmen. An Übergängen fehlt es nicht: Wo das Männerhaus in ausgeprägter Form besteht, ist es oft der Mittelpunkt des Totenkultus und die in ihm vereinigten Bewohner, obwohl sie alle erwachsenen Männer bestimmter Altersstufen umfassen, stehen bereits wie ein Geheimbund den übrigen Stammesgenossen gegenüber. Zustände dieser Art finden sich z. B. an der Astrolabe-Bay in Neuguinea.

Es wäre nun freilich voreilig, anzunehmen, dass immer die im Männerhaus vereinigten Altersklassen die Träger des Ahnenkultus sein müssten. Wo die Entwicklung den Weg einschlägt, dass das Klassensystem zerfällt, dafür aber einzelne Männer als Führer an die Spitze der Familien und Sippen treten, wird auch der Ahnendienst von diesen „Ältesten“ übernommen und gewinnt dann den Charakter eines häuslichen Kultes, der sich von den wilden Maskentänzen, den nächtlichen Umzügen und der Schädeljagd der Geheimbünde völlig unterscheidet. Wieder anders gestaltet sich das Bild, wenn eine Priesterschaft, die sich aus mystischen Heilkünstlern und Geisterbeschwörern entwickelt, die Kulthandlungen als ihr Monopol betrachtet. Von einer scharfen Sonderung der Völker und Religionen nach diesen Gesichtspunkten kann indes keine Rede sein, da Übergangs- und Mischformen überall die einfachen Züge verdrängen oder entstellen.

Das charakteristischste Merkmal des Totenkults geheimer Gesellschaften sind die M a s k e n. Wo die Geheimbünde oder wenigstens deren Vorstufen stark entwickelt sind, erscheinen auch die Verhüllungen des Gesichtes und Körpers in reicher Fülle; wo die ersteren fehlen, pflegen auch die Masken selten zu sein. Schon daraus folgt ein gewisser Zusammenhang zwischen beiden Erscheinungen. Natürlich wird dort, wo die Geheimbünde zerfallen und die Knabenweihen mit ihrem Mummenschanz sich zu neuen Sitten umbilden, auch das Maskenwesen einen anderen Charakter annehmen, es wird zur Spielerei entarten oder neuen Zwecken dienstbar gemacht werden. Infolgedessen haben die Einteilungen der Masken nach dem Zwecke, wie sie Andree und Dall vorgenommen haben, nur den Wert einer vorläufigen Übersicht, die über das eigentliche Wesen der Sache wenig Auskunft giebt. Ob alle Masken mittelbar oder unmittelbar auf die mystischen Bräuche des Männerhauses und der Geheimbünde zurückgehen, ist schwer zu sagen. Eine eigenartige Gruppe bilden zweifellos die Tiermasken, wie sie mit Vorliebe bei Tänzen gebraucht werden, die Jagdtiere herbeilocken oder versöhnen sollen. So hatte z. B. jeder Mandan-Indianer seine Büffelmaske, um damit am gemeinsamen Tanze aller Männer teilnehmen zu können, wenn der Mangel an Büffelfleisch bedenklich wurde,[1]) und bei den Nutkastämmen gab es Masken, die den Köpfen gewisser Seetiere ähnelten und nur beim Fang dieser Tiere oder bei den dazu gehörigen Zeremonien verwendet wurden.[2]) Aber auch diese Masken stehen, wie die überall verbreiteten totemistischen Anschauungen beweisen, in einer gewissen Beziehung zum Ahnen- und Geisterkult, wenn auch die Art dieser Beziehung noch sehr der Untersuchung bedarf; zum mindesten steht fest, dass die Männer oder gewisse männliche Altersklassen und Tanzgruppen mit Vorliebe auch diese Tiertänze pflegen, die ihnen als den Jägern des Stammes ohnehin zukommen. Wo das weibliche Geschlecht Tiertänze aufführt, scheint es sich nur um eine jener schwachen Nachahmungen männlicher Vorbilder zu handeln, die immer wieder in der Entwicklungsgeschichte der menschlichen Gesellschaft auftauchen.

Ein zweiter weitverbreiteter Zug des von den Männern gepflegten Totenkultes ist die Schädelverehrung mit ihren scheusslichen Ausartungen, der Kopfjagd und der Skalpjägerei. Wie ich an anderer Stelle[3]) schon gezeigt habe, geht die ganze Gruppe von Sitten von der Anschauung aus, dass die Seele eines Verstorbenen ganz oder teilweise an den körperlichen Resten haftet und ihnen eine mystische Kraft verleiht; der Reliquienkult der katholischen Kirche geht unmittelbar aus diesen Ideen hervor, die einfachen Gemütern sehr nahe liegen müssen. Es ist auch verständlich, dass besonders das feste Knochenhaus des Schädels als Sitz der nachgebliebenen Seele gilt, dass man auch bei eiligen Rückzügen oder langen Wanderungen wenigstens die

Köpfe der abgeschiedenen Freunde zu retten sucht, und dass man allerlei Mittel erfindet, diese Köpfe zu räuchern, zu mumifizieren oder, was das Gewöhnlichste ist, als fleischlose Knochen aufzubewahren. Mit Vorliebe häuft man die Schädel im Männerhaus auf, dessen Insassen als abgehärtete Krieger und als Freunde der Toten weniger von diesen zu fürchten haben als die Familien, innerhalb deren sich Besitz und Einfluss des Verstorbenen zu dessen Neid und Misbehagen vererbt. Wie sich die Männerhäuser auf diese Weise zu förmlichen Beinhäusern und Schädelhütten umbilden können, hat sich besonders bei den Dayak gezeigt (S. 266). Einen Übergang zum Maskenwesen bildet es dabei, wenn man den Vorderschädel des Toten selbst durch Aufkleben von Thon und Bemalung zu einer Maske umgestaltet, deren Träger bei gewissen Tänzen die Stelle des Abgeschiedenen vertritt; hierher gehören die Schädelmasken von Neupommern. Nach der Angabe Kleinschmidts[4]) waren es nur die Schädel verstorbener Verwandten, die man in dieser Weise zurichtete. Andree hat darauf hingewiesen, dass man auf den benachbarten Neuen Hebriden die Schädel der Toten in ganz ähnlicher Art präpariert, aber sie nicht zu Masken umgestaltet, sondern auf menschenähnliche, aus Bambus u. dgl. gefertigte Figuren aufsetzt, die die Verstorbenen darstellen sollen und mit deren Schmuck und Waffen versehen werden. Derartige Parallelen sind beweiskräftiger, als die kategorische Erklärung Tappenbecks[5]), der die Ansicht von einem Zusammenhang zwischen Schädelmasken und Ahnenkult einfach deshalb für „absolut haltlos“ erklärt, weil er von den Eingeborenen über den ganz in Abgang gekommenen Brauch nichts Rechtes mehr erfahren konnte. Wollte man alle Sitten und Gewohnheiten für sinnlos halten, über deren Zweck die Ausübenden selbst keine Rechenschaft geben können, dann bliebe wenig übrig, womit man sich vom wissenschaftlichen Standpunkte aus überhaupt beschäftigen dürfte.

Aus der Verehrung, die man den Schädeln der eigenen Verstorbenen beweist, bildet sich die Ansicht heraus, dass der Besitz möglichst vieler Schädel, gleichviel von wem sie stammen, höchst wünschenswert ist; der Umstand, dass Feindesschädel zugleich Trophäen sind, tritt verstärkend hinzu, ist aber nicht die erste Ursache der Kopfjägerei, die als eine Art grauenhafter Sammelleidenschaft schliesslich aus dem ursprünglichen Ahnenkult herauswächst. Der Mittelpunkt der Schädelverehrung ist, wie wir gesehen haben, das Männerhaus, und so ist es nicht mehr als natürlich, dass auch die Geheimbünde, die dem Männerhaus entspringen, zuweilen den Schädelkult im grossen Stile pflegen. Der Schrecken vor ihrem unheimlichen Treiben wird dadurch ohnehin in erwünschter Weise erhöht.

Eine andere Gruppe von Bräuchen, die mit dem Totenkult zusammenhängen, kann ebenfalls zu einem Monopol der Geheimbünde werden; es sind das die Tabugesetze, wie man sie kurz nennen kann, wenn auch der Ausdruck „Gesetz“ in solchen Fällen immer sein Bedenkliches hat. Man spricht vielleicht besser von Tabugebräuchen, die als Grundlage von Gesetzen gelegentlich dienen. Das Wort Tabu (Tapu, Tambu) ist in Polynesien und Melanesien gebräuchlich und bedeutet etwas Verbotenes, in erweitertem Sinne auch etwas Heiliges, Göttliches; stellenweise scheint fast Alles, was mit dem Götter- und Geisterkult zu thun oder überhaupt eine mystische Beziehung hat, als tabu bezeichnet zu werden. In ihren Anfängen aber gehen alle Tabubräuche zweifellos auf die Scheu vor den Verstorbenen und vor deren nachgelassenen Besitztümern zurück.[6]) Keine Tabuverbote sind so schwer als jene, die an den Leichen haften und von ihnen auf alle übergehen, die mit der Bestattung zu thun haben, oder jene anderen, die Grabstätten und die auf ihnen wachsenden Fruchtbäume vor jeder Behelligung schützen. Wer eine Leiche berührt hat, ist wie verseucht und wird ängstlich gemieden; er darf nicht einmal die Speisen, die er geniesst, mit eigener Hand zum Munde führen, da sonst leicht der Geist des Verstorbenen oder andere von diesem angestiftete böse Geister[7]) in den Leib des Essenden fahren könnten, sondern er muss die Nahrung mit dem Munde von der Erde aufnehmen oder sich von andern füttern lassen.[8]) Aber dies an sich höchst lästige Tabu wurde bald in nützlichem Sinne verwendet: Wenn die Geister der Verstorbenen ihr Eigentum auch nach dem Tode schützten, sodass nicht nur die auf ihren Gräbern wachsenden Pflanzen, sondern überhaupt alle ihnen früher gehörigen Fruchtbäume unbenutzbar für die Nachkommen wurden, so musste es auch möglich sein, zeitweilig anderen Privatbesitz unter ihren gefürchteten Schutz zu stellen, indem man z. B. Ahnenbilder in den Pflanzungen anbrachte und erst unmittelbar vor der Ernte wieder entfernte. „Will jemand," berichtet Krusenstern von den Marquesas, „einen Brotfrucht- oder Kokosbaum oder sein Haus oder eine Pflanzung vor Raub und Zerstörung schützen, so erklärt er, dass der Geist seines Vaters oder des Königs, oder irgend einer anderen Person in diesem Baum ruhe, und dann führt der Baum oder das Haus diesen Namen und keiner wagt es, einen solchen Gegenstand anzurühren." Die dieser Sitte zu Grunde liegende Anschauung ist weit verbreitet; selbst in Europa hat man im Mittelalter versucht, Bauwerken durch Einmauern von Kindern gewissermassen eine Seele oder einen Schutzgeist zu geben. In Polynesien giebt es natürlich Mittel, das Tabu rechtzeitig wieder wegzunehmen oder es für den Eigentümer unschädlich zu machen. Als Schutz des Eigentums bildet sich das Tabu dann zu einem wirklichen Rechtsbrauche aus, der noch einer besonderen Erweiterung fähig ist: Da leicht der Glaube entsteht, dass den Häuptlingen schon bei Lebzeiten etwas von der unheimlichen Zaubermacht der Verstorbenen anhafte, so schreibt man ihnen auch die Fähigkeit zu, das Tabu willkürlich zu verhängen, und nun sind sie im stande, z. B. durch rechtzeitiges Tabuieren der Lebensmittel deren Verschleuderung und somit eine drohende Hungersnot zu hindern oder dafür zu sorgen, dass für ein Fest genügende Vorräte vorhanden sind. Ein Machtmittel von ausserordentlicher Wirksamkeit, das mit ganz anderer Genauigkeit befolgt wird als unsere grimmigsten Polizeiverfügungen, ist damit in die Hände der Häuptlinge gegeben.

Wie es nun beim Ahnenkult und den damit verbundenen Mysterien der Fall ist, dass bald die Familienhäupter und Sippenführer ihre Ausübung übernehmen, bald die Insassen des Männerhauses in ihrer Art diese Dinge pflegen, so erscheint auch das Tabu häufig eng an die Einrichtung des Männerhauses geknüpft. Das Verbot für Frauen und Kinder, das Haus zu betreten oder den Ton gewisser dort aufbewahrter Musikinstrumente in der Nähe zu hören, hat schon einen tabuistischen Charakter, denn es beruht auf der Furcht vor unheimlichen Mächten und in erster Reihe den Geistern der Verstorbenen. Auch der Name des Männerhauses ist nicht ohne Bedeutung. Dass man in Melanesien die Klubgebäude oft als Tabuhäuser bezeichnet, soll hier weniger betont werden, denn die Benennung scheint von Europäern herzurühren; das Wort Tabu selbst aber hat unmittelbar mit den Namen des Männerhauses nichts zu thun, deutet vielmehr auf den Geisterglauben hin, wie schon die Verwandtschaft mit dem Fidschiwort tabura (Ahnen) beweist, dem auf Neuguinea tubuna, tabuna, upuna, tubuda u. s. w. in gleicher Bedeutung entspricht[3]). Um so wichtiger sind die dem Worte tabu gleichwertigen Bezeichnungen in Indonesien; pomali auf den Molukken, pilih auf den Sangi-Inseln, pali auf Borneo, bujut bei den Baduwis auf Java, padi, fosso, sassie u. s. w.; ihnen entspricht blul auf den Palau-Inseln, fadi auf Madagaskar, vielleicht auch das japanische fujo (unrein), dass sich ebenfalls auf die Leichengebräuche bezieht. Wenn pomali an malae und marae erinnert, so ist pali nebst der ganzen Gruppe verwandter Wörter offenbar identisch mit zahlreichen Bezeichnungen des Männerhauses, bale, fale u. s. w. Das Urwort dürfte wohl einfach „Haus“ bedeutet haben; während es stellenweise diesen ersten Sinn bewahrt hat, ist es anderswo zur Sonderbezeichnung des Männerhauses geworden, und aus dieser Bedeutung hat sich wieder die dem tabu ensprechende herausgebildet; der umgekehrte Gang der Entwicklung ist wenig wahrscheinlich. Auch in diesem Zusammenhange also erscheint wieder das Männerhaus als Stätte des Totenkults und aller damit zusammenhängenden Bräuche; wie sehr die Möglichkeit, Tabuverbote willkürlich zu verhängen, die Macht der organisierten Männergruppe stärken und ihre Umbildung zu einen Geheimbund begünstigen musste, ist leicht zu ermessen.

Wenn einmal die Geheimbünde mystische Kultgebräuche üben, so fallen ihnen auch andere wichtige Aufgaben dieser Art zu. Vor allem das Herbeizaubern des Regens ist hier zu nennen, das bei manchen afrikanischen Bünden zum Hauptzweck ihres Daseins geworden ist. Auch für glückliche Jagd oder das Gedeihen der Felder fühlen sie sich zuweilen verantwortlich.

Auf die unheimlichen ihnen zu Gebote stehenden Kräfte gestützt können die Geheimbünde einen von jeder Verantwortung freien Terrorismus ausüben, gegen den sich die Unterdrückten höchstens durch Begründen ähnlicher Geheimbünde zu schützen vermögen. Es fehlt namentlich in Afrika nicht an Beispielen, dass die geheimen Gesellschaften ihre Macht missbrauchen und eher Räuberbanden genannt zu werden verdienen, als nützliche Vereinigungen; es wäre auch wunderbar, wenn derartige Ausartungen nicht erfolgten. Aber doch liegt im Menschen ein Drang, nicht nur seinen Trieben eine äussere Form zu geben, sondern auch einen inneren Halt, eine Daseinsberechtigung wenigstens sich vorzulügen; möchte doch selbst die Räuberbande Karl Moors glauben machen, dass sie im Dienste der höheren Gerechtigkeit mordet und plündert. Eines solchen inneren Haltes wollen auch die Geheimbünde nicht gern entbehren. Wenn ihnen die Ausübung heimlicher Kulte, die angeblich zum Gedeihen das ganzen Volkes unentbehrlich sind, nicht als Vorwand ihres Daseins genügt, dann widmen sie sich der Pflege des Rechtes und wollen das, was ursprünglich Einschüchterung des Schwächeren und Förderung der eigenen selbstsüchtigen Ziele ist, gern als Ausfluss heimlich waltender und eben deshalb unfehlbarer Gerechtigkeit hinstellen. So kann sich der Bund zu einer Art geheimer Justizbehörde ausbilden.

Dergleichen geschieht niemals einfach auf Grund kleinlich-pfiffiger Berechnung, sondern ist immer ein Teil jenes grossen Stromes fortschreitender Kultur, der so oft die wunderlichsten Seitenwege einschlagen muss, aber doch beständig einem grossen, unverrückbaren Ziele zufliesst. Der Drang nach Gerechtigkeit und nach Menschen, die über den Parteien stehend Recht und Billigkeit zu üben wissen, ist vorhanden und ruft nach Erfüllung; aber wenn bei einem Volke sich allmählich aus den Sprüchen der Ältesten und der Sippenhäupter ein rechtliches Herkommen und endlich eine geordnete Justiz entwickelt, greifen anderwärts die Geheimbünde die halbbewussten Wünsche ihrer Stammesgenossen auf und suchen einen Ersatz des wirklichen Rechtswesens zu bilden, bis die wachsende Kultur ihr dunkles Gewebe erbarmungslos zerreisst.

Die Umbildung der Geheimbünde zu richtenden und strafenden Genossenschaften liegt nahe genug: Die innere Justiz geht der äusseren voran. Die Mitglieder eines Geheimbundes müssen eine gewisse Zucht innerhalb ihres Verbandes einführen, sie müssen, da das Geheimnisvolle ihr grösstes Machtmittel ist, Gesetze und Strafen für treulose, geschwätzige oder ungeschickte Genossen haben; jede Geheimgesellschaft der Kulturvölker, abgesehen von den harmlosen Abarten, ist zu einem gleichen Vorgehen genötigt. Bei den Naturvölkern sind die Strafen, der geringen Wertschätzung des Menschenlebens entsprechend, oft sehr hart und willkürlich oder tragen selbst einen unheimlichen, mystischen Charakter: Wer z. B. bei gewissen Geheimtänzen nordwestafrikanischer Stämme strauchelte oder Fehler beging, wurde erschlagen oder verbrannt[10]), ebenso verfahren die Karaya in Brasilien gegen ungeschickte Maskentänzer[11]). Gegen die Neugierde der Aussenwelt schützt man sich ebenfalls am besten durch Beseitigung oder grausame Einschüchterung aller, die etwas von den Geheimnissen des Bundes erfahren; meist genügt ja der Glaube, dass jeder, der den Mysterien zu nahe kommt, durch die Geister getötet wird, aber manchmal ist es doch nötig, durch ein recht handgreifliches Beispiel diesen Glauben wieder aufzufrischen. Die Rache richtet sich natürlich nicht allein gegen Neugierige, sondern ebenso kräftig gegen Solche, die den Interessen des ganzen Bundes oder einzelner Mitglieder zu nahe treten. Umfasst nun, wie das ursprünglich wohl die Regel ist, der Bund alle erwachsenen freien Männer eines Stammes, so fallen alle Vergehen und vor allem alle strafwürdigen Thaten der Frauen und Sklaven in sein Rechtsgebiet; der Geheimbund wird zum heimlichen Gerichtshof und trägt dank seiner straffen Organisation in der That mehr Ordnung in das Rechtsleben, als sie bei der Zersplitterung in Sippen mit ihren ewigen Fehden und ihrer Blutrache vorhanden ist, gegen die das Ansehen schwacher Oberhäuptlinge nicht aufzukommen vermag. Auch in diesem Zuge also erscheint noch die einigende Macht der Männerverbände, so wenig im übrigen die willkürliche Rechtspflege der Geheimbünde erfreulich erscheint. Es kann dahin kommen, dass in den Geheimbünden überhaupt die einzige politische Macht verkörpert ist, die die zersplitterten Sippen und Gemeinden zu einer höheren Einheit zusammenfasst und ein gemeinsames Recht für alle schafft. Ein Musterbeispiel dieser Art ist der afrikanische Purrahbund. Selbst die britische Regierung hat in Sierra Leone gelegentlich diesen günstigen Einfluss der Geheimbünde für ihre Zwecke benutzt[12]).

Wenn die Geheimbünde mit ihren Bräuchen und Einflüssen im ganzen unerfreulich sind, so sind sie dafür auch niemals von allzulanger Dauer; sie bilden sich aus den Altersklassen heraus, und wie grosse, schillernde Blasen, die eine Zeit lang wachsen, um dann unter den Einfluss von Licht und Luft zu zerplatzen, zersetzen sie sich wieder, um neuen Bünden oder auch anderen Daseinsformen Platz zu machen. Auch in der Gesellschaft können lichtscheue Einrichtungen nicht ewig dauern, auch in ihr mögen sie wohl lange seltsam wuchern und zunehmen, aber dann werden sie an den Tag gezogen und gehen rasch zu Grunde. Mögen die Abzeichen und Losungsworte des Bundes noch so geheim gehalten werden, mag man sogar, wie mehrfach in Afrika, eine eigene Geheimsprache besitzen, es wird doch früher oder später der Aussenwelt der Einblick in diese Mysterien gelingen.

Wie leicht der Verfall eintritt, lässt sich bei gewissen brasilischen Waldstämmen beobachten, wo ursprünglich die Männer als geschlossene Genossenschaft mit eigenem Hause und mit geheimnisvollen Maskentänzen den ungeweihten Frauen und Kindern gegenüberstehen. Man kann bei diesen Stämmen die verschiedenen Stufen der Entwicklung und Entartung neben einander beobachten: Die Suya am Schingu schliessen noch die Frauen von allen ihren Tänzen aus, die Bakaïri lassen sie schon bei kleineren Festen zu[13]); während bei den meisten Stämmen die Schwirrhölzer, die zum geheimen Apparat des Männerhauses gehören, von den Frauen nicht gesehen werden dürfen, wurden sie bei den Nahuquá ganz unbefangen auf offenem Dorfplatz gezeigt, ohne dass man die Frauen wegschickte[14]). Ähnlich verhält es sich mit den Masken, die vielfach noch als wichtige Geheimnisse behandelt werden, während anderwärts die Frauen ganz gut wissen, dass nichts weiter hinter den tanzenden Geistern steckt als ihre Gatten und Brüder. Wie die Umwandlung erfolgte, berichtet eine Überlieferung der Tapirapé in Goyaz: Nachdem hier früher jedes Weib sofort getötet worden war, das dem Geheimnis der Maskentänze auf die Spur kam, geschah es einst durch einen Zufall, dass sämtliche Weiber des Stammes gleichzeitig die Masken erblickten; sie alle zu töten war denn doch nicht möglich, und so entschloss man sich, ihnen das Geheimnis preis zu geben und die Maskentänze fortan nur als harmlose Unterhaltung zu behandeln[15]).

Wenn die Geheimbündelei in diesem Falle an ihrem eigenen Widersinn zu Grunde gegangen ist, so sind es anderwärts die Einflüsse höherer Kultur, vor denen die Nichtigkeit des primitiven Mummenschanzes endlich zusammenbricht. In Melanesien, wo die organisierte Männergesellschaft, wie wir gesehen haben, fast das einzige Mittel politischen Zusammenhaltes bildet, verschwinden in solchen Fällen die Geheimbünde nicht ganz, sondern bilden sich zu klubartigen Genossenschaften zurück. „Auf den Banks-Inseln“, schreibt Codrington[16]), „hat der Tamate (Geheimbund) die Einführung des Christentums überlebt. Aller Glaube an den übernatürlichen Charakter der Gesellschaft ist freilich längst verschwunden, alle Frauen und Kinder wissen, dass die Tamate verkleidete Männer sind, die ihre Masken selbst gefertigt haben, und dass die Geräusche und Rufe auf natürliche Weise zustande kommen. Aber diese Genossenschaften spielten eine so wichtige Rolle im Gesellschaftsleben des Volkes, dass sie nun als Klubs weiter bestehen.“ Auch durch den Verkehr der Eingebornen unter einander, der durch das Eingreifen der Europäer begünstigt wird, hat das Ansehen der Geheimbünde gelitten, denn dergleichen gedeiht nur dort gut, wo kein frischer Hauch des Verkehrs und keine neuen Anschauungen hingelangen. Ist erst an irgend einer Stelle das Ansehen der Geheimbünde erschüttert, dann verbreitet sich bald die Skepsis weiter und weiter.

In Afrika geht der Niedergang der geheimen Gesellschaften meist in anderer und recht eigenartiger Weise vor sich. Zum Teil entarten sie zu Raub- und Mordbanden, gewöhnlich aber werden sie in den Strom der Entwicklung mit hineingerissen, der bei den Negern fast überall zu einer starken Ausbildung der Häuptlingsmacht geführt hat, die sich ihrerseits wieder weniger auf die Männerbünde als auf die Sippenältesten stützt. Das hat für die Männerverbindungen, unter denen die Geheimbünde weitaus an erster Stelle stehen, verhängnisvolle Folgen, da sie nun mehr oder weniger überflüssig werden. Es bleibt ihnen nichts übrig, als in den Dienst der Häuptlinge zu treten und sich aus einer gefürchteten heimlichen Justizbehörde zu einer blossen Polizeitruppe umzubilden. Da sie ihre Vermummung, an der immer noch ein gewisses Ansehen haftet, auch dann noch gern beibehalten, so kann man in Afrika das seltsame Schauspiel geniessen, maskierte Polizisten, Nachtwächter und Zolleinnehmer zu sehen[17]). Die maskierten Geheimbündler der Sindungogesellschaft in Angoy (Loangoküste) stehen ganz unter dem Befehle des Herrschers und werden sogar „Soldaten des Königs" genannt[18]). Übrigens kommen auch in Neuguinea Maskierte als Wächter der Pflanzungen vor[19]).

Eine andere Fort- und Umbildung der Geheimgesellschaften findet sich ebenfalls in Afrika. Offenbar unter dem Einfluss des Priestertums und des Götterglaubens entstehen aus ihnen Kultgenossenschaften, die man einigermassen mit unseren geistlichen Orden vergleichen kann. Der eigentliche Sinn der Männerbünde geht in diesem Falle fast ganz verloren, wie sich schon aus dem Umstande ergiebt, dass auch das weibliche Geschlecht hier stark hervortritt. Am bekanntesten unter diesen Orden, auf die auch im folgenden nicht näher eingegangen werden soll, ist der Jevhebund im Togolande, dessen Mitglieder sich aus beiden Geschlechtern rekrutieren.

Einen Sieg des Familienwesens über das Prinzip der Männergenossenschaft bedeutet es endlich, wenn die Angehörigen eines Geheimbundes nicht mehr der ganzen Volksgemeinschaft entstammen, sondern nur bestimmten Familien angehören, innerhalb deren sich die Geheimnisse vererben. Auch diese Ausartung ist besonders in Afrika zu beobachten, wo dann die Geheimbündler oft nichts besseres mehr sind als Spassmacher und öffentliche Tänzer. Bei den Bali sind es dagegen gerade die vornehmsten Familien, die einen Geheimbund bilden und auf diese Weise die Leitung des Stammes doppelt fest in der Hand halten.

Ein Gegenstück zur Entartung der Geheimbünde bildet die Thatsache, dass zuweilen auch geheime Gesellschaften neu entstehen, um die Anarchie und Verwilderung innerhalb eines Volkes zu bekämpfen. In Afrika giebt es mehrere Beispiele dieser Art[23]). Am bekanntesten sind die verschiedenen Formen der amerikanischen Lynchjustiz: Mehrmals ist es im Lande der Freiheit gelungen, durch geheimen Zusammenschluss der besseren Elemente die zügellosen Raufbolde, die einen wüsten Terrorismus ausübten, völlig einzuschüchtern und aus dem Lande zu treiben. Wo die öffentliche Justiz versagt, greift man also mit Erfolg auf die ältere Form der Rechtspflege zurück; auch das ist ein Beweis dafür, dass es sich bei der Entwicklung der Menschheit nicht um zahllose Daseinsmöglichkeiten und eine unerschöpfliche Menge von Lösungen brennender Fragen handelt, sondern dass die Zahl dieser Lösungen verhältnismässig gering ist und dass je nach den Umständen unter diesen wenigen immer wieder eine Wahl getroffen werden muss, ohne dass deshalb eine Entwickelung im eigentlichen Sinne des Wortes stattfindet.

1) Catlin i. Smithson. Report 1885 II, S. 311.

2) J. Meares b. Forster, Geschichte der Reisen I, S. 217.

3) Deutsche Geographische Blätter 19, S. 93ff.

4) Globus 41, S. 40.

5) Deutsch-Neuguinea S. 104.

6) Vgl. darüber meine Studie in den „Preuss. Jahrbüchern“ B. 80.

7) Auf Neuseeland besonders die Seelen früh verstorbener Kinder, die noch keine Familienanhänglichkeit haben (Bastian, Inselgruppen Oceaniens S. 167).

8) Vgl. u. a. Mariner, Nachrichten v. d. Tonga-Inseln S. 147.

9) Brooks i. Queensland Branch R. Geogr. Soc. VIII, S. 48. Nur das batakkische sopo könnte als verwandt gelten, doch liegt hier, wie wir gesehen haben, der Zusammenhang mit dem altindischen sabhā näher.

10) VI. Report on the N. W. Tribes of Canada S. 71.

11) Ehrenreich, Beiträge zur Völkerkunde Brasiliens S. 37.

12) Marriott i. Rep. Brit. Assoc. Advanc. of Science 1898, S. 1019.

[13]) K. v. d. Steinen, Unter den Naturvölkern Centralbrasiliens S. 298.

[14]) A. a. O. S. 327.

[15]) Ehrenreich, Beiträge zur Völkerkunde Brasiliens S. 37.

[16]) The Melanesians S. 74.

[17]) So u. a. als Nachtwächter in Weidah (Tour du Monde 1895, S. 101), als Polizisten und Zöllner im oberen Nigergebiet (Caillié, Voyage à Temboctou II, S. 86). Einen „Teufel" im Dienste des Häuptlings von Lagos erwähnt Adams (From Cape Palmas to the River Congo S. 104).

[18]) Bastian, Loangoküste I, S. 81 u. 222.

[19]) Annual Report of Brit. N. Guinea 1892/93, S. 65.

[20]) Vgl. Hartmann, Die Völker Afrikas S. 264. — Post, Afrikan. Jurisprudenz I, S. 245.

4. Übersicht der Geheimbünde.

A. Melanesien.

a. Neuguinea.

Auf Neuguinea, dessen ethnologische Verhältnisse immer noch nur sehr unvollkommen untersucht sind, scheinen sich Geheimbünde im engeren Sinne kaum zu finden. Um so interessanter ist das Gebiet wegen der Übergangsformen von der einfachen, im Junggesellenhaus vereinigten Männergesellschaft zum Geheimverband: Fast überall knüpft sich an das Männerhaus bereits einiger Maskenspuk, es werden Musikinstrumente in ihm aufbewahrt, bei deren Klang Weiber und Kinder ängstlich in den Busch flüchten, und das Innere des Hauses bleibt den Blicken der Frauen sorgsam entzogen. Schon ganz nach Art eines Geheimbundes geberdet sich die Asagesellschaft in den Ortschaften an der Astrolabebai.

Den Namen eines wirklichen Geheimbundes verdient die Asavereinigung deshalb nicht, weil sie noch sämtliche erwachsene Männer des Stammes zu umfassen scheint; eine scharfe Grenze ist ja überhaupt nicht zu ziehen. Die politische Bedeutung des Verbandes aber liegt darin, dass er die zersplitterten Sippen zu

Dorfgemeinden zusammenfasst, also das männliche Prinzip des Zusammenschlusses in ausgezeichneter Weise verkörpert. „Mehrere Familienverbände“, sagt darüber A. Hoffmann, „bilden gewöhnlich eine Dorfgenossenschaft, welche eigentlich nur ein religiöses Motiv verbindet, nämlich der allen Papuas in der Astrolabebai gemeinsame Geheimkult, in Bogadjim bekannt unter dem Namen Asa. Der Platz, auf welchem die mit dem Geheimkult verbundenen Feierlichkeiten stattfinden, ist Gemeingut des ganzen Dorfes, ebenso das auf diesem Platze errichtete Haus (Asa tali). Dagegen sind die im Asahaus aufbewahrten Gegenstände (Masken, Hörner, Klappern) Privateigentum.“

In der Umgebung von Konstantinhafen ist statt Asa der Name Ai gebräuchlich, während im übrigen die Tänze und Maskeraden ganz ähnlich zu sein scheinen. Was eigentlich unter Asa oder Ai zu verstehen ist, wird nicht genau gesagt, aber man darf wohl vermuten, dass ein geisterhaftes Wesen gemeint ist, das entweder im Asahause selbst wohnt oder, wie die meisten afrikanischen Waldteufel, im tiefen Busch haust und nur gelegentlich das Dorf besucht. Nach der Ansicht Finschs bilden Schmausereien und Kawagelage jetzt den eigentlichen Hauptteil der Asafeste. Ein Zusammenhang mit dem Totenkult dürfte, nach den Parallelen im übrigen Melanesien zu schliessen, wohl vorhanden sein, aber er tritt nicht scharf hervor. Ähnliche Organisationen der Männer scheinen sich noch in verschiedenen Gegenden Deutsch Neuguineas zu finden, doch fehlt es an genaueren Schilderungen.

Litt.: A. Hoffmann i. Nachr. a. K. Wilhelmsland 1898. – Finsch, Ethnologische Erfahrungen.

---

b. Bismarck-Archipel.

Zufällige Umstände haben es mit sich gebracht, dass ein Geheimbund des Bismarck-Archipels, der auf Neulauenburg verbreitete Duk-Duk, vielleicht der bekannteste von allen primitiven Geheimbünden geworden ist. Auch gegenwärtig ist er noch der einzige des ganzen Gebietes, von dem wir Genaueres wissen, wenn auch anzunehmen ist, dass ähnliche Verbände noch mehrfach im Bismarck-Archipel vorhanden sind. Leider wird durch die Zahl der Berichte über den Duk-Duk die Klarheit nicht durchgängig vermehrt; zum Teil mag das, von ungenauen Beobachtungen ganz abgesehen, daher rühren, dass die Eingeborenen selbst sich über die Einrichtung keine klare und logisch geordnete Vorstellung machen können und in der Deutung der verschiedenen Wesenszüge schwanken, zum Teil auch daher, dass der Geheimbund selbst im Laufe der Jahre allerlei Wandlungen durchgemacht hat. Die Sitten und Bräuche primitiver Völker reagieren stets in irgend einer Weise auf äussere Einflüsse, vor allem auf die der europäischen Händler und Missionäre; der Duk-Duk insbesondere scheint gegenwärtig in einem Zustand der Entartung zu sein, wie besonders aus den Mitteilungen Tappenbecks hervorgeht. Immerhin ist es mit Hilfe der Gesichtspunkte, die der allgemeine Überblick und die bisherigen Erörterungen uns gewähren, wohl möglich, das Wesen des Geheimbundes zu analysieren und den Lauf der Entwicklung zu verstehen, der seiner gegenwärtigen Beschaffenheit vorangegangen ist. Die Vorgänge beim Erscheinen des Duk-Duk mögen zuerst nach den Berichten einiger Beobachter, die leider, wie gesagt, nicht übereinstimmen, kurz geschildert sein.

Romilly, der von 1881—83 auf Neulauenburg verweilte, bezeichnet den Duk-Duk als einen angeblichen Geist, der in der Morgendämmerung des Tages erscheint, an dem der Neumond eintritt. Er kommt stets von der See her auf zwei oder drei zusammengebundenen Booten, über denen eine viereckige Plattform errichtet ist; die Boote nähern sich langsam der Küste, auf der sich bereits die ganze Dorfgemeinde in feierlichem Schweigen zum Empfang versammelt hat. Auf der Plattform des Bootes stehen zwei vermummte Gestalten, die heftig umherspringen und gestikulieren; sie sind mit einer weiten Umhüllung bedeckt, die aus Hibiskusblättern gefertigt ist, und tragen einen sechs Fuss hohen konischen Hut, der ihre Züge völlig verdeckt und mit einem grotesken menschlichen Gesicht bemalt ist. Nur die Beine vom Knie an sind sichtbar. Diese Tracht soll einen Kasuar mit Menschenkopf vorstellen, und in der That ahmen die

Gestalten den Gang des Vogels bei ihren Tänzen nach. Nach ihrer Landung bleiben die Darsteller des Duk-Duk 14 Tage im Orte und haben in dieser Zeit vollständig die Herrschaft in der Hand; die Weiber, die den Duk-Duk ohne Gefahr überhaupt nicht erblicken dürfen, verbergen sich im Busch. Am Abend des ersten Tages werden ungeheure Mengen von Speisen auf dem Dorfplatz zusammengetragen, wobei der Duk-Duk umhertanzt und die Männer, die seiner Ansicht nach zu wenig bringen, mit einer Keule empfindlich züchtigt. Dann werden Rohrstöcke gebracht und die jungen Männer nähern sich gruppenweise, um jeder einige heftige Schläge zu erhalten, die das Blut fliessen lassen. Zehn Tage lang wiederholen sich diese Szenen. Die Schläge sind offenbar nicht Strafen für Vergehungen, da sie allen ohne Unterschied erteilt werden, sondern müssen einen anderen Sinn haben; Brown erfuhr von den Eingeborenen, dass jeder Schlag die Tötung eines Menschen symbolisiere.

Teils ergänzend, teils abweichend ist eine Schilderung Th. Kleinschmidts, der kurz vor Romilly seine Beobachtungen machte. Nach ihm ist der Duk-Duk ein wandernder Geist, der in den verschiedenen Distrikten nicht gleichzeitig auftritt. Gewöhnlich erklärt um eine bestimmte Zeit ein besonders einflussreicher Häuptling, dass der Duk-Duk jetzt kommen werde, worauf die Weiber sich an der Bereitung der Speisen, die Männer dagegen an die Herstellung der nötigen Masken machen. Diese Masken werden im Duk-Duk-Hause (A Ball ne Duk-Duk) gefertigt, das auf einem geweihten, den Weibern streng verbotenen Grundstück gelegen ist. In dieser Vorbereitungszeit heisst es, dass „der Duk-Duk brütet“. Kleine Kinder, die bereits von ihren Eltern in den Geheimbund eingekauft sind, dürfen ungestört in der Nähe des Duk-Duk-Hauses spielen, ältere Knaben müssen es jedoch meiden und werden erst im 16. Jahre nach einer abermaligen Zahlung von Muschelgeld zugelassen.

Sind die Masken fertig, so setzt man einen Tag fest, an dem der Duk-Duk „geboren wird“. Vorher liefern die Weiber die fertigen Speisen an den Häuptling ab und machen sich noch einen vergnügten Tag. Am nächsten Morgen legen alle Maskenträger ihr Kostüm an und stellen sich, zuweilen 40 an der Zahl, dem Oberhäuptling vor, wobei sie meist von ihren verschiedenen Duk-Duk-Häusern aus in Booten dem Sammelplatz zustreben; es sind nämlich immer ganze Distrikte, die gleichzeitig die Feier begehen, und jeder Ort scheint seine Duk-Duk-Tänzer zu stellen. Nach ihrer Landung hüpfen die Masken zum Hause des Häuptlings und setzen sich in dessen Nähe auf einen Versammlungsplatz, der für sie bestimmt ist, nieder; hier erhalten sie Geschenke von Muschelgeld, führen ihre Tänze auf und kehren Abends nach ihren Duk-Duk-Häusern zurück, um am nächsten Tage das Spiel von neuem zu beginnen. Nach Kleinschmidts Angaben dürfen auch Weiber und Kinder den Tänzen zusehen.

Das Duk-Duk-Haus unterscheidet sich nur durch einige Verzierungen von den anderen Hütten. In seiner Nähe liegt die Garamudh-Trommel am Boden, die zum Tanze der Masken gespielt wird; da das Haus stets in der Umgebung des Tanzplatzes liegt, so hört man auf diesem den Klang der Trommel deutlich genug. Vom Hause führt ein Pfad nach dem Tanzplatze, der durch eine Wand von Kokosblättern verschlossen wird, sodass die Masken überraschend hervorhüpfen können. In der Regel tanzt nur ein Maskierter, selten zwei. Nach Ablauf der Festzeit wird noch ein grosser Abschiedsschmaus gefeiert, worauf der Duk-Duk „stirbt“, d. h. die Masken verbrannt werden; die bei diesem Abschiedsfeste eingehenden Geschenke an Muschelgeld erhält der Häuptling, der das Fest veranstaltet hat, und der auf diese Weise oft das Mehrfache dessen einnimmt, was er ausgegeben hat, sodass ein Duk-Duk-Fest als ein sehr einträgliches Geschäft gelten kann.

Mit den Angaben Romillys und Kleinschmidts, die ihrerseits schon recht bedenkliche Verschiedenheiten zeigen, stimmen wieder die F. Hübners aus dem Jahre 1877 schlecht zusammen. Nach Hübner wird ein Duk-Duk besonders dann veranstaltet, wenn Jemand aus einer Häuptlingsfamilie krank ist; die Weiber dürfen die Masken nicht sehen, müssen aber dem Duk-Duk, der bettelnd durch den Ort läuft, ebenfalls Muschelgeld senden. Gewöhnlich kleiden sich die Tänzer auf einer anderen Insel an und kommen dann zu Schiff nach ihrer Heimat. Die Männer wissen wohl, wer in der Hülle steckt, den Weibern wird dagegen gesagt, es sei Turangan, einer ihrer Götter, dessen Name an den polynesischen Tangaroa erinnert. Verliert einer der Tänzer seine Kopfmaske oder fällt er so hin, dass deren Spitze die Erde berührt, so wird er getötet. Bei der Einkleidung der Masken dürfen nur „Tambuleute“ zugegen sein, die dabei Scheinkämpfe aufführen; die jüngeren Leute erhalten bei dieser Gelegenheit von den älteren derbe Schläge auf den Rücken. Will jemand „Tambu“ werden, so hat er einige Monate in sitzender Stellung in einem Hause des ersten Tambuplatzes zuzubringen; er darf in dieser Zeit nicht sprechen und kein Weib darf ihn sehen. Am Schlusse dieser Zeit führt er einen Tanz auf und ist dann „Tambu“, hat aber von nun an auch bestimmte Speiseverbote zu halten. Dieser kurze Bericht Hübners leidet an Unklarheiten, lässt aber doch erkennen, dass ein mystischer und dabei grausamer Zug dem Wesen des Geheimbundes zu Grunde liegt. Finsch allerdings, der sich gegen Zahlung von Muschelgeld selbst in die Gesellschaft aufnehmen liess, kann in ihrem Treiben nichts anderes erblicken als das Bestreben, Geld einzuheimsen und Schmausereien abzuhalten, und es erscheint ihm deshalb auch ganz natürlich, dass Frauen und Kindern der Zutritt verboten ist. Weitere Untersuchungen sind da freilich überflüssig.

G. Brown giebt einige Ergänzungen, die erwähnenswert sind, zumal sie schon aus den Jahren 1875 und 76 stammen. Die Vorbereitungen zum Duk-Duk-Fest nehmen nach seiner Angabe einige Wochen in Anspruch. Wenn die Masken durch das Dorf tanzen, was anscheinend schon während der Vorbereitungszeit zuweilen geschieht, fliehen Weiber und Kinder, denn die Tänzer haben das Recht, sie ungestraft zu schlagen und zu steinigen. Endlich ist das Hauptfest gekommen, wo alle Duk-Duks in der Öffentlichkeit erscheinen. „Darauf treten einer oder zwei von den Häuptlingen vor und fordern die Menge mit Speeren heraus, und stellen sich neben einem der Duk-Duks an das eine Ende des Platzes, mit grossen Stöcken oder Rotangs in den Händen. Dann rennen viele aus dem Volke einer nach dem andern hervor und fordern die Häuptlinge heraus und stellen sich, als ob sie ihre Speere auf sie schleudern wollten, dann aber machen sie halt vor dem ältesten Häuptling oder einem der Duk-Duks, der jedem von ihnen sogleich mit seinem Stock oder Rotang einen heftigen Schlag über den Rücken versetzt." Auch hier scheint der Schlag also keine Strafe zu sein, von etwas wie einer Gerichtsscene ist nicht die Rede. Dass der Duk-Duk eine Art Justizbehörde sei, hat jedoch Powell mit grosser Entschiedenheit behauptet, während Zöller, der an afrikanische Beispiele denkt, wenigstens annimmt, dass er früher diesen Charakter gehabt habe, jetzt aber nur noch als Erpressungsgesellschaft bezeichnet werden könne. Nach Powell zahlt jeder, der sich von einem andern geschädigt glaubt, einiges Muschelgeld an den Duk-Duk-Träger, worauf dieser eine Strafsumme von dem Angeklagten eintreibt oder, falls dieser die Zahlung weigert, ihm das Haus anzündet oder ihn selbst tötet. Parkinson bestätigt, dass der Duk-Duk Strafgelder einzieht und selbst Hinrichtungen vornimmt; auch das Tabuieren von Fruchtbäumen u. dgl. ist Sache des Duk-Duk, der Übertreter zur Verantwortung zieht. Missbräuche sollen durch die gegenseitige Kontrolle der einzelnen Gruppen der Duk-Duk-Gesellschaft verhütet werden, ja es soll vorkommen. dass der Bund die zu Unrecht erhobenen Strafgelder zurückzahlt. Neulauenburg ist der Mittelpunkt der Duk-Duk-Gebräuche, sie sind aber auch auf der Nordküste Neupommerns und der Südküste Neumecklenburgs verbreitet, wie Powell berichtet.

Wägt man die verschiedenen Schilderungen gegeneinander ab, so lässt sich vielleicht folgendes über den Duk-Duk sagen. Auf Neulauenburg und den benachbarten Küstenländern des Bismarck-Archipels hat sich aus dem gewöhnlichen Männerverband ein Geheimbund herausgebildet, dem nicht mehr alle erwachsenen Männer angehören, sondern nur solche, die die nicht unbedeutenden Eintrittsgebühren erlegen können; immerhin dürfte noch die grosse Mehrzahl der Männer in den Bund eintreten, während die Weiber streng ausgeschlossen sind. Verschiedene Grade innerhalb des Bundes scheint es nicht zu geben, wohl aber örtliche Gruppen, die miteinander in einem gewissen Zusammenhange stehen; Knaben können schon kurz nach der Geburt eingekauft werden, der eigentliche Eintritt erfolgt aber nicht vor dem 16. Jahre.

Auf das Wesen des Geheimbundes ist es nun von grossem

Einfluss gewesen, dass es den Häuptlingen, also den Sippenführern, die zugleich die reichsten Leute sind, gelungen ist, die Leitung der Gesellschaft an sich zu reissen, sodass nun sie es sind, die die Tänze anordnen und den grössten Teil der dabei eingetriebenen Geschenke oder Abgaben an sich nehmen. Die Maskentänzer sind also in der That nicht viel mehr als die Diener der Häuptlinge, deren Macht und Ansehen sie erhöhen; auch als Vollzieher von Strafen oder Rachehandlungen dienen sie, doch ist diese Seite ihrer Thätigkeit anscheinend nicht genauer geregelt. Eher könnte man sie als Steuererheber bezeichnen, da Geschenke und Strafzahlungen als Anfänge der Steuern zu betrachten sind.[1]) Powell teilt eine Erzählung der Eingeborenen mit, die natürlich nicht wörtlich genommen werden darf, aber doch darauf hindeutet, wie die geheime Gewalt des Bundes von den Häuptlingen ihren Sonderzwecken dienstbar gemacht worden ist. Danach ging einst ein junger Mann, der sich mit seiner Familie überworfen hatte, in den Busch. Um seinen Hunger zu stillen, fertigte er sich eine Maske und erschlug in dieser Verkleidung viele Kinder, die er verzehrte, bis endlich der Häuptling, sein Vater, den Entschluss fasste, das Ungeheuer zu erlegen. In der That gelang es ihm, den Duk-Duk zu überwältigen; da gab sich der Besiegte zu erkennen und bat um sein Leben. Der Häuptling erkannte, dass seine Macht und sein Einfluss steigen würden, wenn er das Ungeheuer in seine Dienste nähme und zu seinen Zwecken benutzte; er wies seinem Sohne ein besonderes Haus an und liess ihn nach Belieben als maskiertes Ungeheuer erscheinen. Nach und nach wurden noch andere in das Geheimnis eingeweiht, wodurch sich die Sache von einem Platze zum andern verbreitete. Soweit die von Powell mitgeteilte Erzählung, die auch in ihrer Art den Gegensatz zwischen dem jungen Manne, der hier als Vertreter der ganzen jugendlichen Altersklasse zu denken ist, und der Familie erkennen lässt. Wie sehr gegenwärtig die Häuptlingsmacht durch den Duk-Duk gestützt wird, zeigt die Bemerkung Weissers: „Jetzt haben die Häuptlinge an sich absolut keine Macht mehr, sie sind nur Familienhäupter. Ihre jetzige Macht beruht nur auf dem Duk-Duk und dem Aberglauben, den das Volk mit dieser

Zeremonie verbindet. Alle Festlichkeiten. alle Tribute, alle Gesetze, alle Tabus, alle Begräbnisse, alle Steuern erfolgen durch den Duk-Duk resp. werden durch diesen veranlasst, ausgesprochen und vermittelt."

Das politisch einigende Moment, das den Männergesellschaften innewohnt, verleugnet auch der Duk-Duk nicht, indem er offenbar das einzige Band ist, das eine Anzahl von sonst ganz selbständigen Bezirken auf und bei Neulauenburg zu einer höheren Einheit verknüpft; ist es doch, wie man annimmt, derselbe Duk-Duk, der in den verschiedenen Landschaften abwechselnd erscheint und als dessen Hauptsitz anscheinend Neulauenburg betrachtet wird. Parkinson lässt ihn direkt aus dem Wunsch hervorgehen, einige Ordnung in die losen Verbände der Familien, Sippen und Landschaften hineinzubringen.

Im übrigen bewahrt der Duk-Duk noch verschiedene Züge, die an seinen Ursprung erinnern und anderen Geheimbünden ebenfalls eigen sind. Das Austeilen von Schlägen, das ein Hauptteil der Festlichkeiten zu sein scheint und namentlich die jungen Leute trifft, hängt wohl mit den Mutproben der Knabenweihe zusammen, wahrscheinlich auch mit den Ansichten über Tod und Wiedergeburt, da ja nach Browns Angabe der Schlag die Tötung versinnlichen soll. Auch der Duk-Duk selbst stirbt ja und wird später wieder geboren. Die Scheinkämpfe gehören vielleicht auch hierher oder beziehen sich, wie derartige Kämpfe überaus häufig, unmittelbar auf den Totenkult. Dass der Duk-Duk mit der Totenverehrung zu thun hat, geht schon aus seinem Namen klar hervor, denn auf den benachbarten Santa Cruz-Inseln heisst der Geist eines Verstorbenen duka. Die maskierten Gestalten sind also Geister, und daraus erklärt es sich auch, dass sie in grösserer Anzahl gemeinsam auftreten, was nicht der Fall sein dürfte, wenn der Duk-Duk eine bestimmte mythische Persönlichkeit oder eine Gottheit darstellen sollte. Aber auch eine unmittelbare Beziehung zum Totenkult lässt sich nachweisen. Kleinschmidt, der als zuverlässiger Beobachter gelten kann, berichtet gelegentlich: „Heute hat der Duk-Duk oder Religionsmann auf Pal-Pal, dem anderen Ende der Insel Mioko, Schädel aufgenommen und in Körben in die Hütten der Familien der Verstorbenen behufs Aufbewahrung derselben plaziert, wie dies hier Sitte ist." Die Angabe scheint darauf hinzudeuten, dass den Eingeweihten der Duk-Duk-Gesellschaft das Präparieren der Schädel zufällt, die dann aber nicht im Hause des Geheimbundes, sondern in den Familienhütten aufbewahrt werden. Nach Weisser befragt man auch durch die Häuptlinge den Duk-Duk nach dem zukünftigen Schicksal der Verstorbenen.

Auf Neupommern besteht neben dem Duk-Duk, wie Hahl berichtet, noch der Geheimbund der Ingiet, über den noch nichts genaueres bekannt ist. Nach der Angabe Tappenbecks weiss man nur, dass gelegentlich grosse Schmausereien stattfinden, bei denen es „recht eigenartig und obscön zugehen soll." Die Eingeborenen von Ruluanu auf Neupommern luden ferner Kleinschmidt zu einem „Long-long" genannten Feste ein, das der Duk-Duk-Feier ganz ähnlich sein sollte; alles das lässt vermuten, dass die Geheimbündelei viel weiter und tiefer entwickelt ist, als die vorhandenen Berichte vermuten lassen.

[1]) Vgl. darüber meinen „Grundriss einer Entstehungsgeschichte des Geldes" (Weimar 1898).

Litt.: Romilly i. Proc. R. Geogr. Soc. London 1887. — Brown i. Journal R. Geogr. Soc. 1877. — Bridge i. Proc. R. Geogr. Soc. London 1886. — Zöller, Deutsch-Neuguinea. — Schmeltz (Kleinschmidt u. Hübner) i. Globus 41. — Weisser i. Ausland 1883. — Hahl i. Nachr. a. K. Wilhelmsland 1897. — Powell, Unter den Kannibalen von Neu-Britannien. — Finsch, Ethnologische Erfahrungen I. — Tappenbeck, Deutsch-Neuguinea.

c. Salomo-Inseln.

Auf den Inseln der Salomonen, die dem Bismarck-Archipel am nächsten liegen, also auf den Nissan-Inseln, auf Buka und Bougainville scheinen Geheimbünde zu bestehen, die dem Duk-Duk sehr ähnlich sind. Parkinson hat nicht ohne Schwierigkeit einige Angaben gesammelt, aus denen hervorgeht, dass wenigstens auf Buka der Geheimbund sehr entartet ist und nur noch zum Einschüchtern der Weiber dient. Von Zeit zu Zeit begeben sich dort die Männer auf Verabredung nach einem entlegenen Ort im Wald, wo sie einen Platz von Gestrüpp und Unterholz säubern und auf diesem tálohn genannten Platze, dessen Betreten den Weibern aufs strengste verboten ist, einige kleine Hütten errichten. Hier verfertigen sie Masken und hemdartige Gewänder aus Baumbast; Speise und Trank wird ihnen in dieser Zeit von Knaben und Jünglingen zugetragen. Es ist nicht ganz klar, ob nur ein Maskierter auftritt oder mehrere. Den Weibern wird gesagt, in der Verkleidung stecke der Geist Kakorra; wenn sie ihn erblicken, werfen sie alles fort, was sie gerade in der Hand tragen und flüchten sich, worauf die Männer die fortgeworfenen Gegenstände als gute Beute aufsammeln. Ob man wirklich nur in dieser regellosen Weise einen Tribut eintreibt, scheint wie manches andere zweifelhaft, aber das Wesen der ganzen Einrichtung lässt sich aus den von Parkinson erkundeten Thatsachen schon recht gut erkennen.

Im nördlichen Bougainville findet sich ein Brauch, Ruk-Ruk genannt, der als merkwürdiges Bindeglied zwischen dem durch die Knabenweihe gefestigten einfachen Männerbund und der eigentlichen Geheimbündelei gelten kann. Von Zeit zu Zeit findet eine Einweihung in den Ruk-Ruk statt, wozu die Jünglinge von den älteren Leuten und den Häuptlingen ausgewählt werden. Die Novizen, Matasesen, ziehen sich mit ihren Wählern (Marau), die man gewissermassen als Taufpaten betrachten kann, in eine Hütte im Walde zurück, wo sie nun längere Zeit wohnen, für die Marau arbeiten, Pflanzungen anlegen u. dgl., ihr Essen aber von den Familien erhalten. Der Platz im Walde, wo die Hütte steht, heisst Ahbassa buni; die Weiber dürfen ihn nicht betreten und sind des Glaubens, dass die Matasesen hier mit Geistern (Ruk) verkehren. Nach einiger Zeit dürfen die Matasesen das Dorf wieder besuchen, müssen aber dabei einen ballonförmigen Hut tragen; ein Weib, das einer von ihnen ohne Hut erblickte, würde sofort getötet werden, deshalb gehen die Frauen den Matasesen möglichst aus dem Wege und flüchten, sobald der Klang eines Schwirrholzes das Nahen der Gefürchteten verkündet. Die von den Frauen weggeworfenen Gegenstände betrachten die Matasesen als ihr Eigentum. Zuletzt wird ein grosses Fest veranstaltet, die Hüte werden verbrannt, der Marau erhält noch eine Zahlung von den Eltern des Jünglings, und der letztere gilt nun als erwachsen und darf heiraten. Im Grunde handelt es sich noch um eine blosse Knabenweihe; aber da anscheinend nicht alle jungen Leute zugelassen werden und Zahlungen nötig sind, gewinnt der Ruk-Ruk doch schon etwas den Charakter eines Geheimbundes. Besonders lehrreich ist es, wie aus der Knabenweihe der Geister- und Maskenspuk ganz ungezwungen herauswächst, der bei den Geheimbünden oft beinahe zum Selbstzweck wird.

Auf Florida besteht in der Landschaft Belaga ein Geheimbund Matambala, den Codrington beschreibt. Hier wurde die Gründung des Bundes, der seit 1883 infolge der Einführung des Christentums erloschen ist, einem Manne namens Siko aus Bugotu auf Ysabel zugeschrieben, dem ein gewisser Ahnenkult gewidmet war. Ein Teil des Strandes von Belaga mit dem dahinter liegenden Walde war beständig tambu und allen Uneingeweihten verboten; hier standen 12 Heiligtümer, unter denen zwei besonders hoch in Ehren gehalten wurden. Die Mysterien des Geheimbundes, der eine festgeschlossene Genossenschaft bildete, wurden nur alle 6 bis 10 Jahre gefeiert, dauerten dann aber auch monatelang. Ein Hauptteil der Zeremonien war auch hier das Anfertigen der Tindalo, der Geistermasken, von denen es verschiedene Arten gab, darunter ungeheuer grosse, die von 80 bis 100 im Innern versteckten Männern getragen wurden. Die Masken wurden ein paarmal den Weibern und Kindern vorgeführt und dann verbrannt. Zu den Festzeiten erfolgte auch die Aufnahme neuer Mitglieder, die in jedem beliebigen Lebensalter stehen konnten; sie mussten eine zeitlang im geheiligten Bezirk wohnen und allerlei Einschüchterungen über sich ergehen lassen, brauchten aber nichts zu zahlen. Dagegen stahlen und raubten die in Blättergewänder gehüllten Mitglieder in der heiligen Zeit überall im Lande, das „geschlossen“ war, sodass die Ungeweihten sich in den Häusern halten mussten, auch erpressten sie Speisen von den Weibern und suchten durch Anstiften von Unfug und Schaden zu beweisen, dass wirklich die Geister überall umherschweiften. Die Töne der Schwirrhölzer und Rasseln galten als Stimmen der Geister.

Der Matambalabund scheint in der Hauptsache der Aufrechterhaltung der Männerherrschaft gedient zu haben, vermittelte aber auch wohl einen gewissen politischen Znsammenhalt unter den beteiligten Gemeinden. Die Überlieferung, dass ein Mann aus Ysabel den Bund gestiftet habe, ist bemerkenswert, da sie zeigt, wie die Geheimbündelei sich von Insel zu Insel verbreitet und die einfacheren Formen der Männergesellschaft in ihrem Sinne umgestaltet haben mag.

Litt.: Parkinson i. Abh. u. Berichten d. Kgl. Zoolog. u. Anthrop.-Ethnogr. Museums zu Dresden VII, 6. — Codrington, The Melanesians.

---

d. Neue Hebriden.

Ausführliche Berichte über die merkwürdigen Geheimbünde der Neuen Hebriden giebt nur Codrington, dem allerdings auch die Angaben von Missionaren, Händlern und Eingeborenen reichlich zur Verfügung standen, sodass seine Schilderungen wohl ein ziemlich richtiges Bild der Verhältnisse geben. Es mag daran erinnert sein, dass auf den Neuen Hebriden neben den Geheimbünden auch das Klubwesen blüht, das sich nur durch seine grössere Harmlosigkeit und Öffentlichkeit von ihnen unterscheidet und seinerseits nichts als eine Fortbildung der einfachen Männergesellschaft ist, wie sie im Junggesellenhause ihren Mittelpunkt zu haben pflegt.

Der Charakter der Geheimbünde ist überall derselbe: Der grösste Teil der männlichen Bevölkerung, von den jüngsten Altersklassen allenfalls abgesehen, pflegt ihnen anzugehören, und nur die ganz armen Teufel, die den Eintrittspreis nicht erschwingen können, bleiben ausgeschlossen; sie sind in der Regel auch, da sie ebensowenig einen Brautpreis zahlen können, zu ewigem Junggesellentum verurteilt. Ferner wird allgemein unter Weibern und Kindern der Glaube aufrecht erhalten, dass die Mitglieder der Bünde mit den Geistern Verstorbener verkehren, und zu diesem Zwecke dienen Maskentänze und das Geräusch von Schwirrhölzern und andern Instrumenten. Wo man die

Tanzenden selbst nicht mehr für Geister hält, gelten wenigstens die Masken als ein Werk der Geister. Besondere Kultgebräuche und Mysterien giebt es innerhalb der Geheimbünde nicht. Während der Feste werden die Ungeweihten eingeschüchtert, geschlagen und geplündert, geschlechtliche Excesse werden aber kaum verübt.

Der Hauptsitz der Geheimbünde sind die Banks-Inseln, die nördlichste Gruppe der Neuen Hebriden. Hier hat eine höchst interessante Wucherung des einfachen Grundgedankens stattgefunden: Es besteht in den einzelnen Bezirken nicht je ein Geheimbund, wie auf den Salomonen, sondern es giebt deren eine Unzahl verschiedener, auf den kleinen Torres-Inseln z. B. etwa hundert; jeder Mann, der etwas auf sich hält, gehört mehreren Bünden zu gleicher Zeit an. Man nennt alle Geheimbünde zusammenfassend o tamate oder netmet (die Geister), was schon darauf hindeutet, dass sie sämtlich ihre Daseinsberechtigung im Verkehr mit den Geistern Verstorbener und in den dazugehörigen Maskentänzen suchen. Die verschiedenen Arten der Blätter des Croton und der Blumen des Hibiskus dienen als Abzeichen der Bündler; wer ein solches Zeichen ohne Berechtigung trägt, zieht sich die Rache des beleidigten Bundes zu. Auch zum Tabuieren von Fruchtbäumen oder Pflanzungen werden diese Zeichen verwendet. Es giebt einige grosse Geheimgesellschaften, die nahezu über alle Inseln der Banksgruppe verbreitet sind, und zahllose kleine, die nur örtliche Bedeutung haben und ebenso leicht entstehen wie verschwinden; jeder Beliebige kann eine solche Gesellschaft gründen, wenn er nur irgend einen Gegenstand findet, der als Mittelpunkt und Symbol des Bundes gelten kann, und dem man dann natürlich irgend eine mystische Bedeutung beilegt. So hatte ein Eingeborener bei einem Besuche von Norfolk-Island dort einen ihm unbekannten Vogel gesehen, und bei seiner Rückkehr nach Mata gründete er eine Gesellschaft, genannt „der Vogel von Norfolk-Island". Die wichtigeren Gesellschaften halten viel auf sich und gestatten den Eintritt nur gegen grosse Zahlungen, die kleinen sind dagegen leicht zugänglich. Es erinnert das sehr an das Treiben auf unseren Universitäten, wo sich auch immer neue Gruppen bilden, die alle Arten strafferen und loseren Zusammenhalts vertreten, während einige alte bewährte Korporationen sich im Sturm der Zeit unerschüttert behaupten, nicht jeden Beliebigen in ihre Mitte aufnehmen und keinem Nichtmitglied das Tragen ihrer Abzeichen gestatten.

Der wichtigste Geheimbund ist die grosse Tamategesellschaft (tamate liwoa), die ihren Hauptsitz in Mota hat, aber überall auf den Inseln verbreitet ist und den Vorrang behauptet, abgesehen von einigen Orten, wo lokale Geheimbünde grösseren Einfluss besitzen. Die Loge (salogoro) des tamate liwoa liegt meist unter Bäumen an einem abgelegenen Platze; der zu ihr führende Pfad ist an seinem Eingange und auch weiterhin durch Tabuzeichen für Unberufene gesperrt. Frauen und Ungeweihten ist der Zutritt streng verboten, Fremde dagegen, die aus entfernteren Gegenden kommen, werden zugelassen; zu gewöhnlichen Zeiten finden sie nur einige Mitglieder im Hause vor, die hier ihre Zeit hinbringen und ihr Mahl einnehmen, sowie einige Novizen, die während ihrer Probezeit das Haus rein halten und die Mahlzeiten für ältere Mitglieder bereiten. Die maskenartigen Hüte für die Festtänze werden ebenfalls im Hause aufbewahrt, also nicht jedesmal neu gefertigt; sie sind von sehr mannigfacher Gestalt und werden durch ein Fransenkleid aus Streifen von Kokosblättern ergänzt. Endlich findet sich im Salogoro noch ein eigentümliches Lärminstrument (linge tamate), ein flacher Stein, der mit dem Stielende eines Palmwedels gerieben wird und ein unheimliches Geräusch hervorbringt, also das sonst übliche Schwirrholz ersetzt. Der Sage nach soll das Instrument zufällig von einem Weibe erfunden worden sein, das Muschelgeld auf einem Stein rieb und sich dabei mit einem Palmwedel beschattete; Mitglieder des grossen Tamate hörten den Ton, töteten das Weib und wandten das Geheimnis nun zum Nutzen ihres Bundes an. Ähnliche Sagen, nach denen irgend ein Weib zuerst Geheimnisse besass, die dann von Bundesmitgliedern ihr abgelauscht wurden, kehren mehrfach wieder.

Kandidaten für den grossen Tamate müssen zuerst ein Schwein darbringen und eine Fastenzeit durchmachen; dann wird der Novize nach dem Salogoro gebracht und hat an verschiedenen Stellen des dorthin führenden Pfades Muschelgeld zu erlegen, worauf er eine Anzahl von Tagen im Bundeshause bleibt und Dienste thut, wie schon erwähnt; die Zahl der Tage ist bei den einzelnen Gesellschaften verschieden, bei einigen, die in besonderem Ansehen stehen, beträgt sie zweihundert, und während der ersten hundert Tage ist es dem Kandidaten verboten, sich zu waschen. Auf Vanua Lawa werden die Novizen von einem Maskierten, dem tamate wasawasa (harmlosen Geiste) in das Salagoro geleitet.

Für gewöhnlich ist das Salagoro also eine Art Klublokal, wo die Mitglieder nach Belieben verweilen und speisen, und wo die Novizen ihre Probezeit durchmachen. Von Zeit zu Zeit aber tritt der Geheimbund nach aussen in die Erscheinung: Neue Masken werden gefertigt, obwohl man, wie oben bemerkt, auch die alten aufzubrauchen scheint, und der Schall des linge tamate kündet das baldige Erscheinen der Geister an. Das Land ist dann „geschlossen" (o vanua we gona), d. h. wer sich aus den Häusern wagt, läuft Gefahr, von den Mitgliedern des tamate gezüchtigt zu werden. Die „Geister" stürmen durch den Ort, erschrecken Weiber und Kinder, prügeln jeden Uneingeweihten, den sie fassen können, und rauben gleichzeitig die nötigen Nahrungsmittel für ihre Festmahlzeit zusammen. In dieser wüsten Art tritt namentlich die grosse Tamategesellschaft auf, aber auch manche kleinere, die mit ihr im Zusammenhang stehen und von ihr unterstützt werden, erlauben sich ähnliche Übergriffe; die meisten anderen der kleinen Bünde zeigen sich weniger zügellos und suchen mehr durch die Schönheit ihrer Masken und Tänze Eindruck zu machen, die denn auch von den Frauen und Kindern gebührend bewundert werden. Das ist ein sehr beachtenswerter Zug, der beweist, wie mit der Vermehrung der Zahl geheimer Gesellschaften sich auch ihr Wesen differenziert und teilweise einem neuen, harmlosen Zweck dienstbar gemacht wird. Nach den Angaben Eckardts sammeln die Tamategesellschaften auch die Schädel Verstorbener ein und veranstalten Tänze mit Schädelmasken, stehen also in noch engerer Beziehung zum Totenkult als man nach den Mitteilungen Codringtons vermuten sollte.

Auf den Banks-Inseln erscheint neben den Tamategesellschaften allenthalben der Qat, der in seinen Grundzügen mit dem Tamate und seinen Ablegern übereinstimmt, aber daneben einige charakteristische Besonderheiten entwickelt hat. Vor allem besitzt er keine dauernde Wohnstätte, sondern man legt nur dann, wenn eine genügende Zahl von Novizen vorhanden ist, eine Umzäunung im Busch an, wo die Kandidaten ungewaschen und mit Asche bestreut einige Zeit verweilen, um die nötigen Tänze und Gesänge zu erlernen. Vor allem aber hat der Eintretende Geld zu erlegen; auch Kinder können eingekauft werden, aber sie erlernen die Tänze erst wenn sie ein angemessenes Alter erreicht haben. Zu den Tänzen, welche wegen der Schnelligkeit der Ausführung grosse Geschicklichkeit erfordern, werden Lieder gesungen, deren Inhalt nicht weiter tiefsinnig zu sein scheint; der häufigste Gesang auf Mota lautet z. B.: „Mutter, bring einen Bogen hierher, damit ich einen Vogel schiessen kann, einen fliegenden Vogel“! Nach der Aussage der Eingeweihten liegt derartigen Liedern keine geheime Bedeutung zu Grunde, sie scheinen vielmehr nur zur Markirung der Tanzschritte zu dienen. Wenn alle Teilnehmer die Tänze inne haben, was nach drei bis vier Monaten der Fall zu sein pflegt, erscheinen sie in der Oeffentlichkeit. Ursprünglich haben sie offenbar grosse konische Hüte getragen, die bis auf die Schultern herabfielen, gegenwärtig aber werden diese Hüte in so grossem Massstabe verfertigt, dass man sie unmöglich tragen und mit ihnen tanzen kann; sie scheinen also nur als Schaustücke mit ausgestellt zu werden. Hier haben wir demnach ein Beispiel, wie das Maskenwesen gegenstandslos werden kann.

Dem Qat der Banks-Inseln entspricht Qatu auf den nördlichen Inseln der Neuen Hebriden im engeren Sinne, auf Lepers Island, Aurora u. s. w. Die Qatu-Geheimbünde, deren es stellenweise mehrere neben einander zu geben scheint, zeichnen sich besonders dadurch aus, dass die Eintretenden sehr scharfe Prüfungen und Quälereien zu überstehen haben. Das Hauptgeheimnis des Bundes ist das Anfertigen der Qatu, der Maskenhüte, die aus dem Stamm von Baumfarnen hergestellt werden und so schwer sind, dass ausser dem eigentlichen Träger noch drei Leute zum Halten der Last nötig sind. Die übrigen Tänzer sind anscheinend ohne Masken. Auch hier wird für die Novizen ein abgeschlossener Platz im Busch angelegt, wo sie ungewaschen und schlecht ernährt etwa 30 Tage bleiben und die erforderlichen Tänze und Gesänge erlernen; um aber überhaupt zugelassen zu werden, müssen sie Schweine als Eintrittsgeld darbringen. Kinder werden nicht aufgenommen, weil sie die Prüfungen nicht bestehen würden, doch kann ein erwachsenes Mitglied des Bundes der Form wegen an ihrer Stelle die Proben durchmachen. Frauen ist es auf's strengste verboten, die Novizen während ihrer Probezeit zu sehen; ein Mädchen, das zufällig das Verbot übertrat und sich in eine Missionsschule flüchtete, musste ausgeliefert werden und wurde lebendig begraben.

Ueber die Prüfungen der Novizen teilt Codrington den Bericht eines Eingeborenen mit, der zwei Qatu-Gesellschaften angehörte. Beim Eintritt in die erste hatte er zuerst nackt durch ein langes enges Gebäude zu kriechen, wo zwei Reihen von Blättern des Brennnesselbaums angebracht waren, auf die man zum Ueberfluss kochendes Seewasser gegossen hatte. Vor Schmerzen konnte der Gequälte zwei Tage lang weder essen noch trinken, dann erhielt er ein wenig Wasser, das er von der Erde auflecken musste, und kärgliche Speise, die nicht gar gekocht oder mit Kot vermischt war. Dann musste er glühende Asche in die Hand nehmen, man trat ihn mit Füssen, bedrohte ihn mit Gewehren und Bogen u. s. w. Erst hierauf begann das Erlernen der Tänze und die Herstellung des Qatu-Hutes.

Anders, aber nicht angenehmer erging es dem jungen Manne beim Eintritt in die zweite Qatu-Gesellschaft; die Hauptprobe bestand hier darin, dass er in ein mit Mist und Wasser gefülltes Loch gesetzt und mit Mist überschüttet wurde. Diese unsauberen Bräuche erinnern an gewisse Züge der australischen Knabenweihen, wo auch hier und da das Ekelhafte an die Stelle des Schmerzhaften tritt.

Auf Aurora besteht noch ein anderer Geheimbund, Welu genannt. Beim Eintritt in diesen werden dem flach auf der Erde liegenden Novizen brennende Kokosblätter auf den Rücken geworfen; die Narben, die auf diese Weise entstehen, gelten zugleich als die Abzeichen der Bündler.

Durch seinen Namen wie seine Bräuche erinnert ein Geheimbund Qeta, der auf Araga verbreitet ist, an den Qatu der nördlichen Inseln. Nur alle 6—10 Jahre werden neue Mitglieder aufgenommen und zu diesem Zwecke auf einem tabuirten Platz mehrere Hütten gebaut, wo die Novizen einen Teil ihrer Probezeit durchmachen. Die männliche Bevölkerung gehört fast ausnahmslos dem Bunde an, da Nichtmitglieder ohne jedes gesellschaftliche Ansehen sein würden; die meisten treten zur Pubertätszeit ein, viele aber auch früher oder später. Das Eintrittsgeld, das vom Vater gezahlt wird, besteht in einer Matte. Strenge Proben, abgesehen von ungenügender Ernährung und dem Verbot des Waschens, scheinen zu fehlen, auch die Absperrung der Knaben, die etwa 5 Monate währt, wird nicht sehr gewissenhaft durchgeführt. Als Hauptaufgabe der Novizen wird auch hier das Erlernen von Gesängen und Tänzen betrachtet, die beide ursprünglich auf Geister Bezug haben mögen, aber jetzt so gut wie sinnlos geworden sind; auch Masken werden nicht getragen. Das ganze hat also mehr den Charakter einer feierlichen Knabenweihe, um so mehr, als alle Männer dem Geheimbund angehören.

Litt.: Codrington, The Melanesians. — Eckardt i. Globus 40.

---

e. Übriges Melanesien und Polynesien.

Auf Neukaledonien scheinen Geheimbünde vorhanden zu sein, da Maskentänze dort vorkommen und die Vermummung der auf den Banks-Inseln üblichen sehr ähnlich ist [1]). Der Totenkult ist ungemein entwickelt; tabuierte Orte in Wäldern, wo sich wohl auch Häuser mit Idolen befinden, werden öfter erwähnt.

Die Fidschi-Inseln bilden in ethnologischer Beziehung das Übergangsgebiet zu Polynesien, wo es eigentliche Geheimbünde kaum giebt. Da ist es nun bemerkenswert, dass sich auf auf den Fidschi-Inseln zwar noch ein Geheimbund fand, dass aber gerade dieser auffallend entartet war und schon in dem Sinne seinen eigentlichen Charakter verloren hatte, als die Frauen nicht gänzlich von dem Feste ausgeschlossen waren.

Immerhin war das Wesen des Männerbundes noch nicht ganz verloren gegangen; die Hauptfeier des Nangabundes, wie man ihn nach dem mit Steinen eingefriedigten Festplatz (Nanga) nennen kann, war im Grunde eine Knabenweihe von besonders eindrucksvoller Art. Schon zur Zeit, als die Europäer auf Fidschi einzugreifen begannen, war der Nangabund im Rückgang und bestand in voller Kraft nur noch bei den Kaitholo (Hochländern) von Viti-Levu; seit 1876 ist er auch bei diese so gut wie erloschen. Die Eingeborenen sind sehr wenig mitteilsam über diese Dinge. Es ist sehr bezeichnend, dass Fison, dem wir nähere Angaben hauptsächlich danken, einen alten Mann erst dann zum Reden bringen konnte, als er ihm eine australische Knabenweihe ausführlich schilderte; die Ähnlichkeit der Bräuche überzeugte den Alten, dass Fison zu den Eingeweihten gehöre, vor dem man keine Geheimnisse zu haben brauchte.

Die Nanga (Bett) genannten umfriedigten Plätze, die heute allein noch an das Dasein des Bundes erinnern, haben grosse Ähnlichkeit mit der Maraes der Polynesier. Es sind rechteckige, mit Schottersteinen eingehegte Plätze, an deren Ecken steinerne Pyramiden aufgetürmt sind; es scheint jedoch, dass die innere Einteilung nicht bei allen dieselbe ist. An die Einfriedigung mit den Pyramiden schloss sich noch eine kleinere, das Allerheiligste (Nanga tambu tambu).

Nach der Sage war der Geheimbund von zwei Männern, Veisina und Rukuruku[*]), gestiftet worden, die über das Meer gekommen waren. Diesen beiden Gründern entsprechend zerfiel der Bund in zwei Gruppen oder richtiger zwei selbständige Bünde, die nichts mit einander gemein hatten als die Nangaplätze; die alljährlich Ende Oktober oder Anfang November in den Nangas stattfindenden Weihefeste, Neujahrsfeiern genannt, wurden abwechselnd von der Veisina- und der Rukurukugruppe abgehalten, sodass also jede Gruppe nur alle zwei Jahre ihr Fest hatte. Der Hauptzweck der Feste war die Einweihung aller inzwischen herangewachsenen Knaben in die Geheimnisse des Bundes, der demnach alle erwachsenen Männer umfasste und insofern kaum den Namen eines Geheimbundes verdienen würde, wenn nicht die Einteilung in zwei völlig von einander unabhängige Gruppen doch wieder den geheimbündlerischen Charakter stärker hervortreten liesse.

Diese Zweiteilung der organisierten Männergesellschaft hat ihre Parallele bei den Alfuren Cerams (vgl. S. 344). Derartige Zustände verdienen die höchste Aufmerksamkeit: Wir sehen hier aus dem Wesen der Männerbünde heraus jene eigentümliche durchgreifende Sonderung entstehen, die man sonst als einen Hauptzug der Sippenverfassung ansieht. Es muss das die Ansicht bestärken, dass die Männerverbände entscheidend auch auf die Entstehung der Sippe aus den Familien eingewirkt haben, eine Ansicht, die oben bereits ausführlich dargestellt worden ist (vgl. S. 78).

Die Bündler auf Fidschi waren ferner in drei Altersklassen geteilt, von denen die älteste bei den Festen als Leiter des Ganzen auftrat, die eigentlichen Weihen vornahm und die Gaben empfing, während die zweite aus den jüngeren erwachsenen Männern und die jüngste aus den noch ungeweihten Jünglingen und Knaben bestand. Die Namen waren:

1. Vilavou, Knaben.
2. Vunilolo, erwachsene Männer.
3. Vere, Greise.

Die Weihebräuche waren bei den beiden Gruppen nicht ganz die gleichen; der Rukuruku-Bund scheint die Sache auch ernster genommen zu haben als der weniger rigorose Veisina-Bund. Eine eingehende Schilderung der verwickelten Formen soll hier nicht gegeben werden, es mag vielmehr der Hinweis auf einige Züge genügen, die das Wesen des Männerbundes besonders deutlich hervortreten lassen. Die Feier der Veisinagruppe begann mit grossen Schmausereien im Nanga, wobei die Vere und die Vunilolo sich gegenseitig bewirteten; es war in diese Zeit den erwachsenen Männern verboten, zu Hause zu speisen. Dann wurden die Mitglieder der andern Gruppe (in diesem Falle also die Rukuruku) als Gäste zur Hauptfeier geladen. Sie hatten insofern auch eine Rolle zu spielen, als sie die feierlich nach dem Nanga ziehenden Novizen aus dem Hinterhalt scheinbar überfallen und darauf die von den Vere getragenen Schweine mit Keulen erschlagen mussten; offenbar wurde hiermit eine Tötung der zu weihenden Jünglinge versinnlicht. Die Novizen machten dann auf allen Vieren kriechend einen Umzug durch das Nanga, worauf sie von den Vunilolo gefüttert wurden, denn Speisen mit der Hand zu berühren war ihnen während des Aufenthaltes im Nanga durchaus untersagt. Der öffentliche Teil der Feier bestand hauptsächlich in Tänzen um Bäume, die man aus dem Walde geholt und im Dorfe aufgepflanzt hatte; Masken kamen dabei nicht zur Verwendung.

Die Bräuche der Rukurukugruppe waren ähnlich, doch trat bei ihnen schon mehr des Bestreben hervor, die Novizen einzuschüchtern; sie mussten z. B. über einen mit Blut bespritzten Mann wegsteigen, dem die Eingeweide eines Schweines so auf dem nackten Leib gelegt waren, als ob ihm die eigenen Gedärme herausquöllen. Auch die übrigen Vunilolo lagen wie tot da, und einer der Vere warf den Novizen vor, dass sie schuld an deren Tod wären. Einige Gesänge scheinen darauf hinzudeuten, dass man das Kommen von Geistern bei dem Feste erwartete, indes machen alle diese Bräuche schon einen abgeschwächten Eindruck, wenn man sie mit den im übrigen Melanesien üblichen vergleicht. Nach einer anderen Schilderung fand allerdings eine wirkliche Vorstellung der zu Weihenden vor den Ahnengeistern statt.

Die Teilnahme der Frauen an den Festen beschränkte sich darauf, dass sie an einem bestimmten Tage im Nanga erschienen und auf allen Vieren eine Prozession durch den Raum veranstalteten. Beim Austritt stürzten sich die Männer auf sie und beide Teile überhäuften sich mit den schlimmsten Schimpfworten; auch diese kleine Scene ist recht bezeichnend für den ursprünglichen Sinn der Feier.

Zu gewöhnlichen Zeiten diente das Nanga als eine Art Tempel, wo man den Geistern der Vorfahren Opfer darbrachte, namentlich die Erstlinge der Yamsernte, deren Ueberreichung ebenfalls Anlass zu einem grossen Feste bot. Auch die Beschneidung, die auf Fidschi nur in Notfällen als eine Art Opfer oder Sühnemittel vollzogen wurde, fand im Nanga statt. Gewöhnlich liess sich, wenn ein Häuptling erkrankte, dessen Sohn gemeinsam mit einigen Freunden beschneiden, worauf grosse Feste stattfanden, bei denen vollständige Zügellosigkeit herrschte, kein Eigentum und keine sittliche Schranke geachtet wurde. „So lange es dauert, sind wir gerade wie die Schweine", erklärte ein alter Häuptling sehr ausdrucksvoll. Auch dieser Zug ist sehr interessant: Wir sehen hier die Ungebundenheit und Frechheit, die vielfach anderswo bei allen Pubertätsfeiern und Geheimbundsfesten herrscht, auf eine selten vorkommende Gelegenheit beschränkt.

In Polynesien finden sich, wie schon bemerkt, zwar klubartige Vereinigungen, aber eigentliche Geheimbünde kaum. Möglicherweise ist das erst ein Ergebnis neuerer Entwicklung, da immerhin manche Spuren auf das frühere Dasein geheimer Gesellschaften hindeuten. Auf Neuseeland bestanden noch Verbindungen der mächtigsten Häuptlinge und Krieger, von denen die Geschicke des Volkes in der Hauptsache geleitet wurden; der Sage nach stammten diese Verbände (Runangas) von einem in Hawaiki, der polynesischen Urheimat der Maori, gestifteten Runangabund, dessen Mitglieder teilweise nach Neuseeland auswanderten.

[1]) Die Maske eines neukaledonischen Geheimbundes ist abgebildet bei Edge-Partington, Ethnographical Album of the Pacific Islands I, S. 126.

[2]) Vgl. damit die Ruk-ruk (Geister) genannte Knabenweihe auf Bougainville (S. 378).

Litt.: Joske i. Internat. Archiv f. Ethnographie II. — Codrington, The Melanesians. — Johnstone, Maoria.

B. Amerika.

a. Nordwestamerika.

Die Stämme der nordwestamerikanischen Küste haben zuerst durch ihre Kunst und besonders ihre Ornamentik die Aufmerksamkeit der vergleichenden Völkerkunde erregt. Diese Kunst mit ihrer Vorliebe für Tier- und groteske Menschenfiguren ist nun zum guten Teil nichts anderes als das äussere Merkmal eines hoch entwickelten Totemismus und der mit ihm eng verbundenen Sippenverfassung, die wir selten so ausgebildet, so alle Äusserungen des Daseins durchdringend finden, wie im nordwestlichen Amerika. Neben dem totemistischen Sippenwesen aber blühen ebenfalls in seltener Fülle die Geheimbünde mit ihren Maskentänzen und Tiersymbolen. Wer nur diese eine Völkergruppe berücksichtigen wollte, könnte leicht zu der Ansicht kommen, dass die Geheimbünde nichts als eine Fortbildung der Sippen seien, die sich aus einer mimischen Darstellung der totemistischen Mythen entwickelt hätte; die Ergebnisse unserer bisherigen Untersuchungen aber müssen vor dieser an sich so einfachen und ansprechenden Deutung warnen. Schon die Thatsache übrigens, dass bei den Wintertänzen die Sippeneinteilung aufgehoben wird und dafür eine Sonderung nach Altersklassen eintritt (vgl. S. 166), lässt den Gegensatz zwischen Geheimbünden und Sippen erkennen. Ein Zusammenhang zwischen beiden besteht gleichwohl, aber er liegt tiefer: Immer wieder drängt sich die Vermutung auf, dass die Tiersagen und -Darstellungen der totemistischen Sippen ursprünglich von den Männerbünden ausgehen und erst von diesen auf die Sippen, deren männliche Mitglieder eine geschlossene Gemeinschaft bildeten, als willkommene Unterscheidungszeichen übertragen worden sind; ein vollgültiger Beweis ist leider auch hier nicht möglich. Andererseits hat die hohe Entwicklung der Sippenverfassung in sehr merklicher Weise die Geheimbünde beeinflusst: Jede geheime Gesellschaft, die ihre besonderen Gesänge, Tänze und Masken hat, besteht aus einer bestimmten Anzahl von Mitgliedern, deren Sitze nicht dauernd von den Einzelnen festgehalten werden, sondern noch bei deren Lebzeiten durch Erbschaft oder Heirat auf andere Personen übergehen können, wobei die Sippenzugehörigkeit entscheidend ist; mit anderen Worten, die Sippen besitzen jede ihre eigenen Geheimbünde, zu denen ein Aussenstehender höchstens durch Heirat für seine Nachkommen Zutritt erhält. Ein weiterer bezeichnender Zug der nordwestamerikanischen Geheimbünde ist die starke Betonung der mystisch-ekstatischen Seite. Wollte man sie nur von dieser Seite betrachten, so würden die Tänze und Gesänge der Bünde am besten als Versuche aufgefasst werden, die ekstatisch gewordenen Novizen wieder zu sich selbst zu bringen, ja als ein groteskes Mittel, die in den langen Wintertagen und -Nächten aufgespeicherte Energie, die zu wüsten Phantasien und hysterischen Zuständen führt, durch die geregelte Tollheit der Maskentänze abzuleiten. Aber diese sekundäre Verwendung der bestehenden Bräuche kann die Thatsache nicht beseitigen, dass die Zeremonien der Geheimbünde im Grunde die engste Verwandtschaft mit den Knabenweihen anderer Völker zeigen und eben nichts weiter sind als umgestaltete und umgedeutete Bräuche dieser Art. Erst durch Übertragung der bei den einzelnen Stämmen und Sippen üblichen Tänze auf andere Stämme ist das wilde Durcheinander von Geheimbünden und Tänzen entstanden, das bei den meisten Völkern Nordwestamerikas die Übersicht so ausserordentlich erschwert. Bedenkt man vollends, dass in diesem Küstenlande sich amerikanische, asiatische und polynesische Einflüsse mischen, so kann die Buntheit des Bildes nicht wundernehmen.

Eine Schilderung aller bei den Nordwestamerikanern vorhandenen Geheimbünde ist weder möglich, da es vielfach an genügenden Beobachtungen fehlt, noch zweckdienlich. Besser wird es sein, zunächst die Zustände bei einem Volke ins Auge zu fassen und im Anschluss daran alles übrige nur kurz zu berühren. Als Unterlage für dieses Verfahren bietet sich von selbst die ausgezeichnete Schilderung, die Franz Boas von den Geheimbünden und überhaupt der gesellschaftlichen Organisation der Kwakiutl entworfen hat; sie zeigt gleichzeitig, wie wenig sich aus oberflächlichen Berichten lernen lässt, da kaum mit Hilfe seiner überaus eingehenden, auf gründlichsten Studien beruhenden Angaben ein leidlich klares Bild der Zustände bei einem so kleinen Völkerbruchteil, wie es die Kwakiutl im engeren Sinne sind, gewinnen lässt. Ein gutes Stück Unklarheit, das im unlogischen Wesen der Naturvölker selbst begründet ist, wird auch dabei immer als unzerstörbarer Rest übrig bleiben.

Die Kwakiutl bewohnen einen Teil der Küste von Britisch-Kolumbien gegenüber Nordost-Vancouver (von Rivers Inlet bis Kap Mudge). Das Volk zerfällt wieder in eine Anzahl von Stämmen, die aus Sippenverbänden und Sippen zusammengesetzt sind; als Kwakiutl im engeren Sinne bezeichnet man einen

Stamm, der bei Fort Rupert, Turnour-Island und Call Creek sitzt und aus vier Sippenverbänden mit zusammen 15 Sippen besteht.

Wenn über alle nordwestamerikanischen Stämme genügende Berichte vorlägen, würde man vielleicht die Kwakiutl nicht als Musterbeispiel wählen, da ihre innere Verfassung am wenigsten einheitlich, sondern in verschiedenem Sinne von aussen beeinflusst ist. Zunächst zeigt sich das schon an dem Wesen der Sippen. Im allgemeinen kann man die Nordwestamerikaner in eine nördliche Gruppe einteilen, bei der mutterrechtliche Zustände herrschen und die Zugehörigkeit zu einer Sippe sich von der Mutter auf den Sohn vererbt, und in eine südliche, die Vaterrecht hat und den Sippennamen vom Vater auf den Sohn übergehen lässt; nur die nördliche Gruppe hat den Totemismus in vollkommener Weise ausgebildet. Die Kwakiutl nun, die ursprünglich zur südlichen Gruppe gehörten, haben von ihren nördlichen Nachbarn einen grossen Teil der mutterrechtlichen Bräuche übernommen, ohne doch die vaterrechtlichen ganz aufzugeben, und die Folge ist ein merkwürdiges Schwanken zwischen beiden Möglichkeiten, das auch das Wesen der Geheimbünde stark beeinflusst. Auch die grosse Zahl der vorhandenen geheimbündlerischen Tänze ist durch Übertragung entstanden: Wenn ein Angehöriger des Stammes ein Mädchen aus einem anderen Stamme heiratete, so erbten seine Nachkommen auch die Tänze der Muttersippe, sodass immer neue Tänze und Gesänge zu der schon vorhandenen Zahl hinzukamen und die ursprünglich wohl ziemlich einfachen Verhältnisse verwischten. Im Grunde nämlich handelt es sich bei den Kwakiutl um einen einzigen Geheimbund (die Robbengesellschaft), der in eine Anzahl von Gruppen zerfällt; diese Gruppen sind nicht viel anders als Grade dieses Bundes, die bei den grossen Wintertänzen, wo die Geheimbünde an die Stelle der Sippen treten, in ziemlich geregelter Weise zusammenwirken.

Trotz dieser unklaren Mischverhältnisse verdient aber die Gruppe der Kwakiutl-Stämme bei der Besprechung der Geheimbünde besondere Aufmerksamkeit. Boas hat nämlich nachgewiesen, dass die Namen der Geheimgesellschaften bei allen

Stämmen von Vancouver bis Alaska grossenteils der Kwakiutlsprache angehören, mit anderen Worten, dass die Geheimbünde in ihrer heutigen Form von den Kwakiutl ausgegangen sein müssen. Natürlich haben schon vorher andere Geheimgesellschaften bei den verschiedenen Stämmen bestanden, aber der Einfluss der Kwakiutl hat überall vorbildlich gewirkt und die älteren Formen in den Hintergrund gedrängt.

Ausser durch Heirat und Erbschaft kann der Besitz von Tänzen auch dadurch erworben werden, dass man einen Inhaber tötet und ihn gewissermassen seines Eigentumsrechtes beraubt. So wurde von den Matilpe die höchste Stufe der Geheimbünde, die der Hamatsas, in folgender Weise erlangt: Ein Boot, das einem nördlichen Stamme gehört und in dem sich ausser einigen anderen Leuten auch ein Hamatsa im Tanzschmucke befand, fuhr an der Ortschaft der Matilpe vorüber; zwei junge Leute der letzteren verfolgten heimlich die Fremden und überfielen und töteten sie auf ihrem Rastplatze, worauf sie die Abzeichen des Hamatsa nach ihrem Dorfe zurückbrachten. Sie waren nun rechtliche Besitzer des Hamatsatanzes, und seit dieser Zeit besassen die Matilpe diese oberste Stufe der Geheimbünde.

Auch die Kwakiutl haben die Hamatsatänze erst von anderen Stämmen erhalten, die aber ebenfalls zur Gruppe der Kwakiutl-Völker im weiteren Sinne gehören. Früher waren die Hamshamtses die angesehenste Gruppe der Robbengesellschaft, während sie jetzt sehr zurückgetreten sind und grösstenteils aus Frauen bestehen. Diese Teilnahme der Frauen an den Geheimbünden ist auch ein charakteristisches Zeichen der Umbildung, dem wir schon öfter begegnet sind.

Gegenwärtig ist der Hauptzweck der Wintertänze die Einführung eines neuen Mitglieds der Hamatsa, oder nach der Anschauung, die sich in Nordwestamerika entwickelt hat, das Zurückbringen und Beruhigen des von einem Geiste besessenen Novizen; alle anderen Gruppen der Robbengesellschaft nehmen an diesem Unternehmen teil, feiern aber daneben ihre besonderen kleineren Feste, wobei ebenfalls Mitglieder aufgenommen oder Verstösse, die bei den Tänzen vorgekommen sind, gesühnt werden. Boas nennt acht Hauptgruppen von Tänzern oder Geheimbündlern, deren innerer Zusammenhang durch eine gemeinsame Ursprungssage bestätigt wird und die wieder, dieser Sage entsprechend, in zwei Abteilungen zerfallen, die laxsâ (innerhalb des Hauses) und die wixsâ (ausserhalb des Hauses). Die Zahl der Tänze und dementsprechend doch auch der Tanzgesellschaften ist viel grösser und beträgt bei den eigentlichen Kwakiutl nicht weniger als 53; wie sich diese Tänzer zu den acht Hauptgruppen verhalten, ist nicht ganz klar, aber man darf wohl annehmen, dass es sich in der Hauptsache um Tänze handelt, die durch Heirat eingeführt und im Besitz einiger weniger Leute sind, aber keine grosse Bedeutung für das eigentliche Treiben der Robbengesellschaft haben. Dem Robbenbunde, dessen einzelne Gruppen nur eine bestimmte Anzahl von Mitgliedern haben dürfen, stehen die Profanen (qequtsa) gegenüber, die in der Mehrzahl aus Leuten bestehen, die ihren Sitz in einem der Geheimbünde an ihren Nachfolger abgegeben haben. Ein durchgreifender Gegensatz besteht also nicht: Jeder Geheimbündler wird mit der Zeit, wenn sein Nachfolger herangewachsen ist, wieder ein Profaner, aber er kann auch später abermals eine Stelle im Geheimbund erben. Das System der Altersklassen, das bei den Profanen herrscht, ist also innerhalb der Geheimbünde nicht in dem Masse durchgeführt, oder höchstens in dem Sinne, dass immer die ältere Generation von der herangewachsenen jüngeren verdrängt wird.

Für die Wintertänze wird ein besonderes Haus errichtet, das die Profanen nur betreten dürfen, um den Tänzen zuzusehen. Zwischen Geheimbündlern und Profanen besteht eine gewisse herkömmliche Feindschaft: Die Tänzer in ihrer Ekstase stürzen sich gelegentlich auf die Zuschauer, um sie zu quälen oder zu beschädigen, und letztere treten auch zuweilen den Geheimbündlern entgegen; der Schade, der auf diese Weise angerichtet wird, muss nach dem Ende der Wintertänze durch entsprechende Zahlungen gesühnt werden. Innerhalb der Geheimbundgruppen herrschte früher auch eine sehr strenge Disziplin; wer bei den Tänzen Fehler machte oder stürzte, wurde meist getötet, während er jetzt nur ein Sühnefest zu geben hat. Die Masken durften bei ihrer Anfertigung von Ungeweihten bei Todesstrafe nicht gesehen werden; Boas erzählt einen Fall, dass ein Vater seine eigene Tochter erschlug, weil sie ihn beim Schnitzen einer Maske belauscht hatte. Diese Grausamkeiten sind jetzt ebenso ausser Übung gekommen, wie die schlimmsten Ausartungen des Kannibalismus bei den Tänzen der Hamatsa.

Inhalt und Zweck der Wintertänze fasst Boas in folgenden Worten zusammen: „Der Gegenstand des ganzen Winterzeremonials ist erstens, den jungen Mann (Novizen) zurückzubringen, von dem man annimmt, das er bei dem übernatürlichen Wesen verweilt, das der Protektor seiner Geheimgesellschaft ist, und dann, wenn er im Zustand der Ekstase zurückgekehrt ist, den Geist, der von ihm Besitz ergriffen hat, zu beschwören und ihn von seiner heiligen Tollheit zu heilen. Diese Zwecke erreicht man durch Gesänge und Tänze. Um den jungen Mann zurückzubringen, führen Mitglieder aller geheimen Gesellschaften ihre Tänze auf. Man glaubt, dass sie die Aufmerksamkeit des abwesenden Novizen erregen werden, bis ihn endlich einer der Tänze bis zu dem Grade aufregt, dass er fliegend durch die Luft zurückkehrt. Sobald er erscheint, suchen ihn seine Freunde einzufangen. Dann beginnt der zweite Teil der Zeremonie, die Beschwörung des Geistes, oder, wie die Kwakiutl sich ausdrücken, die Zähmung des Novizen. Man erreicht das durch Gesänge, die zu seinen Ehren angestimmt werden, durch Tänze, die von den Frauen ihm zu Ehren aufgeführt werden, und durch die Bemühungen des Schamanen. Nachdem der Novize so wieder zur Besinnung gebracht ist, muss er sich einer zeremoniellen Reinigung unterziehen, ehe man ihm gestattet, an den gewöhnlichen Beschäftigungen des Dorfes teilzunehmen.“ Man erkennt in dem Ganzen leicht die ursprüngliche Knabenweihe, die nach nordamerikanischer Art auf das Erlangen eines Schutzgeistes hinausläuft, eines Manitu. Während aber bei den östlichen Nordamerikanern jeder Knabe seinen besonderen Manitu erwirbt, ist es bei den Kwakiutl der Schutzgeist eines bestimmten Geheimbundes, der vorübergehend Besitz von dem Novizen nimmt und diesen somit vergeistigt; das entspricht wieder der sonst so vielfach üblichen Vergeistigung durch Tod und Wiedergeburt. Auch der Novize der Hamatsa stellt sich bei seiner Rückkehr, als ob er sein früheres Leben vergessen habe und alles neu lernen müsse. An die Tabugesetze erinnert es, dass er eine Zeit lang kein Trinkgefäss mit dem Munde berühren darf, sondern das Wasser durch ein Knochenröhrchen aufsaugen muss.

Von den einzelnen Geheimbundsgruppen der Kwakiutl verdienen wenigstens einige eine kurze Besprechung, vor allem die der Hamatsa, die allerdings, wie schon erwähnt, erst in neuerer Zeit eingeführt worden ist und die Gruppe der Hamshamtses in die zweite Reihe gedrängt hat. In ihrem Kern sind sich alle diese Geheimbünde, die eben nur Ausläufer der alten organisierten Männergesellschaft sind, sehr ähnlich; die Unterschiede beruhen darin, dass jeder Bund seine besonderen Mythen und Geister hat, und dass gewisse nebensächliche Züge der Knabenweihe stark betont und zur Hauptsache geworden sind. Unter den Bräuchen der Knabenweihe sind die Proben des Mutes und der Standhaftigkeit besonders wichtig für die Ausbildung geheimbündlerischer Sitten geworden, und in Nordwestamerika fehlt denn auch diese Entwicklung nicht. Bei den Hamatsa ist es besonders der Kannibalismus mit seinen ekelerregenden Formen, der als Kennzeichen des Bundes dient und offenbar auf die Knabenproben zurückgeht, bei denen neben dem Ertragen von Schmerzen ja auch die Überwindung des Ekels häufig gefordert wird.

Der in Ekstase befindliche Novize der Hamatsa ist von einem Geiste besessen, der die leidenschaftliche Gier hat, Menschenfleisch zu verzehren. Mehrere Monate lebt der Novize im Walde, angeblich im Hause des Geistes, und kehrt in dieser Zeit nur einmal in die Nähe des Dorfes zurück, wo er seine Pfeife und den Ruf „hap, hap“ (Essen, Essen!), die charakteristischen Zeichen des Hamatsa, ertönen lässt. Nach Ablauf dieser Periode erscheint er in voller Ekstase im Dorfe und greift jeden an, den er zu fassen vermag, worauf er ihm ein Stück Fleisch aus dem Arm oder der Brust beisst. Zwölf Diener der Hamatsa eilen sofort herbei, umtanzen ihn, klappern mit Rasseln, suchen ihn durch Zurufe zu beruhigen und halten ihn möglichst von seinen Angriffen ab. Früher verfuhr man anders; ein Sklave wurde getötet, von den Mitgliedern einiger anderen mit den Hamatsa eng verbundenen Geheimbünde zerlegt und dann roh von den Hamatsa verzehrt, die also wohl sämtlich mit in Ekstase gekommen waren. Gegenwärtig ist nicht einmal das Herausbeissen von Fleisch aus dem Arm oder der Brust Lebender mehr in der alten Art üblich, sondern es wird nur etwas Blut ausgesogen und ein kleines Stück Haut abgebissen oder abgeschnitten, sodass nur eine kleine Wunde entsteht. Auch mumifizierte Leichen, die man vorher in Wasser aufweichte, wurden von den Hamatsa verzehrt. Es handelt sich bei alledem also nicht um kannibalische Schmausereien, die ein Genuss für die Teilnehmer sein sollen, sondern um das Vollführen möglichst widerwärtiger Leistungen, die zugleich, da sie die Zuschauer mit Entsetzen und Schreck erfüllen, das Ansehen des Geheimbundes heben.

Ursprünglich waren, wie erwähnt, nicht die Hamatsas die oberste Gruppe der Robbengesellschaft, sondern die Hamshamtses. Im Grunde sind natürlich beide Gruppen nur Abzweigungen der geheimbündlerisch organisierten Männergesellschaft, die sich bei verschiedenen Stämmen entwickelt haben und von einem zum andern verbreitet worden sind. Die Hamshamtsegesellschaft besteht, seit ihr Ansehen gesunken ist, fast nur noch aus Weibern; ihre Ornamente und ihre Tänze ähneln sehr denen der Hamatsas, auch Kannibalismus scheint ihr eigen gewesen zu sein, wenn auch in schwächerem Masse. Die Hamtshamtses verwendeten bei ihren Tänzen eine ungewöhnlich grosse Zahl von Tiermasken.

Zwei andere Gruppen treten bei den Wintertänzen als Gehilfen der Hamatsa auf, nämlich die Gesellschaft des grauen Bären (Nane) und der Nulmalbund. Die Bärengesellschaft zerfällt in zwei Grade; ihre Angehörigen, die sich wie Bären bemalen und mit Bärenklauen bewaffnet sind, haben namentlich die Aufgabe, die Tänze zu beaufsichtigen und jeden Fehler oder jede Störung zu bestrafen. Auch die Mitglieder der Nulmalgruppe nehmen an der Aufsicht teil; im übrigen zeichnen sie sich durch Schmutz und Unreinlichkeit aus, ein Zug, der als Bestandteil der Knabenweihen oft wiederkehrt.

Über die anderen Gruppen von Geheimbünden ist weniger zu sagen. Eine von ihnen, die der Nontsistalal, hat die Eigenheit, dass die Mitglieder in der Ekstase glühende Kohlen in den Mund nehmen, wie denn überhaupt die Vergeistigung bei allen Geheimgruppen meist mit besonderen Gaben verbunden ist. Eine andere Tanzgesellschaft erinnert mit ihren Bräuchen an die grausame Knabenweihe der Mandan und anderer Indianerstämme: Den in Ekstase geratenen Tänzern werden Stricke durch das Muskelfleisch gezogen, worauf man sie an diesen Stricken aufhängt, — auch dies, um sie zu „besänftigen". Eine Anzahl anderer Tänze stammt von den Wölfen, indem der Sage nach jemand die jungen, als Novizen im Walde weilenden Wölfe tötete und dadurch der Besitzer ihrer Tänze wurde; Wolfsmasken sind bei diesen Tänzen natürlich stark vertreten.

Wie es scheint, muss ein Novize den unteren Hauptgruppen angehört haben, ehe er ein Hamatsa werden kann; die Einführung eines neuen Hamatsa ist immer der wichtigste Teil der Winterzeremonien. Im übrigen gehören auch grosse Schmausereien und Verteilungen von Geschenken zu den Festen, die ausserdem in ihrem Verlaufe von mancherlei Zufälligkeiten abhängen, da ja z. B. Sühnefeiern nur dann stattfinden, wenn Verstösse bei den Tänzen vorkommen. An Um- und Neubildungen von Bräuchen fehlt es dabei keinesfalls. Boas berichtet, dass auch die Posse einer Gerichtssitzung europäischer Art mit aufgeführt wird, die seit 1865 üblich geworden sein soll. Neben den eigentlichen Wintertänzen giebt es noch andere, bei denen die Sippenverfassung nicht beseitigt wird, die man also als Sippentänze im Gegensatz zu den Tänzen der Geheimbünde bezeichnen kann. Die Geschenkfeste (potlatch), die teils selbständig stattfinden, teils mit den Winterfesten verschmolzen werden, machen das Bild der Verhältnisse noch unübersichtlicher.

Von der Stammesgruppe der Kwakiutl scheinen sich die gegenwärtigen Formen der Geheimbünde über die ganze nordwestamerikanische Küste bis Alaska hinauf verbreitet zu haben, indem sie hierbei wohl ältere Formen ähnlicher Art verdrängten; bestätigt wird diese Art der Ausbreitung durch den Umstand, dass überall wenigstens ein Teil der Tänze und Geheimbundsgruppen mit Namen bezeichnet wird, die der Sprache der Kwakiutl entstammen. Unter den einzelnen Stämmen der Kwakiutlgruppe hat natürlich ebenfalls ein Austausch stattgefunden; die Geheimgesellschaft der Hamatsa scheint z. B. von dem kleinen Stamme der Heiltsuq ausgegangen zu sein. Ihrerseits haben die Kwakiutl von den nördlichen Stämmen deren mutterrechtliche Sippenverfassung teilweise übernommen. Da also eine grosse Ähnlichkeit zwischen den Geheimbünden der verschiedenen Völker Nordwestamerikas herrscht, so ist eine genauere Schilderung aller einzelnen Formen kaum erforderlich; nur auf einige besondere Züge soll hingewiesen sein.

Wenn bei den Kwakiutl die Geheimbünde derart eng mit dem Sippenwesen verflochten sind, dass die Zugehörigkeit zu einer Geheimbundsgruppe nur den Mitgliedern bestimmter Sippen oder den durch Heirat mit ihnen Verbundenen möglich ist, so muss das als eine Ausartung der ursprünglichen Verhältnisse gelten, die ja gerade in dem Gegensatz zwischen den Familien rechtlich entwickelten Sippen und den Männervereinen oder Altersklassen bestehen. In der That finden sich bei manchen Stämmen Nordwestamerikas einfachere, dem früheren Charakter der Einrichtung besser entsprechende Zustände. In der Lokoala - Gesellschaft der Nutka kann jeder Beliebige Mitglied werden, falls nur seine Freunde die nötige Eintrittssumme für ihn sammeln. Auch der Gedanke, dass der Novize stirbt und wiedererweckt wird, ist hier noch sehr klar erhalten: Mitglieder der Gesellschaft, die von den Wölfen stammen soll und deren Angehörige deshalb Wolfsmasken tragen, schleppen den Eintrittslustigen in den Wald und bringen ihn nach einiger Zeit tot zurück; durch die Bemühungen der Lokoalaleute wird er wieder erweckt, stürzt sich dann aber in's Wasser und wird abermals scheinbar tot nach dem Versammlungshause gebracht, um durch Gesang und Tanz wieder in's Leben gerufen zu werden. Diese Weihefeste dauern je vier Tage. Auch bei den Nutka ist während solcher Feste die gewöhnliche gesellschaftliche Ordnung aufgehoben und an ihre Stelle treten verschiedene Geheimbünde, die sich gegenseitig necken und anfeinden; ob die Lokoala-Gesellschaft nur einer von diesen Bünden ist oder sie alle umfasst, ist nicht klar. Ausserdem giebt es zahlreiche Tänze, die in den Familien erblich sind und nur von den Besitzern vorgeführt werden dürfen; manche von ihnen sind mit Selbstquälerei verbunden, bei anderen entsteht ekstatische Raserei und die Tänzer verzehren dann rohes Hundefleisch oder zertrümmern alle Gegenstände, die ihnen in die Hände fallen u. dgl. Bei manchen Festen wurden früher auch Sklaven geopfert.

Die Küsten-Salish besitzen zwei Geheimbünde, von denen der eine, Chenchanitel (auch Lokoala oder Nonlum), bei zahlreichen anderen Stämmen ebenfalls bekannt ist; das Recht, die dazugehörigen Tänze auszuführen, wird von den Stämmen, die es besitzen oder durch Heirat erwerben, eifersüchtig gehütet, und seine Verletzung hat schon mehrfach zu Rachekriegen geführt. Die andere Geheimgesellschaft, die wohl als die ältere zu betrachten ist, besteht aus fünf Gruppen. Jeder kann in sie eintreten; er muss sich zu diesem Zweck in den Wald zurückziehen, bis ihm im Traum ein neuer Tanz und Gesang offenbart wird. Je nach der Art des Tanzes gehört er nun einer der fünf Gruppen an. Es ist das eine besondere Abart des „Suchens des Manitu“, das bei den meisten Indianerstämmen als Ersatz der Knabenweihe üblich ist und in die Geheimbünde als wichtigste Eintrittszeremonie Aufnahme gefunden hat.

Die Ausbreitung der neueren, auf die Kwakiutl zurückführenden Formen der Geheimbünde ist nicht alt; der Hamatsabund insbesondere ist erst seit 60 oder 70 Jahren von den Heiltsuq auf andere Stämme übergegangen, also zu einer Zeit, als sich bereits der europäische Einfluss geltend zu machen begann. Diesem, der ja auch den häufigen Kriegen ein Ende gemacht und den Geschäftsgeist der Eingeborenen belebt hat, ist es wohl zuzuschreiben, dass die Scheusslichkeiten des Hamatsatreibens bald bedeutend abgenommen haben und teilweise nur noch Possen sind. Nach den Angaben Jakobsens verabredet der Hamatsa jetzt im voraus, wen er in seiner „Ekstase“ in den Arm beissen will, und zahlt dem Opfer bereits vorher eine beträchtliche Entschädigung. Der Leichenfrass besteht noch, wird aber auch möglichst abgekürzt; vielleicht hat dazu der Umstand beigetragen, dass mehrfach Hamatsas an den Folgen eines derartigen Schmauses gestorben sind. Das Aufhören der Kriege hat zweifellos auch Umbildungen veranlasst und manchen sonst wichtigen Zug zurücktreten lassen, während dafür die Gesellschaften, die jetzt, abgesehen von Erbschaft und Heirat, das einzige Mittel sind, gesellschaftlichen Rang zu erlangen, die ganze Aufmerksamkeit der Eingeborenen auf sich ziehen. Boas nimmt an, dass die Geheimbünde ursprünglich einen kriegerischen Charakter hatten, mit anderen Worten, dass in ihnen die Krieger des Stammes organisiert waren; das entspricht ganz dem Wesen der Männergesellschaft, deutet aber zugleich an, wie sich mit dem Aufhören der beständigen Kämpfe die Aufgaben und der Charakter der Geheimbünde ändern mussten. Auch hier also tritt uns jenes beständige Schwanken, jene Neigung zum Variieren entgegen, die man kennen und beachten muss, aber deren Ergebnisse man nicht überschätzen darf, wenn man die Grundzüge der Entwickelung zu erforschen strebt.

Litt.: F. Boas i. Smithson. Report U. S. National Museum 1897. — Ders. i. Bull. American Geogr. Soc. 1896. — Report on the N. W. Tribes of Canada 1889 u. 1890. — Jacobsen, Reise an der Nordwestküste Amerikas.

---

b. Übriges Nordamerika.

Über die geheimbundartigen Einrichtungen verschiedener nordamerikanischer Indianerstämme ist bei der Besprechung der Altersklassen schon das Wichtigste bemerkt worden (S. 151). Hier mag nur darauf hingewiesen sein, dass diese Zustände in ausgezeichneter Weise das Bild der eben geschilderten nordwestamerikanischen Geheimbünde ergänzen. Wenn bei den Wintertänzen der Kwakiutl nur die Profanen in Altersklassen eingeteilt sind, die eigentlichen Geheimbündler dagegen in Gruppen zerfallen, für die andere Gesichtspunkte gelten, so sind bei den Mandan und anderen Indianerstämmen die geheimbundartigen Tanzverbände mit den Altersklassen einfach identisch. Man darf also wohl vermuten, dass auch bei den Nordwestamerikanern der Einteilung der geheimen Gesellschaften ursprünglich Altersklassen zu Grunde liegen, die sich unter dem Einflusse des totemistischen Sippenwesens in andere gesellschaftliche Gebilde umgewandelt haben.

Anscheinend auf der Grundlage der Tanzverbände sind indessen unter den Indianern Nordamerikas auch wirkliche Geheimgesellschaften erwachsen, die in der Hauptsache die Heilung von Kranken, wohl auch Regenzauber u. dgl. betreiben. Genauer bekannt ist die Midewiwingesellschaft (Mide soviel wie Zauberer, Schamane), auch häufig „Grosse Medicingesellschaft“ genannt, die schon deshalb Aufmerksamkeit verdient, weil sie bei allen Stämmen der weitverbreiteten Algonkingruppe vertreten war; am eingehendsten untersucht worden ist sie bei den Odjibwä. Neben den Mide, deren Aufgabe die mystische Heilung von Krankheiten war, fanden sich auch andere, nicht organisierte Medizinmänner, die Jessakkid und die Wabeno, die übrigens beide Mitglieder der Midewiwin werden konnten, ausserdem gab es kräuterkundige Ärzte. Die Genossenschaft der Mide bildete den religiösen Mittelpunkt des Stammes, sie bewahrte die alten Mythen und Überlieferungen, sowie ältere, im gewöhnlichen Leben ausser Gebrauch gekommene Sprachformen, war also doch etwas mehr als eine blosse Gesellschaft von Medizinmännern. Bei manchen Stämmen der Algonkin war die Mitgliedschaft erblich, bei den meisten aber konnte sich Jeder zum Eintritt melden, den entweder gewisse Anzeichen bei der Geburt oder bestimmte Träume zur Pubertätszeit geeignet erscheinen liessen; Frauen waren zugelassen, scheinen aber nicht vollberechtigt gewesen zu sein. Die Zahl der Mitglieder war unbestimmt, indess scheint wenigstens bei den Menomini, wo die Gesellschaft noch immer besteht, eine gewisse Anzahl erforderlich zu sein, da man bei Todesfällen stets für Ersatz sorgt. In ihrem inneren Aufbau zerfiel die Gesellschaft in vier Stufen, und die Inhaber der höheren Grade besassen grössere magische Kraft als die der niedern. Das Aufsteigen von Grad zu Grad war nur deshalb schwierig, weil immer höhere Eintrittsgelder erlegt werden mussten, für den zweiten Grad doppelt so viel wie für den ersten, für den dritten das dreifache, für den vierten das vierfache. Der Kandidat hatte sich oft Jahre lang zu mühen, ehe er die nötigen Mittel zusammenbrachte, wobei ihn zuweilen seine Freunde durch Anleihen unterstützten.

Die Weihen für die verschiedenen Grade waren nur in

Äusserlichkeiten verschieden. Es wurde jedesmal eine besondere Loge erbaut, in deren Nähe auch ein Schwitzbad für die nötigen Reinigungen errichtet wurde. Der Hauptteil der Zeremonie bestand immer in einem Töten und Wiedererwecken des Novizen, der auf diesem Wege vermehrte magische Kraft gewann. Die Tötung erfolgte dadurch, dass man heilige Muscheln in den Leib des Novizen scheinbar hineinschoss oder hineinzauberte, worauf man den Hingesunkenen durch Gesänge wieder belebte. Der Aufnahmefeier ging eine Vorbereitungszeit voran, während der der Kandidat im Walde lebte und Unterricht in der Kenntnis medizinischer Stoffe erhielt.

Dass die Gesellschaft auch dem Geisterkult nicht fern stand, wird durch einen merkwürdigen Zug bewiesen: Wenn ein zum Eintritt in den Bund bestimmter Knabe vorher starb, so wurde eine „Geisterloge" errichtet und der Vater des Verstorbenen trat gleichsam als Ersatz für diesen in die Geisterloge ein. Man nahm an, dass die verstorbenen Mitglieder dann eine Art Aufnahmefest feierten, und lieferte ihnen hierzu die nötigen Speisen.

Während bei den Algonkinstämmen nur ein einziger, allerdings dem ursprünglichen Wesen der Männergesellschaft stark entfremdeter Geheimbund bestand, hatten einige Stämme der Pueblos-Indianer eine ganze Anzahl von Geheimbünden, die Zuñi z. B. deren dreizehn, die Sia acht. Nach der Überlieferung der Sia waren diese Bünde zuerst auf Befehl des Schöpfers in der Unterwelt gestiftet und dann auf die Oberwelt übertragen worden; der wichtigste Zweck ihrer Zeremonien, bei denen Maskentänze vielfach vorkamen, war Regenzauber und Heilung von Krankheiten. Es ist nicht leicht, über das Wesentliche der Verhältnisse Klarheit zu erlangen, da es den Beobachtern meist nur noch möglich war, die kümmerlichen Reste der früher blühenden Einrichtungen zu untersuchen, sodass es an Zweifeln und Widersprüchen nicht fehlt. Jedenfalls erkennt man bei genauerer Betrachtung eine grosse Ähnlichkeit der Geheimgesellschaften mit den als Tanzverbände organisierten Altersklassen der Stämme vom oberen Missouri: Auch hier sind die meisten Gesellschaften nach Tieren benannt, daneben aber erscheint der

Bund der Krieger, der den „Soldaten" der Missouristämme entspricht. Altersklassen waren freilich die Geheimbünde der Pueblosvölker nicht mehr, was schon daraus hervorgeht, dass jeder Einzelne mehreren von ihnen angehören konnte; einige Bünde nahmen auch Frauen auf, andere nicht.

Neben den eigentlichen Geheimbünden giebt es noch einen allgemeinen Verband, dem alle erwachsenen Männer angehören, die Kokkogesellschaft, deren Mitglieder allein das Recht haben, das Geistertanzhaus zu besuchen; man kann diesen Bund also als den Rest der allgemeinen Männervereinigung betrachten, mit der noch der Ahnenkult eng verknüpft ist. Die Gesellschaft der Krieger hatte wohl auch noch einen mehr ursprünglichen Charakter bewahrt, als die anderen Geheimbünde; sie vertrat, da in ihr nur siegreiche Krieger aufgenommen wurden, die einen Skalp erbeutet hatten, die Stufe der gereifteren Männer. Mit der Kriegergesellschaft eng verbunden und wohl nichts weiter als eine Abzweigung von dieser war die Messergesellschaft, die gemeinsam mit den Kriegern ein Versammlungshaus benutzte. Unter den anderen Gruppen verdient der Schlangenbund besondere Erwähnung, der sich vorwiegend mit Regenzauber befasst und bei zahlreichen anderen Pueblosstämmen seine Parallelen hat.

In der Sage der Sia werden nicht weniger als 28 Geheimbünde genannt, während gegenwärtig, wie erwähnt, nur noch deren 8 vorhanden sind, sodass wohl auf eine Zeit übermässigen Wucherns und Entlehnens eine Periode der Abnahme gefolgt ist. Dazu mag auch der empfindliche Rückgang der Volkszahl beigetragen haben; bei den Sia haben manche der noch bestehenden Gesellschaften nur noch einige Mitglieder, die kaum noch im stande sind, die verwickelten Zeremonien zu vollführen.

In neuerer Zeit sind vielfach bei nordamerikanischen Indianerstämmen unter dem Einfluss des Christentums neue religiöse Gruppen und Tanzgesellschaften entstanden, die einen Teil ihrer Formen und wohl ihre erste Anregung überhaupt von den älteren Geheimbünden entlehnt haben. Hierher gehört namentlich die „Religion des Geistertanzes" bei den Sioux, über die J. Mooney eingehend berichtet hat. Ob auch der Geheimbund der „Falschgesichterbande", der im Staate New-York und in Kanada verbreitet war und noch im Jahre 1849 Umzüge hielt, auf diese Weise entstanden ist, muss zweifelhaft bleiben.

Litt.: M. C. Stevenson i. Ann. Rep. Bureau of Ethnology Washington 1889/90. — W. J. Hoffmann ebenda 1885/86 u. 1892/93. — J. Mooney ebenda 1892/93. — J. W. Fewkes ebenda 1894/95. — Waitz, Anthropologie III. — Kohl, Kitschi Gami. — Schoolcraft, The American Indians. — Andree, Ethnographische Parallelen II.

---

c. Südamerika.

Die schon früher erwähnten Verhältnisse bei manchen brasilischen Indianerstämmen, wo alle erwachsenen Männer des Stammes eine Art Geheimbund von Maskentänzern bilden, sind als Musterbeispiele einer noch nicht weit fortgeschrittenen Umbildung der Männergesellschaft zum Geheimbund zu wichtig, als dass sie hier ganz übergangen werden könnten. Karl von den Steinen, dem wir die besten Beobachtungen über diesen Gegenstand verdanken, ist überzeugt, dass Maskeraden dieser Art viel weiter bei den südamerikanischen Jägerstämmen verbreitet sind, als sich mit dem bisherigen Material feststellen lässt. Das geheimbundartige Treiben der kleinen, an Menschenzahl sehr geringen Stämme und Dorfgemeinden ist im allgemeinen sehr harmlos, stellenweise ist es sogar schon, nachdem die Frauen das Geheimnis entdeckt haben, zur blossen Posse geworden.

„Jeder Stamm nicht nur," schreibt v. d. Steinen, „jedes Dorf hat seine eigenen Maskentänze. Der Mittelpunkt ist immer das „Flötenhaus". In ihrem Charakter gleichen sich die Tänze in ganz Brasilien ausserordentlich. Stets das Umherlaufen im Kreise und der dem Stampfen entsprechende stossweise Gesang. Es ist ungemein charakteristisch, dass die Bakaïri für „tanzen" und „singen" dasselbe Wort haben. . . . Nichts haben wir beobachtet, was uns den Schluss erlaubte, dass die Masken irgendwie heilig gehalten werden. Zumal alle von Palmstroh geflochtenen Stücke werden nach dem Gebrauch achtlos bei Seite geworfen." Bei manchen Stämmen findet das Hauptfest im April statt, weil da die neue Ernte eingebracht und der nötige Vorrat für die Schmausereien und Gelage vorhanden ist; allgemein ist es Sitte, dass sich die Dörfer zu ihren Festen gegenseitig einladen, wobei man natürlich von einander lernt und die Lieder und Masken sich weiter verbreiten. In ihrem Charakter sind diese Tanzfeiern hauptsächlich Jäger- und Fischerfeste, die Masken stellen infolgedessen meist Tiere dar oder sind wenigstens mit Tierornamenten verziert; von totemistischen oder manistischen Vorstellungen ist nicht viel zu bemerken. Dieser Zug verdient Beachtung, weil er vor dem voreiligen Schlusse warnen kann, dass alle Maskentänze sich unmittelbar auf den Totenkult beziehen müssten. Andererseits erklären sich manche brasilische Tänze aus den Anschauungen des Jäger- und Fischerlebens heraus nicht genügend, so wenn Fledermäuse und Käferlarven unter den Maskentieren auftreten. Bei manchen Stämmen, die mit den Portugiesen in nähere Berührung gekommen sind, haben auch die europäischen Karnevalsitten ihren Einfluss geübt und neue wunderliche Maskeraden entstehen lassen; anderswo scheinen die ursprünglichen Zustände noch erhalten zu sein, aber die dürftigen Berichte, von denen Andree eine Anzahl zusammengestellt hat, gestatten kaum eine nähere Untersuchung.

Bei den christianisirten Indianern Boliviens, Guatemalas und anderer Gebiete haben sich stellenweise Sitten erhalten, die die Vermutung sehr nahe legen, dass ältere Kult- und Geheimgenossenschaften hier in leicht veränderter Form in Thätigkeit geblieben sind oder wenigstens, dass ein Teil der Bräuche noch immer fortwirkt. In diesem Sinne ist besonders das Chilinchilifest der Aymara in Bolivien zu nennen, das Chr. Nusse genauer geschildert hat. Schon der Name Chilinchili, der etwa Pantomime bedeutet, erinnert an Umzüge und Maskentänze. Das zum Fest nötige Geld wird auf eine sehr bemerkenswerte Weise zusammengebracht. Die Altardiener oder Mayordomos, deren jede Kirche acht zählt, versammeln sich an einem Sonntagabend um 10 Uhr und durchstreifen dann einzeln, jeder mit einem Glöckchen und in mondlosen Nächten mit einer Papierlaterne versehen, die Gegend, um Gaben einzusammeln. Sie machen, wenn sie schweigsam dahinschreiten, einen unheimlichen Eindruck, der offenbar beabsichtigt ist; redet man sie an, so antworten sie: Ich bin der Lari (Seele). Diese Lari dürfen überall eintreten,

Kranke und Bedrängte richten förmliche Gebete um Fürbitte an sie, und das beste Schreckmittel für Kinder ist ebenfalls der Lari. Die Darsteller dieser mystischen Gestalten dürfen während der Zeit ihrer Sammelthätigkeit nicht mit ihren Weibern zusammenleben und begnügen sich mit kärglicher Nahrung. Wie sehr alles das den Bräuchen melanesischer und anderer Geheimbünde gleicht, deren Mitglieder als Geister Verstorbener auftreten und Beiträge für ihre Festmahlzeit eintreiben, bedarf keiner weiteren Auseinandersetzung. Beim eigentlichen Feste setzen sich diese Ähnlichkeiten weiter fort: Es werden Tänze und Scenen aufgeführt, z. B. die Darstellung einer Jagd, zuletzt aber eine Art Haberfeldtreiben ganz in der Art der Geheimbundsjustiz, indem ein als Greis verkleideter Indianer alle Vergehen, Thorheiten und Fehltritte, die im Laufe des Jahres stattgefunden haben, in satirischen Versen rügt; billigt die Versammlung seine Worte, so erwidert sie mit dem Ausruf „Chilinchili". Diese Scene, bei der auch Obrigkeit und Geistliche nicht unbehelligt bleiben, artet zuletzt regelmässig in Frechheit und Zoten aus, weshalb die anständigen Leute sich von ihr fernhalten.

Masken, die immer das Dasein von Geheimbünden wenigstens vermuten lassen, waren bei vielen höher kultivierten Völkern Mittel- und Südamerikas vorhanden, indes hatten hier wohl meist entwickeltere Kultformen die einfacheren Verhältnisse verdrängt. Da das vorliegende Buch vor allem die Grundlagen feststellen soll, auf denen die höheren Bauwerke der gesellschaftlichen Kultur errichtet sind, muss auf eine Behandlung dieser schwierigen Fragen, die nur durch eingehendste monographische Forschung der Lösung näher zu bringen sind, einstweilen verzichtet werden.

Litt.: K. v. d. Steinen, Unter den Naturvölkern Central-Brasiliens. — Spix u. Martius, Reise in Brasilien. — Andree, Ethnographische Parallelen II. — Nusse i. Globus 52.

C. Afrika.

Westafrika ist das Musterland der Geheimbünde. Nirgends so wie hier kann man die entwickelteren Formen untersuchen, mögen sie nun als Stützen der Rechtspflege, als Kultgesellschaften oder als Mittel des politischen Zusammenhangs auftreten, nirgends auch lässt sich die Entartung, das Zersetzen und Neuentstehen der Bünde so vorzüglich beobachten. Die einfacheren Züge, wie sie in Melanesien und Südamerika in so lehrreicher Weise vorherrschen, treten dagegen in Afrika zurück, offenbar weil die Zeit, in der sich noch die verwickelteren Gesellschaftsformen aus den Grundlagen herausbildeten, fast bei allen Stämmen des Gebietes längst vorüber ist. Die Frage, ob die merkwürdige Beschränkung der Geheimbünde auf die westafrikanische Küste und ihr Hinterland, wie wir sie jetzt sehen, auch früher bestanden hat, ist nicht leicht zu beantworten; vereinzelte Spuren in dem von so vielen verwüstenden Völkerzügen durchrauschten Ostafrika lassen noch keine weitgehenden Schlüsse zu. Die von L. Frobenius aufgestellte Hypothese malayo-nigritischer Verwandtschaft mag hier auf sich beruhen bleiben, da eine Untersuchung der rein kulturgeschichtlichen Fragen zu weit führen und den eigentlichen Plan des Buches verwirren würde; auf einige Dinge dieser Art, die wenigstens der Vollständigkeit wegen erwähnt werden müssen, ist noch zurückzukommen.

L. Frobenius hat auch eine mit ausgezeichnetem Fleisse zusammengestellte Übersicht über die afrikanischen Geheimbünde und das mit ihnen im Zusammenhang stehende Maskenwesen gegeben[1]); es würde fast genügen, hier auf diese Monographie zu verweisen und dadurch die breite Wiederholung der so ausführlich behandelten Zustände zu sparen. Indes sprechen verschiedene Gründe gegen ein solches Verfahren, zunächst schon der rein praktische, dass die Frobenius'sche Arbeit nicht jedem leicht zugänglich sein dürfte, und dass der Leser verlangen kann, die Übersicht der melanesischen und amerikanischen Geheimbünde durch eine solche der afrikanischen entsprechend ergänzt zu sehen. Der Hauptgrund indessen liegt in dem Umstande, dass Frobenius die Geheimbünde von einem ganz andern Standpunkte aus behandelt hat, als das hier geschehen soll: Ihm lag vorwiegend an einer Untersuchung der Masken und dem Nachweis ihres Zusammenhanges mit den Vorstellungen des Totenkults[2]); die Fragen der Gesellschaftskunde hat er kaum beachtet. Wenn das auch den Wert seiner objektiven Darstellung am Anfange des Werkes, die unbedingt der brauchbarste Teil der ganzen Arbeit ist, nicht weiter beeinträchtigt, so wird doch ein Überblick, bei dem die soziologischen Züge vorwiegend ins Auge gefasst sind, dadurch nicht entbehrlich. Die folgende Übersicht der afrikanischen Geheimbünde stützt sich in der Hauptsache auf das Frobenius'sche Werk, es sind jedoch die mir zugänglichen Quellen thunlichst nachgeprüft und einige neue Schilderungen mit verarbeitet worden; die wichtigsten von diesen sind in den Anmerkungen genannt.

Da es bei einer Beschreibung der afrikanischen Verhältnisse nicht weiter darauf ankommen kann, von den einfacheren Formen zu den verwickelteren überzugehen, so ist wohl ein Überblick nach rein geographischen Gesichtspunkten der beste. Ich wähle daher den Gang von Norden nach Süden, da in diesem Falle zunächst einige grossartig entwickelte Formen zu besprechen sind, die als besonders charakteristische Blüten des afrikanischen Geheimbundwesens gelten dürfen. Im übrigen ist es nicht meine Absicht, alle, auch die ganz ungenügend beobachteten Erscheinungen hier anzuführen oder die verschiedenen Vorkommnisse bis auf die kleinste Einzelheit genau zu schildern; das Buch von Frobenius giebt über dergleichen schon die gründlichste Auskunft.

[1]) Die Masken und Geheimbünde Afrikas (Abh. d. Kaiserl. Leop. Carol. Akademie, Halle, B. 74, Nr. 1, 1898).

[2]) Gegen die einseitige Betonung dieses Gesichtspunktes wendet sich R. Karutz in der Abhandlung über die afrikanischen Hörnermasken (Mitt. d. geograph. Gesellschaft in Lübeck 1901); ihm ist die Herkunft zahlreicher Masken aus Kriegs- und Jagdtrophäen wahrscheinlicher. Auf diese Deutungen, die beide dem Wesen der Männerverbände nicht widersprechen, braucht eben deshalb nicht näher eingegangen zu werden.

---

a. Der Purrah.

Im Purrahbund haben wir das ausgezeichnetste Beispiel eines Geheimverbandes vor uns, der den politischen Zusammenhalt einer Anzahl von Stämmen vermittelt, also selbst eine Art Regierungsform darstellt. Bereits auf einigen melanesischen Inseln sahen wir die Geheimbünde in diesem Sinne thätig, nur dass es bei verhältnismässig unbedeutenden Anfängen blieb. Im Grunde sind es ja immer die Männerverbände, die entweder selbständig oder unter den Willen entschlossener Führer gebeugt auf friedlichem oder kriegerischem Wege die Zersplitterung der Sippen und Stämme beseitigen und grössere politische Vereinigungen schaffen; das Auffallende ist hier nur, dass sie es unter der Form eines Geheimbundes thun, einer Form also, die sonst das Licht der grösseren Öffentlichkeit, wie es jeder Zusammenschluss von Stämmen notwendig mit sich führt, nicht gut verträgt. Dass Geheimbünde dennoch einmal eine Aufgabe übernehmen können, die sonst anderen Gruppen und Verbänden zufällt, wird eben durch das Dasein des Purrah bewiesen.

Der Purrah findet sich bei fünf verbündeten Stämmen der Fulha-Susus, die den südlichen Teil der Kolonie Sierra Leone bis zum Kap Monte bewohnen. Jeder Stamm hat seinen eigenen Purrahbund, in den die Männer erst mit dem dreissigsten Jahre aufgenommen werden können; aus diesen fünf Stammespurrahs aber bildet sich der grosse Purrah, dem nur Männer von über 50 Jahren angehören dürfen, und dem die Oberleitung des Stammesbundes zufällt. Wir haben hier also auch etwas wie Altersklassen: die reiferen Männer oder deren Vorsteher regieren die einzelnen Stämme, die alten Leute den ganzen Stammesverband. Der Umstand, dass die jüngeren Altersklassen von dem Bunde ganz ausgeschlossen sind, ebenso natürlich die Weiber und Sklaven, ist wohl der Hauptgrund, dass der geheime Charakter der herrschenden Männergesellschaft bewahrt und weiter ausgebildet worden ist. Gegenwärtig sind auch die Männer der höheren Altersstufen nur zum allerkleinsten Teil an der wirklichen Regierungsgewalt beteiligt. Das Purrahtribunal jedes Stammes hat nur 25 Mitglieder, von denen wieder je 5 in den grossen Purrah gewählt werden, der demnach ebenfalls 25 Beisitzer zählt. Schon diese Zahlenspielerei deutet darauf hin, dass hier allerlei künstliche Umgestaltungen stattgefunden haben. Die Menge der in die Mysterien eingeweihten Krieger, die nicht eigentlich an der Geheimregierung teilnehmen, aber immer zu deren Verfügung stehen, soll dagegen über 6000 betragen.

Die Hauptaufgabe der Purrahtribunale ist die Bestrafung von Verbrechen und das Beilegen von Streitigkeiten; das grosse Tribunal versammelt sich nur bei besonderen Gelegenheiten, um über Verräter und Ungehorsame zu richten oder Kriege zwischen den verbündeten Stämmen beizulegen. So lange der grosse Purrah versammelt bleibt, ist alles Blutvergiessen ohnehin verboten. Gewöhnlich dauern die Beratungen des grossen Tribunals, wenn zwei Stämme Friedensbruch begangen haben, einen Monat; während dieser Zeit sucht man den schuldigen Teil zu ermitteln und versammelt eine genügende Anzahl von Bundeskriegern, worauf man den schuldig befundenen Stamm zu einer viertägigen Plünderung verurteilt. Diese Plünderung wird von den Kriegern der neutral gebliebenen Stämme vollzogen; die Exekutoren erscheinen maskiert, mit Dolchen und brennenden Fackeln, töten die Leute, die sich nicht rechtzeitig in die Häuser flüchten und plündern das Land gründlich aus. Die Hälfte der Beute erhält der angegriffene Stamm, die andere wird unter die Plünderer durch den grossen Purrah verteilt. Auch wenn einzelne Familien zu reich und mächtig werden, ordnet der Purrah eine Ausplünderung an; jeder Widerstand wird sofort mit dem Tode bestraft.

Die Aufnahme in den Purrahbund scheint mit allerlei Mutproben und Einschüchterungen verbunden zu sein. Ihr vorher geht ein Aufenthalt im heiligen Walde, wo der Novize in tiefster Einsamkeit, nur von maskierten Personen mit Nahrung versorgt, einige Monate zubringen muss. Das neue Mitglied verpflichtet sich durch einen Eid, die Geheimnisse des Bundes nicht zu verraten; thut er es dennoch, so wird das Todesurteil über ihn gesprochen und ein maskierter Krieger des Bundes vollzieht den Spruch.

Die hier gegebene Schilderung stützt sich hauptsächlich auf die Angaben Golberrys. Was andere über die geographische Verbreitung und das Wesen des Bundes berichten, stimmt in einigen Punkten nicht damit überein; wichtig ist namentlich die Behauptung, dass schon siebenjährige Knaben in den Purrah aufgenommen werden. Wahrscheinlich handelt es sich hier um eine vorläufige Weihe, während der eigentliche Eintritt erst mit 30 Jahren erfolgt, oder die Altersgrenze von 30 Jahren muss nur von denen überschritten sein, die dem Purrahtribunal, also der eigentlichen Geheimbehörde, angehören sollen. Erwähnenswert ist noch, dass die Bundesmitglieder durch eine besondere Tättowierung ausgezeichnet sind, und dass es eigene, nur den Eingeweihten verständliche Bundeszeichen giebt, wie das bei allen Geheimgesellschaften ja gebräuchlich ist.

b. Der Mumbo-Djumbo und Verwandtes.

Der Mumbo-Djumbo der Mandingovölker ist die erste geheimbündlerische Einrichtung der Neger gewesen, über die durch die vielgelesenen Reiseberischte Mungo Parks genauere Kunde zu den Gebildeten Europas gelangt ist; ältere Nachrichten über ähnliche Vorkommnisse bei anderen Völkern der Westküste haben nicht entfernt so viel Aufsehen erregt. Noch heute erfreut sich der Mumbo-Djumbo einer gewissen Popularität, nicht mit Unrecht, denn er ist in der That das Muster eines „Waldteufels“, wie deren zu den meisten melanesischen und afrikanischen Geheimbünden gehören, um als Schreckmittel und zugleich als Richter über Verbrechen und Sünden das gesellschaftliche Leben zu beherrschen.

Unter dem Mumbo-Djumbo versteht man eine geheimnisvolle Schreckgestalt, die in den Wäldern haust und gelegentlich Nachts lärmend hervorbricht, um Tänze aufzuführen und Gerechtigkeit zu üben; meist widmet sich der gefürchtete Geist der Bestrafung untreuer Frauen. In Wahrheit ist der in Baumrinde oder Pisangblätter vermummte Mann, der den Waldgeist spielt, nur das ausführende Werkzeug eines geheimen Männerbundes, manchmal anscheinend der beleidigte Ehemann selber. Der Geheimbund, in den Jünglinge erst nach dem 16. Lebensjahre eintreten dürfen, hat die üblichen Weihen, Prüfungen und Eide; Verräter werden streng bestraft. Auch eine Geheimsprache ist vorhanden, die Frauen und Ungeweihte nicht verstehen. Der Bund dürfte wohl die Mehrzahl, wenn nicht alle freien Männer umfassen und richtet sich jetzt vorwiegend gegen die Frauen, für die er ein beständiger Gegenstand des Schreckens ist. Der enge Zusammenhang mit den Beschneidungsbräuchen tritt darin zu Tage, dass maskierte Diener des Mumbo-Djumbo nach der Weihe die Knaben und Mädchen 40 Tage lang überwachen, um sie von geschlechtlichem Verkehr abzuhalten, während später die freie Liebe jedem gestattet ist; über den Sinn dieses Brauches, der sich verschieden deuten lässt, wird nichts Näheres mitgeteilt.

Auch die Einrichtung des Gemeindehauses steht in einer gewissen Beziehung zum Mumbo Djumbo, was durchaus verständlich ist. Wird der Waldteufel, berichtet Wilson, von einem gekränkten Ehemann angerufen, so müssen sich alle Bewohner des Dorfes im Gemeindehaus versammeln und hier den Tänzen des Vermummten zusehen, bis endlich gegen Mitternacht das Ungeheuer auf die Frauen zustürzt, die Schuldige packt und schonungslos durchpeitscht. Nach anderen Angaben zwingt der Mumbo Djumbo zuweilen auch die Frauen, vor ihm zu singen und zu tanzen.

Wenn der Geheimbund, der den Mumbo Djumbo aussendet, im Grunde einfach die Gesellschaft der erwachsenen Männer ist, die ihre aus der Knabenweihe entspringenden geheimnisvollen Formen beibehält, um die Frauen durch Furcht im Zaume zu halten, so hat anderwärts der Einfluss der Häuptlingsmacht die Geheimbündler zu Polizisten herabgewürdigt, die in possenhafter Vermummung die Befehle des Herrschers vollziehen; eine gewisse Selbständigkeit der Maskierten, die sich oft starke Exzesse erlauben, bleibt dabei immerhin meist erhalten. Übergänge zu diesem Zustande sind vorhanden: bei dem Bobo, Bambara und anderen Völkern finden sich die Du genannten Geheimbündler, die noch vielfach nach eigenem Gutdünken ihre nächtlichen Maskeraden und Umzüge zu halten und die Knabenweihen zu leiten scheinen, während sie anderwärts als Polizei- und Zollbeamte verwendet werden. Bei den Festen der mohammedanischen Mandingo treten ebenfalls maskierte Du auf, die hier einfach die Strassen von Herumtreibern zu säubern haben, aber keinerlei tiefere Bedeutung mehr besitzen; das Beispiel ist lehrreich, weil es zeigt, wie derartige Maskeraden auch in die Kreise höherer

Kultur- und Religionsformen eindringen und sich dort, einem neuen Zwecke angepasst, lange behaupten können. Der Gedanke an unsere Maskenfeste zur Faschingszeit liegt da nahe genug.

---

c. Der Simo.

Ähnlich dem Mumbo-Djumbo erscheint bei den Stämmen am Rio Nuñez der Simo als schreckender Waldteufel in allerlei Vermummungen; auch er ist nur der Vertreter einer geheimen Gesellschaft, deren Hauptaufgabe noch die Beschneidung und der Unterricht der jungen Leute zu sein scheint. Da sich die Knaben, die zwischen dem 12. und 14. Jahre beschnitten werden, hierauf noch ganze sieben Jahre beim Simo im Walde aufhalten, so kann man hier mit vollem Recht von einer Altersklasse der Jünglinge reden, die die bereits beschnittenen, aber noch unverheirateten Krieger umfasst und in ihrer Lebensweise in schroffem Gegensatz zum Familienleben der übrigen Stammesgenossen steht. Die jungen Männer führen in dieser Zeit ein ganz müssiges Dasein, da die Familien für ihre Ernährung sorgen müssen; mit Vorliebe ziehen sie unter Führung des Simo im Walde umher und prügeln unbarmherzig jeden Ungeweihten, der ihnen in die Hände fällt. Gegen die Frauen legen sie dabei einen besonderen Hass an den Tag. Kehren die Knaben, die ihre Probezeit durchgemacht haben, wieder in ihr Dorf zurück, so wird ein grosses Fest gefeiert, bei dem sich auch der Simo öffentlich zeigt, und woran alle älteren Genossen des Geheimbundes teilnehmen.

Als Abzeichen des Bundes errichten die Mitglieder vor der Thür ihrer Hütte einen Baum oder einen Pfahl, an dessen Spitze ein Stück Tuch befestigt ist; auch dieser Pfahl führt den Namen Simo und scheint der Gegenstand eines gewissen Kultus zu sein, da man vor ihm Gebete verrichtet und Beschwerden vorbringt. Ausser seiner Thätigkeit bei der Knabenweihe übt der Simo auch die Gerichtsbarkeit aus, wobei im Notfall ein Gottesurteil über die Schuld der Angeklagten zu entscheiden hat.

Die Einrichtung des Simo findet sich bei verschiedenen Stämmen des Gebietes und hat natürlich bei jedem einige besondere Züge, die bisher nur teilweise bekannt sind. Die Bagos lassen auch die Frau des Simo, Penda-Penda genannt, als Schreckgestalt erscheinen; bei den Susu ist eine besondere Sprache des Geheimbundes vorhanden, und neben dem Männerbund besteht auch ein solcher der Frauen, der ein schwacher Abklatsch des Simo zu sein scheint und dessen Hauptfeier eine Art Mädchenweihe ist.

Weibliche Bünde finden sich auch sonst noch im südlichen Senegambien, so die Attonga-Gesellschaft der Bullom, die sich dem Totenkult widmet und neben dem Palaverhaus jedes Ortes ein besonderes kleineres Haus errichtet. Auch auf der Tumbo-Insel scheinen die Mädchen und Frauen eine gewisse Organisation zu besitzen, die bei den Mädchenweihen gemeinsame Tänze veranstaltet; dass bei diesen Tänzen ein in Felle gehüllter maskierter Mann auftritt, scheint aber eher darauf hinzudeuten, dass ein männlicher Geheimbund die Frauen beaufsichtigt oder wenigstens früher vorhanden war und noch in dieser letzten Spur erhalten geblieben ist.

Eine Spur anderer Art war es, wenn bei den Kapez und Kumpass früher bei den Gerichtsverhandlungen maskierte Sachwalter auftraten, Troen genannt; der Name erinnert an das Wort trö (Gottheit) der Evhesprache. Man hat hier wohl aus älterer Zeit die Meinung beibehalten, dass Gerichtspersonen maskiert sein müssten, ähnlich wie in England der Richter noch heute in der unvermeidlichen Perrücke zu erscheinen hat. Die Mitteilungen Dappers über diese Verhältnisse sind leider nicht ausführlich genug, um das eigentliche Wesen dieser in Masken und bunte Kittel gekleideten, mit Kastagnetten und Schellen klappernden Anwälte klar erkennen zu lassen, aber dass der Brauch aus Geheimbundssitten erwachsen ist, dürfte kaum einem Zweifel unterliegen.

Als eine Rückbildung entwickelterer Geheimbundsformen ist auch die Knabenweihe bei einigen liberianischen Stämmen zu betrachten, die schon an anderer Stelle nach den Angaben Büttikofers kurz geschildert worden ist (S. 103). Vergleicht man seine Mitteilungen mit denen älterer Beobachter, so ergiebt sich, dass früher die Weihezeremonien im Gri-griwalde nicht einfach den Eintritt in die Männergesellschaft bedeuteten, sondern dass diese Männergesellschaft selbst als Geheimbund organisiert war. Es ist sehr anziehend zu beobachten, wie einerseits die Geheimbünde leicht aus den Knabenweihen entstehen können, wie sie sich aber andererseits auch wieder unter Umständen zu diesen einfacheren Formen zurückbilden; man darf wohl annehmen, dass sich dergleichen gelegentlich auch anderwärts ereignet hat, und dass die Maskeraden bei den Knabenweihen zuweilen nicht Anfänge, sondern Reste geheimbündlerischer Bräuche sein mögen.

Der Geheimbund, der aus den beschnittenen und im Belliwald aufgezogenen Männern bestand, übte eine gewisse Gerichtsbarkeit aus, die sich besonders gegen die Frauen richtete und den Ehebruch strafte, aber auch über andere Vergehen urteilte. Den Frauen wurden beim Verhör die Augen verbunden, damit sie die Geister nicht sähen; die meisten anderen Rechtsfragen wurden öffentlich durch Gottesurteile entschieden, deren Ausgang natürlich im Interesse des Bundes gelenkt werden konnte. Die grossen Belli-Parofeste, bei denen die Eingeweihten mit den Geistern verkehrten und getötet und wiederbelebt wurden, sollen nur alle 20 bis 25 Jahre stattgefunden haben; hierbei empfingen die Geweihten eine bestimmte Tättowierung, wodurch sie sich von den Ungeweihten (Quolga), die keine bürgerlichen Ehrenrechte hatten, auch äusserlich unterschieden.

---

d. Der Egungun.

Im Gebiete von Yoruba scheinen zwei grössere Geheimbünde zu bestehen, über deren gegenseitiges Verhältnis nichts näheres zu ermitteln ist, der Egungun- und der Ogbonibund. Der erstere, der anscheinend von geringerem Einfluss ist, macht sich äusserlich bemerkbar durch das Auftreten des Egungun (wörtlich Knochen, Skelett), eines maskierten, in ein Graskleid gehüllten Mannes, der als Geist eines Vorstorbenen betrachtet wird. Wie der Mumbo-Djumbo übt er eine Art Justiz aus, wobei er besonders die Vergehen der Frauen berücksichtigt; Ehebrecherinnen werden dem Egungun und seinem ebenfalls maskierten Gefolge zur Hinrichtung übergeben. Das Volk, das im allgemeinen wohl weiss, dass kein Geist unter der Hülle steckt, weicht ihm doch sorgfältig aus, da seine Berührung als totbringend gilt. Mit Vorliebe springt deshalb der Egungun plötzlich gegen die Zuschauer an, die dann halb entsetzt, halb lachend davonstürzen; ein typisches Bild der echt afrikanischen unauflöslichen Verbindung des Komischen mit dem Schauerlichen, die gerade im Geheimbundswesen so klar hervortritt und die Ursache ist, dass aus dem Ernste in plötzlichem Übergang eine Posse wird, oder dass scheinbarer Scherz in blutige Raserei übergeht.

Der Verkehr mit den Toten bringt es mit sich, dass die Egungungesellschaft auch bei den Bestattungsbräuchen eine bemerkenswerte Rolle spielt. Einige Tage nach dem Begräbnis eines Verstorbenen durchzieht der Egungun mit einem Gefolge maskierter Bundesmitglieder die Stadt, indem er mit lauter Stimme den Namen des Verstorbenen ruft. Abermals nach einigen Tagen geht er dann zur Familie des Verstorbenen und bringt ihr Nachricht über das Schicksal und Wohlbefinden des Toten, worauf er reichlich bewirtet wird. Im Juni jedes Jahres findet ausserdem ein grosses Egungunfest statt, das hauptsächlich der Klage um die Verstorbenen der letzten Jahre gewidmet ist.

Von einer Teilnahme der Egungungesellschaft an der Knabenweihe wird nichts erwähnt. Da indessen die erwachsenen Männer und die älteren Knaben der freien Leute das Geheimnis kennen, während die Frauen und Sklaven sich wenigstens stellen müssen, als ob sie den Egungun für einen Geist halten, so darf man wohl vermuten, dass bei der Knabenweihe etwas über diese Dinge mitgeteilt wird. Ob die Egungunleute noch eine besondere, enger verbundene Gruppe unter den freien Männern bilden, ist nicht mit Bestimmtheit zu sagen, aber doch wahrscheinlich.

---

e. Der Oro.

Wie der Egungun als Abgesandter einer nicht näher bezeichneten geheimen Gesellschaft erscheint, so der Oro als Vertreter des Ogbonibundes. Dieser Bund scheint im Lande Yoruba, das aus republikanisch organisierten Gemeinden besteht, eine ähnliche politische Aufgabe zu erfüllen, wie der Purrah bei den westlichen Fulbe: Er ist das einigende Band, das die zersplitterten Gruppen des Volkes umschliesst, und zugleich eine geheimnisvolle Gerichtsbehörde, die auch innerhalb der Gemeinden in ihrer Weise auf Ordnung hält. Übrigens scheinen Geheimbünde gleichen Namens bis Benin und bis zur Nigermündung verbreitet zu sein, ohne indes mit dem Ogbonibund von Yoruba gegenwärtig in Zusammenhang zu stehen. Auch in Yoruba selbst dürften allerlei örtliche Verschiedenheiten bestehen, wodurch sich wohl manche Widersprüche in den Berichten einfach erklären.

Der Oro, die ausführende Macht des Bundes, wohnt als spukhaftes Wesen gewöhnlich in den Wäldern nahe bei den Städten. Will er öffentlich erscheinen, so künden die dumpfen Töne des Schwirrholzes an, dass er sich nähert und dass es für die Frauen Zeit ist, sich zu verstecken, denn sie dürfen bei Todesstrafe weder ihn noch das Schwirrholz erblicken. Der summende Ton gilt als die Stimme von Geistern. Meist erscheint der Oro nachts, bewaffnet mit einer mächtigen Bambuspeitsche und von zahlreichen maskierten Bundesmitgliedern begleitet, um die schon vorher bestimmten Verbrecher aufzugreifen und sie zu züchtigen oder zu töten. Nach einigen Berichten finden derartige Umzüge nur ein- oder zweimal im Jahre zu bestimmten Zeiten statt, wobei die Ortschaft auf eine Weile ganz der Gewalt des Oro übergeben wird. In Ondo findet ein jährliches Orofest statt, das nicht weniger als drei Monate währt; die Männer durcheilen dabei, Schwirrhölzer schwingend, unter Tanz und Gesang die Stadt, wobei sie Hühner und Hunde töten und als gute Beute an sich nehmen. Das erinnert sehr an die Knabenweihen mit ihrer Ausgelassenheit und ihren straflosen Raubzügen; auch Ellis ist der Ansicht, dass der Oro ursprünglich als Leiter der Knabenweihe gedient hat, während ihm jetzt diese Aufgabe nicht mehr zuzufallen scheint.

Im benachbarten Nupelande werden die Verstorbenen durch maskierte Personen (Gumuko) dargestellt. Frobenius hat mit guten Gründen nachgewiesen, dass auch der Dodo der heidnischen Stämme im Haussalande, ein zur Erntezeit auftretender Maskentänzer, nichts anderes ist als ein Vertreter der Verstorbenen. Man darf wohl noch weiter gehen und ihn als Vertreter geheimbündlerischer Gruppen betrachten oder doch als einen jener Maskentänzer, die so oft bei den Knabenweihen die Seelen der verstorbenen Stammesmitglieder darstellen.

---

f. Egbo und Mungi.

Die Musterung der westafrikanischen Geheimbünde ist für jeden, der das Wesen der Volksseele zu erfassen und hinter den proteusartig wechselnden Zügen die ewigen Gesetze des Lebens zu erkennen strebt, ein eigenartiger Genuss: Fast jede Möglichkeit der Entwicklung, die in den Keimen der ursprünglichen Zustände angedeutet liegt, ist hier einmal erprobt und einseitig durchgeführt worden, und neben den verwickeltsten, nur bei eingehendster Untersuchung noch verständlichen Formen liegen einfache und klare Erscheinungen, die wieder die grossen Grundzüge scharf hervortreten lassen. Auch im anderen Sinne kommen die Gegensätze zum Ausdruck: Wenn wir in dem einen Gebiet fast die ganze männliche Bevölkerung in einem einzigen Geheimbund vereinigt sehen, der nur eine einfache Fortbildung der in Altersklassen geteilten Männergesellschaft ist, so herrscht anderswo eine Wucherung der wildesten Art, zahlreiche Bünde bestehen nebeneinander, alte zersetzen sich und neue blühen an ihrer Stelle empor. Schon bei der Besprechung der neuhebridischen Geheimbünde haben wir ein derartiges Wuchern kennen gelernt; in Afrika sind die klassischen Gebiete solcher Zustände die Küstenlandschaften von Kalabar und von Kamerun.

Die Geheimgesellschaft, die jetzt in den beiden Landstrichen vorherrscht, der Egbo, in Kamerun auch Mungi genannt, ist nicht sehr alten Ursprungs. Der Bund soll auf einem grossen Ölmarkt im Innern, halbwegs zwischen Kalabar und Kamerun, zur Verhütung von Unordnungen und als Mittel zur Einschüchterung säumiger Schuldner unter den Kaufleuten entstanden sein; man hat also die zweifellos vorhandenen Vorbilder mit Bewusstsein dazu benutzt, um der unerträglich gewordenen Anarchie durch Stiftung eines geheimen Männerbundes zu wehren. Da sich indessen die Häuptlinge an die Spitze des Bundes zu drängen wussten, ist sein ursprünglich demokratischer Charakter meist nicht erhalten geblieben, aber auch in dieser neuen Form ist er ein Mittel politischer Einigung, freilich von recht bedenklicher Art. Er hat sich ausserordentlich ausgebreitet und ältere Geheimbünde, an denen es nicht fehlte, beseitigt oder wenigstens in den Hintergrund gedrängt. Wahrscheinlich sind die oft erwähnten Jujugesellschaften des Kalabargebietes mit ihren „Tempeln" und grausamen Bräuchen auch nur Abzweigungen des Egbobundes.

Nach den Angaben Bastians zerfällt in Kamerun der Egbo- oder Efik-(Panther-)Bund in elf Grade, von denen die drei obersten für Sklaven nicht käuflich sind; im übrigen kann man sich in einen Grad nach dem andern einkaufen, wobei das Geld dem höchsten Grade (Njampa, Yampai) zufällt, dessen Vorsitzender der oberste Häuptling zu sein pflegt. Jeder dieser Grade des Bundes feiert seinen besonderen Egbotag; an solchen Tagen oder richtiger Nächten, denn die Feste finden stets bei Vollmond statt, sind die gewöhnlichen Bräuche und Rechte aufgehoben und die maskierten Vertreter der betreffenden Egboklasse, die Idem, treiben ungestört ihr Wesen ganz nach Art jener Waldteufel, deren wir schon eine ganze Reihe kennen gelernt haben. Alle Ungeweihten und Mitglieder niederer Grade müssen sich dann verborgen halten, wenn sie nicht durchgepeitscht oder getötet werden wollen. Es ist ausserdem jedem, der sich von einem andern benachteiligt glaubt, jederzeit gestattet, sich an den Egbobund zu wenden, der dann über die Berechtigung der Klage entscheidet und die Strafe durch den Idem, dem sich andere Egbobrüder anschliessen, vollziehen lässt. Meist besteht die Strafe darin, dass man dem Schuldigen, der sich nicht entfernen darf, das Haus über dem Kopfe einreisst, sodass er von dem Trümmerwerk beschädigt oder erschlagen wird. Auch während dieser Urteilsvollstreckung darf sich bei Todesstrafe kein Ungeweihter auf der Strasse zeigen. Auf diese

Weise übt der Egbobund einen Terrorismus aus, der die Herrschaft der in der Minderzahl befindlichen freien Männer über Weiber und Sklaven sichert. Die Zeichen des Bundes werden auch als Schutzmittel des Eigentums, den melanesischen Tabuzeichen entsprechend, mit Erfolg verwendet. Der Einweihung in den Bund geht ein Aufenthalt in den Wäldern vorher, und zwar sollen in Kamerun die Knaben zu einem Buschvolk, den Makoko, gebracht werden; eine besondere Bundessprache wird ebenfalls erwähnt.

In Alt-Kalabar zerfällt der Egbobund nach Holmann in fünf Klassen, von denen die oberste allein das Recht hat, die Ratsversammlung zu bilden, die im Palaverhause abgehalten wird; auch erhält sie ausschliesslich die Gelder, die beim Einkaufen der Mitglieder in die verschiedenen Grade gezahlt werden. Die Rechtspflege wird in ganz ähnlicher Weise wie in Kamerun geübt, auch das Eintreiben von Schulden besorgt der Bund. Die Häuptlinge der Städte Duke Town und Creek Town sind hohe Würdenträger des Bundes, stehen aber nicht an seiner Spitze und können über seinen Einfluss nicht unbeschränkt gebieten; der Egbobund ist im Gegenteil die einzige Macht, die die Ortschaften des Kalabargebietes zu einer grösseren politischen Einheit zusammenfasst. Ausserdem scheint es eine Art Oberpriester zu geben, den Ndem (Idem) Efik oder Gross Kalabar Juju. Schon dieser letzte Name deutet darauf hin, dass wohl auch die Jujuhäuser des Kalabargebietes und des benachbarten Bonny mit den in ihnen aufgehäuften Menschenschädeln und Idolen in enger Beziehung zum Egbo oder doch zu anderen ähnlichen Geheimbünden stehen. Lander erwähnt bereits Schädelmasken aus Kalabar, die in Verbindung mit einem Maskenanzug getragen wurden.[1]) Das Jujuhaus in Bonny, das W. N. Thomas besuchte, war ein mässig grosses Gebäude, das sich von den andern Häusern des Ortes kaum unterschied, während im Innern ein Altar stand und an den Wänden hunderte von menschlichen Schädeln befestigt waren. Die Sitzungen des Geheimbundes, wenn man die Kultgenossenschaft, die hier ihr Wesen treibt, ohne weiteres als solchen bezeichnen darf, fanden in Neu-Kalabar an jedem Dienstag statt und waren durch Trommellärm, wilde

Tänze, Darbringen von Opfern und Gebeten charakterisiert.[2]) Merkwürdig sind auch die Angaben Leonards über die Zustände im Hinterlande von Bonny. Hier stehen häufig an den Wegen Klub- oder Konkohäuser, die einer Geheimgesellschaft gehören, deren enge Verbindung mit dem Jujuwesen besonders hervorgehoben wird; jeder, der sich in den Bund einkauft, hat das Recht, abwechselnd mit den andern Mitgliedern zeitweilig Wegzölle von den Vorübergehenden zu erheben, die diese Abgabe nicht verweigern dürfen, wenn sie nicht von den Geheimbündlern ausgeplündert sein wollen.[3]) Hier ist also das Rauben und Plündern, das sonst nur bei Knabenweihen und Bundesfesten in regelloser Weise stattfindet, in ein festes System gebracht! Zugleich haben wir hier eine lehrreiche Übergangsform, die zeigt, wie aus den Mitgliedern eines Geheimbundes schliesslich jene Zolleinnehmer im Dienste der Häuptlinge werden können, die wir in Senegambien kennen gelernt haben.

[1]) Reise zur Erforschung des Nigers III, S. 292.

[2]) W. N. Thomas i. Proced. R. Geogr. Soc. London 1873, S. 150, 152.

[3]) Léonard i. Journ. Manchester Geogr. Soc. 1898, S. 197.

---

g. Andere Geheimbünde in Kamerun und Hinterland.

Neben dem Egungun und dem Egbo finden sich die Spuren zahlreicher anderer Geheimbünde. „Man kann fast sagen,“ bemerkt darüber Frobenius, „die Geheimbünde sprossten im nördlichen Kamerun wie die Pilze nach dem Frühlingsregen. Leider verschwinden sie auch ebenso schnell wieder, ohne dass sie der Wissenschaft gerettet worden sind. . . . Einer der Basler Missionare hat über 40 Namen von Geheimbünden kennen gelernt, ein andrer noch mehr.“ Zweifellos handelt es sich hier zum Teil um lokale Ausbildungen, aber ebenso sicher ist es, dass die Bünde auch neben und nach einander wuchern, mit anderen Worten, dass an die Stelle der alten einheitlichen Männergesellschaft ein Wettbewerb von Geheimbünden getreten ist, von denen immer die einen in Niedergang und Verfall sind, um von anderen neu entstehenden abgelöst zu werden. Ohne Geheimgesellschaften können die Stämme, die hier in Betracht kommen, nicht bestehen, da eben in diesem Zusammenschluss eng ververbundener, durch mystische Anschauungen gestützter Gruppen das ganze politische Leben wurzelt. Neben den Männerbünden treten auch solche von Frauen auf, da das weibliche Geschlecht eben auch nur durch Bildung von Geheimbünden Schutz gegen die Übermacht und den Übermut der Männer finden kann. Die Sklaven betreten gelegentlich denselben Weg der Selbsthülfe.

Manche Geheimbünde des Hinterlandes pflegen den Kannibalismus als eigenartigen Zug. „Bei den Bakundu," schreibt Conrau[1]), „wie überhaupt bei allen umwohnenden Negerstämmen befinden sich geheime Fetischverbindungen, welche einen ziemlichen Druck auf das gewöhnliche Volk ausüben. Sie gestatten z. B. nur Leuten, welche den Verbindungen angehören, Hemden, Hüte, Röcke, Schirme u. s. w. zu tragen, suchen jungen Leuten, welche sich durch Arbeit etwas erübrigt haben, aber der Verbindung nicht angehören, durch allerlei Hokuspokus ihre Schätze abzutreiben u. s. w. Stirbt ein Mann der Verbindung, so nimmt man dessen Sohn an seiner Stelle auf. Stirbt bei den Bakundus ein Mann der Fetischverbindung, der zum Dyudyu gehört, wie die Neger sagen (dyudyu ist Zauber, Medizin), so wird er nicht beerdigt, sondern verspeist. Man tötet ihn in der Regel, wenn er schwer krank ist und an seinem Aufkommen gezweifelt wird, damit sein Fleisch nicht ungeniessbar wird." Von diesen Angaben ist zunächst die merkwürdig, die die Erblichkeit der Sitze im Geheimbund bezeugt, der auf diese Weise nur Angehörige bestimmter Familien aufnehmen kann und damit dem ursprünglichen Wesen der Männergesellschaft nicht mehr entspricht. Noch wichtiger sind die Bemerkungen über den Dyudyu, der mit dem Juju des Kalabargebietes zweifellos eins ist; man muss danach annehmen, dass die Jujuleute Angehörige der Geheimbünde sind, aber als Träger besonderer mystischer Kräfte in ihnen eine Gruppe für sich, eine Art Priesterschaft bilden, von deren Eigenschaften durch die Verspeisung der Leichen auch etwas auf die übrigen Bundesmitglieder übergeht.

Im Gebiete des oberen Wuri und Sannaga ist der Männerbund Meli verbreitet, dem ein weiblicher, Dschengu genannt, entspricht; der an der Kamerunmündung vorkommende Malebund gehört wohl zu derselben Gruppe. So viel sich aus den dürftigen Berichten erkennen lässt, hatte die Meligesellschaft einen ungewöhnlich terroristischen und kriegerischen Charakter, was auch darin zum Ausdruck kam, dass sie in Zeiten der Verwirrung, wie bei der Besitzergreifung Kameruns durch die Deutschen, als eine Art Verschwörung wieder auflebte. Der Weiberbund Dschengu, dessen Mitglieder ebenso wie die des Meli eine Geheimsprache besitzen, umfasst nur freie Frauen und scheint sich dem Kultus einer Art Wassernixe zu widmen.

Mit der zunehmenden Beruhigung des Landes und unter dem Einfluss der Missionäre sind die beiden Geheimbünde fast verschwunden, aber nur um andere an ihre Stelle treten zu lassen. So gewann der ältere Pangabund (Isango, Pl. Losango Panga) neue Kraft, eine zügellose räuberische Genossenschaft, deren Feste in wüste Orgien auszuarten pflegen; früher waren auch frische Menschenschädel zur Festfeier nötig, was wieder an die Jujuhäuser mit ihren Haufen von Schädeln erinnert. Es ist das wohl derselbe Bund, von dem Kobel aus der Gegend von Mangamba berichtet: „Früher bildeten in allen Dörfern die Häuptlinge und Stadtältesten einen geheimen Bund, den sogenannten Losangobund. Im Finstern und unter dem Schutze der Nacht trieben sie ihr finsteres Wesen, stahlen den Leuten ihre Hühner, Ziegen, Ochsen und was sie sonst hatten, weg und überfielen die Leute selbst und mordeten und sagten dann, der Isango (Fetisch) habe es gethan. So weit die Regierung hinkommen kann, sind diese Bündnisse sehr streng verboten, aber sie bestehen doch noch, nur sagen sie nicht mehr, der Isango habe es gethan, sondern der Leopard.“ Über Geheimbündler, die als Wegelagerer auftreten, teilt auch Dominik Einiges mit.[2]) Beim Stamme der Nkosi scheinen dagegen die Losangoleute eine wichtige Rolle bei den Totenfeiern zu spielen.

Im Grunde hängen alle diese Bünde innerlich zusammen, wie das ja bei ihrem Entstehen aus einer gemeinsamen Grundlage nur natürlich ist; eine scharfe Sonderung ist oft gar nicht möglich. So hörte der Missionar Lauffer[3]) in Yabi, dass hier noch der Mungibund bestehe: „Mungi ist nur ein anderer Name für Isango, er ist ihr Gott.“ Da nun andererseits der Mungi dem Egbo entsprechen soll, so ist die Verwandtschaft der verschiedenen Formen schon aus diesem Grunde wahrscheinlich. Dieser in Yabi und Umgegend thätige Mungi hatte allerdings grosse Ähnlichkeit mit dem an der Kamerunmündung verbreiteten gleichnamigen Geheimbund, denn auch seine Feste und Umzüge fanden bei Vollmond statt und dienten hauptsächlich zur Einschüchterung der Weiber; es kam hier der besondere Zug hinzu, dass den Frauen streng verboten war, Fleisch zu essen, und dass der Mungi über die Befolgung dieses Gesetzes wachte. Übertreterinnen und sonstige dem Mungi unbequeme Personen wurden getötet, wobei man gern den Kopf zur Warnung am Wege liegen liess; auch wer behauptete, der Mungi sei ein Mensch und kein Gott, wurde unnachsichtlich umgebracht. Der Häuptling und die Bundesältesen erhoben eine regelmässige Abgabe von monatlich 5 Mark von den Mitgliedern; eine hübsche Weiterbildung des Einkaufs in den Bund oder in die verschiedenen Grade, wie sie sonst meist üblich ist! Sehr bemerkenswert ist die Erzählung Lauffers, wie er in Yabi die Macht des Geheimbundes brach, der es versucht hatte, die Frauen von der Missionspredigt fernzuhalten. Lauffer begab sich, als er die Frauen vermisste, mitten in's Dorf, rief alle Männer und Weiber zusammen und hielt zunächst seine Predigt: „Zum Schluss erklärte ich den zahlreich anwesenden Frauen in Gegenwart der Männer: Der Mungi ist Mensch und nicht Gott. Der Häuptling selbst ist der Mungi. Er, bezw. seine Leute, sind die Urheber des Lärmes, von dem sie bisher glaubten, er rühre vom Mungi her. Der Häuptling wusste in der That nicht, wie ihm geschah. Er stützte seinen Kopf in beide Hände und antwortete dann, als ich ihn fragte, ob ich die zu dem Mungidienst gehörenden Sachen holen lassen dürfe: Das Geheimnis sei jetzt doch verraten, ich möge sie holen lassen. Etwa eine Stunde später sah man vor dem Häuptlingshaus einen Haufen russiger Gegenstände in Rauch aufgehen. Eine Flasche Erdöl, die der schwarze Lehrer spendete, trug das ihrige dazu bei, dass man bald nur noch einen Haufen Asche an diesem Orte sah.“

Das Geheimbundwesen liegt aber, wie gesagt, viel zu tief

in den Anschauungen des Volkes begründet, als dass es durch Enthüllungen dieser Art überall sogleich verschwände; an Stelle der zerstörten Geheimgesellschaften entstehen neue, die immerhin noch durch Einschüchterungen Gehorsam erzwingen können, auch wenn das Volk über ihren wahren Charakter nicht im Zweifel ist. Ein solcher neuer Bund ist der des Schnapsgeistes, Almala, der bei den Duala aufgekommen ist und in seiner Aufnahmezeremonie, einer Art Wassertaufe, den christlichen Einfluss erkennen lässt.

Der mehrfach erwähnte Ausdruck Juju wird auch in Kamerun gebraucht. Nach der Annahme Reichenows heissen so gewisse Zeichen, die der Geheimbund Elung als Eigentums- oder Tabumarken anbringt, Bündel von Gras oder Bananenblättern, auch wohl Kürbisflaschen; wer sich eines Gegenstandes bemächtigt, der durch diese Zeichen geschützt ist, soll eines qualvollen Todes sterben. Der Elung scheint auch als ein Gott oder ein Geist aufgefasst zu werden, der in den Wäldern haust und zeitweilig in Gestalt eines Bildnisses, das den sonst üblichen Maskentänzer vertritt, im Dorfe herumgetragen wird. Die Furcht der Weiber, das Eintrittsgeld der neuen Mitglieder u. s. w. entsprechen den schon geschilderten Zuständen anderer Geheimbünde. Als ein Bund, der sich hauptsächlich mit Bestattungsbräuchen beschäftigt, ist endlich der Ekongolo zu nennen, bei dessen Totenfeiern Tänzer mit Antilopenmasken auftreten und bald friedlich umherwandeln, bald in einem plötzlichen Anfall von Raserei die Menge der Zuschauer auseinanderjagen.

[1]) Mitt. a. d. deutschen Schutzgebieten 8, S. 279.
[2]) Kolonialblatt 1900, S. 800,
[3]) Kamerun S. 31.
[4]) Kolonialblatt 1899, S. 853.

h. Nda, Ngoi und Njembe.

Im Mündungsgebiet des Ogowe ist die Zahl der Geheimbünde ebenfalls nicht unbeträchtlich. Die Zustände in diesem Küstenbezirk sind deshalb beachtenswert, weil sich hier die

Frauenbünde als Gegengewicht der Männergesellschaften mehrfach mit besonderer Entschiedenheit entwickelt und stellenweise thatsächlich ihren Zweck insofern erreicht haben, als sich durch sie das Ansehen des weiblichen Geschlechtes beträchtlich gehoben hat. Am wichtigsten ist bei den Mpongwe der Njembebund der Weiber, der dem Ndabnnd der Männer gegenübersteht.

Die Gewalt des Männerbundes verkörpert sich, wie bei den meisten afrikanischen Geheimgesellschaften, in der Gestalt eines Waldgeistes, eben des Nda, der bei seltenen Gelegenheiten als ein in Pisangblätter gehüllter Mann auftritt und von jungen Männern, die zum Ton einer Art Flöte tanzen, begleitet wird; er fordert oder nimmt bei seinen Umzügen, was ihm gefällt, besonders dann, wenn ein bedeutender Mann des Ortes gestorben ist, da er in diesem Falle wohl die Mittel für den Leichenschmaus eintreibt. Frauen und Kinder laufen bei seiner Ankunft weg, weil sie sonst schwere Züchtigung erleiden würden. Wie Burton berichtet, versteht der Darsteller des Waldgeistes seine Gestalt durch Stelzen zu erhöhen.[1])

Noch etwas genauer bekannt als der Ndabund ist die nach dem Ngoi genannte Männergesellschaft der Aduma, die deshalb gleich im Anschluss an den Nda erwähnt sein mag. Der Ngoibund scheint hauptsächlich bei Totenfeiern in Wirksamkeit zu treten. Leiter des Bundes ist der Mon-Ndonga, eine Art Oberpriester, der auch die Eintrittsgelder der neuen Mitglieder in Empfang nimmt, während der Waldgeist Ngoi der Mittelpunkt aller festlichen Veranstaltungen ist. Bei den Totenfesten wird die Leiche in den Wald getragen und hier anscheinend von den Mitgliedern des Bundes verzehrt, worauf eine weitere reichliche Mahlzeit folgt, die angeblich für den Ngoi bestimmt ist, aber ebenfalls von den Bundesangehörigen verspeist wird. Die Knochen der Leichen werden gereinigt, rot gefärbt und dann in das Dorf zurückgebracht. Zuweilen erscheint auch der Ngoi vermummt im Orte, wie zu erwarten zum grössten Schreck der Frauen und Kinder, die sich ängstlich verstecken; das Geheimnis des Bundes wird ihnen gegenüber sehr streng gewahrt.

Nichtsdestoweniger haben es, wie gesagt, die Frauen mehrfach verstanden, durch Begründen eigener Geheimbünde den

Terrorismus der Männergesellschaften zu mindern. Man sollte an und für sich einen solchen Versuch für ganz aussichtslos halten: Wenn die Männer oder wenigstens viele von ihnen wissen, was hinter ihren eigenen Waldteufeln und lärmenden Aufführungen steckt, so werden sie sich durch die Nachahmungen der Weiber schwerlich in's Bockshorn jagen lassen. Aber was der Kulturmensch in solchen Fällen thun und empfinden würde, ist nicht massgebend für den Neger, in dessen unlogischer Seele Skepsis und tollster Aberglaube friedlich nebeneinander hausen können, ja der, wenn ein Phantasiegebilde zerstört worden ist, eines andern geradezu bedarf, um jene Leere in seinem Empfinden zu beseitigen, die ein Mensch unserer Kulturwelt mit seinen Kenntnissen und seinem geschulten Nachdenken auszufüllen vermag. Wenn ein mystisches Schauspiel Schwindel ist, warum soll ein anderes nicht um so echter sein? Geheimnisvolles und Unerklärliches umgiebt den Naturmenschen von allen Seiten, und das grundsätzliche Suchen nach „natürlichen" Erklärungen, auf das wir so stolz sind, kennt er nicht. Überheben wir uns deshalb nicht so sehr! Im Grunde haben wir mit unserer Überzeugung, dass Alles natürlich zugeht, die Probleme nur ein Stück zurückgeschoben, die grossen Zweifelsfragen aber sind so ungelöst wie jemals, und wer sich in sie vertieft, steht bald ebenso an der Grenze des Unerklärlichen, wie der einfache Natursohn der afrikanischen Wälder: der Neger glaubt an seine Zaubermittel, und ein Newton beschäftigt sich mit der Erklärung der Apokalypse.

Der am besten bekannte Frauenbund findet sich bei den Mpongwe und den Bakalai. Dieser Bund, Njembe genannt, hat eigene Fetischhütten im Walde, in deren eine du Chaillu einen Blick werfen konnte, ohne allerdings ausser einigem unerklärlichen Gerümpel viel zu entdecken; genauere Untersuchungen verhinderten die entrüsteten Weiber, die ihn bis in das Dorf verfolgten und schreiend Sühne verlangten. Junge Mädchen können im zehnten oder zwölften Jahre in den Bund aufgenommen werden, wobei Umzüge und Festlichkeiten im Walde stattfinden. Ein Waldteufel tritt jedoch nicht auf, vielmehr scheint die Furcht vor dem Njembebund darin zu liegen, dass man den Mitgliedern besondere Zauberkräfte zutraut, so die Gabe, Diebe zu entdecken und Geheimnisse zu enthüllen. Die Bundesmysterien werden streng geheim gehalten.

[1]) Two Trips to Gorilla Land I, 101.

---

i. Mangongo und Mwetyi.

Ebenfalls dem Ogowegebiet gehören der Mangongo- und der Mwetyibund an. Der erstere, der beim Stamme der Aduma verbreitet ist, verdient deshalb Aufmerksamkeit, weil hier ausnahmsweise ein Wassergeist Mangongo den Mittelpunkt des geheimbündlerischen Treibens bildet; es erklärt sich das aus dem Umstande, dass die Aduma häufige und nicht ungefährliche Fahrten auf dem an Stromschnellen reichen Ogowe unternehmen und hierbei das Bedürfnis nach einem besonderen Schutzgeiste empfinden. Das Wesen des Geheimbundes hat sich auch dieser Forderung leicht angepasst; der Waldteufel ist einfach zum Wassergott geworden, der bei der Aufnahme von Novizen lärmend als vermummte Gestalt aus dem Ogowe emporsteigt und sich nach der Hütte des Bundes begiebt. Den neuen Mitgliedern wird ein mit Pfeffer vermischter Brei in die Augen gerieben, worauf der Mangongo, der während dessen ein furchtbares Geschrei erhoben hat, wieder nach dem Fluss zurückeilt. Den Frauen ist es bei Todesstrafe verboten, auch nur den Namen des Geistes auszusprechen.

Flussgeister werden im Ogowegebiet besonders häufig erwähnt, darunter auch solche, die Schmiedearbeit verfertigen. Das erinnert an die geheimbundartigen Arbeiterverbände im Kongobecken, die das Monopol der Schmiederei und anderer Gewerbe beanspruchen und durch mystische Bräuche und Gewalt die Nichtmitglieder von der Ausübung der lohnenden Thätigkeit abschrecken.[1]) Es ist wohl möglich, dass den sagenhaften Berichten aus dem Ogowegebiet ähnliche Verhältnisse zu Grunde liegen, oder doch Erinnerungen an frühere Zustände dieser Art.

Wenn der Mangongo ein Flussgeist ist, so wohnt der Mwetyi der Bakele und Schekiani in den Tiefen der Erde, aus denen er zu Zeiten emporsteigt, um das mitten im Dorfe stehende Haus des betreffenden Geheimbundes zu besuchen; er verrät sich durch dumpfe Brummtöne, die aus dem Innern des dunkeln Gebäudes hervordringen. Zieht er sich wieder aus dem Dorf zurück, so müssen sich alle Ungeweihten verstecken oder den Ort verlassen. Eine Hauptaufgabe des Geistes scheint das Erteilen von Orakelsprüchen zu sein, ferner wird er bei Bündnissen und Verträgen als Eideshelfer angerufen und wacht über die Ausführung von Gesetzen, die nur gewissenhaft befolgt werden, wenn man sie in seinem Namen erlässt. Auch hier also tritt die politische Macht des Geheimbundes hervor, ohne den anarchische Verhältnisse herrschen würden.

Der Mwetyibund umfasst nahezu die gesamte männliche Bevölkerung der Ortschaften, in denen er verbreitet ist. Die Knaben werden zwischen dem 14. und 18. Jahre aufgenommen und müssen sich einer Reihe harter Proben unterziehen; zuletzt entsagen sie durch ein Gelübde irgend einer Speise oder einem Getränk und bleiben dann zeitlebens an diesen Eid gebunden. Es ist das kein besonderer Zug dieses Geheimbundes, sondern ein in Afrika und auch anderwärts wohlbekannter Brauch: Man sichert sich durch freiwillige Entsagung vor dem Neid der Schicksalsmächte und erlangt wohl auch auf diesem Wege die Hilfe geisterhafter Wesen, die nur denen zu Teil wird, die bestimmte Speiseverbote halten. Meist wird das Verfahren rein persönlich geübt, sodass jeder Einzelne seine besonderen Ess- und Trinkeigenheiten hat[2]), es kommt aber auch vor, dass ein ganzer Geheimbund bestimmte Speisegesetze befolgt, die dann als Gebote des Bundesgeistes gelten.

[1]) Vgl. darüber mein „Afrikanisches Gewerbe“ S. 108.
[2]) Vgl. Bastian, Loangoküste I, S. 183.

---

k. Sindungo.

Wenden wir uns von der Ogowemündung südwärts nach der Loangoküste, so betreten wir damit den nördlichen Ausläufer eines Gebietes grösserer Staatenbildungen und strafferen politischen Zusammenhaltes; ganz entsprechend sehen wir sogleich die Geheimbünde in den Dienst der Königsmacht gezogen, ähnlich wie das teilweise im Nigergebiet und an der nördlichen Küste von Guinea der Fall war. Die wichtigste Erscheinung dieser Art ist der Bund der Sindungo, dessen Mittelpunkt die Stadt Angoy bildet.

Die Sindungo stehen unter dem Befehle des Königs von Angoy, halten aber wenigstens in einem sehr charakteristischen Zuge einen Rest ihrer alten Freiheit aufrecht: Ein königlicher Beamter, der Kuvukuta-Kanga-Asabi, beruft die Sindungo, wenn der König ihr öffentliches Auftreten als Vollstrecker seiner Befehle wünscht, im Walde zusammen und verteilt unter sie die Masken und Blättergewänder, die zur Vermummung dienen sollen; kaum ist das aber geschehen, so fallen die Sindungo über den Beamten selbst her und jagen ihn in die Ortschaft zurück. Dann veranstalten sie ihre Umzüge, bei denen sie auch auf eigene Faust allerlei Übergriffe zu begehen scheinen. Der Aufsichtsbeamte nimmt ausser den Aufträgen des Königs auch solche von Privatpersonen an, namentlich befasst er sich mit dem Eintreiben von Schulden: Wenn der säumige Schuldner nicht sofort zahlt, wird er von den Sindungo in summarischer Weise ausgeplündert und sein Eigentum verwüstet, oder man reisst ihm sein Haus über dem Kopfe nieder und tötet ihn vollends mit Fusstritten.

Neben ihrer Aufgabe als Vollstrecker königlicher Befehle und überhaupt rechtlicher Urteile scheinen die Sindungo auch bei den Bestattungsfeierlichkeiten thätig zu sein; noch wichtiger aber sind sie als Regenzauberer. Um Regen heranzulocken, veranstalten sie feierliche Zeremonien entweder mitten im Dorfe, das während der Zeit von den Einwohnern geräumt sein muss, oder im heiligen Walde des Dunga. Nach der etwas unklaren Angabe Bastians werden hierbei die Masken benutzt: Kehrt man sie mit der Öffnung (wohl der ausgehöhlten Seite) nach oben, so giebt es Regen, kehrt man diese Seite nach unten, dann entsteht trockenes Wetter.

Bastian beobachtete auch einen Tanz der Sindungo, der am hellen Tage und anscheinend einfach zur Belustigung des Volkes abgehalten wurde; die Angriffe, die von den Maskierten gelegentlich auf die Zuschauer unternommen wurden, waren nicht ernst gemeint. Das Beispiel zeigt, wie die gefürchteten Geheimbündler leicht mit ihren Vorstellungen an eine Grenze gelangen, wo der Ernst aufhört und die Posse beginnt. Bei dem von ihm geschilderten Tanze sah Bastian 8 oder 9 Sindungo, im Ganzen aber soll ihre Zahl 30 bis 40 betragen. Ob ausser diesen eigentlichen Maskenträgern noch andere, gewissermassen passive Mitglieder des Geheimbundes vorhanden sind, wie das ja sonst meist der Fall ist, oder ob der ganze Bund thatsächlich nur noch aus dieser kleinen Polizeitruppe besteht, wird nicht gesagt. Gegenwärtig ist übrigens die ganze Einrichtung im Verfall, was wohl mit dem Eingreifen der Europäer zusammenhängt; die Sindungo leisten kaum noch Polizeidienste, nur als Regenzauberer haben sie noch eine gewisse Bedeutung[1]).

Geheimbünde von geringerer Wichtigkeit, die teils zu den Knabenweihen, teils zum Totenkult in näherer Beziehung stehen, giebt es an der Loangoküste bis zur Kongomündung hin noch eine ganze Anzahl. Die Zauberpriester (Ganga) scheinen hier meist enger mit den Geheimgesellschaften verbündet zu sein, als das in anderen Gebieten der Fall ist, abgesehen von der in Kalabar herrschenden ähnlichen Verknüpfung des Jujukults mit der Geheimbündelei; bei ihren ärztlichen Besuchen tragen die Ganga nicht selten Masken.

[1]) Phillips i. Journ. Anthrop. Inst. 17, S. 229.

1. Ndembo.

Der Ndembobund findet sich am unteren Kongo, hat sich aber auch weiter nach dem Innern verbreitet. Es mag erwähnt sein, dass bei einer derartigen Verbreitung nicht immer ein engerer Zusammenhalt zwischen den Gruppen erhalten bleibt, sondern dass oft ein Geheimbund halb oder ganz selbständige Ausläufer entsendet, indem einzelne Mitglieder auf eigene Faust neue Logen begründen. Der Ndembo dürfte in dieser Art weiter vorgedrungen sein, und die Folge davon ist, dass er nicht wie etwa der Purrah die politische Einheit grösserer Gebiete bewirkt, sondern in unabhängige Lokalgruppen zersplittert ist. Als erster Ausgangspunkt des Ndembobundes wird Boma am Kongo genannt. Stellenweise, wie im Lande Ambamba, scheint die gesammte erwachsene Bevölkerung zum Bunde zu gehören und als Nganga (Wissende) den Vanga, den ungeweihten Kindern gegenüberzustehen. Wir haben hier also ausnahmsweise einen Verband, dem beide Geschlechter angehören, was denn auch sofort zu groben unsittlichen Ausschreitungen bei den Einweihungsbräuchen führt.

Von Waldteufeln und Maskeraden wird hier kaum etwas berichtet, dagegen sind die Anschauungen über Tod und Wiedergeburt in ausgezeichneter Weise fortgebildet und zu dramatischen Handlungen ausgestaltet. Die Maskenbräuche fehlen wohl deshalb, weil auch die Weiber zum Bunde gehören, sodass ein gläubiges Publikum für die Tänze und sonstigen Vorführungen kaum vorhanden sein würde; ob hier, wie mehrfach in Südamerika, die Frauen gelegentlich das Geheimnis enthüllt haben, worauf man sie in den Geheimbund aufgenommen und dem Mummenschanz entsagt hat, wird nicht berichtet, aber unwahrscheinlich ist es nicht.

Wie es scheint, werden die zum Eintritt in den Bund Bestimmten vorher über die Rolle unterrichtet, die sie hierbei zu spielen haben. Ist der ausersehene Tag herangekommen, so schüttelt der Dorfzauberer seine Klapper gegen die Novizen, die nun wie tot niederstürzen; man hüllt sie darauf in Leichengewänder und schafft sie nach einer umzäunten Stelle ausserhalb des Ortes, Vela genannt, bis ihrer 20—50 zusammen sind. Hier bleiben sie eine gewisse Zeit, die nicht in allen Ortschaften dieselbe ist und zwischen drei Monaten und drei Jahren schwankt. Es wird angenommen, dass die „Toten“ in dieser Zeit verwesen, worauf dann endlich der Zauberpriester die Knochen sammelt und alle Novizen durch ein Zaubermittel wieder ins Leben zurückruft. Die Neubelebten kehren hierauf im festlichen Zuge in den Ort zurück. Hier spielen sie die Komödie weiter, indem sie sich wie unwissende Kinder geberden, ihre eigenen Verwandten nicht mehr erkennen, eine besondere Sprache sprechen, aber die Landessprache nicht mehr verstehen u. s. w. Haben wir darin schon eine Erscheinung vor uns, die anderwärts bei der Knabenweihe sehr beliebt ist, so fehlt auch der andere bezeichnende Zug der völligen Ungebundenheit und Zügellosigkeit nicht: Die Neubelebten nehmen, was ihnen gefällt, und sie haben das Recht, den Eigentümer, der ihnen wehren will, zu schlagen oder selbst zu töten. Sie sind eben wieder Kinder geworden, die Gut und Böse nicht unterscheiden können! Diese Erklärung ist bemerkenswert, da sie das zügellose Auftreten der Neugeweihten in logische Verbindung mit der Idee der Wiederbelebung bringt; ob es sich hier freilich um eine ursprüngliche Auffassung oder nur um eine Umdeutung handelt, ist nicht ohne weiteres zu sagen.

Nach Bastian entspricht den Weihebräuchen eine Mythe, die sich wohl auf den alten, jetzt nicht mehr dargestellten Waldgeist bezieht: Auch dieser, Nkissi genannt, der unsichtbar im Walde lebt, muss zuweilen sterben, worauf die Zauberpriester die Gebeine sammeln und ihn wieder ins Leben rufen. Wahrscheinlich unternahm früher nach einer solchen Wiedergeburt der Nkissi als vermummte Gestalt seine schreckenden Umzüge, bis das Geheimnis verraten wurde und nur die Weihebräuche als Rest der Geheimbundssitten erhalten blieben.

m. Nkimba.

Ein anderer am unteren Kongo verbreiteter Geheimbund ist der Nkimba. Offenbar haben sich zahlreiche örtliche Besonderheiten herausgebildet, sodass die Berichte der verschiedenen Beobachter schlecht übereinstimmen, wie das Frobenius ausführlich nachgewiesen hat. Im Innern scheinen einfachere Formen zu herrschen, während an der Küste die Häuptlinge ihren Einfluss geltend gemacht und die Bräuche nach ihren Wünschen umgestaltet haben.

Der Nkimba ist dem Ndembo insofern ganz ähnlich, als auch bei ihnen die Weihebräuche mit der scheinbaren Wiedergeburt den Kern des Ganzen bilden, während von Waldteufeln und Maskentänzen gegenwärtig keine Rede ist. Der Geweihte (Tongwata) hat vor den Ungeweihten (Mungwata) die Kenntnis einiger geheimer Künste voraus, er kann Hexen fangen und Diebe bannen, vielleicht auch Regenzauber üben. Dass früher auch der Nkimbabund seine Waldteufel auftreten liess, ist sehr wahrscheinlich, denn nach älteren Berichten gab es einen Tag, Quimboara genannt, bei dem der Mokisso in einen der Tänzer fuhr und Orakelfragen beantwortete; der Mokisso aber ist eins mit dem Mukisch, dem Maskentänzer des südöstlichen Kongobeckens. Auch vermummte Tänzer, Kimbos, werden erwähnt, die bei der Beschwörung von Geistern und Besessenen thätig waren, und deren Name schon an Nkimba erinnert. Wir haben also im Nkimba- wie im Ndembobund eine Rückbildung vor uns: Aus der vollständig durchgebildeten Geheimgesellschaft mit ihrem Waldgeist und ihren Maskentänzern ist wieder ein viel einfacherer Männerverband geworden, der nur ausserordentlich umständliche und geheimnisvolle Weihebräuche beibehalten hat.

Die Leitung der Knabenweihe übernimmt ein Zauberpriester (Ganga), der sich mit seinen Zöglingen in den Wald begiebt und dort mit ihnen eine bestimmte Zeit, die nicht überall dieselbe ist, verweilt; nach den Berichten schwankt die Zeit der Abschliessung zwischen 2 Monaten und 2 Jahren. Wie es scheint, werden die jungen Leute durch ein narkotisches Mittel in Schlaf versetzt und für tot erklärt. Nach dem Erwachen beginnt dann die bekannte Komödie: Der Jüngling hat alles Vergangene vergessen, er erhält einen neuen Namen und muss in allen Dingen wieder unterrichtet werden; hauptsächlich hat er jetzt die Geheimsprache des Nkimbabundes zu erlernen. Auch hier entspricht den Wiedergeburtssitten eine grosse Zügellosigkeit; wenn die Novizen unter lautem Geschrei durch die Strassen laufen, hat jeder, der nicht jämmerlich geprügelt werden will, möglichst rasch auszuweichen, und alles Eigentum der Ungeweihten darf von ihnen ungestraft geplündert werden. In manchen Ortschaften wird dieses Treiben zur förmlichen Landplage, während anderwärts die Ungebundenheit der Novizen, die sich im Walde verborgen halten müssen und dort vom Ganga mit Speise versorgt werden, viel geringer ist. So lange die jungen Leute im Busch leben, tragen sie eine eigenartige Tracht und Bemalung, namentlich ein krinolinartiges Grasgewand, wohl auch eine sonderbare Kopfbedeckung, aber keine Masken. Am Schlusse jedes Jahres wird ein Teil der Novizen entlassen, während die übrigen weiter unterrichtet werden und anscheinend auf eine höhere Stufe des Geheimbundes emporsteigen; die Entlassenen haben die Kosten ihrer Lehrzeit zu bezahlen und dürfen heiraten.

Im Küstengebiet haben sich die Bräuche des Nkimbabundes vielfach umgebildet. Anscheinend giebt es neben der eigentlichen Knabenweihe mit Beschneidung, Tod und Wiedergeburt und mit darauf folgender Wehrhaftmachung, die in einem besonderen Gebäude (Inquimba, Kimba) vollzogen wird, noch besondere Weihegebräuche, die nur selten und in unregelmässigen Zwischenräumen vollzogen werden. Unheimliche Vorfälle, wie die Geburt eines verkrüppelten oder monströsen Kindes, geben stellenweise den Anlass zu Weihefesten, bei denen neue Mitglieder in den Geheimbund aufgenommen werden, oder ein Häuptling eröffnet gelegentlich eine „Quimbe", zu der nun die jungen Leute im Alter von 8—20 Jahren zusammenströmen. Nach der Angabe Wards[1]) sucht man durch ein solches Weihefest auch Hülfe gegen die Abnahme der Geburtenzahl zu schaffen; in solchen Fällen nehmen Jünglinge und Mädchen gleichzeitig teil, wobei dann wilde geschlechtliche Ausschweifungen selbstverständlich sind. Die Dauer der Weihe und auch die Art, in der sie erfolgt, scheint grossen örtlichen Verschiedenheiten zu unterliegen; Ward spricht von fünf bis sechs Jahren und behauptet, dass auch späterhin die Geweihten einigermassen der übrigen Bevölkerung gegenüber zusammenhalten.

[1]) Journ. Anthrop. Inst. 24 (1895), S. 288.

---

n. Mukisch.

Wenn am unteren Kongo sich ein Verfall der Geheimbünde in dem Sinne zeigt, dass einer ihrer Hauptcharakterzüge, der Maskentanz der Waldgeister, verschwunden ist und nur die Einweihungsbräuche noch gut entwickelt erscheinen, findet sich im südlichen Kongobecken und weiter bis zum Sambesi hinab die umgekehrte Form der Rückbildung: Die Weihebräuche treten zurück, die Maskentänze dagegen bleiben als mehr oder weniger harmlose Volksbelustigung erhalten, der freilich stets ein gewisser

Ernst zu grunde liegt. Immerhin sind auch diese „Akisch" (Singular Mukisch) noch häufig an den Knabenweihen beteiligt, und die ausgeartetsten Formen sind durch weniger umgebildete mit den eigentlichen Geheimbundssitten noch kenntlich genug verbunden.

Die Hauptaufgabe des Mukisch scheint bei den südlichen Kongostämmen das Vertreiben böser Geister zu sein; die geisterbeherrschende Macht der Männerbünde tritt also selbst hier noch deutlich hervor. Sind doch auch die Maskentänze bei Beerdigungen, denen wir mehrmals als einer hochgeschätzten Thätigkeit der Geheimgesellschaften begegnet sind, in diesem Sinne aufzufassen! Die Tänze der Akisch sind freilich in der Regel kein sehr feierliches Schauspiel, sondern werden mehr als Scherz betrachtet, obwohl die Akisch gern durch allerlei geheimnisvolle Kunststücke zu imponieren suchen, auch wohl gelegentlich einen Frevler durchprügeln und überhaupt sich als Vertreter der Rechtspflege geberden. An die Stelle der räuberischen Übergriffe, die bei den nördlichen Geheimbünden so allgemein üblich sind, ist die Bettelei getreten.

Bei den Baschilange fand Pogge, dass die Akisch und ihr Führer, der Kakongo, die Beschneidungsbräuche leiteten; auch Schütt sah im südwestlichen Kongobecken einen Maskentänzer, Divindada genannt, der ähnliche Aufgaben hatte und bei der Rückkehr der beschnittenen Knaben seine Tänze aufführte. Ob hinter den Akisch immer ein wirklicher Geheimbund steht, ist zweifelhaft; nach der Angabe von Capello und Ivens ist das Amt bei vielen Stämmen in bestimmten Familien erblich, hat also seinen ursprünglichen Charakter völlig verloren. Das würde ganz zu der übrigen Entartung stimmen.

Den Gipfel dieser Entartung erreicht man vielleicht im Marutse-Mambundareich. Hier wird auf Befehl des Königs von maskierten Männern, die immer paarweise Mann und Frau darstellen, der Kischitanz aufgeführt. Die Vorstellung scheint nur noch zur Unterhaltung und zum Erregen der Sinnlichkeit zu dienen, ist also ein reines Ballett geworden; die Masken und Kostüme sind Eigentum des Königs. Der Tanz fand zur Zeit, als Holub die Hauptstadt Scheschcke besuchte, alle 14 Tage statt; eine Menge junger Leute begleitete unter Trommelschlag die Tänzer, Kinder wurden nicht als Zuschauer geduldet.

Fast überall an der Grenze des Gebietes, in dem die Geheimbünde noch heute blühen, zeigen sich derartige entartete Ausläufer, deren Dasein oft nur durch die Masken bezeugt wird, die zufällig in unsere Museen gelangt sind, oder durch die Schwirrhölzer, mit denen z. B. die Wanika der Ostküste das Gebrumme eines Waldteufels hervorzubringen wissen. Rechnet man dazu die Bräuche der Knabenweihe, die bei den Kosakaffern und andern Stämmen mit Maskeraden verbunden sind, so ergiebt sich, dass fast in ganz Afrika entweder die Grundlagen oder die in Rückbildung begriffenen Reste geheimer Verbindungen bestehen. Wenn sich das Geheimbundswesen gerade in Westafrika am blühendsten entwickelt hat, so dürften die Gründe dafür zunächst in der Art und Lage des Landes zu suchen sein; ob die Völkerverwandschaft mit der malayischen Rasse hier mitspricht, wie Frobenius nachzuweisen gesucht hat, muss vorläufig immer noch zweifelhaft bleiben.

Sprachliches.

Jeder Wesenszug des Völkerlebens kann von zwei Seiten betrachtet werden: Man kann seine Entwicklung aus einfacheren Anfängen untersuchen und dabei den Stoff nehmen, wo man ihn findet, oder man kann die Wanderung einer Idee von einem Volke zum andern verfolgen, den Ausgangspunkt festhalten und die Wandlungen unter dem Einfluss neuer Bedingungen beobachten. In den bisherigen Erörterungen habe ich den ersten Weg eingeschlagen, der nur deshalb mit einiger Sicherheit zu beschreiten ist, weil gewisse Grundzüge des menschlichen Wesens überall wiederkehren und zu äusserlich unabhängigen, innerlich aber verwandten Formen ähnlicher Art führen müssen, oder weil doch immer nur eine Auswahl zwischen wenigen Möglichkeiten vorhanden ist. Wer eine grössere Familie oder Sippe in Gruppen teilen und dabei Ähnliches zum Ähnlichen stellen will, wird stets zunächst nur die Wahl zwischen einer Einteilung nach dem Geschlecht, nach der engeren Verwandtschaft oder nach dem Alter haben, er wird entweder kleine Familien oder Geschlechts- und Altersverbände bilden müssen; alle andere Sonderungsmöglichkeiten kommen ja unter einfachen Verhältnissen nicht in Betracht. Da man nun thatsächlich überall in dieser Weise verfahren ist und bald mehr einseitig die eine oder die andere Möglichkeit erprobt, bald beide zu verbinden oder zu versöhnen gesucht hat, so muss es in der That erlaubt sein, die ganze Menschheit bei der Prüfung dieser Fragen zu berücksichtigen und die Antwort auf ein Rätsel, die bei einem Volke nicht zu finden ist, bei einem anderen zu suchen, bis aus dem Gewirr der Einzelheiten die grossen Entwicklungszüge klar hervortreten.

Aber es wäre falsch, die andere Seite der Betrachtung, die man kurz als die geographische bezeichnen kann, ganz zu vernachlässigen. Bei der Besprechung der einzelnen Erscheinungen des Männerhauses, der Klubs, Geheimbünde u. s. w. hat sich immer wieder gezeigt, wie leicht sich Sitten und Bräuche dieser Art von Volk zu Volk verbreiten; dass dies viel häufiger und in viel grösserem Masse geschehen ist, als sich gegenwärtig noch sicher nachweisen lässt, ist kaum zu bezweifeln. Andrerseits freilich fehlt es nicht an Beispielen, dass im Laufe der Zeit dergleichen einst blühende Bräuche verrottet und nur in geringfügigen Spuren noch vorhanden sind: Wenn wir also heute ein geographisches Bild der Verbreitung gewinnen, so darf es keineswegs einfach als etwas Gegebenes hingenommen werden: die Grenzen sind nicht überall die äussersten Linien, bis zu der die Flut gestiegen ist, sondern ein wechselndes Überströmen und Versiechen hat die Zustände hervorgebracht, die uns die wissenschaftliche Forschung der Gegenwart erschliesst. Das Alter der Menschheit ist zu gross, zu viele Kultureinflüsse haben bald im raschen Flusse, bald leise dahinsickernd die Völker der Erde durchdrungen, als dass wir jetzt noch so leicht einen Aufschluss über die Ausgangspunkte der Entwicklung erhoffen könnten. So sehen wir heutzutage die Gruppe von Erscheinungen, die mit der primitiven Männergesellschaft verbunden ist, in der Hauptsache an gewisse Gebiete der Erde gebunden und von bestimmten Völkern und Rassen ausgeübt, während sie anderswo fast gänzlich fehlt; aber die Frage, wie wir dieses eigentümliche Bild zu deuten haben, ist nicht so leicht gelöst.

Zunächst regt die Thatsache zum Nachdenken an, dass wir im Gebiete der malayischen Rasse und Kultur die Formen der Männergesellschaft am weitesten verbreitet und am entschiedensten entwickelt finden. Das Vorhandensein zahlreicher Geheimbünde in Nordwestamerika und an der afrikanischen Westküste würde dem nicht grundsätzlich widersprechen: Polynesische Einflüsse auf die nordwestamerikanischen Völker sind kaum zweifelhaft, und dass der Kulturbesitz der Westafrikaner auffallende Ähnlichkeiten mit der malayischen und melanesischen Besitz zeigt, hat L. Frobenius mit Erfolg nachgewiesen, wenn auch über die Erklärung dieser auffallenden Thatsache die Ansichten weit auseinander gehen. Ausserhalb dieser Zone, die man im weiteren Sinne die malayo-polynesische nennen kann, tritt das Männerhaus nur vereinzelt auf, die Geheimbünde fehlen oder sind Erzeugnisse höherer Kultur, die überdies z. B. in China ihre erste Anregung aus den malayisch beeinflussten Süden erhalten haben können, kurz, die Frage drängt sich auf, ob wir nicht bei der malayischen Rasse und in ihrem ältesten Wohngebiet, Hinterindien und Indonesien, den Ursprung des Männerhauses und aller Bräuche, die aus ihm hervorgehen, zu suchen haben.

Aber dem lässt sich doch Manches entgegenhalten. Betrachten wir das Bereich der malayo-polynesischen Rasse selbst, so finden wir, dass gerade in dem alten Ausstrahlungsgebiet dieser Völkergruppe das Männerhaus mit seinen Anhängseln grösstenteils verschwunden ist, obwohl Reste aller Art seine frühere Anwesenheit bezeugen und wenigstens in Hinterindien überall, wo die buddhistische Kultur nicht siegreich gewesen ist, die alten Zustände noch in ausgeprägtester Form bestehen. Auch in Polynesien ist eine Verkümmerung unverkennbar. Das lässt doch eher darauf schliessen, dass die primitiven Männerverbände an eine gewisse Kulturstufe geknüpft sind, die eben ein grosser Teil der malayischen Völker noch heute einnimmt; erheben sie sich auf eine höhere Stufe oder begünstigen äussere Umstände eine abweichende Entwicklung, dann verschwinden auch die Zustände und die Rasse passt sich neuen Bedingungen ohne Schwierigkeit an. Man kann immer noch die Ansicht festhalten, dass gerade bei der malayischen Rasse das Männerhaus und die Männerbünde ihre typischste Ausbildung gefunden haben, aber man wird diese Rasse kaum mehr als die Lehrmeisterin der übrigen betrachten dürfen. Wenn auf den grossen Festländern der alten Welt die Gebiete, in denen Reste des Männerhauses zu beobachten sind, durch breite Landstriche von einander getrennt werden, wo selbst Spuren völlig zu fehlen scheinen, so ist das wohl zum guten Teil den Einwirkungen der nomadischen Völker zuzuschreiben, bei denen überall die Männerverbände im Gegensatz zu den Sippen schwach entwickelt sind: Im grössten Teile Asiens, im östlichen Europa und in Ostafrika haben die Nomaden gleich verheerenden Strömen die älteren Zustände hinweggefegt. Nach den Inselgebieten der malayischen Rasse aber führte für sie kein Pfad hinüber.

Da sich also Gründe und Gegengründe so ziemlich die Wage halten, von historischen Zeugnissen aber nicht viel zu erwarten ist, so kann nur noch eine Untersuchung des Kulturbesitzes, soweit er sich auf das Dasein der Männerverbände bezieht, einigen Erfolg versprechen, in erster Reihe eine Untersuchung der sprachlichen Verhältnisse. Am besten bleibt dergleichen freilich einem Sprachforscher von Fach überlassen; wer nicht zur Zunft gehört, wird auch beim harmlosesten Versuch leicht das Opfer einer wenig wohlwollenden Kritik, die auf diesem Gebiete herkömmlicherweise am herrlichsten blüht. Was hier versucht werden soll, ist denn auch nur die Beantwortung einiger ganz allgemeiner Fragen, vor allem der: Giebt es im malayo-polynesischen Gebiete bestimmte Ausdrücke für das Männerhaus und die mit ihm in Verbindung stehenden Dinge, und wie weit sind diese verbreitet? Es kann nicht fehlen, dass hierbei manche schon in anderem Sinne behandelte Fragen berührt werden und in einer neuen Beleuchtung erscheinen.

Als allgemeine Regeln sind bei der Untersuchung der Wörter nur folgende zu beachten: Die Vokale wechseln leicht und kommen gegenüber den Konsonanten wenig in Betracht.

Unter den Konsonanten treten einige besonders häufig für einander ein, vor allem l für r, m für b, f für b. Der Sinn der Wörter ist oft scheinbar sehr verschieden, während sich der innere Zusammenhang doch mit Hilfe der bisherigen Erörterungen darlegen lässt.

Am häufigsten erscheint im malayo-polynesischen Gebiet ein Stamm b-l, der auch als b-r, m-l, m-r u. s. w. auftreten kann; in fast allen seinen Formen scheint er das Männerhaus oder die mit ihm verbundenen Gegenstände und Bräuche zu bezeichnen. Ein Überblick über die wichtigsten hierher gehörigen Wörter zeigt das leicht:

Bale — Gemeindehaus der Battak, Sumatra,
Balei — Gemeindehaus im südlichen Sumatra,
Balei — Rathaus und Herberge der Dayak, Borneo,
Baleuw — Gemeindehaus auf Ceram,
Balebal — Männerhaus in Hatzfeldhafen, Deutsch-Neuguinea,
Bellak — Küchenschuppen auf den Marschall-Inseln,
Bäwai, Fe-bai, Falyŭ — Männerhaus auf Yap, Karolinen,
Bai — Männerhaus, Palau-Inseln,
Pali — dem „tabu“ entsprechender Ausdruck, Borneo,
Fali — desgleichen,
Fel — Gemeindehaus auf den Mortlock-Inseln,
Welu — Geheimbund auf den Neuen Hebriden,
Fale tele — grosses Haus, Samoa,
Faleaitu — Geisterhaus, Samoa,
Ofilau — Klubhaus auf den St. Cruz-Inseln,
Bora — Knabenweihe in Australien,
Burbung — Platz für die Knabenweihe, südöstliches Australien,
Wara — Ausdruck für „tabu“ im südlichen Neuguinea,
Whare — Haus, Neuseeland,
Marae — Versammlungsplatz im östlichen Polynesien,
Malae — Versammlungsplatz, Tonga und Samoa,
Marau — Wähler der Geheimbundsnovizen, Bougainville,
Amalau — Tempel am Marae, auf Nukuor,
Gamal — Klubhaus auf den Neuen Hebriden,

Pomali — Ausdruck für „tabu“, Indonesien,
Emil — Tanzplatz auf Uripia, Neue Hebriden,

Die Tabelle zeigt sehr anschaulich, wie sich unter dem Einfluss der Dialekte die Formen umbilden, sie lässt aber andrerseits auch erkennen, dass die Bedeutungen wechseln, ja dass bei einem und demselben Volke aus der gleichen Wurzel Wörter mit sehr verschiedenem Sinne hervorgehen können. In dieser Weise verfahren auch die europäischen Sprachen; man vergleiche z. B. die deutschen Wörter bauen, Gebäude, Bauer, erbaulich, bäurisch. Irgend eine Bedeutung muss allerdings die ursprüngliche sein, aus der die übrigen hervorwachsen wie Schösslinge einer gemeinsamen Wurzel, die äusserlich völlig getrennt scheinen und im Grunde doch auf etwas Einheitliches zurückführen. Ehe wir der Frage nach dem Ursinn der in der Tabelle vereinigten Wörter näher treten, mag aber darauf hingewiesen sein, dass auch das westafrikanische Gebiet der Männerhäuser und Geheimbünde einen höchst auffallenden Beitrag liefert, der sich ganz ungezwungen den malayo-polynesischen Ausdrücken anreiht:

Bulu — Gemeindehaus der Mandingo,
Burri — Gemeindehaus in Sierra Leone,
Burru — Dorfplatz und Viehhürde der Wassandaui, Ostafrika (Verwandtschaft zweifelhaft, aber der Klangähnlichkeit wegen erwähnenswert),
Purrah — Geheimbund der Fulhas-Susus,
Baluhn — Wohnung des Ortsvorstehers bei den Mandingo,
Belly Paro — Geheimbund und Knabenweihe, Liberia,
Deballe — freier Platz für Beschwörungen und Spiele, Oberer Mungo, Kamerun.

Es ist gewiss merkwürdig, dass auch im sprachlichen Sinne die grosse Ähnlichkeit zwischen westafrikanischen und malayisch-melanesischen Zuständen wiederkehrt, die sich im Dasein der geheimen Männerverbände und der Gemeindehäuser so entschieden ausspricht. Wie die Erscheinung zu erklären ist, mag indessen, wie gesagt, einstweilen dahingestellt bleiben.

Welche der zahlreichen Bedeutungen, die den Ableitungen der Wurzel b-l anhaftet, mag nun die ursprüngliche sein?

Könnten wir eine klare Antwort auf diese Frage finden, dann würde auch manches andere Problem seiner Lösung näher gebracht werden. War der Sinn ursprünglich Versammlungsplatz, Knabenweihe, Platz für die Knabenweihe, Männergesellschaft, Männerhaus, oder bezeichnete das Urwort etwas Verbotenes, dem tabu entsprechend? Die letzte Ansicht hat am wenigsten für sich, denn wie wir bei der Besprechung der Tabugesetze (S. 359) gesehen haben, und wie ein Blick auf die mit tabu verwandten Worte nachher ebenfalls zeigen wird, bedeutet tabu ursprünglich „Geister Verstorbener“ und hat erst nachträglich den Sinn „gefürchtet, verboten, heilig“ angenommen. Der Stamm b-l aber hat nie die Bedeutung „Geister, Gespenster“, vielmehr ist anzunehmen, dass alle dem tabu entsprechenden Ableitungen (pali, fali, pomali) darauf zurückgehen, dass Frauen und Kindern der Zutritt zum Männerhaus und den Knabenweihen verboten war, worauf denn endlich alles Unerlaubte oder Unnahbare mit einer Ableitung vom Stamme b-l bezeichnet wurde. Wir haben also nur die Wahl, ob das Urwort die Gesellschaft der Männer und die von ihr ausgeübten Bräuche, oder das Männerhaus bezeichnet hat.

Da eine völlig genügende Antwort auf diese Frage vorläufig kaum möglich scheint, so lässt sich höchstens in dem Sinne eine Entscheidung treffen, dass man die Bedeutung als die ältere erklärt, die noch gegenwärtig am häufigsten unter den von der Wurzel b-l abgeleiteten Wörtern zu finden ist. Damit ist es ausgesprochen, dass der ursprüngliche Sinn „Männerhaus, Junggesellenhaus“ gewesen sein muss.

Hat es aber eine alte Bezeichnung für Männerhaus gegeben, dann muss auch eine andere vorhanden sein, die „Familienhaus, Frauenhaus“ bedeutet. In der That scheint eine solche im östlichen Indonesien in dem Worte rum gegeben zu sein; gelingt es mit einigen Erfolgen nachzuweisen, dass dieses Wort mit seinem Verwenden, die auf eine Wurzel r-m zurückgehen mögen, thatsächlich das Gegenstück zu b-l bildet, dann ist auf sprachlichem Wege nicht allein ein hohes Alter der Männerverbände und -häuser im malayischen Gebiete nachgewiesen, sondern auch eine hohe Wahrscheinlichkeit für die Annahme gewonnen, dass sich diese Verhältnisse selbständig innerhalb der malayischen Rasse entwickelt haben und nicht etwa auf Anregungen von aussen zurückgehen. Damit würde auch die geographische Seite der Frage wenigstens in einer Richtung aufgehellt: Die Möglichkeit, dass die entwickelteren Formen der Männerverbände aus dem malayischen Gebiete gewissermassen ausgestrahlt sind, gewinnt in den sprachlichen Verhältnissen eine mächtige Stütze, und die Parallelen in Westafrika reden dann eine sehr deutliche Sprache.

Leider ist dieser schöne Traum nicht durchzuführen. Die Thatsache, dass das Wort rum Frauen- oder Familienhaus bedeuten kann, lässt sich freilich nicht leugnen; aber die anscheinend schon gewonnene Erkenntnis verflüchtigt sich wieder, wenn wir sehen, dass die Wurzel r-m (l-m, l-b) mit ihren Ableitungen gelegentlich auch zur Bezeichnung des Männerhauses dient, während andererseits wieder zweifellose Abkömmlinge der Wurzel b-l einfach Haus, also Familienwohnung bedeuten. Das erstere zeigt folgende kleine Tabelle, deren erstes Wort aus einer Zusammenstellung beider Ausdrücke besteht:

Barlum — Festhaus bei den Jabim, Finschhafen, Deutsch-Neuguinea,
Lum — Junggesellenhaus, ebenda,
Rumseram, Rumslam — Junggesellenhaus, Doreh, Westliches Neuguinea,
Narumbe — Knabenweihe, Australien,
Guruma — Grosse Holztrommeln, Bogadjim, Deutsch-Neuguinea,
Elamo — Junggesellenhaus, südliches Neuguinea,
Lobo — Gemeindehaus der Posso-Alfuren, Celebes.

Hier sind zweifellos die Namen des Männerhauses und seiner Anhängsel von der Wurzel r-m (l-m, l-b) abgeleitet. Dem interessanten Wort barlum, wo die Wurzeln b-l und r-m sogar miteinander verbunden sind, entspricht vielleicht das Wort Falumar (Versammlungshaus) der Sonsol-Insulaner im westlichen Karolinenarchipel.

Andererseits haben die Ableitungen der Wurzel b-l oft nur

den Sinn von „Haus, Gebäude“, wie das schon das neuseeländische Whare bezeugt, das alle Arten von bewohnten Gebäulichkeiten bezeichnen kann. Im südlichen Neuguinea heisst dort, wo man das Männerhaus als Dubu bezeichnet, das Familienhaus stellenweise marea, während anderswo wieder das Wort rumana vorkommt; daneben finden sich noch andere Ausdrücke für Haus, die von keiner der beiden Wurzeln abstammen.

Man wird also wohl annehmen müssen, dass die Wurzeln b-l und r-m ursprünglich beide die Bedeutung von Hütte oder Haus besitzen und sich erst nach und nach in entsprechender Weise differenziert haben, jedoch ohne dass die eine Wurzel ausschliesslich zur Bezeichnung des Männerhauses, die andere zu der des Frauenhauses gedient hätte. Schon dadurch ist allen weitgehenden Schlüssen der Boden entzogen.

Aber bei näherer Betrachtung möchte es selbst scheinen, als ob die beiden Wurzeln selbst sich gar nicht so fremd wären. Die eine ist nur die Umkehrung der andern! Ob eine solche Umkehrung im Laufe der Sprachentwickelung denkbar ist, möchte ich nicht entscheiden, aber wenigstens auf eine Thatsache hinweisen, die vor allem vorschnellen Absprechen warnen muss: Die Sprachen der Naturvölker sind neben den unwillkürlichen Veränderungen auch ganz willkürlichen unterworfen, die besonders dann eintreten, wenn ein Wort, das z. B. im Namen eines verstorbenen Häuptlings vorkommt, nicht mehr gebraucht werden darf. Es werden dann mit vollem Bewusstsein neue Ausdrücke geschaffen. Sollte es dabei unerhört sein, dass man auch einmal das Wort umkehrt und auf diese Weise erneuert? An Spielereien fehlt es ja auch sonst nicht; wenn im Worte Bai der zweite Konsonant der Wurzel b-l weggefallen ist, so dürften andrerseits auch Wörter wie Alol (Junggesellenhaus bei Hatzfeldhafen) und Lalai (Versammlungshaus in Bogadjim) auf diese Wurzel zurückgehen. Selbst Pah (Festung in Neuseeland, Männerhaus in Assam) könnte hierher gehören. Das Verdrehen der Worte ist ein sehr naheliegender Versuch, der als Scherz bei uns ja auch noch häufig genug vorkommt (Tintenflasche, Flintentasche u. dergl.) und als „Schüttelreim“ sogar eine gewisse litterarische Bedeutung gewonnen hat.

Die Untersuchung der Wurzel b-l hat also zu keinem entscheidenden Ergebnisse geführt: Ihre weite Verbreitung im Gebiet der malayo-polynesischen Sprachen beweist noch nicht, dass sie seit jeher das Männerhaus im engeren Sinne bezeichnet hätte, obwohl immerhin Manches für ein hohes Alter dieser Bedeutung spricht.

Wenn auf diesem Wege nichts zu erreichen ist, dann vielleicht auf einem andern. Es ist schon oben (S. 283) auf die merkwürdige Ähnlichkeit des Sanskritwortes sabha (Versammlungshaus) mit einem Battakworte sopo (Junggesellenhaus) hingewiesen und die Möglichkeit eines Zusammenhanges zugegeben worden. Eine Übertragung des Wortes aus Indien nach dem westlichen Indonesien, das viele Jahrhunderte hindurch unter hinduistischem Einfluss stand, hätte nichts Unglaubliches. Aber andrerseits scheint sopo in engerem Zusammenhang zu stehen mit einer Reihe echt malayo-polynesischer Wörter; abgesehen davon, dass das formosanische Shappa (Haus) wohl in diese Gruppe gehört, sind doch auch die aus der Wurzel t-b oder t-p hergeleiteten Formen zu berücksichtigen, da der Austausch von s gegen t in den meisten Sprachen eine wohlbekannte Erscheinung ist. Mag nun ein solcher Zusammenhang bestehen oder nicht, jedenfalls verdienen die mit dem polynesischen Ausdruck tabu verwandten Wörter schon an sich Aufmerksamkeit. Wie erwähnt, geht tabu auf die Bedeutung „Geist, Gespenst" zurück, und es ist anziehend zu beobachten, wie von diesem Ausgangspunkt aus die abgeleiteten Wörter zur Bezeichnung von Dingen dienen, die mit dem Männerhaus in engem Zusammenhang stehen, ja wie sie schliesslich das Männerhaus selbst bedeuten:

Tubuna — Vorfahren, Geister auf Fidschi,
Tabuna — dasselbe, Teile von Neuguinea,
Toboran — Böser Geist, Neubritannien,
Tabu — heilig, verboten, östliches Polynesien,
Tapu — dasselbe, Neuseeland,
Tambu — dasselbe, Melanesien,
Matambala — Geheimbund, Salomonen,

Tapun — Schutzgeister, Hatzfeldhafen in Deutsch-Neuguinea,
Tavo — Mann bei den Tagalen, Luzon,
Tau — Mann bei den Bugi, Ceylon,
Tibbut — Knabenweihe in einem Teil Australiens,
Dubu, Dobu — Männerhaus in einem Teil Süd-Neuguineas,
Dubi — ebenso,
Tubu — Maultrommel bei den Bergstämmen Formosas,
Djabobibi — Schwirrhölzer, Hatzfeldhafen,
Djambur — Männerhaus bei den Dusun-Battak, Sumatra.

Aus Afrika ist, abgesehen von dem anklingenden zweiten Teil des Namens Mumbo-Djumbo, wenig Verwandtes zu nennen. Dagegen lässt sich eine kleine Reihe von Formen aufstellen, die für den Zusammenhang des Wortes sopo mit tabu sprechen:

Sopo — Männerhaus bei einem Teil der Battak,
Sapu — wandlose Häuser für den Aufenthalt am Tage, bei anderen Battakstämmen,
Sopo-godang — Beratungssaal des Häuptlings, Gross-Mandeling, Süd-Sumatra,
Mosup — Männerhaus der Abor, Assam,
Saboea (wohl Sabua zu sprechen) — Gemeindehaus auf Halmahera,
Sabi — dem tabu entsprechender Ausdruck in einem Teile Süd-Neuguineas,
Sop — Haus des Priesters auf den Palau-Inseln,
Sawáe — Tempel am Marae auf Nukuor.

Auch zu dieser Reihe liefert Afrika nur einen, allerdings merkwürdigen Beitrag, das Wort Sampi, das auf Madagaskar ein Amulett oder überhaupt etwas Geisterhaftes und Zauberhaftes bezeichnet; ihm entspricht in Südafrika Sampu im gleichen Sinne. Frobenius hat auf die Verwandtschaft dieser Wörter mit der Bezeichnung eines „Fetischs“ des Nkimba-Geheimbundes, Masamputila, hingewiesen. Hier wäre auch einmal der Weg zu verfolgen, auf dem derartige Wörter und mit ihnen natürlich auch der geistige oder stoffliche Kulturbesitz, den sie bezeichnen, über das von Malayen besiedelte Madagaskar und das benachbarte Südafrika bis zum Kongo vordringen konnten. Ob auch der Name des Geheimbundes Simo heranzuziehen ist, scheint zweifelhaft.

Wenn nach dieser Richtung ein Zusammenhang möglich, ja wahrscheinlich ist, so empfiehlt es sich andererseits wohl, die Verwandtschaft Sabha—Sopo—Tabu auf sich beruhen zu lassen, da vorläufig jede Brücke des näheren Verständnisses fehlt; für die Ansicht, dass die Ideen des Männerverbandes sich von Indonesien aus verbreitet hätten, ist sie keinesfalls zu verwerten, denn wenn man selbst annehmen wollte, dass die Indogermanen bei ihrem Eindringen in Indien Wort und Sache von den Ureinwohnern übernommen hätten, so lässt doch der Zusammenhang von sabha mit dem deutschen Wort Sippe diese Annahme mehr als gewagt erscheinen. Die Lösung dieser Zweifel möge Berufeneren überlassen bleiben.

Dagegen mag es gestattet sein, als Seitenstück zur Tabureihe eine andere Gruppe von Wörtern anzuführen, die ebenfalls in ihrer Wurzel auf den Geisterglauben zurückzugehen scheinen und in gleichem Sinne gelegentlich zur Bezeichnung des Männerhauses verwendet worden sind. Als Urwurzel dürfte k-r gelten, doch scheint in der Regel die uns schon bekannte Wurzel b-l (b-r) eng mit ihr verschmolzen zu sein.

Karakarau — hölzernes Idol (Hausgott) an der Humboldtbai, Neuguinea,

Karuwar }
Karwar } — Idole, hölzerne Ahnenbilder, Niederländisch-Neuguinea,

Korroborri — Geistertanz der Australier (und der Negritos auf den Philippinen),

Kabar — Volksversammlung, Madagaskar,

Kawarra — Ort der Beschneidungszeremonien, Südost-Australien,

Karewari — Junggesellenhaus an der Humboldtbai, Neuguinea,

Karack — Geister- und Ahnenhaus bei Dallmannhafen, Deutsch-Neuguinea.

Sehr schön ist namentlich zu beobachten, wie der Zusammenhang zwischen dem Geisterglauben einerseits, den Beschneidungsbräuchen, Versammlungen und Häusern der Männerverbände andrerseits auch hier hervortritt.

Möglicherweise ist eine Reihe afrikanischer Wörter, die auf einen Stamm k-s zurückzugehen scheinen, mit der eben angeführten Gruppe verwandt (Mokisso, Akisch, Kischi, Nkissi u. s. w.); jedenfalls sind sie an sich schon merkwürdig als Zeugnisse dafür, wie die Geheimbundssitten sich über grosse Teile Afrikas von Volk zu Volk verbreitet haben. Auch auf eine andere kleine Gruppe von Wörtern, zu denen Qat, Qatu (Geheimbünde auf den Neuen Hebriden), Kwod (Männerhaus auf den Torres-Inseln), vielleicht auch Kashga, Kassigit (Männerhäuser der Eskimo) gehören, mag noch hingewiesen sein, da auch in diesem Falle vielleicht engere Beziehungen anzunehmen sind.

Mögen diese letzten Verwandtschaften vorhanden sein oder nicht, das eine ergiebt sich jedenfalls aus vielen der angeführten Beispiele, dass ein tieferer Zusammenhang zwischen den afrikanischen und den malayisch-melanesischen Zuständen bestehen muss. Nach anderen Seiten hin ist das weniger nachweisbar, selbst nicht nach Amerika hin, obwohl doch der Nordwesten wenigstens polynesisch beeinflusst scheint; vereinzelte Merkwürdigkeiten, wie die Ähnlichkeit der Wörter Arii (Klub auf Tahiti) und Aroe (Jägerbund der brasilischen Bororó), oder die des melanesischen Mana (Geist, Begrabung, Zauberkraft) mit dem nordamerikanischen Manitu (Schutzgeist, Gott) genügen da nicht. Möglicherweise bringt die Zukunft genauere Aufklärung über diese Fragen; vorläufig müssen wir daran festhalten, dass zwar zweifellos Anregungen zur Bildung von bestimmten Formen der Männerbünde stellenweise weithin gewandert sind, dass aber im übrigen die Entstehung solcher Verbände etwas Natürliches ist, das sich aus dem Zwang der Verhältnisse immer wieder von selbst ergiebt. Andrerseits sind gewisse Formen der Wirtschaft den primitiven Männerbünden nicht günstig, und die höhere Kultur ersetzt sie stets durch neue Bildungen, die aber ebenfalls auf den Geselligkeitstrieb der Männer zurückgehen und ein

Gegengewicht zum engbegrenzten Familiendasein darstellen. Von den Anfängen der Entwicklung bis zur Gegenwart sehen wir die Mächte des Geselligkeitstriebes und des Familiensinnes bald im Wettbewerb, bald sich gegenseitig ergänzend thätig am Aufbau der menschlichen Gesellschaft, und die in diesem Buche niedergelegten Ergebnisse langjähriger Forschungen gestatten es uns, wie ich hoffe, diese Kräfte nunmehr auch in ihren verborgenen Wirkungen zu verfolgen.

Register.

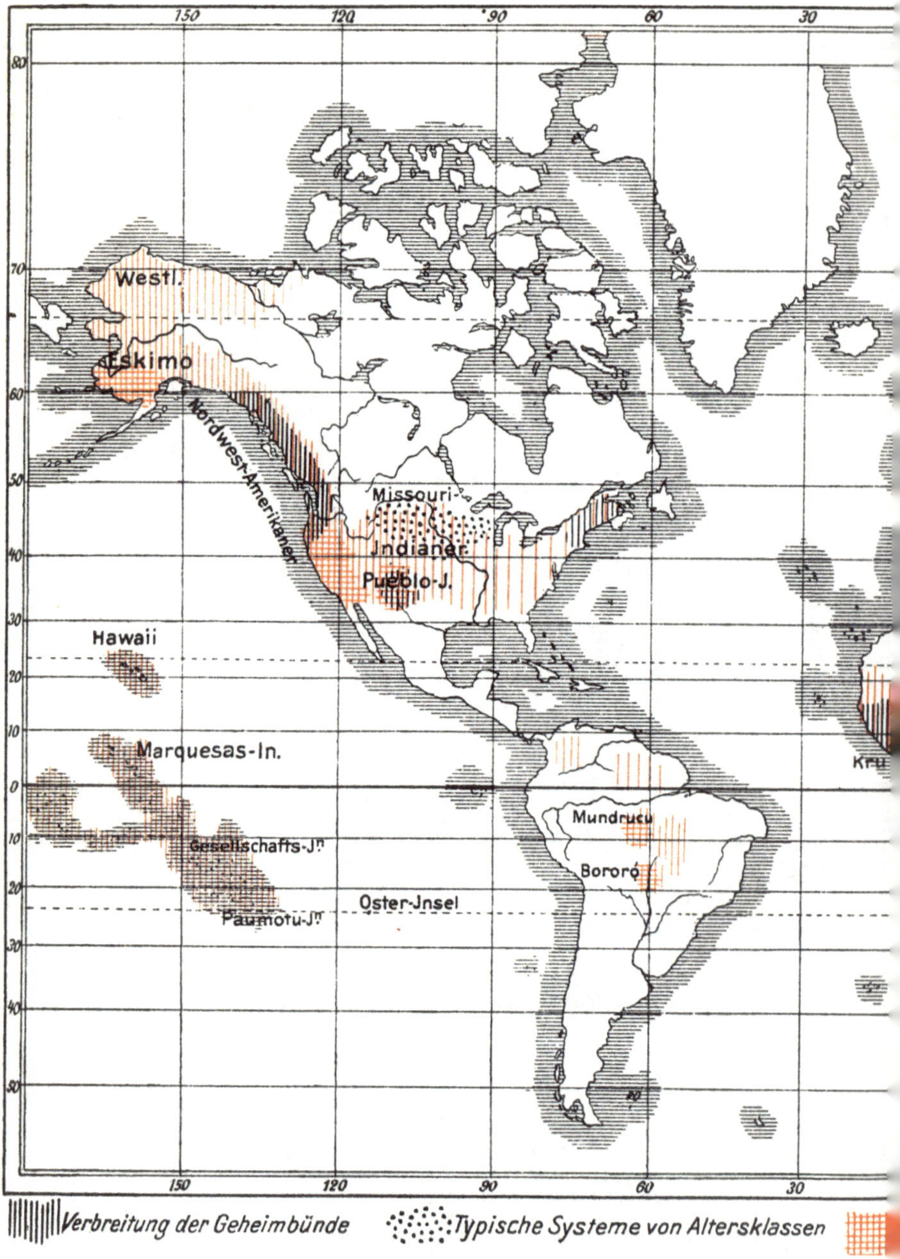
150
120
90
60
30
Westl.
Eskimo
Nordwest-Amerikaner
Missouri-
Jndianer
Pueblo-J.
Hawaii
Marquesas-In.
Gesellschafts-Jn
Paumotu-Jn
Oster-Jnsel
Mundrucu
Bororó
Kru
Verbreitung der Geheimbünde
Typische Systeme von Altersklassen

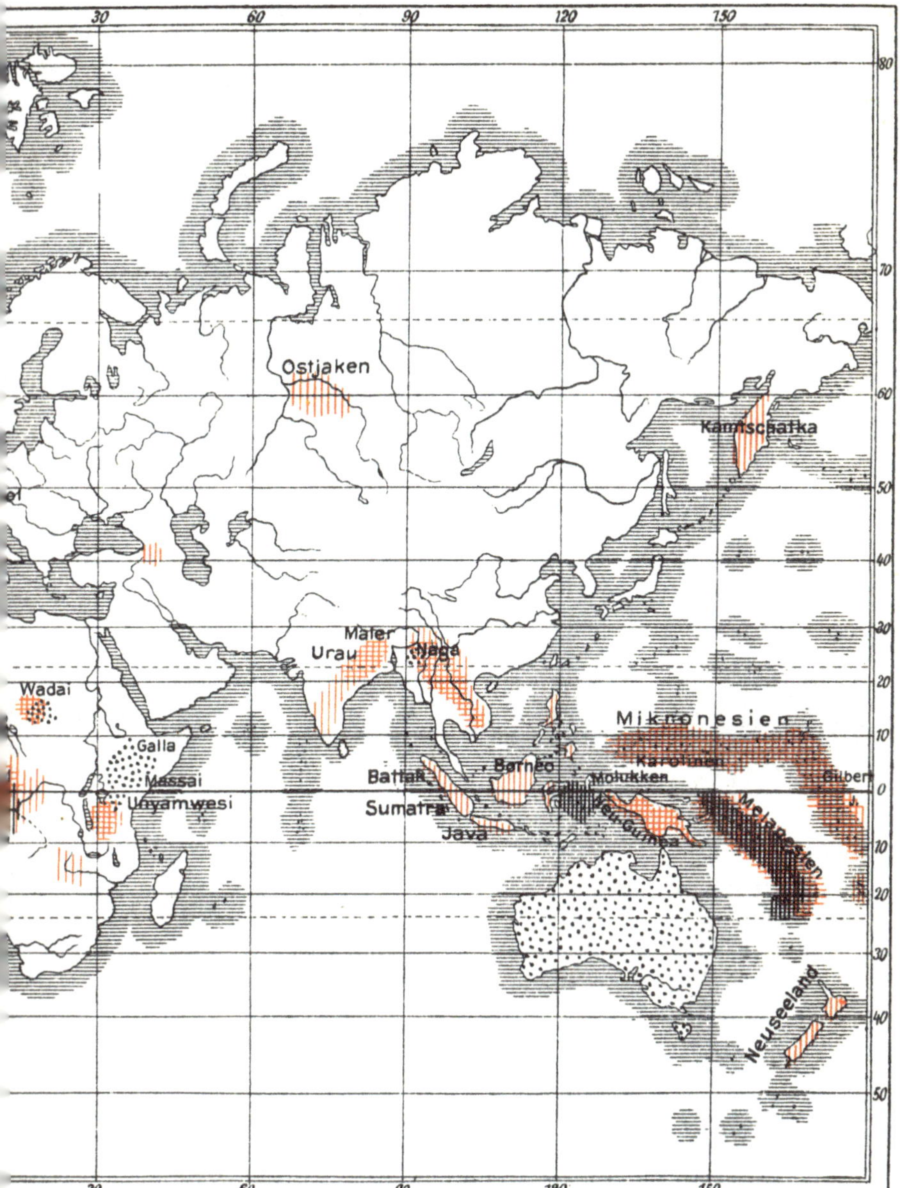

g des typischen Männerhauses ||||| Weniger typische, aber noch kenntliche Formen.

FSC
www.fsc.org
MIX
Papier | Fördert gute Waldnutzung
FSC® C083411

Kolibri 360 GmbH
Ferdinand-Jühlke-Straße 7
99095 Erfurt, Deutschland
produktsicherheit@kolibri360.de